KB165687

위대한
중국학자

INCENSE AT THE ALTAR
Copyright © 2001 BY THE AMERICAN ORIENTAL SOCIETY
All rights reserved

Korean translation copyright © 2018 by Geulhangari Publishers
Korean translation rights arranged with David B. Honey through EYA (Eric Yang Agency).

이 책의 한국어판 저작권은 EYA (Eric Yang Agency)를 통한
David B. Honey 사와의 독점계약으로 '㈜글항아리'가 소유합니다.
저작권법에 의하여 한국 내에서 보호를 받는 저작물이므로 무단전재 및 복제를 금합니다.

중국의 전통을 탐구한 서양 고전문헌학의 역사

데이비드 B. 허니 지음 | 최정섭 · 안재원 옮김

글항아리

차례

제2부 프랑스 문헌학과 거인 트리오

일러두기

- [ ]는 저자의 부연 설명이다.
- 〔 〕는 옮긴이의 부연 설명이다. 인명의 생몰년 추가는 ( )를 이용했다.
- 본문의 번호 주는 저자 주이며 미주로 처리했다.
- 본문과 미주의 * 부분은 옮긴이 주다.

서문과 감사의 말

"옛것을 익히고 새것을 알면, 스승이 될 수 있다溫故而知新, 可以爲師矣."

— 공자

"옛 도를 쥐고 오늘날의 것을 통어한다執古之道, 以御今之有."

— 노자

서양 중국학Western Sinology의 통사通史는 아직 쓰인 적이 없다. 서양에서 헤르베르트 프랑케, 도널드 레슬리와 제러미 데이비드슨, 조제 프레슈, 동양에서 타오전위와 이시다 미키노스케를 상기시키는 몇몇 종합적인 목록학적 개관과 전기적 개관은 정확히 말해 J. E. 샌디스식으로 된 저자 및 제목 목록에 가깝다.[1] 우리에게 필요한 것은 루돌프 파이퍼의 권위 있는 『고전학사History of Classical Scholarship』와 같은 분석적 역사서다.[2] 유감스럽게도 이 책은 그런 역사서가 아니다. 이 책은 중요한 학파들에서 선별된 대표자들에 대한 개설서다. 그럼으로써 미술, 고고학, 역사학, 경제학, 인류학, 언어학, 문학비평 혹은 그 비슷한 모든 작업의 토대 형성을 도운, 현대 중국학의 한 분과학문discipline의 발달을 그리는 이야기체 역사서를 위한 예비적 시도일 뿐이다. 물론, 문헌학의 명예로운(때때로 그저 예비적일 뿐이라 하더라도) 소명에 관해 말할 것이다. 이 책은 서양에서 가장 걸출한 학자들이 발달시키고 구체화시킨 중국 고전문헌학의 주된 원리 몇 가지를 개괄하고 실증하려 한다. 그러므로 학문적 이력, 학술활동 요약, 텍스트 평가로 이루어진 이 책은 '제단祭壇의 향香'처럼 축복을 기원하고—위로부터가 아니라 과거로부터, 영혼의 안식이나 물질적 번영이 아니라 방법론적 올바름을 위해서—또 중국학의 유산이 더 널리 알려지기를 바란다.

중국학은 전통적으로 문자 기록을 통한, 전근대 중국 문명에 대한 인문주의적 연구로 간주되어왔다. 따라서 1838년경에 만들어진 '중국학자sinologist'라는 명칭은 역사적으로 '문헌학자philologist'와 등가였다. 프레더릭 모트는 숙고 끝에 "중국학이 무언가를 의미한다면, 그것은 중국 문헌학을 의미한다"라고 말한다.[3] 볼프강 프랑케*는 "최근까지 중국학은 대체로 중국 문헌학과 동일시되었다"는 말을 덧붙인다.[4] 한때 하나의 분과학문과 분야field 사이에서 굳게 확립되어 있던 이 연관은, 물론 더 이상 유효하지 않다. 그러나 '중국학'이라는 용어는, 1860년 이후의 언젠가부터 다가적多價的으로 적용되었는데(그리고 처음에는 그 실행자들을 가리킬 때 'sinologue'라는 철자를 가장 빈번히 사용했고, 이는 지금도 여전히 유럽 중국학자들은 때때로 사용한다),[5] 서로 성격이 크게 다른 두 책에서 확인할 수 있다. 조지 케네디의 유명한 핸드북 『중국학 입문: 『사해辭海』 가이드An Introduction to Sinology: Being a Guide to the *Tzu'Hai*(*Ci Hai*)』는 중국 전통 자료들을 독해하면서 사전을 찾아볼 때 필요한 문헌학적 원리들을 알려준다. 반면 키앙 캉후(장캉후)**의 초급 강의 계획서인 『중국 문명: 중국학 입문Chinese Civilization: An Introduction to Sinology』은 중국 관련 연구자들을 위한 통사

* 1912~2007. 제7장에서 소개하는 오토 프랑케의 아들이자 중국학자다. 역시 중국학자인 헤르베르트 프랑케(1914~2011)와는 다른 인물이다. 볼프강 프랑케 책의 한국어 번역본은 W. 프랑케, 『동서문화교류사』(김원모 옮김, 단국대출판부, 초판 1977, 이후 개정판 발행)이다.

** 1883~1954. 민국시대의 정치인이자 활동가.

적·문화적 안내서에 가깝다. 습속에서 법까지, 요리법에서 친족 용어까지 다 포함한다.[6] 이런 혼란은 이 모호한 용어('중국학')의 사용에 반대하는 몇몇 이해 가능한 반동을 야기했다. 또한 경제학적, 사회학적, 혹은 인류학적 문제에 더 관심이 있고 문헌학이라는 분과학문에는 덜 의존하는 현대 중국학자들에게 환영받을 만한 방법론적 전향을 일으켰다. 그리고 어떤 역사학자들은 자신들이 대담하고 새로운 해석 태도라고 생각하는 것을 기성의 낡은 경향들로부터 멀리 떼어놓기를 바라면서, 철 지난 역사를 '구舊중국학'이라고 하여 물리친다. 따라서 과거를 향한 반동적 숭배의 홍수를 감안할 때 이 책은 현대 중국학이 문헌학에 토대를 두는 그 역사적 뿌리로 되돌아가야 한다고 제안하지는 않는다. 그러나 이 책의 부제로 '선구적 중국학자들과 중국 고전문헌학의 발달'을 택한 것은 중국학과 문헌학 사이의 역사적 연관을 염두에 둔 것이다.

'중국 고전문헌학Classical Chinese Philology'이라는 용어의 사용은 그 자체가 목적적이며, 훨씬 더 완고한 전통에 기초한다. 즉 그리스와 라틴 고전의 연구는 언제나 '고전문헌학'이라고 불려왔다. 울리히 폰 빌라모비츠 묄렌도르프가 쓴 『고전학사History of Classical Scholarship』의 독일어 원제가 『문헌학의 역사Geschichte der Philologie』[7]라는 것이 그 증거다. 베를린대학에서 빌라모비츠 묄렌도르프의 후임자였던 베르너 예거는 더 나아가 1870년부터 1945년까지 베를린대학의 고전학과에 관한 자신의 논문에서 이를 확인해준다. 프랑스 최초의 고전학자 기욤 뷔데(1468~1540)가 쓴 초기 고전학사 『문헌학에 대하여De Philologia』가 그러하듯이.[8] 조제프 쥐스튀스 스칼리제르*에 관한 앤서니 그래프턴의 작업, 혹은 『잉글랜드의 고전학English Classical Scholarship』에서 대담하게도 한데 묶인 세 명의 탁월한 비판정본 작업가 리처드 벤틀리, 리처드 포슨, 앨프리드 에드워드 하우스먼에 대한 C. O. 브링크의 논술에서처럼, 특정 개인에 대한 최근의 연구들 또한 이 점을 증명한다.[9] 이상으로 문헌학자들의 삶을 통해 진행될 우리의 중국학사史 답사는 역사적으로나 방법론적으로 완전히 타당한 근거를 가진다.

이 그룹의 아버지인 에두아르 샤반(1865~1918)은 서양 학자 가운데 중국 고전문헌학의 전문적 연구를 개시한 인물이다. 이전에 중국 고전문헌학 분야는 파트타임 연구자들이 지배하고 있었다. 앤드루 월스의 용어법을 쓰자면,[10] 그들은 선교사 겸 중국학자, 관료 겸 중국학자, 사업가 겸 중국학자였는데, 정규 업무에서 시간을 할애하여 자신들이 알고 있던 중국을 서양에 소개했다. 프리드리히 히르트, 구스타프 슐레겔, 얀 야코프 데 흐로트 같은 소수의 전문직 중국학자들은 당시의 연구 환경에서 얻은 결과물로는 감탄할 만한 저작들을 생산했다. 그러나 그중 다수는 오늘날 많은 흠결이 발견되는데, 이는 그것들이 중국어의 성격에 관한 잘못된 가정, 전통적 목록학에 대한 불충분한 이해, 역사음운학historical Phonology이라는 도구 ―그들이 일하던 때에는 아직 발달하지 않았던 것―를 결여하고 있기 때문이다.

우리가 샤반을 전문직 중국학의 창시자로 간주할 수 있는 이유는, 지적 가정과 개념적 명료성이라는 점에서든 방법론적 접근법이라는 점에서든, 그가 쓴 어떤 글도 오늘날까지 낡지 않았기 때문이다. 그의 저작들에 대한 개정의 필요성은 지식의 발달에 직면한 모든 학문적 생산물에 적용되는 바다. 그러나 샤반의 작품들은 오늘날에도 그의 동시대인들에 비하자면 매

* 1540~1609. 프랑스 태생의 네덜란드 고전학자.

우 훌륭한 편이다. 그의 완벽을 향한 아낌없는 수고, 증거가 부족한 지점에서 보여주는 신중함, 다양한 자료에 대한 정통함 때문이다. 게다가 그는 비교문헌학comparative philology이나 역사음운학에 너무 많이 기대지 않도록 주의했는데, 중국언어학이라는 학문은 당시 막 태동하고 있었기 때문이다. 그는 역사음운학도 활용했는데 어디까지나 잠정적 견지에서였고, 또 다른 수단을 통해 이미 도출해낸 결론에 대한 부가견해로서 조심스럽게 활용했다. 실제로 샤반의 제자인 폴 펠리오와 앙리 마스페로는 역사음운학을 (중국학적 언어학자sinological linguist인 베른하르트 칼그렌[1889~1978]이나 그의 선배들처럼 주요 연구 대상으로서가 아니라) 학적 도구로서 체계적이고 건전한 방식으로 이용한 최초의 인물이었다.

폴 펠리오(1878~1945)는 금세기의 가장 위대한 중국문헌학자가 되었다. 그의 뛰어난 기억력 덕분에 거의 모든 주제와 시기별로 중국의 역사, 비판 정본 작업, 목록학, 전기傳記의 사실들을 정돈하고 정연整然하게 분석할 수 있었다. 그는 축적된 지식이 방대하기 때문에 중국학적 문제들의 최종 조정자로 나설 수 있었다. 그러나 그의 박식은 때로 부담이 되었다. 그는 순서에 대한 의식 때문에 아는 것을 모두 종합해 잠정적인 역사적 진술을 하는 것이 거의 불가능했다. 펠리오는 사실들을 모아 한 번에 한 문제씩 집중하는 편이 나았을 것이다. 펠리오의 강점은 중요한 중국 자료들에 철저한 주석을 달고 또 번역 과정에서 발견된 일련의 주제별 문제를 순차적으로 논하는 것이었다. 중국학의 기계적 건조함은 종종 펠리오의 정밀한 접근법에서 기인했는데, 그가 가진 모호한 몇몇 관심사의 기술적技術的 성격으로 인한 것이었다. 그러나 텍스트 설명의 예는 절차의 정확함과 결과의 철저함에서 오늘날에도 여전히 펠리오와 견줄 대상이 없다.

펠리오의 동창 앙리 마스페로(1883~1945)는 주석가이자 텍스트 해설가로서 펠리오에 버금갈 정도로 능숙했으며, 자신의 연구를 요약하고 잠정적 결론을 진술하는 데 매우 발달한 역사 감각을 갖고 있었다. 그의 전문 연구 분야 특히 도교, 고대 신화, 역사는 지적인 교양인들의 관심사와 시야에 더욱 쉽게 접근할 수 있었다는 점에서 펠리오의 그것보다 더 인문주의적* 이었다. 음운학과 구어에 관한 마스페로의 더욱 전문적인 저작들에도 과학적 정신보다는 인문주의적 정신이 더 많이 주입되어 있었다. 마스페로가 보기에 그의 동시대인들인 고대 중국 사회학의 마르셀 그라네(1884~1940)와 역사음운학의 칼그렌은 상식적 차원의 관심사를 전공했고 또 독립적 분과학문들을 발달시켰다. 그러나 그들도 마스페로도 서로 주고받은 영향과 저널에서의 설전에 대한 설명 없이는 이해될 수 없다.

게오르크 폰 데어 가벨렌츠(1840~1893), 빌헬름 그루베(1855~1908), 아우구스트 콘라디(1864~1925), 에른스트 율리우스 발터 지몬(1893~1981), 그 외 많은 독일 중국학자는 오늘날 덜 유명하긴 하지만, 중국학자와 동료들의 공동체—브루노 쉰들러식의 저널들을 창간하면서**—사이의 대화를 이끌어내는 데, 또 리하르트 빌헬름(1873~1930)식으로 중국학자와 교양 대중 사이의 대화를 이끌어내는 데 나름의 역할을 했다. 이 집단에서 인상적 인물은 역사 서술historiography의 오토 프랑케(1863~1946)와 비판 정본 작업의 구스타프 할로운(1898~1951)이다.[11]

영국*** 중국학은 개신교 선교사들의 중국 사역使役에서 발전했다. 그

* 여기서는 교양주의적이라는 의미다.
** 쉰들러는 『대아시아Asia Major』를 창간했다.
*** 이 책에서 'Britain'은 '영국'으로, 'England'는 '잉글랜드'로 옮긴다.

들은 주로 스코틀랜드인들로서, 사전 편찬과 성경 번역의 로버트 모리슨(1782~1834), 목록학·천문학·수학의 알렉산더 와일리(1815~1887), 경전의 제임스 레그(1815~1897) 등이다. 레그는 경전 번역에 대한 신중한 접근법으로 세계적 명성을 얻었다. 주석 전통에 대한 레그의 장악력은 중국 원어민 학자들에 필적했는데, 특히 그는 경전들에 대해 중국 고문학파古文學派식 주석을 달아『시경詩經』전문가로 간주되었다. 허버트 자일스(1845~1935)는 연구활동으로 전향한 최후의 영사관 관리 중 한 사람이었으며, 영국 중국학을 '파트타임'에서 '풀타임 전업'으로 바꾼 고난에 찬 과정의 과도기적 인물이다. 중국어에서 옮긴 그의 빅토리아식 운韻은 어니스트 페놀로사의 훨씬 더 인상주의적인 문학적 감정 표현과 함께, 한편으로는 에즈라 파운드의 보티시즘Vorticism*을 불러왔고, 또 한편으로는 도약률sprung rhythm**에 기초하는 웨일리의 변주들을 가져왔다.

아서 웨일리(1889~1966)는 중국학자 가운데 가장 탁월한 시인詩人이었다. 세련된 스타일리스트인 그의 영역본들은 중국문학과 일본문학의 번역본 읽기를 대중화했을 뿐 아니라, 가독성만큼이나 정확성—그의 취지대로—으로 지금도 거의 모방하기 어려운 기준을 세웠다. 학구적인 웨일리의 또 다른 면은 그가 세계 인류학world anthropology을 장악했다는 것이다. 중국 고전 텍스트와 철학자에 대한 그의 번역은 광범한 비교 시각에서 얻

* 20세기 초 영국에서 일어난 전위적인 예술운동. 미국 태생의 영국 소설가·평론가·화가인 퍼시 윈덤 루이스(1882~1957)가 1914년 전위 예술 잡지『질풍: 위대한 영국의 소용돌이에 대한 리뷰Blast: Review of Great English Vortex』창간호에서 보티시즘 선언을 발표하면서 태동했다고 알려져 있다. 미국의 시인·비평가인 파운드가 중심이 되어 이탈리아의 미래파를 공격하고 새로운 입체파를 주장하여, 회화·조각·시의 영역에까지 영향을 미쳤다. 소용돌이파.

** 강세 하나에 약음절 넷이 따르고, 주로 두운·중간운 및 어구를 되풀이해서 리듬을 주는 운율법.

은 문화적 통찰로 가득하다. 그는 19세기에 성직자적·상업적·정치적 관심으로 창시된 독학 중국학자 계보 중 최후이자 최고最高였다. 그러나 전문직 중국학의 제도권 밖에 있었던 그는, 일종의 문학대사文學大使로서 동양을 비공식적으로 대표한다는 듯이, 동양을 서양 문학의 영역으로 끌어들였다.

미국 중국학은 영국 중국학과 유사한 선교사적 전통과 영사관적 전통을 지니고 있었다. 19세기 미국 선교사 일라이저 콜먼 브리지먼(1801~1861)과 새뮤얼 웰스 윌리엄스(1812~1884) 두 사람은 마침내 그 분야[미국 중국학]를 세분한 사회과학들이 성숙하기 이전에 이 전통에서 최초의 개화를 상징했다. 윌리엄 우드빌 록힐(1854~1914)과 아서 윌리엄 험멜(1884~1975)은 20세기 초 미국 중국학의 외교적 측면과 제도적 측면을 전형적으로 보여준다. 베르톨트 라우퍼(1874~1934)는 자연사, 기술, 인류학의 세계에서 고도로 전문화된 연구를 개척했다. 그는 독일에서 태어나고 훈련받았지만, 그 세대의 유일하고 매우 탁월한 미국 중국학자였다. 옥스퍼드의 호머 해슨플러그 더브스(1892~1969), 컬럼비아의 루서 캐링턴 구드리치(1894~1986), 예일의 조지 알렉산더 케네디(1901~1960)는 모두 중국에서 태어났거나 자랐는데, 19세기 선교사적 전통의 마지막 혈통이었다.

하버드인 셋이서 미국 중국학에 대한 이 종합적 개관을 마무리한다. 그 중 둘은 이야기체 역사 서술로부터 지역 연구 분야로의 발달을 대표한다. 찰스 가드너(1900~1966)는 역사 문헌을 사료史料로 간주했고, 역사학자들을 위해 문헌학에 관한 간결한 이론적 지침서를 남겼다. 존 킹 페어뱅크(1907~1991)는 일련의 문서 전체를 자신의 이론적 패러다임을 충실하게 할 때 끌어오는 데이터베이스로 간주했다. 그런 데이터베이스에 페어뱅크가 접근했는지, 아니면 원어민 공동 연구자가 접근했는지 여부는 궁극적으로는 그의 학문과정과 무관했다. 세 번째 하버드 교수인 프랜시스 우드먼 클리브스(1911~1995)는 많은 중국 텍스트와 몽골 텍스트 역주본에서, 가드너가 설명한 문헌학적 원리들을 멋지고 힘찬 방식으로 보여주었다.

마지막으로, 버클리학파의 가장 걸출한 두 명은 따로 다룬다. 피터 알렉시스 부드버그(1903~1972)는 펠리오 같은 국제적 인지도는 없었지만 펠리오의 지적 예리함과 강한 기억력에 버금갔고, 문헌학자의 작업을 태연하게 보편적 인문주의에 이용한다는 면에서 마스페로의 인문학을 능가했다. 부드버그는 고금古今의 기록 관리자라는 역할을 통해, 모든 나라의 문화유산 속에서 최고의 창조적 정신을 찾는다는 점에서 문헌학자를 철학자와 예언가의 반열에 올려놓으려고 시도했다. 그의 작은 저작집 속 각각의 작품은 광휘를 내뿜는데, 고전학자, 중세학자, 과거 시인들의 목소리와 조화를 이룰 줄 아는 사람들만 그 진가를 알 수 있다. 부드버그와 동시대인인 중국학자 다수는 그에게 불가해한 신조어를 만드는 경향이 있다고 보았다. 그로 인해 부드버그의 숭고한 목적을 보지 못했고, 부드버그의 기인적 기질 때문에 갈피를 못 잡았으며, 돈키호테 같은 문헌학적 십자군 노릇으로 인한 명성만으로 그를 기억한다. 부드버그는 한자漢字의 성질에 관해 역사학자 헐리 글레스너 크릴(1905~1994)과 개념 논쟁을 벌였다. 논쟁의 적수인 크릴은 시카고학파를 세웠는데, 시카고학파는 크릴이 개척한 초기 중국사·지성사·고고학 분야에서 여전히 탁월하다.

부드버그의 제자 에드워드 헤츨 셰이퍼(1913~1991)는 학문의 범위와 깊이에서 부드버그와 마찬가지로 뛰어났지만, 학계 바깥에 있는 이들, 즉 걸작들에 소용되는 저 도저히 규정하기 힘든 예술적·문학적 자질을 가진 이들과도 소통할 수 있는 진귀한 능력이 있었다. 부드버그는 예거가 고전 분야에서 자신의 제3인문주의Third Humanism* 확립에 실패한 것처럼 학문에 기초한 새로운 철학을 창립하는 데 실패했지만, 셰이퍼는 학문적 글쓰기라는 새 장르를 수립했다. 셰이퍼의 광범한 저작들은 시적 통찰력과 예증을 통해, 구체적으로 표명된 문화로 향했다. 당대唐代 중국의 자연세계, 물질세계, 상상세계에 대한 그의 탐험에는 중세 중국문학과 세계문학 모두를 아우르는 고도의 기교가 이용되었다. 그리하여 셰이퍼의 인문주의는 꼭 중국학자가 아니더라도—그가 다루는 여러 주제의 이국취미exoticism, 입론의 박식함, 산문의 우아함에 도취된—학식이 있는 사람이든 문외한이든 전 지구인에게 직접적으로 전달되었다.

이 학자들은 모두 텍스트의 전승 계보 혹은 이용, 문법적 분석 혹은 음운재구音韻再構, phonological reconstruction, 역사서 번역 혹은 시詩 감상의 문제 어느 것에 종사하든 간에, 문헌학의 기술적 도구 상자를 다루는 대가들이었다. 이 책에서는 텍스트를 분석하고 텍스트 자료에 접근하는 이런저런 수단에 문헌학이라는 용어를 붙인다. 문헌학이 이용할 수 있는 수단의 범위는 셰이퍼가 문헌학이라는 용어에 대한 그 자신의 정의를 제공할 때 열거한 적이 있다. 즉 그것은 "남아 있는 텍스트들의 분석과 해석으로서, 금석학, 고문서 판독paleography, 성서 주해exegesis, 저급비평lower criticism**과 고등비평higher criticism*** 같은 보조물을 이용해 문화의 복잡성과 인간 정신의 미묘한 것을 직접적으로 표현하는 것으로서의 문학에 대한 연구로 이어진다."[12] 역사적으로, 15세기 말까지 서양에서는 문헌학이 학식의 총

* 르네상스와 18~19세기 독일의 인문주의에 이은 세 번째 인문주의.
** 성경/원전의 원문 연구. 하부 평가. 본문 평가.
*** 성경/원전 각 문서의 자료·연대·저자와 역사적·사상적 배경 등을 연구. 상부 평가.

화 ―이른바 자유칠과自由七科, Seven Liberal Arts[13]―와 그 획득 수단을 포괄한 것이 사실이다.[14] 잠바티스타 비코(1668~1744)는 데카르트의 이성주의 철학에 대해 반격하면서, 텍스트 및 다른 '저 정신의 결과물' 속에서 발견된 역사의 개별자들에게 문헌학적 초점을 맞추는 일을 학문으로 복원했는데,[15] 에라스뮈스의 『연구 방법에 대하여De ratione studii』와 같은 연구 방법에 관한 초기 저술들이 산출한 언어학적 연구 성과에 기초했다.[16] 중국의 경학가經學家들에게, 이들뿐 아니라 주석식 용어 해설보다는 윤리적 해석의 문제에 더 관심을 보인 송대宋代 고전 주석가들에게도 문헌학이라는 분과학문의 토대적 역할은 결코 그 중요성을 잃었던 적이 없다.[17] 동서東西 학자들이 그들의 과업―지속적 가치를 가진 방법론―을 어떻게 생산했는지 이해하는 일은, 성취된 학적 결론―최신의 고고학적 발견 혹은 거작 발행과 함께 변경될지도 모르는 과도기적 이해―에 접근하는 것과 마찬가지로 중요하다. 휴 로이드존스는 1976년 파이퍼의 대작 중 제2권에 대해 서평을 하고 나서 이렇게 선언했다. "상세한 연구를 위해 이제 우리에게 가장 요구되는 것은 후속 학자들이 그 주제의 역사에 대해 실행한 과정을 정확히 기술記述하는 것이다."[18] 이 숭고한 목표에 한참 못 미치지만, 적어도 이 책은 선택된 기간既刊의 글에 대한 작업을 통해서, 내가 선별한 학자들이 어떻게 문헌학자로서 자기 역할을 했는지 설명하고자 시도한다.

나의 절차 자체는 내가 구식의 역주譯注*식 접근법을 따르고 또 중국학의 문헌학 측면에서 규범적 저작을 골라서 그것들의 내적 과정을 길게 진술하는 만큼 불가피하게 문서 의존적이다. 이 유서 깊은 주석 전통은 물론

* 이 책에서 '역주'란 번역+주석을 말한다.

궁극적으로는 자신들의 방법론적 성향과 텍스트 지향적 틀을 최초의 동양학적Orientalist 중국학자들에게 유증遺贈한 여러 세대의 중국인 고전주석가와 유교 도학자로부터 유래했다. 여기서 문헌학자였다가 전향한 역사학자 아서 라이트를 실망시킬 바로 그 순간에 에드워드 사이드 같은 문화비평가를 행복하게 해줄 일종의 퇴행적 오리엔탈리즘을 피할 수 없다.* 그들이 전통적 중국학에 제기하는 비판에 대한 나의 반응은 이 책의 결론을 내리는 후기後記를 위해 유보한다. 그러나 내가 그런 문헌학적 접근법을 택한 것이 중국학의 역사적 측면 혹은 사회과학적 측면이 만들어낸 진보를 의도적으로 무시하는 것이 아닐뿐더러 도가풍으로 귀찮게 굴기를 유지하는 데서 나오는 것도 아님을 우선 강조하고자 한다. 지성사는 나의 목적이 아닐 뿐이다. 그러므로 다른 분야들에서 따라야 할 많은 훌륭한 방법론적 모델에도 불구하고, 중국학 분야를 헤게모니적 담론으로서 구축하거나 혹은 푸코적 견지에서 고고학적 패러다임으로 해체하려 시도하지 않는다. 내가 소개하는 중국학자들—그들의 삶이 아니라 학문—은 문서 증거처럼 취급되며, 또 해석적 번역과 풍부한 주석의 대상이다. 달리 말하면, 계보학적 틀을 택할 때 분야가 아니라 개인에게 집중한다. 요컨대, 중국학자들이라는 나무와 그들의 다양한 방법론적 가지들을 위해 중국학이라는 숲을 무시한다.

다른 많은 중국학자가 이 연구에 포함될 수 있었을 것이며, 아마도 주요한 주목의 초점으로 낙점될 수도 있을 것임은 의심의 여지가 없다. 왕궈웨이, 구제강, 천인커, 첸무, 양롄성, 윌리엄 훙[훙예], 요시카와 고지로, 모로

* 에드워드 사이드가 18~19세기 문헌학을 식민주의와 연관시켜 비판했는데, 이 책에서 저자의 입장은 그렇게 비판받은, 시대착오적으로 보이는 문헌학을 다시 소개하고 옹호한다는 점에서 그러하다.

하시 데쓰지, 시마 구니오 같은 아시아인 한학가漢學家는 물론이고 에티엔 벌라주, 더크 보드, 아서 라이트, 볼프람 에버하르트, 폴 드미에빌, 티모테우스 포코라, 피트 판 데르 론 같은 저명인사들을 염두에 두고 있다. 그러나 먼저 아시아인 중국학자 그룹에 대해 말하자면, 이 책은 가장 대략적인 의미에서 서양 대학에 있는 중국학도들을 위한 것이다. 그 밖에도 현대 중국어나 일본어로 고전어를 논하는 데에 내재하는 문제가 있다. 즉 매우 빈번히 나오는 시구나 산문, 즉 서양 독자가 분석을 원하는 바로 그것을 독자가 당연히 알거나 이해하고 있다고 간주하기 때문에 아무런 언급 없이 인용한다는 문제가 있다. 그리고 위에 인용한 서양인 중국학자 다수는 뛰어난 문헌학자이긴 하지만, 중국학을 경제학에서 사회학에까지 이르는 다른 분과학문들의 문제에 대한, 더 적절히 말하자면 관심사에 대한 부속물로서 대단히 빈번하게 이용했다. 내 생각에 문헌학의 원리들은 그 자체로 주로 문헌학적 의도를 가진 저작들, 즉 문학비평, 비판정본 작업, 번역 등에 의해 가장 잘 드러난다.

이 책에서 다루는 중국학자들은 모두 고인故人이며, 국가별 계보에 따라 혹은 영미인들은 언어적 계보에 따라 나누었다. 한 장章 전체의 길이로 다루는 중국학자는 여덟 명뿐이다. 그러나 주요 중국학자 다수의 이력에 대해 역사적 배경과 지적 배경을 제공하려고, 또 항상은 아니지만 사제 계보를 상세히 확인하려고 노력했다. 이런 폭넓은 배경은 예수회 선교사 번역가들과 프랑스의 최초의 전문직 중국학자들, 독일·영국·미국의 중국학 전통의 선구자들을 다룬 서장에서 다뤄지며, 또 텍스트나 각주에서 많이 소개하고 있다. 이 책이 다루는 저작들이 항상 여기 뽑힌 중국학자들의 가장 중요하거나 유명한 기여는 아니다. 그러나 내가 보기에 그 저작들은 문헌학적 방법을 가장 잘 보여준다. 다른 기준을 적용한 저우파가오(1915~1994)는『한학논집漢學論集』에서 그라네를 펠리오·마스페로·프랑케와 함께 서양 중국학의 태두로 분류했다.[19] 그러나 나의 관심사는 훨씬 더 좁다. 즉 문헌학의 발달과 활용이다. 그런 까닭에 그라네는 마스페로의 이력과 함께 다루어질 뿐 독립된 장으로 분류할 만하지는 않다. 이런 좁은 관심은 이 연구서에 러시아 중국학자가 두셋밖에 없다는 점에 대해서도 설명해준다. 중국학의 역사는 러시아 학파를 간과할 수가 없다. 그러나 서양 중국 고전문헌학 발달 연구에서 러시아인들이 한 역할은 작다. 또 어쨌든, 언어적으로 더 접근할 수 있는 본보기들을 선택할 수밖에 없었다. 문헌학을 향한 이처럼 협소한 집중은 이 연구에 여성이 부재하는 것 역시 설명해준다. 안나 자이델(1938~1991) 같은 거인조차도, 출판한 저작의 걸출함뿐 아니라 인격적으로도 서양 중국 고전문헌학 분야에 많은 영향을 주었고 또 이력을 쌓았지만, 방법론적 혁신 면에서는 아무것도 제공하지 않았기 때문이다. 자이델의 특정한 테마들은 해당되지 않겠지만, 그녀의 접근법은 마스페로와 셰이퍼가 먼저 개척했다.

이상에서 사정을 말하고 내 능력 탓도 했으니, 이제 이 연구를 통해 달성하고자 하는 것으로 되돌아가겠다. 내 접근법은, 문헌학적 접근법의 특정한 기술들techniques을 소개하고, 한 중국학자로부터 또 다른 중국학자에게 이르는 그 기술들의 이용과 개선을 추적하는 대신, 한 번에 한 명의 주요한 학자에 집중하는 것이다. 그리고 개별 학자의 중요한 방법론적 측면을 모두 다루지만, 주요 중국학자 전기傳記 대부분은 역사음운학이든 금석학이든 목록학이든 비판정본 작업이든 간에 하나 혹은 그 이상의 특수한 도구에 관한 다방면에 걸친 논의가 될 것이다. 보통 서양과 중국 양측에서 이루어진 유사한 기술의 발달을 소개함으로써 이 논의에 균형을 맞출 것이다.

만약 이 책이 그 분야 선구적인 인물들의 저작에 대해 더 많은 주목을 이끌어낸다면, 간소화된 학위 과정을 위해서나 혹은 문헌학의 세부에 익숙한 척하지만 항상 그것을 가르치지는 않는 더 새로운 방법론적 전문화를 위해서 과거의 거인들이 폄훼되어 내팽개쳐지는 것을 보고 실망한 중국학의 생태계보호론자ecologist들이 승리하게 될 것이다. 물론, 모든 사람이 문헌학적 작업을 전공해야 하는 것은 아니다. (모두가 문헌학적 작업을 전공한다면) 중국학이라는 광범한 분야는 곧 척박해질 것이고 또 중국학이 인문학 일반에 대해 갖는 의의를 잃을 위험도 있다. 그리고 사회과학자들, 그중에서도 역사학자들의 방법론에 관해 자주 진술할 때, 대립적으로 논박하려는 의도가 없을 뿐 아니라 문헌학적 접근법에 기대어 사회과학적 접근법을 평가절하하려는 의도도 없다. 그럼에도 불구하고, 반드시 과거의 선구자들을 모방할 필요는 없지만 그들에 대해 회고하고 그들의 성취를 이해하는 일은 결국 그 어떤 분과학문적 지향을 가졌거나 발전 단계에 있는 중국학자에게도 방법론적으로 유익할 것이다.

새롭고 까다로운 방법론들을 응용하면서 연구에 뛰어드는 대학원생과 젊은 전문가들이 연구 과정에서 텍스트 전통에 대해 항상 충분히 이해할 수 있었던 것은 아니다. 불행히도, 너무 서두른 출판은 전임교수직을 향한 충동에서 피할 수 없는 악이지만 반드시 지속적 학문으로 이어지는 것은 아니다. 그 어떤 유형의 전통 중국 자료에 대한 연구 문제도 만만치 않기에 대학원 훈련 이상이 필요하다. 평생에 걸친 헌신이 요구된다. 이런 이유로, 한 학자가 일생에 걸쳐 자력으로 문헌을 탐색하고 이용하기 위해 혼자 연구하고 또 자신을 지도할 도구를 마련하기 위해서는, 정밀한 번역과 텍스트 해설, 비평과 인식, 역사음운학과 역사언어학, 고문서 판독과 금석학, 마지막으로 없어서는 안 될 도구인 목록학을 포함하는 문헌학적 분석의 기술과 대상에 대한 확실한 기초 공사가 대학원 연구의 중심에 있어야 한다. 이런 점에서 이 책은 필요할 때면 언제나 이용할 수 있는 일단의 기술로 문헌학을 취급한다. 더 많은 학생을 중어중문학과로 전과시키기 위해 문헌학이라는 분과학문의 '대의大義'를 제시하고 있는 게 아니다!

중어중문학과에 비해 사회과학은 학술적 성과가 빠르게 출판되어 나온다. 더욱이 사회과학은 보통 더욱 직접적인 정치적, 사회적 혹은 인도주의적 관련성이 있거나 혹은 있는 것으로 보이는 문제에 초점을 맞춘다. 따라서 사회과학은 미국 교육 체계에서 대개 인기가 있다. 그러나 그 창시자들의 이야기가 보여주듯이, 적어도 중국학 역사의 개론만이라도 풋내기 학자들이 반드시 읽어야 하는 것은 바로 이런 이유에서다. 즉 사회과학에서 가져온 접근법과 모형이 중국 텍스트 전통에 더 생산적으로 적용되도록 하기 위해서다. 물론 문헌학자 역시 사회과학 중에서 이용할 수 있는 분과학문들을 확실히 장악해야 하지만, 그것은 별개의 이야기다. 원로 교수들로 이루어진 자체적 교육 체계를 갖춘 유럽은 스스로의 전통을 더 존중하는 것 같다. 설사 그런 전통이 후진後進 교수들의 활동 범위를 제한하고 행여 그 분야를 억누르고 있다 하더라도 말이다. 적어도 방법론상으로 말해서는, 한 명의 '전임專任' 교수(미국적 의미에서)가 되기를 열망하는 중국학자는 자기가 다루는 분야, 분과학문, 시기, 혹은 일단의 특정한 텍스트에서 뛰어난 전문가가 되기를 기대해야 한다. 그런 기대는 전통적으로 문헌학의 관심사들을 철저히 장악하지 않고서는 실현되지 않는다.

이 책은 1984년 UC버클리에서 스티븐 보켄캄프(전 인디애나대학 중국어 교수, 〔현 애리조나주립대학 교수〕)와 함께한 대학원 세미나에서 시작되었다. 그 세미나는 탁월한 문헌학자이자 전통의 자부심에 찬 고귀한 보호자였던 고故 셰이퍼가 만든 것이었다. 세미나는, 종교적 서품을 위한 고된 훈련과 마찬가지로, 중국학의 역사와 그 가장 존경할 만한 성자들을 향한 긴장된 세례였다. 셰이퍼가 보여준 진지한 지도와 지속적인 모범을 되새기며 감사의 마음을 담아 그를 기리는 데 이 책을 바친다.

다음의 학내 기관에서 여러 연구 출장과 연구조교를 위해 자금을 지원해준 것에 사의를 표한다. 아시아 및 근동(서아시아) 언어학과, 문과대학, 데이비드 M. 케네디 국제연구센터, 현 학과장인 딜 파킨슨뿐 아니라 전임 학과장 캐지 와타베와 판 헤르셀은 이 프로젝트를 충실히 지원해주었다. 그들의 인내와 격려, 그리고 내 편의대로 쓴 자금에 대한 너그러운 이해가 고마웠다.

국내외 많은 동료가 관대하게도 사려 깊은 비판을 해주었다. 천시 S. 구드리치 교수 및 폴 W. 크롤 교수는 전문 편집자의 가차 없는 안목으로 수고手稿 전체를 읽고 수정할 점과 문체상의 제안을 해주었다. 그 뒤에, 크롤은 미국동양학회American Oriental Society 학술총서 편집장으로서 또 한 번 주의 깊게 점검해주었다. 중국학의 역사와 주요 인물에 대한 그와 구드리치 교수의 탁월성은 때로 지엽적인 내 시야를 교정하는 데 많은 통찰을 주었다. 1995년 하반기 시카고대학 방문에서 에드워드 쇼너시 교수와 그의 중국학 역사에 관한 대학원 세미나의 학생들은 구체적인 방법론을 택하는 데서 생겨난 추상적인 지적 문제들을 토론할 자리를 마련해주었다. 중국학과 중국학자들에 관한 심야의 논의는 특히 고맙다. 빅터 메어 교수는 내가 버클리적인 편견을 뛰어넘고 문헌학자들 또한 뛰어 넘어 강의실, 박물관, 현장에서 문헌학의 탁월한 교육자들을 볼 수 있게 도와주었다. 보들리 도서관 데이비드 헬리웰, 옥스퍼드 세인트앤스칼리지의 로버트 차드 교수, 케임브리지의 데니스 트위체트 교수는 두 차례의 영국 연구 출장을 따뜻이 맞아주었고 옥스브리지의 어지러운 건물에서 자료에 접근하고 중대한 연락을 취할 수 있게 해주었다. 아서 웨일리, 구스타프 할로운, 발터 지몬에 관한 트위체트 교수의 통찰력 넘치는 기억은 특별히 명심하고 있다. 케임브리지 클레어홀의 앤 비렐 교수는 사교적으로나 학문적으로나 의미 있었을 뿐더러 편리하기도 했던 한 차례의 방문을 도와주었다.

윌리엄 볼츠, 브루스 브룩스, 엘리자베스 엔디콧웨스트, 스콧 갈러, 노먼 지라르도, 그랜트 하디, 데이비드 네히티지스, 윌리엄 H. 닌하우저 주니어, 로런 피스터, 데니스 사이노어, 하르트무트 발라벤스, 웡만콩 교수에게서는 유익한 논평, 시의적절한 격려, 귀중한 자료들을 고맙게 받았다. 브리검영대학의 내 공동 연구자인 게일 킹 박사와 폴 하이어, 제힌 야그히드, 스콧 밀러, 판 헤르셀, 데이비드 C. 라이트(현 캘거리대학) 교수도 마찬가지로 지원을 해주었다. 우리 학과 중국 부문의 옛 동료와 현 동료들은 다년간의 지지, 격려, 동지 의식을 보여줬다. 게리 윌리엄스, 다나 부르거리, 매슈 크리스텐슨, 탕옌팡, 에드워드 펑이다. 제니퍼 마이어스는 능숙하고도 헌신적으로 사진 촬영용 최종교정지camera-ready copy를 마련해주었다. 그녀의 노력과 희생에 감사한다. 엘리자 무디는 번거로운 색인 작업을 떠맡았다. 그녀가 그것이 감사할 필요가 없는 일이라고 생각하지 않기를 바란다.

마지막으로, 헤르베르트 프랑케 교수는 여러 단계의 수고를 읽느라 시간을 들였고, 직접 의견을 말해주었으며, 중대한 교정과 따뜻한 격려를 보내주었다. 구석구석 인문주의적 정신으로 가득한, 중국학의 역사를 포함한 여러 분야에서의 권위 있는 역사적 연구에 이용된 엄격한 문헌학적 기술에서 그가 보여준 모범은 이 책에서 다룬 많은 경향의 정점이다. 그의 이력은 중국학을 영예롭게 한다.

정기 간행물 약어

AA	*Artibus Asiae*
AM	*Asia Major*
BEFEO	*Bulletin de l'École française d'Extrême–Orient*
BSOAS	*Bulletin of the School of Oriental and African Studies*
BSOS	*Bulletin of the School of Oriental Studies*
CLEAR	*Chinese Literature: Essays, Articles, Reviews*
FEQ	*Far Eastern Quarterly*
HJAS	*Harvard Journal of Asiatic Studies*
JA	*Journal Asiatique*
JAOS	*Journal of the American Oriental Studies*
JAS	*Journal of Asian Studies*
JESHO	*Journal of the Economic and Social History of the Orient*
MS	*Monumenta Serica*
OE	*Oriens Extremus*
OLZ	*Oriental Literaturzeitung*
OZ	*Ostasiatische Zeitschrift*
PEW	*Philosophy East and West*
TP	*T'oung Pao*
ZDMG	*Zeitschrift der Deutschen Morgenländischen Gesellschaft*

제1부 the great sinologist

서장

제1장 | 학자-선교사

"우리에게 중국어는 딴 세상에서 온 언어와 같다. 만약 다른 모든 방언이 언어라고 불릴 때의 언어에 대한 정의를 따른다면, 중국어는 결코 언어가 아님을 인정하게 될 것이다. 중국인이 민족이 아닌 것과 마찬가지로."

—프리드리히 셸링(1775~1854)[1]

"유럽 학자들이 중국의 언어와 문학을 배우는 것을 시작하기까지는 오랜 시간이 걸렸고, 중국어의 가치와 실제적 유용성을 고려할 때, 오늘날에도 여전히 그 연구는 합당할 만큼 충분히 이뤄지지 않았다."

—테오필루스 바이어(1694~1738)[2]

이베리아반도 단계

중국의 존재에 대한 서양의 역사적 인식은 전설 속의 세레스 땅으로서든, 프톨레마이오스의 시나이로서든, 혹은 무슬림 역사학자들의 카타이로서든 흐릿했다. 이것이 바로 마르코 폴로와 이븐바투타(1303~1368?)의 것과 같은 중세 여행기들 혹은 몽골 궁정 등에 파견된 교황청 사절의 보고서들이 낳은, 중국의 수많은 이국풍의 문화적 기벽奇癖과 매혹적인 물질적 재화에 대한 무지한 인식의 배경이었다.[3] 중국에 대한 실제적 지식은, 이야기들이 계속해서 걸러짐에 따라 착오와 환상으로 뒤덮이는 일은 덜했지만,

여전히 얻기 어려웠다. 도널드 록은 '경이의 세기A Century of Wonder'라는 적절한 제목이 붙은 『유럽 형성에서의 아시아Asia in the Making of Europe』 제2권의 에필로그에서 아시아와 서양의 접촉이 시작되었을 때의 상황을 분명하고 멋지게 요약한다.

> 16세기의 모든 유럽인은 시간과 공간이라는 안개로 흐릿해진 어렴풋한 장소라는 동방의 상像을 대발견 시대 이전으로부터 물려받았다. 알렉산더 로맨스, 백과사전, 천하도天下圖, 설교서, 동물 우화집에 보존된 중세 전통에서 주워들은 일반적인 대중은 줄곧 아시아가 신비한 술수와 마술을 행하는 낯선 민족들이 거주하고, 수많은 탁월한 미지의 기술技術과 이국적 기술을 가진 모범적인 사람들이 사는 부유한 지역이라고 상상했다. 아시아의 예술·기술·사상의 예들은 각기 500년 전에 유럽으로 옮겨갔지만, 그 출처는 대개 인지되지 않았다. 16세기에도 예술적 모티프, 도구, 기기機器, 수학 사상이 때로는 온전히 의식되지 않은 채로 아시아의 원본들로부터 차용되었다. 유럽인 대부분은 이슬람교를 믿는 동양Orient*과 나머지 아시아를 구별하지 못했다. 그 결과 오스만제국의 중부 유럽 공격에 대한 커져가는 공포에는 먼 동방의 낯설고 불가해한 관념의 침입이라는 불안과 불편이 동반되었다. 많은 작가가 인도의 무슬림에 맞선 포르투갈의 전쟁들을 적대적인 터키인에 맞선 가차 없는 투쟁과 연관 지었다. 이런 식으로 유럽 전 지역의 대중에게 동방은 전설 속의 민족, 마술, 우월한 기술, 도덕적인 왕, 대규모 군대뿐 아니라 이슬람이라는 적敵의 고향이기도 했다.[4]

* 이 책에서 Orient/Oriental은 '동양'으로, Orientalism은 '동양학'으로, the East/Eastern은 '동방'으로 옮긴다. 책명이나, 부정적 맥락이 강조되는 곳에서는 Orientalism을 '오리엔탈리즘'으로 옮겼다.

비교적 믿을 만한 자료들에 널리 접근할 수 있게 된 것은 포르투갈과 스페인 항해가들이 1513년 중국 연안에 처음으로 상륙한 해양 탐험에 관한 이야기를 출판하고 나서다.[5]

뛰어난 인문주의자이자 관료였던 주앙 드 바후스(1496~1570)는 이 여행기들을 이용한 최초의 선도적 포르투갈인 역사학자였다. 그의 『주앙 드 바후스의 아시아: 포르투갈인이 동양의 바다 및 육지의 발견과 정복에서 행한 여러 행위에 관하여Ásia de João de Barros dos feitos que os portugueses fezeram no descobrimento e conquista dos mares e terras do Oriente』*의 세 번째 열 권은 1563년 리스본에서 출판되었다.[6] 개인적 체험과 포르투갈 문서고 자료로 편찬한 『포르투갈인들의 동양 여행기Reisgheschrift van de Navigatien der Portugaloysers in Orienten』(1595)라고 하는, 얀 하위헌 판 린스호턴(1563~1611)의 네덜란드식 이야기는 곧 네덜란드인들의 동양 무역 사업을 추동했다.[7] 그러나 가장 널리 읽힌 중국 통사는 금릉에 관한 시를 짓는 유우석처럼 자기가 기록하는 무대를 방문한 적도 없는 사람이 썼다.** 후안 곤살레스 데 멘도사(1545~1618)의 『대중화제국의 가장 주목할 것들, 의례 그리고 습속에 대한 기록Historia de las cosas más notables, ritos y costumbres del gran Reyno de la China』(로마, 1585)은 그 세기가 지나기 전에 여러 유럽어로 30개

* 총 4편으로 이루어져 있고, 각 편은 열 권씩으로 되어 있다. 제1편은 1552년, 제2편은 1553년, 제3편은 1563년, 제4편은 바후스 사후인 1615년에 출간되었다. '10권씩으로 된 책'이라는 명칭은 티투스 리비우스(기원전 59~기원후 17)가 쓴 『로마사Ab urbe condita libri』가 10권씩 집필되었다는 전승에 기초해 중세에는 '10권의 책'이라고 불린 데서 나왔다. 바후스는 자신을 리비우스에 비기고 『주앙 드 바후스의 아시아』를 『로마사』에 비기며, 나아가 포르투갈인의 아시아 발견과 정복을 로마의 건국과 그 판도의 확대에 비기고 있다. 이쿠타 시게루의 일역본 해설 참조. 生田滋·池上岑夫 譯, ジョアン·デ·バロス, 『アジア史』(一, 大航海時代叢書 第II期 2~2, 東京: 岩波書店, 1980), 585~587쪽 참조.

** 유우석은 중국 당나라 시인(772~842)이며, 금릉(지금의 난징)에 관한 시는 연작시 「금릉오제金陵五題」를 말한다.

판본을 찍었다.[8] 그러나 그 책은 두 직접적 정보 제공자인 도미니크회 수도사 가스파르 다 크루스(?~1570)와 아우구스티누스회 수도사 마르틴 데 라다(1533~1578)의 보고서에 기초한 것이었다.[9] 책은 프랜시스 베이컨을 포함하여 많은 유럽 사상가와 학자에게 영향을 주었고, 많은 탐험가를 자극하기도 했는데 그중에는 월터 롤리 경(1554?~1618)도 있었다.

위대한 고전학자 스칼리제르는 출판된 지 2년 후에 『대중화제국의 가장 주목할 것들, 의례 그리고 습속에 대한 기록』을 읽었고, 세계력世界曆에 관한 자신의 저작을 위해 그 책을 조사했다.

> 중국인들*Sinae*(스페인인들은 이들을 치나스Chinas라고 부르는데, 나로서는 그 이유를 알 수 없다)*은 자신들의 고대 왕 비테이Vitey로부터, 주主의 해 1570년 이래로 통치한 호노그Honog까지 4282년을 셈한다. 왜냐하면 그들은 비테이로부터 친촘Tzintzom까지 2257년을 세기 때문이다.** 친촘은 비테이 종족의 마지막이었다. 그는 연속된 성벽으로 타타르인들을 중국인들로부터 분리했다. 그로부터 대략 주의 해 1570년, 1571년, 1572년 무렵의 호노그까지 그들은 2025년을 셈한다. 이 합계는 우리가 앞서 말했듯이 4282년에 달한다. 그러므로 비테이는 아브라함보다 훨씬 오래되었다.[10]

비록 연대年代 같은 정밀한 데이터는 멘도사에게서 나왔지만, 번역이든 소리를 옮기는 음사音寫, transcription든 중국 인명에서 있을 수 없는 스펠링

* 라틴어로는 중국인들을 *Sinae*라고 부르는데 스페인인들은 Chinas라고 부른다는 말이다. 당시 스페인인들이 중국을 Sina가 아니라 China라고 부른 것과 연관된다. 長南實 譯·矢澤利彦 譯註, 『シナ大王國誌』(東京: 岩波書店, 1978), 77쪽, 역자 주(27) 참조.

은 언어적 세련은커녕 전반적으로 중국에 대한 지독히 낮은 이해 수준을 나타낸다. 스칼리제르의 'Honog' 대신 멘도사는 본래 'Bonog'라고 썼지만 말이다. 중국의 12지支에 대한 스칼리제르의 지식은 문화적으로 오해된 배경 속에 잘못 놓인 사실들을 대충 파악한 또 다른 사례다. 그는 안티오크의 교부인 이그나티오스로부터 서신 교환을 통해 기본적인 동물의 이름들을 가져왔지만 그들의 성격은 오해했다. "그〔스칼리제르〕는 그 이름들이 일련의 주기를 형성한다는 점을, 그리고 특정한 해의 성격을 시적으로 기술하기 위해 이용될 수는 없다는 점을 깨닫지 못했다."[11]

그러나 중세적 세계관의 제한된 범위는 물론이고 그 단점들과 오해된 중국의 인상印象들을 이유로 멘도사의 『대중화제국의 가장 주목할 것들, 의례 그리고 습속에 대한 기록』을 비난하기는 어렵다. 마테오 리치(1552~1610)의 이야기체 간행물 『예수회가 행한 기독교의 중국 원정De Christiana expeditione apud sinas suscepta ab Societate Jesu』(아우크스부르크, 1615)[12]과 이후 줄리아노 베르투치올리가 "중국사를 유럽인에게 제시하려는 최초의 진지하고, 상세하고, 체계적인 과학적 시도"라고 부른 마르티노 마르티니(1614~1661)의 『타타르전쟁기De Bello Tartarico Historia』(안트베르펜, 1654)[13]가

** 비테이Vitey라고 음사된 인물이 정확히 누구인지는 분명치 않다. 멘도사 책의 일본어 번역본인 『シナ大王國誌』의 역자들은 비테이를 하夏왕조의 첫 왕인 우禹의 음역일 것이라고 보고 있다. 멘도사 책의 기초가 된 마르텐 데 라다의 저술은 일역본 역자들이 참조한 C. R. 박서의 편역서에서 볼 수 있는데, 거기서도 Vitey를 우라고 보고 있다. 長南實 譯·矢澤利彦 譯註, 『シナ大王國誌』(東京: 岩波書店, 1978), 118쪽, 역자 주 (22); C. R. Boxer ed., *South China in the Sixteenth Century*, Bangkok: Orchid Press, 2004, p. 279, n. 4 참조. 그러나 멘도사 책의 중국어 번역본에서는 Vitey를 황제黃帝라고 보고 있다. (西班牙) 胡安·岡薩雷斯·德·門多薩 編纂, 孫家堃 譯, 『中華大帝國史』(北京: 中央編譯出版社, 2009), 60~61쪽 참조.
친촘Tzintzom(멘도사의 원작에서는 Tzinzom으로 표기되어 있다)은 진秦의 시황제始皇帝를 가리킨다. 진이라는 국명과 시황제의 이름 영정嬴政의 정이 합쳐진 진정秦政의 음사일 것이다.
호노그Honog는 멘도사 책의 보노그Bonog를 잘못 적은 것인데, 인용문의 연도로 보아 명明의 융경제隆慶帝(재위 1567~1572)를 가리켜야 하지만, 확신할 순 없다.

출판된 후에야 멘도사의 책을 능가할 수 있었다. 마르티니의 『중국신지도집中國新地圖集, Novus Atlas Sinensis』(암스테르담, 1655)은 지도를 17장* 담고 있는데, 이는 중국의 지리를 보여주는 최초의 지도이며, 그의 『중국사 첫 10권: 극동아시아 혹은 대중화제국에서 민족의 기원부터 그리스도의 탄생까지 있었던 일Sinicae historiae decas prima, Res à gentis origine ad Christum natum in extrema Aia, sive Magno Sinarum Imeperio gestas complexa』**은 유럽 최초의 고대 중국사 저작이다.[14]

위에서 간략히 스케치한, 태동기인 16세기 중국학 최초의 지적 단계들[15]을 티머시 배럿은 '이베리아반도 단계Iberian Phase'***라고 적절히 명명했다.[16] 그것은 외국인 방문객들이 직접 관찰하거나 원주민 정보 제공자들을 통해 획득한 외적 인상들로 이루어졌다. 그것은 필리핀 도미니크회 선교사들이 거둔 약간의 결실, 중국 본토의 예수회 선교사들이 행한 더 실질적인 기여와 함께 진정한 중국학—중국 텍스트들을 통한 중국 연구—으로 나아갔다.

마닐라의 도미니크회 선교사들

마닐라에서 1593년과 1607년 사이에 운영된 인쇄 출판사는 가톨릭 신

* 원서에서 7장이라고 한 것은 오류다.
** 중국사의 기원에서부터 전한前漢 애제哀帝까지의 역사를 서술했다. 애제는 그리스도 탄생 전해까지 통치했고, 그리스도 탄생년에는 평제平帝가 통치했다.
*** 여기서 이베리아반도는 포르투갈과 스페인을 말한다.

앙, 교의, 의식에 관한 저작 9개를 생산했다. 3개는 고전중국어*로, 1개는 고전중국어와 복건방언의 혼합물로, 1개는 스페인어와 타갈로그어로, 3개는 타갈로그어로, 1개는 라틴어로 된 것이었다.[17] 이 저작들은 중국인 이민자 공동체를 위해 계획되고 중국인들 스스로 생산하긴 했지만, 도미니크회 선교사들 고유의 창작물이었다. 이 번역과 인쇄 작업 배후의 영적靈的 충동은 『신간료씨정교편람新刊僚氏正教便覽, Memorial de la vida christiana en lengua china』(1606)**의 저자이자 중국어 학습에 오랜 시간을 쏟은 최초의 도미니크회 선교사 도밍고 데 니에바가 알려준다.

> 종교가 언어를 이용하지 않을 때 종교는 차단된다. 미지의 문자로 설명해서는 신앙이 인지되지 않을 것이다. 우리의 종교와 신앙을 좇아 나는 이곳으로 흘러왔고, 여기서 대명大明의 학자들과 대화하는 행운을 누렸다. 그들의 문자와 언어에 대해 대강의 지식을 획득하게 되어 매우 고마웠다. 그래서 한 오래된 저작의 내용을 대명의 문자와 언어로 번역해 전해주었다. 우리의 신자가 되는 사람들을 안내하기 위해 이 책을 출판한다.[18]***

그러나 신앙의 포교를 위해 한자 쓰기를 배우는 일은 중국 책 읽기를 배우는 일과는 많이 달랐다. 그래도 여전히, 읽기건 쓰기건 터득 방법들은

* 문언문文言文.

** 스페인의 도미니크회 신부 루이스 데 그라나다(1505~1588)가 쓴 『기독교인 생활 편람Memorial de la vida cristiana』(1565)을 중국어로 번역한 것이다.

*** 원문은 다음과 같다. "夫道之不行, 語塞之也. 教之不明, 字異跡也. 僧因行道教, 周流至此. 幸與大明學者, 交談有旣. 粗知字語, 有感于心. 乃述舊本, 變成大明字語, 着作此書, 以便入教者覽之."(도가 행해지지 않는 것은 말이 막고 있기 때문이며, 교敎가 밝혀지지 않는 것은 문자가 다르기 때문이다. 도와 교를 행하다가 이곳까지 흘러왔다. 다행히 대명의 학자들과 이야기를 나누고 나서 문자와 언어를 대략 알게 되자, 마음에 느끼는 바가 있었다. 그래서 옛 책을 대명의 문자와 언어로 번역해 이 책을 지어 입교하는 이들이 읽기 편하게 한다.)

거의 동일했고, 스페인 도미니크회 선교사들이 편찬한 초기 어휘집과 사전의 중요성을 단순히 그 사적私的 목적*을 이유로 들어 평가절하해서는 안 된다.[19] 도미니크회 선교사들이 중국에서 행한 이와 유사한 활동은 예수회 선교사들의 우월한 성취에 가려 부각되지 못했다.[20]

중국의 예수회 선교사들

중국 본토에서는 예수회 선교사들에 의해 더 큰 진보가 시도되었다.[21] 예를 들면, 예수회 선교사들이 지은 최초의 자음표字音表는 16세기 맨 끝머리에 쓰였다.[22] 마테오 리치의 사전은 중국에서 예수회 선교사들이 이용했으나 출판되지는 않았다.[23] 그러나 이 시도들은 곧 17세기에 새로운 세대의 예수회 선교사들이 이뤄낸 언어학적 성취들에 의해 압도되었다. 초기 중국학의 이다음 단계에는 최초의 제대로 된 사전들이 편찬되고 최초의 대규모 번역물들이 생산되었다.

폴란드인 예수회 선교사 미하우 보임(1612~1659)은 최초의 중국어 사전 두 가지, 1667년에 중국어-라틴어 사전을, 1670년에 중국어-프랑스어 사전을 출판했다.[24] 보임은 또 중국의 언어, 의학, 지도 제작, 지리학, 식물학 관련 저작들도 생산해서, (오늘날 같은 나라 출신인 볼레스와프 슈체스니아크가 간주하듯이) "아마도 진정한 학식을 갖춘 최초의 중국학자로서, 서양 세계에서 중국 연구의 토대에 가장 크게 이바지한 사람"으로 간

* 중국인 이민자 공동체를 위한 것임을 말한다.

주할 수 있을 것이다.[25] 1694년에 출판되어 1699년에 개정된 바실리오 브롤로(1648~1704)*의 중국어-라틴어 사전은 보임의 사전보다 더 포괄적이었다. 브롤로의 사전은 초판에서 7000자를, 제2판에서 9000자를 담았다. 안타깝게도 사전은 필사본으로만 유통되었고, 크레티앵 루이 조제프 드 기네(1759~1845)가 1813년에 펴낸 사전의 기초로서 허락 없이 사용되었다.[26] 시칠리아 출신의 또 다른 중요한 이탈리아인 예수회 선교사는 프로스페로 인토르체타(1625~1696)다. 그는 중국 경전 일부를 라틴어로 번역했고(예를 들면 『중용中庸』), 『중국의 지혜Sapientia sinica』(1662)와 『중국의 정치도덕학Sinarum scientia politico-moralis』(1669)을 지었다.[27]** 구어에만 한정된 것으로서 최초로 출판된 문법서는 1654년 중국에 도착한 스페인 도미니크회 선교사 프란시스코 바로의 『관화문법Arte de la Lengua Mandarina』(광주, 1703)이다.[28] 안타깝게도 크리스토프 합스마이어는 "이 선구적인 문법서는 한자의 이용을 피하고 중국어를 전적으로 번역문의 기초 위에서만 소개했다"며 한탄한다. 『관화문법』은, 예수회 선교사 사이에서도 그렇고, 중국에서 필사본으로 유통되어 유럽에서 매우 드물긴 했지만 에티엔 푸르몽의 『대역문법Grammatica duplex』***에서 허락 없이 이용된 자료 중 하나가 되

* 바실레 데 제모나라고도 한다. 중국어로는 엽존효.

** 『중국의 지혜』는 인토르체타와 이그나티우스 다 코스타가 『대학』과 『논어』의 일부를 번역하고 이들이 쓴 「공자의 생애Vita Confucii」라는 소논문을 덧붙인 것이고, 『중국의 정치도덕학』은 『중용』을 번역한 것이다.

*** 푸르몽의 이 책에는 세 가지 제목이 있다. 책 앞의 세 페이지에 걸쳐 각기 (1) Linguae Sinicae grammatica, et Sinicorum regiae bibliothecae librorum catalogus(중국어 문법 및 왕립도서관 중국 서적 목록) (2) 中國官話(중국관화) (3) Linguae Sinarum Mandarinicae hieroglyphicae grammatica duplex, Latinè, et cum characteribus Sinensium: item Sinicorum regiae bibliothecae librorum catalogus, denuò, cum notitiis amplioribus et charactere Sinico(상형문자 관화 중국어. 중국 언어인 관화 문자에 대한 한자와 라틴어 대역이 붙어 있는 문법 교재 및 왕립도서관 중국 서적 목록과 중국 문자로 표기한 새로운 정보를 추가)라는 제목이 인쇄되어 있다. 이 책은 라틴어 문법에 비추어 중국어 관화의 문법을 설명하면서, 소개된 어휘에 중국어 발음과 라틴어 번역을 붙였다. 서양인 연구자들은 grammatica duplex라고 약칭하고, 중국과 일본의 연구자 사이에도 통일된 명칭이 없기에(『중국관화中國官話』라고 부를 것 같지만 그렇지 않다) 이 책에서는 『대역문법對譯文法』이라고 옮긴다.

었다. 이에 대해서는 뒤에서 다룰 것이다.[29] 벨기에 예수회 선교사로, 강희제를 위한 대포 제작자이자 흠천감欽天監 감부監副였던 페르디난트 페르비스트(1623~1688)는 초기 청사淸史에 대한 동시대 기록인 『중국 황제의 타타르 여행Voyages de l'Empereur de la Chine dans la Tartarie』(파리, 1695)을 썼다. 강희제가 천문학자, 수학자, 지리학자, 기술자, 번역자, 외교관으로서 수많은 기여를 한 페르비스트를 매우 존중하여, 페르비스트는 중국식 시호諡號를 받은 최초의 서양인이 되었다.[30] 텍스트 번역과 역사 서사의 서술에서 개인적 노력의 정점은 마테오 리치가 처음 시작하고, 마침내는 사서四書 중 세 경전(『맹자』 제외)을 한데 묶은 번역서인 『중국의 철학자 공자Confucius Sinarum philosophus』를 편집한, 벨기에 예수회 선교사 필리프 쿠플레(1622~1693)가 마무리를 지은 공동 기획으로 성취를 이룬다. 책은 1687년 파리에서 총 412쪽에 삽화를 더한 2절판으로 출판되었다. 예수회 선교사 16명이 작자로 기록되어 있지만, 실제 총 116명이 참여했을 것이다.[31]

마테오 리치와 적응을 통한 개종

물론 중국에서 지배적인 예수회 인물은 선구자인 마테오 리치였다.[32] 그는 1552년에 태어나 로마대학에서 예수회 천문학의 선도자이자 그레고리우스력의 저자인 크리스토퍼 클라비우스 밑에서 공부했다.[33] 마테오 리치는 1582년 마카오에서 선교 사역을 시작해, 1년 후 광주에 도착했다. 1610년 사망할 때까지 28년간 중국인들에게 구원의 복음을 설교하면서 보냈는데, 이전의 스페인·포르투갈 선교사들과는 근본적으로 다른 새로운 접근법을 이용했다. 처음에 그는 중국인들에게 자신의 진실성을 각인하기 위해 중국어를 배웠다.[34] 그것은 머지않아 개종에 다가가는 방법이 되었다. 왜냐하면 마테오 리치는 중국인을 우상을 숭배하는 이교도로 간주하는 대신, 성숙한 학문을 통해 권력자들과 융화를 추구하고 학문의 수준에서 다가갈 수 있는 동일한 정신을 가진 문인사대부文人士大夫로 간주했기 때문이다.[35] 즉 그는 과학, 고전 수사학, 기억술 등에 대한 자신의 유럽식 교육을 이용해 고전중국어로 된 우아한 글들을 중국인에게 제공함으로써 예수회 선교사와 문인사대부 계급 사이의 공통 기반을 찾았다. 기본적으로 마테오 리치는 "인문주의자이자 학자"였다. 하워드 굿맨과 앤서니 그래프턴이 생각한 것처럼, "그는 텍스트들을 가지고, 즉 그가 중국인 엘리트와 대화를 시작한 대가代價로 터득하게 된 유교 경전들, 그에게 유교에 대한 대안을 제공할 권위를 부여한 서양 고전들을 가지고서 일했다."[36] 마테오 리치는 다음과 같이 진술한다.

> 우리는 여기 중국에서 거의 30년을 살고 있고 또 중국의 가장 중요한 지방들을 여행했다. 게다가 우리는 귀족, 고관, 이 왕국에서 가장 뛰어난 문인사대부들과 친밀하게 교제하면서 살아왔다. 우리는 이 나라의 원어를 말하며, 그들의 관습과 법을 연구했고, 마침내는 가장 중요한 것으로 그들의 문헌을 정밀히 조사하는 데 밤낮을 바쳤다.[37]

신뢰감이 생기고 서로를 존중하게 되자, 마테오 리치는 자신의 학문과 친교 수단의 기독교적 전거들이 공정하게 귀 기울여질 것이라고 느꼈다.[38] 그는 더 훗날에는 '진정한' 가톨릭 교의를 훼손했다고 판단된 중국의 특정한 신앙과 의례들을 향해 제한적이긴 하지만 영적 적응을 확장했다.[39] 그러나 그의 새로운 접근법은 플라톤에서 공자에 이르는 "이교적인 종교적 표현에 더 개방적인 자세"를 가르치는, 유럽의 예수회계界에서 유행하던 '고대 신학Ancient Theology'이라는 영적 운동의 실제적 결과일 뿐이었다.[40] 고대 신학의 지지자와 더 주류적인 가톨릭교도 사이에서 벌어진 유럽에서의 논쟁은 전례논쟁典禮論爭과 번역의 전문 술어에 대한 그 논쟁의 다툼에서 정점에 달했다.[41]

마테오 리치는, 도미니크회 선교사인 니에바와 마찬가지로, 선교 작업을 용이하게 하기 위해 중국어 구어와 문어를 모두 이용했다. 그러나 그는 조너선 스펜스가 다음과 같이 설명하듯이, 도미니크회 선교사들이나 대부분의 동료 예수회 선교사와는 달리 구어보다는 문어를 더 지향했다.

> 마테오 리치는 책과 인쇄에 대한 사랑을 모든 이[즉 그의 유식한 중국인 개종자들]와 공유했다. 그는 중국 식자율에 대해 과장된 견해를 가졌지만—"여기 있는 사람 중 책에 대해 뭘 모르는 이는 거의 없다"—모든 종교 집단은 설교나 대중 강연이 아니라 책을 통해 그 메시지를 전파하는 경향이 있음을 정확히 알아차렸다.[42]

종교 소책자들을 중국어로 번역하는 일의 이론적 정당화, 그리고 상호간의 적응을 통한 조정책을 택한 동기는 여기서 생겨났다. 물론 이 과정의 일부는 중국에 대해 더 배우고 또 그 이해를 호의적인 유럽인 사이에 전파하는 것이었다. 이 둘 모두가 마테오 리치와 그의 동료들이 지지한 번역 작업, 중국 문화와 역사에 대한 객관적 저술, 사후에 출판된 마테오 리치 자신의 일기를 포함해 유럽에서 출판된 사적인 일기와 편지들을 설명해준다.

동양 르네상스: 바로크 중국애호와 『중국어 열쇠』

18세기 계몽주의와 더불어 외국의 관념들을 점차 더 받아들이게 된 유럽에 쇄도한 중국 번역물은 마테오 리치와 그의 동료들로부터 시작되었다.[43] 이 지적 각성의 한 가지 중요한 구성 요소는 레몽 슈와브가 동양 르네상스라고 부른 것으로, 특히 세련된 물질적 장식물에 대한 강렬한 몰두로부터 처음에는 페르시아의 것들이, 나중에는 인도와 중국의 것들이 전면에 나왔다.[44] 지적 층위에서 이 경향은 "바로크 중국애호baroque sinophily"[45]라고 불리게 되었다. 그러나 이 성숙한[동양] 르네상스의 토대는 그 이전에 있었던 유럽 르네상스의 토대와 마찬가지로 문헌학이었다.[46] 그 자체로 "동양에 대한 박식은 이 르네상스의 한 축이었다."[47]

동양 르네상스가 유럽인의 마음을 지적으로 사로잡은 것에 대해, 도로시 피구에이라는 서양 고전들을 대체하고 또 심리적으로 자기 정체성 확인을 심화한다는 이중적 역할의 관점에서 설명한다.

> 동양의 지혜는, 산스크리트어와 같은 언어들의 '해독解讀'과 더불어, 이 르네상스 비전vision의 한 축이었다. 우월한 영혼들에게는 동양문학이 16세기 석학들에게서의 그리스 문학과 같은 것이 되었음을 자신의 『일기』에서 언급한 논평자는 바로 빅토르 위고였다. 게다가 동양은 유럽인 관찰자들로 하여금 특권적 지위에서 '차이'의 문제를 제기할 권한을 주었다. 그것은 서양문화의

독특한 모델과 달랐을 뿐 아니라 유럽인의 수많은 열망이 자리하는 곳이기도 했다.[48]

그 시대의 한 가지 학문적 선호가 표면상 번역가들의 종교적 추구에 지적 에너지를 부여했다. 그 선호는 모든 언어를 성경에 나오는 바벨에서의 혼돈으로 소급해갈 보편 언어를 향한 탐색이었다.[49] 주석exegesis의 보조 도구로서 구약의 모든 언어 판본을 비교하는 것은 학문적 부산물이었다. 이런 탐색은 다른 호기심보다는 경건하지만 오도된 어원학을 낳았다. 네덜란드인 목사 필립페 마손은 천국에서 내려온 히브리인들의 빵인 만나manna를 서민들이 먹는 산동산山東産 둥근 빵인 중국 만터우饅頭와 동일시하거나, 메시아의 이름인 실로Shiloh를 중국어 스러世樂와 동일시했다.[50] 바빌로니아 혹은 이집트 식민주의자들에게서 중국문화의 기원을 찾으려 했던 두 세기의 역사학자들은 같은 과실을 더욱 엄청나게 저질렀다.[51]

이 탐색에는, 중국어를 터득하고 또 언어들의 계도系圖 안에서 신속히 중국어의 위치를 찾을 수 있게 해주는『중국어 열쇠clavis sinica』에 관한 안드레아스 뮐러(1630~1694)의 작업처럼, 중국어 학습의 방법론적 '열쇠'를 발견하는 일이 동반되었다.[52] 그러나 앞 세대에는 없었던 언어학적 도구들을 이용했음에도, 그 세기의 지적 분위기를 지나치게 흥분시킨 학술적 논쟁과 영적 논쟁들은 학적 의제든 종교적 의제든 간에, 정직한 번역이어야 할 것을 개인적 의제를 지지하기 위해 한 진영 또는 다른 진영으로 끌고 가는 경향이 있었다. 예를 들어, 옛 예수회 선교사들이 지나치게 영적으로 해석했던 번역들은『중국의 철학자 공자』에서 지나치게 이성적으로 바뀌었다.[53] 데이비드 먼젤로의 말을 빌리자면, "원자료들은 진리가 아니라 승리

를 목적으로 선택되었고",[54] 서기 1700년의 전례논쟁 논전들과 함께 정점에 달했다.[55]

예수회 번역자들 대 원조 중국학자들

18세기의 중국어 번역 작업은 프랑스 예수회 선교사들이 지배하게 되어, 1773년 그 교단이 해산될 때까지 계속되었다. 이때는 개종한 원주민들을 포함해 예수회 선교사 약 456명이 중국에서 사역하고 있었다.[56] 이 번역활동의 홍수는 장 드 퐁타네(1643~1710)가 이끌고 또 예수회 수학자들로 구성된 프랑스 최초의 중국 선교단과 함께 진지하게 시작되었다.[57] 북경에 거주한 가장 위대한 프랑스 예수회 중국학자인 앙투안 고빌(1689~1759)은 1733년에 도착하여 26년 후 사망할 때까지 그곳에 남아 있었다.[58] 그의 주요 저작에는 『중국 천문학 약사Histoire abrégée de l'astronomie chinoise』(1729), 『칭기즈칸과 몽골 왕조의 역사Histoire de Yen-tchis-can et de la dynastie de Mongou』(1739), 『서경書經: 중국의 성서Le Chou-king, un des livres sacrés des Chinois』(1770), 『중국 연대기 개론 삼부작Traité de la chronologie Chinoise devisé en trois parties』(1814)이 포함된다. 불행히도 고빌의 글 대부분은 그의 사후에야 출판되었다. 고빌의 학적 접근법은 C. R. 박서가 요약해준다. "그는 독창적인 저자인 척하지 않았고, 매우 신뢰할 만한 중국인 역사학자들이 이야기한 중국사에 관한 몇몇 정확하고 비판적인 인식을 유럽인들에게 제공하기 위해 자신이 노력하고 있다고 설명했다."[59] 게다가 그는 조제프 드 마이야와 더불어, 원주민 정보 제공자에게 의존하고 있음을

인정한 몇 안 되는 예수회 선교사였는데, 유능한 조수의 부족에 대해 불평한 적도 있다.[60]

고빌 같은 객관적인 연대기 작가가 있긴 했지만, 중국을 그 자체의 관점에서 평가한 중국학이라는 학문의 발달 가능성은 애초에 거의 없었다. 왜냐하면 계몽된 비기독교적 전제주의despotism의 미덕들을 둘러싼 찬반 주장의 살아 있는 구현물인 중국은 대담한 정신들esprits forts—볼테르와 피에르 벨 같은 기독교에 대한 이성주의적 공격자들—과 몽테스키외와 안로베르 자크 튀르고 같은 경건한 정통正統에 대한 방어자들 사이에 벌어진 논쟁에 불가피하게 끌려들어갔기 때문이다. 이 모든 것에서 그 시기에 생산된 주요 저작 다수는 이중의 편견(서양인들에 의한 편견과 만주인들에 의한 편견)을 짊어지고 있었다. 즉 중국풍chinoiserie 페티시의 이상화에 반대하여[61] 만주인들의 역사 서술[62]에서 수집한 서양적 중국 해석이 있었다. 바다를 가로지른 생생한 서신 교환은 손쉽게 얻은 (중국의) 인상과 무지한 태도를 전달했고, 덜 재미있지만 냉철한 분석을 대신했다.[63] 그러나 비非예수회 선교사들에 의해 생산된 학문은 똑같이 적대적 경향이 있었다. 먼젤로는 적어도 언어학 수준에서는 옛 예수회 선교사들이 목적에서나 방법에서나 이른바 세속적 '원조 중국학자들'보다 더 학문적이라고 주장했다. 최소한 예수회 선교사들이 출간한 저작들은 대부분 중국어나 만주어 자료에 기초하고 있었기 때문이다.[64] 그럼에도 비록 조제프 드 마이야의 『중국통사Histoire générale de la Chine』(1777~1783)가 원자료에 의존했고 또 균형 잡힌 제시를 위해 애쓰긴 했지만—이 객관성조차 의문스럽다[65]—다른 자료들은 뒤 알드가 지은 "유럽 중국애호가의 바이블"[66]로서 중국인들에게 동정적이지 않은 그 어떤 것도 회피한 『중화제국에 대한 기술Description de l' empire de la Chine』의 정신에 더 가까웠다.[67]

뮐러나 아타나시우스 키르허(1602~1680) 같은 유식한 성직자들은 자신들의 중국학 연구를 중국 너머까지 확장된 광범한 연구 의제 속에 통합시켰다. 그러므로 그런 학자들은 중국을 옹호한 예수회 호교론자들보다 지적으로 더 독립적인 원조 중국학자로 간주되었고, 냉전 시대 '중국 전문가China Hand'와 비슷한 위치를 차지했다. 그들의 전문화된 중국학 작업은 분명한 선전 목적이 없었기에 잘 받아들여졌다. 일례로, 키르허의 가장 영향력 있는 생산물인 『여러 자연적이고 인공적인 볼거리들뿐 아니라, 성스러운 것들과 세속적인 것들을 통해서, 그리고 기억할 만한 사건들을 통해서 논증된 기념비로 설명한 중국China monumentis, quà sacris quà profanis, nec non variis naturae et artis spectaculis, aliarumque rerum memorabilium argumentis illustrata』(암스테르담, 1667)[68]은 유럽 전역에서 읽혔다. 책의 목적은, 홍수 같은 정보 속에 거의 감추어져 있는데, 경교비景教碑의 진실성을 확립하는 것이었다. 그 자체로 책은 중국으로 가는 다양한 루트, 중국 기독교의 역사, 오래된 육로, 티베트에 대한 기술, 중국·일본·인도의 종교에 관한 묘사, 중국의 정부·습속·지리·동물·식물·공예, 중국어에 관한 논문, 장편 중국어-라틴어 사전과 같은 관련 주제들을 포함했다.[69] 그러나 이런저런 원조 중국학자들이 행한 작업의 공로에도 불구하고, 그들의 세속적 학문은 사실 모든 것을 포함하는 헤르메스주의Hermeticism—이교異教의 문헌적 유산 속에서 진정한 종교의 자취를 찾으려는 시도—의 기독교적 이상理想에 지나치게 젖어 있었다. 예컨대 키르허는 오늘날 중국에 관한 그의 작업보다 헤르메스주의에 대한 그의 거대한 종합인 『이집트의 오이디푸스Oedipus Aegyptacus』 전4권(로마, 1652~1654)으로 기억된다.[70] 『시경』 「생민生民」에서 아기 그리스도의 탄생 장면에 대한 찬가를 발견한 것은 특히 유명한 사례다.[71] 함과 그의 아들들이 이집트에서 이주했을 때 그들의 새로운 식민지〔중국〕에 한자를 가져왔다는 키르허의 주장 역시 재미있다.[72] 따라서, 물론 추구하는 학술적 프로그램은 달랐지만, 원조 중국학자들은 그들의 가정假定과 호교론에서, 그들보다 더 주류인 예수회 선교사들과 똑같이 종교적인 것으로 판명된다. 설상가상으로 원조 중국학자들은 중국에 거주하는 예수회 선교사들의 구두 보고서와 필기 보고서에 크게 의존하고 있었다. 예를 들어, 뮐러의 미완의『중국어 열쇠』는 그가 중국어를 거의 몰랐기 때문에 이차 자료들로부터 파생되었다. 간략히 말해, 원조 중국학자들은 연구자나 작가로서보다는 편찬자와 편집자로서의 역할이 더 컸다.[73] 이제 그들의 생각은 관념적 중국풍이라고 규정하는 게 가장 나을 것이고, 또 그 자체로서 향유될 것이다.

제2장 | 유식한 문외한과 제1세대 전문학자

"우리는 곧 적막하고 황폐하기까지 한 대륙에 닿을 것이다. 이 과정에서 우리가 사용할 언어는 유럽에는 그 명칭만 알려져 있다. (…) 우리가 따를 수 있는 어떠한 표본도 없고, 기대할 수 있는 아무런 지침도 없다. 한마디로 우리는 자급자족해야 하고, 모든 것을 스스로 이끌어내야 한다."[1]

—장피에르 아벨 레뮈자

선구자 장피에르 아벨 레뮈자는 틀림없이 자신이 직면한 책무의 막대함에 압도되는 느낌이었을 것이다. 그러나, 마스페로가 지적했듯이, 중국은 그 이전에 오랫동안 고유 문헌에 대한 스스로의 학문적 탐구 체계를 발전시켰고, 또 학적 도구들로 이루어진 장대한 진용陳容, 즉 사전, 문헌 목록, 통사와 개별사, 백과사전, 지리 정보와 금석학 정보의 컬렉션 등을 모아서 정리했다.[2] 당시 신참 중국학자는 서양의 고전학도와는 달리 이미 필요한 작업 도구를 여럿 가지고 있었다. 비록 그 도구들을 어떻게 발견하고 사용해야 하는지는 몰랐지만 말이다. 그러나 텍스트와 사전, 역사서와 주석은 모두 동일한 고급 언어로 쓰였기 때문에, 그런 취급하기 힘든 도구들을 다루는 것은 효용성이 의심스러워 보였을 게 틀림없다. 여하튼 그들 자신의 탐색 의제, 방법론, 그리고 가장 근본적으로는 연구를 위한 기본적인 공구서와 번역을 발전시키는 일이 제1세대 전문직 중국학자들에게 맡겨졌다.

18세기 유럽의 지성활동은 가톨릭 프랑스가 지배했는데, 당시 가톨릭 프랑스의 광신狂信에 대한 반동으로 인문주의적 조류가 추동되었다. 우리는 그곳에서 현대 중국학의 기원을 찾아야 한다.[3] 왜냐하면 유럽에서 최초로 전문직 중국학 교수직을 맡은 사람이 프랑스인인 레뮈자였기 때문이다. 레뮈자의 중국학 작업에 앞서 기네와 기네의 스승인 박식하지만 파렴치한 예수회원 에티엔 푸르몽이라는 두 프랑스인의 〔중국학〕 작업이 있었다.

에티엔 푸르몽

에티엔 푸르몽(1683~1745)은 마자랭대학에서 교육받았고 언어에 매혹되어 탐닉했다. 재학 중일 때 쓴 라틴어 교과서는 탐닉의 산물이었다. 그가 마침내 완성한 히브리어, 아랍어, 중국어 문법서는 안타깝게도 모두 라틴어 문법 범주의 기초 위에서 분석되었다. 이 '보편화' 경향은 그 시대의 정신의 일부였다.

콜레주 루아얄의 아랍어 교수였던 푸르몽은 자신의 학술적 직무 범위를 확대하여 중국어를 그 범위에 포함시켰다. 그는 유식한 조수인 복건 출신의 기독교도 중국인 아르카디우스 후앙(1679~1716)*의 노고 덕분에 중국학자로서의 명성을 얻었다. 1703년에 가톨릭 대표단과 함께 유럽에 도착한 후앙은 왕립도서관을 감독하라는 임무를 받았고 사전 편찬도 지시받았다.[4] 1716년 후앙의 때 이른 죽음으로 인해 미완성으로 남은 그 사전은 즉각 푸르몽에 의해 도용되었다. 푸르몽이 완성한 『왕립도서관의 사본 코덱스 목

*　황가략이라고 한다. 이는 중국 학자 쉬밍룽이 후앙의 세례명 Arcade를 번역한 것이고, 본명은 황일승이다. 자세한 것은 許明龍, 『黃加略與早期法國漢學』(修訂版, 北京: 商務印書館, 2014) 참조.

록Catalogus Codicum Manuscriptorum Bibliothecae Regiae』(파리, 1737)은 후앙이 시작한 것이다.[5] 푸르몽의 가장 주목할 만한 저작인 『대역문법』은 한자 추가를 제외하면 전적으로 프란시스코 바로의 옛 문법서에 기초했다. 장인 5명이 20년간 목판에 새긴 8만 개 한자 폰트는 초기 프랑스 중국학에 대한 푸르몽의 유일한 독립적 기여로 보이는데, 학문적 성취가 아니라 행정적 성취다.[6]

푸르몽은 인격적으로 추하고 비열한 인물이어서 다른 사람들, 즉 후앙·바로·프레마르의 작업을 거리낌 없이 표절했다. 코르디에가 묘사한 푸르몽의 성격은 매우 추하며, 재론할 필요조차 없다. 코르디에는 프랑스 중국학의 이 탐탁잖은 아버지에 관해 너무나 통절함을 느낀 나머지 몇몇 저작에서 노골적으로 거듭 그를 지워버렸다.[7] 레뮈자는 인신공격을 피하고 푸르몽의 학문을 이따금 부정적으로 평가하는 데 그쳤다.[8] 사람 좋은 앙리 마스페로는, 18세기 선교사들이 극동의 언어와 문명은 그곳에 거주해야만 배울 수 있다고 믿었다고, 또 푸르몽의 불행한 시도는 이 견해를 바꾸는 데 아무런 기여도 하지 못했다고만 진술한다.[9]

그렇긴 하지만 푸르몽은 열정적인 중국어 학도였다. 미완에 그쳤지만 그는 평생에 걸친 중국어-프랑스어 사전 작업을 진행했다. 그것은 특히 214개 부수部首를 통해 중국어의 '열쇠'—원조 중국학자들과 프랑스 중국학적 동양학자들의 성배聖杯였던 중국어 열쇠—를 찾는 당시의 유행을 따랐다. 그럼에도 푸르몽은 꼭 필요한 것, 즉 텍스트 전체 읽기를 배우지 않았는데, 이는 그를 크게 곤란케 한 결점이었다. 그는 중국의 연대年代와 성경의 연대를 서로 조정하는 데 기여했고,[10] 중국어가 본래의 보편 언어라고 주장한 최초의 프랑스 중국학자였던 것 같다.[11] 그는 세 권으로 두툼하게 묶인 미완의 초고인 『중국역사지리사전Dictionar Historium Geographicum』을 남겼는데, 이는 그의 도서 목록과 더불어 코르디에와 펠리오 모두를 아주 단단히 사로잡은 후대의 도서 분류 정신을 프랑스 최초로 보여준 모범이었다. 세실 룽은 이렇게 요약한다.

> 푸르몽의 여러 저작으로 학생들이 그 언어를 배울 수 있었다면, 이 사전은 독자가 중국의 지리를 탐험하고 그 역사에 친숙해지는 일, 즉 지식의 수집과 조직화가 지적 엘리트의 머릿속에서 최우선이었던 18세기 전반의 모든 진지한 학자에게 없어서는 안 될 필수적인 일에 이바지했다.[12]

표절 방식과 중국어에 대한 문헌학적 능력의 결여를 감안할 때, 푸르몽이 전근대 프랑스 중국학 학파의 창시자 노릇을 할 수는 없다 하더라도, 적어도 그 체계화를 시도한 선각자라고 간주할 수는 있을 것이다.

테오필루스 바이어

테오필루스 지크프리트 바이어(1694~1738)는 독립적인 판단력과 성취를 보였던 진정한 학자였다.[13] 이 프로이센 고전학자는 푸르몽과 마찬가지로 중국어를 독학했지만, 고대 그리스·로마 전문 학자였다. 그는 베를린왕립도서관의 사서로 일한 뒤 표트르 대제의 새 수도에 그 수도 이름을 따 새로 세워진 상트페테르부르크학술원에 채용되었다. 그러나 중국 연구에 점점 더 몰두함에 따라 바이어는 동양고대학 교수직이라는 새 직위를 얻게 되었다. 샤반의 학생이자 V. P. 바실레프(1818~1900)의 마지막 제자인 바실리 마하일로비치 알렉세예프(1881~1951) 또한 상트페테르부르크가 자랑하는 걸출한 동양학자였는데, 이번에는 철저히 훈련된 중국학자였다.[14]

현대의 바이어 전기 작가 크누트 룬트백은 제1세대의 두 준準전문직 중국학자인 바이어와 프루몽을 다음과 같이 대조한다.

> 둘은 성품이 너무나 달랐다. 여기에는 경건하고 소심한 바이어가 있었고, 저기에는 거만하고 악의에 찬 푸르몽이 있었다. 그들이 처한 상황 역시 매우 달랐다. 바이어는 표트르 대제 치하 러시아의 막 세워진 작은 현대식 수도의 신설 학술원(상트페테르부르크학술원)에 있었고, 푸르몽은 파리의 가장 유명하고 오래된 학술원 중 하나(콜레주 루아얄)에 있었다…… 중국 연구에 탐닉하기 위한 편의라는 점에서, 젊은 시절의 바이어는 선교사의 어휘집이나 옛 예수회의 사본과 편지들을 베낄 때 베를린왕립도서관에서 1년도 채 앉아 있지 못했다. 1726년 상트페테르부르크에 와서는 중국 서적이나 중국 선교사들의 저작을 하나도 발견하지 못했다. 말년에 그는 북경의 유식한 예수회 선교사들의 조언을 받는 혜택을 받았지만, 상트페테르부르크에서 보낸 편지를 북경에서 받기까지는 보통 1년이 걸렸고 답장도 마찬가지였다. 푸르몽에게는 마음대로 사용할 수 있는 왕립도서관의 대규모 중국 장서가 있었고 또 몇 년간은 그를 도와줄 프랑스어를 구사하는 중국인이 있었다.[15]

바이어의 가장 영향력 있는 저작은 『중국박물관Museum Sinicum』이다. 이 저작은 중국 언어, 문헌, 문법, 문자의 기원, 사전 편찬, 방언 등 제대로 된 사전을 만들 자료들에 관한 장단편 논문집으로, 대개 옛 예수회 선교사들

의 저작에 기초했으며 또 그러하다고 바이어가 솔직히 인정했다.[16]

조제프 드 기네와 크레티앵 루이 조제프 드 기네

푸르몽의 수제자는 조제프 드 기네(1721~1800)였다. 콜레주 드 프랑스〔옛 콜레주 루아얄〕의 시리아어 교수 드 기네는 오늘날 위에서 언급한 대로 중국인들이 본래 이집트인 식민주의자들이었다는 억측을 넘어서는 상상으로 유명하다.[17] 그의 생산물 중 오늘날의 중국학에 가치 있는 것은 『훈족, 돌궐족, 몽골족 그리고 또 다른 서부 타타르족들의 통사Histoire générale des Huns, des Turcs, des Mongols et des autres Tartares occidentaux』(전5권, 파리, 1758)가 유일하다. 책은 아무리 넓게 생각하더라도 중국학적이 아니라 아시아적인 그의 진짜 연구 취지를 보여준다.[18] 광주의 프랑스영사관에서 왕의 특사 겸 통역사로 복무한 그의 아들 크레티앵 루이 조제프 드 기네(1759~1845)는 자신의 중국 경험 이야기를 세 권의 책으로 출판했다.[19] 더 중요한 것은 그가 나폴레옹으로부터 바실리오 브롤로의 중국어사전 필사본의 편집을 위탁받았다는 점이다. 그 필사본은 (나폴레옹이 대對 이탈리아전에서 최초로 승리한 다음 1798년의 톨렌티노 조약에 따라) 바티칸에서 가져온 전리품인 100점의 회화, 흉상, 꽃병, 500여 편의 필사본에 섞여 있었다. 1808년에 〔아들〕 드 기네는 푸르몽이 이미 새겨놓은 한자들을 이용하기 시작했다. 이 『중국어-프랑스어-라틴어 사전Dictionnaire chinois, français et latin』은 1813년 드 기네 자신의 이름으로 파리에서 인쇄되었다.[20]

코르디에가 묘사한 대로, 푸르몽, 드 기네 부자, 푸르몽의 또 다른 제자 데쇼트라예의 작업에도 불구하고 이 시기 프랑스의 중국학 연구 상황은 환상적 억측과 부족한 방법론으로 손상된, 되는대로 하면서 목적도 없는 개인적 노력일 뿐이었다. 콜레주 드 프랑스의 아랍어 교수이자 푸르몽의 조카인 미셸 르 루 데쇼트라예(1724~1795)는 당시 중국학의 되는대로 하면서 목적도 없는 측면을 적게나마 보여준다. 아무런 공통된 실마리가 없는 그의 주저들에는 『춘추春秋』의 번역, 부처의 역사, 중국의 곡물에 관한 논문이 있다! 프랑스에서 중국 연구의 진정한 창시자는 그 분야에 질서와 방향을 제시한 위대한 레뮈자였다.

장피에르 아벨 레뮈자

장피에르 아벨 레뮈자(1788~1832)는 1813년 의학박사 학위를 취득했는데, 그 전에 이미 중국 본초서本草書로 중국 연구에 주목했다. 그는 전통적 중국어 사전인 『정자통正字通』*의 도움으로 독학했다. 신설된 중국어 교수직을 얻은 후에는 황립도서관에 비치된 필사본 문법서와 사전들, 특히 프레마르의 『중국어의 이해Notitia linguae sinicae』(1728)에 접근할 수 있었는데, 이는 그가 기꺼이 인정한 자료였다.[21] 마스페로에 따르면, 레뮈자는 독학으로 중국어에 대한 깊은 지식을 얻은 유럽 최초의 석학이었다.[22] 레뮈자는 23세라는 어린 나이에 훗날 코르디에가 훌륭하다고 칭찬한 저작인 『중국어문론Essai sur la langue et la littérature chinoises』(파리, 1811)을 출판했다.[23]

* 명나라 장자열(1564~1650)이 지은 중국의 음운 자서字書.

1813년 라틴어로 출판된 또 다른 논문 「중국어는 정말로 단음절어인가? 중국어 문법에 관한 문헌학적 논의: 아벨 레뮈자 지음Utrum Lingua Sinica sit vere monosyllabica? Disputatio philologica, in qua de Grammatica Sinica obiter agitur; autore Abelo de Remusat」[24]은 중국 문자의 성격, 단음절성, 첩어적 표현, 문법적 어조사 등과 같은 고전어(중국어)의 여러 측면에 집중했다. 그다음 몇몇 출판물로 레뮈자의 명성은 더 높아졌고, 그는 1814년 11월 29일 콜레주 드 프랑스의 중국어 교수가 되었다.[25] 헤르베르트 프랑케에 따르면, 이해가 중국학의 탄생년이었다.[26] 룬트백은 학술적으로 중국학이 정식으로 확립된 것은 정확히 말하자면 1815년 1월 16일 레뮈자의 교수직 취임 강연 이후였다고 주장한다.[27] 에드워드 헤츨 셰이퍼는 레뮈자의 이력을 다음과 같이 강조한다.

> 레뮈자는 중국어 외에도 몽골어·티베트어 및 여러 동아시아 언어를 연구했다. 따라서 그의 작업은 20세기 초 폴 펠리오에 의해 성숙해지고 완성될 운명인 프랑스 중국학 학파의 특질 중 하나를 보여주었다. 레뮈자의 많은 출판물 가운데 하나의 제목을 들어 그의 탁월한 경력을 보여주는 데 그치겠다. 『중국어 문법의 기초, 즉 고문古文과 관화 곧 중화제국에서 일반적으로 통용되는 공용어의 일반 원리Elémente de la Grammaire Chinoise ou Principes généraux du Kou-wen ou style antique, et du Kouan-hou, c'est-à-dire, de la langue commune généralement usitée dans l'empire chinois』. 이 책은 1822년에 출판되었다. 그는 이 같은 기본적인 연구 외에도 문학, 철학, 종교, 역사 분야에서 많은 중요한 보고서와 번역물을 출판했다. 그는 『학자지Journal des Savants』의 편집자였으며 여기에 중국에 관한 논문도 기고했다. 그는 『아시아

학지Journal Asiatique』를 기관지로 발행하는 파리 아시아학회의 초대 간사였다.[28]

레뮈자의 콜레주 드 프랑스 강의는 성숙한 프랑스 학파의 엄격한 문헌학적 방법들을 이미 지향하고 있다. 다시 말해 매주 3개 수업이 문법과 텍스트 해설로 나뉘었다. 그 텍스트 가운데에는 『상서尙書』(『서경』), 『노자老子』와 『감응편感應篇』, 중국어와 만주어로 된 공자의 생애, 경교비, 소설이 있었다. 그의 강의안은 앞서 언급한 『중국어 문법의 기초』에서 정점에 달했고, 비록 전적으로 독창적이지는 않다 하더라도 중국어에 대한 유럽 최초의 학문적 설명이 되었다.[29] 이 저작(『중국어 문법의 기초』)은 빌헬름 폰 훔볼트를 고무해 유명한 철학 서한인 『문법적 형태 일반의 본성에 대해서, 그리고 구체적으로는 중국어의 특성에 대해서 아벨 레뮈자 씨에게 보내는 편지Lettre à M. Abel-Rémusat sur la nature des formes grammaticales en général, et sur le génie de la langue chinoise en particulier』(1827)를 짓게 했다. 『중국어 문법의 기초』는 그 세기 내내 프랑스 중국학자들의 표준적 입문서였다. 마스페로는 후한 말투로 이 책의 장점을 기술했다.

〔조슈아〕 마슈먼과 모리슨은 각기 새로운 문법서를 출판했는데, 처음 것은 1814년이고 둘째 것은 1815년이었다. 그러나 이 책은 최초로 문어와 구어를 모두 다루고 있는 것으로서, 문어와 구어가 각기 한 부분을 차지하고 있다. 무엇보다 이 책은 중국어 특유의 성질을 고려해 문법을 특화한 최초의 것이었지, 동사 활용형과 격 변화 등이 있는 유럽 언어들의 모든 문법 형식의 패턴을 각각 부과한 번역 연습서에 불과한 것은 아니었다.[30]

『중국어 문법의 기초』는 레뮈자에게 풍부한 중국 문헌을 체계적이고 방법적으로 이용할 토대를 마련해주었다. 아시아의 '타타르' 언어들, 즉 몽골어, 만주어, 티베트어, 동東돌궐어에 관한 레뮈자의 유사한 저작 『타타르어 연구Recherches sur les langues tartares』는 일찍이 1820년에 출판되었다. 책은 이들 언어를 체계적으로 분류하려는 최초의 시도였다.[31]

번역가로서의 레뮈자는, 적어도 『불국기佛國記』*와 같은 가장 어려운 작품들에서, 18세기 중국학자들의 퇴행적 습관, 다시 말해 축자逐字적 의미를 옮기는 대신 쉽게 풀어쓰기를 제시하는 습관에 빠졌다. "만약 그가 일반적 의미를 획득했다면, 그것은 〔그의〕 정확한 분석 덕분이 아니라 천재적 직관 덕분이었다." 그럼에도 이 특수한 번역은 특히 중앙아시아와 인도에 대한 당시의 역사적·지리적 지식의 결핍을 감안하면 "그 시대로서는 놀라웠다"고 마스페로는 말한다.[32]

왕립도서관 중국 자료의 목록 조사를 위탁받은 레뮈자는 문헌학의 토대를 굳건한 발판 위에 두기 위해 마단림의 『문헌통고文獻通考』 목록학 부분**의 번역 계획을 세웠다. '경經'에 관한 첫 권만이 완성되었고, 레뮈자는 그것이 인쇄되기 전 콜레라로 사망했다. 레뮈자의 학생인 쥘리앵, 프레스넬, 포티에 가운데 첫 번째 인물이 그의 후계자로 선택되었다.

* 5세기 초 중국 동진東晉의 승려 법현(338~422)의 여행기. 중앙아시아와 인도의 여러 나라를 여행한 사적을 기록했다. 『법현전法顯傳』. 전1권.

** 『문헌통고』 중 「경적고經籍考」를 말한다. 『문헌통고』는 중국 고대부터 남송 영종 때까지의 제도와 문물사에 관한 책이다. 1319년에 중국 송 말 원 초의 마단림(1254~1323)이 당나라 두우의 『통전通典』을 본떠서 엮었다. 전348권.

스타니슬라스 쥘리앵

스타니슬라스 쥘리앵(1797~1873)은 집안의 가난 때문에 늦게 학문을 시작했다. 그는 기회가 생겼을 때 이를 잡기 위해 부지런히 전념했다. 쥘리앵의 학문은 결국 무르익어, 그는 당대 유럽의 지배적인 중국학자가 되었다. 선교사-중국학자인 레그를 제외하면, 샤반 이전에 그와 비슷한 명성을 누린 중국학자는 없었다. 쥘리앵의 재산은 그를 기려 중국학에 뛰어난 기여를 한 이에게 해마다 상을 주는 데 투자되었다. 폴 드미에빌에 따르면, 유감스럽게도 쥘리앵의 성격은 밉살스러웠다.[33] ('문헌학적 짐승'—이 유식한 동물원에 동료 석학 프랑시스크 미셸을 포함하자면 복수형으로 bestiae linguaces—이라는, 빅토르 파비가 붙인 노골적인 별명이 그의 개성 탓인지는 알 수 없다.)[34] 쥘리앵은 오를레앙대학에서 공부하고, 콜레주 드 프랑스로 옮겨가 그리스어에 전념했고, 아랍어, 히브리어, 페르시아어, 산스크리트어로 범위를 넓혀나갔다. 1824년 레뮈자를 만난 지 6개월 뒤 라틴어로 『맹자』 번역을 시작했다. 부분적으로는 만주어-중국어 대역본*을 이용했는데, 그는 새로이 만주어를 자신의 도구상자에 추가했다. 그 작업은 4개월이 걸렸고, 『중국 철학자 가운데 명석했고, 학식으로는 공자 다음가는 맹자, 즉 멘키우스를 라틴어 번역본으로 출판한다. 스타니슬라스 쥘리앵은 중국어에서 뽑아낸 주석을 가지고 맹자를 번역했는데, 만주어 번역과 양쪽을 서로 검증했다Meng Tseu vel Mencium inter Sinenses philosophos,

* 원서에서 "two Manchu versions"라고 한 것은 레뮈자의 글에서 "une double version tartare de Mencius"라는 부분을 잘못 읽은 것이다. 강희제 때 간행한 『新刻滿漢字四書』나 건륭제 때 간행한 『御製翻譯四書』에 포함된, 『맹자』의 만주어-중국어 대역본일 것으로 짐작된다.

ingenio, doctrina, nominisque claritate Confucio proximum, edidit, Latina interpretatione, ad interpretationem Tartaricam utramque recensita, instruxit, et perpetuo commentario, e Sinicis deprompto, illustravit Stanislas Julien』(전2권, 파리, 1824/1826)라는 긴 제목이 달렸다. 쥘리앵의 스승은 그 번역을 극찬했고, 쥘리앵의 방법론이 가진 장점을 상세하게 말했다.[35]

> 우선 쥘리앵은 『맹자』의 텍스트를 충실히 읽는 데에 전념했다. 쥘리앵은 『맹자』의 문체에 대해 공부했고, 『맹자』의 언어가 가진 고유한 것을 모두 깊이 통찰했다. 동일한 저자 안에서 모든 구절을 반복해서 비교하는 일은 몇 가지 어려움을 안고 있지만, 대개 이러한 비교는 수많은 실마리를 주기에 충분하다. 이는 다른 언어에서와 마찬가지로 중국어에도 해당된다.[36]

쥘리앵은 서로 다른 중국어 판본 8가지를 참고했는데, 그의 시대와 장소를 고려할 때 1561년 드니 랑방(1520~1572)이 10개 라틴어 판본에서 호라티우스를 편집한 것보다 훨씬 더 주목할 만한 위업이었다. 쥘리앵의 『도덕경道德經』 번역(파리, 1842)은 모험 삼아 해석을 시도하기 전에 텍스트 전통을 명료히 하는 데에 대한 동일한 관심을 보여주었다. 왜냐하면 그는 다시 한번 이용 가능한 모든 판본(7개)을 참고했기 때문이다. 마스페로에 따르면, 중국학자로서 쥘리앵이 보여줄 전반적인 우월성은 『맹자』에서 시작되는 쥘리앵 번역의 건전성에 의거했다.[37]

수업에서 쥘리앵은 추상적으로 문법을 강의하는 대신 텍스트들, 즉 『삼자경三字經』 『천자문千字文』 『상서』 『논어論語』 『좌전左傳』 『예기禮記』를 널리 읽혀 제자들을 지도했다. 그러나 그는 읽기의 열쇠로서 통사統辭에 주목할 것을 강조했고, 그의 비방자들, 특히 G. 포티에[38]로부터 자신의 접근법을 방어하고 또 이 중대한 학문을 가르치기 위해 『중국어 새 통사론Syntaxe nouvelle de la langue chinoise』(파리, 1869)을 만들었다.[39] 그 책은 〔당시〕 최근의 많은 중국 문헌학적 업적의 결과를 하나로 묶었다. 예컨대 151~231쪽은 왕인지의 허사虛詞 연구서인 『경전석사經傳釋詞』(1798)의 많은 부분을 포함하고 있다.

쥘리앵은 학생들을 위해 경전 대부분과 많은 역사서 및 문학서를 번역했지만, 그것을 출판하는 게 좋다고 보지는 않았다. 그가 경력의 초기인 1830년대에 생산한 것은 더 대중적인 계통이었다. 다시 말해 빼어난 문체로 번역된 원대 희곡과 명청대 소설들이었다. 이는 부분적으로는 그 민족의 사회적 삶, 즉 직접적 관찰 없이는 연구할 수 없는 것을 연구하려는 욕망에서 나온 것이었다.(속물적 엘리트주의로 인해 그렇게 했다. 만약 그게 없었다면, 마스페로가 변명했듯이 "그것들〔원대 희곡과 명청대 소설들〕의 진부함과 평범한 구성이 번역가의 노력을 거의 보상해주지 않았"을 것이다.)[40] 그 언어〔중국어〕의 복잡성을 다루는 쥘리앵의 솜씨는 그 텍스트들 주위에 산재한 수많은 시구뿐 아니라 소설의 산문 서사도 정당히 평가할 수 있었다. 실제로, 쥘리앵의 흥미와 기교를 자극한 것은 고전어와 백화白話가 결합된 텍스트들에 내재한 어려움뿐만 아니라 신기함이기도 했다. 이 이중의 도전에서 거둔 쥘리앵의 성공은 진정으로 중국문학을 터득하기 위해서는 〔중국어의〕 고전 언어와 구어체 언어의 능력 이 모두 필요함을 보여주었다.[41]

경력의 후기에는 관심사가 확장되어 중국을 아시아적 배경 속에 포함시켰다…… 『현장의 생애와 인도여행 이야기Histoire de la vie de Hiouen-Thsang et de ses voyages dans l'Inde』*의 번역은 1851년에 나왔다. 1856년에는 거기에 딸린 『대당서역기大唐西域記, Mémoires sur les contrées occidentales』가 나왔다.** 쥘리앵은 『현장의 생애와 인도여행 이야기』로 원어민 주석가들을 뛰어넘어 독립적 판단력을 가진 저작을 생산하는 최초의 중국학자가 되었다. 이 저작은 그 자체로 중국학 발전에서 중요한 이정표를 이룬다. 그리고 두 저작 모두 산스크리트어 단어들을 음사音寫함으로써 인도학 연구자들에게 굳건한 학적 토대를 마련해주었다.

방법론적 지침을 가진 소책자 하나가 현장에 관한 쥘리앵의 저작에서 파생되었다. 『중국 서적 속에서 마주치는 산스크리트어 명칭의 해독과 음사를 위한 방법Méthode pour déchiffrer et transcrire les noms sanscrits qui se rencontrent dans les livres chinois』(1861)이다. 주지하다시피, 그 내용은 쥘리앵이 산스크리트어나 중국어의 현대적 형태에 의존했고 또 그가 비교하는 것들의 연대상 차이를 무시했기 때문에 흠집이 생겼다. 그럼에도 불구하고 책은 통제되고 체계적으로 음사들을 비교하는 데 경험적 모델 노릇을 했으며, 후대 학자들이 상당히 환상에 의존하여 복원한 것들을 제거하는 데 기여했고, 또 불교에 대한 모든 중국학적 연구에서 길잡이 노릇을 했다.[42]

『돌궐문헌Documents sur les Tou-kiue』은 1864년에서 1867년 사이에 나왔다. 『아시아학지』에 실린 목록학, 역사, 인도의 지리에 바쳐진 쥘리앵의 논문들은 『아시아 지리 및 중국-인도 문헌학 논문집Mélanges de géographie

* 중국 당나라 때의 승려 혜립이 짓고 사문沙門 언종이 주석한 『대당대자은사삼장법사전大唐大慈恩寺三藏法師傳』의 번역이다. 원서는 『대자은사삼장법사전大慈恩寺三藏法師傳』 『삼장법사전三藏法師傳』 등으로도 불린다.

** 『대당서역기』는 중국 당나라 승려 현장(602~664)이 서역에서 불경을 구한 행적(629~645)을 기록한 견문록(646)이다(현장이 말한 내용을 제자인 변기가 정리). 138개 국가의 불교 상황, 불교 고적·제도·풍속 등이 기록되어 있다. 전 12권.

asiatique et philologies Sino-indienne』(1864)으로 인쇄되었다.

공무公務 부서의 재촉으로 쥘리앵은 중국 기술의 역사도 탐구했고, 비단 산업, 자기瓷器[43]에 관한 저작들, 채소와 광물의 색깔, 금속, 조판組版, 차 등등을 다루는 잡문집인 『중화제국 고금의 산업Les Industries anciennes et modernes de l'empire chinois』(1869)도 생산했다. 이것은 중국에 있는 동시대 선교사들, 특히 알렉산더 와일리가 개척하고 있던 중국 기술 연구에 필적했다.

요컨대, 현대 프랑스 중국학 학파는 중국 자료들을 완벽히 터득할 것에 대한 쥘리앵의 강조와 아시아적 배경 속에서의 중국이라는 쥘리앵의 넓은 시야 모두에 빚지게 되어 있다. 레뮈자에게서 시작된 프랑스 학파의 부각은 쥘리앵에서 그 절정에 올랐으며 샤반의 경력에 와서야 다시 획득되었다.*

1873년 쥘리앵이 사망했을 때는 그의 뛰어난 학생들 대부분이 이미 사망한 뒤였다. 『주례周禮』의 번역자인 에두아르 콩스탕 비오(1803~1850),[44] 문법에 관한 두 저작인 『중국 속어의 일반원리에 관한 논문Mémoire sur les principles généraux du chinois vulgaire』(1854)과 『관화문법Grammaire mandarine』(1856)의 저자이자 1841년 설치된 동양어학교**의 현대중국어 교수직[45]을 처음으로 맡은 앙투안 바쟁(1799~1862), 성직자였던 메트비에가 이미 사망했다. 쥘리앵의 가장 덜 뛰어난 제자 중 한 명이 남아서 중국·몽골·만주의 언어와 문학을 가르치는 교수직을 이어받았다.

* 후술하듯이, 쥘리앵과 샤반의 사이인 19세기 말에는 프랑스 중국학 학파의 침체기가 있었다.
** 처음에 동양어학교École des langues orientales(1795~1914)였다가 후에 국립현대동양어학교École nationale des langues orientales vivantes(1914~1968)로 개명했다.

에르베 드 생드니 후작

에르베 드 생드니 후작(1822~1892)은 동양어학교에서 바쟁에게 중국어를 배웠고 나중에는 쥘리앵과 함께 연구했다. 생드니는 쥘리앵의 지도하에 비오의 사망 시 미완이던 『주례』의 마지막 몇 장을 번역했다. 그러나 생드니는, 경전에 대한 그의 작업과 현대 중국어 능력에도 불구하고, 중국 시 번역이 유행하기 전에 이미 중국 시를 선구적으로 번역해 대중화한 인물로 알려져 있다. 그의 주요 저작은 『당시唐詩, Poésies de l'époque des T'ang』(1862)와 『이소離騷, Li Sao』(1870)다. 전자에 관해 에드워드 셰이퍼는 다음과 같이 단언했다. "한 세기도 더 지난 이 번역이 오늘날 미국의 문학 연구자들이 만든 당시 판본 대부분에 필적하고 또 그중 다수보다 우월함을 입증할 수 있다."[46] 드미에빌은 생드니의 「이소」 번역이 덜 성공적이라고 판단했는데, 문헌학적 솜씨에서도 또 프랑스어의 우아함에서도 돋보이지 않는다고 단정했다. 그럼에도, 그것은 제2제정帝政*의 문학살롱에서 매우 환영받았다.[47] 문학 분야로부터의 유익한 일탈 하나는 『문헌통고』에서 외국을 다룬 두 부분의 번역인 『중국 이민족들의 민족지Ethnographie des peuples étrangers à la Chine』(1876~1883)**다. 이 저작에서 생드니는 자신의 뿌리로, 즉 레뮈자가 처음 이용했던 저자 마단림과 쥘리앵이 처음 이용했던 분야로 되돌아갔다. 아마도 생드니는 자신의 선임자들과 같은 문헌학적 솜씨를 보여줄 수 없었기 때문에 더 이상의 고전 연구를 피했을 것이다.

마스페로는 훨씬 더 비판적으로, 레그의 『중국의 경전Chinese Classics』이

* 1852~1870. 나폴레옹 3세의 프랑스 통치체제.
** 「사예고四裔考」 중에서 '동이東夷'와 '남만南蠻'을 다룬 부분이다.

처음 나왔을 때(1861~1872) 프랑스 중국학은 그 혜택을 받을 만큼 충분히 발전하지 않았고 거기에는 생드니도 포함된다고 한탄했다.

> 그(생드니)가 그 교수직(콜레주 드 프랑스 중국어 교수직)을 맡고 있던 20년(1874~1892)은 이 시기 와일리, 레그, 와터스,* 메이어스,** 에드킨스, 미국인 웰스 윌리엄스*** 등 주목할 만한 잉글랜드 석학 일단一團에 의해 조금씩 빛을 잃고 있던 프랑스 학문의 영광에 거의 아무것도 보탠 것이 없다. 에르베 드 생드니는 쥘리앵의 번역에 있는 확실성을 갖추지 못했고 비판적 감각 또한 거의 없었다.[48]

놀랍게도 마스페로가 이렇게 시인함으로써, 다음 세대의 샤반의 성취는 더욱더 주목할 만해진다.

단지 고전 중국어 교수직보다 훨씬 더 많은 것이 레뮈자로부터 쥘리앵을 거쳐 생드니에게로 건네졌고, 그들 개인 서고의 많은 물건도 전해졌다. 한 가지 사례는 스페인어로 된 익명의 필사본 중국어 사전이다. "그것은 (…) 생드니에게 (…) 속했었다. (…) 그의 서고는 사후 2년 만에 매각되었는데, 그보다 앞서 쥘리앵은 (…) 콜레주 드 프랑스의 전임자인 레뮈자의 책들이 판매될 때 그것을 구입했었다."[49] 그러나 훨씬 더 중요한 것은 그들이 물려받고 발전시키고 또 다음 세대에 유증한 연구 방법론과 분야였다.

* 토머스 와터스. 영국의 외교관 출신 중국학자(1840~1901).
** 윌리엄 프레더릭. 영국의 외교관 출신 중국학자(1839~1878).
*** 새뮤얼 웰스 윌리엄스. 미국의 선교사, 외교관, 중국학자(1812~1884). 1853년 페리 제독의 일본 방문 시 공식 통역관이기도 했다.

동양학에서 문화적 평행대조광으로

코르디에는 제1세대 프랑스 국내중국학자들sinologues de chambre의 작업이 되는대로인 데다가 목적도 없었으며, 환상적 억측으로 손상되었고, 방법도 결여되어 있었다고 정확하게 주장했다. 레뮈자와 그를 따르는 사람들이 그 분야에 질서와 방법을 부여할 수 있었다 하더라도, 환상적 억측과 무의식적 편견은 계속 중국과 서양에 있는 서양인 중국학자들의 작업을 따라다니며 괴롭혔다. 결국 학자들은, 다름 아닌 중국학자들은 시대의 지적 분위기 속에서 일하고, 또 동시대적 관심에 반동하고 반응한다. 서양의 중국학자들을 위한 18세기와 19세기의 전반적인 지적 심태心態는 동양학Orientalism이었다.

'중국학적 동양학Sinological Orientalism'은 노먼 지라르도와 로런 피스터가 레그에 관한 그들 각자의 근간 예정인 책들에서 19세기의 중국 관련 학문을 특징짓기 위해 사용한 용어다.[50] 당대當代 동양학 심태의 일부로서, 중국학자들은 동료인 인도학자 및 아랍학자Arabicist들과 동일한 연구 프로그램을 수용했고 또 동일한 심리적 전제 및 문화적 맹목주의의 제물이 되었다.

동양학은 유럽 문화의 정신적 지평, 즉 그리스인들이 애써 아시아를 무시한 이래로 영원히 고착된 지평 너머에 하나의 세계가 있다는 발견과 더불어 시작되었다.[51] 이 지평 너머에는 히브리어·그리스어·라틴어라는 고전어 트리오를 초월하는 언어가 있었고, 신성과 도덕에 관한 유대-기독교적 패러다임에 제한받지 않는 종교와 철학이 있었다. 위에서 언급한 대로, 동양 르네상스라 불리는 문헌학적 운동은 동양의 언어와 문화에 대한 공격적 연구, 즉 슈와브가 확실한 통찰력과 공감을 가지고 연대순으로 기록한 사업으로 구성되었다.[52] 산스크리트어는 이 운동의 가장 중심이었다. 고대 그리스어와 라틴어의 동족어로서 산스크리트어는 윌리엄 존스(1746~1794)로부터, 그리고 에르네스트 르낭(1823~1892)과 막스 뮐러(1823~1900) 같은 19세기의 다른 비교문헌학자들에게서 비판적 주목을 받았다. 그로 인해 대大논쟁은 결국 신적인 아담의 언어에서 파생한 하나의 보편 언어를 향한 탐색에서 인도-유럽 조상들의 사라진 문명에로 전환되었다.[53] 대논쟁은 더 이상 종교적 견지에서 진행되지 않았는데, 왜냐하면 그 논쟁은 성경 주석과 적응을 통한 개종改宗을 넘어서버렸기 때문이다. 그 대신 한 문화의 뿌리의 학술적 복원이라는 세속적인 면이 관심을 받았다. 그 결과는 비극적이게도 우리 세기의 인종정치와 인종학살을 이론적으로 정당화한 아리아주의Aryanism였다.

동양학Orientalism과 그 주요 인물의 제도적 프로그램은 슈와브가 기술했다. 그러나 그 용어는 사이드가 『오리엔탈리즘Orientalism』에서 주장했듯이 훨씬 더 많은 것을 포괄한다.[54] 동양학이라는 말은 너무 광범해서 사이드는 결코 정의를 내리는 모험을 하지 않는다. 오히려 그는 당장의 논의를 위해 〔동양학에〕 상이한 곳에서 상이한 자격을 부여한다. 첫째, 동양학은 동양학자들이 하는 것이다. 둘째, 동양학은 동양과 서양을 인식론적으로 대립시키는 '사고양식'이다. 마지막으로, 동양학은 자료에 대한 패권적 통제권을 행사하고 다시 개념화하여 서양적 ('신화적'이고 '도식적'이라고 읽힌다) 견지에서 제출한다. 동양학은 "동양을 다루기 위한 공동의 제도corporate institution"다.[55] 사이드의 주장은 서방의 중동 개입에 대한 자신의 분석에 극도로 의존한다. 이와 대조적으로 중국, 일본, 동남아시아는 호전적인 지적 제국주의를 고무한 동양학의 측면으로부터 덜 고통받았던 것 같다.[56] 적어도 중국의 경우에는 대체로 중국학자들이 문인사대부 전통 내부에서 작업했고 또 동일한 텍스트적 관점, 문헌학적 방법론, 정전화된 연구 의제를 공유했다는 사실 때문이었다. 따라서 그들은 중국의 풍부한 문헌을 제국주의적으로 착취했다기보다는 중국을 문화적으로 변론하는 역할을 더 많이 했다.[57]

비록 19세기 중국학자들이 그들의 동료 동양학자들과 같이 적극적인 지적 식민주의에 관여하지는 않았지만, 그 시대의 학적 담론을 고무한 동일한 일단의 잠재의식적 가정에는 찬동했다. 만약 앞서 언급한 대로 논쟁이 종교적 전장戰場에서 세속적 전장으로 옮겨갔다면, 중국학자들 역시 옮겨갔을 것이다. 그러므로 마침내 하나의 보편 언어에 대한 몰두가 고대 인도유럽어적 뿌리를 발견하려는 노력에 자리를 양보했을 때, 중국학자들은 자연스럽게 그 새로운 언어학 게임에 열정적으로 참여했던 것이다. 방법론적으로 말해서, 하나의 개념적 중국어 열쇠에 대한 이론적으로 탄탄하지 못한 관심은, 개념적 수준에서 헤르메스주의가 아리아주의에 양보한 것과 꼭 마찬가지로, 통사統辭라는 기술적으로 명백한 도구에 굴복했다.

동양학 가운데 최악의 과도한 짓은 지라르도의 아주 잘 어울리는 어휘인 '문화적 평행대조광平行對照狂, cultural parallelomania'*으로 적절하게 기술된다. G. 포티에의 『중국과 이집트 비교: 중국과 이집트 상형문자의 기원과 유사한 구성에 대한 시론Sinico-Ægyptiaca: Essai sur l'origine et la formation similaire des écritures figuratives chinoise et egyptienne』(파리: Typographie de

* 동양과 서양에 서로 상응하는 것이 있었을 것이라고 광적으로 믿는 것을 말한다.

Firmin Didot frères, 1842)과 조제프 드 기네의 『중국인이 이집트인의 한 식민이었음을 입증하는 사람들에 대한 소고Mémoire dans lequel on prouve, que les Chinois sont une colonie égyptienne』(파리, 1759)로부터 테리엔 드 라쿠페리의 『기원전 2300년부터 기원후 200년까지 초기 중국 문명의 서양 기원The Western Origin of the early Chinese Civilization from 2300 BC to 200 AD』(런던, 1884)에 이르는 저작들은 중국 문명의 아리아적 근원을 발견하기로 결정했다. 19세기의 가장 적극적인 아리아주의자 가운데에는 중국학자인 조지프 에드킨스(1823~1905)와 구스타프 슐레겔(1840~1903)이 있었다. 1871년 에드킨스는 런던에서 『중국이 문헌학에서 차지하는 위치: 유럽과 아시아의 언어들이 하나의 공통 기원을 가짐을 보여주려는 시도China's Place in Philology: An Attempt to Show that the Languages of Europe and Asia have a Common Origin』[58]를 출판했다. 에드킨스의 가장 주목할 비교는 아마도 「『도덕경』의 세 단어 이夷·희希·미微에 관해서On the Three Words 'I Hi Wei' in the Tau Te King」일 것이다.[59] 이 짧은 논문에서 에드킨스는 고유固有한 계시종교의 흔적을 발견하려는 헤르메스주의적 시도를 중국이 아리아인과 갖는 문화적·언어적 연관을 밝히려는 노력과 결합했다. 이 세 개의 중국어 단어는 삼위일체trinity의 이름인 것으로 판명되었다!

신설된 상해문리학회上海文理學會, Shanghai Literary and Scientific Society의 신임 회장 E. C. 브리지먼의 취임 연설은 이 견해의 핵심을 훌륭히 요약해준다.

> 현대 역사학자와 철학자 대부분이 주장하듯이, 만약 고대 중국인들이 서양에 있는 그들의 동시대인 중 누구—이집트인, 페니키아인, 그리스인 혹은 로마인—에 의해서 능가되었다면, 그것은 의심의 여지 없이 단지 저 서양인

들이 인간가족human family의 초기 가부장들로부터 유래한 어떤 희미한 빛살을 받았기 때문이다. 게다가, 최초의 중국인 세대와 접촉할 때, 어떤 인식—홍수* 이후에 사람들이 하나의 진정한 신께 최초의 제단들을 지은 상고시대의 동일한 지점에서 방사放射되는—이 동쪽을 지향했고, 동아시아의 광대한 지역에 걸쳐 전해졌으며, 결국 이 머나먼 영토 위에서(결국에는 예언적 시각에서 '시님 땅the land of sinim'이라고 칭한다), 여기서 문명의 밝은 불이 점화되었을 개연성이 상당히 높다. 이를 인정하면, 이 제국의 창건자들은 서양 최초 왕국의 창립자들로부터 단지 몇 세대만 떨어져 있을 뿐이고, 양자는 모두 대홍수에서 살아남은 모든 학문적 지식을 어느 정도는 공유했음에 틀림없다.[60]

이보다 더 폭넓게 착상한 것은 선교사 존 차머스의 저작인 『중국인의 기원: 중국민족과 서양민족들의 연관을 추적하는 하나의 시도……The Origin of the Chinese: An Attempt to Trace the Connection of the Chinese with Western Nations……』(홍콩, 1894)다. 구스타프 슐레겔의 『중국어와 아리아어 비교 즉 중국인들과 이집트인들의 언어 속 원시어근에 대한 연구Sinico-Aryaca ou Recherches sur les Racines primitives dans les langues chinoises et aryennes』(바타비아, 1872)는 적어도 비교 탐색의 언어학적 측면에서 또 다른 두드러진 사례였다. 개신교 선구자들인 로버트 모리슨(1782~1834)과 제임스 레그(1815~1897)조차도 중국의 어떤 문화적 반영물의 서양 기원을 이의 없이 받아들였다.[61]

* 「창세기」에 나오는 대홍수.

중국 연안의 중국학자들과 사회학

아리아주의에 대한 이 학문적 몰두—그 대부분은 무분별한 문화적 평행대조광의 수준을 좀처럼 넘지 못했다—에도 불구하고, 1870년대에는 중국에서 사회과학적 중국학이 탄생했다. 모리스 프리드먼에 따르면, 중국 연안의 중국학자들은 최초로 중국 민간의 삶과 사상을 공부한 사람들이었다. 중국학자들의 중국—초기 중국 및 경전의 규범적 문화—과 대조적으로, "항상 중국어 독해력이 있는 사람들의 작업은 아니었지만, 당시에 중국인의 삶이었던 것 그리고 그 속에 담긴 민간적 요소에 관한 지식을 전달하려고 시도한, 중국에 관한 문헌이 거기서 자라나왔다."[62] 이런 유類의 저작으로는 저스터스 둘리틀의 『중국인의 사회생활Social Life of the Chinese』(1865), 니컬러스 벨필드 데니스의 『중국의 민속, 그리고 아리아 인종 및 셈계 인종들과의 친연성The Folklore of China, and its Affinities with that of the Aryan and Semitic Races』(1876)이 두드러진다. 막 생겨난 사회인류학, 민족지학, 민속학, 방언학 등 문헌 자료가 아니라 현지 조사를 통해 데이터를 수집하려는 최초의 시도들이 중국 연안의 중국학자들에 의해 행해졌다.[63] 불행히도, 그들의 선도적 작업은 1913년에 상해에서 사회학을 가르치기 시작한 대니얼 해리슨 컬프의 작업*에 가서야 비로소 이어졌다. 실제로, 가장 유망한 선구자 가운데 얀 야코프 마리아 데 흐로트(1921년 사망)의 후기 작업은 민간적인 것과 당대적인 것에서 고전적이고 고대적인 것으로 되돌아갔다.[64] 도서관에 얽매인 문헌학적 연구와 비전통적 자료가 직접적 현지 조

* 컬프의 『남부 중국의 향촌생활: 가족주의의 사회학*Country Life in South China: The Sociology of Familism*』(1925)이 있다.

사와 통합되기 시작하는 데에는 샤반이라는 걸출한 인물이 필요했는데, 비엘리트 문화와 사회계층의 관심사를 통합하기 위해서는 분야를 확장하는 그의 통합적 학문의 모범이 필요했다.

the great sinologist

제2부

프랑스 문헌학과
거인 트리오

"라인의 황금! 라인의 황금! 순금!

오 너 순수한 장난감이 심연에서 여전히 빛나면 좋을 텐데!

그것은 심연 속에서만 친절하고 신실하도다.

저 위에서 기뻐하는 것은 거짓되고 비겁한 것일세!"

—리하르트 바그너, 『라인골트Das Rheingold』 제1막 제4장*

문헌학의 가치를 라인골트Rheingold의 보물과 비교할 수 있다면, 제2차 세계대전 후에 그 광택이 사라질 때까지 그것을 가장 잘 지켜낸 학문의 라인강 처녀 트리오는 틀림없이 프랑스의 대가들인 에두아르 샤반과 그의 제자들인 폴 펠리오와 앙리 마스페로였다. 제2부는, 매우 많은 학자의 업적을 개관해야 하는 독일·잉글랜드·미국의 중국학 학파에 대한 우리의 논술과 달리, 단 세 사람, 즉 이 세 명의 중국학 거인이 이룬 업적에 대부분 초점을 맞춘다.

* 리하르트 바그너, 『니벨룽의 반지』, 엄선애 옮김, 삶과 꿈, 1997, 110쪽.

제3장 | 에두아르 샤반: 문헌학의 아버지

"나는, 그가 마법을 걸어 지면紙面의 무언無言의 기호들 속에

집어넣었던 혼령들을 불러내듯 사전을 펼치며,

또 나는 그를, 연인을 떠올림으로써,

죽을 수밖에 없는 내 운명을 위로한다."

—체스와프 미워시,* 「문헌학Philology」 『프로방스Provinces』에서

엠마누엘 에두아르 샤반(1865~1918)은 현대 프랑스 중국학의 첫 대표자다. 프랑스 예수회 선교사들이 여전히 중국에서 활동 중이었고 또 칭찬할 만한 것을 많이 썼음에도,[1] 전문직 중국학자 단계로의 이동을 돌이킬 수는 없었다. 샤반은 곧 유럽에서 쥘리앵 이래로 가장 큰 명성을 누린 중국학자가 되었다.[2] 그는 특정한 텍스트상의 문제에 대한 철저한 분석을 광범한 일차 자료에 대한 빈틈없는 지식과 결합했을뿐더러 현장에서의 직접적인 고고학 작업을 통해 일차 자료를 늘렸다. 그러나 그의 학문은 우리가 보아온 유구하고도 뛰어난 프랑스 중국학 전통에 기반을 두었고, 첫 스승인 코르디에로부터 직접 영향을 받았다.

* 폴란드 출신의 시인·수필가(1911~2004). 1980년 노벨문학상을 수상했다.

앙리 코르디에

앙리 코르디에(1849~1925)는 프랑스인 아버지와 프랑스계 앨라배마 여성 사이에서 〔미국〕 뉴올리언스에서 태어나 프랑스에서 자랐다.[3] 코르디에는 본래 지도 제작을 배우고 싶어했지만, 그가 사업가가 되기를 바란 아버지는 상해의 미국 회사에 그를 입사시켰다. 2년 후 코르디에는 왕립아시아학회 화북지회의 명예 사서가 되었다. 그는 1876년 휴가차 프랑스에 돌아와 있는 사이에 중국 정부로부터 당시 유럽에 있던 중국인 학생 한 그룹을 맡아달라는 요청을 받았다. 그는 결코 중국으로 돌아가지 못할 운명이었다. 중국 선교라는 의무를 면한 반면, 코르디에는 현대동양어학교École des langues orientales vivantes의 교장이었던 유명한 근동학자 샤를 셰퍼(1820~1898)와 알게 되었다. 코르디에의 중국 지식에 인상을 받은 셰퍼는 그를 초빙해 극동의 역사, 지리, 법에 관한 과정을 가르치게 했다. 1888년, 교수가 된 코르디에는 죽을 때까지 교수직을 유지했다.

코르디에는, 조 츠베커가 지적하듯이, 중국학자로서 거의 자격을 갖추지 못했다. 코르디에의 중국어 지식은 피상적이었고 또 연구에 거의 이용되지 않았기 때문이다.[4] 그럼에도 문헌학으로서 중국학이라는 협소한 척도를 넘어서면, 코르디에는 멘토로서, 역사학자로서, 특히 목록학자로서 그 분야에 깊은 영향을 끼쳤다.

코르디에는 서양이 처음으로 극동을 알게 된 후부터 1924년까지 중국, 한국, 만주, 티베트, 몽골에 관한 유럽어 출판물의 총목록인 『중국학 서목中國學書目, Bibliotheca Sinica』 전4권으로 가장 잘 알려졌다. 코르디에는 중앙아시아에 관한 논문들도 포함시켰지만, 펠리오에 따르면 이 부분은 가장 덜 포괄적이었다. 『중국학 서목』은 1878년과 1885년 사이에 두 권이 한 질로 처음 출판되었다. 제2판은 네 권으로 늘어났고, 1904년과 1908년 사이에 나왔다. 〔보유補遺인〕 제5권은 1924년에 출판되었다.[5] 『중국학 서목』은 코르디에가 왕립아시아학회Royal Asiatic Society 화북지회 도서관 목록을 편찬하는 동안 처음으로 구상되었다. 표제 항목 다수는 화북지회 도서관의 소장 도서와 알렉산더 와일리의 개인 장서에 기초했다.[6] 제1판은 스타니슬라스 쥘리앵 상을 수상했다. 코르디에는 표 작성과 인내로 이루어진 이 깜짝 놀랄 만한 위업을 그 뒤로도 두 번이나 반복해서, 인도차이나를 다루는 『인도차이나학 서목Bibliotheca Indosinica』 네 권과 『일본학 서목Bibliotheca Japonica』 한 권을 생산했다.[7] 코르디에는 이로써 극동 관련 이차 자료에 대한 목록학적 접근에서 기초를 세웠고,[8] 그의 개인적 학문으로 많은 기여를 했다. 그가 생산해낸 것은 1000개가 넘었는데 주로 동서의 상업적 교류와 외교적 교류에 관한 것이었다.

중국학에 대한 코르디에의 다른 주요한 기여는 역사지리학, 중서中西 관계, 중국학사中國學史 분야다.[9] 헨리 율이 주석한 마르코 폴로 번역을 그가 완성하고 개정한 것은 문화적, 지리적, 역사적 문제에 관한 많은 주석으로 오늘날에도 여전히 없어서는 안 된다.[10] 후기의 출판물인 『중국통사Histoire générale de la Chine』 전4권(1921)은 코르디에의 종합 능력을 보여준다. 그 책은, 마스페로에 따르면, 단순히 중국 자료의 번역이나 분석이 아니라 최초의 역사적 설명이기 때문이다.[11] 그리고 중국 연구를 대륙적 맥락 속에 두는 특수한 기질을 가진, 동양에 관한 서양 목록의 권위자가 마침 현대 중국학 창시자의 선생이 된 것이다.

교육

1865년 10월 5일 〔프랑스〕 리옹에서 태어난 샤반은 처음에 고등사범학교에서 철학을 공부했으나[12] 학교장의 조언에 따라 중국 연구로 전환했다. 중국철학에 집중할 작정이었으나 코르디에에 의해 역사학으로 방향을 바꾸었다. 코르디에는 샤반에게 왕조사 중 하나를 번역할 것을 제안했고, 샤반은 결국 해냈다.

샤반은 현대동양어학교에서는 코르디에와 함께 현대중국어를 터득하고 콜레주 드 프랑스에서는 에르베 드 생드니 후작과 함께 고전중국어를 터득한 뒤인 1889년에 북경으로 파견되어 프랑스공사관에 배속되었다.

샤반의 작업의 질과 가치는 일찌감치 인정되었다. 샤반은 단 5년간 중국어를 배우고 1893년에 콜레주 드 프랑스의 중어중문학 교수에 임명되어 스승인 드 생드니의 뒤를 이었다. 그는 가르치는 일 외에도 중국학 서클의 사회적 측면—학술대회 참가, 논문 읽기, 편집진과 줄리앵 상 수상위원회—에 모두 참여했고 또 프랑스 학술계의 폭넓은 사교 모임에서도 활동적이었다. 그는 프랑스학사원의 회원이었고, 몇몇 외국 학회의 통신 회원 혹은 명예 회원이었으며, 1904년부터 1916년까지 『통보通報, T'oung Pao』의 공동 편집자였다. 1915년에 금석학·순문학학회의 회장이 되었다.

『사기』와 번역 방식

샤반이 사마천의 『사기史記』를 번역하기로 결심한 시기는 1889년부터 1891년까지 중국에 처음 머무는 동안이었다. 해제, 번역, 주석, 부록으로 이루어진 다섯 권은 1895~1905년에 나왔다.[13] 라우퍼에 따르면, "역사 연구를 새롭고 굳건한 토대 위에 올려놓은"[14] 이 거작의 가치는 제2권이 쥘리앵 상을 수상하면서 학계에 의해 공인되었다. 마스페로는 후일 그것을 레그의 『중국의 경전』 이후 가장 중요한 중국학 업적이라고 칭했다.[15]

샤반은 1891년 프랑스로 잠시 되돌아와 결혼하고 나서, 중국으로 돌아가 사마천에 관한 기념비적 작업을 계속했다. 그러나 총 130편 중 47편을 번역하고 주석을 다느라 10년이 지나고 다섯 권이 나온 뒤, 다른 연구 관심사들이 마침내 『사기』를 향한 남은 시간 혹은 열정을 밀어냈다. 샤반은 모두 농밀하고 상세하며 질 높은 몇 개의 상이한 연구 과제를 처음부터 동시에 추구했기에, 이는 그다지 놀랍지 않다.[16] 그러나 10년간의 지속적인 노력 이후, 그는 "이 한도 끝도 없는 사업"을 영원히 포기했다.[17] 오늘날에도 여전히 없어서는 안 될 샤반의 번역은 라우퍼에 의해 "프랑스 학문이 생산한 가장 화려하고 지속적인 기념비 중 하나"라는 찬사를 받았다.[18] 윌리엄 H. 닌하우저가 이끄는 현대의 『사기』 번역 팀은 샤반의 번역을 우리가 이용할 수 있는 "여러 면에서 여전히 최고인 것"으로 간주한다.[19]

샤반이 아직 『사기』 관련 작업을 하는 동안 완성된 부수적인 것 중 하나는 당승唐僧 의정*이 쓴 여행기의 번역으로, 1894년에 쥘리앵 상을 받았다.[20] 샤반은 사마천을 포기하고 나서 얼마 후 여행기를 또 하나 출판했는데, 그의 방법론의 사례로서 숙고할 만하다.

샤반은 자신의 「송운의 우다야나 및 간다라 여행Voyage de Song Yün dans l'Udyana et le Gandhara」(518~522)[21]에서, 양현지(?~?)의 『낙양가람기洛陽伽藍記』 중 송운(중국 북위 시기 둔황 출신의 관인官人)과 혜생(중국 북위 시기 숭립사崇立寺 사문沙門)의 중앙아시아 여행기 부분을 번역하고 주석했다. 이 여행가들은 방문지에 관한 귀중한 자료 외에 중국인 장인들이 충실하게 복제할 수 있도록 한 탑들의 정확한 치수와 모델뿐 아니라 불교 지식과 흥미의 확장에도 한몫한 중요한 종교적 사본들을 가지고 돌아왔다. 샤반이 이러한 여행 기록 학문에 이바지하려 한 목적은 "여전히 모호한 몇몇 지점을 해결하는 것"이었다.[22]

이보다 훨씬 더 중요한 것은, 샤반의 역주가 세부 사항, 철저함, 정확성에 대한 관심에서 모범적이라는 점이다. 그는 텍스트의 이용 가능한 판본을 다 참조해 모든 차이점을 지적했다. 이는 특히 고유명사를 다룰 때 도움이 되었다. 그 철저함으로 샤반은 한대漢代에서 당대唐代까지 지명이 바뀐 곳을 알아차릴 수 있었다. 그리고 그는 다른 자료들을 비교해 그런 지리적 정보를 증명하거나 수정했다. 샤반은 또 텍스트에서 언급한 인물이나 저작에 관한 전기적·서지적 배경도 제공했다. 그의 번역에는 「당대 이전 중국에서 발행된 인도 관련 여러 저작에 관한 주석Note sur divers ouvrages relatifs à l'Inde qui furent publiés en Chine avant l'époque des T'ang」을 담고 있는 17쪽짜리 부록이 붙어 있다.

샤반의 번역 방식을 현대 영어본과 비교해보면 그가 중국어의 어법

* 중국 당나라의 서행西行 불승(635~713). 671년 인도로 건너가 날란다(지금의 인도 비하르 주 바르가온에 있는 불교 유적)에서 불교의 오의奧義를 닦고, 695년에 범본 불전梵本佛典 406부를 가지고 돌아왔다. 저서로 『남해기귀내법전南海寄歸內法傳』『대당서역구법고승전大唐西域求法高僧傳』 등이 있다.

diction과 통사統辭를 더 충실하게 반영하고 있음을 알 수 있다.[23] 그리고 주석에서 일차 자료와 이차 자료를 광범하게 이용해 목전의 문제를 해결하거나 진위를 가릴 뿐 아니라 다른 자료도 독자에게 알려준다. 그의 모든 저작에서처럼, 텍스트의 온전성을 존중하고 텍스트의 의미와 독립성의 정도를 확립하는 일은 텍스트의 우월성, 텍스트의 중요성, 텍스트의 메시지에 대해 독자에게 의심의 여지를 남기지 않으며, 그러므로 그것은 다른 학자들이 그 위에 무언가를 지어 올릴 수 있는 굳건한 토대가 된다.

샤반의 연구 폭은 놀라울 정도다. 샤반의 출판물은 주제에 상관없이 모두가 주의 깊고, 상세하고, 철저하며, 상상력 넘치는 논술을 보여준다. 또 그 주제는 범위도 폭넓어서 역사 문헌, 특히 유목민족에 관한 역사문헌,[24] 불교·도교·유교·경교·민간신앙[25]을 포함하는 종교 문헌, 지리학 문헌,[26] 전기,[27] 서평, 현대 중국 정치에 관한 논평을 포함한다.[28]

새 분과학문의 창립: 금석학

샤반의 저작 대부분에 나타나는 주요한 특징 중 하나는 새로운 자료 혹은 무시되었던 자료의 이용이다. 일례로, 그는 보통 현장에서 수집한 금석문을 번역할 때 새로운 분과학문을 창시했는데,[29] 그의 학문은 "견고한 고고학적 연구를 출범시켰다."[30] 그는 에라스뮈스의 격언과 같은 무언가를 마음에 담고 있었음이 틀림없다. "우리는 고대의 저자들뿐 아니라 고전古錢, 비문碑文, 돌에서 가려낸 고대 지식도 확고히 장악해야만 한다."[31]

비문들은—송덕비와 묘지명 대부분의 통상적 찬사를 감안하더라도—

그 동시대적 기원과 텍스트 전승 과정에서의 비非변형성 때문에, 신뢰할 만한 텍스트를 보존하고 있다. 나르카 넬슨은 역사학자 수에토니우스(로마 제정 시기의 전기 작가)와 네로 통치에 관한 샤반의 기사 사례를 연구하면서, "제정기(고대 로마의 제정기)에 금석학적 증거는 압도적으로 많고, 그 순수성과 비변형성에 비추어 타키투스와 수에토니우스의 설명을 검토할 수 있다"라고 진술했다. 그런 다음 넬슨은 금석학적 증거가 자신의 목적에 갖는 가치를 요약한다. " (…) 해독 가능한 비문이 당시에 대한 믿을 만한 증거를 제공한다는 것은 부인할 수 없다. 여기에 냉정한 사실들이 있다. 냉정하고 단단한 사실들은 우리가 수에토니우스의 정직성을 시험하는 데에 필요한 것인데, 왜냐하면 정직성은 수에토니우스의 미덕 중 하나로 여겨지지 않았기 때문이다."[32] 넬슨은 "네로에 대한 수에토니우스의 설명은 금석학적 고찰과 해석의 검증을 받을 때에도 손상되지 않는다"라고 단언한다.[33]

비문집들이 15세기 이후에도 여전히 사본 형태로 존속하고 있음에도, 금석학 자료와 고고학 자료에까지 몰두한 것은 산재한 사본의 대수집가인 포조 브라치올리니(1380~1459)의 세대였다. 플라비오 비온도(1392~1463)는『승리의 로마Roma triumphans』(1459)*에서 공적 고대, 사적 고대, 종교적 고대, 군사적 고대라는 네 가지 분류 체계를 고안했다. 그의 다른 저작으로는『재건된 로마Roma instaurata』(1446)**와『이탈리아 설명Italia illustrate』(1453)***이 있는데, 고대의 기념비와 지형도를 탐색한 것이다. 네덜란드인 학자 얀 그루터(1560~1627)의『로마 세계 전체의 고대 비문Inscriptiones

* 원서에는 1456~1460으로 되어 있으나, 착오다.
** 원서에는 Roma instaurate(1440~1463)으로 되어 있으나, 착오다.
*** 원서에는 Italia instaurata(1456~1460)으로 되어 있으나, 착오다.

antiquae totius orbis Romani』(1602~1603, 총 2권)*은 중세 비문집 중 최대다. 그 명성으로 저자는 하이델베르크의 사서직을 얻었다. 스칼리제르는 자료 대부분을 공급하고 24개의 체계적 색인을 제공했다. 고전학古錢學과 기상학 분야에서는 1530년 콜레주 루아얄(나중에 콜레주 드 프랑스가 된다) 창립을 뒤에서 추동한 기욤 뷔데(1468~1540)가 『고대 화폐고De Asse et partibus eius』(1514)**를 지었는데, 즉각 로마의 동전과 금속물金屬物에 관한 결정판 핸드북이 되었다. 이 책은 인기를 끌어 20년간 10판을 찍었다. 아우구스트 뵈크(1785~1867)는 『그리스 비문집Corpus Inscriptioum Graecarum』 전4권과 색인(베를린, 1828~1877)을 편집했는데, 결국에는 빌라모비츠-묄렌도르프가 착수하게 하여 새로 조직하고 편집된 금석문집인 『그리스 비문Inscriptiones Graecae』 전10권(1906~1972, 제3판은 1981~1993)에 자리를 내주었다. 마지막으로, 『비문집Corpus Inscriptionum』(베를린, 1863~) 전16권을 편집하느라 생애의 대부분을 보내면서, 역사 연구에서 거의 완전히 문헌학적 출판으로 전환한 이는 테오도어 몸젠(1817~1903)이다. 오늘날 고전학자들은 역사 연구를 위해서나 언어 연구를 위해서나, 많은 이론적 입문서, 목록, 필사본 컬렉션, 혹은 비문 사진을 이용할 수 있다.[34]

유럽보다 400년 앞서 송대 중국에서는 고고유물, 특히 기념비석과 청동기 명문銘文에 대한 최초의 적극적인 조사와 수집이 있었다. 에드워드 쇼너시는 이렇게 말한다.

* 원서에는 Corpus inscriptionum antiquarium(1602)이라고 되어 있으나, 착오다.
** 원서에는 De Asse eiusque partibus라고 되어 있으나, 착오다.

현대의 통계 작업에 따르면, 북송北宋 170년간 족히 500개가 넘는 상주商周 청동기가 발굴되었다. 고대 지식을 분류하는 이 시기의 경향과 맞아떨어져, (…) 이 기물들에 새겨진 명문은 약 30개의 다른 출판물에 수집되었다. 이 중 최초의 하나가 『선진고기도先秦古器圖』(유창[1019~1068] 지음)였다. (…) 현존하지는 않지만, 기물들의 그림을 포함했다고 알려진 최초의 작품인 유창의 저서는 1069년 구양수가 편집한, 현존 청동기 명문에 관한 첫 연구인 『집고록발미集古錄跋尾』에 끼친 영향 때문에 중요하다.[35]

구양수(1007~1072)는 『집고록발미』 전10권과 1000권에 달하는 미발행 저작에서 여러 해에 걸쳐 수집한 금속과 돌 탁본 400개 이상에 대한 발문跋文을 담았다.[36] 『사고전서四庫全書』 편찬자들은 문헌의 저본 확인을 돕는 것이 『집고록발미』의 장점 중 하나라고 거론하고 불변의 석각문石刻文과 비교해 가필과 삭제 부분을 밝힌다.[37]

현대의 학생에게 발문보다 더 유용한 것은 금석문 본문이다. 기념비석의 경우, 최초의 분류된 컬렉션은 〔송대〕 여류 시인 이청조(1084~1147)의 남편인 조명성(1081~1129)이 1119~1125년에 편찬한 『금석록金石錄』이다.[38] 그 책은 2000여 개의 금석문을 목록화하고, 그중 502개*를 상세히 기술했다.

금석학과 고고학은 청대 고증운동의 일부로서 중요한 역할을 했다. 예를 들어, 금석학 연구의 초기 전문가 중 한 사람인 고염무(1613~1682)는 구양수가 개척한 새 분야의 중요성을 알아차렸다. "구양수의 『집고록』을 읽

* 원서에서 702개라고 한 것은 오류다.

었을 때, 이 금석문들에 기록된 사건 중 다수가 역사서에 의해 증명될 수 있고, 그래서 그것들이 그저 부화浮華한 수사修辭의 단편이기는커녕, 역사서를 보충하고 수정하는 데에 실제로 유용하다는 점을 깨달았다."[39] 경전인 『십삼경주소十三經注疏』에 대한 완원(1764~1849)의 교감校勘은 한대부터 송대까지 새겨진 석경石經들을 광범하게 이용했다.[40] 요약하자면, 저명한 역사학자 전대흔(1728~1804)은 그 특별한 유용성과 가치를 다음과 같이 기술함으로써 금석학 연구를 평가한다.

> 대부분의 경우, 죽백竹帛에 쓴 글들은 시간이 가면서 급속히 나빠진다. 손으로 여러 번 반복해 베끼는 과정에서 그 본래 모습은 사라진다. 오직 청동기 명문과 석각문만이 수백 수천 년을 지나도 살아남는다. 그것들 속에서 우리는 고대인의 진정한 모습을 본다. [이런 유형의] 글과 [그 속에 기술된] 사건 모두는 믿을 만하고 또 증명 가능하다. 그러므로 그것들은 상찬賞讚된다.[41]

샤반은 자신이 태산泰山에서 수집한 금석문 자료를 특별히 중요하게 이용했다.(아래에서 논한다.) 그는 내륙아시아 현지 조사를 통해 왕조사에 담긴 자료를 보충해주는 귀중한 금석문들을 수집했다. 탁본 수집을 위해 1907년 북중국을 가로지른 샤반의 여행은 특히 중요하다. 그리고 다른 이들이 수집한 금석학적 증거 위에서 작업할 때, 그는 이용 가능한 데이터를 똑같이 소중하게 대했다.[42] 서기 137년 비잠이 지휘해 흉노匈奴의 선우單于 호연呼衍에 거둔 승전勝戰은 샤반이 제공한 금석학 증거에만 나타난다.[43] 그러나 그런 다음에는, 도교 경전을 탐구할 때든 불교 경전을 탐구할 때든,[44] 아니면 아우렐 스타인이 둔황敦煌(둔황)에서 발견한 신발견 문헌들에 관해 작업할 때든, 샤반은 신자료의 이용에 새로운 토대를 마련했다.[45] 그리고 샤반은 제자 폴리오의 목록학적 작업 방식으로는 거의 아무것도 출판하지 않은 대신, 번역 중인 작품들의 텍스트 전승과 판본의 계통을 분류하는 데에 주의를 기울였다.[46]

『태산』

샤반의 기념비적인 『사기』 번역 외에, 방대한 단행본인 『태산泰山: 중국의 한 제사를 다룬 서書*에 대한 논고Le Tai chan: Essai de monographie d'un culte chinois』(파리, 1910)는 아마도 그의 방식—광범한 해설이 딸린 역주—과 그의 주요 주제—역사적 사건과 종교적 의례의 결합—, 영향—후대의 프랑스 중국학자들에게 그 선례를 따르도록 하기—을 가장 잘 보여주는 저작일 것이다.[47]

샤반에 따르면, 이 저작의 주요 목표는 두 가지였다. 첫째, 전반적으로 그는 국가 제사이자 민간 신앙으로 규정된 중국 종교에서 산이 행한 역할을 상술하려 했다. 둘째, 구체적으로 그는 이 산 가운데 하나인 태산을 그 중에서도 최고이도록 만드는 특별한 속성을 설명하고 싶어했다. 중국에서 산이 가진 일반적인 역할, 태산의 제사, 민간신앙을 다루는 샤반의 개론적 논의는 이 두꺼운 저작의 작은 부분일 뿐이다. 그 책 대부분은 관련 역사 텍스트, 기도문, 금석문의 역주로 구성되어 있다. 그렇게 광범위하고 다양

* 『사기』「봉선서封禪書」.

한 양의 일차 자료를 이용할 수 있었기에 그 저작은 많은 해석 논문의 공통된 한계, 즉 저자의 주장을 확인하는 선택된 구절만을 인용한다는 한계를 넘어섰다. 기도문과 명문으로 이루어진 장章 전체와 텍스트 전체를 번역하고 거기다 산문으로 번역한 인용문에 한자를 제공함으로써, 샤반은 자신이 내어놓은 글에서 그 어떤 무의식적이거나 의도치 않은 아전인수의 위험도 피했다. 물론, 그는 태산과 산악 숭배 외에 다른 여러 영역에 속하는 많은 데이터—번역되고, 주석되고, 맥락 속에서 보충된—도 편리하게 제공했다.

샤반은 중국에서 산이 가진 신성한 역할에 대한 입문적 해제로 그 단행본(『태산』)을 시작했다. 산은 신들의 집일 뿐 아니라 그 자체가 신이었다. 일반적으로 신성한 산신山神의 모호한 성격은 다음과 같은 속성을 포함했다. 즉 순전히 크기와 무게 덕분에, 산은 그 지역을 안정화하고 자연질서를 조절함으로써 지진 방지에 효과가 있었다. 산은 또 비구름을 만들었기에 (사람들은) 가뭄이나 홍수 때에 그 산들에 호소할 수 있었다. 태산은 이 속성들을 공유했고, 정치적 질서에서 공公*이 차지하는 것과 유사한 위치를 영적 위계질서에서 가지고 있었다. 하늘에 종속된 태산은 종종 천자天子와 천상에 있는 천자의 부모 사이 중개자 노릇을 했다. 이는 봉封제사를 위해 쓴 글을 불태워 하늘로 기도를 보내지 않는 이유를 설명해준다. 대신 그 글은 땅에 묻었는데, 태산이 그 요구 사항을 하늘로 전달할 것이라 기대했기 때문이다.

그다음에 샤반은 태산의 개성을 더 상세히 설명했다. 태산이 동쪽을 관

* 주周나라 왕 아래의 삼공三公(태사太師, 태부太傅, 태보太保).

장함에 따라, 그 산은 모든 생명, 그 생명의 출처와 최종 목적지의 주인으로 간주되었다. 그러므로 태산은 생사를 주관하고 관원을 구비한 행정부를 주재한다고 여겨졌다. 나중에 태산은 불교의 영향 덕분에 이승의 행위에 대한 도덕적 중재인으로서 죄인을 처벌할 책임이 있다고 간주되었다. 마지막으로, 샤반은 태산에 관한 구비전승 중에서 나중에 붙은 것 하나를 상세히 이야기했다. '오로라의 공주'*인 태산의 딸은 〔뱃속〕 자식들을 위한 임신부들의 간곡한 기원을 받았다.

샤반은 이 신성한 산의 본질과 힘의 발전을 보여줄 때, 고대·중세·근대 초기 문헌에서 많은 구절을 번역했다. 그는 정사正史와 경전의 이용 외에 당·송·명의 필기筆記에서 관련된 고찰들을 발췌했는데, 주희(1130~1200)와 고염무가 수집한 진술과 구절도 포함된다. 태산에 관련된 기도문의 경우에는 표준적인 유서類書들도 참조되었다. 그러나 이 연구를 위한 자료의 주요 출처 중 하나는 산속이나 근처에 위치한 사찰의 석각문에서 뜬 탁본의 형태로 샤반 자신이 수집한 것이었다. 샤반은 수백 개 관련 명문銘文에서 11개 주요 탁본을 골라 번역했다.

이 한대부터 청대까지 명문들의 번역문에는 섬세한 주석이 달렸다. 『태산』의 제3장은 왕조사에서 가져온 발췌문의 번역 3편인데, 한·당·송 때에 실행된 봉선封禪제사에 관한 역사적 설명이다. 이는 태산의 정상과 기슭에서 열린 봉선 의식에 관한 10쪽짜리 설명을 보충해준다. 이것들 역시 샤반의 다른 모든 번역과 마찬가지로 초기 중국 텍스트들과의 광범한 친숙성에 기초했고, 또 초기 국가 제사 분야에 대한 샤반의 특별한 박식에 의해 특히

* 소위 벽하원군碧霞元君을 말한다. 벽하원군은 중국 동북부 산악지방에서 믿는 산악의 여신으로서, 동악대제東岳大帝(산둥성에 있는 태산의 신)의 딸로 민중신앙의 대상이 되고 있다.

강화되었다. 왜냐하면 그가 최초로 출판한 번역은 봉선제사에 관해 사마천이 쓴 서書의 번역이었기 때문이다. 그리고 이 태산 관련 연구에 쓰인 다양한 원자료들에 대한 샤반의 이해는, 그가 『사기』에 관한 기념비적 저작에서 이미 완성했듯이, 매우 포괄적이었으며 샤반은 그것들을 특히 능숙하게 다루었다.

샤반은 태산으로 여행하는 동안 산 위 각각의 건물과 주목할 만한 유적지를 유람하고 견학했다. 따라서 113쪽에 이르는 두 번째 장은 252개 사원, 정자, 강당, 암자, 사당, 탑, 홍예문虹霓門, 비석, 다리, 산봉우리, 암석 정원, 기타 신성한 인공적 장소나 자연적 장소를 상세히 기술했다. 샤반은, 두 장의 중국산産 지도가 잘못 새겨졌고 또 가끔은 불분명하다고 생각했기 때문에, 자신이 직접 손으로 그린 지도를 제공해, 지형적 윤곽과 중국어 이름을 가진 252개 유적지에 번호를 매겨 뚜렷이 보여줄 수밖에 없었다.

샤반은 태산에 관련된 민간신앙 부분에서 먼저 평민들의 태도를 보여주는, 그 산에 대한 이차적 참고문헌을 많이 모았다. 이 역시, 여러 시기의 중국 문헌에 샤반이 아주 친숙했던 덕분에 광범한 색인을 이용할 수 있게 되기 전에는 그다지 성공적으로 수행될 수 없었을 것이다. 그는 태산을 직접 유람해 거울, 태산의 전각, 도교의 「오악진형도五嶽眞形圖」*에서 취한 탁본의 형태로 민간신앙에 관한 더 많은 자료를 산출했고, 그것들을 다 번역하고 주석했다. 그는 이것들과 위에 언급한 명문들의 탁본으로 그 원본 사진을 제작했다.

땅의 신에 관한 100쪽짜리 부록이 첨부되었다. 가족신, 지방신, 전국신,

* 오악은 중국의 이름난 다섯 산으로, 타이산 산泰山(동악), 화산 산華山(서악), 형산 산衡山(남악), 헝산 산恒山(북악), 쑹산 산嵩山(중악)을 이른다.

왕실 토지신들의 많은 측면에 대한 그 부록의 통찰력 있는 논술은 여러 이유로 칭찬받을 만하다. 중류中霤, 복覆, 혈穴을 다루는 각주(438쪽, 주 1)는 프랑스로 이주하는 롤프 알프레트 슈타인*이 나중에 쓴 논문보다 먼저 나왔고, 아마도 슈타인 논문에 자극을 주었을 것이다.[48] 대체로 이 저작은 그 주제에 관해 오늘날에도 여전히 주목할 방법론적 사례이자 최고의 지식 창고로 남아 있는 선구적 역작이다.

금석학 증거를 모으고 비석을 연구하기 위해 중국·만주·몽골로 떠난 탐험이 증명해주듯이 샤반은 신체적으로 매우 활동적이었는데, 연구에서도 그만큼 정력적이었다. 안타깝게도 이 근면한 작업은 제1차 세계대전의 트라우마와 겹쳐 그의 죽음을 재촉했다. 그는 동맹국**과 러시아 사이에 조인된 휴전이 프랑스에 파괴적인 정서적 타격을 입힌 지 한 달 만인 1918년 1월 29일 53세로 사망했다. 샤반은 그 시대 최고의 중국학자라고 한목소리로 찬양받았고, 또 비교적 이른 죽음이 중국학에 가져온 손실만큼이나 그의 신중하고 겸손한 성격으로 인해 애도되었다.

샤반의 이력, 접근법의 정신, 영향은 아마도 그의 스승 코르디에가 『통보』에 발표한 33쪽짜리 부고 기사에서 가장 잘 평가됐을 것이다. 북받친 감정이 표현된 맺음말은 다음과 같다.

> 전문 분야들의 포로인 많은 중국학자는 충분한 문화적 기초가 결여되어 있고, 또—선천적으로 학문적 호기심이 부족해서—그들에게는 비교 지점이

* 독일 출신의 유대계 중국학자 겸 티베트학자(1911~1999). 1933년 프랑스로 이주했다.
** 제1차 세계대전에서 독일제국과 오스트리아-헝가리제국 및 중부 유럽 국가들로 이루어져 프랑스와 맞선 국가 동맹.

없다. 그 결과로 그들은 자신들의 연구 폭을 제한하는 경향을 보여준다. 샤반은 애초에 강한 훈련 덕분에 또 그 어떤 진지한 학문적 연구의 시도에도 필수불가결한 고전 교육 덕분에, 라이벌이 없었던 중국 분야에 남아 있는 동안에조차도 그의 연구에 요구되는 넉넉함을 제공할 수 있었다. 그는 언어학을 제외한 그 분야의 모든 다양한 부문을 개간했다. 그러나 그가 심대한 흔적을 남긴 곳은 무엇보다도 역사와 고고학이었다. 프랑스 국내외에서 이미 자자한 샤반의 명성은 시간이 지날수록 더 높아질 것이고 또 그의 시대의 최고 중국학자라는 명성은 지속적으로 전해질 것이다.[49]

제4장 | 폴 펠리오: '영혼의 마르코 폴로'

"만약 사상을 성숙시키고 싶다면, 한 대가의 면밀한 연구에 달라붙어라. 그 최고의 비밀스러운 작법作法들에 도달할 때까지 체계를 조사하라."[1]

—에밀 뒤르켐

"텍스트 다루기를 의미하는 중국학은 수단으로서는 경이로우나 목적으로서는 미약하다."[2]

—조지프 R. 레벤슨

폴 펠리오(1878~1945)는 거의 틀림없이 현대 서양 중국학자 중 가장 위대한 문헌학자였을 것이다. 구두 자료와 문헌 자료—중국학의 여하한 측면에서도 연구의 중심에 있다—를 다루는 비범한 능력으로 사실상 모든 전통적 분야의 최전선에 있었다. 그는 목록학, 언어학, 비판정본 작업, 고문서 해독, 고고학, 역사 연구—예술, 지리학, 종교, 물질문화의 역사를 포함해—모두에서 이론의 여지가 없는 대가였다. 이 놀라운 박식을 서너 배 늘려 중앙아시아와 내륙아시아 민족들의 언어·역사·예술, 고고학에 대한 펠리오의 똑같이 걸출한 장악력을 포함하면, 그의 학문을 깊게는 아니더라도 약간은 상상할 수 있을 것이다.[3] 펠리오가 응용한, 위의 첫 제사題詞에서 언급한 '사상'과 '체계'는 방법론, 즉 문헌학이라는 분과학문이기보다는 지적 틀이었다. 많은 사도使徒가 펠리오를 스승이라고 불렀고 또 어떤 이들에 의해 부당하게도 "문헌학적 실증주의philological positivism"라 불린 펠리오의 길을 따르려 시도했지만, 두 번째 제사가 암시하듯 어떤 이들에게 펠리오의 문헌학적 접근법은 전전戰前 중국학의 지적으로는 국부적이고, 방법론적으로는 제한적이라고 간주된 모든 것을 대표했다.

1878년 5월 28일 파리에서 태어난 펠리오는 외교관직을 생각하고 있었다.[4] 이 목적을 위해서 그는 소르본에서 받은 두 번째 영어 교육 이후 현대동양어학교에서 중국어를 배웠다. 그는 진전이 매우 빨라서 3년 과정을 단 2년 만에 마쳤으며, 샤반과 실뱅 레비의 주목을 끌었다. 둘은 펠리오를 더 학문적인 미래로 이끌었다. 펠리오는 1900년에 프랑스극동학원École Française d'Extrême-Orient의 연구학자로 하노이에 도착했다. 2월에 그 학교의 서적 구입차 북경으로 파견되었다. 의화단사건으로 공사관들이 포위되자 그 한가운데에 잡혀 있던(7월 15일~8월 15일) 그는 휴전 기간에 적군의 사령부로 간 용감하지만 충동적인 단독 돌격으로 눈에 띄었다. 펠리오의 유창한 중국어는 그의 대담함만큼이나 인상적이었음에 틀림없다. 자기 동료들에게 신선한 과일을 달라고 포위자들을 설득해서는 과일들을 팔에 안고 의기양양하게 되돌아왔으니 말이다.[5] 1901년 하노이로 돌아온 후 그는 포위 기간에 했던 행동으로 레종도뇌르 훈장을 받았다. 방금 말한 엉뚱한 짓이 아니라 전투 기간에 적군의 깃발을 빼앗았다는 이유로. 펠리오는 갓 23세에 그 학교의 교수가 되었고, 중국에서는 책을 수집하면서 또 하노이에서는 연구와 교육으로 수년간을 보냈다.

초기 저작: 서평, 문헌목록, 역사지리학

그사이에 펠리오는 출판을 시작했다. 『프랑스극동학원회보Bulletin de l'École française d'Extrême-Orient』에 나온 그의 최초의 글들은 과학적 접근법의 결여, 되는대로, 혹은 저자들의 변변치 못함을 공공연히 비방하는 비판적이고 비타협적인 정신을 특징으로 하는 서평이었다. 그러나 비판 외에도, 그는 정확하다고 생각하는 견해를 요약하곤 했는데 종종 대단히 길어졌다. 펠리오는 빈번히 서평 대상인 저자가 참조했어야 할 일차 저작과 이차 저작을 담은 부록으로 논평을 마치곤 했다. 그의 서평은 무게감 있는 서평 방식 때문에 종종 해당 저작 자체보다 더 유용했다.[6] 그의 가장 두드러진 저작 몇몇도 이 관심에서 비롯했다. 예를 들어, 「13세기와 14세기 몽골어에서, 오늘날에는 무음인 h로 시작하는 단어들Les mots à h initiale, aujourd'hui amuie, dans le mongol des xiiie* et xive siècles」은 서로 다른 네 권의 저작에 대해 서평을 하는 데에서 출발한다.[7]

펠리오가 최초로 펴낸 몇몇 독창적인 출판물은 그의 연구 관심을 전 생애에 걸쳐 지배하게 될 분야, 즉 중국 목록학, 중국 및 여러 아시아 국가의 문화사·종교사·예술사를 위한 중국어 자료들이었다. 그것들은 모두 성숙한 펠리오의 학적 특성, 즉 모든 자료의 철저한 장악, 상세한 주석, 명료하고 상상력 넘치는 주석을 보여준다.

젊은 펠리오(24세)의 가장 이르면서도 독창적인 학적 기여들은 역주[8]와 그의 철저한 중국 목록 장악을 대변하는 논문인 「중국 목록에 대한 주석

* 원서에서 13세기를 12세기로 표기한 것은 오류다.

Notes de bibliographie chinoise』이다.[9] 여기에 담긴 서평들에서 그는 중국에서는 사라져버렸고 일본에서 여러 수준으로 보존되어 살아남은 많은 귀중한 중국 저작을 기술한다. 이 논문은 중국에서 여러 세기 전에 사라져버린 고대의 사본, 고판본古版本, 인쇄본의 총서인 『고일총서古逸叢書』*의 내용 분석을 둘러싸고 작성되었다. 『고일총서』는 19세기 말 일본에 주재 중이던 두 중국인 외교관 양수경(1839~1915)과 여서창(1837~1891)이 수집했다.[10]

『고일총서』의 가치는 각 표제에 대한 펠리오의 분석과 평가에서 보인다. 첫째, 펠리오는 서명을 일일이 번역하는데, 이는 오늘날에도 일반적 관행이 아니다. 그다음에 그 저작의 분석이 뒤따르는데, 저자, 권수, 출판 연대와 장소, 모든 주석가의 신원身元, 〔저작이〕 일실되기까지의 전승사, 중국의 전통적 목록 속에 나타나는 그 텍스트에 대한 모든 참고문헌과 같은 관련 측면을 설명한다. 마지막으로는, a) 유일한 현존본, b) 최상본 혹은 최초본, c) 통행본通行本에 반하는 증거물로서 귀중한 가치가 있는 판본, d) 참고를 위해 귀중한가 여부, 혹은 e) 통행본 텍스트에 대한 문제적 읽기를 확인하는 것 외에는 실제적 유용성이 없음 등으로 그 텍스트를 설정함으로써, 현대 중국학에 가지는 가치에 관해 각 저작을 비판정본 작업적으로 평가한다. 마지막으로, 펠리오는 이 저작들이 어떻게 기존의 견해를 변경하거나 수정할 수 있는지 혹은 지지받지 못한 이론을 지지할 수 있는지에 대한 실례를 제공한다.

펠리오의 폭넓은 학문은 이 주석의 목록학적 취급 범위를 최소한 두 배로 만들었는데, 『고일총서』 속 표제작들에 관계된 책에 관한 그의 광범한

* 일본에서 수집해 수록한 책들이 대부분 중국 내에서는 옛날에 없어진古逸 고본古本인 데서 '고일총서'라는 제목이 붙었다. 1884년. 전118권 49책.

논평은 때때로 『고일총서』에 포함된 저작들 자체에 대한 주석만큼이나 광대했기 때문이다. 일례로, 『고일총서』 속에 인쇄된 『이아爾雅』는 가장 두드러지게는 『십삼경주소』에 포함되기 때문에, 그는 이 컬렉션의 상이한 세 판본을 간략히 기술한다. 목록적 세부 사항을 거의 존중하지 않는 학자들 혹은 때로 성가시고 힘들더라도 엄밀성을 요하는 이 작업에 덜 친숙한 학자들이 이런 탈선을 가치 있는 것으로 간주할 성싶지는 않다. 그런 독자들은 특수한 목록이 『고일총서』 속의 한 저작을 언급하고 있다고 인용되고 또 펠리오가 주석에서 목록에 대한 긴 설명을 계속 제공할 때 그 실례實例를 감상하려 하지도 않을 것이다. 어찌되었든, 펠리오는 중국인 혹은 일본인 학자들만큼 폭넓게 전통 중국 목록학을 장악한 최초의 서양인 중국학자였으며, 끊임없고 설득력 있는 예로써 전통 중국 자료들의 비판정본 작업 방법을 보여준 최초의 중국학자였다.[11]

펠리오의 중국 변경 지대에 관한 역사 연구 중 대표적인 것은 「8세기 말 중국에서 인도로의 두 여정Deus itinéraires de Chine en Inde à la fin du VIIIe siècle」[12]이다. 펠리오의 최초이자 최장最長이며, 또 J. J. L. 듀벤다크에 따르면 가장 유명한 저작 중 하나인,[13] 동남아시아 역사와 지리에 관한 일군의 문제를 다룬 이 장편 연구는 철저하고 상상력 넘치는 학문의 모델이다. 펠리오의 요지는 중국에서 인도로 가는 하나의 육로와 하나의 해로에 관한 두 편의 짧은 여행 안내서인데, 둘 모두 가탐*이 썼고 『신당서新唐書』에 보존되어 있다. 이 여행로들은 역사적으로 중요함에도 불구하고 정확하게 또 철저하게 연구되지 않았기에 펠리오의 저작이 가치 있다. 그러나 길을 따

* 중국 당나라의 정치가·지리학자(730~805). 지도 「해내화이도海內華夷圖」를 제작했고 지지地誌 『고금군국도현사이술古今郡國道縣四夷述』을 저술했다.

라 이름을 확인하는 것 외에, 그의 주요한 학문적 기여는 여러 중요한 문제를 다루는 수많은 부기附記와 부록이다. 여기에는 'China'라는 이름의 기원, 남조南詔왕국*의 인종적 정체, 남아시아의 몇몇 소국과 왕국의 정체, 짬파Champa**의 수도 위치가 포함된다.

펠리오의 방법론은 상술할 필요가 있다. 그 방법론은 중국어 및 기타 언어로 된 광범한 자료의 이용에 바탕을 둘 뿐 아니라, 음사된 단어들의 재구음再構音을 이용한다는, 당시로서는 새로운 접근법에서 종종 도움을 받아 텍스트들을 정확하게 해석하는 데에 있었다.

구조적으로는, 펠리오는 먼저 앞선 저작을 평한 다음 취약한 가정을 비판하는 식으로 작업했다. 취약한 사유를 제거하는 그의 주된 방법은 단순한 논리를 이용하는 것이었다. 즉, 그는 증거와 자료를 재검토하여 하나의 가정이 역사적으로 그럴듯한지를 살폈다. 예를 들어, 어떤 이들은 China라는 이름이 마르쿠스 아우렐리우스가 파견한 '사절단'이 상륙한 항구인 日南 jih-nan의 이름에서 유래했다고 생각했다. 그러나 펠리오의 자료 읽기는 사절단이 그저 중국 국경을 건넜을 뿐임을 증명했다. 게다가, 주장강 연안의 항구들이 당시에는 훨씬 더 중요했다. 따라서 이 작은 항구의 이름이 외국으로 퍼져나가 중국Middle Kingdom 전체를 대표하게 되었다는 가정은 역사적 입장에서 볼 때 매우 취약한 것으로 증명되었다. 더욱이, 잘못된 가정과 설득력 없는 가정을 제거하는 두 번째 방법인 언어적 분석은 'China'라는 단어가 jih-nan에서 파생될 수 없음을 보여주었다.[14] 음성재구phonetic

* 중국 성당盛唐 시기에 지금의 윈난성 전체와 쓰촨성 남부, 구이저우성 서부 등에서 오만족烏蠻族을 주체로 백만족白蠻族 등을 포함하여 세운 정권.

** 2세기 말엽에 지금의 베트남 남부에 참족이 세운 나라. 인도 문화의 영향을 받았으며 해상 교역으로 번영했으나, 15세기 후반 베트남에 정복되어 17세기 말엽에 망했다.

reconstruction는 당시 새로운 도구였지만,[15] 펠리오는 외국어 단어의 중국어 음사를 다룰 때 음성재구를 자주 이용했을뿐더러 재구의 정확성을 위해 애쓸 때 〔중국어 음사를〕 동일한 원어 이름과 용어의 페르시아어 및 아랍어 음사와 비교하기도 했다.

또 하나의 방법은 자료를 주의 깊게 이용하는 것이었다. 펠리오는 지명地名이 때로 자리를 바꿀 수 있음을 알고 있었기에 『제번지諸蕃志』* 혹은 왕조사 속의 상이한 여행 안내서들을 필수적으로 비교해 점검했다. 이번에는 미얀마어인 udi(중국어 무제武帝)처럼 다른 언어로 된 중국어 가차어假借語를 확인할 수 있도록, 문자가 재현하는 단어에 이와 똑같은 배려가 행해졌다.

요컨대 이 초기 저작[8세기 말 중국에서 인도로의 두 여정]은 펠리오의 가장 훌륭한 점을 보여준다. 즉 모두 정확히 분석되고 능숙하게 결합되어 특정한 역사적 문제들에 대답하는, 광범한 자료에서 부지런히 수집하고 확인한 많은 사실에 대한 세심한 주의 혹은 재고찰을 보여준다.

둔황과 '선택된 땅'

초기 출판물도 많았지만, 펠리오의 연구 분야는 그가 막 착수할 사건들에 의해 엄청나게 확장되었다. 그는 1905년에 알제〔알제리의 수도〕에서 개최

* 15세기 초 중국 송나라 조여괄(1170~1228)이 지은 지리서. 주거비(1135~1189)가 지은 『영외대답嶺外代答』의 해외 제국 기사를 토대로 자신의 견문과 여러 문헌을 참고해 송과 교섭이 있었던 동남아시아 및 서남아시아, 인도, 아프리카, 지중해 연안 여러 나라의 풍토·물산·교역 등을 서술했다. 전2권.

될 제14차 국제동양학자대회에서 프랑스극동학원을 대표하기 위해 1904년에 귀국했다. 프랑스에 있는 동안 그는 신강으로 가는 고고학단을 이끌도록 선발되었다. 그는 1906년 6월 15일 1년간의 준비를 끝내고 자연사와 지리학 전문가, 사진사와 함께 파리를 떠났다. 이 임무는, 펠리오 그룹이 몇몇 유적지에서 중요한 고고 작업을 하긴 했지만, 1908년 4월 둔황의 동굴들에서 발견되어 도사道師 왕위안루*로부터 사들인 대규모 중세 사본들로 가장 유명하다. 아우렐 스타인은 그 감춰진 도서관을 1년 전에 방문해 역시 사본을 상당량 구매했지만, 중국어를 몰랐기에 선별할 수 없었다. 반면에 펠리오는 동굴 속에 3주간 웅크리고 앉아 모든 사본을 무서운 속도로 살펴보고서는 최상이라고 생각되는 것들을 선별했다.[16]

펠리오의 또 하나의 뛰어난 재능인 비범한 기억력이 이 책무에서 귀중하다는 것이 증명되었다. 그는 목록학과 아시아 종교들에 관한 자신의 지식에 기대어 수천 개 사본 중 가장 중요한 것들을 골랐다. 그 선택자의, 발견물 일부를 전적으로 자신의 기억력에 기대어 상세히 기술하는 둔황발 유명한 편지는 정확한 일자, 목록적·텍스트적 데이터뿐만 아니라 텍스트의 계보까지도 포함하는 경이로운 지적 위업이었다. 펠리오의 기억력이 강력하다는 점을 깨닫지 못한 사람들은 후일 『프랑스극동학원회보』에서 이 편지를 읽었을 때 그가 사본들을 위조했고 또 참고 서적이 가득 구비된 도서관의 편리에 힘입어 보고서를 썼다고 주장함으로써만 그러한 세부 사항들의 존재를 설명할 수 있었다.[17] 이들 비방자 중 다수는 프랑스극동학원의 온전성과 샤반의 능력을 공격하던 사람들이었다. 그래서 펠리오는 귀국했

* 둔황 막고굴莫高窟(천불동千佛洞)을 관리하던 태청궁太淸宮 도사(1851~1931).

을 때 오직 몇몇 방면으로부터만 영웅으로서 환영을 받았다. 그는 질투에 찬 매도의 대상이 되었다. 스타인이 자신의 탐험 이야기를 출판하기 전까지 공격은 결코 진정으로 수그러들지 않았는데, 스타인은 장경동藏經洞(중국 둔황 막고굴 제17동)에 대한 펠리오의 기사를 실증하고 학자로서 그의 자격을 높이 평가하는 데에 주의를 기울였다.

펠리오는 자신의 "선택된 땅"이라고 부르게 된 이 중앙아시아 여행을 통해 중앙아시아 언어와 문화를 접했고, 오래지 않아 몽골어, 돌궐어, 아랍어, 페르시아어, 티베트어, 산스크리트어 및 기타 언어들을 자신의 일차 자료 창고에 추가했다.[18] 물론 그는 러시아어를 포함해 모든 중요한 이차 언어에 대단한 재능이 있었다. 그가 일본어를 어느 정도나 익혔는지는 불명확하다. 펠리오의 학생이자 동료인 드미에빌은 펠리오가 일본어를 읽을 수 없었다고 주장했지만, 나이 든 일본인 중국학자들은 펠리오가 인용 표현 없이 자신들의 학문을 도용했다고 기억한다. 에노키 가즈오에 따르면, 펠리오는 그저 일본어를 모르는 척했을 뿐이다.[19] 그는 일본어에 접근하려고 어떻게 했든 간에, 중국–중앙아시아 문제들에 관한 데이터를 위해 일본어 및 모든 기타 언어로 된 자료를 조사했을 뿐 아니라 이 언어들로 된 텍스트의 해설이나 음운재구에 독창적 기여를 했다.[20] 펠리오의 독보적 박식, 즉 참된 '영혼의 마르코 폴로'[21]는 그가 33세 되던 해인 1911년에 콜레주 드 프랑스에 그를 위한 특임교수직인 중앙아시아 언어·역사·고고학 교수직이 만들어짐으로써 인정되었다. 펠리오의 학술 제국은, 알렉산드로스 대왕과 마찬가지로, 그의 사후에는 살아남지 못했다. 펠리오는 그 제국의 창건자이자 유일한 통치자였다.

둔황 석굴의 가장 귀중한 발견물 중에는 불경 형태로 된 장편의 종교 관련 사본이 있다. 그 사본이 『둔황석실유서敦煌石室遺書』(북경, 1909)에 발표되었을 때 중국인 편집자인 뤄전위*는 그 정체를 대략적으로만 확인할 수 있었다. 왜냐하면 〔사본들의〕 제목이 없었고 또 본문에서도 제목이 언급되지 않았기 때문이다. 장편 연구인 「중국에서 발견된 마니교의 흔적Un traité manichéen retrouvé en Chine」[22]에서 펠리오와 그의 은사 샤반은 이 문헌을 마니교의 것으로 확인하고(펠리오가 처음 발견했을 때 이미 잠정적으로 그렇게 규정했다),[23] 번역·주석했다.[24] 그러나 그들은, 그들의 협동 작업의 제목이 암시하는 단순한 범위와는 달리, 마니교에 관련되거나 마니교를 언급하는 53개 추가 문헌 혹은 구절을 많은 중국 자료에서 애써 발췌해 번역했다. 『화호경化胡經』과 마니교의 두 경전 『이종경二宗經』과 『삼제경三際經』에 관한 논의도 포함되었다.

이 문헌[『화호경』]의 번역은 마니교 연구에 중요한 기여를 했고 오늘날에도 이 번역을 능가할 것이 없으며, 기술적으로 말해서 인상적인 위업이다. 무엇보다도, 펠리오와 샤반은 모호한 글자들의 특수한 의미를 판정해야 했다. 일례로, 그들은 보통 相을 想으로 해석했다. 그들은 相이 정신의 작동, 즉 비교되는 기독교 자료와 무슬림 자료에서 발견되는 의미를 지시하는 것으로 보인다는 사실에 기초해 그처럼 해석했다. 게다가, 이 사본 속의 相은 너무나 자주 思, 念, 心, 意에 상응한다. 더욱이, 그들은 대구와 리듬에 민감해서 光明과 같은 복합어를 (이 맥락에서는) 부적절하게 덧붙이는 '빛과 밝음'이 아니라 '빛'으로 번역할 수 있었다. 그들은 또 五分明身과 같은 숙어 속의 종교적 의미는 分이 身을 수식하기를 요한다는 것을 보여주었는데,

* 중국 청나라 말기의 금석학자(1866~1940). 금석학·고증학의 대가로 은허殷墟에서 출토된 갑골문자, 둔황에서 발견된 고문서 등의 연구가 있다.

병행구parallel passage*를 참조하고 또 이 구절을 중국 경교 텍스트에 나오는 유사한 숙어와 비교해 도달한 결론이었다.

불교와 도교의 기술적 어휘에 대한 펠리오와 샤반의 전문 지식은 마니교적 용법을 비교하는 데에도 유용했다. 그리고 그들은 차이 또는 모호한 구절이 어디에 있는지 신속히 지적했다. 이 모든 전문 지식은 중국의 종교 문헌 특히 그리스어, 라틴어, 페르시아어, 소그드어로 된 마니교 관련 텍스트를 포함한 중국 마니교 자료와 반反마니교 자료를 완벽히 장악한 결과였다. 얽히고설킨 텍스트상의 문제 혹은 교의상의 문제에 대한 해결책을 제시할 때 많은 상상력이 발휘되었다. 그러나 펠리오와 샤반은 보통 바른 길을 갔는데, 왜냐하면 이 연구의 제2부에서 그들은 새로 출판된 문헌들을 이용해, 제1부에서 제안된 그럴듯하지만 여전히 가설적인 해결책들을 뒷받침하거나 확인했기 때문이다. 전반적으로, 이 연구 논문(중국에서 발견된 마니교의 흔적)은 "아마도 현대 중국학의 가장 찬란한 성취"일 것이라는 라우퍼의 찬사에 값한다.[25]

주석 전통

펠리오는 이 책에 거의 기록하지 못한 방대한 양을 출판했지만, 결코 전통적 의미에서의 책을 쓰지는 않았다. 「『명사明史』 속의 호자와 사이드 후세인Le Ḥōja et le Sayyid Ḥusain de l'Histoire des Ming」,[26] 『몽골비사Mongγol-

* 같은 내용에 대해 이야기하고 있는 다른 출처.

un niγuča tobčiyan』의 몽골어 재구,[27] 황금군단Golden Horde〔13세기에 유럽에 원정한 몽골 군단〕에 관한 찰기札記들[28]처럼 단행본 규모임에도, 그의 연구 논문 다수는 하나의 구체적인 역사적 문제 아니면 하나의 주요한 텍스트의 번역과 해설에 관심을 가졌다. 그의 접근법은 텍스트의 전승 계보와 순서 결정을 포함해, 다양한 언어로 된 수많은 자료를 이용하는 일과 매우 자주 관련되어 있었다. 펠리오의 장기는 종합이 아니라 분석이었다는 듀벤다크의 평가는 정확하다.[29] 펠리오는 또 다루는 주제와 밀접히 혹은 느슨히 관련된 문제를 제출하기를 좋아했고, 그래서 그의 출판물은 다채롭고 귀중한 정보의 광산이 되었다.[30] 그는 자신의 기고문들에서 새 정보를 나누어주거나, 이제껏 무시되어왔지만 비옥하고 조사되어야 할 분야를 제시함으로써 중국학의 진보를 돕곤 했다.[31] 많은 짧은 메모, 논평, 질문이 동일한 목적을 염두에 두고 발표되었다. 이 발표 형태는 중세 인문주의자들과 텍스트 해설자들의 '비망록notebool'식 접근법*을 연상시킨다. 분명히 그것은 고전 속에서 발견될 진리를 드러내고 해설한 유식한 주석가들의 주석 전통 속에 서 있다.

알렉산드리아 대大도서관 최초의 사서였던 제노도토스의 것과 같은 호메로스에 대한 구두 주석들은 기록되기 오래전부터 존재했다. 최초의 문자 주석은 전통적으로 아리스타르코스**의 것이라고 믿어져왔다. 그는 기원전 180년에 자신의 호메로스 편집본을 출판했는데, 처음으로 『일리아드』와 『오디세이』 텍스트를 각기 24권으로 나누어 현대 텍스트의 기초가 되었

* 르네상스 인문주의자들이 독서와 기록의 과정에서 사용한 방법. 비망록notebook, commonplace book을 작성해 수사적 표현이나 논증, 실제적 정보 등을 위해서 흥미로운 구절을 선택·기록하고, 또 분류해 놓는 방법이다.

** 알렉산드리아의 사서(도서관장)를 지낸, 고대 그리스의 문헌학자(기원전 220년경~기원전 143년경).

다.[32] 그러나 초기 오르페우스(그리스 신화에 나오는 시인·음악가) 시 한 수에 관한 기원전 4세기의 주석 하나가 (그리스 북부의 마케도니아 주 테살로니키 동북쪽에 있는) 데르베니*에 있는 파피루스 사이에서 발견되었다. 따라서 주석학은 알렉산드리아의 문법학자들보다 먼저 나왔다. 루돌프 파이퍼는 초기 음유시인들이 자신들의 구두 창작 과정에서 "모호한 표현이나 고유명사에 해설, 가운뎃줄, 밑줄을 추가했을" 때 일종의 주석을 생산한 것이라고 주장한다.[33] 다시 한번 파이퍼에 따르면, 기원전 5세기의 소피스트들도 "서사시와 상고 시기의 시를 설명할 때, 이전 철학자들이 깔아놓은 선에 맞추어 자신들의 해석을 언어적 관찰·정의·분류와 결합함으로써"[34] 서사시를 해석했다. 알렉산드리아의 문법학자들은 자신들의 유명한 도서관에 비치된 텍스트적 유산을 해설하는 작업에 모든 시간을 썼다. 자기 친구들에게 호메로스의 '최신의 정확한 판본'을 무시하고 오직 '고본古本들'만을 참조하라고 충고한 문헌학적 성향을 가진 한 시인은 알렉산드리아의 문법학자들에게 중뿔난 삼류 작가라는 딱지를 붙여주었다.[35] 알렉산드리아의 문법학자들은 페르가몬** 사서들과의 라이벌 관계에서 강한 자극을 받았다. 루치아노 칸포라에 따르면, 페르가몬의 경우 다음과 같았다.

> 그들(페르가몬의 사서들)의 관심을 끈 것은 '숨겨진' 의미, 고전 텍스트 특히 호메로스 텍스트들의 '배후에' 있는 의미—그들이 '알레고리'라고 부른, 이 시들 내부에 감춰져 있는 것—였다. 대조적으로, 알렉산드리아인들은 한

* 원서에는 세르비아의 수도인 베오그라드 서부의 데르비니Dervini라고 되어 있는데, 오류다.
** 기원전 3세기에 소아시아에 세워진 고대 왕국. 기원전 2세기에 로마령이 되었다. 왕국의 수도인 페르가몬은 당시 헬레니즘 문화의 중심지였다.

줄 한 줄씩 또 한 자 한 자씩 설명을 찾아냈고, 그들이 보기에 의미가 분명치 않은 곳에서는 어디에서나 멈춰 섰다.[36]

가장 좋은 사본을 향한 경쟁은 강렬해서, 심지어는 이집트 파피루스가 페르가몬에 공급되는 것을 알렉산드리아가 차단하는 결과까지 가져왔다. 자신들의 자원에 의존할 수밖에 없게 된 페르가몬인들은 이번에는 동물가죽을 다루어 양피지로 만드는 기술을 개선했다. 양피지라는 단어는 (중세 라틴어 *pergamena*를 거쳐) Pergamum의 파생어다.(양피지는 두루마리 사본을 능가한 코덱스, 즉 양면으로 된 묶는 책의 발명을 가져왔다.)

일반적으로, 알레고리적 주석이나 문헌학적 주석이나 모두 별도의 저작으로서 쓰였다. 오벨로스*obelos*, 디플레*diplē*, 점 있는 디플레, 아스테리스코스*asteriskos*, 안티시그마*antisigma**와 같은 비평기호들이 어떤 구절을 위조라고, 주목할 만하다고, 가필 등이라고 표시하기 위해서, 또 별도의 주석이 위치할 적절한 자리를 독자에게 알려주기 위해 이용되었다. 주석이 행간의 주注나 별도의 주로서 텍스트 내부에 통합된 것은 10세기에 와서다. 당시 '스콜리아'라고 불린 이 방주傍注들은 중세 사본들과 결합되었다.[37]

텍스트 주석을 향한 이 시험 단계들에도 불구하고, 우리는 15세기 고전 연구의 부흥에 와서야 포괄적 주석 전략 발전의 주요한 세 단계를 매우 분명히 보게 된다. 첫째, 부유한 제후와 고위 성직자들이 사본집을 모으기 시작했고 인문주의자들에게 사본집 정독을 청했다. 둘째, 인쇄술의 발명으로 인문주의자들이 이 사본들을 편집·출판하려고 경쟁함에 따라 비

* 오벨로스는 —, 디플레는 〉, 점 있는 디플레는 ⋟, 아스테리스코스는 ※, 안티시그마는 ⊃이다.—역자 주

판정본 제작 기술에서 새로운 수준의 정밀성이 가능해졌다. 인문주의자들은 이때 고전 텍스트 대부분의 표준판들에 더해 전통적 주석도 제공했다. 이 인쇄본 텍스트들은 대조의 기준을 형성했고, 그러한 표준화된 텍스트들은 널리 분포해 있는 인문주의자들로 하여금 동일한 텍스트적 문제들에 주목하게 했다. 셋째, 텍스트적 문제들에 대한 상세한 주의는 학문의 방향을 문법과 수사학에서 텍스트 자체로 돌렸다. 그리고 상대적으로 라틴어 장악이 쉬웠기 때문에, 라틴어 문법과 수사학이라는 과제의 연구는 인문주의자들에게 덜 흥미로워졌다. 이에 새로운 세대의 학자들이 나타났는데, 이들은 인쇄본 텍스트의 편집자 노릇을 했다. 그러한 편집본들은 지배적 문학 형식으로 축행적逐行的 주석을 낳았다. 이 형식의 불리한 점은 그 주석가들이 모든 문제를 다루도록 강요받아 창의성을 빛내지 못했다는 것이다. 왜냐하면 '사소한 해설들의 더미'—펠리오의 농밀한 각주 몇몇에 가해진 비판을 연상시키는 표현—속에 독창성이 파묻혀버렸기 때문이다. 더욱이, 무엇을 선호하는지도 말하지 않은 채 제시되어 서로 충돌하는 해설 사이에서 선택을 도와줄 아무런 판단 기준이 없었다. 그래서 1470년대 중반 이후로 몇몇 인문주의자는 문학 형식으로서의 주석에서 멀어져갔는데, 안젤로 폴리치아노(1454~1494)가 가장 두드러진다. 그가 1489년에 낸 『미셀러니Miscellanea』는 새로운 유형의 두 학문을 대표했는데, 하나는 흥미로운 문선文選들에 관한 주석 모음이고, 하나는 다양한 주제에 관한 짧은 장章들의 컬렉션으로서 때때로 인신공격에 몰두했다. 폴리치아노의 작업은 또 텍스트의 집주와 스콜리아(방주)에서 우선성을 결정하는 데에 기술적 판단 기준을 제공했다. 이렇게 해서 일군의 전문적 문헌학자들이 발전할 수 있었다.[38]

존 헨더슨은 중국에서 주석 전통의 부흥을 징조, 신탁, 해몽에로 소급한다. “점占과의 결합은 『역경易經』에서 가장 분명하다”라고 헨더슨은 단언한다.[39] 괘효사卦爻辭와 이를 해명하는 「십익十翼」은 모두 그 경전〔『역경』〕 자체의 내부에 통합된 초기 주석이다. 따라서 〔중국의〕 점술사는, 그리스의 시인과 달리, 〔자신들이〕 문학 해석의 열쇠를 가지고 있다고 주장했다. 그러나 물론, 고대 중국의 경전들은 단순히 훌륭한 문학작품이 아니라 성인들의 지혜의 성스러운 저장소라고 간주되었다. 그러므로 공자의 임무는 고유한 무언가를 스스로 지어내는 게 아니라 경전들의 지혜를 보존하고 전수하는 것이었다. 실제로, 〔중국 청대 유학자·고증학자〕 대진(1724~1777)에 따르면, 공자의 임무는 주석가의 임무, 즉 경전의 가르침을 명료히 하는 것이었다. “공자는 군주의 지위를 얻지 못했고 또 그들〔군주들〕의 제도·의례·음악을 계속할 지위에 있지도 않았지만, 그것들〔경전들〕의 기초를 명료히 하고 또 그것들을 그 출처에까지 추적해가는 일을 떠맡았는데, 사람들이 천 세대 동안 평화와 무질서의 원인을 알 수 있게 하고 또 어떤 제도와 규칙을 따르거나 바꾸는 것이 적절한지를 알게 하기 위해서였다.”[40]*

많은 초기의 주석은 그 주석들이 설명하는 경전의 일부가 되었다. 예를 들어, 『시경』 「소서小序」는 송대까지 보통 제자 자하에 의해 전승된 공자의 가르침에서 유래하는 것으로 여겨졌고, 그 경전 자체의 일부로 간주되어왔다. 『사고전서』 편찬자들은 자신들의 방대한 목록에서 「소서」를 개별 표제로 다루었는데, 「시서詩序」라고도 불린 몇몇 판본이 주희가 처음으로 그것을 『시경』의 머리에서 떼어낸 이후 서로 다른 총서에 포함되어왔기 때문이다.

* 원문은 대진, 『맹자자의소증孟子字義疏證』 「서序」에 나온다. “孔子既不得位, 不能垂諸制度禮樂, 是以爲之正本溯源, 使人於千百世治亂之故, 制度禮樂因革之宜, 如持權衡以御輕重, 如規矩準繩之於方圓平直.”

따라서 어떤 학자들은 「소서」를 그 시적 경전(『시경』) 자체의 구성 부분이 아니라 『시경』에 관한 주석서로 간주하게 되었다.[41]

만약 경전을 짓는 데에 성인聖人이 필요했다면, 이제 주석을 짓는 데에는 학문만큼이나 자기수양에 관심을 가진, 적어도 '현賢한' 학자가 필요했다. 그러므로 그 진행 순서가 서양에서 음유시인, 소피스트, 문법학자, 인문주의자, 고전학자였다면, 중국에서는 점술사, 성인, 현인, 주석학자/중국학자였다. 한대에 유교 경전이 마무리된 이후에 주석들은 따로 유통되었다. 경전 본문의 행간에 주석이 쓰이기 시작한 것은 후한後漢에 와서였는데, 서양의 동일한 관행보다 800년 앞섰다.

다시 헨더슨을 인용하자면, 주석 작성 배후의 일차적 충동은 "경전 속의 의난점疑難點을 해결하고, 고대 성인들의 의미를 완전히 명백하게 밝히는 것이었다. 모호한 것들을 그런 식으로 분명히 하는 일은 성인들의 가르침이 불명료하거나 불완전해서라기보다는 어휘의 변화, 텍스트의 분실 혹은 단편화, 문자 형태의 변경, 문화와 제도상의 변화 때문에 필요했다."[42] 육조시대六朝時代*에는 주석에 관한 주석, 즉 소疏라고 하는 주석서를 짓는 관행이 지식에 대한 탁월한 장악력을 과시하는 수단이 되었다. 제국(청) 후기가 되면, 찰기류의 책들(차기箚記, 록錄, 잡지雜志** 등)이 중국에서 개인적 의제의 제출, 특정한 해석학파의 발기, 혹은 개인적 공격의 개시라는 점에서 인문주의자들의 미셀러니에 대응했다. 그러한 사례에는 염약거(1638~1704)의 『잠구차기潛邱箚記』, 전대흔의 『십가재양신록十駕齋養新錄』, 왕념손

* 중국에서 육대六代의 왕조가 있던 시대. 삼국시대의 오吳나라(222~280), 동진東晋, 송宋, 제濟, 양梁, 진陳을 말한다.

** 원서에 잡기雜記라고 되어 있으나 문맥상 잡지가 적절할 듯하다.

(1744~1832)의 『독서잡지讀書雜志』, 최초이자 아마도 최대일 고염무의 『일지록日知錄』이 포함된다.

텍스트 주석가로서 펠리오

펠리오는 언제나 문헌학자였고 또 특정한 텍스트 혹은 텍스트 관련 문제들의 설명자였다. 드미에빌은 펠리오의 출판물을 "대충 다듬은 보석"이라고 규정한다. "언제나 그를 사로잡은 문헌학적 연구의 다이몬(내면의 목소리. 데몬)에 끌려다니고, 통합적 기억력이 필요한 일에도 압박을 받은 펠리오는 대충 다듬은 보석 같은 자신의 학문적 작품들을 우리를 위해 생산했다."[43] "통합적 기억력이 필요한 일에도 압박을 받은"이라는 구절에서 우리는 잠시 멈춰야 한다. 왜냐하면 그것은 잉글랜드의 고전학자 리처드 포슨(1759~1808)의 "비범하고 괴물 같기조차 한 기억력"을 연상시키는, 아무것도 잊을 수 없는 기억력이라는 능력, 곧 펠리오에게 잠정적인 역사적 결론에 도달하는 능력을 발달시키지 못하게 한 하나의 요인을 알려주는 것 같기 때문이다.[44] 펠리오의 기억력은 우리가 보았듯이 많은 좋은 목적에 이용되긴 했지만, 종합적 작업에 필수적인 절차, 곧 비본질적인 것을 가차 없이 폐기하는 절차를 금했다. 아마도 펠리오와 견줄 인물로 포슨을 인용할 수 있을 것이다. "이 집념의 학인學人은 명성을 얻고 싶은 학자에게 필요한 또 하나의 필수적 성질이 결여되어 있었다. 적절한 결론을 위해 방대한 주제를 효과적으로 제한하는 능력 말이다."[45] 물론 펠리오는 중국학의 많은 분야에서 명성을 찬란하게 얻었지만, 그의 재능은 자연히 역사보다는 문헌학이라는 분과학문에 의해 뒷받침되었다.

펠리오의 방법론은, 그의 출판물들이 우리에게 제공하는 작업 사례와는 별도로, 몇몇 지점에서 명백히 언술된다. 초기에 그는 자신의 부남扶南* 관련 저작에 대한 서평[46]에서, 해당 문제에 속하는 모든 텍스트와 단락의 번역과 함께 시작하는 자신의 방법을 샤반이 "학문적 작업을 위한 필수적 조건"이라고 승인했다고 진술함으로써 자신의 접근법의 한 측면에 대해 언급했다.[47] 광범한 수의 관련 자료를 이처럼 철저하게 다룬 것뿐만 아니라, 그 자료 각각은 똑같이 철저하게 개별적으로 분석되었다. 말년에 펠리오는 번역의 부수물인 풍부한 주석의 필요성을 요약했는데, "만약 우리가 단순히 (텍스트들을) 다소 관행적인 형태로 번역한다면, 어떤 결과도 얻을 수 없을 것이다. 밑바닥까지 내려가서, 적절한 주석을 가지고 모든 문장의 기원을 추적하는 것이 필요하며, 그런 다음에야 우리는 전진할 것이기" 때문이다.[48] 사후에 출판된 방대한 작품인 『마르코 폴로에 대한 주석Notes on Marco Polo』은 평생의 성취의 대미를 장식하고 또 주석을 통해 텍스트를 남김없이 설명하는 이 접근법의 화신化身을 보여준다.[49]

펠리오가 완성한 역주식 접근법에 대한 반감을 보여주려면 전통 중국에 대한 두 현대 역사학자의 견해를 가져올 수 있을 것이다. 한스 빌렌슈타인은 훌륭한 역사학자가 반드시 작업해야 하는 첫 단계는 자료라고 인정했다. "그의 첫걸음은 자료를 다루는 것이며, 시간이 가면서 그가 뒤로 더 멀리 가면 갈수록 이 책무는 더 고된 일이 된다. 그는 필요한 곳에서는 텍스트를 본래적 형태로 재구해야 하고, 상이한 판본을 비교해야 하고, 변형,

* 2(또는 1)~7세기에 인도차이나 반도 메콩강 하류에 있던 나라. 중국과 밀접한 통상관계를 맺고 남해 무역의 기항지 또는 시장의 역할을 했으나 7세기 중엽에 멸망했다.

복사자의 실수, 후대에 추가된 것을 알아차리려고 애써야 한다. 간단히 말해, 그는 비판정본 작업에 개입해야 한다."[50] 전문직 문헌학자는 펠리오식의 역주 형태로 그러한 첫 단계의 준비 작업을 제공한다. 헤르베르트 프랑케는 그렇게 상세히 번역된 텍스트를 제공하는 일의 유용성에 대해 언급한다.

> 많은 헐뜯김을 당한 '주석 전통'을 우리가 어떻게 생각하든지 간에, 오늘날에도 기본적 중국 텍스트들의 비판적 역주본들이 중국 문명과 역사에 대한 철 지난 접근법을 나타내는 것은 아님을 부인할 수는 없다. 번역은 여전히 장점이 있거나 있어야 한다. 전근대 중국 텍스트, 특히 문어로 된 텍스트를 단순히 어떤 가설을 입증하기 위해 잡동사니들을 파내는 채석장으로서 이용하는 것은, 물론 그렇게 하면 서양 학자가 불완전하게 이해한 단락들을 우리가 얼버무릴 수 있기 때문이다.[51]

그러나 빌렌슈타인은 역사학자들은 스스로의 작업을 수행할 수 있기 때문에, 샤반의 『사기』 번역본이나 더브스의 『한서漢書』 번역본은 이제 "새로운 세대 학생들 각각의 고전중국어 지식이 향상되었다는 단순한 이유로 인해 철 지난 일이 되었다"는 부당한 결론을 내리고 만다. 그는 "우리는 더 이상 샤반이나 더브스의 도움이 필요하지 않은데, 그 텍스트들을 우리 스스로 읽을 수 있기 때문"[52]이라고 단언한다. 물론, 그는 역사학자 이외의 다른 학자들은 한 텍스트가 말해야 하는 것에 흥미를 가질 수 있다는 점, 원하는 모든 데이터에 접근할 때 문헌학적 재능을 덜 타고날 수 있다는 점을 망각한다. 텍스트를 그 자체의 텍스트적 전통의 맥락에서 제시한다는 임무—아무리 유능하다 하더라도 대부분의 학자는 기꺼이 하고 싶어하지 않는 것—는 그 자체로 존경받을 만한 노력이다. 에리히 헤니슈는 너무 멀리 나가서, 자신이 '주석된 완역Extenso-Übersetzung'이라고 명명한 역주를 전문직 중국학자로 승급昇級되기 위한 필수 자격으로 간주한다.[53] 펠리오가 유명하게 만든 이 접근법은 비록 그 후 오랫동안 역사학이라는 분과학문에서는 폐기되었지만 문헌학이라는 개별 분과학문에서는 여전히 유효하고 또 필수적이다.

편집 규정, 듀벤다크, 『통보』

펠리오는 학자로서, 교수로서, 특히 1920년부터 1942년까지 『통보』 편집자로서 거의 만장일치로 중국학의 주제와 중앙아시아의 주제에 관한 최종 심판자 노릇을 했다.[54] 이는 그 자신이 만들어낸 역할이었는데, 왜냐하면 이 저널의 옛 편집자들은 펠리오와 같은 자신만만한 장악력을 가지고서 중국학의 전 분야를 고찰할 위치에 있지 않았기 때문이다. 비록 한 사람이 그렇게 하려고 시도했다가 성공하지 못하긴 했지만 말이다.

『통보』는 앙리 코르디에에 의해 창간되었다. 코르디에는 이전에 『극동잡지Revue de l'Extrême-Orient』를 창간했었다. 그러나 그 잡지는 한자를 인쇄할 수 없어서 만족스럽지 못한 것으로 증명되었다. 코르디에는 이리저리 둘러보던 중 라이덴의 E. J. 브릴 출판사가 한자 폰트를 소유했다는 것을, 그리고 극동에 바쳐진 저널 하나를 기꺼이 출판하고자 한다는 것을 알게 되었다.[55] 1875년부터 1903년까지 라이덴대학의 중국어 교수였던 구스타프 슐레겔은 새 저널(『통보』)을 편집할 때 코르디에에게 합류했다.[56] 『통보』는 1890년에 출범했고, 해마다 다섯 호를 발행했다. 10년 후에 두 번째 시리즈가 시작되었다. 이 시리즈는 현재까지 연간으로 발행되며, 제2차 세계대전 동안에 잠깐 공백기가 있었다가, 다시 해마다 다섯 호가 나왔다.(그러나 번호는 1~2 그리고 3~5로 인쇄되었다.)

처음부터 『통보』의 범위는 극동 전체를 포괄할 의도가 있었다. 표지에 적힌 부제를 보자면 '동아시아(중국, 일본, 한국, 인도차이나, 중앙아시아 및 말레이시아)의 역사, 언어, 지리 및 민족지의 연구를 돕기 위한 아카이브Archives pour servir à l'étude de l'historie, des langues, de la géographie et de l'ethnographie de l'Asie Orientale(Chine, Japon, Corée, Indo-Chine, Asie Central et Malaisie)'다. 첫 몇 호는 많은 저명한 잉글랜드, 독일, 프랑스, 네덜란드, 아시아 중국학자의 기고문을 발표했다. 이 전통이 계속됨에 따라 『통보』는 성공이 보장되었을 것 같지만 그렇지 않았다. "슐레겔은 다소 호전적인 사람이었고, 유난히 이른 나이에 중국어에 대한 지식을 얻었기에 자신이 이 언어에 대해 다른 누구보다도 훨씬 더 잘 안다고 확신했다"라고 듀벤다크는 후하면서도 신중하게 말한다.[57] 코르디에에 따르면, 슐레겔의 "공격적이고" "권위주의적인" 성격은 "『통보』 및 그 공동 편집자들과 거리를 두었고, 몇 달간 일은 끝이 없었다. 그러나 노고와 인내 끝에 우리는 초기의 어려움을 이겨냈다."[58]

슐레겔은 1890년부터 1903년까지 공동 편집자로서 봉사한 후 사망했다. 코르디에는 샤반이 자신이 슐레겔을 대신하겠다고 제안할 때까지 1년 동안 혼자 편집자로 일했다. 코르디에는 기꺼이 샤반을 환영했고, 그의 제안이 매우 도량이 큰 것이라고 간주했는데, 왜냐하면 슐레겔이 샤반을 매우 신랄하게 공격했었기 때문이다.(분명 샤반은 슐레겔도 작업 중이던 중앙아시아에서 나온 몇몇 전사물轉寫物을 출판할 때 슐레겔에게 먼저 일격을 가했다.) 『통보』가 진정으로 두각을 나타낸 것은 코르디에와 샤반의 편집역과 더불어서였다. 『통보』는 『프랑스극동학원회보』와 함께, 논문, 서평, 찰기, 공고公告, 현지 소식, 극동에 관한 목록 형태로 정보를 전파하는 가장 중요한 기관지가 되었다.

샤반은 죽기 2년 전인 1916년에 〔편집역〕 자리에서 물러났다. 이번에는 코르디에가 또 한 번 2년간 지속된 편집역을 맡은 후에, 1920년 펠리오가 공동 편집자로 합류했다. 펠리오는 코르디에가 4년간의 공동 작업 후에 사망하자 1932년까지 혼자서 그 일을 계속했으며, 그해에 라이덴 출신의 또 다른 교수인 J. J. L 듀벤다크가 펠리오에게 합류했다.

J. J. L. 듀벤다크(1889~1954)는 〔네덜란드〕 하를링언에서 태어났고, 1908년 라이덴대학에서 네덜란드 문헌학을 공부했다. 후에 데 흐로트로부터 중국어를 배웠다.[59] 1910년부터 1911년까지 파리에서 샤반과 코르디에에게서 배웠다. 1912년부터 1918년까지는 외교 업무에서 통역사로 조국에 봉사했다. 1919년 라이덴에서 중국어 강사로 경력을 시작했다. 1930년 중국어 교수로 임명되어, 1912년 데 흐로트가 베를린으로 떠난 이래 공석이던 중국어문학 교수직을 채웠다. 같은 해 말 의화단 사건의 배상금에서 나온 간접적 지원금으로 라이덴에 중국학연구소를 세웠다. 2년 후 『통보』 편집진으로 펠리오에게 합류했다.

듀벤다크는 펠리오의 완벽한 짝으로 보였는데, 왜냐하면 그의 비판은 더 온건하게 표현되기는 했어도 역시 펠리오와 마찬가지로 날림 작업에 대한 비판에 거침없었기 때문이다. 그는 더크 보드, 에릭 쥐르허, A. F. P. 훌세베, 피트 판 데르 론 등 자신의 학생들에게도 요구하는 것이 적지는 않았다. 즉 듀벤다크는 텍스트 전승에 대한 주의 깊은 고려와 함께 문헌학적 분석의 세부 사항에 대한 똑같이 엄격한 주의를 요구했다. 그에게 일차 자료의 완역은 딜레탕티슴*에 맞선 최상의 방어책이었다. 판 데르 론에 따르면, "원문으로 되돌아가기"는 듀벤다크가 자신이 지도한 학생들에게 주는 표어였는데, 성급한 일반화가 그 교만한 '증명 끝'을 말하기 전에, 겉으로는 중요하지 않은 단락까지도 이해하려고 노력할 필요를, 그리고 모든 이용 가능한 증거에 마주할 필요를 그들에게 각인시켰다. 듀벤다크가 학생들에게 끼친 이 영향은 아마도 그의 학자 생애 중 가장 지속적인 측면이었을 것이다.[60] 그의 가장 중요한 작품에는 『상군서商君書』**의 번역서이자 연구서인 『The Book of Lord Shang』(라이덴, 1928)이 포함된다. 그리고 『도덕경』 역주는 네덜란드어판이 1950년에 출판되었고, 프랑스어판(1953)과 영어판(1954)이 그 뒤에 나왔다. 동시대 중국의 역사, 정치, 문학에 관한 많은 네덜란드어 작품도 언급될 수 있을 것이다. 철학, 중국인의 해상 무역, 초기 네덜란드 중국학, 중국 문학에 관한 논문과 서평들은 20세기 전반 중국학의 중요 인물 중 한 사람으로서 듀벤다크의 우뚝한 명성을 유지했다. 듀벤다크의 존재는 파리에 필적하는 중국 고전문헌학 센터를 라이덴에 세웠고, 또 몇몇 미국인 중국학자를, 아주 멀리 떨어진 곳에서라 하더라도 그와 더불어 그들의 번역에 관해 작업하도록 끌어들였다. 이 중에는 호머 더브스와 그의 『한서』 번역, C. 마틴 윌버의 한대 노예제 연구, 아서 W. 험멜

* 예술이나 학문 따위를 직업으로 하는 것이 아닌 취미 삼아 하는 태도나 경향.
** 중국 진 정치가 상앙이 편찬했다고 전하는 법가의 책. 농본주의에 의한 부국법, 신상필벌에 의한 강병책, 법과 형벌로써 행하는 내치 등을 기술했다. 『상자商子』.

에 의한 구제강의 자서自序(『고사변古史辯』「자서」) 번역이 있다.

펠리오는 『통보』를 1942년까지 듀벤다크와 함께 편집했는데, 『통보』는 제2차 세계대전의 남은 기간에는 발행되지 않았다. 펠리오는 1947년 『통보』가 출판을 재개하기 전에 사망했다.

펠리오의 종신직은 『통보』를 정상에 올려놓았다. 펠리오의 엄청난 박식 및 명성과 더불어, 거의 그의 개인적 기관지였던 『통보』는 아시아학 기준의 실질적 결정자가 되었다. 때때로 1년에 7개나 되었던 펠리오 자신의 수많은 생산물이 그 분야에서 탁월함을 나타냈을뿐더러, 그의 서평들 역시 똑같이 상세하고 예리했다. 그는 저널 특히 독일어, 중국어, 그리고—아마도 다른 사람의 손을 거쳐—일본어로 된 저널들의 내용도 서평을 했다. 1931년부터 펠리오는 내용을 간결하게 요약하고, 『통보』가 받은 책들의 긴 목록에 가부可否를 덧붙이기까지 할 정도로 나아갔다.

펠리오는 편집자로서 매우 꼼꼼하고 엄격하긴 했지만, 자신이 반드시 동의하지는 않은 작품도 싣곤 했다.[61] 그러나 펠리오는 건설적이지 않은 것은 그 어떤 것도 고려하지 않았다. 그래서 그는 에르빈 폰 차흐가 펠리오 및 다른 사람들의 착오—상상된 착오일 경우가 매우 많았다—를 수정하려고 했을 때 거칠고 비관용적인 폰 차흐의 펜에서 나오는 많은 개인적 모욕을 견뎠다. 하지만 펠리오는 폰 차흐의 소모적 서평이 방향을 잃은 끝없는 난사亂射 이상의 것이 아니게 되자, 마침내 독재적 편집자의 역할에 나서 『통보』로부터 폰 차흐를 완전히 절연시켜야 했다. 결국, 이류 학문에 대해 두려움 없고 또 때로는 조금의 외교적 수완도 없었던 비판가는 의화단 사건 때와 똑같은 대담하고도 무모한 펠리오였다. 여하튼, 이 경우에 그는 전적으로 옳았다.[62]

아마도 어떤 면에서 펠리오는 지나치게 비판적이었는데, 방법론적으로 말해 그는 그 자신의 높은 기준을 충족하지 못한 것은 어떤 것도 좀처럼 승인하지 않았기 때문이다. 이 때문에 볼프람 에버하르트는 펠리오가 프랑스 중국학의 발달을 저해한다고, 또—많은 르네상스 인문주의자의 잘 알려진 선례를 무시하면서—펠리오의 희귀한 사본들을 유럽인 동료, 특히 몽골학자들과 공유할 때 공정하게 행동하지 않는다고 간주했다.[63] 그러나 펠리오의 비판은 폰 차흐 같은 타고난 호전적 기질이 아니라 지적 확신과 탁월한 유식함에서 나왔다. 펠리오의 학생들을 그의 기준으로까지 올라오도록 만든 결과가 프랑스 학문의 수준을 저해한다고 간주되든 아니면 더 엄격한 연구자들을 생산함으로써 궁극적으로는 프랑스 학문의 수준을 향상시킨다고 간주되든 간에, 펠리오의 선구적이며 철저하고, 거의 흉내 낼 수 없는 학문이 펠리오를 스승으로 여긴 비슷한 생각을 가진 한 세대의 문헌학자들에게 기준을 세워주었음은 의심의 여지가 없다. 그리고 펠리오의 전문가적 위치는 그가 미칠 수 있는 영향을 제도화했다. 즉 그는 43세에 프랑스금석학·순문학학회의 최연소 회원으로 가입했고, 실뱅 레비가 사망한 직후 파리 아시아학회의 회장이 되었다. 그리하여 르네 그루세에 따르면, 사반세기 동안 "펠리오는 프랑스 동양 연구를 지도했고, 그의 인격으로 프랑스에 커다란 위신을 가져다주었다."[64]

펠리오는 전전戰前 시기 중국학 주제들의 실질적 결정권자로서 베를린필하모닉의 종신지휘자 빌헬름 푸르트벵글러(1886~1954)에 견줄 명성과 권위를 가진 위치에 있었다. 그는 매우 자연스럽게도—그리고 푸르트벵글러와 마찬가지로—전후戰後에 중국학이 공동체를 다시 형성한 후 광범한 학적 논쟁의 초점이 되었는데, 그 논쟁은 상처 입은 자존심과 인신공격적 반감보다 훨씬 더한 것에 관련된 논쟁이었다. 문헌학적 접근법과 소위 '전통적 중국학'의 연구 의제는 지적 측면에서는 조제프(조제프 앙리 마리 드 프레마르)도 모르고 펠리오도 모르며, 고전중국어 능력보다 분과학문과 현대 시기에 대한 선호選好를 가지고 그들 자신을 더 많이 규정한 신진 세대의 사회사가와 경제사가들로부터 공격받게 되었다.[65]

문헌학의 주변화

이 장의 서두에서 레벤슨의 제사가 요약한, 문헌학적 접근법을 겨냥한 사회사가들의 비판은 그 자신이 존경스러운 (헝가리 태생의 프랑스) 문헌학자 에티엔 벌라주(1905~1963)의 태도가 전형적으로 보여준다.

> 그(벌라주)는 위대한 프랑스 중국학자들—마르셀 그라네, 폴 펠리오, 앙리 마스페로, 그리고 그의 친구 폴 드미에빌—을 존경했음에도, 전통적 중국학의 여러 측면에 대해 심하게 비판적이었다. 즉 고대와 고전에의 집중, 사회사와 문화사의 기초적 문제에 대한 관심의 결여, 방주傍注를 향한 기호嗜好. 이런 것들을 그는 "문헌학적 소품에 대한 논문, 난해한 분야로의 낭비적 여행, 미지未知의 인명 복원에 관한 언쟁과 기타 유쾌하도록 낡아빠진 일들"이라고 기술한다.[66]

펠리오와 그가 대표한 모든 것에 대한 전후戰後의 반감은 한 가지 관점, 즉 이제껏 무시되어온 중국 문화와 중국 사회의 영역을 탐색하려는 욕구의 관점에서 보아 이해할 만하다. 그런 영역, 즉 하층계급의 사회사·경제사·제도사, 혹은 이뿐 아니라 민간 종교까지도 번역+주석의 접근법을 적용하기 어려운데, 왜냐하면 그러한 주제에 바쳐진 전통적인 중국 자료는 거의 없기 때문이다. 물론 몇몇 사소한 주제, 그리고 주제를 구체적으로 제시한 것들은 현실성과 현대 세계에 대한 연관성으로부터 분리된 것처럼 보였다. 역사적으로, 문헌학은 19세기 초 초기 동양학자들(아시아학회에 있는 반대자들로부터 '화훼가花卉家, florists'라고 불린)의 낭만적 분출,[67] 기계적 건조함, 강박적 전문화, 그리고 같은 세기 말 독일 고전학의 무미건조함에서처럼,[68] 혹은 문헌학이 많은 예전 학자 및 관료의 전형적인 제국주의적 태도 및 식민적 의제들에 보인 친화성처럼 무절제하던 시기가 있었다.[69] 그러나 사회학자들의 방법과 모형이건 역사학자들의 방법과 모형이건 간에 그 적용의 성공은 최소한 하나의 수준에서는, 능숙한 텍스트 다루기에 기초를 두었다.[70] 물론, 문제는 하나의 분과학문이 다른 분과학문에 갖는 우수성이 아니라 시의성과 당면 과제에 대한 적절성이다.

중국-몽골 연구의 대가인 헤르베르트 프랑케는 문헌학적 연구에 대한 중국학 내부의 불합리한 편견을 한탄한 적이 있다.

> 현대가 종합과 해석을 애호하고 문헌학적 작업을 경멸하는 것은 물론 매우 불공정한 일이다. 나는 전후에 박사 학위 부전공으로 유럽 중세사와 근대사를 연구했고 또 라틴 자료에 대해 배우려고 노력했다.(시詩를 포함하여 중세 라틴어에 대한 사랑이 생겼다.) 어느 학파에 속하든 모든 역사학자는 『독일사료집대성Monumenta Germaniae Historica』(독일의 중세사료집) 등이 행한 끈기 있는 편집 작업에 의존해야 한다. 그것의 문헌학적이고, 비판적 정본을 만드

는 준비 작업은 불가피하고 유용성도 결코 의문시되지 않았다. 왜 중국 자료의 경우에는 달라야 하는가?[71]

그러나 —문헌학적 접근에 대한 반감을 제쳐두더라도— 펠리오에 대한 공격에서 똑같이 문제인 것은 그 공격이 역사적 방법의 목적에 관해, 그 방법이 성취할 수 있는 것에 관해 보여주는 근본적 착오다. 현대의 역사 서술의 연구가 이야기체 서술이나 종합과 단절하고 특정한 공시적共時的 문제들의 탐색으로 향한 것은 펠리오와 동시대의 프랑스인들—뤼시앵 페브르, 마르크 블로흐, 그들의 아날학파—의 노력 때문이었는데, [아일랜드 태생의 미국 역사학자] 프레더릭 J. 테거트(1870~1946)가 앞서 했었지만 별 영향력은 없었다.[72] 새로 설정된 질문에 대답하기 위해 상이한 탐구 기법이 발전함에 따라, 이 움직임은 하나의 새로운 역사 서술 패러다임—기능적/구조적—과 많은 유형의 역사—경제적, 기술적技術的, 사회적, 기타 등등—의 번성을 가능케 했다.[73] 펠리오는 결코 자신의 연구 결과를 그저 일시적으로라도 하나의 응집된 종합물로 조직하려 하지는 않았지만, 그의 작업 정신은 매우 현대적이었다. 즉 텍스트에 관한 것이건, 언어에 관한 것이건, 혹은 역사에 관한 것이건 간에, 그 정신은 특정한 문제의 해결에 관심을 두었다.[74] 앞을 바라보는 사회사가들의 눈에는 펠리오가 해결하고자 한 문제들이 구제불능이리만큼 퇴행적으로 보였다는 사실은 그의 학문적 접근법의 타당성 문제와는 무관하다.

오늘날, 만약 중국학이 인상주의적인 미학적 행위가 아니라 과학으로 간주되어야 한다면, 펠리오의 문헌학적 연구는 탐색을 위한 텍스트적 무대를 마련할 때나 자료에서 관련 정보를 취할 때나 여전히 따라야 할 최고의 모범이다. 그리고 펠리오는 중앙아시아 언어, 역사, 고고학 교수직의 유일한 점유자로서, 옛 제자이자 조교였으며 현재는 내륙아시아 연구의 노장인 데니스 사이노어의 찬양을 받을 자격이 충분했다. 사이노어는 펠리오를 "이 분야에서 일했던 아마도 가장 위대한 학자"라고 평가한다.[75]

제5장 | 앙리 마스페로: '고대 중국의 남자'

역사학자들은 내 구미에 딱 맞다. 그들은 흥미롭고 다루기 쉬운 존재다. 그들에게서는 내가 알고 싶어하는 인간의 보편적인 성격이 다른 어떤 데에서보다도 더 생생하고 완전하게 나타난다. 인간의 내적 조건의 다양성과 참모습, 그리고 인간들이 서로 결합하는 방법의 다양성과 인간을 위협하는 우연의 다양성이 전체적으로 또 상세하게 나타난다.

—몽테뉴, 『수상록』 II, 10쪽

앙리 마스페로(1883~1945)는 사망 시에 동료인 펠리오로부터 "고대 중국의 남자"라고 불렸다. 마스페로는, 연주회를 마치는 바이올린 거장의 앙코르처럼 힘들이지 않고도 걸출한 문헌학적 솜씨를 발휘할 수 있긴 했지만, 본질적으로 역사학자였다. 오늘날 마스페로가 현대 중국학의 창립자 중 한 사람으로서 누리는 존경은 더 정확히 말하자면 도교 경전에 대한 그의 선구적 탐구와 사회적 도교 및 종교적 도교에 대한 통찰력 있는 기록에서 기인한다. 그는 도교와 고대 중국사 분야와 더불어 고대 인도-중국, 중국 불교, 언어학, 문학, 법학, 천문학, 경제학, 철학, 민간종교의 연구에도 귀중한 기여를 했다.[1]

1883년 12월 15일 파리에서 태어난 마스페로는 먼저 역사와 문학을 공부했다. 1년간의 군 복무를 마치고 유명한 이집트학자였던 부친 가스통 마스페로와 이집트에서 합류했다. 마스페로는 첫 저작 『라지드왕조 치하 이집트의 재정Les Finances de l'Egypt sous les Lagides』(1905)으로 '역사학과 지리학의 고등교육 수료증diplôme d'études supérieures d'histoire et de géorgraphie'을 확보했고, 또 나중에 그의 중국학 작업을 돋보이게 할 많은 학적 자질을 보여주었다. 파리로 돌아온 마스페로는 1907년에 변호사 개업 면허를 얻었는데, 이 면허는 나중에 중국 법학 연구를 용이하게 해준다. 동시에 그는 중국어를 배우기 시작했고, 1907년에는 현대동양어학교도 졸업했다. 그의 선생들은 샤반과 실뱅 레비였다.

마스페로는 프랑스극동학원과 그곳에 있는 이복형 조르주 마스페로가 제공한 두 기회에 이끌려 1908년 하노이로 갔다. 프랑스극동학원은 인도학자 오귀스트 바르트와 미셸 브레알, 동남아시아 전문가 에밀 세나르가 1898년에 창립했다. 초대 교장 루이 피노는 1899년에 프랑스의 인도차이나 지배에서 나온 투자를 받아 사이공에 도착했다. 그 학교는 인도차이나 총독부와 금석학·순문학학회의 지원을 받게 되었다. 학교의 목적은 고고학 조사와 문헌학적 텍스트 연구를 통해 인도와 중국을 포함해 그 지역에 대한 역사적 이해를 심화하는 데 있었다. 『프랑스극동학원회보』는 이 이중의 목표를 반영한다. 1901년의 시험판에서는 인도와 중국의 비교 연구가 문헌학의 접근법을 통해 강조될 것임을 공표했다. 그것이 다룰 특정 분야에는 정치사, 제도사, 종교, 문학, 고고학, 언어학, 민족지학이 포함되었다. 1902년에 프랑스극동학원은 하노이로 옮겨갔다. 1956년에는 다시 프랑스로 옮겨왔다.[2] 젊은 펠리오를 포함하여 그 학교의 걸출한 직원 전체의 특징을 나타낸 사람은 에두아르 위베르(1879~1914)였다. 위베르는 1900년 21세 때 프랑스극동학원에 도착했고, 14년 후 요절할 때까지 그곳에 남았다. 위베르는 무엇보다도 중국학자이자 인도학자였지만, 아랍어, 페르시아어, 터키어, 참어,* 크메르어, 샴어(태국어), 몽어,** 미얀마어, 자바어, 안남어, 말레이어도 터득했고, 친근한 성격으로 다른 사람들이 좋아했다.[3]

처음에는 그 출중한 기구〔프랑스극동학원〕의 연구원이었던 마스페로는 1911년에 교수가 되었다. 그는 그곳의 들뜬 환경 속에서 1920년까지 머물렀고, 중국어와 인도차이나계 언어들을 연구했다. 그는 허약한 체질임에도, 동양에 있는 12년간 수차례 장거리 여행을 했다. 처음 하노이에 도착한 지 8개월 후 그는 임무를 띠고 북경에 파견되어 거의 1년간 머물렀다. 그 뒤 1914년에 저장성에서 고고학 탐험을 계속했는데, 그 결과는 같은 해에 출판되었다.[4] 마스페로는 또 프랑스령 인도차이나를 널리 여행하여 그곳의 다양한 소수민족 집단의 언어, 습속, 민속·역사, 종교·신화에 관한 귀중한 일차 자료를 수집했으며, 많은 유용한 지리 정보도 기록했다. 인도차이나인들의 살아 있는 전통에 관한 마스페로의 지식은 그가 그 전통과 동일한 문화적 단위의 일부라고 간주했던 고대 중국사회에 관한 그의 관점에 귀중한 시각을 더해주었다.

마스페로는, 1918년 샤반 사후에 콜레주 드 프랑스의 중어중문학 후임 교수로 임명되었다. 마스페로가 하노이를 떠나자 불행히도 그의 풍성한 인도차이나 연구는 끝이 났다. 이 넓은 분야에서 그는 동남아시아 언어들에 관해 진정한 과학적 작업을 생산해낸 최초의 인물이었다. 이 중 주요한 것은 「타이 언어들의 음체계 연구에 관한 기고문Contribution à l'étude du système phonétique des langues Thaï」과 「안남어 역사음운학에 관한 연구Études sur le phonétique historique de la langue annamite」다.[5] 그는 또 거의 알

* 말레이·폴리네시아어족의 인도네시아어파에 속한 언어. 인도차이나반도 동남단의 일부에서 쓴다.
** 중국 남부와 베트남, 타이, 라오스 등에 거주하는 몽족의 언어.

려지지 않은 이 지역의 역사·사회·문화에도 중요한 기여를 했다.[6]

마스페로는 콜레주 드 프랑스의 교수로서 수업 부담이 컸다. 그러나 그 때문에 자신의 연구에서 벗어나기는커녕, 다양한 관련 테마를 둘러싸고 조직된 수업 준비를 통해 막 관심을 갖고 있던 연구를 촉진했다.[7] 이는 그의 중요한 책인 『고대 중국La Chine antique』에서 정점을 맞았다.[8] 소둔小屯이나 마왕퇴馬王堆 같은 현대 고고학적 발견물의 혜택도 받지 못한 이 책이 한대 이전의 중국에 관해 여러 측면에서 불충분한 것은 이해할 만하다. 제프리 K. 리겔은 1978년 영역본의 서평에서, 어떤 부분은 여전히 발전 중이던 문헌학적 도구의 빈약함 때문에 다소 시대에 뒤떨어졌음을 따로 언급한다. 즉 마스페로의 상商나라에 대한 논의는 갑골甲骨을 드문드문 이용하긴 했지만 시대에 뒤떨어졌으며, 또 그의 서주西周에 대한 논의 역시 청동기 명문銘文의 빈약함으로 그러했다. 더 철 지난 것은 제5권 「고대 문학과 철학」의 마지막 세 논고다.[9] 서론을 쓴 데니스 트위체트조차 다시 한번 이 마지막 부분은 여러 경우에 "그 텍스트들 자체에 대해 우리의 이해를 혁신한" [후대의] 많은 분석적 연구와 번역 때문에 매우 낡은 것이 되었음을 시인한다.[10] 그러나 후대에 문헌학적 도구와 연구가 발달했다고 해서 자기의 가용 수단을 사용한 마스페로가 논박되는 것은 아니다. 『고대 중국』은 광범한 정치적·문화적 개략이 담긴 매우 유용한 소개서다.[11]

마르셀 그라네: 원시 중국의 남자

우리는 이내 마스페로와 그의 작업으로 되돌아올 것이다. 그러나 여기서 그와 같은 시대 사람이자 같은 나라 사람인 마르셀 그라네(1884~1940)의 기여를 고려하는 일도 좋을 것이다. 그 역시 고대 중국을 강조했고, 제정기〔진한제국 이후의 시기〕에는 좀처럼 들어가지 않았으나, 다루는 범위에서는 더 좁았다.[12] 그라네는 파리의 고등사범학교 상급반에서 역사학자로서 훈련받았고, 현대 제도사회학의 선구자이자 『사회학연보L'Année sociologique』의 초대 편집자 에밀 뒤르켐(1858~1917) 밑에서도 연구했다. 후일 1908년 티에르재단에서 마르크 블로흐와는 동창이었다. 그라네는 현대동양어학교[13]에서 중국어를 배웠는데, 그곳에서 그의 연구는 샤반이 지도했다. 실제로, 그라네의 유명한 『시경』 연구서 『중국의 고대 축제와 가요Fêtes et chansons anciennes de la Chine』(1919)는 그 둘〔뒤르켐, 샤반〕 모두에게 헌정되었다.[14]*

1911년부터 1913년까지 북경에서의 2년간의 연구는 『중국의 고대 축제와 가요』를 위한 의론 및 그라네 마지막 저작의 특질을 예견한 중요한 「고대 중국의 결혼풍습Coutumes matrimoniales de la Chine antique」을 생산했다.[15] 그라네는 귀국하자마자 고등연구원**의 극동종교연구 수장으로서 샤반을 대신하기 전에 몇 달간 중등학교에서 역사를 가르쳤다. 1914년부터 1918년까지 징집되었고, 그다음엔 시베리아의 한 장군의 참모로 전속되었다가 나중에는 중국으로 전속되었다. 1919년에는 프랑스로 되돌아왔고, 결혼했으며, 1920년에 박사 시험을 통과했다. 그는 여생을 중국고등연구원에서 가

* 원서의 본문에서 Shih-ching, Fêtes et chansons라고 한 것은 오류인 듯하다. 한국어 번역본은 마르셀 그라네, 『중국의 고대 축제와 가요』(신하령·김태완 옮김, 살림, 2005)다.

** 이 고등연구원은 École pratigue des haute études로서, 펠리오와 그라네가 설립한 중국고등연구원과는 다른 곳이다.

르쳤다. 1920년부터 1926년까지는 소르본에서 봉직했고,* 1925년**부터는 국립현대동양어학교의 극동 지리, 역사, 제도 교수직도 시작했다.

그라네는 한대를 포함한 고대 중국의 엄청나게 많은 전승 텍스트를 독파했다. 이들 텍스트는 그의 이어지는 연구 전체에 데이터베이스를 형성했다. 예컨대, 『중국 문명』의 서문에서 그는 자신의 이론적 개념들의 문헌학적 토대를 명시했다. "내가 이 저작에서 말한 모든 것은 문서의 직접적 분석에서 나온다."[16] 그의 탁월한 출판물들은 이 풍부한 문헌을 이용하고 또 고대사회, 친족, 봉건제의 본질에 관한 날카로운 통찰을 제공한다.

뒤르켐식 댄스: 『중국의 고대 축제와 가요』

그라네의 중국학 방법론은 8년간 그의 학생이었던 롤프 스타인이 다음과 같이 요약한다.

> 어떤 문명의 단 하나의 세부 사항도 그 문명 전체 맥락에서가 아니면 이해되거나 설명될 수 없다. 퍼즐 맞추기에서 한 조각의 의미는 그 조각이 더 큰 그림 속에서 차지하는 자리에 두어질 때에만 알 수 있는 것과 마찬가지다. 선험적 원리에 입각한 외부로부터의 여하한 해석도 즉각 거부되었다.[17]

* 그라네는 파리대학의 문과대학Faculté des lettres de Paris에서 1920년부터 1926년까지 가르쳤는데, 이곳이 소르본에 속해 있었다. 중국고등연구원도 파리대학(소르본) 소속이었다.
** 원서에서 1926년이라고 한 것은 오류다.

그러나 『시경』의 시들에 대한 완전히 새로운 해석이었던 그라네의 첫 주요 저작 『중국의 고대 축제와 가요』는 오늘날 바로 그러한 선험적 접근법을 이유로 비판의 대상이 된다. 일례로, 칼그렌은 다음과 같은 비판적 평가를 내놓는다.

> 그[그라네]는 그가 번역하는 시가 모두 자신이 미리 구상한 관념, 즉 그 시들이 민간의 노래로서, 신사紳士계급이 아니라 농민계급에서 기원했다는 것, 그 시들은 큰 계절 축제 때에 젊은 남녀가 즉석에서 주고받는 식으로 부른 시편이라는 것에 끼워 맞추기 위해 해석한다. 이를 받쳐주는 그라네의 유일한 버팀목은 어떤 현대 태족傣族*의 습관을 거기에 대응시킨 것이며, 그 밖의 경우 그의 정교한 구조 전체는 전적으로 가공架空의 것이다.[18]

칼그렌에게 비판받은 이 느닷없는 이론은 물론 "종교가 문명의 모체였던"[19] 것과 마찬가지로 인류의 근본적인 종교적 본능은 공동 회합에서 가장 크게 표명된다고 그라네가 가정했던 뒤르켐주의 사회학을 기본 바탕으로 삼고 있다. 이제 이 '종교사회학'은 그라네의 전반적 해석틀을 제공했고, 흑태족黑傣族**은 그러한 틀을 단지 예증했을 뿐이지 발생시킨 것은 아니다. 그라네는 『중국인의 종교The Religion of the Chinese People』 서문에서 "제의와 신앙의 미래를 예상하기 위해서, 또한 그것들[제의와 신앙]이 종교 생활의 토대를 이루던 시기에 사회 조직과의 관계를 보여주기 위해서 제의와

* 중국의 란창강, 누장강怒江 중상류에서 기원한 소수민족이자 타이와 라오스의 근간을 이루는 민족.
** 중국의 윈난성 진핑현과 타이·라오스 등에 사는 소수민족. 흑색 옷을 입고 헤이허黑河 주변에 살아서 흑태족이라는 이름을 얻었다.

신앙의 주된 형태를 연구할 것이다"라고 설명한다. "그것들은 무엇보다도 도시적 배경을 가진 제의와 신앙, 혹은 더 정확히 말하자면, 여러 영토의 도시에 세워진 궁정의 제의와 신앙이었다"라고 그라네는 분명히 말한다.[20]

『중국의 고대 축제와 가요』에서 그라네의 목적은 우선 대략 시 70편의 '문학적 설명'을 제공하고 그다음에 그 시들의 '상징적 해석'을 재구성해 본래의 의미를 드러내는 데 있었는데, 이는 모두가 고대 중국 사회학과 종교를 통한 그의 독특한 접근법에 기초하고 있다.[21] 이 시가들은 주제별로 '전원적 주제', '마을에서의 사랑', 마지막으로 '숲과 강에서의 산책'으로 분류되었다. 이 주제에서, 그라네는 고대 중국의 큰 봄 축제와 가을 축제를 특별히 다루고 있다. 그는 네 지역 축전을 선택해 집중했는데, 정鄭, 노魯, 진陳의 축전과 봄의 왕실 축제였다.

마스페로는 긴 서평에서, 이 특수한 축제들의 재구성이든 아니면 이 노래들의 기원을 '농민 즉흥작'으로 돌린 것이든 그라네를 거부할 이유를 찾지 못했다.[22] 그는 성적性的 함축을 담은 모든 노래를 결혼 의례와 연관 지으려는 시도에 관심을 가졌다. 마스페로에 따르면, (노래의 내용이) 결혼을 가리킨다는 것은 후대 유가적 주석가들의 도덕적 해석에서 유래했다. 마스페로가 이전에 『프랑스극동학원회보』에 발표한 흑태족의 한 노래의 음사와 번역이 이 점을 예증해준다. 더욱이, 그라네가 특별히 다룬 그 축제들을 국가 제사에서 두드러지게 하는, 그리고 그가 무시한 것들의 중요성을 감소시킬 텍스트적 증거가 없다. 마지막으로, 마스페로는 현대의 타이, 그리고 중국에 여전히 남아 있는 소수민족들을 포함하여, 그 지역 전체 토착민 사회의 맥락 속에서 고대 중국사회를 보기를 선호했다. 그러므로 고대 중국사회의 재구성은 텍스트에서 끌어온 데이터를 가진 원시사회들의 사회학적 모형보다는 비교인류학적 접근법에 의존할 것이 요구된다고 마스페로는 강조했다.[23] 그럼에도 고대의 농민과 그 문화에 대한 그라네의 사회학적·종교적 통찰은, 그라네의 『고대 중국의 춤과 전설Danses et légendes de la Chine ancienne』이 나중에 설명하듯이,[24] 국가 제사에 흡수될 많은 관행과 제도를 특징짓게 될 것이었다.

그라네와 텍스트사회학

그라네의 학생들이 그의 주장을 강력히 옹호했고[25] 또 고대 중국의 문명·종교·철학에 관한 그의 탁월한 개관이 있었음에도,[26] 그라네를 마스페로보다 덜 '고대 중국의 남자'로 보이게 하는 것은 그의 작업 전체를 관통하는 두 주요한 다원적 주제, 즉 봉건제 및 국가 의례와 친족 및 결혼 관습이라는 주제에 그가 집중했고, 그 결과 중국학 아니면 사회학이라는 두 진영으로 그의 독자들이 분리되었다는 점이다.[27] 따라서 그라네의 개론서들까지도 핵심적인 사회학적 주제를 강조하는 경향이 있었는데, 문화적, 역사적, 정치적 요소를 항상 무시하지는 않았다 하더라도 중시하지는 않았다. 그라네는 펠리오나 마스페로가 문학 텍스트나 역사 텍스트를 그 자체로 관심을 가질 만한 독립된 저작으로 내놓듯이 그 텍스트들을 문헌학적으로 접근하지도 않았다. 그 대신, 그라네는 그 텍스트들의 사회학적 데이터 혹은 종교적 데이터를 향해 조심스럽게 파고들어갔다.

롤프 스타인은 외적 연상을 끌어들이지 않기 위해 특정 단어 혹은 구절의 딱 맞는 번역을 얻는 데에 특별히 주목하는, 각각의 텍스트에 대한 그라네의 세밀한 접근법을 강조한다. 때때로 그라네의 번역은 본래의 어원과 사용의 역사를 염두에 두고 있기에, 구식 사전의 밍밍한 일반적 뜻풀이에 익숙한 사람들에게는 과녁을 빗나가는 것처럼 보였다. 그런 만큼 "단순한 생각을 가진 사람들은 그라네의 번역에 당황했고, 그가 중국어를 잘 몰랐다고 주장하는 지경에까지 이르렀다"라고 스타인은 설명한다.[28] 사실은 그 반대다. 적절한 단어에 관한 펠리오의 강조는 그라네에게서 완전히 구현되었다. 그러나 문헌학적 총명함에도 그라네는 전반적 접근법—그의 문헌학적 솜씨를 이용한 곳—이 '텍스트사회학'이었으며 또 중국학 동료들보다는 동료 사회학자들을 위해서 글을 썼다고 프리드먼은 단언한다.[29] "나는 중국에 대해 조금도 개의치 않는다. 내게 흥미로운 것은 인간이다."[30] 프리드먼은 다음과 같이 결론을 내린다.

> 의심의 여지 없이 부분적으로는 그[그라네]의 가르침의 성격 때문에 또 그의 사회학적 전제와 추론의 정밀한 성격을 중국학 독자들에게 설명하지 못한다는 명백한 실패 때문에, 그는 중국학자와 사회학자의 역할을 결합한 제대로 된 후계자를 갖지 못했다. 프랑스 중국학은 지금 그가 살던 때보다 덜 사회학적이며, 그의 노고의 중요성을 절반밖에 의식하지 못하고 있다.[31]

불행히도 마지막 사항은 중국에서의 사회학 발전에 바쳐진 최근의 책이 그라네를 다루지 않았다는 것에 의해 두드러진다. 즉 그 책은 그라네의 기여를 그저 뒤르켐 사상의 구체적 확장으로만 간주했다.[32] 결국, 드미에빌에 따르면, 구조주의의 방법론을 중국학에 도입할 때 그라네는 19세기 역사주의의 경향과 문헌학의 과잉 사이를 중재했다.[33]

그라네에 관한 최후 판결은 고대 중국의 남자의 것이다. 마스페로는 그라네의 독창적 학문을 "원시 중국의 관념과 습관의 정확한 해석을 위한 사회학적 방법과 중국학적 박식의 행복한 결합을 표시하는" 것으로 평가했다. 이제 마스페로에게 그라네는 '원시 중국의 남자'였다.[34]

마스페로: 텍스트의 전승 계보와 고대 중국의 신화

마스페로는 결코 그라네처럼 자신을 사회학자로 규정하지 않았고, 주제에서 주제로, 분과학문에서 분과학문으로, 분야에서 분야로 쉽게 옮겨갔다. 그는 또 연구를 이끈 측면에서 그라네를 넘어섰으며, 쉽게 제국시대 너머로 이동했다. 이는 특히 도교 연구에 적용되는데, 위에서 언급했듯이, 마스페로는 도교 연구를 이끈 선구자였다. 마스페로는 당시까지 무시되었던 도교 경전을 체계적이고 광범위하게 이용했다. 그의 연구는 학자에게나 문외한에게나 거의 알려지지 않은 도교의 여러 측면을 소개했고, 모든 중국학도를 위해 텍스트 해설의 모델을 정립했다. 그의 도교 연구는 고대 중국에서 도교의 최초 조상들을 드러내 보이고 또 중세시대 내내 만연했던 도교의 영향을 밝혔다. 마스페로는 도교를 중국학 서클들 내부에서 터놓고 수용할 수 있는 주제로 만들었고 그 연구를 굳건한 방법론적, 역사적, 목록학적 토대 위에 두었다.[35] 그렇게 해서 마스페로는 그것을 거의 전적으로 프랑스 사회학의 한 전유물로 만들었다.

마스페로 학문의 한 가지 인상적 측면은 각 텍스트를 자료와의 관계 속에서 볼 수 있었던 폭넓은 시각이었다. 그의 첫 논문인 「명제明帝의 꿈과 사절使節Le Songe et l'ambassade de l'empereur Ming」은 텍스트의 전승 계보를 다루는 특히 훌륭한 사례다.36*

경건한 전설은 불교의 중국 도입을 하늘의 개입에 돌렸다. 즉, 〔중국 후한〕 명제(재위 58~75)는 꿈에서 빛나는 황금의 신을 보았다. 영감을 받은 한 신하가 그 신이 부처임을 밝히고, 사절이 대월지大月氏에 파견되었다. 거기서 중국인들은 『사십이장경四十二章經』**을 입수했고, 여러 불상을 가지고 돌아와서는 사원들을 세우고 말씀을 전파했다.

13권의 초기 저작이 이 〔불교의 중국 도입과 관련된〕 전설의 설명을 기록하고 있다. 마스페로는 이 전설의 역사성을 평가하려는 한 시도에서 그 작품 각각을 비판적으로 검토했다. 이로부터 이 논문의 부제인 「원천 자료 비판 연구Étude critique des sources」가 유래했다. 그는 주의 깊은 비교 끝에, 이 설명 중 아홉 개는 그저 두 개의 최초 설명을 베낀 것일 뿐임을 발견했다. 이제 이 아홉 발췌본은 전설을 실증하는 데에 이용할 수가 없다. 나머지 두 저작인 『사십이장경』과 『모자이혹牟子理惑』***은 독립적인 자료들로 보이는데, 그 표현이 다르기 때문이다. 그러나 [두 저작 사이에서 보이는] 숙어 및 관념의 상응은 마스페로로 하여금 두 저작 사이의 가능한 관계에 주의하도록 하기에 충분할 만큼 놀라웠다. 그는 『모자이혹』 속 관련 구절이 『사십이

*　마스페로가 언급하는 자료는 다음의 13종이다. 1) 『사십이장경』 2) 『모자이혹』 3) (일실된) 『오서吳書』(『홍명집弘明集』 『광홍명집廣弘明集』 『집고금불도논형集古今佛道論衡』 『속고금불도논형續古今佛道論衡』 『법원주림法苑珠林』 『석가방지 釋迦方志』에 포함) 4) 『화호경化好經』 5) 『후한기後漢記』 6) 『후한서後漢書』 7) (일실된) 『명상기冥祥記』(『집신주삼보통록集神州三寶通錄』에 포함) 8) 『출삼장기집出三藏記集』 9) 『고승전高僧傳』 10) 『수경주水經注』 11) 『낙양가람기洛陽伽藍記』 12) (일실된) 『한법내전漢法內傳』 13) 『위서魏書』.

**　중국에서 최초로 번역된 불교 경전. 후한의 명제가 꿈에 금인金人을 보고서 월지국에 사신을 보내어 가져왔고, 가섭마등과 축법란이 번역했다.

***　한漢나라 사람이라고 하는 모자가 불교에 대한 중국인들의 의혹을 없애기 위해 쓴 책. 전체 39장인데, 서序와 발跋을 제외하고 본문은 37장의 문답체로 되어 있다. 『모자이혹론牟子理惑論』.

장경』 서문 속 대응 구절을 윤색한 것으로서, 『사십이장경』이 전설의 공통 적이고 궁극적인 출처라고 생각했다. 그러나 이 경전의 이른 기원이 전설의 진실성을 필연적으로 확립하지는 않는데, 왜냐하면 내적 증거를 가지고서 마스페로는 이 서문이 명제기明帝期보다 훨씬 뒤인 2세기 말 이전에 쓰일 수는 없었으리라는 점을 보여주었기 때문이다. 그는 불교의 중국 도입에 대한 전설적 설명이 2세기 후반에 유행한 경건한 전설들에 전적으로 의존한다고 결론 내렸다.

마스페로는 전설들의 전승 계보를 확립하기 위해 자료들을 상세히 연구한 것 외에, 상정된 전승 계보를 훼손하는 경향이 있는 자료 속 상충되는 요소를 해결하기 위해 자신이 이용한 상상적 추론에서 모범적 연구의 또 다른 사례를 제공한다. 예컨대, 그는 다양한 이설異說에서 명제가 꿈을 꾼 연대가 상이한 이유 중 하나는 불교의 도입을 새로운 육십갑자의 시작과 맞추려는 몇몇 저자의 욕망이었음을 보여준다.[37]

마스페로의 모범적 방법론의 모든 측면, 즉 텍스트 연구, 비교인류학, 목록학, 자형학字形學, 금석학, 재구음운학은 1924년[38]에 나온 그의 중요한 저작인 「『서경』 속의 신화적 전설Légendes mythologiques dans le Chou king」에서 또렷하다. 지금은 표준적 연구 방법론인 이것들이 특히 인상적인 점은 그 여섯 측면 중 넷이 마스페로에 의해 개척되거나, 처음으로 이용되거나, 혹은 크게 영향받았다는 데 있다. 이 선구적 작품을 면밀히 들여다보자.

할로운의 유사한 저작이 바로 잇따라 나온 이 논문(「『서경』 속의 신화적 전설」)에서,[39] 마스페로는 지금은 사라진 중국 신화를 다수 복원하려고 시도했다. 중국인들은 보통 그들 역사 속의 전설과 신화를 실제 사건에 기반을 둔 것으로 간주했다. 즉 고대의 홍수 신화는 과거 황하의 범람에 대한 기억이었고, 황제黃帝와 치우蚩尤 사이에 벌어진 티탄*과 같은 싸움은 주군에 대한 신하의 옛 반란의 기억이라는 것 등이다. 중국인들의 유산에 대한 신격화적euhemeristic 접근법**에서, 중국인들은 자신들의 신화를 위한 텍스트적 증거를 오독하고, 오석誤釋하고, 심지어는 잘못 인쇄하기까지 했다. 사관史官과 역사학자들은 신화의 경건한 수용보다는 불가지론적 역사화를 더 선호하면서, 이미 『서경』「요전堯典」의 편찬자들 때부터, 서양에서—적어도 기원전 3세기 이후부터는[40]—고전세계를 연구하는 엄격한 학자들의 이성적이고 무신론적인 태도에 상응했다. 그러나 궁정의 사관들은 그들의 초기 역사를 가공해내는 데에 신화 외에는 의지할 것이 제한되어 있었기에, 이 '역사'는 비록 변경된 형태이긴 하지만 많은 고대 신화를 보존하고 있다. 이제 역사적 사실의 외관으로부터 신화를 복원하는 것이 마스페로의 목적이 되었다. 그의 접근법은 주요한 문화적 영웅과 역사적 현인에 집중되었는데, 그들의 진정한 신화적 성격은 신격화 작업이라는 그럴싸한 덮개에 의해 모호해져 있었다. "우리가 고대의 신화에 대해 확실히 알고 있는 것은, 그 인물들이 신이건 영웅이건 간에 그 [인물들에 대한] 숭배에 확고한 중심지가 있는 이들과 [고대 신화가] 관련된다는 것뿐이다."[41] 이 연구가 많은 일차 자료를 담고 있긴 했지만, 그것은 『서경』과 그 속에 담긴 신화적 설명들—희화羲和의 사례가 예증한다—에서 예증되었다.

마스페로는 처음에 『서경』의 전통적 독법에 따르자면 기상학적氣象學的 임무를 가진, 우禹의 두 관리인 희羲와 화和의 전설을 고찰했다. 그러나 그

* 그리스신화에서, 올림포스의 신들 이전에 세상을 다스리던 거신들.

** 신화의 신들은 뛰어난 업적을 이룩한 태곳적의 왕이나 영웅을 신격화한 데에서 나왔다고 하는, 기원전 3세기경의 그리스 철학자 유헤메로스의 학설.

들은, 마스페로의 주의 깊은 연구가 보여주듯이 본래 한사람으로서, 태양을 낳은 어머니였다. 희화가 등장하는 많은 텍스트의 분석을 통해서, 그녀(희화)의 성격과 역할에 대한 전체적 상이 또렷해졌다. 『서경』의 관련 구절에 대한 마스페로의 역주는 단순한 기상학적 고찰보다는 그들(희와 화)의 가상의 책무와 훨씬 더 많이 관련되어 있음을 보여준다. 마스페로는 그 텍스트가 말하는 것을 먼저 문법적이고도 언어학적으로 보고 난 다음에야 해석의 모험을 감행해야 한다고 그 중요성을 입증했다.[42] 이 근본적인 문헌학적 취급에다가, 관련 자료를 텍스트마다 혹은 명문銘文마다 일일이 번역할 때 샤반의 '전면적' 접근법이 추가되었다. 이렇게 마스페로는 『귀장歸藏』 『산해경山海經』 『시자尸子』 『회남자淮南子』 「이소」 「천문天問」과 같은 텍스트에 나오는 희화에 관한 많은 구절을 열거했다.

마스페로의 우월한 방법론이 다시 한번 표명된 것은 그가 자신이 참조한 텍스트 판본에 보인 철저한 목록학적 검증이었다. 일례로, 희화에 관한 『산해경』의 구절은 나중에 중세의 백과사전 『초학기初學記』(당대)와 『태평어람太平御覽』(송대) 속에 베껴졌다. 이 발췌된 구절은 현존본 『산해경』의 본래적 독법보다 희화에 관한 더 많은 정보를 담고 있었으며, 통행본보다 더 나은 판본에서 베꼈음이 분명하다. 또 다른 사례는 다시, 백과사전—이번엔 『북당서초北堂書抄』(당대)—속에 더 정확히 보존된 『회남자』로부터의 한 독법에 관련된다. 마스페로는 관련 구절을 인용할 때 그 당대唐代 백과사전에 의존했는데, 그 이유는 『회남자』의 당 이후 판본들에서 희화라는 이름은 삭제되었고 '其女(딸/그의 딸)'라는 단어로 대체되었기 때문이다. 만약 마스페로가 수중의 가장 편리한 판본에서 멈췄더라면, 그는 희화와 관련된 이 귀중한 구절을 놓쳤을 것이다.

이 〔희화 관련〕 전설이 역사 기록에서 삭제되어 후대의 문헌에 명확한 지시를 거의 남겨두지 않았기 때문에, 마스페로는 旭, 東, 杲의 어원과 같은 자형학적 증거, 『서경』과 같은 고대 텍스트에 표현된 텍스트적 증거, 『주례』에 보존된 의례들을 포함해, 몇 가지 서로 다른 유형의 자료에 의존했다. 그리고 마스페로는 자신의 발견을 설명하고 해석하기 위해, 몇몇 태족과 남아시아의 다른 소수민족의 구전 전통을 이용해 희화와 태양의 신화가 그 지역 초기 거주자들 다수의 문화적 유산의 일부임을 보여주었다.

대우大禹, 여와女媧, 치우는 홍수 신화에 관련되어 있어서, 그들의 전설과 신화에 대한 연구를 할 때에도 이 같은 주의 깊고 철저한 방법론은 마스페로에 의해 계속되었다. 마스페로는 중국에 있는 서양인들, 특히 헤르메스적 연관 찾기를 갈망하는 선교사들 사이에서의 일반적 믿음과는 반대로, 이 신화가 성경 속 홍수의 중국판도 아니고 황하의 역사적 범람도 아님을 보여주었다. 차라리 그것은 물이 마르고 난 다음에야 땅이 인간이 거주하기에 적합해지는 창조신화였다. 그 〔홍수 신화 관련〕 논문의 마지막 장은 중려重黎(중국의 개벽설화에서 보이는 신)의 신화에 바쳐지는데, 중려는 하늘과 땅 사이의 통로를 파괴하라는 명령을 신에게서 받았다.

마스페로는 이 신화 연구에서, 신화 중 얼마나 많은 것이 지방 전설 혹은 신화로서 발생했는지를, 그리고 장소에서 장소로 퍼져갈 때 변했는지를 증명했다. 그는 신화적 인물로서 영웅들의 진짜 모습뿐 아니라 영웅들에 대한 전통적 태도도 드러내 보였다. 마지막으로, 그는 『서경』을 구성하게 될 짧은 논문들의 편찬 이전에 이미 이 문화 영웅들의 신격화가 발생했다고 시사했다.

논문에서 능숙하게 사용된 마지막 방법은 재구음운학이었는데, 마스페로는 특별히 여기에 관심을 가졌다.

역사음운학이라는 분과학문

서양에서 역사음운학에 대한 전문화된 연구의 발전은 독일의 그리스어 교사 요하네스 로이힐린(1455~1522)에게로 거슬러 올라갈 수 있을 것이다. 그는 파리에서 그리스인 이민자에게 그리스어를 배웠고, 자기 학생들에게 당대當代 발음을 가르쳤다. 그의 친구이자 숭배자인 에라스뮈스는『그리스어와 라틴어의 올바른 발음에 대하여De recta Latini et Graeci sermonis pronuntiatione』(1528)에서 이에 반발했다. 파이퍼는 이렇게 요약한다.

> 근대어들 속 라틴어의 왜곡된 발음을 비교해보고서, 그[에라스뮈스]는 당대 그리스어 속의 단순화된 모음 체계가 본래의 것일 리 없음을 설명했다. 그는 고대에 라틴어가 그리스어의 자음뿐 아니라 모음까지도 변형시켰음을 보여줌으로써, η, ι, υ 등과 같은 모음의 본래 차이를 입증했다. 에라스뮈스는 과연 그답게도 건조한 논문이 아니라 사자와 곰 사이의 재기 넘치는 대화 형식을 선택했다. 거기서 그는 그리스어가 네덜란드인, 스코틀랜드인, 독일인 혹은 프랑스인에 의해서 얼마나 잘못 읽히는지에 관한 재미있는 사례들을 통해 사자 새끼가 어떻게 적절한 그리스어 읽기를 배워야 하는지 보여준다. (…) 이른바 에라스뮈스식 발음이 서유럽에서 일반적으로 채택되었지만, 로이힐린식 관행은 독일 가톨릭 지역과 이탈리아에서뿐 아니라 독일 프로테스탄트 지역에서도 독일 신인문주의新人文主義의 시기가 될 때까지 유행

했다.[43]

히브리어 성경을 연구하는 학자들은 르네상스 인문주의자들이 그리스와 라틴 고전에 적용한 이 미적이고 비판적인 문헌학을 자신들의 주석 작업 겸 논쟁 작업의 일부로 빌려왔다. 스피노자(1632~1677)는 『히브리어 문법 개요Compendium grammatices linguae hebraeae』(스피노자 사후 1677년에 그의 문집에 발표)에서 히브리어 모음을 자음 철자의 '영혼'이라고 불렀고, 그리하여 논쟁을 주로 음운학적 관심사에 집중시켰다. "히브리어 성경의 이해는 모음에 달려 있다. 텍스트 철자의 위아래에 있는 식별용 표시가 나타내는 모음은 그 텍스트를 작동시키고 소리와 의미를 부여한다"라고 모리스 올렌데르는 설명한다.[44] 현대 주석학의 창시자 중 한 사람인 리샤르 시몽(1638~1712)은 다른 텍스트적 조작 가운데 모음 표시에 대한 고찰로 방향을 바꾸어, 유대인들이 메시아가 오지 않았음을 보여주기 위해 텍스트를 왜곡했다는 초기 기독교 교부들의 주장을 제압했다.[45] 시몽의 거작 『구약성경 비평사Histoire critique du Vieux Testament』(1678)가 이단으로 선포되고 또 발간된 그해에 왕의 추밀원에 의해 금지되었음에도, 책은 텍스트 전승을 수정하고 또 주석의 도구로 봉사하기 위해 본래의 히브리어의 신성한 소리 복원을 목표로 하면서 랍비들에 의한 모음 전승이 무시되는 데에 관심을 가진 비판적인 주석 정신을 작동시켰다. 이 정신의 가장 주목할 사례에는 로버트 로스(1710~1787)의 『히브리인들의 신성한 시에 관한 강의들Lectures on the Sacred Poetry of the Hebrews』(1753)과 요한 고트프리트 헤르더(1744~1803)의 『히브리시편의 정신에 대하여Vom Geist der ebräischen Poesie』(1782~1783)*가 포함된다.[46]

윌리엄 존스 및 19세기의 여러 비교문헌학자가 시작한 산스크리트어에 대한 비평 작업은 아리아인의 낙원으로 성경의 에덴동산을 대체하고자 했다. 달리 말하면, 논쟁은 하나의 보편 언어에 대한 탐색에서 인도유럽인들의 사라진 문명으로 옮겨갔다.[47] 프리드리히 폰 슐레겔(1772~1829)의 『인도인들의 언어와 지혜에 대하여Über die Sprache und Weisheit der Indier』(1808)와 프란츠 보프(1791~1867)의 『산스크리트어, 고대이란어, 그리스어, 라틴어, 리투아니아어, 고트어, 독일어 비교문법Vergleichende Grammatik des Sanskrit, Zend, Griechischen, Lateinischen, Litauischen, Gotischen und Deutschen』(1833~1852)**은 헤겔·훔볼트와 같은 이론가들에게 영향을 끼쳤다.[48]

중국에서, 비교언어학이라는 분과학문은 허신(중국 후한대 학자)과 그의 대大어원사전인 『설문해자說文解字』, 즉 "독체자獨體字의 설명과 합체자合體字의 분석"으로 소급될 수 있다. 그 사전에서 그는 9353개 한자를 다루었는데, 540개 부수 아래에 배열했다. 왕념손이 평가했듯이, "『설문』은 어원과 음운에 관한 주석적 저작이다."[49]*** 『설문』보다 1000년 후에 송대 학자들은 너무 멀리 벗어나서 한자의 자형적字形的 재현에 집중했고, 한자의 성부聲符를 무시했다. 고염무, 전대흔, 그리고 가장 중요한 인물인 단옥재와 더불어 시작되는 청대 문헌학자들은 역사적 어원과 현재적 용법을 이해하는

* 원서에는 *Treatise On the Origins of Language*(1782~1783)라고 되어 있는데, 표기된 연도와 문맥을 볼 때, 이는 *Vom Geist der ebräischen Poesie*(1782~1783)를 잘못 쓴 것으로 판단된다. *Treatise On the Origins of Language*, 즉 *Abhandlung über den Ursprung der Sprache*는 1772년에 출판되었다.

** 원서에 1833~1849라고 되어 있는 것은 오류다.

*** 단옥재의 『설문해자주說文解字注』에 대한 왕념손의 서序. 영문에 따라 번역했지만, 중국어 원문에 따르면 조금 다르다. "『說文』之爲書, 以文字而兼聲音訓詁者也."("『설문해자』는 문자를 이용한 것이면서도 성음聲音과 훈고訓詁를 겸한 것이다.")

길잡이로서 발음의 우월성을 복원했다. 서양 중국학자들과 중국어에 문외한인 학생들에게서 보이는 현대적 오류, 즉 한자가 발음에 의지하지 않고도 의미를 나타내는 표의문자表意文字라는 것은 왕안석(1021~1086)과 그의 『자설字說』 같은 송대 고문자학자古文字學者들의 직접적 유산이다. 글자를 구성하는 각 형부形符를 해부해 얻은 왕안석의 자의적恣意的 어원들은 어니스트 페놀로사, 에즈라 파운드, 혹은 플로렌스 애시코프의 분별없는 추측조차도 무색케 한다. 그러나 고대의 발음에 대한 열쇠는 허신에 의해 매우 교묘하게 분리된 성부에서뿐 아니라 고대 『시경』의 운율에서도 명백하다.

중국어에 내재하는 성조聲調라는 요소는 의미 해석에 또 다른 열쇠를 제공했다. 영명永明〔중국 남제南齊〕 연간(483~493)에 심약(441~513)은 산스크리트어 경전의 독송 규칙에 자극받아, 사성四聲의 성격을 고려하고 시에서 사성의 균형을 어떻게 맞추는지를 기술한, 중국어용 작시법 규칙을 성문화하기로 결심했다. '사성팔병四聲八病'*이라고 하는 이 작시 규칙은 보격步格의 율독律讀이나 그리스식 강세를 넣는 것 이상의 정서적 충격을 여러 세대의 시인에게 유발했다. 『경전석문經典釋文』의 육덕명과 『광류정속匡謬正俗』의 안사고 같은 당대唐代 학자들은, 둔황에서 발견된 그들 저작의 초기 사본들에서 의심의 여지 없이 뚜렷하게 보이듯, 음운학에 면밀한 주의를 기울였다. 이용한 체계에 따라 때로는 글자 한가운데에, 때로는 글자의 네 귀퉁이 중 하나에 종종 빨간 먹으로 된 표시로써 다양한 성조를 지시했기 때문이다.[50] 비통상적 문법 형태나 가차자假借字를 결정할 때의 성조 이용

* 남조 양梁나라의 심약이 『사성보四聲譜』에서 제기한 것으로, 사성은 네 성조를 말하고, 팔병은 작시에서 성률聲律과 관련된 여덟 잘못, 즉 평두平頭, 상미上尾, 봉요蜂腰, 학슬鶴膝, 대운大韻, 소운小韻, 방뉴旁紐, 정뉴正紐를 말한다.

은 또 다른 당대 학자이자 유명한 『사기』 주석가인 장수절이 논한다. 그는 한 단어 이상을 나타내는 『사기』 속 39자 일람표에 서문을 달면서 "옛날에는 글자 수가 적어서 가차가 많았을 것이다. 한 글자에 발음이 여럿 있기도 한데, 뜻을 보고 성조를 표시했으며, 모두 평성·상성·거성·입성에 따랐다"라고 했다.[51]*

한자의 자형에 관계치 않고, 한자의 소리와 성조를 자형과 분리할 것에 대한 강조는 자형 이면裏面의 단어를 읽을 수 있는 열쇠다. 이는 청대 문헌학자들의 가장 위대한 방법론적 유산 중 하나다. 그중 가장 성취가 탁월한 사람일 왕인지(1766~1834)가 진술한 대로, "만약 배우는 이가 소리를 가지고 의미를 구하며, 그 가차자를 제거하고서 본자를 가지고 읽는다면, 마치 얼음이 녹는 듯할 것이다. 만약 그 가차자를 가지고 억지로 풀이한다면, 의미가 왜곡되어서 통하기 어려울 것이다."[52]**

중국학과 역사음운학

다양한 시점時點에서 한 단어의 소리에 접근하는 것은 물론 역사음운학의 책임이다. 스웨덴 학자 베른하르트 칼그렌(1889~1978)은 유럽에서 유행하던 역사언어학 학파의 방법들을 통해 중국어 역사음운학의 연구를 체계화한 최초의 서양인 중국학자다.[53] "베른하르트 칼그렌은 중국어 역사음운

* 張守節, 『史記正義』「發字例」: "古書字少, 假借蓋多. 字或數音, 觀義點發, 皆依平上去入."
** 본문의 원문은 王引之, 『經義述聞』 序로부터의 인용이다. "學者以聲求義, 破其假借之字而讀以本字, 則渙然冰釋. 如其假借之字而强爲之解, 則詰屈爲病矣."

학에 대한 현대의 과학적 연구 분야에서 선구자였다. 칼그렌은 그의 선임자들에게서는 발견되지 않았고 또 그의 장래 추종자들에게도 너무나 자주 결여된 엄격함을 그 주제에 도입했다"[54]라고 E. G. 풀리블랭크는 진술한다. 풀리블랭크는 그 분야가 "칼그렌 이전과 칼그렌 이후"의 두 시기로 나뉘어야 한다고 제안하기까지 한다.[55] 그러나 마스페로는, 우리가 보게 되듯, 칼그렌의 노력을 앞질렀다.

청대 문헌학자들은 경전 연구에 역사음운학이라는 분과학문을 이용했는데, 특히 『시경』의 운韻 범주에 집중했다.[56] 따라서 칼그렌은 작업을 시작했을 때 개념적 틀과 대량의 전통적 학문을 모두 자신의 연구에 이용할 수 있었다. 그러나 서양에서 그의 전임자들은 셈어족 혹은 인도유럽어족의 소위 동족同族 언어들과의 비교를 통해 고대중국어*를 해명하려는 가망 없는 노력으로 탈선해버렸다.[57]

조지프 에드킨스는 1853년 문법서**에서 중국어 발음의 역사에 관한 장을 발표했고, 새뮤얼 웰스 윌리엄스의 1874년 『중국어 음절사전Syllabic Dictionary of the Chinese Language』에 「고음Old Sounds」을 기고했다.[58] 그는 어떤 재구도 시도해보지 않았지만, 역사음운학에 관한 전통적 중국 자료를 매우 잘 장악하고 있었던 것으로 보인다. 1871년 그는 『중국이 문헌학에서

* 이 책의 다른 곳에서는 ancient Chinese를 상고중국어archaic Chinese와 구분하여 중고중국어로 옮겼으나, 이 맥락에서는 옛날의 중국어라는 뜻으로 뭉뚱그려 말하고 있기에 고대중국어라고 옮긴다.

** 에드킨스가 1853년에 출판한 문법서는 『상해 방언에 나타나는 중국어 구어 문법A Grammar of Colloquial Chinese: As Exhibited in the Shanghai Dialect』인데, 책은 역사음운학에 대한 논의와 문맥상 어울리지 않으며, 발음의 역사에 관한 장도 따로 없다. 1887년 『북경동양학회지Journal of the Peking Oriental Society』에 발표되고 이듬해인 1888년에 출간된 『인간 언어의 기원과 성장의 예로서 중국어의 진화The Evolution of the Chinese Language as Exemplifying the Origin and Growth of Human Speech』, 혹은 1876년에 출간된 『중국문자 연구 입문Introduction to the Study of the Chinese Characters』을 말하는 것이어야 한다.

차지하는 위치China's Place in Philology』를 발표해 중국을 인도유럽어의 비교 틀 속으로 끌어들였다.[59] 1년 후인 1872년 출판된 구스타프 슐레겔의 『중국어와 아리아어 비교, 즉 중국인들과 이집트인들의 언어 속 원시어근에 대한 연구Sinico-Aryaca ou Recherches sur les Racines primitives dans les langues chinoises et aryennes』는 에드킨스의 작품만큼이나 지지하기가 어렵다.

에우제니오 자노니 볼피첼리(1856~1936)의 『중국어음운학Chinese Phonology』(상해, 1896)은 적어도 현대 방언을 통해 중고중국어에 접근할 필요성을 보았다. 그는 에드킨스의 옛 저작과 E. H. 파커가 자일스의 사전에 제공한 방언 자료를 이용했다. 1890년에 프란츠 퀴네르트는 『강희자전康熙字典』의 운도韻圖에 관한 작품을 출판했는데, 나중에 칼그렌이 채용한 몇몇 의미 있는 제안을 제공했다.[60] S. H. 샤크(1861~1935)는 「중고중국어 음성학Ancient Chinese Phonetics」이라고 불린, 『통보』에 실린 일련의 논문에서 다시 한번 『강희자전』의 운도를 분석했고, 그 언어의 한 초기 단계를 최초로 재구했는데, 펠리오와 마스페로 모두에게 영향을 미쳤고, 또 그들을 통해 칼그렌에게도 영향을 끼쳤다.[61]

그러나 중국어 방언학에 관한 칼그렌 이전의 모든 업적 중에서 오직 마스페로의 「안남어 역사음운학 연구Études sur la phonetique historique de la langue annamite」만이 방언들 속의 본질적 차이를 파악했고 또 '엄격한 방법'을 가지고 그 차이를 다루었다. 이 저작에서 마스페로는 송대 운도의 언어의 잠정적 재구도 제안했는데, 그는 송대 운도가 『절운切韻』과 동일하다고 생각했다. 펠리오는 또 1911년부터 1914년까지 발표된 일련의 논문에서 하나의 체계를 제안했다. 따라서 칼그렌이 작업을 시작했을 때 그는 마스페로와 펠리오의 제안에 호응하고 있었던 것이다.[62]

베른하르트 칼그렌과 역사음운학의 성숙

1915년 칼그렌의 〔스웨덴〕 웁살라대학 박사 학위 논문의 첫 권인 『중국어 음운학 연구Études sur la phonologie chinoise』가 나왔다.[63] 이 책은 1916년도 쥘리앵 상을 수상했다. 칼그렌은 『상고중국어와 중고중국어 음운학 개요Compendium of Phonetics in Ancient and Archaic Chinese』*에서 중국어 역사음운학의 재구를 위한 그의 방법과 주요 자료를 매우 편리하게 요약했다.[64] 칼그렌은, 제목이 시사하듯이, 줄곧 그 언어를 자신이 '상고중국어Archaic Chinese'(지금은 보통 Old Chinese라고 부른다)라고 일컬은, 『시경』 운의 언어와 '중고중국어Ancient Chinese'(지금은 Middle Chinese)**라고 하는 『절운』 및 송대 운도들의 언어로 나누었다.

마스페로는 1920년에 중고중국어 음운학에 응하여, 그 자신의 상세한 『절운』 연구인 「당대唐代 장안 방언Le Dialecte de Tch'ang-ngan sous les T'ang」으로 칼그렌의 『중국어 음운학 연구』에 반응했다.[65] 이번에는 칼그렌이 마스페로의 제안 몇 가지를 수용하고, 또 〔칼그렌의〕 1922년 출판물인 『중고중국어 재구The Reconstruction of Ancient Chinese』에서 다른 제안들을 거절했다.[66] 결론에서 칼그렌은 마스페로에게 진 빚을 다음처럼 요약한다. "1919년의 나의 재구 체계(『중국어음운학 연구』 제3권)는 그래서 마스페로가 소개했거나 혹은 적어도 귀중한 수정의 방법을 보여준 세 가지 주요한 점을 제외하면 여전히 유효하다."[67] 이 마지막 형식에서, 칼그렌의 중고중국어 재구는 간혹 제기된 몇몇 지점의 소소한 수정이 있긴 했지만, 풀리블랭

* 한국어 번역본은 버나드 칼그렌, 『고대 한어음운학 개요』(최영애 옮김, 민음사, 1985)다.
** 원서에서는 'archaic'과 'ancient'를 뒤바꾸어 표기했다.

크가 완전히 새로운 접근법을 제안하기 전까지[68] 다년간 그 분야를 지배했다.[69] 상고중국어 재구는 1927~1928년에 발터 지몬이 앞서 행했다.[70] 칼그렌의 상고중국어 재구 체계는 윌리엄 H. 백스터의 『상고중국어 음운학 핸드북A Handbook of Old Chinese Phonology』의 출현과 함께 낡은 것이 되어버렸는데, 이 책은 청대 문헌학자들을 능가하며 『시경』의 새로운 용운用韻 범주를 제안한다.[71]

피터 A. 부드버그가 "우뚝 솟은 학문적 기념비"[72]라고 부른, 칼그렌의 가장 중요한 저작 둘은 동료 중국학자인 조지 A. 케네디에 의해 요약된다.

> 1923년 베른하르트 칼그렌 교수의 『중일한자 분석사전Analytic Dictionary of Chinese and Sino-Japanese』의 출판은 『광운廣韻』 같은 중국어 적요집摘要集들과 씨름하기에는 너무 바쁜 중국학자들의 손에 특정 시기의 문자들을 읽기 위한 빠르고 쉬운 가이드를 쥐어주었다는 점에서 최고로 중요한 사건이었다. 1940년 『중일한자 형성론中日漢字形聲論, Grammata Serica』*의 출판은 인식의 장을 확대했다.[73]

샤반에게 헌정된 『중일한자 분석사전』은 "중국 문자의 (…) 체계적 연구"(약 6000자)—자형뿐 아니라 음성을 통한—를 용이하게 하는 것이 목적이었다.[74] 그러므로 더 자주 칼그렌은, 한 자형의 고대 금문 같은 데이터를 종종 포함하고 있긴 하지만, 두 접근법을 결합했는데, 자형적으로나—같은 부수를 공유한 "의부義符가 같은" 단어들—음성적으로나 모두 연관된다고

* 원서에서 *Grammamatica Serica*라고 한 것은 오류다. 『중일한자 형성론』이라는 번역은 1971년 대만판에서 붙인 것이다. 1997년 上海辭書出版社의 중국어 번역본에서는 『漢文典』이라고 명명했다.

느낀 단어들, 즉 해성諧聲*으로 된 단어들의 목록을 제시했다. 칼그렌은 어원학 연구를 위해 단어뿐 아니라 단어 가족word families 전체를 다루었기 때문에(『중일한자 형성론』에서의 훨씬 더 완전한 논술을 예견하면서), 발터 지몬은 이 사전이 한漢-장藏언어학Sino-Tibetan Linguistics에 대해 갖는 유용성을 인정하고 그것을 "비교연구자의 작업 도구"라고 불렀다.[75] 따라서 표제어들은 214개의 전통적인 『강희자전』 '부수' 중 하나가 아니라 칼그렌이 재구한 중고중국어의 음가에 따라 배열되었다.

『중일한자 형성론』은 상고중국어의 음성 계열에 따라 배열되었고, 『시경』의 용운 범주에 기초했으며, "상고 시기에 만들어지고 상고어 위에 세워진 문자 중 같은 성부의 것들 속에서 어떤 어음 변이가 가능한지를 증명하는 것"이 목적이었다.[76] 실제로, 색인은 각 한자의 성부에 맞추어졌다. 1957년 『중일한자형성론 개정판Grammata Serica Recensa』[77]은 청대 학문의 최고 성과들과 함께 칼그렌의 『시경』과 『상서』 음운학 연구에 기초한 새로운 정의들을 제공했다. 이 신판은 최초로 중고中古 성조를 제공했다.

중국학적 언어학자로서 칼그렌

물론 칼그렌은 한 사람의 역사음운학자 이상의 인물이었다. 그는 놀랍도록 광범위한 선구적 기여를 했는데, 『시경』과 『상서』의 여러 권짜리 번역본과 문헌학적 설명, 『좌전』과 『노자』 연구, 동경銅鏡, 청동기 명문, 여러 미

* 두 글자를 합해 새로운 글자를 만드는, 한자 육서六書의 하나. 한쪽은 뜻을, 다른 쪽은 음을 나타낸다. 형성形聲.

술품의 분석, 문법적·금석학적·사전편찬학적 저작들—대부분 『극동고대 박물관회보Bulletin of the Museum of Far Eastern Antiquities』에 발표되었다—을 포함한다.[78] 특히 혁신적인 것은 저자를 결정하기 위해 문법적 조사의 분포를 통계적으로 분석한 것이었다.[79] 또 다른 새로운 접근법은 고대 텍스트들의 '체계화' 범주와 '비체계화' 범주, 즉 고대 관습에 계획적으로 초점을 맞춘(그래서 의심스럽고 또 시대착오적일 가능성이 있으며, 아마도 규범적이거나 혹은 적어도 이상주의적인) 텍스트와, 그런 정보를 태연하게 거의 무심결에 제공하는 텍스트로 나눈 것이다.[80] 가차자 관행의 성문화成文化에 관한 칼그렌의 중요한 작업을 간과할 수는 없다.[81] 그러나 그의 중국학 분야에 대한 전반적 기여를 분명히 한 것은 여러 단계의 상고중국어와 중고중국어 재구였다.—그는 자신을 '중국학적 언어학자sinological linguist'라 부르기를 좋아했다.[82] 역사음운학의 초기 성과를 표준화한 공로는 칼그렌에게 있었고, 그의 중요한 사전과 핸드북들은 이 중대한 도구를 언어학적 배경이나 소질이 없는 중국학자들이 널리 이용할 수 있도록 만들긴 했지만, 그럼에도 그 분야는 마스페로에 의해 금세기에 체계적으로 시작되었고 또 알맞게 성숙되었다.[83]

마스페로, 연대, 구어

마스페로의 또 다른 논문 「고대 중국문학 속의 역사 소설Le Roman historique dans la littérature chinoise de l'anitiquité」은 연대年代를 정직하게 만드는 일의 중요성을 위한 방법론적 소품이다.[84] 논문은 정확한 연대 설정을 위해, 설령 관련된 수고가 불필요할 정도로 따분해 보인다 하더라도, 관련 텍스트의 철저한 읽기와 수고로운 비교의 가치를 증명했다. 이 논문의 경우, 마스페로가 논한 연대들은 특정 텍스트를 사실적인 역사적 기사가 아니라 문학적 허구로서 규정했다.

꽤나 평범한 장르인 익명의 정치소설 『소자蘇子』*는 전국시기 진秦에 대항하는 합종책合從策의 유명한 설계자인 소진의 전기를 구성하는 데에 사마천이 이용한 제재를 제공했다. 마스페로는 『사기』 속에 주어진 사건들의 연대가 다른 곳에 기록된 연대와 일치하지 않는다는 사실 때문에 소진의 공적이 허구일 가능성에 처음으로 주목했다. 마스페로는, 등장하는 왕 몇몇이 동시대인이지도 않기 때문에, 소진 전기의 사건 다수가 시대착오적일 뿐 아니라 모순적이라는 것을 보여주었다.

마스페로는 이 여러 난점을 해결하기 위해 『사기』 속의 연대를 믿을 만한 연대기인 『죽서기년竹書紀年』에서 가져온 연대와 비교했다. 더 어려운 단계는 다른 역사적 저작 속에 있는 동일 사건 혹은 관련 사건의 기록을 비교하는 것이었다. 샤반, 마스페로 자신, 일군의 일본인 학자가 구축한 연대기들은 실제의 역사적 사건에 진정한 연속성을 부여한다.

최근 소진과 관련된 한 백서帛書**의 발견은 그가 역사적 인물이었음을 입증한다.[85] 그러나 이것이 사마천의 기록이 문학적 허구이며 건전한 역사적 서사가 아니라는 마스페로의 결론을 뒤집지는 않는다.[86] 관심을 끌지는 못했지만 똑같이 인상적인 연대 연구는 『고대 중국』에서 발견되는데, 거기

* 『한서』「예문지」의 종횡가縱橫家류에 『소자』 31권이 있는데 이는 일찍이 없어졌고, 백서 「전국종횡가서戰國縱橫家書」에 유세문과 서신이 있다.

** 마왕퇴에서 발견된 「전국종횡가서戰國縱橫家書」.

에서 마스페로는 공자의 전통적 연대를 변경할 가능성을 논한다. 리겔은 이 주장의 타당성을 다음과 같이 분석한다.

> "전통적인 연대를 약 사반세기가량 늦출 때 넘지 못할 어려움은 없다"는 그〔마스페로〕의 결론은 공자의 제자와 후손들의 연대와 관계된 수많은 어려움을 해결해주기에 여전히 큰 지지를 얻고 있고 또 중요하다. 첸무가 엮어낸 거대한 계년繫年*을 포함해, 그 후의 학술은 마스페로의 결론을 증보하거나 뒤집지 못했다.[87]

고대 구어口語의 발굴과 관계된 하나의 상이한 경향의 방법론이, 1914년 「몇몇 구어 중국어 고대 텍스트에 대하여Sur quelques textes anciens de chinois parlé」에 의해 증명되었다.[88] 20세기 초의 중국 문학혁명이 문언문을 '속어화'하기 전에, 문언문은 구어와는 상당히 달랐으며, 과거의 위대한 고전학자들이 세운 딱딱하지만 장중한 문체로부터 여러 세기를 지나면서 점진적으로 변했을 뿐이고 변화도 거의 지각할 수 없었다. 백화문으로 된 관방의 포고문을 기록하고 있는 원대元代 기념비들은 구어 중국어와 서면 중국어 사이의 커다란 차이를 입증해준다. 몇몇 송대 텍스트는 백화문에 가까이 다가가지만, 원대 자료보다는 덜 믿을 만하다. 여하튼, 마스페로가 이 논문을 공표하기 전에—둔황에서 나온 백화문 텍스트들이 이용 가능해지기 훨씬 전에—고대 구어 중국어의 문법, 문체, 어휘의 잠정적 윤곽의 재구를 향해 올라갈 수 있었던 상한선은 12세기였다. 선종禪宗 승려들은 신

* 첸무의 『선진제자계년先秦諸子繫年』.

자들을 깨우쳐주려 그들 종파의 저명한 스승들의 담론, 설교, 간단한 대화를 기록하는 경건한 관행이 있었다. 그 무렵 교토에서 대장경大藏經의 부록 하나가 발행되면서 이 희귀한 텍스트 상당수를 중국학자들이 이용할 수 있게 되었다. 1914년의 논문에서 마스페로는 논문 부록에서 공표된 이런 종류의 가장 오래된 저작 중 다섯*을 이용했는데, 모두가 백화문 자료를 담고 있는 9세기의 것이었다.[89]

이 [다섯] 저작의 경우, 마스페로는 가능한 한 상세히 그 저작 텍스트의 역사에 대한 설명을 제공했다. 즉 편찬 연대, 첫 출판까지의 전수傳授 역사, 여러 인쇄된 증거와 판본의 연대, 더 큰 문서들의 일부로 포함된 것 등이었다. 이 모든 목록학적 사전 준비는 그 속에 포함된 백화문 기사의 온전성을 확보하는 데에 필수적이었는데, 이 장르의 몇몇 저작은 그 내부의 속어로 된 구절이 후대 편집자들에 의해 더 성숙한 문언문체로 가공되었기 때문이다. 마스페로는 이렇게 자신이 다루는 자료가 어떻게 수정되고 개정되었는지의 여부를 조심스럽게 살펴보았다. 그리고 각각의 조사祖師가 중국의 서로 다른 지역 출신임이 밝혀짐에 따라, 마스페로는 기록된 구어가 특수한 방언도 아니고 심지어는 특수한 조사의 모어母語조차도 아니며, 교육받은 중국인들의 세계의 후천적 공용어, 즉 관화官話임을 입증했다. 결론적으로, 「몇몇 구어 중국어 고대 텍스트에 대하여」는 9세기 전반기에 사용된 관官의 백화문을 해명하려는 시도다.

이 텍스트들에서 취한 실례와 함께 마스페로가 특수한 단어, 복합어, 용

* 마스페로가 부록으로부터 이용한 작품은 『방거사어록龐居士語錄』 『균주황벽단제선사전심법요筠州黃蘗斷際禪師傳心法要』 『황벽단제선사원릉록黃蘗斷際禪師苑陵錄』 『고존숙어록古尊宿語錄』 『진제대사어록眞際大師語錄』이다.

법을 열거할 때 사용하는 문법적 항목은 명사, 수명사數名詞,* 수사數詞, 지시사, 동사(계사),** 과거***와 가능,**** 그리고 하나의 조동사,***** 동사의 목적어, 어조사******와 어말어조사,******* 의문대명사였다. 각각의 항목 아래에는 밀접하게, 때로는 더군다나 정확하게, 현대적 용법에 대응하는 사례들이 있다. 마스페로는 이들 사례에서 고대 백화문 용법과 현대 백화문 용법 사이의 밀접한 친연성을 지적했고, 어원학적 증거와 음운학적 증거를 통해 잘못된 대응들을 기각했다.

반박의 여지가 없는 아주 많은 백화문 성분을 제출하는 「몇몇 구어 중국어 고대 텍스트에 대하여」의 또 다른 귀중한 기여는, 백화문 성분이 문어 텍스트 내부에 박혀 있을 때조차도 문헌학자들이 그 성분을 확인할 수 있다는 것이다. 이 확인은 다시 성조와 법mood의 더 어려운 이해뿐 아니라 의미의 해석에도 도움이 된다. 예를 들어, 마스페로는 是가 백화문 계사임을 보여주며, 그리하여 두보가 是를 그 구어적 취향 때문에 의도적으로 사용했다는 논지를 부드버그보다 앞서 제출했다.[90] 다른 사례들은 부드버그가 나중에 발전시킨 또 다른 논지, 즉 是가 고전어 지시사인 '이것'에서 백화문 계사인 '[이것]이다[this] is'로 진화했다는 논지를 지지한다. 즉 是個言語********와 是這個眼目. 마스페로의 관심은 고대의 구어를 확인하는 데에 있었기 때문에, 성조와 법이라는 문체적 문제를 해결하는 쪽으로 데

* 마스페로의 글에서는 二 대신 兩을 쓰는 사례를 설명하고 있다.
** 是에 대한 설명이다.
*** 了에 대한 설명이다. 원서에서 passive, 즉 수동태라고 한 것은 마스페로 논문의 passé를 잘못 읽은 것이다.
**** 得에 대한 설명이다.
***** 著에 대한 설명이다.
****** 底에 대한 설명이다.
******* 也에 대한 설명이다.
******** 원서에 '是這個言語'라고 되어 있는 것은 오류다.

이터를 적용하는 것은 피했다. 오히려 마스페로는 그렇지 않았더라면 단연코 문어적일 문맥에서 구어체를 분리하는 데에 집중했다. 따라서 그는 자야가子夜歌 같은 육조시대 문학, 초기 불교의 글들, 당대 소설에서 취한 몇몇 사례를 제공했다. 그는 더 나아가 안사고와 같은 고전비평가들이 정의하느라 고생했던 단어 중 몇몇은 종종 그저 평범한 구어적 형태를 채용한 것이었음을 보여주었다.

마스페로는 1936년 금석학·순문학학회 회원으로 지명되었다. 1942년에는 콜레주 드 프랑스에서의 정규 교육 외에도 국립해외프랑스학교에서 극동의 역사를 가르치기 시작했다. 동시에 소르본의 중국고등연구원*에서 그라네의 중국 문명 교수직을 계승했다. 이 피곤한 스케줄에 1942년 4월 독일인들에 의한 일주일간의 투옥이라는 스트레스가 더해졌다. 다음 2년간 마스페로는 초기 중국의 경제사에 대해 작업했다. 그러나 1944년 7월 28일 그는 19살 된 아들 장의 지하활동 때문에 다시 독일인들에게 체포되었다. 그는 거의 1년 동안이나 부헨발트**의 비인간적 조건을 견뎌냈다. 그곳에 있는 동안 그는 때때로 한 무리의 동료 지식인과 함께 토론을 이끌면서 마음을 추스렸다. 그러나 아무리 좋았을 때에도 항상 허약했던 그의 건강은 1945년 3월 17일에 마침내 멈추었는데, 채 한 달도 지나지 않아 미국인들이 그 수용소를 해방시켰다.

* 1921년 펠리오와 그라네가 설립.
** 나치의 강제수용소가 있던 곳 중 하나.

회고해본 마스페로와 그라네

오늘날 중국학에 마스페로가 차지하는 중요성은 그의 출판물이 실제로 기여한 것을 훨씬 넘어선다. 마스페로의 출판물 중 다수는 그의 사후에 출판*되었다.[91] 그의 도교 및 경제 연구는 새로운 분야를 개척했다. 그의 방법론, 특히 전통적 해석자들이 오직 관료제적 은유나 도덕적 은유로 보았을 뿐인 의례적, 종교적 혹은 신화적 함의를—지나치게 우상 파괴적이지 않고서도—식별해낼 수 있었던 그의 통찰력은 전통적 고전의 현대적 재검토에 필요한 영감의 주요 원천 중 하나다.

그럼에도 마스페로의 선진시대 중국에 대한 작업은 광범한 정정이 필요하다. 역사적 구성물은, 파편적 개별 데이터로부터 세워진 만큼, 지식의 진보에 따라 철 지난 것이 된다. "가장 빈번히 다시 쓰여야 하는 것이 고대사의 초기 장들임을 배우는 것은 학부생에게는 언제나 놀라운 일이다"라고 어느 고전학자가 우리에게 상기시키듯이 말이다. 나르카 넬슨은 계속해서 이렇게 말한다.

> 고고학적 탐색으로 인해, 제1판에서는 그저 신화로만 취급되었던 트로이전쟁이 이제는 역사의 페이지 속에 자리를 차지하기 때문에 개정이 명령된다는 것은 『그리스사History of Greece』 제2판의 서문에서 베리가 행한 놀라운 폭로다. 고고학자의 삽은 역사가 다시 쓰일 것을 날마다 요구하고 있다.[92]

* 마스페로 저서의 한국어 번역본은 『도교Le taoïsme et les religions chinoises』(신하령·김태완 옮김, 까치, 1999); 『고대 중국La Chine antique』(김선민 옮김, 까치, 1995) 등이다.

고대 중국사의 사실적 기초는 고고학의 진보를 통해 다른 어떤 시기보다도 더 많이 변했다. 즉 새로운 문헌 자료인 갑골문, 청동기 명문, 목간 혹은 죽간, 백서는 모두 물질적 유물 특히 무덤 유물의 쇄도와 함께 고대 중국사를 쓰기 위한 데이터베이스를 변경시켰다. 그리고 전통적 문서 자료는 다양한 시각의 번역과 재해석을 계속해서 거쳐왔다. 따라서 훨씬 더 좁은 분야에서 일했던 그라네의 상고 시기 연구뿐 아니라 마스페로의 상고 시기 연구도 시간의 시험을 견디지 못했다는 것은 놀랍지 않다. 예컨대, 고대 중국과 진한 시기의 제도에 관한 제2차 세계대전 이전 마스페로의 수고를 재발행할 때, 드미에빌은 괄호 속에서 터놓고 언급함으로써 그 텍스트를 바로잡고 보충하는 일이 필요함을 종종 발견했다. 결국 드미에빌은 "오랫동안 중국 연구는 가속적으로 발전했고, 중국사는 훨씬 더 잘 알려졌다. 문헌학자와 고고학자들의 작업 덕분에, 15년 혹은 20년 전보다 훨씬 더 잘 알려져 있다"[93]라고 의견을 밝혔다. 그라네는 대체로 역사적 구성을 회피하는 대신 관계의 구조—복잡한 의례, 사회 제도, 봉건적 위계제 등—에 더 의존한 비교 이해 모형들과 연관시켰다. 장기 지속의 사회적 과정에 대한 그의 묘사는 처음 표명되었을 때만큼이나 오늘날에도 대체로 설득력 있다. 그리고 어떤 서클에서는 논쟁거리다.[94]

이렇게 볼 때, 마스페로가 한 작업은 칼그렌이 역사음운학에서 한 작업과 비슷하다. 즉 새로운 접근법 개척과 새로운 자료 이용이라는 점에서, 그리고 다시 모든 분야를 종합한다는 점에서 선도적이었지만 지금은 광범한 정정이 필요하다는 점에서 그러하다. 그러나 다른 많은 영역, 특히 도교에서, 마스페로는 시간의 진행에 의해서도 또 그 분야의 발전에 의해서도 대체되지 않았다. 설령 마스페로의 고대 중국 연구가 고고학의 진보에 의해 철 지난 것이 되었다 하더라도, 최소한 방법론적으로 말해서는, 마스페로는 여전히 그 시대의 가장 설득력 있고, 인간적이고, 포괄적인 역사를 제공한 고대 중국에 대한 문헌학자로 남아 있으며, 더 중요하게는 도교 연구의 개조開祖로서 우뚝 서 있다.

제3부 the great sinologist

독일 중국학:
고전문헌학에서
국가사 서술로

제6장 | 창립자들: 고대학과 인문교육

"아! 이제 나는 철학도

법학도, 의학도,

게다가 신학까지

열성을 다하여 속속들이 연구를 했다.

그런데 나는 이처럼 가련한 바보구나.

그렇다고 전보다 더 현명해지지도 않았다.

더구나 석사니 박사니 하면서,

그럭저럭 10년 동안이나

학생들의 코를 쥐고

아래위로 이리저리 잡아 흔들고 있지만—

우리는 아무것도 알 수 없다는 것을 알았을 뿐이다."

—괴테, 『파우스트』[1]*

만약 괴테가—파우스트를 통해—필생의 노력 끝에 무언가 배우기를 체념했다면, 그 무언가는 그의 방법론이라기보다는 인간적 유한함에 대한 물음이었을 것이다. 그는 자신의 문화적 유산을 부인할 수 없었다. 왜냐하면 학문의 첫 번째 부활을 시작한 것은 이탈리아 인문주의자들이었지만

* 요한 볼프강 폰 괴테, 『파우스트』(정경석 옮김, 문예출판사, 2003), 48쪽.

—그것이 16세기에 프랑스인들의 고전 연구를 촉발했다—, 두 번째 부활은 동료 독일인들의 선도 때문이었다. 각각의 부활은 상이한 문헌학적 의제를 개척했는데, 첫 번째 부활에서는 라틴 텍스트였고, 두 번째 부활에서는 그리스 고전이었다. 고대학이라는 새로운 학문에 추동된 독일인들은 18세기* 말부터 1914년 제1차 세계대전이 시작될 때까지 지적 세계를 이끌었다.

미술 영역에서 독일의 신新헬레니즘은 강력한 지배력을 가졌다. 파이퍼가 (그 전前 세기 과학혁명의 시대와 대조적으로) '인문주의 혁명의 시대'라고 기술한 18세기는 "고전문학의 걸작들이 다시 한번 기적적으로 정신을 소생시킨" 때였다. 파이퍼는 계속해서 말한다.

> 처음에는 그리스 시 연구에 고무되고 그다음엔 미술에 적용된 신인문주의적 접근법은 문학에서 다시 한번 생산적이 되었다. (…) 다른 어떤 곳도 아닌 독일에서 일종의 복음주의적 인문주의가 성장했는데 그것은 몇 세대 동안 열렬히 지지되기도 하고 신랄하게 공격받기도 했다. 그것은 칸트에서 헤겔에 이르는 중요한 철학자들의 체계 옆에서 일어난, 빙켈만이 이끈 강력한 운동이었다. 그리고 독일에서 고전 학술을 갱신한 것은 이 힘이었다.[2]

특히 빙켈만은, 파이퍼가 쓴 대로, 대중의 예술적 감수성을 바로크와 로코코에서 고전적 이상理想에로 전향시켰다. 레싱은 고대극 연구와 그 자신의 창작물들을 통해 연극론에 대한 프랑스의 독점을 분쇄했다. 괴테는 독

* 원서에서 17세기라고 한 것은 오류다. 다음 문단에서도 마찬가지다.

일 미학에다가 이교 사상異教思想, 신화, 자연력으로서의 신들이라는 고전적 개념을 주입했다. 그리고 바그너의 대규모 음악극은 그리스 비극을 부활시켰다.

학문 분야에서 훔볼트는 김나지움의 직업 훈련을 인문 교육에서 분리함으로써 고등 교육을 재조직하고 베를린대학을 창립했다. 베를린대학은 곧 유럽 대학의 모델 노릇을 했다. 역사학자 헤르더와 랑케(레오폴트 폰 랑케)는 비판적 방법, 그리고 다소 이상주의적이기는 하지만 객관적 역사 서술을 위한 국가 중심의 학파를 발전시켰다. 마르크스는 경제 이론과 그 이상以上의 것의 학파를 창립했지만, 먼저 에피쿠로스에 관한 박사 학위 논문을 썼었다. 마지막으로, 위대한 사회학자 막스 베버는 당시 가장 뛰어난 고대사가였던 몸젠의 학생이었다. 새로운 탐구 기법과 발표 양식—비판적 분석, 비판정본 작업, 세미나, '학문에 독창적 기여를' 한 논문들에 주어지는 박사학위 등—이 개척되고 제도화했으며, 또 18세기와 19세기의 독일 고전학에 의해 구현되었다. 그리고 아마도 흥미롭지는 않더라도 그만큼 의미 있는 건, '문헌학자'라는 위엄 있는 칭호를 처음으로 주창한 독일인 프리드리히 아우구스트 볼프(1759~1824)였다.(1777년 4월 8일 그의 떠들썩한 괴팅겐대학 입학에서.)[3] 예술적·지적·학적 성취의 고지高地들은 독일 중국학자가 물려받은 유산이었는데, 그들의 작업은 선교사로서 장기간의 중국 체류보다 이 명예로운 창의성과 고전학의 전통에 더 많이 의존했다.

율리우스 클라프로트, 카를 귀츨라프, 빌헬름 쇼트

율리우스 클라프로트(1783~1835)는 중국어를 잠깐 손대본 것 이상을 한 인물로 떠오르는 아마도 최초의 독일 동양학자일 것이다. 안드레아스 뮐러가 자신의 미완의 『중국어 열쇠』에 기대어 끼친 영향을 통해 당시의 지적 삶에서 거대한 역할을 한 것은 사실이다.[4] 뮐러는 이뿐 아니라 비교언어학의 창시자 중 한 명이자 『중국인의 자연신학에 관한 논문Discours sur la théologie naturelle des Chinois』(1716)을 쓴 라이프니츠(1646~1716)와도 서신을 교환했는데, 라이프니츠가 먼저 서신을 시작했다.[5] 그러나 뮐러는 문법을 전혀 몰랐고 한자를 극히 소수만 알았기에, 개별 숙어나 제목만을 다룰 정도였지 텍스트 전체를 번역할 만큼 충분한 언어학적 기초는 거의 없었다.[6] 그래서 독일의 초기 중국학 분야는 클라프로트에게 남겨진다.

베를린에서 태어난 클라프로트는 T. S. 바이어의 『중국 박물관』, 멘첼* 의 어휘집, 디아스의 중국어-스페인어 사전**의 도움으로 중국어 공부를 시작했다. 클라프로트는 할레와 드레스덴에서 공부했고, 19세인 1802년에 2권으로 된 『아시아 잡지Asiatisches Magasin』를 발간했다. 1804년에는 러시아로 호출되어 차르를 섬겼고, 1805년 골로프킨〔러시아 외교관 유리 골로프킨〕 사절단을 따라 통역사로 중국에 갔다. 그 뒤 그는 널리 여행했고, 몽골어, 만주어, 그리고 더 많은 중국어를 배웠다. 유럽에 돌아오자마자 상트페

* 크리스티안 멘첼. 독일 의사(1622~1701). 쿠플레에게서 중국어를 배웠다. 저작으로 『라틴어-한자 어휘집Lexici Latino-Sinico-characteristici』(1685)이 있다.

** 스페인의 도미니크회 선교사 프란시스코 디아스(1606~1646)의 『카스티야어 설명이 달린 한자 어휘집 Vocabulario de letra china con la explication castellana』(1643년경)을 말한다.

테르부르크학술원에 입회했고, 학술원이 주관한 중국 책과 만주 책 목록의 인쇄를 감독하기 위해 베를린으로 파견되었다.[7] 나중에 파리에서 독자적인 동양어 교수가 되었다. 이 일은 다음과 같은 방식으로 일어났다. 클라프로트의 파리 도착 1년 후, 훔볼트의 요청으로 프로이센 황제는 1816년에 후한 봉급, 연구 결과물 출판 기금과 함께 아시아 언어와 문학 교수 직함을 클라프로트에게 주었다. 클라프로트는 제도적 연고가 없었지만, 아시아학회에서 그가 한 "참을 수 없는 행동"은 파리에서 "그가 받았던 냉대를 호되게 되갚아주었다."[8] 클라프로트는, 1834년 베를린 재방문을 제외하면, 1835년 8월 27일 사망 시까지 파리에 머물렀다. 그의 주목할 만한 출판물로는 『신우비 정의神禹碑正義, Inschrift des Yü』(할레, 1811),* 『바질 드 글레모나의 중국어 사전에 대한 보충Supplément au dictionnaire chinois-latin du P. Basile de Glemona』(파리, 1813),** 『만주어 명문선Chrestomathie mandchou』(파리, 1828)이 있다.

불행히도 클라프로트는, 지적 성격이 아니라 도덕적 성격의 것이기는 하지만, 뮐러와 마찬가지로 약간의 단점이 있었다. 클라프로트는, 동양어에 대한 지식에도 불구하고, 그가 획득한 장서와 그 장서를 획득한 방법으로 더 큰 유명세를 얻었다. 판 데어 룬에 따르면, "젊은이일 때 이미 클라프로트는 남의 사전들을 탐냈고 나중에는 공공 장서에서 사본들을 가져가는 것으로 악명을 얻었다."[9] 클라프로트가 파리에서 교수직을 갖고 있었기에, 독일 중국학은 클라프로트가 '원천 자료 수집가' 역할을 자임하여 왕립베

* 원서에는 *Inscription de Yu*(Paris, 1811)라고 되어 있지만, 이는 요제프 하거에 의한 불역본 *Monument de Yu*(1802)와 헷갈린 것이다. 우비禹碑라고 하는 비문碑文을 번역하고 해설했다.

** 원서에서 1819년이라고 한 것은 오류다.

를린도서관을 위해 세운 목록학적 기초에 경의를 표하는 동안에도 그 개조開祖를 다른 곳에서 찾으려 할 것이다.[10]

독일도, 잉글랜드나 미국과 마찬가지로, 일찍이 주재 선교사들이 있었다. 그러나 이후 20세기 전환기에 리하르트 빌헬름이 불러일으킨 것과 맞먹는 중국에 관한 흥미를 국내에서 되불러 일으킨 중요한 독일인 선교사는 카를 프리드리히 귀츨라프(1803~1851)가 유일했던 것 같다.[11] 귀츨라프는 중국에 도착하기 전 바타비아와 싱가포르에서 중국어를 배웠었다. 그는 현지 중국인을 개종하는 데 성공해서, 비록 결국에는 홍콩에 터를 잡긴 했지만, 외딴곳인 간쑤성을 제외한 각 성에 중국인 선교 단위를 조직했다. 중국어 지식이 대단했던 그는 마침내 광주의 영국 외교주재소에서 중국어 비서로서 모리슨의 후임이 되었다. 그는 또 남경조약南京條約(난징조약)의 협상을 도왔다. 독일에 보낸 그의 중국 관련 보고서들은 많은 관심을 자극했고, 이로 인해 『칼버 선교신문Calwer Missionsblatt』 1844년 11월 1일자에 「중국의 서광Morgenroth in Chinas Nacht」이라는 기사가 실렸다.[12]* 그러나 독일 중국학의 창립은, 독일에서 최초의 중국 전문 학자들은 현지 거주 독일 선교사들과 동시대인이어서, 평신도조차도 아닌 교회 밖 집단들에서 유래했다.

전직 신학자였던 빌헬름 쇼트(1807~1889)는 50년간 베를린대학에서 중국어를 가르쳤고(1838년 시작), 중국에 관한 여러 글 중에서도 『논어』의 최초 독일어 번역본을 만들었다. 그러나 코르디에는 다시 한번 주의를 권하면서, 쇼트의 작품이 질보다는 양으로 더 두드러진다고 규정한다.[13]

* 원서에는 그저 "『중국의 서광Morgenrot in China's Nacht』이라는 월간지의 창간을 고무했다"라고 되어 있으나 오류다.

베를린 I: 게오르크 폰 데어 가벨렌츠

진정 학문적이고 체계적인 최초의 중국 연구는 그 어떤 프랑스식 사후事後 악평도 들리지 않은 게오르크 폰 데어 가벨렌츠의 이력과 함께 시작되었다.[14] 대大만주학자인 한스 코논 폰 데어 가벨렌츠의 아들인 한스 게오르크 코논 폰 데어 가벨렌츠(1840~1893)는 네덜란드어, 이탈리아어, 중국어를 알텐부르크의 김나지움에 있을 때 독학했다. 그는 부친의 바람대로 라이프치히로 가서 언어를 연구했는데, 동양어 특히 중국어·일본어·만주어에 집중했다. 1876년에는 드레스덴대학에서 『태극도太極圖』 번역으로 박사학위를 받았다. 1878년에는 라이프치히대학 일반언어학(즉 문헌학) 교수로 임명되었다. 1889년에는 베를린대학에서 쇼트의 뒤를 이었다.

오늘날 가벨렌츠는 광범위한 적요집인 『중국어 문법Chinesische Grammatik』(라이프치히, 1881)으로 알려져 있다. 어느 현대 중국학자는 이렇게 말한다.

> 오늘날까지도 그의 『문법』은 그 언어의 가장 세련된 전반적 문법 개설서로 간주된다. 매우 흥미롭게도, 이 평가에 찬성하지 않는 이들은 어떤 새로운 문법서가 더 낫다고 생각하지도 않으면서, 스타니슬라스 쥘리앵이 아마도 더 선호되어야 한다고 생각하는 경향이 있다. 그가 게오르크 폰 데어 가벨렌츠만큼 위대한 언어학자가 아니었음에도 불구하고.[15]

『중국어 문법』은 1960년 에두아르트 에르케스의 서문과 함께 재발행되어 접근이 더욱 쉬워졌다.[16] 가벨렌츠의 다른 많은 연구 저작 가운데에서 주목할 것은 『장자莊子』의 복잡한 문법에 대한 선구적 분석,[17] 언어학적(즉 문헌학적) 연구의 방법과 원리 소개,[18] 최초의 중국어 문법사文法史인데, 그런 종류로는 최초다.[19]

1893년 가벨렌츠의 사망 후 뒤를 이은 것은 구舊학파에서 훈련받은 전통적 중국학자가 아니었다. 프리드리히 히르트와 베를린에서 가벨렌츠의 조교였던 빌헬름 그루베 등 자격 있는 대체자들은 있었다. 그러나 파리의 현대동양어학교를 본떠서 1887년 베를린에 동양어세미나가 설치된 이래로, 베를린대학의 강조점은 고전 연구에서 외교 업무를 위한 현대 언어 훈련으로 옮겨갔다. 동양어 세미나에 신설된 현대중국어 교수직은 전직 북경 독일공사관 수석 통역사 카를 아렌트(1838~1902)가 차지했다.[20] 그러나 베를린대학에서 폰 데어 가벨렌츠가 맡았던 책무들은 비록 공식적으로는 아니지만 사실상 빌헬름 그루베가 떠맡았다.

베를린 II: 빌헬름 그루베

빌헬름 그루베(1855~1908)는 상트페테르부르크에서 태어나 그곳에서 동양어 공부를 시작했다.[21] 라이프치히의 폰 데어 가벨렌츠 아래에서 고등 훈련을 받고, 1881년 박사 학위를 취득했다. 1883년에 베를린민족학박물관의 조수로 임명되었고 동시에 대학 강사로 일했다. 1892년에 조교수가 되어 그 자격으로 폰 데어 가벨렌츠의 수업을 이어나갔다. 1897년부터 1899년까지 부인과 중국에서 살았고, 박물관에 풍부한 예술품 컬렉션을 가져와주었다. 이 장기간의 직접적 중국 체험 덕분에 그루베는 현대어도 장악한 최초의 독일인 고전어학자가 되었다.

그루베는 많은 분야에서 귀중한 기여를 했다. 그의 『중국문학사 Geschichte der chinesischen Literatur』(라이프치히, 1902)는 코르디에에게 높이 평가받았다.[22] 칼그렌은 그 책의 영역을 추천했다.[23] 샤반은 자신이 그루베의 『중국인의 종교와 문화Religion und Kultur der Chinesischen』(라이프치히, 1910)에서 많은 것을 배웠다고 인정했고 또 그루베가 중국 종교에 관해 더 많이 출판하지 않은 것에 유감을 표했다.[24] 그루베는 〔중국 명나라 때의 장편 소설〕『봉신연의封神演義』의 대부분을 번역했고, 중국의 '자연철학', 이기理氣, 주희의 신학철학神學哲學에 관해 몇 편의 논문을 출판했다.

위에 언급한 저작들은 그루베의 중국어 원자료 탐구의 정도程度를 드러내며, 오토 프랑케의 천재성, 즉 요약과 종합의 재능을 미리 보여준다. 그러나 그루베는 언어학 연구와 재구再構에도 동일한 재능이 있었다. 그의 『중국어의 언어사적 위치Die sprachgeschichtliche Stellung des Chinesischen』(라이프치히, 1881)는 고대중국어의 성격에 관해 놀랍도록 정교한 관점을 보여준다. 이 짧은 소책자는 여태껏 알지 못하고 있었던, 그 고대어의 많은 언어학적 특징, 즉 어두자음군語頭子音群, 이 어두자음과 어말자음의 쇠퇴, 단음절성과 첩어 표현의 역할, 단어 가족, 기타 특징을 조명해준다. 그러나 중국학에 대한 그루베의 그 많은 귀중한 기여에도, 지금 그를 가장 알아주는 것은 알타이학자들이다. 퉁구스 방언에 관한 그의 작업에 주목해야 한다. 1855년부터 1869년까지 막시노비츠 등이 아무르〔흑룡강성 일대〕에서 수집한 자료들에 기초하여 편찬한 그루베의 나나이Nanai(골디Goldi)* 어휘 사전은 특별히 중요하다. 그루베의 『여진의 언어와 문자Die Sprache und Schrift der Jucen』(라이프치히, 1896. 1941년 톈진에서 번각飜刻)는 "지금도 여진에 대한 우리 지식의 주된 원천이다."[25]

그루베는 학자로서의 걸출함 외에 "고상한 인격"과 "뛰어난 정신"(샤반)으로도 존경받았다. 53세의 때 이른 죽음은 그루베의 탁월한 저작 대부분이 40세 이후에 완성되었다는 점, 그리하여 저술 기간이 비극적으로 짧았다는 점에서 한결 더 안타깝다.

베를린에서 온 무단이탈자: 프리드리히 히르트

동양어세미나는 1887년 이래 다양한 아시아 언어로 법학도 및 여타 분과학문 학생들을 훈련시켰지만, 폰 데어 가벨렌츠의 사망 후 베를린대학의 고전적 중국학자가 없었기에 학문적 연구가 지체되었다. 알베르트 그륀베델(1856~1935)과 알베르트 폰 르 코크(1860~1930)의 투르판 탐험대가 귀한 미술품과 사본을 가지고 돌아왔을 때 중국을 포함한 아시아 연구에서 과학적으로 훈련된 전문가들의 필요성은 심각했다. "그래서 1912년 베를린대학에 중국학 교수직을 설치하기로 결정했다"라고 프리츠 예거는 회상한다. 독일의 탁월한 중국학자 프리드리히 히르트(1845~1927)는 그때 뉴욕 컬럼비아대학의 교원이어서, 그 자리에는 불가피하게 외국인인 〔네덜란드 중국학자〕 얀 야코프 마리아 데 흐로트(1864~1921)가 임명되었다.[26]

새로운 교수직에 히르트를 쓸 수 없었다는 점은 당시 독일 중국학 서클들의 정치政治를 자세히 들여다보게 한다. 히르트는 1845년에 튀링겐의 그

* 나나이어는 알타이어족의 하나인 만주·퉁구스어군에 속한 언어다. 아무르강 유역에서 쓰는 언어로, 골리드어Gol'dskii라고도 한다.

라펜톤나에서 태어났다.[27] 그는 중국학자로 전향한 고전학자였으며, 중국 미술—회화, 청동기, 거울을 포함하여—뿐만 아니라 중국과 서양 사이 교역과 교통의 역사서를 출판했다. 히르트의 주된 기여는 이 마지막 분야에 있었는데, 그의 선구적인 『중국과 동로마제국China and the Roman Orient』(상해, 1885), 〔미국 외교관〕 윌리엄 우드빌 록힐(1854~1914)과의 공동 연구로 제작된 똑같이 중요한 저작인 『조여괄: 제번지諸藩志라는 제목을 가진 12세기와 13세기 중국과 아랍 사이의 무역에 대한 그의 저작Chau Ju-kua: His Work on the Chinese and Arab Trade in the Twelfth and Thirteenth Centuries, entitled Chu-fan-chi』(상트페테르부르크, 1911)이 포함된다.[28] 히르트는 이 광범한 저작 범위에도, 오직 중국어에만 집중해야 하고 다른 언어들은 내버려두어야 한다는 방법론적 금언을 주장할 때 상당한 편협성을 보여주었다.[29]

히르트는 1870년부터 1895년까지 광주, 아모이〔샤먼〕, 포모사〔타이완〕, 상해, 중경의 세관 감독관 등 다양한 공직에서 일했다. 각 지역에서 그곳의 학자들을 만나 함께 연구했다. 그는 공식적 직함 외에도, 그 자신의 출판물들과 1890년 베를린의 한 큰 도서관에 장서를 모아 보낸 일로 인해(발견된 것 중에 『화이역어華夷譯語』*가 있었는데, 나중에 그루베가 자신의 여진 연구를 위해 조사했다), Professor(교수)라는 독일식 직함을 갖고 있었다. 1897년 히르트는 바이에른학술원 준회원으로 선출되고 1901년 정회원이 되어,[30] 독일 중국학자들의 원로로 간주되었다.

독일에서 히르트의 첫 교수직 기회는 폰 데어 가벨렌츠의 뒤를 잇는 것

* 중국 명 홍무제의 명에 따라 1382년 이후에 순차적으로 만든 어학 서적. 중국어와 한국, 일본, 여진, 페르시아 등 13개 나라 말과의 대역對譯 어휘집이다. 전13권.

이었다. 그러나 히르트는, 중국어든 일반언어학이든 강의를 할 능력은 전혀 없었기에, 적절한 대체자가 아니었다. 그리고 당국자들이 중국학 교수직 설치를 고려할 때에는 히르트의 세평이 이미 나빠져 있었다. 그것은 인기 있는 지질학자이자 지리학자였던 페르디난트 데 리히트호펜 남작*의 딜레탕트적 취미활동식 중국학에 대한 그의 공공연한 반대 입장 때문이었다.[31] "리히트호펜이 오늘날 독일에서 그렇게 번성하는 중국학 연구에 끼친 영향이 분명 프리드리히 히르트처럼 진정한 지식을 가진 사람들의 야망을 계속해서 수년간 꺾어놓았다"라는 코르디에의 개탄이 문제의 핵심을 요약한다. 히르트가 페테르부르크에서 단기간 활동한 다음 컬럼비아대학의 교수직을 받아들이고 거기에서 1917년까지 머무른 것은 이 때문이었다.[32] 그는 같은 해 독일로 돌아온 후 학계와 적극적인 연구에서 물러났다. 그런 만큼 이 원로 독일 중국학자는 자극을 주는 학문적 모범을 남기고 또 베를린대학 도서관을 위해 책을 구입한 것 외에는 독일 중국학의 발전에 직접적으로 기여하지 않았다.

베를린 III: 독일인으로서 네덜란드인 J. J. M. 데 흐로트

1912년에 설치된(1909년에 함부르크대학의 교수직은 독일 중국학 최초의 제도권 교수직이 되는 특권을 누렸다), 베를린대학의 신설 중국어 교수직을 처음으로 맡은 사람은 네덜란드인 얀 야코프 마리아 데 흐로트(1854~1921)

* 비단길Seidenstraße이라는 명칭을 처음 만든 사람이기도 하다.

였다.[33] 극동에서 근무한 전직 외교관 데 흐로트는 일찍이 슐레겔과 함께 연구했던 라이덴대학에서 네덜란드령 동인도의 민족학 교수직에 임명되었다. 데 흐로트는 슐레겔의 사후 1904년 중국 언어와 문학 교수직으로 옮겨갔다. 불행히도 독일 중국학은 이 외교관 출신 학자의 지도 아래에서 정체되었다.[34] 그는 중국어를 충분히 잘 알고 있긴 했지만, 비판정본 제작 작업에 필요한 능력이 전혀 없었기 때문이다.[35] 특히 당혹스러운 것은 중국어 음운학의 체계적 연구에 대한 그의 공격이었다.[36] 에리히 헤니슈는 적어도 부분적으로는 데 흐로트의 명성을 지켜주었다. 언제나 신사였던 헤니슈는 제1차 세계대전이 데 흐로트의 작업의 발달을 방해했다고, 또 그 충돌의 끝에 데 흐로트는 정신적으로나 신체적으로나 쇠약해졌다고 설명했다.[37] 그럼에도, 학문에 대한 데 흐로트의 주된 기여인 『중국의 종교 체계The Religious System of China』 전6권(라이덴, E. J. 브릴, 1892~1910)을 크리스토퍼르 스히퍼르는 중국 종교 연구에서 사회학적 방법을 개시한 것이라고 치켜세운다.[38]

1923년 데 흐로트의 후임자는 오토 프랑케였는데, 그는 20세기 전반의 원로 독일 중국학자였다. 프랑케는 이후에 상세히 다루므로 그 대신 그의 후임자에게로 시선을 돌린다.

에리히 헤니슈

에리히 헤니슈(1880~1966)는 1932년 탁월한 프랑케 교수의 뒤를 이었다.[39] 베를린에서 태어난 헤니슈는 그루베와 함께 동아시아 언어를 연구했고, 사간(사강) 세첸의 몽골 연대기 『몽고원류蒙古源流, Erdeni-yin Tobči』의 중국어본에 관한 논문으로 학위를 받았다. 헤니슈는 데 흐로트와 프랑케 밑으로 베를린대학에서 중국어를 강의하러 돌아오기 전에 중국과 티베트에서 살고 가르치고 여행했다. 그는 또 (독일 중국학자) 에릭 하우어(1878~1936) 밑에서 몽골어와 만주어를 가르쳤다. 1925년부터 1932년까지는 라이프치히대학에서 아우구스트 콘라디의 것이었던 교수직을 맡았다. 베를린에서 프랑케 후임으로서 한 작업은 곧 그가 경멸했던 나치 정권에 방해를 받았다. 전후戰後 1946년에는 뮌헨대학에서 새로운 세미나를 개설해 1952년에 퇴임할 때까지 일했다. 이 훌륭한 인물에 의한 중국 학문의 대부분은 주대周代와 한대 전기傳記를 중심으로 했지만, 적어도 『청사고淸史稿』 소개 논문(1930)*만은 언급해야 한다. 헤니슈는 고전중국어에 대한 여전히 유용한 단계별 입문서인 『중국문어 강좌Lehrgang der chinesischen Schriftsprache』 전3권(라이프치히, 1929~1933)으로 더 유명하다. 이 책은 중국학자는 반드시 문헌학자로서 제대로 역할을 수행할 수 있어야 하며 또 텍스트에 정통해야 한다는 헤니슈의 확신에서 나온 것이다. 헤니슈가 보기에 이 기초적 능력은 펠리오식 역주본을 만듦으로써 가장 잘 입증된다. 헤르베르트 프랑케의 말로 하자면, "그는 주석된 완역Extenso-Übersetzung을 중국학자로서의 자격 부여를 위한 필수적 선행 조건으로 강조했고, '텍스트체험Texterfahrurng'(텍스트 읽기)의 중요성을 항상 강조했다."[40] 그런 방법론적인 심적 경향은 연구 기제로 인한 것이 아니라 중국 문명에 관한 헤니슈의 냉정한 시각으로 인한 것이었다. 헤니슈의 학생 볼프강 프랑케가 "헤

* "Das Ts'ing-shi-kao und die sonstige chinesische Literatur zur Geschichte der letzten 300 Jahre", *Asia Major*, Vol. VI를 말한다.

니슈에게 중국은 그리스와 로마의 고대와 마찬가지로 완전히 고전 문명이었고, 중국학은 순전히 문헌학적 고대학philologische Alterumswissenschaft이었으며, 현재와는 아무런 연관이 없었다"라고 회상하듯이 말이다.[41]

헤니슈는 또 만주어를 포함해 알타이 연구에도 기여했다. 그러나 헤니슈가 당연히 얻을 만한 학술적 명성은 그의 개척적인 몽골 연구에 의한 것이다. 그는 『몽고원류』 연구의 아버지였을 뿐 아니라 『몽골비사』의 아버지이기도 했다. 즉 헤니슈는 그 텍스트 최초의 완전한 음사본音寫本을 출판했는데, 니콜라스 포페*에 따르면 펠리오의 것보다도 나았다.[42] 헤니슈는 최초의 완역본을 출판했는데(1935. 2판은 1948), 클리브스에 따르면, 펠리오의 번역본보다도 일반적으로 더 정교했다.[43] 헤니슈는 『몽골비사』 텍스트의 어휘 사전을 출판했고, 그 언어(몽골어)의 문법에 대한 예비 연구서도 출판**했다.[44] 이런저런 중요 저작들—예를 들면, 『화이역어』와 다양한 파스파 텍스트들에 관한 연구—로 헤니슈에게는 사후에 몽골 연구의 제일인자Nestor라는 영예가 주어졌다.

라이프치히: 아우구스트 콘라디와 에두아르트 에르케스

독일 중국학은 데 흐로트 아래의 베를린에서는 정체되어 있었지만, 걸출한 콘라디가 영도하는 라이프치히에서는 번성했다. 아우구스트 콘라디(1864~1925)는 비스바덴에서 태어났고, 고전문헌학과 인도문헌학을 연구

* 포페니콜라이 니콜라이비치 포페. 러시아의 언어학자(1897~1991).
** 포페에 따르면, 헤니슈는 『몽골비사』의 중국어본인 『원조비사元朝祕史』를 가지고 작업했다.

했다.[45] 그는 산스크리트어에서부터 티베트어로, 결국에는 중국어로 전환했다. 1891년 라이프치히대학의 강사가 되었고, 1897년에는 조교수, 마침내 1920년에 교수가 되었다.

콘라디의 전全 작업은 독창적인 생각들로 특징지어지는데, 때때로 너무나 진보적이어서 이해되거나 승인되지 못했다. 콘라디는 언어 재구에 특히 재능이 있었다. 그는 한자 성부聲符의 역할을 일반 규칙으로서 제시했다. 즉 성부는 단어의 소리와 의미 둘 모두를 가지고 있다.[46] 그의 『인도-중국어[즉 한漢-장藏 언어]의 사역동사 파생어 형성 및 성조와의 관계Eine Indo-Chinesische Causativ-Denominativ-Bildung und ihr Zusammenhang mit den Tonaccenten』(라이프치히, 1896)는 상고중국어 어두유성음의 존재를 상정했다. 그는 어두무성음 혹은 어두유성음과 성조의 고저 관계를 보여주었다. 콘라디는 또 자기 이론의 일부로서, 같은 계열 속 어두무성음과 어두유성음의 상호 교체가 고대 접두사의 존재에 기인함을 입증했는데, 이 이론은 나중에 마스페로에 의해 옹호되었다. 펠리오는 당시 중국학자들의 언어 지식 상태가 너무나 원시적이어서 콘라디의 이론을 이용하거나 그의 몇몇 특수한 발견에 대해 이해력을 가지고 따질 수 없었음을 유감스러워했다.[47]

1년간의 베이징대학 체류는 콘라디가 중국 민족의 사회와 습속에 입문하도록 도와주었다. 고대 중국에 관한 그의 연구는 이 일차적 지식에서 혜택을 입었다. 펠리오는 초기 텍스트들에 대한 콘라디의 탄탄한 처리를 칭찬했는데, 콘라디는 자신의 정확한 번역에다가 전통적 주석을 부연하는 것을 넘어서, 사회학과 종교학에서 나온 독창적 통찰을 주입했다. 5개 항목만이 인쇄되었는데, 콘라디의 높은 기준이 손쉬운 출판이나 신속한 출판을 미리 배제했기 때문이다. 그가 죽은 뒤에 매우 다양한 주제에 관한 390개 수고가 발견되었고, 여기에는 언어학, 문법, 문학, 고문서 판독, 종교, 예술, 역사, 문화가 포함됐다. 한 전문가의 의견으로는, 거의 절반이 이미 출판 준비 상태였다.[48]

1925년 콘라디가 죽은 뒤 에리히 헤니슈가 그의 자리를 맡았다. 그러나 폰 데어 가벨렌츠가 1878년부터 1889년까지* 라이프치히에서 강의했고 헤니슈가 거기에 기반을 두어 1925년부터 1932년까지 가르쳤음에도, 중국학 학파는 콘라디의 방법과 개성에 의해 라이프치히에서 창설·형성되고 유명해졌다. 그는 다름 아니라 구스타프 할로운, 오토 맨헨헬펜, 린위탕, 브루노 쉰들러, 에두아르트 에르케스를 훈련시켰다.

콘라디의 조카 에두아르트 에르케스(1891~1958)는 제네바에서 태어났다.[49] 그는 콘라디 밑에서 라이프치히에서 공부했으며, 〔중국 춘추전국시대 초나라 문인, 초사楚辭 작가〕 송옥의 「초혼招魂」 번역으로 학위를 취득했다. 에르케스는 라우퍼와 마찬가지로 박물관, 즉 라이프치히 민족학박물관에서 1913년부터 일했고, 결국에는 이사理事가 되어 1947년 퇴임할 때까지 있었다. 그러나 그는 라우퍼와는 달리 강사로서, 나중에는 대학 교수로서 겸직했다.

에르케스는 고대사, 문학, 종교, 고고학, 자연사 분야에서 널리 출판했다. 폰 데어 가벨렌츠의 문법서에 대한 소개는 이미 언급했다. 아마도 오늘날 에르케스의 가장 중요한 기여는 관련 주제, 곧 중국 세계 여러 동물의 역사에 관한 일련의 논문일 것이다. 즉 말, 새, 개, 양, 돼지, 벌에 관한 논문들이 『통보』에 발표되었다. 이 논문들은, 라우퍼와 같은 기술적 솜씨나

* 원서에서 1879년이라고 한 것은 오류다.

셰이퍼와 같은 인문주의적 통찰의 면에서는 모자랐지만, 모두 그 주제를 경쟁력 있고 포괄적으로 제시했다. 그의 『노자하상공주老子河上公注』* 번역은 중국 체류 중 도교의 의학적 실천에 관해 행한 직접적 고찰로 가득하다.

함부르크: 알프레트 포르케와 프리츠 예거

함부르크대학(구 함부르크식민지연구소)의 중국학 연구는 1909년 말 오토 프랑케가 동아시아 언어 및 역사 교수에 임명되면서 시작되었다. 프랑케가 1923년 베를린으로 불려간 후 그의 자리는 존경할 만한 중국 철학의 대가인 알프레트 포르케가 이어받았다.[50] 포르케(1867~1944)는 브라운슈바이크의 바트 쇠닝겐에서 태어났다. 그는 베를린의 세미나에서 법학, 산스크리트어, 아랍어, 중국어를 공부한 다음, 중국에서 북경 독일대사관의 통역으로, 1890년부터 1903년까지 상해 총영사관에서 일했다. 1913년까지 베를린의 세미나에서 강의했고, 그해에 버클리 캘리포니아대학 아가시좌座 교수Agassiz Professor로 초빙되었다. 거기서 1914년부터 1917년까지 근무했다. 포르케는 1923년 오토 프랑케가 함부르크를 떠난 뒤 그의 교수직을 이었고, 1935년 퇴임했다.

비교언어학과 시를 포함해 매우 다양한 중국학 주제를 출판했음에도, 중국 철학의 해석자이자 번역가로서의 명성이 포르케 학문의 다른 모든 측면을 덮어버린다. 포르케의 많은 논문과 양주, 왕충, 묵적, 맹자, 안영, 공

* "Ho-Shang-Kung's Commentary on Lao-tse", *Artibus Asiae*, vol. 8, nos. 2/4(1945).

자, 상앙 및 여타 인물들의 저작의 번역은 기념비적인 세 권, 즉 『중국고대철학사Geschichte der alten chinesischen Philosophie』(함부르크, 1927), 『중국중세철학사Geschichte der mittelalterlichen chinesischen Philosophie』(함부르크, 1934), 『중국근대철학사Geschichte der neueren chinesischen Philosophie』(함부르크, 1938)에서 정점에 달했다.* 아마도 중국 고대철학에 대한 현대 최고의 해석가일 앵거스 찰스 그레이엄은 포르케의 작업이 펑유란**의 『중국철학사中國哲學史』보다 더 포괄적이라고 칭찬했다. 1964년 포르케의 『철학사』 재간본에 대한 서평에서 그레이엄은 "포르케의 철학사는 이단 사상가들뿐 아니라 정통 사상가들에게도 이제껏 쓰인 가장 포괄적인 것으로 남아 있고, 현대 독자도 여전히 그 철학사의 편리한 요약과 짧지만 정선精選된 중국어 인용문들을 참조할 기회가 많다"[51]라고 언급한다.

함부르크에서 포르케의 후임은 이 지역 출신 인물이었다. 프리츠 예거(1896~1957)는 뮌헨에서 태어났고, 히르트와 마찬가지로 탄탄한 고전적 배경을 가지고 중국학 분야로 왔다.[52] 예거는 함부르크에서 프랑케와 함께 중국어를 시작해 수업 조교로서 계속 일했다. 1925년에는 강사가 되었다. 중국에서 2년간 머문 후 함부르크로 돌아왔다. 1935년에는 포르케의 뒤를 이었고, 1957년 사망할 때까지 그 자리에 있었다.

예거의 저작으로는 『사기』에 관한 흥미로운 저작 몇 편과 「배구***의 생

* 한국어 번역본은 『중국고대철학사』(양재혁 옮김, 소명출판, 2004), 『중국중세철학사』(최해숙 옮김, 소명출판, 2012), 『중국근대철학사』(최해숙 옮김, 소명출판, 2013)로 출간되었다.

** 그레이엄은 웨일스 출신의 중국학자(1919~1991)이며, 펑유란은 중국인으로서 처음으로 『중국철학사』를 완성한 철학자(1895~1990)다.

*** 배구裴矩(?~627). 수당隋唐시대 강주絳州 문희聞喜 사람. 수 양제의 명으로 장액張掖에서 서역 국가들과의 교역을 감독했다. 후에 당나라에 귀순했다.

애와 행적: 중국 식민사의 한 장章Leben und Werk des P'ei Kü: Ein Kapitel aus der chinesischen kolonialgeschichte」이라는 중요한 논문이 있다.[53]

리하르트 빌헬름

프랑크푸르트대학은 1924년 리하르트 빌헬름이 도착해 중국연구소를 설립하면서 중국어를 가르치기 시작했다.[54] 리하르트 빌헬름(1873~1930)은 슈투트가르트에서 태어나 예술, 철학, 음악(바이올린), 신학을 공부했다. 1899년부터 1924년까지는 중국에 살았고 또 선교사로서, 북경 독일대사관 학술 고문으로, 북경대학 독문학 교수로서 일했다. 중국에 머무는 동안 (원주민 학자들과 공동 작업으로) 중요한 번역서를 여럿 만들었는데, 『논어』(1910), 『노자』(1911), 『맹자』(1914), 그리고 가장 중요한 『역경』(1924)이 포함된다. 프레더릭 모트는 빌헬름이 마침내 귀국했을 때도 역시 선교 사업의 정신 속에 있었다고 규정했는데, 이번에는 두 문명 사이의 문화 사절(혹은 그의 전기 제목에서처럼 정신의 매개자)로서였다. 즉 빌헬름은 "산둥에서 독일교회 선교를 위한 교육 사업을 중단하고 제1차 세계대전 후 가족과 함께 독일로 돌아왔는데, 독일에서 그는 유럽의 중국 연구를 증진시킬 수 있었다."[55] 빌헬름의 번역물, 중국연구소China-Institut(1925년부터 1942년까지 운영)의 기관지 『시니카Sinica』*에 실린 중국의 여러 측면에 관한 출판물들은 독일인들로 하여금 중국 문화에 관심을 가지게 했고, 머지않아 중국 연

* 원서에서는 Sinica를 중국연구소인 듯 서술했으나 오류다.

구를 대중화했다. 이 역할에서 빌헬름은 중국의 아서 웨일리가 되었다. 중국 시가 아니라 중국 철학의 영역에서 일하기는 했지만 말이다.

제7장 | 원로 중국학자: 오토 프랑케

"오직 문헌학자만이 그리스 시를 번역할 수 있다. (…) 자모字母에 집착하고 문법적으로 미묘한 것을 분석하는, 먼지처럼 건조한 우리 문헌학자들은 공교롭게도 우리가 전심으로 봉사하는 이상理想을 사랑하기에 충분할 만큼 정신착란적이기도 하다. 우리는 실로 종從들이지만, 필멸의 입을 빌려주는 불멸의 정신들의 종이다. 우리의 주인들이 우리보다 더 강한 것이 놀라운가?"

—빌라모비츠묄렌도르프, 「번역이란 무엇인가?」[1]

오토 프랑케(1863~1946)는 20세기 전반의 원로 독일 중국학자였다.[2] 그의 수많은 저작, 특히 기념비적 『중국사Geschichte des chinesischen Reiches』는 오늘날에도 여전히 가치 있으며 몇몇 경우에는 필수 불가결하다. 그의 베를린대학 세미나는 1920년대와 1930년대의 위대한 독일 중국학자 대부분을 훈련시켰는데, 볼프람 에버하르트, 발터 푹스, 발터 지몬, 미국인 조지 알렉산더 케네디까지 포함된다. 프랑케의 천재성은, 비록 훈련으로든 기질로든 펠리오나 할로운과 동일한 텍스트적 묘기를 수행할 수는 없었지만, 역사적 종합에 있었다. 즉 그가 소박한 헌신을 가지고 모신 '불멸의 정신'은 문학적 뮤즈가 아니라 클리오(역사의 신)였다. 그리고 그의 학문과 교육은 현대 중국학의 성장과 성숙에 크게 기여했다.

프랑케는 1863년 9월 27일 게른로데(현대의 할레 구區로, 전에는 동독에 있었다)에서 태어났다. 프라이부르크대학을 졸업한 후 베를린대학에 다녔는

데, 거기서 역사와 비교언어학에 매혹되었다. [독일 언어학자] 요하네스 슈미트(1843~1901)의 강의에서는 산스크리트어가 비교언어학에서 가지는 중요성과 대면했다. 1년간의 의무 병역 후 1884년 괴팅겐에서 산스크리트어 연구를 시작했다. 음성학에 관한 짧은 저작의 번역과 주석으로 학위를 땄다. 본래 빌라모비츠묄렌도르프와 함께 그리스 문헌학 입문 강의에 등록했지만, 그리스 비판정본 작업, 특히 비극 작가들에 대한 비판정본 작업이 역사 연구라는 자신의 원대한 목표에서 많이 멀어져 나중에 마음을 바꾸었다. 그 대신 종교개혁 시기까지의 독일사를 연구했다. 이리하여 그는 세기 전환기의 가장 위대한 고전문헌학자와 함께 공부할 기회를 놓치고 말았다.[3]

프랑케는 외교 업무를 하는 몇몇 친구의 조언에 따라 통역사 일에 지원했다. 그는 북경의 독일대사관 통역사를 맡기 전에 법학과 중국어를 공부했다. 1888년 샤반보다 1년 먼저 중국에 도착해 중국에서 일하고 여행했는데, 1901년까지 몽골, 시베리아, 만주, 한국, 일본도 여행했다. 이 기간에 프랑케는 표준 중국어를 터득했고, 연구와 개인적 관여를 통해 중국 시사時事 전문가가 되었다. 그래서 독일에 돌아온 후 1902년부터 1907년까지 『쾰른신문Kölnische Zeitung』에 글을 기고하여 동아시아의 정치적·문화적 사건을 논함으로써 생계를 유지할 수 있었다. 그는 또 이 기간에 베를린 중국대사관 고문으로도 일했다.

프랑케는 1910년 함부르크대학의 신설된 중국 언어와 문화 교수직에 임명되어 교수 생활을 시작했다. 1923년에 베를린대학에서 데 흐로트의 뒤를 이었고 프로이센학술원 회원이 되었다. 1931년 명예교수 지위를 얻었지만, 1946년 8월 5일 사망할 때까지 계속 일했다.

문헌학자로서의 역사학자

걸출한 역사적 종합의 기묘한 조합이야말로, 이따금 있는 문헌학적 실수로 몇몇 특정한 곳에서 훼손되긴 했지만, 프랑케 학문의 특징이었다. 산스크리트어 훈련을 받은 프랑케는 문헌학적 작업의 세부 사항과 방법을 익혔다. 다년간의 욱일승천 끝에 다소 건조하고 기술적이긴 하지만 정말 유명했던 당시의 독일 문헌학은 인도학印度學, 고전(특히 그리스어), 독일 방언학으로 이루어진 삼중탑三重塔으로부터 발달했다. 걸출한 한 쌍인 콘라디와 그루베는 독일 인문주의 고전학의 보석에다 중국학을 추가했다. 그러나 불행히도 프랑케는 그의 작업 원리들을 고등 훈련도 없이 고전중국어에로 옮겨야 했다. 그의 『유교 교의와 중국 국가종교의 역사에 대한 연구: 『춘추』와 동중서의 춘추번로春秋繁露의 문제Studien zur Geschichte des konfuzianischen Dogmas und der chinesischen Staatreligion: Das Problem des Tsch'un-ts'iu und Tung Tschung-sch'us Tsch'un-ts'iu fan lu』(1920)가 핵심적 사례다. 칼그렌은 한 문제—여기서는 『춘추』의 성격—의 모든 측면을 균형 있고 철저하게 제시한다는 점을 들어, 또 명료하고 주의 깊은 의견을 제공한다는 점을 들어 역사학자로서 프랑케를 칭찬했다. 그는 또 추론과 논증의 근본적 요점을 편리하게 요약해주는 프랑케의 재능을 인정했다. 그러나 앞서 언급했듯이 중요한 구절에 대한 프랑케 판본을 고찰할 때, 칼그렌은 정확한 번역이라면 프랑케로 하여금 그것을 그저 요약하는 대신 문제를 해결하도록 이끌었을 곳을 보여주었다.[4] 이것이 프랑케가 일단의 표준적인 문헌학적 도구들을 사용할 줄 몰랐음을 의미하지는 않는다. 그것은 단지 프랑케가 그 도구들을 문헌적 책무가 아니라 역사학적 책무에 적용하는 데에 관심이 있었기 때문이다. 그는 새로운 방법론의 발달에도 기존 방법론의 성숙에도 기여하지 않았다. 프랑케는 문헌학적 연구와 역사적 연구 양자에 둔 상대적 중요성을 기술한 적이 있다. 프랑케는 그의 작업이 중국 언어와 문화 분야에 있을 동안에도, 또 문헌학적 기초에 기반을 두고 있을 동안에도, 자신의 지적 구성물들은 문화 연구의 '더 높은' 영역(즉 역사) 속에 지어질 것이라고 진술했다.[5]

국가주의적 역사 서술: 『중국사』

중국학에 대한 프랑케의 가장 지속적인 기여는 이 후자의 영역[역사]에 있다. 그는 『중국사: 그 발생, 본질 그리고 최근까지의 발전 서술Geschichte des chinesischen Reiches: Eine Darstellung seiner Entstehung, seines Wesens und seiner Entwicklung bis zur neuesten Zeit』 전5권(재판, 베를린, 1932~1952)에서 중국 민족 혹은 제국의 역사가 아니라 중국 국가Chinese State를 이야기하려 시도했다. 프랑케는 '보편주의적 관념'과 정치 제도상에서 그 관념의 구현에 집착했다. 이는 프랑케가 중국사의 표면 현상, 즉 군사 작전과 궁정 음모 및 모반에 집중하고, 종교와 경제, 문학 혹은 예술과 같은 사회적·문화적 외부 요소를 무시한 주요인이었다. 여기에서 그는 해방전쟁(19세기 초 프랑스에 맞선 독일의 해방전쟁) 이래 독일 역사 서술의 고전적 국가주의 전통을 이끈 일단의 무의식적 가정 내에서 일하고 있을 뿐이었다. 그의 주요한 지적知的 모범은 고전학자인 빌라모비츠묄렌도르프와 (독일 고전학자이자 문헌학자 막스) 프랑켈(1846~1903) 대신 훔볼트와 랑케였다. 이는 몇몇 이해할 만한 문헌학적 실수를, 그리고 똑같이 예상되듯이, 비정치적 요인의 철저한 무시를 가져왔다. 게오르크 이거스는 독일적 접근법에 대해 "적어도 마이네케* 때까지 역사는 대개 협소한 정치적 의미의 역사였으며, 정치인·장군·외교관의 활동을 이야기했고, 이 결정들이 내려지는 제도적·물질적 틀은 거의 전혀 설명하지 않고 내버려두었다"[6]라고 단언한다. 그럼에도, 중국의 정치적 사건들의 역사인 『중국사』는 이런 종류로는 여전히 최고의 저작이다.

오토 판 데어 슈프렝켈은 다음과 같은 일반적 견지에서 그 강점들을 요약한다.

> 그[프랑케]는 (…) 영원한 가치를 가진 정치적 서사를 생산할 때 그 자신이 정치에 부여하는 다소 협소한 해석의 범주 내에서, 성공적이었다. 그리고 중국사의 표면 현상에 대한 그의 주의 깊고 상세하고 정확한 설명은 서양 학생들에게는 없어서는 안 될 독법으로 오래 남을 것이다. (…) 그가 자신의 이야기의 사실들을 확립하는 데에 기울인 노고의 결과를 고맙게 받아들이는 동시에 중국사의 흐름에 대한 그의 전반적 해석에 의문을 제기하거나 그 해석을 거부하는 일도 물론 분명히 허용될 수 있다.[7]

『중국사』는 중국사에 대한 유럽의 전통적 태도의 맥락에서 볼 때 훨씬 더 대단해 보인다. 왜냐하면, 판 데어 슈프렝켈에 따르면, 프랑케는 중국을 "하나의 발전, 하나의 전개 중인 드라마"로 묘사했고, 중국에는 진정한 역

* 프리드리히 마이네케. 독일의 역사학자(1862~1954).

사가 없다는, 따라서 중국의 역사는 보편사의 성격과 과정을 이해하는 데에 중요하지 않다는 어리석은 도그마에서 중국을 해방시켰기 때문이다. 마리안 바스티드브뤼기에르는 『중국사』를 "유럽의 중국 역사 서술에서 이정표"이며 "기념비적 과업"이라고 규정한다. 이는 "그 책이 고대세계와 중세 유럽 역사에 관한 위대한 책들과 동등해질 수 있는 고귀함, 유의미성, 가치를 가졌기 때문"이라고 그녀는 단언한다. 본질적으로, 『중국사』는 해석에 입각한 번역과 일반화하려는 기술記述이 타협점을 찾는, 결국에는 "더 많은 연구를 위한 새로운 기준과 방향을 설정하는" 서양 중국학 최초의 역사 저작이었다.[8] 바스티드브뤼기에르의 관대한 승인과 대조되는 것은 한스 빌렌슈타인의 부정적 평가다. 빌렌슈타인은 『중국사』를 "고귀한 실패"라고 불렀으며, 프랑케가 그 책을 쓰느라 생의 수십 년을 낭비한 것을 애통해했다. "그의 저작은 제임스 조지 프레이저 경(1854~1941)의 『황금가지The Golden Bough』에 비유될 수 있다. 『황금가지』에서 사실들은 기본적으로 옳지만 결론들은 보통 틀렸다."[9] (빌렌슈타인은 그 후 다시는, 아직까지도 어떠한 통사도 승인하지 않는데, 그의 생각에는 충분히 많은 것이 알려지지 않았기 때문이다.)

프랑케 저작의 또 다른 기여는 일차 자료의 광범한 사용이었다. 프랑케는 이전의 중국 통사들을 주희의 『통감강목通鑑綱目』과 그 "자의적인 텍스트 해석 및 오만한 불관용"에 의해 제한받은 것이라고 비판했다. 프랑케의 책은 이 편협한 자료[『통감강목』]와 결별하고 정사正史와 기타 자료를 대규모로 이용한 최초의 대大역사서였다.(1921년에 나온 코르디에의 『중국통사Histoire générale de la Chine』는 범위가 훨씬 축소되어 있다.) 그럼에도 마스페로는 프랑케가 『통감강목』을 보충·보완하기 위해서가 아니라 오직 증명하기 위해서만 이 자료들[정사와 기타 자료]을 이용했다고 주장했다. "칭송받을 만한 이러한 노력에도 불구하고, 언제나 〔프랑케의〕 근간은 주희의 틀에 남아 있었다."[10]

프랑케는 또한 중국 철학과 역사 서술에도 몇몇 중요한 기여를 했다. 그중에는 앞서 언급한 『유교 교의와 중국 국가종교의 역사에 대한 연구』, 『중국 역사 서술의 기원Der Ursprung der chinesischen Geschichtsschreibung』(1925),* 『『자치통감資治通鑑』과 『통감강목』, 그 본질, 상호 관계, 그리고 사료적 가치Das Tse tschi t'ung kien und das T'ung kien kang mu, ihr Wesen, ihr Verhaltnis zueinander und ihr Quellenwert』(1930),** 『한대漢代와 수대隋代 사이의 유교 사상Der Konfuzianismus zwischen Han- und Sui-Zeit』(1934)***이 있다. 두 권의 법률 연구, 즉 『중국에서의 토지 소유에 관한 법적 관계Die Rechtsverhältnisse am Grundeigentum in China』(1903)****와 『중국에서의 치외법권 역사에 대하여Zur Geschichte der Exterritorialität in China』(1935)*****도 독일에서 그 분야의 개척을 도왔다.

문헌학 이론가로서 역사학자

프랑케는, 가끔 문헌학적 실수가 있었지만, 이론을 잘 알고 있었다. 프랑

* *Sitzungsberichte der Preußischen Akademie der Wissenschaften*, (phil.-hist. Klasse, 1925), pp. 276~309. 원서에서 1928년이라고 한 것은 착오다.
** *Sitzungsberichte der Preußischen Akademie der Wissenschaften*, (phil.-hist. Klasse, 1930), pp. 101~144.
*** 출전 미상.
**** Leipzig: Dieterich(T. Weicher), 1903.
***** Berlin: Verlag der Akademie der Wissenschaften in Kommission bei Walter de Gruyter, 1935.

케는 게다가 방법론에 관한 매우 귀중한 논문도 두 편 썼는데, 이 논문들만으로도 문헌학자들에게 집중된 개관에서 그에게 주어진 논술의 양을 정당화한다.

그 논문들 중 두 번째 것은 1934년에 나왔는데, 제목이 「외국 국명과 지명을 중국어로 재현하기 위한 원칙Grundsätzliches zur Wiedergabe fremder Länder- und Ortsnamen im Chinesischen」이다.* 논문은 외국 국가와 민족의 이름을 중국어로 음사할 때의 문제들을 다룬다. 오토 맨헨헬펜은 자칫 엄격한 언어 재구에 대한 맹목적 집착에서 문화적·콘텍스트적 요인을 무시했을 수도 있는 언어학자들이 그 논문을 읽어야 한다고 추천했다.[11]

또 다른 논문은 당시로서는 매우 수준 높은 진술로서, 「중국과 비교문헌학China and Comparative Philology」이다.[12] 논문에서 프랑케는 중국어를 상상 가능한 모든 언어와 비교하는 데에 기쁨을 느끼는, 중국에 거주하는 사업가와 영사관원 사이에서 한창 유행하던 것을 진정시키려 애썼다. 일례로, 어떤 이들은 중국어를 켈트어와 연관시켰고, 혹은 그리스어의 악센트 체계가 중국어 성조와 관계있다고 선언하기도 했다. 프랑케는 이 무지하고 아마추어적인 사변思辨을 상쇄하기 위해 인도 게르만 비교언어학의 교의教義 몇 가지를 진술했다. 그는 한 언어에서 최고最古 형태의 재구와 단지 이것들을 비교하는 일의 필요성을, 단어 가족을 확립하고 속어를 이용할 필요성(호르트아르스와 P. 세뤼의 '언어지리학'을 미리 보여준다)을, 표면적 유사성을 넘어설 필요성을 논했다. 그는 자음군, 어두자음과 어말자음의 쇠퇴, 단음절

* *Sitzungsberichte der Preußischen Akademie der Wissenschaften*, (phil.-hist.Klasse, 1934), pp. 244~280. 원서에는 "Wiedergabe fremder Länder- und Völkernamen im Chinesischen"라고 되어 있는데, 착오인 듯하다.

성의 역할과 같은 상고중국어의 몇몇 특성을 제시했다. 마지막으로, 중국에 대한 '전 지구적 접근법'을 이용하는 모든 이와 중국어 이외의 자료를 가지고 작업하는 모든 이를 위해 프랑케는 다음과 같은 원리를 천명했다.

> 우리가 한 언어를 다른 언어와 비교하는 일을 착수하기에 앞서 먼저 그 언어를 아는 것이 얼마나 필수적인지를 보여주기에는 이 사례들로 충분할 것이라고 생각한다. 내가 고국에서 비교문헌학을 연구할 때, 우리 학교 선생들은 인도 게르만어족 각각의 주요 언어로 쓰인 텍스트를 이해할 수 있어야 한다고 강조했다. 산스크리트어와 그리스어는 물론 언제나 주도적 역할을 해야 한다.[13]

이 견해에 대한 부드버그와 맨헨헬펜의 지지는 물론 잘 알려져 있다. 두 사람은 텍스트들의 살아 있는 맥락에서 나온 단어가 아닌 사전에 있는 단어의 죽은 비교에 맞서 반론을 폈다.

프랑케는 방대한 출판물 외에,[14] 한 세대 전체의 중국학자들의 교육과 훈련을 통해 중국학의 성장에도 기여했다. 그중에는 스테판 (에티엔) 벌라주, (파리로 가기 전의) 롤프 스타인, 카를 빙어, 볼프람 에버하르트, 발터 푹스, (후에 돌궐학자로 전향한) 안네마리 폰 가바인, 에두아르트 호르스트 폰 차너, 발터 지몬, 그리고 아마 틀림없이 조지 알렉산더 케네디가 있었다. 그래서 이 중국학자, 역사학자, 선생은 현대 독일 중국학의 성숙에 크게 기여했고, 그의 이민자 학생과 교환 학생 몇몇의 노력을 통해서 잉글랜드와 미국 중국학의 일부가 되기도 했다.

국가주의적 이상의 종말

프랑케는 많은 애국적인 독일 지식인이나 예술가와 마찬가지로 전쟁의 트라우마에서 살아남지 못했다.[15] 언제나 독일식 역사 서술을 강조했던 국가주의적 이상주의는 역사적 심성을 가진 프랑케에게 그 나라의 최종적 굴욕을 더욱더 통절한 것으로 만들었다. 페르디난트 레싱이 요약한 프랑케 일생의 결론은 이 원로 독일 중국학자에 대한 우리의 논술을 냉정하긴 하지만 적절히 마무리해준다.

> 프랑케의 말년은, 매우 본능적으로 자기 나라를 사랑하고 자부심을 가졌던 사람에게서 상상할 수 있듯, 좌절로 끝난 쓰라림으로 망가졌다. 1934년 캘리포니아대학이 그에게 베푼 초대를 받아들여 동양어 아가시좌 교수직을 받아들였다면 그는 아마도 좀더 오래 살 수 있었을 것이다. 중대한 역사적 사건들의 배경과 교직交織된 행복한 체험 및 슬픈 체험으로 가득한 이 전全생애는 그가 사랑한 조국의 운명을 결정한 저 비극의 종장이 막을 내리면서 끝났다.[16]

제8장 | 국외 추방자들[1]

국외 추방은 서양 문명의 역사에서 명예로운 자리를 차지하고 있다. 단테와 흐로티위스와 벨, 루소와 하이네와 마르크스*는 강요로 인해 낯선 땅에서 거주할 때, 자신들을 거부했던 조국을 혐오와 동경으로 되돌아보면서 그들의 가장 위대한 작업을 했다.[2]

"저는 저를 독일로부터 잠시 떼어놓고 있는 상황에 깊은 유감을 표하지 않고는 이 편지를 끝낼 수가 없습니다. 그리고 독일과의 관계를 끝내라고 제 심금을 자극하는 양심의 강요로부터 저를 해방시켜줄, 연주 생활의 영역 바깥에서 일어나는 변화를 관찰하는 것보다 더 저를 행복하게 해주는 것은 없을 것입니다."

—바이올린 연주자 브로니슬라브 후베르만이
빌헬름 푸르트벵글러에게 보내는 1933년 8월 31일의 편지[3]

* 알리기에리 단테(1265~1321). 이탈리아 시인. 조국 피렌체에서 추방되어 1302년부터 1321년까지 망명 생활을 했다.
휘호 흐로티위스(1583~1645). 네덜란드의 법학자. 국제법의 아버지로 불린다. 정치적·종교적 이유로 프랑스에서 망명 생활을 했다.
피에르 벨(1647~1706). 프랑스 계몽주의자. 네덜란드에서 망명 생활을 하고 로테르담에서 사망했다.
장 자크 루소(1712~1778). 프랑스 사상가. 1762년부터 8년간 망명 생활을 했다.
하인리히 하이네(1797~1856). 독일의 시인·작가. 1831년 파리로 망명하여 프랑스에서 사망했다.
카를 마르크스(1818~1883). 독일의 경제학자·정치학자·철학자. 프랑스, 벨기에, 영국에서 망명 생활을 했다.

1976년 잉글랜드의 고전학자 휴 로이드존스는 유식한 말투로 재치 있게 느물거리면서 다음처럼 언급한 적이 있다. "히틀러는 이 나라에서의 고전 연구를 위해 대부분의 교육 기관보다 더 많은 일을 했다."[4] 중국 연구 역시 국가사회주의로부터 전문가들, 즉 〔오스트레일리아 출신의 영국인 고전학자〕 길버트 머리(1866~1957)가 말한 "박식한 난민들"의 탈출에서 큰 이익을 얻었다. 음악가·미술가·작가들은 말할 것도 없고 고전학자·역사학자뿐 아니라 중국학자들도 외국으로 피신해 피난처와 전문가적 재능의 배출구를 찾았다. 학문에 대한 그들의 기여가 고국에서는 종종 무시되고 심지어는 은폐되기도 하지만, 훌륭한 독일인들이 이 망명 중국학자 부류에 속했다. 그들의 출판물은 그들의 물려받은 유산과 독일 고대학의 위대한 전통을 영예롭게 했으나 그들은 독일에서 살거나 가르치지는 못했고 그래서 고국의 중국학 발전에 직접적으로 영향을 미치지는 못했다.[5] 종교적·인종적 숙청으로부터 피신한 중국학자 가운데에는 정치적 연고로 표적이 된 인물—예컨대 에버하르트—도 있었다. 피신의 이유에 관계없이, 이 피난민 집단에서 가장 유명한 이들로는 지몬, 윌리엄 콘, 벌라주, 할로운, 쉰들러, 에버하르트가 있었다.[6] 동시대 독일 중국학에서 이 중 몇몇의 지명도와 그들의 부재가 중국학에 야기한 손실은 이들을 다른 분야의 피난민, 즉 지휘자 브루노 발터와 오토 클렘퍼러, 작곡가 아르놀트 쇤베르크와 파울 힌데미트, 연극연출가 막스 라인하르트와 레오폴트 예스너, 작가 토마스 만, 혹은 원자탄의 아버지 에드워드 텔러와 같은 이들과 연관 지어보면 질적으로 상상해볼 수 있을 것이다. 양적으로는 1938년 이전에 약 2500명의 작가가 외국으로 피신해 독일 문학계를 불모로 만들었음을 깨달으면 정신이 번쩍 든다.[7]

바타비아에서 온 선동가: 에르빈 폰 차흐

아마도 가장 눈에 띌 국외 추방 중국학자는 독일인도 아니었다. 그 사람은 오스트리아인 에르빈 리터 폰 차흐(1872~1942)로서, 앞에서 펠리오와 관련해 언급했던 인물이다.[8] 차흐는 현대중국어와 문언중국어 모두를 훌륭하게 장악하고 있었다.[9] 그는 수많은 출판물 중에서도 두보와 한유의 시,[10] 『문선文選』의 많은 부분을 번역한 것으로 가장 존경받는다.[11] 『문선』의 가장 위대한 번역가인 데이비드 R. 네크티게스는 차흐 박사의 생애와 이력을 다음과 같이 요약한다.

> 차흐는 1901년부터 1919년까지 오스트리아-헝가리영사관 구성원이었고, 이 기간 대부분을 중국에서 복무했다. 그는 만주어와 티베트어뿐 아니라 중국어에도 깊은 지식이 있었다. 라이덴의 구스타프 슐레겔 아래에서(1897년에) 단기간 공부하긴 했지만, 차흐는 웨일리와 마찬가지로 독학한 것으로 보인다…….
>
> 1919년 오스트리아-헝가리 제국의 해체 후에, 차흐는 동인도 네덜란드영사관에서 1924년까지 근무하다가 학문에 모든 시간을 쏟아붓기 위해 그해에 사임했다. 차흐는 1942년 일본군의 어뢰 공격을 받은 배에서 사망할 때까지 주로 중국문학 번역에 몰두했다. 그는 두보, 한유, 이백의 사실상 모든 시를 번역했고, 죽을 때도 여전히 『문선』 완역 작업 중이었다…….
>
> 다른 중국학자들의 작업을 신랄히 비판한 성마르고 까탈스러운 성격과 성향 때문에 기성 중국학 저널에 발표하는 것이 어려웠다. 사실상 그의 모든 번역은 바타비아에서 발행된 이름 없는 잡지들에 발표되었다. 그의 『문선』

번역은 대부분 『독일 수호Deutsche Wacht』, 즉 네덜란드령 동인도의 독일인 공동체 월간지에 실렸다. 1933년 이후 『독일 수호』를 더 이상 이용할 수 없었던 차흐는 자신의 번역들을 『중국학 논문집Sinologische Beiträge』이라고 자칭한 총서로 자비출판 했다…….

차흐는 자신이 '이론적 장광설'이라고 부른 것을 위한 시간은 없는 '과학적' 학자를 자처했다. 그의 문체는 '단조롭고 문헌학적'이라고 불렸는데, 이는 차흐가 칭찬으로 간주했을 말이다. 왜냐하면 그는 자신의 번역을 학생의 자습서로 의도했기 때문이다……. '축자성逐字性'과 '의미에의 일치'를 향한 차흐의 욕망에도, 그의 번역이 항상 문헌학적으로 정확하지는 않았다.[12] (…) 차흐의 번역이 가질 수 있는 그 어떠한 결함도 그의 작업의 전반적인 탁월함에 의해 묻히고 만다. 그는 명백히 열악한 조건에서 일하고 있었다. 그는 참고 자료가 거의 없었다…….

차흐는 놀랄 만한 중국어 지식이 있었고, 차흐가 이용할 수 있었던 것과 동일한 자원을 가지고서 그만큼 해낼 서양 학자는 거의 없다.[13]

폰 차흐는 공인된 문헌학적 재능에도, 이 절에서 다룬 독일인들 틈에서는 간섭자라고 불리는데, 그의 국적 때문만이 아니라 그가 저널에서 벌인 공적 논쟁 등 중국학 학자 집단들에 간섭했기 때문이다. 폰 차흐가 스승 슐레겔과 마찬가지로 결국 따돌림당한 것은 그의 오스트리아 국적과는 아무 상관이 없었다. 즉 그의 까탈스러운 어조에 의해 학문적 담론이 불가능해졌던 것이다.

오스트리아 동양학자: 아우구스트 피츠마이어

또 한 사람의 초기 오스트리아인은 결코 폰 차흐만큼 유능하지는 않았지만 훨씬 더 다작을 했다. 중국학에 기반을 둔 동양학자 아우구스트 피츠마이어(1808~1887)는 아마도 다른 어떤 중국학자보다도 더 많은 것을 중국어로부터—그리고 일본어, 아이누어, 러시아어 등으로부터—번역했을 것이다. 그는 프랑스어, 이탈리아어, 영어, 라틴어, 그리스어, 터키어, 러시아어, 네덜란드어, 페르시아어, 이집트어, 중국어, 일본어, 만주어, 여러 스칸디나비어를 독학했다.[14]

피츠마이어의 중국어 번역은 광범위했고 종종 특이한 자료—예를 들면 모호한 도교 텍스트—를 이용하긴 했지만, 비판정본 작업을 하지 않았고 또 좀처럼 주석도 달리지 않았다. 아마도 그는 자신을 너무 얇게 펴 바른 것 같다. 그래서 그의 저작들은 질보다는 양으로 특징지어졌다. "피츠마이어의 죽음으로 인한 공백은 쉽게 채워졌는데, 왜냐하면 이 학자는 그의 출판물들의 가치보다는 수로 더 두드러졌기 때문이다"라는 것이 코르디에의 퉁명스러운 평가였다.[15] 피츠마이어는 적어도 중국어 활자와 일본어 활자 한 벌을 구입하는 데에는 도움이 되었는데, 그 활자들은 오스트리아에서 그 자신 외에는 좀처럼 사용하지 않았다.

페르디난트 레싱

페르디난트 레싱(1882~1961)은 여기서 다룰 만한 최초의 진정한 독일인

국외 추방 중국학자다.[16] 그는 F. W. K. 뮐러 아래 베를린대학에서 법학과 동양어를 연구했고, 25세까지 베를린의 민족학박물관에서 일했다. 1907년 중국으로 가서 17년간 머물렀다. 북경 통역사학교에서 가르친 뒤 청도의 독일-중국대학Deutsch-Chinesische Hochschule 교수가 되었다가 후에 북경대학으로 옮겼으며, 다시 묵덴(심양)의 이가쿠쇼인醫學書院*으로 옮겼다. 빌헬름 오트머와 함께 독일어 사용자들에게 가장 널리 이용되는 중국어 입문서를 지었다.[17] 그는 독일로 돌아온 후, 불교 도상학圖像學과 라마교 연구를 위해 중국으로 되돌아가기 전까지 베를린세미나에서 가르쳤다. 1926년 논문 「중국어 구어와 문어의 가장 중요한 형식어들의 비교Vergleich der wichtigsten Formwörter der chinesischen Umgangssprache und der Schriftsprache」로 베를린 프리드리히빌헬름스대학에서 박사 학위를 받았다. 1930년부터 1933년까지 (스웨덴의 지리학자·탐험가) 스벤 헤딘의 중국-스웨덴 원정대에 참가했다. 독일을 잠시 방문한 후, 1935년 버클리 캘리포니아대학으로부터 동양어 아가시좌 교수로 오라는 초청을 받아들였다.

레싱의 가장 중요한 저작에는 『옹화궁雍和宮: 북경 라마교 사원의 도상학Yung-Ho-Kung: An Iconography of the Lamaist Cathedral in Peking』(스톡홀름, 1942), 19년간의 연구와 공동 연구를 행한 독보적인 『몽골어-영어 사전Mongolian-English Dictionary』(버클리, 캘리포니아대학출판부, 1961)이 있다. 『옹화궁』은 그의 꼼꼼한 학문뿐 아니라 오대산**의 절에서 라마승의 실제 책무를 수행한 풍부한 개인적 체험으로 가득하다. 불행히도 제2권은 수고 단계를 벗어나지 못했고, 계획되었던 네 권은 완성되지 못했다.

* 당시 묵덴은 일본에 속해 있었고, 레싱은 이 의과대학에서 독일어 강사를 지냈다.
** 지금의 중국 산시山西성 동북부 우타이현에 있는 산.

발터 지몬

불교학이나 몽골어가 아니라 언어학과 교육학 분야에서이긴 하지만, 똑같이 흥미로운 이민자이자 훨씬 더 영향력이 컸던 이는 에른스트 율리우스 발터 지몬(1893~1981)이다.[18] 그는 베를린대학에서 로망스어와 고전문헌학 훈련을 받았고, 1919년에 살로니카〔테살로니키〕의 유대-스페인 방언에 관한 논문으로 박사 학위를 받았다. 1920년에는 '고등도서관 시험'을 통과하고 모교에서 사서가 되었다. 1936년 베를린으로 떠나기 전에는 이미 도서관위원Bibliotheksrat이라는 직위를 가진 기성 사서가 되어 있었다. 그러나 1932년부터 그는 오토 프랑케와 함께 중국어를 공부했고, 마침내 티베트어와 만주어의 전문 지식, 몽골어의 작업 능력을 습득하게 되었다. 그는 『동양문학보Orientalische Literaturzeitung』의 공동 편집자가 되었으며, 1932년에는 교수가 되었고(특별겸임교수), 아시아 문헌학과 언어학의 전 범위를 총괄했다.

지몬은 1935년에 인종 문제로 해직되었고, 이듬해에 독일을 떠났다. 1937년 지몬은 런던에서 시간 강사로 동양학학교School of Oriental Studies에 초빙되었고, 곧 자기 권한이 있는 부교수직을 차지했다. 1947년 중국어 교수로 선임되고, 1950년 극동학과 학과장 대리가 되었다. 1960년 중국어 교수직에서 퇴임했고, 1981년 사망했다. 1946년 베를린대학 중국학 교수직 취임 초빙, 그리고 거의 동시에 케임브리지 중국어 교수직으로 구스타프 할로운의 뒤를 이을 기회가 있었지만, 지몬은 자신에게 피난처를 제공해주었던 그 학교〔동양학학교〕에 여전히 충실하게 고용되어 있었고, 거기서 정보국 관리들에게 중국어를 훈련시킴으로써 군에 협조했다.

지몬의 주요 발표 창구는 『대大아시아』로서, 이사회 일원으로 편집을 도왔고, 1964년부터 1975년까지 편집장을 맡았으며, 그 지면에 일련의 문법 연구와 사전편찬학 연구를 발표했다.[19] 지몬은 만찬장에서 허사虛詞 而, 그가 옹호한 국어로마자Gwoyeu Romatzyh* 체계로는 철자가 erl인 것에 관해 끝없이 재잘거림으로써 친구들로부터 "Erlkönig(而王)"이라는 별명을 얻었다.

지몬의 제자 데니스 트위체트는 중국어의 초기 단계에 대한 지몬의 연구가 칼그렌에 버금간다고 본다.[20] 마스페로는 지몬의 작업을 조건부로 승인했다. "지몬은 (…) 전반적 결론은 받아들일 수 없을 때조차도 언제나 가치 있는 언급을 담고 있는, 고대중국어에 관한 재미있는 저작들을 출판했다."[21] 마스페로는 중국어-티베트어 언어학에 관한 지몬의 연구서인 『티베트어-중국어 단어등가單語等價, 하나의 시론Tibetisch-Chinesische Wortgleichungen, ein Versuch』(베를린-라이프치히, 1930)을 아쉽게도 결론이 미숙한 개척적 연구를 구현하는 것으로 간주했다. 그럼에도, 마스페로는 "결론의 대부분을 받아들이지 않는다 하더라도 이 논문이 대변하는 의미 있는 노력을 정당하게 평가해야 한다"는 격려의 말로 서평을 마무리한다.[22] 만주어, 티베트어, 그리고 교육 역시 이 열정적이고 성실한 연구에서 이익을 얻을 분야였다.[23] 영국 중국학에 대한 지몬의 주된 기여는 그의 많지만 체계 없는 출판물에서가 아니라, 전시에나 전후戰後에나 동양학학교의 중국어 프로그램을 만들려는 그의 근면하고 중단 없는 노력에서 나왔다. 그가 출판한 많은 중국어 교과서와 교수 자료는 교육에 대한 초기의 관심을

* 중국어를 로마자로 표기하기 위해 개발된 방법. 중화민국 출신의 언어학자·수학자 자오위안런이 개발하고 린위탕이 1925~1926년에 발전시켰다.

충족시켰고 당시에 널리 이용되었다. 그의 『초보자용 중영사전A Beginner's Chinese-English Dictionary』(런던, Lund Humphries and Co., 1947)은 여전히 유용하다. 그는 연구 지역의 범위를 넓혀 한국, 몽골, 티베트를 포함시킬 때 학과장으로서의 선견지명을 특히 존중받는다. "실로, 지몬의 은퇴 후 20년이 넘도록, 오늘날 존재하는 동양 및 아프리카학 학교 극동학과는 본질적으로 그가 만든 것이다. 그 모양이 세부적으로 변형되었고 또 회복되지 않은 약간의 손실을 입긴 했어도 말이다."[24]

구스타프 할로운

잉글랜드에서 피신처를 찾은 마지막 독일인 학자*는 다행히 기술과 인문주의를 결합하는 데 성공해 다른 고전 연구자들과 견줄 만했다. 이 걸출한 인물은 구스타프 할로운(1898~1951)이다.[25] 할로운은 당시 오스트리아 땅이었던 곳에서 태어나 빈에서는 〔오스트리아 외교관·중국학자〕 아르투어 폰 로스트호른(1862~1945) 아래에서, 라이프치히에서는 콘라디 아래에서 훈련받았다. 할레와 괴팅겐에서 중국학 세미나를 지도하고 인상적인 도서관을 세워 가르친 후 잉글랜드로 이민 간 그는 케임브리지에서 퇴임한 A. C. 모울의 뒤를 이었다.

할로운의 고전중국어 장악력은 인상적이리만큼 폭넓었다. 그는 당시 청동기 명문에 광범한 지식이 있던 몇 안 되는 서양 중국학자였는데, 이 지식

* 할로운의 출생지가 후일 체코에 속한 데서 그를 체코인으로 분류하는 경우도 많다.

은 고문서 판독 및 역사음운학에 대한 장악력과 함께 초기 텍스트들에 대한 그의 해석에 거대한 무게를 실어주었다. 그가 가진 칼그렌의 『중일한자분석사전』 페이지들에 갈겨 쓴 수백 개의 어원학적 제안과 수정이 널리 알려졌더라면 중국학에 뚜렷한 공헌을 했을 것이다.[26]

전통 목록학에 대한 할로운의 전문 지식은 오직 펠리오만이 필적했으며, 할로운이 비판정본 작업에서 보여준 기술적 성숙은 그 프랑스인 대가〔펠리오〕까지 뛰어넘을 정도였다. 할로운이 중국학과 그 방법론에 가장 지속적으로 기여한 바는 그가 비판정본 작업이라는 학문을 정초했다는 것이다. 그러나 비판정본 작업을 서양 중국학자들이 오랫동안 무시했기에, 비판정본 작업의 역사와 이용은 좀더 자세히 들여다볼 필요가 있다.[27]

비판정본 작업이라는 분과학문

비판정본 작업의 중요성은 고대 그리스어와 라틴어를 연구하는 고전학자들 사이에서 오래전부터 받아들여졌는데, 그들은 다른 분과학문에서 분석적 연구의 기초가 되는 비판정본을 생산하기 위해 열심히 일해왔다. 텍스트의 판본전승조사recension는 알렉산드리아대도서관의 그리스 학자들에게서 기원전 3세기에 시작되었다. 고대에 대한 흥미 이상의 것으로부터 발전된 비판정본 작업의 기술은 페르가몬 사서들과의 강렬한 라이벌 관계에서 그리스 학자들이 승리하도록 도와주었다. 페르가몬의 사서들은 일찍이 사라졌던 저작들의 훌륭한 판본들을 갖고 있었다. 냉정한 알렉산드리아의 학자들은 단지 텍스트 자체를 연구함으로써 페르가몬인들의 사기성詐欺

性 있는 생산물들을 폭로할 수 있었다.[28] 고전 전통과는 별개로, 비잔티움*에서 비판정본 작업은 신학적 일탈 혹은 이단을 지지하는 삽입문과 심지어는 날조에 대항하여 성스러운 글들의 진정성을 보존했다.[29]

근대 비판정본 작업의 시작은 프란체스코 페트라르카(1304~1374)로 거슬러 올라갈 수 있는데, 그는 사본들을 대조·비교하고, 이본독법異本讀法을 기록하고, 텍스트교정emendation을 제시하기 시작했다.[30] 안젤로 폴리치아노(1454~1494)가 최초의 전문專門 비판정본학자였을 가능성이 크지만, 로렌초 발라(1407~1457)가 아마도 최초의 전문 문헌학자일 것이다.[31] 초기에 비판정본 작업의 원리를 분류한 것은 장 르 클레르(1657~1736)의 『비판정본학Ars critica』(1697)이다.** 그의 다양한 비판정본 작업 '법칙' 가운데 유명한 제5법칙, 즉 "읽기 어려운 독법을 더 우선시해야 한다difficilior lectio potior"가 있다.[32] 잉글랜드 고전학자 리처드 벤틀리(1657~1736)는 비판정본 작업을 향한 더욱 과학적인 접근법으로 가는 길을 이끌었다.[33] 벤틀리학파는 네덜란드와 독일로 퍼져나갔고, (독일 고전학자) 카를 라흐만(1793~1851)을 위한 길을 열었다. '판본전승조사'와 '텍스트교정'이라는 용어, 더 크게는 가장 원숙한 상태의 계보도 구성stemmatic method 전부는 그 자체가 라흐만의 작업 사례에 기인한다. 그의 루크레티우스 비평본은, 빌라모비츠묄렌도르프에 따르면, "우리 모두가 비평 방법을 배우는 책이고 또 모든 학생이 심사숙고해야 할 책이다."[34]

중국에서, 텍스트가 진짜임을 입증·확립하고 제출하는 노력으로 정의되는 비판정본 작업의 전통은 기원전 213년 진시황제에 의한 분서焚書 이

* 비잔티움은 페르가몬에 속해 있었다.
** 이탈리아 르네상스 인문주의자 프란체스코 로베르텔로(1516~1567)가 먼저다.

후의 중국에서 발생했다. 실로, 찰스 S. 가드너에 따르면, "비판정본 작업이 그리스도 이전 2세기부터 우리 당대까지 최고의 중국인 학자들의 관심을 대부분 흡수했다고 주장해도 과언이 아닐 것이다."[35] 이 전통적인 텍스트 작업 방식은 청대의 교감학校勘學에서 정점에 달했는데, 근본적으로 교감학은 권위 있는 판본을 생산하기 위해 사본을 대조하는 연구였다.[36] 고증운동의 한 지류는 건륭 시기(1736~1795)에 가장 성숙하게 등장한 한학漢學(여기서는 송학宋學의 반대말)의 부활과 종종 밀접히 결합되었고, 교감학은 중국 학문에서 비판정본에 가장 근접한 것의 시작이었다.

사본 대조는 제국 중국의 초기에 착수되었는데, 무엇보다도 한대의 유향(기원전 79년경~기원전 6년경)과 그의 아들 유흠(기원전 50년경~기원후 23년)의 작업으로 시작되었다.[37] 송대 이래 발간된 책들의 서발序跋(서문과 발문)은 당연히, 간행되고 있는 다양한 판본의 대조에 기울여진 관심을 빈번히 언급한다. 실제로 관심을 기울였건 안 기울였건 간에 말이다.[38] 그러나 이 전통과 남송南宋의 박식가 왕응린(1223~1296)의 선구적인 작업에도 불구하고,[39] 대조와 텍스트 재구를 유교 경전 주석가들의 전통적 작업에 이용한 것은 손성연(1753~1818)과 노문초(1717~1795) 같은 청대 학자들의 등장과 새로운 학문을 위한 최상의 텍스트적 기초를 제공하려는 그들의 관심이었다.[40] 19세기의 집일가輯逸家 중 마국한(1794~1857)과 엄가균(1762~1843)은 반드시 언급되어야 한다.[41] 물론 비판정본 작업은 백과사전 및 다른 유서類書에 보존된 단편적인 구절뿐 아니라 고판본이나 희귀본 및 필사본 같은 다른 판본의 대조를 통해 통행본을 조심스럽게 재편집함으로써 현존 저작을 위한 최상의 기초 문헌을 확립하는 데에 관심을 가진 학자들 사이에서 지속되었다.[42]

다양한 중국 텍스트, 특히 철학 텍스트의 경우 현대 중국인 학자들과 일본인 학자들에 의해 일종의 비평본이 생산된다. 이것들은 보통 표준적 '저본底本'의 인쇄로 이루어지는데, 모아놓은 주석들variora과 텍스트 주석이 철저히 나열되고 논의되며, 집석集釋, 집해集解 등으로 불린다.[43] 몇몇 역사 텍스트가 이런 식으로 다루어졌는데, 가장 주목할 것은 다키가와 가메타로(1865~1946)의 기념비적 『사기』 편집본,* 『한서』와 『후한서』에 대한 왕선겸(1842~1917)의 유명한 작업**이다. 아마도 근대적 비평본 생산에 중국이 가장 가까이 다가간 것은 1932년부터 1951년까지 하버드옌칭연구소 중국학 색인시리즈로 수집된 텍스트들일 것이다. 역사, 문학, 철학, 역사지리학, 목록학으로 이루어진 64종 가운데 23종은 새 텍스트를 세웠고 표점標點했으며 집주集注되었다.[44] 트위체트에 따르면, 이 엄격한 의미에서 중국학은 "결국, 비판정본 작업이라는 전통적 분과학문이자 또 중국문학에 적용된 '문헌학'이다. (…) 이 분과학문은 중국의 과거를 전문적으로 다뤄야 하는 학자의 훈련에서 가벼이 할 수 없는 필수품이다."[45]

그러나 드문 예외를 제외하면, 이 사업은 아직 초창기이던 서양 중국학 전통에서 인기를 얻지 못했다. 서양 중국학은 학문 진화상의 한 단계를 뛰어넘어버린 것으로 보인다. 폴 톰슨에 따르면, "우리는 차라리 반反문헌학적 태도의 사치를 애호하는 조짐을 보여주는데, 우리는 유럽학을 하는 우리 동료와 달리 그럴 권리를 획득한 적이 없다. 우리가 우리의 텍스트를 교정하고 잘 다듬을 때까지는, 아무리 많은 미적 직관이나 통계적 방법도 중국 고대 연구를 그렇게 장기간 시달렸던 침체에서 건져낼 수 없을 것이다."[46]

* 『사기회주고증史記會注考證』.
** 『한서보주漢書補注』와 『후한서집해後漢書集解』.

할로운과 비평본

이 분과학문[문헌학]에 대한 할로운의 성숙한 장악력은 트위체트가 "비판정본 작업의 한 가지 가장 엄격한 개념"[47]이라고 규정했는데, 굳건한 방법론적 토대 위에 그 분과학문을 세웠다. 비록 할로운의 예를 따르는 이는 좀처럼 없었지만 말이다. 그의 솜씨는 산일散逸된 철학적 단편들의 텍스트를 재구하는 데 바쳐진, 『대아시아』에 실린 일련의 논문에서 주로 나타난다. 이 논문들에서 할로운은 그러한 재구를 위한 비평 장치의 예들을 동양이든 서양이든 중국학 서클 내에서는 최초로 제공했다.[48] 할로운은 독창적인 포맷을 발달시켰는데, 재구된 텍스트의 세분subdivision, 병행구parallel passage, 운韻을 포함하는 비평 장치가 모두 한 페이지 안에 있었고, 번역과 주석을 맞은편 페이지에 두었다. 그는 게다가 판본의 전승 계보를 설정하는 stemma, 즉 계통수系統樹도 포함했고, 또 고전중국어 구절을 문법적으로 설명할 때 부드버그보다 6년 앞서 콜로메트리colometry(일정한 자수字數로 이루어진 표현 단위)를 이용했다. 그러나 물론 할로운은 순전히 자신이 받은 고전 교육에만 의존했는데, 왜냐하면 그가 택한 포맷은 당시 옥스퍼드의 또 다른 독일인 피난민 학자의 작업, 즉 파이퍼의 커다란 『칼리마코스Callimachus』 편집본을 환기하기 때문이다.

할로운의 논문들은 케임브리지대학 도서관에 보관되어 있다. 아마도 가장 중요한 항목은 19쪽짜리 수고 「중국 비판정본 작업Chinese Textual Criticism」일 것이다.(부록 A, 항목 6을 보라.) 이는 독일어로 된 매우 작은 글씨로 쓴 강의 원고다. 작은 글씨와 특유의 로마자화 체계를 이용해서 원어민도 읽기 어렵다. 전반적인 내용은 중국 비판정본 작업의 주된 원칙의 공표,

텍스트에 대한 존중 가르치기, 텍스트의 체계적 입증을 위한 절차의 원리 확립에 관련된 것이다. 긴 전문前文 다음에, 할로운은 반드시 준수되어야 할 9개 원칙, 즉 중국어 자료의 비판정본 작업을 행할 때 반드시 준수해야 하는 구체적 단계를 적시한다. 여기에는 운율을 비롯해 의심스러운 단어의 음운학적 형상의 중요성과 필사본에 많은 초서체草書體를 비롯해 더 초기의 형태인 이체자異體字의 자형학적 유래, 문법적 고려, 운율 분석 등이 포함된다.

항목 13, 강의 3: 『예기』「유행儒行」편은 할로운이 학생들을 위해 간결한 장치와 번역 속에 최대치의 텍스트 정보를 제공하려는 시도다. 텍스트에 대한 할로운의 작업 전체는 그 텍스트의 독자들을 돕기 위해 계획되었기 때문이다. 그것은 마주 보는 두 페이지로 이루어져 있다. 첫 페이지는 병렬로 쓰인 두 판본의 텍스트를 포함하는데, 하나가 다른 하나의 아래에 있어서 이체자들을 더 쉽게 드러낸다. 그러한 이체자들은 여백에서 논한다. 맞은편 페이지는 세 수평 병렬문이다. 즉 재구된 텍스트가 위에 있고, 그 아래는 표준중국어로 된 음사이며, 마지막 줄에 독일어 번역문이 온다. 부록 A에 열거된 강의 과정 모두는 대체로 동일한 포맷을 따른다. 이러한 장치는 수업 과정에서 필연적으로, 텍스트를 가지고 정밀하게 작업하는 기초를 가르칠 것이다.

항목 18 『사기』 권7은 항우 전기의 번역을 제공한다. 그러나 할로운이 『한서』 텍스트 중 『사기』와 다른 모든 예를 표시한다는 사실은 유명하다. 그는 보통 다른 독법이 아닌 하나의 독법을 택하는 이유를 제공한다. 한 독법은 "틀린 것처럼 들리거나" "더 나아 보인다." 한 독법이 다른 독법을 "바로잡거나" 혹은 "문체를 바로잡거나", 혹은 "철자를 바로잡는" 것이 그 예다. 이는 "과잉된" 독법이라고 판단될 수 있을 것이다. 할로운은 이 전기의 『사기』본과 『한서』본 텍스트 사이 모든 이본異本의 비교를 바탕으로, 『한서』가 최상의 텍스트를 보존하고 있다고 굳게 편든다. 그는 더 나아가서 다음과 같은 대담한 진술을 한다. "『사기』에 추가된 것들은 모두 명백히 해설들이다(5쪽)." 실제로, 항목 49 「장건전張騫傳, The Biography of Chang Ch'ien」을 준비한 뒤에, 할로운은 아마도 「서역전西域傳」 『한서』본의 이 부분이 『사기』의 초기 원고를 보존하고 있으리라고 제안하는데, 납득할 만하다.[49]

항목 51 「환공桓公의 생애」는 가르치는 것이 목적이 아니라 자신의 연구 관심사를 위해 텍스트를 준비할 때조차도 할로운이 어떤 구절 혹은 텍스트에 대해서 2단계의 연구를 떠맡는 번거로움을 택하고자 했음을 보여준다. 첫째, 그는 텍스트를 병렬로 배치해 하나를 다른 하나의 위에 둔 다음 모든 주를 오른쪽 여백에서 언급하곤 했다. 둘째, 그는 비평본을, 즉 첫 단계에서 적시된 모든 정보를 통합하고 또 거기에 대해 진술한, 수반하는 장치를 가진 하나의 재구성된 텍스트를 마련하곤 했다. 『한서』의 현행본 텍스트의 우월성을 단언하는 배경에는 이 같은 조심스러운 문헌학적 준비가 있었다. 할로운은 병행적 전승에서 나온 텍스트를 고찰할 때조차도 동일한 문헌학적 수고를 아끼지 않았다. 일례로, 위에서 언급한 항목 49에서 『한기漢紀』의 텍스트를 고찰할 때 그는 자신의 번역을 지지해줄 이본들로 이루어진 문헌 비판 장치를 완전히 제공했다.

그러나 할로운이 경전 자료와 철학 자료에서 고른 장章들을 재편再編한 텍스트를 마련해 이용할 수 있게 함으로써 웨일리, 맨헨헬펜, 베일리, 미노르스키*와 같은 다른 동양학자들의 연구에 근본적으로 기여한 것이 그 자신의 출판물이나 수고보다 훨씬 값졌다. 웨일리의 감사 표시가 할로운의 관대함으로부터 덕을 본 모든 이를 대표한다고 할 수 있을 것이다. "구스타프 할로운 교수에게 크게 빚졌다…… 그는 괴팅겐에서 그의 배려하에 형성된 훌륭한 중국 도서관의 자료들을 내가 마음대로 이용하게 해주었을 뿐 아니라 나의 연구도 지도해주었다……." 웨일리는 실제로 자신의 『시경』 번역을 할로운에게 헌정했으며, 할로운에게 진 빚을 관대하게 인정하면서 제2판 서문에서 다시 헌정했다. "제1판 서문에서 고맙게도 구스타프 할로운에게 크게 빚진 것에 대해 말했는데, 그는 그 후 곧 케임브리지의 중국어 교수가 되었다가 1951년 그곳에서 유명을 달리했다. 이 책은 그에게 헌정되었었다(지금도 여전히 헌정되어 있다). 어떤 의미에서 이 책은 나의 책일 뿐 아니라 그의 책이기도 하다."[50] (할로운은 월터 스콧 경처럼 과로로 죽었지만, 집필이 아니라 교육 때문이었다.)

그러한 문헌학적 토대에 기초해 할로운의 인문주의적인 연구는 그 분야에서 좀처럼 얻기 어려운 권위를 얻었고, 여러 광범한 역사적·인류학적·종교적 종합을 포함했다. 그중 주요한 것은 초기 인도유럽인에 대한 중국의 인식,[51] 고대 씨족정주지,[52] 마니교,[53] 후한사後漢史[54]에 관한 저작들이다. 초기 중국의 씨족에 대한 할로운의 성공적인 분석은 볼프람 에버하르트의 승인을 이끌어냈다. "씨족정주지에 대한 할로운의 작업은 아마도 이 연구 중 가장 독창적이고 전도유망할 것이지만, 잉글랜드로 이주한 후 그는 작업을 지속할 수 없었고 후계자도 발견하지 못했다."[55] 1925년의 초기 저술인 「중국인들에 의한 중국 원사原史의 재구Die Rekonstruktion der chinesischen Urgeschichte durch die Chinesen」[56]는 역사 서술적 겸 민족학적

* 베일리는 케임브리지대학 동양학자 해럴드 월터 베일리(1899~1996)를, 미노르스키는 러시아의 동양학자 블라디미르 페도로비치 미노르스키(1877~1966)를 말한다.

목적—즉 어떻게 중국인들이 초기 신화, 전설, 민담에서 그들의 초기 역사를 '재구'했는가—에다가 하나의 언어적 접근법을 합하는, 즉 할로운에 의한 문헌학적 분석philological analysis과 역사적 종합historical synthesis의 혼합을 아마도 가장 잘 요약해줄 것이다. 영국에서 교수직을 가진 최초의 전문적으로 훈련된 중국학자인 이 위대한 인물의 전작全作은 모든 최신 사회사가를 존중할 것이며, 따라서 이른바 구식 문헌학과 사회과학에서 새롭게 유행하는 편의주의 사이에 벌어진 논쟁이 잘못임을 보여준다.

이 두 국외 추방자(지몬과 할로운)의 이력과 함께, 우리는 19세기의 서투른 첫걸음에서부터 바이마르공화국*의 전성기를 거쳐 나치즘이 발흥할 때까지 독일 중국학의 발달을 스케치했다. 불행히도 히틀러의 등장은 피난민 중국학자의 존재를 만들어냈다. 그리고 대영제국에서 이 모든 피난민 학자는, 그중 지몬과 할로운이 가장 두드러지는데, 대영제국 중국학의 '새로 태어날 생명의 첫 숨'을, 즉 이전에 밀려왔었던 독일 고전학의 학문적 파도에 필적하는 학문에 대한 독일의 영향의 파도를 만들어냈다. "그들은 전쟁 발발 직후에 도착했다. 전쟁으로 인해 전례 없는 규모로 현대 중국어와 일본어를 강도 높게 가르치는 프로그램들의 신속한 제작이 필요해졌다"라고 데니스 트위체트는 단언한다.[57] C. R. 보든은 지몬과 할로운을 영국 최초의 전문 중국학자로 간주한다. 그가 말하는 이유는 길게 인용할 만하다.

구스타프 할로운과 함께 지몬을 현대 영국 중국학 창시자의 한 사람으로 평

* 1919년 8월부터 1933년 1월 히틀러가 집권할 때까지 있었던, 바이마르 헌법에 기반을 둔 독일공화국.

가하는 것은 과장이 아니다. 그 평가가 케임브리지대학, 옥스퍼드대학, 런던대학이라는 세 큰 대학에 있던 그의 선임자들을 모욕하는 것은 아니다…… 대체로 제2차 세계대전 직전까지 영국 중국학은 여전히 탁월한 아마추어들의, 즉 사회생활에서 은퇴한 다음, 그것도 종종 동양에서 공무원이나 선교사로서의 걸출한 이력에서 은퇴한 다음 여생을 대학 생활의 주류 바깥에서 이국적인 연구로 남아 있던 것을 추구하는 데에 몸담았던 사람들의 영역이었다. 지속적인 사제師弟 계보라는 의미에서의 학술 전통은 없었다…… 걸출한 학자들이 실제로 있기는 했다…… 그러나 이런저런 이유로, 개인적인 거리낌 때문에 혹은 우호적 여론의 부재 때문에, 그들은 학파를 세우지도 않았고 또 세울 수도 없었다. 이것을 해낸 것은 지몬의 공훈이었다.[58]

전쟁(제2차 세계대전)의 영향을 받고 또 지몬과 할로운이 세운 학파가 가져온 이러한 활동의 돌풍이 있기 전에 유행했던 영국 중국학의 이야기가 다음 두 장의 주제다.

부록 A: 케임브리지대학 도서관에 소장된 할로운의 논문

ADD 7575(B)

서가 1: 강연 1~10. 강의 1~7

1. 강연 1: 「중국 문자」. 동양도자기학회에서. 1944년 2월 2일.
2. 강연 2: 「중국사의 시작」.
3. 강연 3: 「중국과 서방 간 약간의 초기 관계」.
4. 강연 4: 「고대 중국에서 신에 대한 사유의 발달」. 19쪽.
5. 강연 5: 「중국어」(독일어로).
6. 강연 6: 「중국 비판정본 작업」(독일어로).
7. 강연 7: 「동투르키스탄의 인종들Die Rassen Ostturkestans」(독일어로). 라이프치히민족지연구소.
8. 강연 8: 「토카라 문제」(독일어로).
9. 강연 9: 「중국들과 인도유럽인들」(독일어로). (할레, 1927).
10. 강연 10: 「동양과 서아시아의 초기 관계」(독일어로).
11. 강의 1: 「중국어의 문법적 불변화사들」.
12. 강의 2: 「중용」.
13. 강의 3: 『예기』 「유행」 편.
14. 강의 4: 『순자荀子』 제23편.
15. 강의 5: 『장자』 제1편, 제17편, 제2편.
16. 강의 6: 『논어』 제3~7편.
17. 강의 7: 『사기』, 권7.

서가 2: 강의(이어서)

18. 강의 8: 『맹자孟子』 「양혜왕梁惠王 상」 「등문공藤文公 상」 「고자告子 상」 및 잡기.
19. 강의 9: 『묵자墨子』, 14, 15, 16.
20. 강의 10: 「이소」.
21. 강의 11: 「중국의 종교」(독일어로).
22. 강의 12: 「초기 중국사」(독일어로).
23. 강의 13: 「중국사의 초기」.
24. 강의 14: 「중국의 제도」(독일어로).
25. 강의 15: 「중국어의 역사적 발달」.
26. 강의 16: 「중국어 문법」.
27. 강의 17: 「잡기」. [문법에 대해서. 위의 품목 27에 붙어 있지만 번호는 (잘못) 분리되어 있다.]

서가 3

28. 1. 「스벤 헤딘 문서들」, 15, 16.
29. 2. 「미노르스키 교수의 책 『마르바지』를 위한 자료」.
30. 3. 「헤닝 교수의 논문 '초기 소그드 문자의 연대'에 대한 메모」.
31. 강의 17: 「중국어의 단어 형성」 [위에 강의 17이 있음에도 17이라는 번호가 다시 붙어 있다.]
32. 강의 18: 「한-장어족漢-藏語族」.
33. 강의 15: 「중국어의 강세」(번호 오기).
34. 강의 14: 「중국어의 성조」(번호 오기).
35. 강의 21: 「중국어 음성학의 역사」.
36. 강의 22a: 「중국어 핸드북」.
37. 강의 22b: 「중국어 음성 체계에 관한 핸드북들」.
38. 강의 23: 「중국 문자」.

서가 4: 논문, 메모, 기타

39. 4A: 『관자管子』, 제49편.
40. 4B: 『관자』, 제49편.
41. 4C: 『관자』, 제49편.
42. 5: 「법가法家 단편들, 2와 3: 신불해와 신도」.
43. 6: 『화이역어』.
44. 6(이어서): 「『화이역어』에 관해 할로운이 주고받은 서한들」.
45. 「고든 H. 루스에게서 온 편지. 1945년 2월 6일」. 이 편지는 옛 미얀마 관련 중국 문헌들의 사진본과 "유용한 편지"에 대해 감사하고 있다.
46. 7A: 『일주서逸周書』.
47. 7B: 「유월俞樾에 관한 메모」.
48. 8: 「대우 전설(홍수 전설)」.
49. 9: 「장건전」.

서가 5: 논문, 메모, 기타

50. 「논문, 메모, 기타. 2: 노랑머리들[오손烏孫]」.
51. 「논문, 메모, 기타. 10: 환공의 생애」.

서가 6

52. 「월지 문제에 대해Zur Üe-tsï-Frage」, *ZDMG* 91(1937): pp. 243~318의 별쇄본을 보낼 83명 명단. 영국, 유럽, 중국, 일본, 러시아 중국학 거물이 모두 포함되어 있다. 그러나 49명만 기旣처리 표시가 되어 있다. 더 짧은 명단 하나가 「제자직弟子職: 공자 시기 이전의 단편들 II(Das Ti-Tsï-Tşï: Frühkonfucianische Fragmente II), *AM* 9(1933): pp. 467~502의 장정본과 함께 발견되었다.

the great sinologist

제4부 영어권 중국학자들: 중국 연안의 중국학에서 중국 연구로

제9장 | 영국 삼인방: 모리슨, 와일리, 자일스

"중국어 연구는 최고의 학문 수준이 축적되어온 세계 일류의 대학 중 하나에 대단히 적합한 대상이다. 그러한 기관에서라야 또 그러한 환경에서라야 중국과 같은 나라의 학술 문화가 진정으로 이해될 수 있다. 일류의 대학이 세계 일류의 문화들을 그 문화 자체의 언어로 연구할 기회를 제공하지 않는다면, 그 대학은 실로 불완전할 것이다. 게다가 중국의 학문적 저작들은 반드시 세계의 다른 지역에서도 이용할 수 있어야 한다."

—호머 H. 더브스, 『중국: 인문주의적 학문의 나라』[1]

영국 중국학은 19세기에 한 쌍의 스코틀랜드 개신교 선교사 제임스 레그와 알렉산더 와일리의 노력에서 발달했다. 두 사람은 똑같이 1815년에 태어났지만, 그 이전 한 쌍의 스코틀랜드 중상주의자重商主義者 윌리엄 자딘과 제임스 매티슨*이 그랬던 것만큼이나 영적·지적 활동 영역에서 서로 구별되었다. 레그와 와일리는 모두 성품으로도 매우 존경받았다. 노섬벌랜드에서 스코틀랜드인 부모에게서 태어난 로버트 모리슨은 영국 개신교 선교사 중 선구자였다. 그는 19세기의 중국어 사전 편찬을 굳건한 기반 위에 세웠다. 미국 중국학은 이와 유사한 선교 전통이 있었고, 중국어 사전 편찬에서는 새뮤얼 웰스 윌리엄스라는 인물이 있었다.[2] 그러나 양 진영 모두 해

* 1832년 중국 광둥성 광주에 세워진 영국의 중국 무역 회사 자딘매티슨사Jardine, Matheson & Co.(중국명 이화양행怡和洋行)의 공동 창업자.

외에 거주하는 상업단과 외교단에 빚지고 있었는데, 이들은 공식적 유대를 맺고 조약항條約港에 서양인 거주지를 세웠었다. 이 모든 각축하는 이익 단체 중에서, 처음에는 오직 선교사들만이 중국인들과 소통하고 중국인들을 개종하기 위해서 언어(중국어)를 배우려고 했다. 허버트 자일스와 윌리엄 우드빌 록힐처럼 중국어에 대한 전문 지식과 연구 취향을 다 갖춘 외교관들은 이후에 나왔다.[3]

초기 영국 선교사와 외교관

"중국법에 따라 그 어떤 중국인도 '오랑캐'들에게 화토華土(중국 땅)의 언어를 가르치는 것이 금지되었다. 그리하여 처음부터 잉글랜드 무역상들은 통역사 노릇을 할 만큼 어떤 외국어에 충분한 지식이 있는 체하는 저 중국인들의 자비에 맡겨지는 일이 벌어졌다. 이들은 (…) 언어에 능통한 사람linguist이라고 불렸다."

—제임스 브롬리 임스, 『중국의 잉글랜드인들』[4]

영국과 중국의 접촉은 17세기에 시작되었다. 런던의 상인들은 인도 아대륙에서 네덜란드 무역 사업의 성공에 자극받아 인도 및 동방과의 무역 독점권을 국왕에게 청원하는 데에 성공했다. 그들은 1600년 12월에 15년간의 면허를 받았고, 제임스 1세는 1609년에 그 허가를 갱신해 영구화했다. 이 상업 협회는 본래 "The Governor and Company of Merchants of

London Trading into the East Indies"라 했는데, 1612년에 법인이 되었고, 동인도회사East India Company라고 불렸다. 동인도회사는 적어도 명목상으로는 1833년까지 동방 무역 독점권을 유지했지만, 항상 실행되지는 않았다. 예컨대, 잉글랜드 최초의 중국 무역 사절인 윌리엄 코틴 경이 존 웨들 선장의 인도하에 조직한 탐험대가 한 라이벌 협회에 의해 만들어졌다. 1636년 4월 14일 출항해 1637년 6월 25일 〔광둥성〕 광주 앞바다의 난도蘭島에 배 4척으로 이루어진 소함대가 도착했다.[5] 선원 중에 예리한 눈과 역사 감각을 가진 상인 피터 먼디가 있었다는 것은 우리에게 행운이다. 그의 일기는 당시 영국인과 동방 사이의 접촉에 관한 가치 있는 기록이다.[6] 라이벌 상인들에 의한 막후의 정치적 책동, 영국과 중국에서의 내전, 네덜란드인과 포르투갈인 사이의 적대는 중국과 무역을 수립하려는 영국의 시도를 수십년간 중단시켰다. 그 뒤 1673년에 상선단이 중국 연안에서 떨어진 포모사〔대만〕에 도착했고, 섬에 있는 요새와 대륙에 있는 아모이 항〔푸젠성 남부의 하문廈門〕에서 코싱가*와 무역을 시작했다. 그러나 이는 1683년 청나라의 대만 정복과 더불어 끝났다. 1684년에는 청 당국의 통제하에 되돌아가 있었던 아모이에서 무역이 시작되었다. 잉글랜드인들은 광주항 개항 4년 후인 1689년에 무역 사절들을 그곳에 보내기 시작했고, 1699년에 청 조정은 영구적 무역 특권들을 허락했다. 러시아인들을 제외하면, 1757년 이후 중국과의 모든 대외 무역은 1842년 조약항들이 세워질 때까지 광주에 한정되어 있었다.[7]

중국과 공식 관계를 수립하려는 잉글랜드 최초의 외교적 노력은 더 초연

* 정성공. 중국 명나라 말기 유신(1624~1662). 명나라 부흥을 꾀하여 명 왕실의 주성朱姓을 받고 국성야國姓爺라 불린다. 네덜란드인을 쫓아내고 대만을 수복했다. 코싱가는 國姓爺의 민남어閩南語 발음이다.

하고 또 유별나게 무기력한 방식으로 도래했다. 엘리자베스 여왕(엘리자베스 1세)과 제임스 왕(제임스 1세) 모두 중국 황제에게 서한을 보냈다. 제임스 왕의 영문 서한은 중국에 도착하기까지 했지만 엘리자베스 여왕의 라틴어 편지보다 더 효과적으로 보이지는 않았다.[8] 17·18세기 중국과의 교역의 언어적 맥락은 마찬가지로 오해의 소지가 있는 과정을 유지했다.

> 유럽 국가와 중국인 사이의 통상通商이 갖는 가장 인상적인 특징 하나는 문어든 구어든 아무런 적절한 의사 소통 수단도 없이 그 통상이 두 세기 넘게 실행되었다는 점이다. 가장 초기에 잉글랜드 무역상들은 자신들을 이해시키기 위해 포르투갈어를 사용해야 했는데, 포르투갈어는 중국인들이 안다고 할 수 있던 유일한 외국어였기 때문이다.[9]

이렇게 중국어 대신 라틴어와 영어에 의존한 것은 역사적으로 잉글랜드적 태도의 특징이다. 라틴어가 궁정에서 종종 통역자 혹은 번역자로 활동했던 예수회 선교사들의 유식한 언어였던 것은 사실이다. 페르디난트 페르비스트가 만주 조정과 러시아 사절단 사이에서 통역사 노릇을 했을 때, 네르친스크조약*에 따라 공식적 교섭 언어가 러시아어, 만주어, 라틴어이던 때의 간략한 간주곡이 그 증거다.[10] 그러나 사제司祭 중개자를 우연히 이용했다는 것은 잉글랜드가 외국어 일반, 특히 중국어에 보인 오만함의 증후였다. 영국인들은 19세기 중반까지 결코 스스로 중국어를 배울 필요를 느끼지 못했으며, 19세기 중반에도 오직 외교적 거래, 우연한 통상의 목적에

* 1689년에 청나라와 러시아가 시베리아 동남부 네르친스크에서 체결한 국경 확정 조약. 스타노보이산맥과 아르군강으로 국경을 정했다.

서만 배울 필요를 느꼈다. 외국어의 유용성에 대한 협소한 시각은 20세기까지 계속되었고 오늘날 잉글랜드에서의 중국어 교육에 대한 투자와 인력 채용 모두에 영향을 미친다. 실용적 언어 능력에 대한 이와 같은 태도는 라틴어를 학술어로, 또 프랑스어를 문화어로 포용하려는 역사적인 잉글랜드의 열망과 기묘하게 대조된다. 당연히, 지적 교양을 위한 수준 높은 외국어 지식은 교양 있는 집단들이 받아들일 수 있었다. 아쉽게도 중국은 이 문화적 전통의 일부가 아니었다. "중국은 이제 세계 공동체의 가장 중요한 구성원 중 하나다. 영국 교육 체계에서 중국이 여전히 너무나 제대로 다루어지지 못한 채로 있어야 한다는 것은 매우 어리석은 일이다"라고 티머시 H. 배럿은 한탄한다. "그러나 무시의 뿌리는 매우 깊다."[11] 실제로 〔무시의 뿌리는〕 너무나 깊어서, 서양에서 중국어에 대한 최초의 대규모 출판물은 중국어를 모르는 잉글랜드인에 의해 쓰였다![12] 중국어 학습의 긴박한 필요성을 깨달은 것은 최초의 선교사들이 도착한 뒤였다.

영미 중국학의 역사는, 상인과 외교관들이 초기에 중국어 공부를 무시했기 때문에, 또 통역을 위해 중국어를 습득한다는 것과 중국어를 그 자체로 연구한다는 것 사이의 차이 때문에, 이전의 포르투갈·스페인·프랑스의 중국학과 마찬가지로, 선구자적인 선교사들과 그들의 언어 연구 이야기를 통해 이야기하는 것이 가장 좋다.

로버트 모리슨과 스코틀랜드인들

로버트 모리슨(1782~1834)은 1782년 1월 5일 〔잉글랜드〕 노섬벌랜드에서 태어났다.[13] 아버지는 스코틀랜드 덤퍼라인 출신으로, 스코틀랜드 장로교인으로 자랐고 또 스코틀랜드 장로교회 장로이자 제화공이었다. 모리슨은 아직 젊었을 때 종교적 회심回心을 겪고 목사가 되기로 했다. 결국, 그는 선교사의 길을 가기로 결정하기 전에 2년간 혹스턴아카데미Hoxton Academy에서 공부했다. 그런 다음 런던선교회London Missionary Society의 전신인 선교회Missionary Society에 지원했다.[14] 모리슨은 사전 편찬과 성경 번역이라는 명확한 임무를 맡은 중국 선교를 준비하면서, 1805년 런던에서 사전 몇 권과 광주인 원어민의 도움을 얻어 중국어 공부를 시작했다. 그는 1807년 9월 광주에 도착하자마자 영국 개신교 최초의 선교사가 되어 말라카와 광주에 살았다. 배렛은 영국 중국학이 모리슨의 광주 도착과 함께 시작되었다고 본다.[15] 모리슨은 1809년 영국 동인도회사의 중국 비서이자 통역사가 되었다.

모리슨은 1813년 동료 스코틀랜드인 윌리엄 밀른이 합류하자 곧 번역 작업에 협력하기 시작했다. 밀른(1785~1822)은 〔스코틀랜드〕 애버딘셔 헌틀리 근처에서 태어났는데, 레그가 태어난 곳과 같은 지역이었다. 밀른이 레그 가족에게 보낸 편지와 중국어 책자들은 젊은 레그가 중국 선교에 흥미를 높이는 데에 도움이 되었다.[16] 밀른 자신의 회심은 1804년에 일어났다. 서품식에서 있었던 심문審問은 모리슨의 경우와 마찬가지로 선교 작업과 번역을 통한 열정적인 봉사에 대한 밀른의 강렬한 헌신을 보여준다. "이교도 사이에서 목사직 수행을 위해 당신은 어떻게 하려고 하는가?"라는 질문에 밀른은 이렇게 대답했다.

저는 주님의 말씀을 더 많이 알기 위해서 연구를 속행하기로—이교도의 언어에 특별히 주의를 기울이기로 (…) 결심합니다. 살아서 그 언어를 아주 정확히 획득하는 것이 주님을 기쁘게 해드린다면, 저는 갈 수 있는 곳이라면 집집마다, 마을마다, 읍마다, 지방마다 다닐 작정입니다. 복음을 외면하려 하지 않는 사람이라면 누구에게나 복음을 설교하기 위해서요.

그다음에 밀른은 실용적으로 경향이 바뀌는데, 아마도 학구파 유학자 사대부가 지배하는 나라에서 구두 설교가 비실용적임을 깨달았을 것이다.

그러나 『성경』 번역과 보급이 감독들이 나에게 운명지어준 중국 선교의 커다란 목적의 하나이기 때문에, 그들(중국인들)에 대해 더 완전하고 비판적인 인식을 얻기 위해 모든 수단을 다 사용하기로 결심합니다…….[17]

밀른의 초기 중국선교사史의 한 소절은 여기에 초점을 맞춘다. 그 제4장은 "입으로 가르치는 것은 중국 선교의 직접적 목적이 아니다"[18]라는 표제를 담고 있다.

밀른은 젊은 아내와 갓난 아들을 데리고 1813년 6월 마카오에 도착했다. 그는 정부(마카오 당국)의 지시에 따라 겨우 8일 만에 광주로 떠났다. 밀른은 신속히 언어를 터득했고, 모리슨에게서 과외를 받은 지 단 석 달 만에 독립했다.[19] 그리고 곧 모리슨의 성경 번역을 도울 수 있게 되었다. 실제로 그들은 두 번째 완역본 중국어 성경을 제작했는데, 1819년에 끝냈지만 밀른이 죽은 다음 해인 1823년에야 출판되었다. 최초의 번역본*은 조슈아 마슈먼에 의한 1822년의 것이었다.[20] 이 두 번째 판본을 위해 모리슨은 성경 전체 가운데 39권을 번역했고, 밀른은 나머지를 번역했다. 신약의 대부분에서 모리슨은 〔독일 중국학자〕 요스트 올리버 체체가 장 바세(1662~1707년경)라고 확인한 예수회 선교사가 만든, 대영박물관에서 발견된 필사 번역본을 개정했다.[21] 밀른은 그것을 "복음서들의 하모니"라고 기술한다.[22] 안타깝게도, 후인들은 조지 치너리**의 초상화 「성경을 번역하는 로버트 모리슨 박사」를 전례前例로 이 협동 번역에 대한 밀른의 기여를 잊어버렸다.[23]

밀른의 단명한 선교는 생산성으로 가득 찼었다. 그는 월간지 『인도-중국 소식Indo-Chinese Gleaner』을 발행했고, 서평을 썼으며, 페낭***에서 선교언론사를 운영했고, 모리슨이 세운 영화서원英華書院, Anglo-Chinese College의 초대 교장이었으며, 많은 소책자를 저술했다. 가장 중요한 것은 유명한 소책자 『장원양우상론張遠兩友相論』인데,**** 결국 100만 부나 유통되었다.[24] (이 소책자 한 부가 〔스코틀랜드 애버딘셔〕 헌틀리의 레그가家 도서관에 있었다. 레그는 이 책의 존재를 알고 있었으나 분명 그것을 읽지는 않았다.) 모리슨은 밀른의 때 이른 죽음을 마치 자신의 부인을 애도하는 것만큼이나 끔찍이 애도했는데, 지기知己를 잃어버렸기 때문이다. 밀른 역시 선교 현장에서 부인을 잃었는데, 모리슨과 마찬가지로 강렬한 열정으로써 중국어를 배우고 선교에 종사했던 것이다.[25]

* 완역본이 아닌 부분적인 중국어 성경 번역은 포르투갈인 선교사 엠마누엘 디아스(1574~1659)가 번역한 『천주강생성경직해天主降生聖經直解』(1636)가 최초다.
** 영국 화가(1774~1852). 생애 대부분을 인도와 중국 남부에서 보냈다.
*** 지금의 말레이시아 서북부. 피낭. 조지타운.
**** '장원양우상론'은 '장 씨와 원 씨 두 친구가 서로 묻고 답한다'라는 의미다. 한국어 번역본은 윌리엄 밀른, 마포삼열 19세기 한글역, 『장원양우상론: 19세기 동아시아의 베스트셀러 전도지』(김홍만·이스데반 현대어 공역, 부흥과개혁사, 2012).

밀른의 사후 모리슨은 더욱 열심히 번역 작업에 헌신했다. 린지 라이드는 공감과 정확성을 가지고서 이해하려는, 또 우아할 뿐 아니라 관용어법에 맞게 번역하려는 이중의 노력을 번역가의 임무로 보는 모리슨의 시각을 압축해서 보여준다. 모리슨 자신의 말로 하면 다음과 같다.

> 번역을 하면서 충실성·명료성·단순성을 배웠다. 나는 희귀하고 고전적인 단어보다 평범한 단어를 선호했다. 이교의 철학과 종교에 나오는 기술적 용어를 피했다. 이해하기 어렵기보다는 우아하지 않다고 간주되는 편이 좋다. 어려운 구절에서는 되도록 가장 신중하고, 가장 경건하고, 가장 덜 별난 성직자들이 공통으로 합의한 의미를 취했다…….[26]

중국문헌학 육성

모리슨은 고전어 실력에 기초해 선구적인 교재와 사전을 여러 권 출간했다. 1811년의 문법서,[27] 1826년의 초보자 독본,[28] 광둥어 어휘집,[29] 『중국어 사전 삼부작A Dictionary of the Chinese Language in Three Parts』*이 있다. 이 마지막 저작은, 트위체트에 따르면, "20세기 직전까지도 유럽에서 이를 능가한 것이 없다."[30] 레그는 후에 동인도회사에 모리슨의 두 주요 출판물인 문법서와 사전의 발행을 인수해 "중국문헌학 육성 명목으로 1만5000파

* 이 사전은 흔히 『화영자전華英字典』이라는 이름으로 불린다. 제1부는 중국어 서명書名이 『자전字典』이며 1815년에 제1부 제1권이, 1822년에 제2권이, 1823년에 제3권이 출판되었다. 제2부는 중국어 서명이 『오거운부五車韻府』이며 1819년에 제1권이, 1820년에 제2권이 출판되었다. 제3부는 중국어 서명이 없으며 단권으로 1822년에 출판되었다.

운드를 기부하도록 추천했다."[31]

모리슨 사전의 주 혁신점들이 앞서 나온 사전들의 성격과 대조되어 한 광고에서 강조되었다.

> (예수회 선교사들에 의한) 필사본 사전들은 1만 자에서 1만3000자를 수록하고 있다. 인쇄된 프랑스어판은 1만3316자를 수록하고 있다. 필사본 사전과 인쇄본들도 용례에 한자를 삽입하고 있지 않다. 한자의 생략은 학습자들을 커다란 불확실성 속에 내버려둔다. 이러한 자료 결여는 이 책에서 [바로잡혔다].[32]

모리슨은 더 나아가 각 표제자에 전서篆書와 초서를 추가했다. 그 사전은 미발행 예수회 필사본들을 포함하여 명백히 다양한 출처에 기초했다. "『강희자전』으로 기본 작업을 했다. (…) 정의와 용례는 주로 『강희자전』에서, 한자의 용법에 대한 개인적 지식에서, 로마 교회의 필사본 사전들에서, 원어민 학자들에게서, 의도적으로 숙독한 소소한 저작들에서 가져왔다."[33] 발행 전에 편리한 핸드북이 한 권, 그 사전 자체에서 발췌되었는데, 따로 유통되는 것이 매우 편리하다고 생각되었기 때문이다. 그 책은 『문헌학적 목적의 중국 일람. 중국 연표, 지리, 정부, 종교, 관습을 수록. 중국어 학습자들이 사용하도록 계획됨A View of China for Philological Purposes: Containing a Sketch of Chinese Chronology, Geography, Government, Religions, and Customs. Designed for the Use of Persons Who Study the Chinese Language』(마카오, East India Company's Press, 1817)이라고 했다. 책은 허버트 자일스의 『극동 관련 주제 참고용어집A Glossary of References on Subjects Connected with the Far

East』[34]에서 정점에 달한 그런 유의 많은 핸드북 중 최초의 것이다.

1816년 모리슨의 언어적 전문 지식은 불운했던 애머스트* 사절단의 통역사로 북경에 갔을 때 요구되었다. 번역가이자 중국 전문가로서 그의 탁월성은 1817년 글래스고대학의 신학 박사 학위 수여로 인정받았다. 1825년에 런던선교회 감독단의 멤버뿐 아니라 왕립아시아학회 회원으로도 선출되었을 때 명예는 더 추가되었다. 모리슨은 1834년 8월 1일 광주에서 사망했다.[35]

모리슨이 1818년 〔말레이시아〕 말라카에서 창립한 영화서원은 성경을 읽고 설교하기에 충분할 만큼 젊은 중국인들에게 영어를 훈련시키는 데 목적이 있었다.[36] 이 교육 프로그램은 자신의 사명에 대한 모리슨의 전반적 구상, 즉 중국인에게는 기독교를 가르치고 영국인에게는 중국을 가르치는 것의 중요한 구성 성분이었다.[37] 이는 왜 모리슨이 1824년 영국으로 돌아오는 길에 자기의 개인 장서에서 중국 책 1만 권을, 중국어 교수직 제공을 조건으로 한 대학에 기증할 의도로 가져왔는지 설명해준다. 아쉽게도 모리슨의 계획은 실패했다. 그리고 그가 중국어 연구를 위한 문헌학 학회로서 창립한 어학원은 몇 년을 넘기지 못했다(1825~1828).** 그러나 영화서원의 새 교장인 스코틀랜드인 동료 레그는 밀른과 모리슨의 선교 정열, 중국과 중국어에 관해 영어권에 가르친다는 집념을 이어받았다.

* 윌리엄 애머스트. 영국 외교관·총독(1773~1857). 1814년 영국 동인도회사의 인도에 대한 무역 독점이 폐지되자, 1816년 광둥 무역을 직접 개선할 목적으로 사절로 북경에 파견되었으나 청 황제를 알현할 때 삼궤구고두三跪九叩頭(경의의 뜻으로 무릎을 꿇고 엎드려 9번 절하는 것)의 예를 거부하는 바람에 황제를 만나지 못하고 돌아왔다.

** 모리슨은 영국에 되돌아가 머물던 시기(1824~1825)에 선교사들을 가르치기 위해 런던에 어학원 Language Institution을 세웠다. 어학원은 모리슨이 다시 중국으로 돌아간 후 문을 닫았다.

알렉산더 와일리

버금가게 중요한 영국인 선교사 제임스 레그의 생애와 이력, 특히 그의 기념비적인 유교 경전 번역은 다음 장에서 따로 다룰 것이다. 여기서는 레그의 동시대인이자 동료인 스코틀랜드인 알렉산더 와일리(1815~1887)를 살펴볼 것이다. 와일리 역시 많은 유교 경전을 번역했지만, 그의 번역본은 여전히 필사본 형태로 남아 있다. 와일리는 다른 영역인 목록학, 역사, 수학, 천문학에서 이름을 날렸다.

와일리는 레그와 같은 해인 1815년 4월 6일 런던에서 스코틀랜드계 부모로부터 태어났다. 그는 레그가 죽기 10년 전인 1887년 2월 6일에 사망했다.[38] 와일리는 스코틀랜드의 드럼리트와 런던에서 교육받았다. 그는 언제나 중국에 매혹되어 있었고, 프레마르의 『중국어의 이해』와 신약성경 중국어 번역본의 도움을 받아 중국어를 독학했다. 1846년 휴가차 귀향한 레그는 중국어 복음서를 읽을 수 있는 와일리의 능력에 큰 인상을 받았으며 상해의 런던선교회 출판사에 와일리를 채용했다. 와일리는 출판업을 위한 전문 훈련과 레그와 중국어 공부를 한 뒤에 상해로 출항하여 1847년에 도착했다.

와일리는 1860년까지 상해의 선교출판사에서 출판업자로 성공적으로 일했고, 그해 잉글랜드에 돌아왔다. 1863년에 중국으로 다시 간 그는 영국 성서공회British and Foreign Bible Society의 대리인이 되었고, 중국 전체를 널리 여행했다. 1877년에 잉글랜드로 은퇴했고, 나쁜 시력으로 고생했다. 이후 와일리는 시력 상실을 동반하고 사람을 쇠잔케 하는 2년간의 투병 생활 끝에 1887년에 죽었다.

와일리는 일찍부터 유교 경전 번역이라는 야망을 품었는데, 레그를 추동한 것과 같은 이유에서였다. 코르디에는 다음처럼 요약한다.

> 경전이 원주민들의 정신에 끼치는 거대한 영향력과 선교사가 개인의 내면의 생각을 뚫고 들어가는 것이 얼마나 필수적인지를 잘 알기에 그는 경전 전체의 번역을 자임했다. 이 놀라운 일을 그는 성공적으로 완수했고, 나는 그의 서가에서 하나의 선반 위에 있는, 그의 수고手稿를 담은 예닐곱 권의 반쯤 제본된 책들을 잘 기억하고 있다. 그러나 와일리는 인쇄에 부치기에는 이 번역본들이 너무나 불완전하다고 생각했기에, 그것들은 여전히 출판되지 않았다.[39]

과학을 통한 리치식 적응

와일리의 전문적 연구 대부분은 『중국 연구록中國研究錄, Chinese Researches』에 포함되어 있다. 이 저작은 「문학 부분」, 「역사 부분」, 「과학 부분」, 「문헌학 부분」의 4부로 나뉜다. 제1부의 가장 중요한 글 중에 「프레스터 존*에 대한 강의Lecture on Prester John」(19~43쪽)와 「불교 유물Buddhist Relics」(48~80쪽)이 있다. 제2부 맨 윗자리는 「서안부西安府의 경교비景敎碑, The Nestorian Tablet in Si-Ngan-Foo」(24~77쪽)다. 제3부는 아마도 가장 귀중한 표제들을 담고 있는데, 「북경의 몽골 천문학 기구들The Mongol

* 중세 서양에서, 아시아와 아프리카에 강대한 기독교국을 건설했다는 전설상의 왕.

Astronomical Instruments in Peking」(1~15쪽), 「중국 저작들 속에 기록된 식蝕들Eclipses Recorded in Chinese Works」(29~105쪽), 「중국 산술학에 관한 메모Jottings of the Science of Chinese Arithmetic」(159~194쪽) 등이다. 와일리는 또 저작 8편을 중국어로 옮겼는데, 그중에는 마테오 리치와 그의 협력자 서광계(1562~1633)가 미완으로 남겨둔 유클리드의 제7~15권이 있다.* 중국 과학에 관한 이 모든 저작은, 조지프 니덤의 평가에 따르면, 오늘날에도 여전히 가치가 있다. 그리고 와일리는 에드킨스나 존 프라이어 같은 다른 개신교 선교사들과 함께 코페르니쿠스적 관점을 중국에 전파하도록 도운 선교사-학자로 분류되기는 하지만, 오직 그의 기여만이 오늘날에도 가치를 인정받는다. 니덤은 수학 분야에서 와일리를 독창적인 인물이라고 공언한다.[40]

와일리는 과학 연구가 선교사의 일에 부적절하다고 보지 않았다. 즉 지성을 기르는 것 외에, 천문학 연구는 "'이 천체를 창조하신 분……'에 대한 더 옳고 숭고한 개념들을 가져올 수 있다"는 것이었다. 와일리가 노력하고 성취한 모든 것은 레그와 마찬가지로 신을 섬기는 데에 바쳐졌다. 이 저작(『중국연구록』)에서 와일리는 마테오 리치가 처음으로 개척한 경로를 따르고 있을 뿐이었다. 그리고 그는, 위에서 언급했듯이, 더욱이 유클리드의 『기하학 원론Elementa geometriae』의 미완성 중국어 번역본을 완성하기까지 했다. 와일리는 영어판 서문에서 이렇게 말한다.

진리는 하나이며, 우리는 과학에서 진리의 진전을 촉진하려 할 때, 단지 진

* 마테오 리치와 서광계는 유클리드의 *Elementa geometriae*의 제1~6권을 번역해 『기하원본幾何原本』을 만들었다.

리가 더 숭고한 지식 속에서 발전할 수 있는 길을 마련하고 있을 뿐이다. 기독교인이자 선교사로서, 더 숭고한 지식이 완전해지는 것을 보는 것이 우리의 주된 바람이다.[41]

와일리는, 코르디에가 말했듯이, 그 후로 특히 증국번이 1865년 남경에서 그들의 유클리드 번역본들을 함께 간행한 이래로 쭉 리치와 결부되었다.[42]

『중국연구록』의 제4부 「문헌학 부분」은 「중국 언어와 문학Chinese Language and Literature」(195~237쪽)에 관한 긴 논문을 담고 있는데, 십중팔구 코르디에가 썼을 것이며, 「만주인들의 기원과 그들의 문자에 관한 논의A Discussion of the Origin of the Manchus, and Their Written Character」(239~271쪽)는 만주 민족과 그들 문자의 역사적 발전을 추적한다.

목록학자로서 와일리

와일리는 목록학 분야에서 똑같이 큰 기여를 했다. 레뮈자가 전통적인 목록학을 굳건한 발판 위에 세우는 데 실패하고서, 『문헌통고』에 기초한 미간행 고전 탐구[43]를 사후死後에 내버려둔 데 반해, 와일리는 여전히 유용한 『중국문헌기략中國文獻記略, Notes on Chinese Literature』을 산출했는데, 『사고전서총목四庫全書總目』의 뛰어난 목록학적 연구를 주로 이용한다.[44] 와일리는, 보들리도서관 데이비드 헬리웰의 최근 평가에 따르면, 『중국문헌기략』을 짓기 위해, 특히 『사고전서』 목록에서 다루지 않은 저작들을 위해 자신의 개인 장서를 추가적으로 많이 이용했다. 이 장서는 중국에서는 외교관인 토머스 웨이드 경의 장서에 버금가는데, 보들리도서관이 두 단계에 걸쳐 와일리로부터 획득했다.[45] 보들리도서관은 1881년 와일리로부터 429개 품목을 5파운드에 구입했는데, 거기에는 인쇄된 책 405권과 사본 24개가 포함된다. 1882년에는 추가적으로 581개 품목이 획득되었는데, 110파운드에 사들인 인쇄된 책 526권과 사본 55개가 있다. 분명히 와일리는 책을 팔아 이익을 보고자 하지 않았으며, 자신이 구입하는 데에 든 비용만을 청구했다. 헬리웰은 이 책들에 대해 다음처럼 말한다. "유럽의 진지한 중국 목록학 연구의 선구자 중 한 사람인 와일리는 『중국문헌기략』에서 그의 장서 중 중요성이 거의 없는 다수의 저작을 기술할 수밖에 없었지만, 많지 않은 자료를 현명하게 구입함으로써 전반적으로 잘 균형 잡힌 장서를 형성했다. 여기에는 매우 희귀한 품목도 다수 있으며, 지금은 그 도서관[보들리]의 중국 고서적 장서의 중요한 부분을 이루고 있다."[46]

와일리의 『중국문헌기략』은 2000개가 넘는 저작을 기술하는데, 그중 다수가 여러 쪽에 걸쳐 다루어졌다. 니덤은 천문학, 수학, 광물학에 관한 중국의 전통적 저작에 대한 와일리의 평가에 자주 의존했다. 칼, 동전 수집, 먹, 향수, 차, 술, 식단, 음식같이 적어도 전통적 중국 목록학 관점에서 매우 이상한 주제에 바쳐진 부분이 있다는 것은 놀라운 일이 아니다.[47] 와일리는 『중국문헌기략』 서론에서 주로 프랑스어, 독일어, 러시아어, 라틴어, 영어로 된 도서관 목록인 유럽의 여러 역사적·동시대적 목록을 개관한다. 그러나 이 저작(『중국문헌기략』)은 그것들 모두를 능가한다. 그럼에도 와일리의 저작이 철저함과는 거리가 멀다는 점은 인정된다. 즉 "거명된 책들은 단지 큰 덩어리 중에서 선택된 하나의 작은 덩어리일 뿐이다…… 훨씬 더 많은 책이 실제 고찰에서 기술되었다. 그러나 내가 접근할 수 없었던 다수의 중요한 저작이 다른 중국 출판물 속의 기록에서 확인되었다."[48] 『중국문헌기략』이 전통적 자료에 대해 한 일은 코르디에가 『중국학 서목』에서 이차적 연구에 대해 한 일과 같다. 실제로, 코르디에는 『중국문헌기략』을 "중국문헌의 미궁에서 스스로의 방향을 찾고 싶어하는 이들의 필휴必携 안내서 *vade mecum*"[49]라고 불렀다.

게다가, 와일리 목록학 연구에서 중요한 또 하나의 차원이 이 동일한 2차 학술 분야에 있다. 실제로, 중국 책과 중국에 관한 저작들로 이루어진 와일리의 개인 도서관은 코르디에 목록학의 '기초 자체'였다. 왜냐하면 대체로 코르디에는 와일리의 개인 장서에 기초한 도서관인 왕립아시아학회 화북지회도서관의 목록 편찬에 종사하는 동안 자신의 거대한 목록을 착상했기 때문이다. "왕립아시아학회 화북지회도서관으로부터 필수 자료를 많이 끌어들였고" "1860년 와일리가 유럽을 방문하는 동안 그의 새 장서로부터 훨씬 더 많은 것을 끌어들였다"[50]라고 코르디에는 밝힌다. 코르디에에 따르면, 1857년 와일리가 발간한 상해 런던선교회도서관의 옛 목록은 "그의 더 위대한 사업의 매우 찬란한 전주곡"[51]이었다.

부분적으로는 전기적이고, 부분적으로는 목록학적인 이런 종류의 또 다른 저작은 『프로테스탄트 중국선교사 연대기: 그들의 출판물 목록과 고인들의 약력 제공. 풍부한 색인 첨부Memorials of the Protestant Missionaries to the Chinese: Giving a List of Their Publications, and Obituary Notices of the Deceased, with Copious Indexes』(상해, 1867)다. 이 저작은 1807년부터 1860년대 초까지 중국에서 일한 모든 개신교 선교사의 기간旣刊 영어 저작과 중국어 저작을 상세히 다룬다.[52] 와일리는 또 그의 동시대인들의 연구를 위해 많은 목록 데이터를 제공하기도 했다. 에머슨 테넌트 경과 그의 실론 역사, 헨리 율 경과 마르코 폴로에 관한 그의 저작, 헨리 호워스 경과 몽골인들에 대한 그의 연구가 포함되었다. 때로 와일리는 남의 저작의 교정을 돕고 색인을 마련했다.[53] 그는 중국에서의 이력 후반에 몇 개 저널을 편집했는데, 『왕립아시아학회 화북지회 저널Journal of the N. C. B. R. Asiatic Society』과 『교무잡지教務雜志, The Chinese Recorder and Missionary Journal』다. 전체적으로, 방법론적으로 말해, 와일리는 원자료에 직접 다가감으로써 역사적 연구를 선도한 최초의 잉글랜드인 중국학자였다.

허버트 자일스

"Sinologue. 중국 언어, 문학 등에 관한 고등 학자. 라틴어 *Sinœ*에서 나왔다. (…) 최근 이에 반대해서 단어 Sinologue가 프랑스어의 외관을 띤다는 주장과 통일성을 유지하기 위해 잉글랜드인들은 'Sinologist'라고 불러야 한다는 주장이 있었다. 그러나 그런 변화가 성공적으로 도입될 일은 거의 없을 듯하다."

—자일스, 『극동 관련 주제 참고용어집』[54]

허버트 앨런 자일스(1845~1935)는 과도기적 인물로, 만년에 학문으로 전향한 중국 전문가로서 활동한다. 그는 중국어 교수로 전향한 통역 겸 영사관 관료였다.[55] 자일스가 공직에 있을 때의 상관 토머스 웨이드는 아마도 중국어 구사력을 획득한 최초의 잉글랜드인 외교관이었을 것이다.[56] 젊은 조지 스톤튼이 더 이전에 중국어를 터득하긴 했지만 말이다.[57] 그러나 비록 웨이드와 자일스의 이름이 케임브리지 중국어 교수직을 차지한 최초의 두 사람으로서, 또 더 두드러지게는 '웨이드-자일스' 로마자 체계의 공동 협력자로서 영원히 연관되긴 하지만, 둘은 서로를 경멸했던 것 같다.

웨이드와 자일스 세대 사이에서 일어난, 중국학적 태도와 성취에서 일어난 변화는 영국 중국학 전문직화의 시작을 알렸다. 자일스 이전에, 또 그의 많은 동시대인에게, 중국학은 바쁜 직업인들의 파트타임 취미였다. 트위체트는 자비로운 마음과 식견으로, 19세기 잉글랜드 중국학의 상태를 다음과 같은 견지에서 요약한다.

> 우리의 19세기 학자들은 (…) 거의 예외 없이 파트타임 학자들이었고, 종종 관리나 선교사로서 책임 있고 또 시간을 잡아먹는 직위에 있었다…… 그들은 연구를 할 시간이 비교적 적었다. 그들은 일급의 중국인 학자나 진짜 좋은 도서관에는 거의 접근하지 못했다. 학계 생활을 시작한 이들은 은퇴하고 나서야 그렇게 했을 뿐이며, 학계 생활을 시작했을 때 대학들은 그들에게 해준 것이 별로 없었다…… 그들이 작업한 조건의 어려움을 고려할 때, 빌[58]이나 더글러스[59] 같은 사람들은 아마도 다른 곳에 있던 동시대인들과 다를 바 없이 나빴을 것이며, 그들이 그만큼의 성취를 이루었다는 것도 놀랍다.[60]

웨이드는 신설된 중국어 교수 자리를 맡기 2년 전인 1886년에 자신의 중국 장서를 케임브리지에 기증했다.[61]

H. A. 자일스는 역사·고전·종교에 관한 저작을 매우 많이 지은 J. A. 자

일스 목사의 넷째 아들이었다.(케임브리지대학 도서관에 소장된, 자일스가 만든 개인 서고의 장서 목록은 아버지의 출판물 66종의 목록을 담고 있다.) 아들인 라이어널 자일스(1875~1958)는 대영박물관에서 둔황 사본에 관한 아버지의 작업에 전문직 중국학자로서 합류했는데, 그 경력은 〔대영박물관〕 인쇄본 및 사본부 담당자로 임명됨으로써 절정을 맞았다.[62]

자일스는 스물두 살의 나이로 1867년에 영사관에 합류했고 25년간 계속 있었다. 그는 잇달아 파고다섬(〔푸젠성 푸저우 마웨이〕, 1881~1891)과 상해(1883~1885) 부영사, 탐수이〔타이완의 단수이〕 영사(1885~1891), 영파 영사(1891~1893)로 일했다. P. D. 코츠는 자일스의 경력을 영사관 업무 안팎에서 서양인 동료들과 벌인 내부적 언쟁에 의해 얼룩진 것으로 요약한다. "자일스는 툭하면 싸우는 사람이었다. 그의 경력은 바보 같은 관료적 다툼들로 어질러졌고, 사생활에서는 세 아들과 관계를 끊었다. 아모이에서도 그는 늘 하던 대로 했다. 그는 세관원과도, 미국인 동료와도 싸웠으며, 웨이드는 자일스와 해군의 통신문에 대해 제독에게 해명해야 했다."[63] 중국 영사 복무에까지 그를 따라갔던 아들 랜슬롯 자일스(1878~1934)와 불화한 세부 사항은 코츠가 묘사한 자일스의 성격을 확인해준다.[64] 로버트 스콧 경은 더 동정심을 가지고서, 자일스가 "공무원 틀에 쉽게 정착하기에는 지나치게 개인주의자여서 영사관 관리로서의 경력은 뛰어나지 않았다"[65]라고만 진술한다. 자일스는 1893년 관직을 사임하고 영국으로 돌아갔다. 1897년 케임브리지 교수직에 선출되었을 때는 애버딘에서 살고 있었다.[66] 이미 케임브리지 트럼핑턴 비커리지 인근에 살고 있던 그의 후계자 아서 크리스토퍼 모울 목사(1873~1957)가 1933년부터 1938년까지 그 교수직을 맡았다.[67] 최초의 중국학자가 잉글랜드에서 중국어 교수직을 맡은 것은 모울을 대신해 할로운이 1938년에 교수직을 얻은 뒤였다. 이런 이유로, 자일스는 풀타임 학술을 제2의 직업으로 취하기 위해 중국에서 오래 머문 마지막 독학 중국학자 중 한 명이었다.

외교에서 중국학으로

이제 자일스는 중국학자로 전향한 직업 외교관이었다. 그러나 전향했을 때 그는 풍부한 경험, 그리스 고전과 라틴 고전에서 길러진 날카로운 정신, 광범한 독서를 위한 정력적인 능력을 갖추고 있었다. 케임브리지에서 그의 이력은 로버트 스콧 경*이 요약한다.

> 시간을 엄수하고, 근면하고, 규율을 잘 지키고, 논쟁을 좋아하던 자일스는 중국에 대한 오늘날 유럽의 관념을 바꿔놓기 시작했다…… 그가 케임브리지에 갔을 때 그 대학은 중국 연구를 높이 치지 않았으며 또 중국 연구는 학부생에게 인기 있는 주제도 아니었다. 그러나 봉급은 적었어도 수업 부담은 가벼웠다. 자일스는 풍부한 에너지와 방대한 여가 시간, 이용 가능한 대학 시설들을 가지고 중국을 서양에 드러내고 설명한다는 자임한 임무를 추구했다.[68]

자일스는 『화영자전華英字典, A Chinese-English Dictionary』, 『고금성씨족

* 원서에서 리처드 스콧이라고 한 것은 오류다.

보A Chinese Biographical Dictionary』,** 『중국의 서재에서 나온 이상한 이야기들Strange Stories from a Chinese Studio』(『요재지이聊齋志異』의 역주), 『영어 운문으로 된 중국시Chinese Poetry in English Verse』, 『법현의 여행The Travels of Fahsien, or, Record of the Buddhistic Kingdoms』(『법현전法顯傳』의 「불국기」), 『중국운문사A History of Chinese Verse』, 『중국회화예술사 입문An Introduction to the History of Chinese Pictorial Art』, 『고대 중국의 종교Religions of Ancient China』와 여러 통사, 개설서, 여행기, 핸드북, 특히 번역을 포함하여 중국에 관한 책 30여 권을 지었다. 자일스는 중국 개론서를 많이 저술했지만, "중국 관련 학술의 진정한 척도는 이전에 결코 번역된 적이 없던 중국 저작을 번역한 출판물, 혹은 적어도, 오역 형태로 시장에 나와 있는 저작들의 신역新譯이다. 중국 책들에서, 그저 문학일 뿐인 것은 거의 가치가 없거나 전혀 가치가 없다"라고 느꼈기 때문에, 문학 작품과 철학 작품의 수많은 원전 번역을 출간했다.[69]

자일스의 소품집인 『중국찰기Adversaria Sinica』[70]는 주로 논문과 서평을 재수록한 것으로서, 아들인 라이어널 자일스가 쓴 것도 몇 편 포함하며, 가장 넓은 의미에서의 문헌학 문제에 바쳐졌다. 즉 "『중국찰기』 지면은 일반적 의미의 서평을 위한 것이 아니라 정확히 말하자면 중국어 텍스트 해석에서 생기는 언어 문제와 기타 문제에 관한 논의를 위한 것이었다."(81~82쪽)[71] 그 사례로는 「중국의 복화술Ventriloquism in China」(81~82쪽), 「중국에서의 심리 현상Psychic Phenomena in China」(145~162쪽), 「골상학, 관상학, 수상학Phrenology, Physiognomy, and Palmistry」(178~184쪽) 같은 후지고 별난

** 원서에 古今姓氏族譜(고금성씨족보)라고 한자로 표기되어 있다.

것들이 있다. 적절한 고전중국어 실력에도, 19세기 심리적 태도의 결점은 「서왕모西王母는 누구였는가Who was Si Wang Mu?」(1~19쪽, 298~299쪽)에서 드러나는데, 전설상의 서왕모를 그리스 여신 헤라와 동일시하려 한다. 아무리 결함이 있었다 하더라도 역사언어학마저 이를 거든다.

> 나아가, 기원전 2세기에는 아마도 sei(=say)에 더 가깝게 발음되었을, Si Wang Mu(서왕모)의 Si는 그저 Hera의 첫 음절로서, 이름 전체를 대표하는 중국어 단음절 관행을 따라서 취한 것일지 모른다…… 또한, 『삼재도회三才圖會』*에서 동왕부東王父**의 초상이라고 제공된 근엄한 노신사의 초상은 아마도 올림피아 주피터Jove의 멀리 있는 닮은꼴일 가능성이 높다.[72]

자일스의 비교 접근법이 절망적일 정도로 철 지난 것이라 하더라도, 비판정본 작업에 대한 그의 태도는 동시대인들보다 훨씬 진보한 것으로서, 실로 그의 그리스어와 라틴어 능력에 의존했다. '비판정본 작업'(208~214쪽)에 관한 그의 간략한 언급은 대학원에서 읽혀야 한다.

> 많은 현지인 주석가의 도움을 받고도 중국 경전 속 한 문단의 의미를 모른다고 해서, 반드시 번역 가능성이 고갈되는 것은 아니다. 그는 이전의 모든 해석을 치워놓고 그 자신의 해석으로 대체할 수 있다…… 혹은 그는 텍스트 교정이라는 더 위험한 편법에 호소할 수도 있다. 그러나 이는 다른 모든

* 1607년에 중국 명나라 왕기가 편찬한, 삽화가 들어 있는 백과사전. 전106권.
** 중국 전설에 나오는 남자 신선의 우두머리. 여자 신선은 서왕모가 거느린다고 한다. 동왕공東王公, 동부東父, 동군東君.

것이 실패했을 때에만 허용된다. 그리고 더 나아가서, 그리스와 로마 고전에 적용되는 것 같은, 공인된 건전한 교정 조건들은 언제나 엄수되어야 한다.

자일스가 든 사례는 『논어』「헌문憲問」 제39장인데, 거기서 그는 色을 邑으로, 言을 阜로 고쳐서 다음과 같이 만든다. 그가 "The master said, Perfectly virtuous men retire from the world; The next (in virtue), from their country; The next, from their district; The next, from their village(선생님께서 말씀하시기를, 덕이 완벽한 사람은 세상으로부터 물러나고, 덕이 그다음 단계인 사람은 그 땅에서 물러나고, 또 그다음인 사람은 그 읍에서 물러나고, 또 그다음인 사람은 마을에서 물러난다)"[73]*라고 본문을 조정한 것은 (어떤 이들에게는) [독일 고전연구가] 파울 마스(1880~1964)의 유명한 격언("어려움을 무시하는 것보다는 잘못된 추정을 하는 것이 낫다")을 예증하는 것으로 보일 수도 있겠지만, 그럼에도 자일스는 이 경우에는 통행본 텍스트에 대한 웨일리의 억지스러운 읽기, 즉 "The Master said, Best of all, to withdraw from one's generation; next to withdraw to another land; next to leave because of a look; next best to leave because of a word(선생님께서 말씀하시기를, 가장 좋은 것은 자기 세대로부터 물러나는 것이다. 그다음으로 좋은 것은 다른 땅으로 물러나는 것이다. 또 그다음으로 좋은 것은 외모 때문에 떠나는 것이다. 마지막으로 좋은 것은 말 때문에 떠나는 것이다)"[74]보다 훨씬 더 능란하게 번역의 문제를 해결한다.

* 子曰: "賢者辟世, 其次辟地, 其次辟色, 其次辟言"을 子曰: "賢者辟世, 其次辟地, 其次辟邑, 其次辟阜"로 고쳤다는 것이다.

유운有韻 번역과 자유 번역

자일스는 확신에 찬 지적 독립성과 굴욕적인 문화의존성의 기묘한 혼합을 보여주었다. 왜냐하면 그는 경험이 풍부한 중국어학도, 즉 "주로 문제의 언어적 측면에 몰두해온" 사람을 제외하면, 모든 번역은 원어민 정보 제공자의 도움을 받아 착수되어야 한다고 여겼기 때문이다. "중국 바깥에서는 번역을 몇 시간이 아니라 몇 분짜리 일로 만들어주는 최상급 중국인 학자에게 즉각 의지할 수가 없다. 또 장기간 도제 생활을 하지 않은 이가 의지할 데 없이 혼자 남겨졌을 때 성공할 수 없다는 것은 의심의 여지가 없다."[75] 한때 자일스는 자기에게는 그런 전문가급 정보 제공자가 없다고 변명하면서 자기의 번역에 한계를 두었었다.[76] 그러나 자일스는 라우퍼의 『한대 중국도자기Chinese Pottery of the Han Dynasty』에 대한 그의 서평이 꽤 자세히 증명해주듯이 고전중국어 실력이 매우 뛰어났다. 거기에서 그는 몇몇 의문스러운 번역에 초점을 맞추어 고전 산문에서 그의 전반적인 언어 능력을 보여준다.[77] 그럼에도 자일스는 고전중국어가 여타의 언어와 마찬가지로 자체의 문법 체계를 가지고 있음을 이해하지 못했으며, 중국어에는 문법 체계가 "없다"라고 주장했다.[78] 시에서 결국 자일스의 실수를 유도한 것은 번역에 대한 그의 접근 태도와, 설령 느슨하더라도 마찬가지로 시적인 영어 의역—밀턴이 포기해버린 저 "성가신 근대적 굴레troublesome and modern bondage"인 운韻으로 장식된—속에서 원시原詩의 전반적인 정신을 번역하려고 한 그의 오도된 노력이었다.*

자일스는 중국 시를 유운 영시로 번역하는 것을 세 가지 이유에서 정당화한다. 첫째, 그것을 비난하는 이들은 자신들이 그렇게 하고 싶어도 할 수 없기 때문에 비난한다. 둘째, 잉글랜드의 일반적 독자들은 그것을 좋아한다. 셋째, 중국 시는 거의 모두 유운이다.[79]

자일스의 운 이용에 반대되는, 핵심을 짚은 좋은 사례는 1906년 5월 24일에 유명한 중국인 방문객**의 편의를 위해 케임브리지대학 도서관 중국 부서의 칠판에 적힌 두 운문을 그가 번역한 것으로서, 찰스 앨머가 편집한 「H. A. 자일스 회고록」 49쪽에 사진으로 남아 있다.*** 왕찬의 유명한 한 연聯인 "荊蠻非吾鄕, 何爲久滯淫"****이 "A Lovely Land … I Could not bear,/ If not mine own, to linger there"가 된다. 설도형(540~609)이 지은 또 다른 연은, 비록 운을 제공하기 위해 의미에 무리가 가해지긴 했지만, 더 성공적이다. "If home, with the wild geese of autumn we're going,/ Our hearts will be off ere the spring flowers are blowing(人歸落雁後, 思發在花前)."***** 웨일리가 그런 유운 번역을

* 밀턴의 『실낙원Paradise Lost』의 앞에 실린 「The Verse」의 마지막 구절 "that it rather is to be esteemed an example set, the first in English, of ancient liberty recovered to heroic poem from the troublesome and modern bondage of rhyming"에서 인용한 말이다. 다음처럼 한국어 번역본을 참고할 수 있다. "이 시의 시격詩格은, 헬라어로 쓴 호메로스의 영웅시나 라틴어로 쓴 베르길리우스의 영웅시처럼 운율이 없는, 영어로 쓴 영웅시격英雄詩格이다. 운율韻律이란 시나 운문에 없어서는 안 될 부속물도 아니고, 참된 장식도 아니다. 특히 장시長詩에서는 그러한데, 그것은 시원치 않은 내용이나 서투른 율격을 돋보이게 꾸며보려던 야만 시대의 발상에 지나지 않는다. 그것은 관습으로 전해 내려와 훗날 몇 사람의 이름 있는 근대시인들이 사용함으로써 빛이 나긴 했지만, 그들에게도 골치 아픈 장애물이었다. (…) 그러므로 내가 여기서 운을 무시한 것이 어쩌면 범속한 독자에게는 결점처럼 보일는지 모르지만, 그것이 흠이 될 수는 없다. 그것은 오히려 운을 맞추는 수고와 근대적 속박으로부터 영웅시를 되살려, 옛날의 자유를 부활시키는 영국 최초의 선례가 될 것이다." 존 밀턴, 「시형에 관하여」, 『실낙원 1』(조신권 옮김, 문학동네, 2010).

** 청 말 종실宗室의 대신인 애신각라 재택愛新覺羅 載澤(1868~1926).

*** Charles Aylmer, ed., "The Memoirs of H. A. Giles", *East Asian History* 13/14(1997), p. 49. 원서에서는 "『중국찰기』의 205쪽과 207쪽에 사진으로 남아 있다"로 되어 있으나, 이는 착오다. 인용한 왕찬의 시에서 "荊蠻非吾鄕"은 보통 "荊蠻非我鄕"이라고 하지만, 논의를 따라가기 위해 자일스가 쓴 대로 따른다.

**** 왕찬(177~217)은 중국 삼국시대 위나라 시인으로, 건안칠자의 한 사람이다. 시는 「칠애시七哀詩」(3수) 두 번째 수의 첫 구절이다. 우리말로 옮기면 "형주는 나의 고향이 아니거늘, 어찌하여 오래도록 머물고 있는가?"다.

일축한 것은 영어 운의 부족 때문이었다. "그러나 (중국어와 비교할 때) 영어에는 운이 너무나 희귀해서 유운 번역은 그저 의역일 수밖에 없으며 시시한 삽입구에 의지하기 쉽다."[80] 내가 보기에는 『시경』의 시 전체에 대한 레그의 번역이 이런 판단을 뒷받침해준다.[81] 그러나 최근의 비평가 피스터의 손에서 그것(레그의 유운 『시경』 번역)이 찬양되었다는 사실은 자일스가 설명하는, 중국학에서 번역 시학의 한 측면을 우리에게 자세히 보여준다.

먼저 우리는 자일스의 중국어 번역이, 사람들이 그 정확성이나 미학을 어떻게 보든지 간에, 미국 모더니스트 문학 서클들에서 파운드-윌리엄스 시대의 시작을 도왔음을 인정해야 한다. 에즈라 파운드(1885~1972)와 윌리엄 칼로스 윌리엄스(1883~1963)는 모두 자일스의 『중국문학사A History of Chinese Literature』에 빚졌는데, 왜냐하면 둘은 자신들의 오리엔탈리즘화하는 시적 산물에서 자료뿐 아니라 영감을 위해서도 그 책을 적극적으로 이용했기 때문이다.(파운드는 1913년에, 윌리엄스는 1916년에 착수했다.)[82] 파운드가 대영박물관 인쇄 및 그림부의 부副관리인 로런스 비니언(1869~1943)의 강의를 통해 중국과 일본의 예술에 처음으로 매혹되었다는 것은 사실이다.[83] 이로 인해 파운드는, 중국 시와 일본 노극能劇*에 대한 작고한 남편의 수고를 편집해달라는 미국 동양학자 어니스트 페놀로사(1853~1908)의 부인 메리 페놀로사의 제안을 받아들였다.[84] 이후로도 쭉 대영박물관에서 비니언 밑에서 일하던 젊은 아서 웨일리의 번역은 더 많은 자극을 주었다. 자오밍 첸은 "파운드와 윌리엄스 같은 모더니스트들이 중국의 대시인들과 대

***** 설도형은 중국 수나라 시인으로서, 이 시는 시인이 북주北周의 사신으로 남쪽의 진陳나라로 갔을 때 지은 것이라고 한다. 시의 제목은 「인일사귀人日思歸」다. "人歸落雁後, 思發在花前"은 "사람은 기러기 떨어지는 가을에나 돌아갈 것인데도/ 꽃보다 먼저 그리움이 피어나네"라는 뜻이다.

* 일본의 고전 예술 양식의 하나로, 피리와 북소리에 맞추어 노래를 부르면서 춤을 추는 전통 가면 악극.

화를 나눈 것은 어니스트 페놀로사, H. A. 자일스, 아서 웨일리를 통해서였다"라고 단언한다.[85]

자일스의 『중국문학사』는 광범위하게 갖추어진 많은 중국 시인을 제공했고 파운드와 기타 인물은 그것에서 뭔가 중요한 것을 끌어냈다.[86] 그러나 모더니스트들에게 영향을 미친 것은 자일스의 유운 번역 전략이 아니라 산재散在하는 이국적 이미지다. 목하의 관심사는 정확히 말해 원시들의 시적 정신을 잡아채려고 시도하면서, 운율이 있는 유운 번역으로 중국 시를 번역하는 그의 실천에 있다. 자일스의 목적은 하나의 운문 번역선집의 서시序詩격인 헌사에서 매우 빅토리아풍으로 그 자신이 설명했듯이, 시의 '영혼'을 공급하는 데 있었다.

Dear Land of Flowers, forgive me!—that I took
These snatches from thy
glittering wealth of song,
And twisted to the uses of a book
Strains that to alien harps
can ne'er belong.

Thy gems shine purer in their native bed
Concealed, beyond the pry of
vulgar eyes;
And there, through labyrinths of language led
The patient student grasps the

glowing prize.

Yet many, in their race toward other goals,
May joy to feel, albeit at second
–hand,
Some far faint heart–throb of poetic souls
Whose breath makes incense
in the Flowery Land.[87]*

"한 권의 책의 용도에 맞춰 비튼" 것으로 보이는 자일스의 번역에서 가져온 사례는 『시경』「장중자將仲子」인데, 자일스는 "To A Young Gentleman"이라는 제목을 붙였다.**

* 대략 다음과 같다. "화토여 나를 용서하라!—너의 노래의 눈부신 부富로부터 이 단편들을 취했고, 또 하나의 책에 이용하려고 뒤틀었다, 낯선 하프들에게는 결코 걸맞지 않는 선율들을.// 너의 보석들은 속된 눈이 엿볼 수 없게 감추어진 원래의 침상에서 더 순수하게 빛나고, 또 거기서, 언어의 미로에 이끌려, 인내심 있는 학생은 빛나는 상賞을 얻는다.// 그러나 다른 목표들을 향해 경주를 하는 많은 이가, 비록 이차적으로이긴 하나, 시적 영혼들—이들의 숨결은 화토에서 향香을 만든다—의 아주 희미한 심장의 고동을 느끼고 즐거워할지도 모른다."

** 「장중자」 원문과 번역은 다음과 같다.
將仲子兮, 無踰我里, 無折我樹杞. 豈敢愛之, 畏我父母. 仲可懷也, 父母之言, 亦可畏也.
將仲子兮, 無踰我牆, 無折我樹桑. 豈敢愛之, 畏我諸兄. 仲可懷也, 諸兄之言, 亦可畏也.
將仲子兮, 無踰我園, 無折我樹檀. 豈敢愛之, 畏人之多言. 仲可懷也, 人之多言, 亦可畏也.
둘째 도련님! 우리 마을에 넘어 들어와 우리 집 산버들 꺾지 마세요. 어찌 나무가 아깝겠어요?
저의 부모님이 두려워서지요. 도련님도 그립기는 하지만 부모님의 말씀도 역시 두려워요.
둘째 도련님! 우리 집 담을 넘어와 우리 집 뽕나무 꺾지 마세요. 어찌 나무가 아깝겠어요?
저의 손윗분들이 두려워서지요. 도련님도 그립기는 하지만 손윗분들의 말씀도 역시 두려워요.
둘째 도련님! 우리 집 뜰 안으로 넘어와 우리 집 박달나무 꺾지 말아요. 어찌 나무가 아깝겠어요?
남의 말 많음이 두려워서지요. 도련님도 그립기는 하지만 남의 말 많음도 역시 두려워요.
—김학주 역저譯著, 『시경』(명문당, 신완역, 개정증보판, 2012), 263쪽.

Don't come in, sir, please!
Don't break my willow-trees!
Not that *that* would very much grieve me;
But, alack-a-day! What would my parents say?
And love you as I may,
I cannot bear to think what that would be.

Don't cross my wall, sir, please!
Don't spoil my mulberry-trees!
Not that *that* would very much grieve me;
But alack-a-day! What would my brothers say?
And love you as I may,
I cannot bear to think what that would be.

Keep outside, sir, please!
Don't spoil my sandal-trees!
Not that *that* would very much grieve me;
But alack-a-day! What would the world say?
And love you as I may,
I cannot bear to think what that would be.[88]

단속적斷續的 각운이 있는 파운드본은 비록 더 매력적인 영어로 지어지긴 했지만 원시의 이미지와 의도에서 훨씬 더 떨어져 있다.

Hep–Cat Chung, 'ware my town,

don't break my willows down.

The trees don't matter

but father's tongue, mother's tongue

Have a heart, Chung,

it's awful.

Hep–Cat Chung, don't jump my wall

nor strip my mulberry boughs,

The boughs don't matter

But my brothers' clatter!

Have a heart, Chung,

it's awful.

Hep–Cat Chung, that is *my* garden wall,

Don't break my sandalwood tree.

The tree don't matter

But the subsequent chatter!

Have a heart, Chung,

it's awful.[89]

자일스가 운을 위해서 내용상 희생시킨 것, 그리고 파운드가 운과 최초의 비트닉 리듬*을 위해 희생시킨 것을 강조하기 위해서는 레그의 산문으로 된 축자역이 대조되어야 한다.

I pray you, Mr. Chung,

Do not come leaping into my hamlet;

Do not break my willow trees,

Do I care for them?

But I fear my parents.

You, O chung, are to be loved,

But the words of my parents

Are also to be feared....[90]

빅토리아 시대의 유물인 운문으로 번역하기는 오늘날에도 여전히 매우 유행이다. 펭귄 총서에 있는 켈트 시와 앵글로색슨 시의 두 현대 번역자는 대조적 시각을 보여준다. 『최초의 영시들The Earliest English Poems』의 번역자 마이클 알렉산더는 "운문을 운문 아닌 어떤 것으로 번역하는 이유를 결코 모르겠다"라고 분명히 진술한다. 그는 계속해서 말한다. "어쩌다 미지의 언어로 된 살아 있는 시를 자기 자신의 언어로 번역할 때 최초의 목표는 그 속에 예술을 가진 무엇, 살아 있는 무엇을 산출해내는 것이다."[91] 이런 방침과 대립하는 것은 『켈트 미셀러니A Celtic Miscellany』의 번역자 케네스 헐스톤 잭슨의 방법으로, 그는 자신이 선호하는 번역 방식에 더 광범한 맥락을 제공한다.

18세기와 19세기의 취향은 매우 난폭한 의역에 지나지 않는 것을 받아들일

* 비트 세대Beat Generation라고 알려진, 앨런 긴즈버그나 게리 스나이더 같은 비트 시인들의 시에서 보이는 리듬을 파운드가 선구적으로 보여준다는 뜻으로 보인다.

―사실상 선호할―것이다. 적어도 독자 자신이 모르는 언어로부터 그 의역이 만들어진 것이라면 말이다. 19세기 후기에는 순수한 워두어가街*로 퇴보할 수 있을 인공적 준準성경 영어를 선호했다. 이것의 흔적들은 여전히 우리와 함께 있다. 우리는 여전히 때때로 터무니없는 의역을 만난다. 특히 영어 운문으로 된 번역에서 만나는데, 거기서는 단어보다는 '정신을 번역한다'는 이유로 그것[터무니없는 의역]이 용서된다. 그러나 이는 물론 그렇게 하면 영어로 운을 맞추고 운율을 고를 수 있기 때문이다. 그러나 전체적으로는 훨씬 더 높은 수준의 정확성이 보통 기대된다. 왜냐하면 독자는 자연히 가능한 한 원본에, 즉 번역자의 문체관에 의해서 어지럽혀지거나 혹은 운 사전을 가지고 번역자가 씨름을 하는 바람에 어지럽혀지거나 하지 않은 원본에 실제로 접근하기를 바라기 때문이다.[92]

첫 번째 관점에 따르면, 외국어 시 번역의 최종 산물은 또 하나의 시다. 그래서 그것은 창작 행위의 결과다. 두 번째 관점에 따르면, 원시의 이해와 감상에 접근하는 언어학적 수단이다. 그러므로 그것은 학술적 도구로서 기능하고, 그래서 학자의 과제다. 이제 효과적인 영시英詩를 만들기 위해서, 파운드는 원시 속에 있던 부적합한 요소들을 종종 변경하곤 했다. 그 한 사례로서 자오밍 첸은 파운드의 『시경』 취급을 인용한다. "관련 논쟁에 대해 아무것도 몰랐던 파운드가 20세기 시경학詩經學에 매우 근접한 의견을 형성하게 된다는 것은 놀랍다. 그러나 더 급진적 태도를 가지고, 그는 원시 속에 있는 불평(「장중자」 속 화자의 불평)을 상당한 정도로 강화했고,

* 런던 소호의 거리 이름. Wardour Street English는 예스러운 영어를 말한다.

게다가 반전反戰 모티프에 부적절해 보이는 다른 세부 사항을 변경했다."[93] 달리 말하면, 이 경우 파운드는 그 자신의 목적을 위해 다른 영시를 써서 자신의 반전 감정을 표현한다. 그런 접근법은 웨일리의 번역에 대한 근래의 많은 비판을 분명히 보여준다. 때로 지나치게 자유스럽다는 이유로 중국인 문헌학자들에 의해 비판받아온(제10장에서 논한다) 웨일리는 그의 영어에 모험이 부족하다는 이유로 똑같은 비난을 비판자들로부터 받았다. 두드러진 비평가는 파운드의 제자 휴 케너다. 케너는 연구서 『파운드 시대Pound Era』에서 웨일리의 번역을 지나치게 영감이 없다는 이유로 내치는데, 그 번역들은 건조한 자료들에 의존하기 때문이다. 케너는 고시십구수古詩十九首 중 한 수에 대한 웨일리의 번역본을 언급하면서, "이것은 재주 없는 사람의 운문이다. 재주 없는 사람은 글을 썼지 변형하지는 않았다. 문헌학만으로 노래를 짜내기는 어렵다"라고 주장한다. 쉽게 웨일리를 포함할 중국학자들 일반에 대한 일반적 비방은 언어학적 반성이 아니라 독립적인 시로서의 번역을 향한 동일한 애착을 드러낸다. 즉, "파운드의 명쾌함에 경탄하기는 하지만 그의 학술 결여를 개탄하는 다른 중국어 번역자들은, 자신들이 통사統辭를 단순하게 유지하고 행 길이는 불규칙하게 유지했을 때, 그리고 기억할 만한 그 어떤 것도 짓지 않았을 때, 자신들은 파운드의 교훈을 배웠다고 생각했다."[94]

이제 위에서 이미 자일스, 파운드, 레그가 번역한 『시경』「장중자」의 웨일리 번역본을 제시하겠다. 아마도 독립적인 시로서 기억할 가치는 없겠지만, 그 시는 중국인들이 말해야 했던 것과 또 그것이 어떻게 표현되었는지에 접근하기 위해 거듭 연구할 가치가 있는데, 비교인류학의 콘텍스트를 설정하는 학적 서론이 서두에 달려 있다.*

I beg of you, Chung Tzu,

Do not climb into our homestead,

Do not break the willows we have planted.

Not that I mind about the willows,

But I am afraid of my father and mother.

Chung Tzu I dearly love;

But of what my father and mother say

Indeed I am afraid.

I beg of you, Chung Tzu,

Do not climb over our wall,

Do not break the mulberry-trees we have planted.

Not that I mind about the mulberry-trees,

But I am afraid of brothers.

Chung Tzu I dearly love;

But of what my brothers say

Indeed I am afraid.

* 「장중자」는 「정풍鄭風」의 두 번째 시이며, 웨일리는 「정풍」 전체의 앞부분에 다음 설명을 덧붙이고 있다. "공자부터 시작해서, 평자들은 오랫동안 이 많은 시 묶음을 '음淫'하다는 이유로 비난했다. 처음에는 그 음악 때문에 또 그다음에는 가사 때문에. 그런 공식적 불만은 특히, 상당수의 시들에서 발견되고 마지막 두 시인 「야유만초野有蔓草」와 「진유溱洧」에서 절정에 달하는, 여성의 욕망에 「정풍」이 부여하는 강한 목소리가 담긴 시의 힘에 정비례한다고 볼 수 있을 것이다. 정나라는 오늘날 허난성 서부의 황허 강 남쪽에 위치한 강국이었으며 동주東周 왕실의 중요한 동맹국이었다."

I beg of you, Chung Tzu,

Do not climb into our garden,

Do not break the hard-wood we have planted.

Not that I mind about the hard-wood,

But I am afraid of what people say.

Chung Tzu I dearly love;

But of all that people will say

Indeed I am afraid.[95]

이 책 마지막 장에서 에드워드 셰이퍼는 비평적 설명이 수반된 언어적 대응물을 구성하는 대신 시를 지어내려고 시도하는 번역자들에게 할 말이 많을 것이다. 그러나 최근의 실제 번역자 중 적어도 한 사람은 번역이 주석보다 훨씬 더 밀접하게 원텍스트에 맞물려 들어갈 수 있다는 환영받는 인식을 지지하면서 인용할 가치가 있다. 그것(번역된 시)이 발생학적으로 연관된 번역이고 하나의 독립된 시가 아니라면, 이라고 덧붙일 수 있다. 폴 크롤은 「초자楚茨」의 번역을 논할 때, "학술과 주석이 향상되듯이, 번역도 향상되어야 한다. 실제로, 서로 다른 언어 사이에서, 하나의 텍스트에 가장 완전히 맞물려 들어간 주석은 주석이 아니라 오히려 번역이다. 번역은 저자 사후死後에 텍스트 본래의 시대와 언어를 넘어선 시대와 언어들에까지 그 텍스트가 연장된 것이라는 발터 벤야민의 인식을 좋아한다"[96]라고 단언한다. 한 번역이 더 이상 언어적 근접성이나 공통된 이미지의 정신적 동일성을 원본과 공유하지 않을 때, 그 번역은 더 이상 원본을 시대에로도 외국어에로도 확장할 수가 없다. 영어 운을 적용하려는 모든 노력이 원본 특유의 이미지나 어조를 희생하고서 만들어지는 정도만큼, 그러한 확장은 단축되거나 완전히 끊어진다.

피스터는 레그의 시적이고 유운인 『시경』 번역의 성공을 평가하는 데서 최근의 이론적 작업을 사례로 든다. 산문으로 된 레그의 1871년 『중국의 경전』판과 1879년 『동방성서Sacred Books of the East』판(레그의 세 번째 『시경』 번역본) 사이에 끼어 1876년에 『The She King, or The Book of Ancient Poetry, Translated in English Verse, with Essays and Notes』[97]라는, 운율을 맞춘 번역이 있다. 레그는 일찍이 한 서평가로부터 그의 영역본을 운문으로 번역하지 않았다는 이유로 비판받은 적이 있다.[98] 아마도 그러한 비판이, 레그의 조모가 그에게 읊어주곤 했던 『성경』「시편詩篇」의 운율 맞춘 판본에 대한 그의 선호에다가 『시경』 전체를 운율 맞춘 영어 운문으로 번역하려는 그의 시도가 겹쳐 그를 이 새로운 외도로 이끌었을 것이다. 레그는 이 운율 맞춘 번역본을 위해 두 조카인 존 레그 목사와 제임스 레그 목사, 알렉산더 크랜 목사의 도움을 얻었다. 레그의 친구 W. T. 머서는 시의 수정과 윤문을 도왔다.

이 운율에 맞는 유운인 번역본의 성공을 평가할 때 피스터는 독자 반응 패러다임을 채용한다.

> 축자적 텍스트를 넘어서서, 번역자들은 원본의 생각과는 단지 희미한 축자적 연관만을 가질지 모르지만 독자들에게서는 적절한 반응을 불러일으킬 다른 어투를 발견하도록 촉구된다. 이런 종류의 번역은 '역동적 등가dynamic equivalence'라고 묘사되어왔다. 원본의 표현이 그 자신의 맥락 속에서 가진 것과 유사하거나 더 나아가 동일한 효과를 도착 언어target language의 독자

들에게서 생산하다고 말한다.[99]

이런 접근법을 위한 피스터의 이론적 전거에는 수전 바스넷맥과이어와 피터 뉴마크가 포함된다.[100] 문학 이론과 감상의 맥락에서 이와 같은 접근법은 실용적일 뿐 아니라 상업적으로 잘 팔리는 전략이다. 이 독자층의 존재를 부인할 생각도 없고 그것의 생존력을 부인할 생각도 없다. 그러나 학문의 범위와 목적이라는 콘텍스트 내부에는 문학 애호가뿐 아니라 다른 독자층, 즉 학자들로 이루어진 독자층이 존재한다. 시인과 시로부터 독자들의 반응으로 방향을 바꾸는 정도만큼 초점은 증명 가능한 문헌학적 사실에서 심리학적 환상으로 옮아간다. 이러한 접근법에는 많은 달변의 챔피언이 있지만,[101] 숲속 거닐기, 늦은 밤에 말러* 듣기, 혹은 눈보라 칠 때 벽난로 곁에서 한숨 돌리기에서 유사한 정서적 반응들을 이끌어낼 수 있다는 사실은, 매우 특수하고 또 텍스트적으로 보수적인 독자인 우리로 하여금 감정을 위해 문헌학을 포기하는 것에 유의하도록 해줄 것이다. 적어도 문헌학적 관점에서 볼 때는, 파운드와 윌리엄스가 자일스의 번역을 푸대접했다고 해서, 웨일리에게 무대를 제공하거나 자일스 자신보다 한 걸음 더 나아지도록 자극하는 데에서 자일스가 가진 중요성을 낮게 보아서는 안 된다. 자신의 백거이 「비파행琵琶行」** 번역을 자일스가 비판하자 웨일리가 보인 반응에서 가장 잘 나타나듯이 말이다.[102]

* 오스트리아의 작곡가·지휘자인 구스타프 말러.
** 백거이(772~846)는 중국 당나라 시인이며, 「비파행」은 비파를 타는 한 여인의 영락零落한 삶을 감상적으로 읊은, 88구의 칠언고시다.

사전 편찬과 전기

학자를 만드는 데에는 고전중국어 능력뿐만 아니라 훨씬 많은 것이 요구된다. 가장 중요한 도구들로는 전통적 자료 속의 것이든 현대의 이차적 연구 속의 것이든 목록학이 있고, 또 조직적인 과학적 접근법이 있다. 마스페로가 자일스의 『중국찰기』를 가차 없이 혹평한 것은 바로 이런 이유에서였다.[103] 이 저작 속 논문들은, 자일스의 감탄할 만한 중국어 지식에도, 비평적 방법의 일관된 결여—초보적인 비판정본 작업은 제외하고—와 중국 혹은 유럽의 학적 성취에 똑같이 서투른 무지를 드러낸다. 즉 여하한 가설 혹은 결론도 적절한 목록학적 배경 속에 위치시키려고 시도되지 않았다. 아마도 이는 부분적으로는 자일스의 장르—거의 맞닥뜨릴 일이 없는 특수한 텍스트적 문제들에 추동된 일반적인 문헌학적 찰기들—가 갖는 결점 탓일 것이다. 이와 같은 종류의 우연적 잡록식 메모는 결국 부드버그·케네디·셰이퍼가 생산한 것과 같은 자비 출판의 내부 회람용 문건 혹은 오늘날 독일 서클들에서 유행하는 내부 회람용 문건들의 영역에 남는 것이 더 좋다. 여하튼 모울의 묘사가 정곡을 찌른다. "자일스는 매우 독창적인 중국학자지만, 연구라는 것이 무엇을 의미하는지를 몰랐다."[104] 데이비드 폴러드는 자일스 작업의 전반적 의도는 중국 연구의 대중화를 돕는 것이라고 말한다. 그러므로 그의 글들은 동료 영국인 중국학자들을 향한 것이 아니었는데, 왜냐하면 그런 사람들은 존재하지 않았기 때문이다. "자일스가 그렇게 넓은 분야를 다루고 또 그렇게 어마어마한 양을 써낸 것은 아마도 이 도움의 결핍을 보상받기 위해서였을 것이다."[105] 자일스는 자신의 학문의 목적이 잉글랜드 독자들에게 중국에 관해 가르치는 것이라고 인정했다.

"중국의 언어, 문학, 철학, 역사, 사회생활을 영국과 미국의 독자들에게 전달하기 위해 여러 해 동안 싸워왔다."[106]

오늘날 자일스의 명성에 훨씬 더 유익한 것은 그의 사전 편찬과 전기 작업, 즉 그의 학적 기질에 더 적합했던 끈기 있는 도표 작성 작업이다.

자일스는 잉글랜드의 중국어 사전 편찬 전통에 관해 언급한 적이 있는데, 끊임없이 변화하는 연속체 속에 자신을 위치시켰다.

> 1902년 10월 23일, 그[에드먼드 백하우스 경(1873~1944)]는 "영중 사전을 하나 쓰려고 노력 중"이었다고 내게 편지를 썼다. 그리고 그 이후로 그가 몇 년간 중영 사전에 관여하고 있음을 알았다. 그 사전은 물론 나 자신의 작품을 능가할 의도였다. 사전도 개와 같아서, 자신의 전성기가 있다. 그리고 결코 미래의 사전의 출현을 놓고 우는 소리를 하는 사람이어서는 안 된다. 그 사전이 제때에 나오기를, 또 '영예로운 언어'의 더 쉬운 획득을 돕기를 희망한다. 둘 다 영국인인 모리슨과 메드허스트* 두 사람은 1816년부터 1874년까지 중국어 사전 편찬의 푸른 리본(최우수상)을 가지고 있었다. 그 뒤 (푸른 리본은) 웰스 윌리엄스에게 넘어갔고, 그는 1892년까지 미국을 위해 그것을 가지고 있었다. 이제 나 자신이 내 조국을 위해 그 리본을 다시 빼앗았다고, 그리고 지금(1925)까지 33년간 그것을 가지고 있었다고 주장할 수 있을 것이다. (푸른 리본을) 넘겨주어야 할 날이 올 때, 만약 여전히 "살아서 숨을 쉰다면" 해리엇 마티노**가 74세 때 한 말을 나의 정년에 맞추어 말할 것이다. "나도 훌륭하게 한몫했었다"라고.[107]

* 월터 헨리 메드허스트(1796~1857). 영국 선교사.
** 1802~1876. 잉글랜드의 여성 사회개혁가, 언론인, 작가.

2권본 『화영자전』은 18년간의 작업 끝에 1892년 상해에서 처음 출간되었다. 제2판은 1912년에 출간되었는데, 1911년에 인쇄된 제4분책分冊과 제5분책은 쥘리앵 상을 받았다. 이 제2판은 그사이에 나온 현지 중국 학술을 이용했고, 원래 방대한 저작이었던 것을 상당히 확대하여, 많은 도표와 아울러 1711면에 1만926자를 다루고 있다. 각 한자에 자일스는 한국어, 일본어, 안남어와 함께 북경 방언, 광둥 방언, 객가 방언, 복주 방언, 온주 방언, 영파 방언, 한구 방언, 양주 방언, 사천 방언에 대한 에드워드 파커의 방언 음사를 포함시켰다.[108] 『패문운부佩文韻府』에 따른 운 범주는 각 한자를 신속하게 그 유의어 사전 안에 위치시킨다. 선택된 25자 한자에 딸린 표제어의 수를 보여주는, 7쪽(p. vii)의 표는 모리슨(1819), 메드허스트(1843), 윌리엄스(1874), 자일스의 1892년판과 1912년판 사전들의 출간과 함께 사전 편찬상의 진보적 발달을 보여준다. 동일한 선택된 한자들을 로버트 헨리 매슈스〔오스트레일리아 선교사·중국학자. 1877~1970〕의 『화영자전』(상해, China Inland Mission and Presbyterian Mission Press, 1931)과 비교해보면, 매슈스가 표제자 수에서 전혀 발전이 없고, 또 3000자나 더 적게 다루고 있음이 드러난다. 물론, 간략성은 매슈스의 미덕이었고, 그의 저작은 동료 선교사들에게 바쳐졌다. 반면에 자일스의 사전은 더 기술적인 외교 어휘와 상업 어휘가 필요한 이들에게 바쳐졌다. "중국에 있는 영국 영사 관원들에게, 언제나 성가신 과제임에 틀림없는 것의 부담을 덜어줄 수 있기를 바라면서 충심衷心으로 이 사전을 바친다." 비록 그 사전이 결코 오류가 없는 것은 아니었고—그런 저작은 결코 없다—, 또 라우퍼는 자일스의 몇몇 결론과 다른 경우가 있었지만,[109] 라우퍼는 그 사전을 "기념비적"이라고, "쪽마다 진보와 새로운 결과가 있고 또 중국어를 배우는 모든 학생이 그것으로 인해 자일스에게 빚지고 있다"[110]라고 칭찬했다. 라우퍼는 그 자신의 저작에서 습관적으로 논의 중인 중국어 단어의 한자를 위해 자일스의 『자전』을 독자들에게 언급했으며 자일스의 다음 거작에도 똑같이 했다.

『고금성씨족보』는 1891년에 처음 구상되었고, 『화영자전』 제2판이 나오기 전에 생산되었다.(서문에 날짜가 1898년 1월 27일로 되어 있다.) 그것은 부분적으로는 『화영자전』 인명 표제어에 전기적 정보를 제공하기 위해서 고안되었다. 총 2579개 표제어는 중요한 역사적 인물과 동시대인들을 모두 포함하고 있다. 981~1018쪽은 간편한 "자, 호號, 시호諡號, 그리고 본문에서 이름만 언급된 사람들의 색인"이다. 1925년 펠리오는 이 인명 사전을 호의적으로 서평을 했는데, 정확한 연대가 제공되었다는 사실에서 특히 그 진가를 인정했다.[111] 이 사전은 1898년 쥘리앵 상을 받았다.

전체적으로 보아, 자일스는 연구활동으로 전향한 영사관원 중 가장 성취가 크고, 또 가장 영향을 많이 미친 인물로서,[112] 다수의 '최초'를 가졌다. 최초의 중국문학 통사, 최초의 중국문학 번역선집(『중국문학의 보석Gems of Chinese Literature』), 최초의 중국 회화 예술 소개, 최초의 인명 사전. 우리는 자일스의 사전과 인명 사전 외에, 그의 출판물들이 오늘날 완전히 시대에 뒤처졌다는 사실 때문에 그것들이 동시대인들에게 가졌던 유용성과 독자들에게 미쳤던 자극에 눈감아서는 안 된다. 실제로 자일스는 당시에 명예로운 것을 많이 얻었다. 1897년 애버딘에서 명예 법학 박사를, 1924년에 옥스퍼드에서 명예 문학 박사를, 중국 정부로부터 가화훈장嘉禾勳章 2등장을 대수장大綬章과 함께 받았다. 그는 1914년 히버트 강의Hibbert Lectures*

* 1847년 로버트 히버트(1769~1849)가 세운 히버트 트러스트Hibbert Trust의 후원을 받는, 1847년 시작된 무無교파적 신학 강의.

의 강사였고, 1922년에 왕립아시아학회의 트라이에니얼 금메달Triennial Gold Medal을 수상했고, 쥘리앵 상을 두 차례 받았으며, 1924년에 프랑스 학술원에 초빙되었다. 헤르베르트 프랑케는 자일스를 "중국학의 가장 위대한 선구자 중 한 사람"[113]으로 간주한다. 여러 면에서, 자일스는 비교하기 힘들지만 국내파였던 아서 웨일리, 즉 널리 읽고 광범하게, 또 보통은 권위 있게 출판한 이런 유형의 독학파이자 폭넓은 지식인 중 마지막 사람의 이력을 미리 보여주었다. 궁극적으로 웨일리는 자신의 번역의 목소리를 발전시킬 때 자일스의 중국 시 다루기에 반작용하고 있었다.

말년에 자일스는 1867년 이래 자기 이력의 두 지배적인 야심을 고백했는데, 하나는 위에서 이미 언급한 것이다. 즉 "(1) 중국 문어와 구어의 더 쉬운 획득과 더 정확한 지식에 기여하기, (2) 중국인들의 문학, 역사, 종교, 예술, 철학, 예절과 관습에 대한 더 넓고 깊은 관심을 불러일으키기."[114] 두 사전의 출판으로써 첫 번째의 완수에 성공했다고 주장할 수 있긴 하지만, 자일스는 두 번째의 실패를 한탄했다. 그의 노력이 부족해서가 아니었다. 이 과업을 이어받아 영어권에서 중국어(와 일본어)의 대중화를 성취할 수 있었다는 것이 번역가 중 그의 라이벌인 아서 웨일리의 장점이었다.

제10장 | 제임스 레그: 꿈꾼 사람

"중국에 있던 내내 나는 이 나라의 큰 대학들에 중국 언어와 문학 교수직이 있기를 종종 희망했었다. 나 자신이 그중 하나를 차지해야 한다는 생각은 없었다. 약 18개월 전 이 교수직을 처음 제안받았을 때, 꿈을 꾸는 듯했다."[1]

제임스 레그(1815~1897)는 중국 문헌학을 전문적 기초 위에 세우는 데에 다른 어떤 19세기 중국학자보다도 더 많은 것을 했다. 그는 1815년 12월 20일에 〔스코틀랜드〕 애버딘셔의 헌틀리에서 태어났는데, 헌틀리는 밀른뿐 아니라 제임스 헤이스팅스(1852~1922)와 조지 맥도널드(1824~1905)와 같은 후대 기라성들의 출신지였다.[2] 스코틀랜드 계몽주의라는 지적 전통의 상속자로서, 레그는 토머스 리드(1710~1794)에 의해 애버딘에서 형성된 스코틀랜드 실재론 철학을 특히 깊이 받아들여 애버딘대학의 킹스칼리지에서 두각을 나타냈다. 애버딘대학과 레그의 결합은 모리슨과 밀른이 출범시킨 스코틀랜드와 중국 사이 기존의 연관을 심화했고, 다양한 자격으로 중국에서 복무하고 있던 애버딘 출신들의 새로운 경향을 태동시켰다.[3] 레그는 1년간 교원으로 복무한 후, 1837년에 목사직에 합류하기로 결정하고 하이버리신학대학에서 신학생 생활을 시작했다. 1839년 런던선교회의 후원하에 갓 결혼한 신부와 함께 말라카로 출항해 1840년 1월 10일에 도착했다. 1843년까지 영화서원 교장으로 봉직했는데, 그해에 막 식민지가 된 홍콩으로의 영화서원 이전을 지휘했다. 레그는 잉글랜드로의 몇 차례 귀향으로 휴지부休止符가 찍힌, 선교 과업과 학문의 오랜 이력 후에, 1873년 마침내 영원히 홍콩을 떠났다. 레그의 명성이 레그보다 선행했는데, 왜냐하면 레그는 중국 경전 번역으로 유명해져 있었고, 이제는 중국학계와 그 가장 빛나는 등불인 스타니슬라스 쥘리앵의 존경을 받았기 때문이다.[4]

경전을 통한 리치식 적응

레그 자신의 설명에 따르면, 그는 "런던대학의 고故 〔새뮤얼〕 키드 교수에게서 몇 달간 중국어 학습이라는 은전을 입었다."[5] 윌리엄 밀른의 아들인 윌리엄 찰스 밀른이 동창생이었다.[6] 레그는 선교 노력에 없어서는 안 될 도구로서 중국 경전에 통달하고자 하는 결정을 내리고서는 여전히 말라카에 있는 동안 중국 경전 연구를 시작했다.

> 그(즉 저자인 레그) 자신은 (…) 그 직위상의 책무에 걸맞은 자격이 없다고 간주했다. 그가 중국인들의 경서에 철저히 통달하기 전까지는, 그리고 사상의 전 분야—중국의 성인들이 거닐었고, 또 그 민족의 도덕적·사회적·정치적 삶의 기초를 형성하게 된—를 그 스스로 조사하기 전까지는.[7]

린지 라이드의 전기적 스케치의 도입부에 있는 제사題辭는 이 설득력 있는 정당화를 설명해준다.

그런 작업은 세상의 나머지가 이 대제국(중국)을 진짜로 알기 위해서, 특히 그 민족에 대한 우리의 선교 작업을 충분한 지식을 가지고 행하기 위해서, 또 영구적 결과를 보장하기 위해서 필수적이다. 공자의 책 전부가 번역과 주가 달린 채 출판되는 일이 미래 선교사들의 노고를 엄청나게 덜어줄 것이라고 생각한다.

레그는, 라이드가 설명하듯이, "우선 그 자신의 민족과 인종에 선교사가 되려고 했다. 그는 서양의 학자와 선교사들에게 동양의 학문을 번역하고 설명하려 했다."[8] 이 노력은 이성적 근거에서만 추동된 것은 아니었다. 정서적으로 레그는 중국인들을 향해 그리스도와 같은 공감을 가질 수 있는 변치 않는 포용력이 있었다. 그는 사람들 사이에서 오랜 시간 일하며 환자를 방문하고, 신자들에게 사목 활동을 하고, 개종자를 찾는 동안 여러 면에서 이를 입증했다.[9] 그는 선교 노력 때문에 중국인들에게 두 번 돌을 맞았다.[10] 그러나 레그에게서는 동시대 선교사들의 입과 펜에서 가끔 흘러나오던 인종적으로 정형화된 이미지와 문화적으로 잘못된 규정은 결코 일어나지 않았다.[11] 레그는 이 자비로운 문화적 매개자의 자격으로, 뒤에 리하르트 빌헬름이 자임할 역할을 선도했다.

『중국의 경전』

레그의 유교 경전 번역은 사서오경 전부를 영어로 번역한 최초의 것이었다.[12] 이 번역본은 다양하게 변환되고 또 여러 판본으로 출판되었지만,[13] 오늘날에도 고전으로 남아 있는데, 번역본이 텍스트를 치밀하게 번역하고,

매우 상세한 주석들로 풍부해졌기 때문이라고 헤르베르트 프랑케는 주장한다.[14] 레그는 그 번역본으로부터 이익을 얻고자 하는 희소한 독자들을 위해 철저하고도 농밀하게 상세한 주석을 생산하는 고통을 감내했다. "중국 경전에 대한 나의 작업을 완전히 공정하게 평가하고 싶다. 아마도 독자 100명 중 99명은 긴 비평적 각주를 조금도 좋아하지 않을 것이다. 그러나 그때 100번째 사람이 올 것인데, 그는 그 각주들을 너무 길다고 생각지 않을 것이다. 그 100번째 사람을 위해 써야 한다."[15]

허버트 자일스에 따르면, 레그의 번역은 중국학 연구에서 가장 위대한 하나의 시도다. "지금 레그 박사의 위대한 작업을 경시하는 것이 유행인데, 이 관행은 그 번역들이 '건조하다wooden'라고 말한 토머스 웨이드 경의 시절부터 유래한다. 내가 생각하기에 레그의 작업은 중국어 연구에서 행해진 것 중 최대의 기여이며, 토머스 웨이드 경 자신의 하찮은 기여가 쓰레기 더미 속으로 사라져버린 다음에도 기억되고 연구될 것이다."[16] 이와 대립하는 견해가 레이몬드 도슨에 의해 표현되는데, 그는 레그가 "최신의 중국 학술과 접촉이 매우 드물었고 (…) 지금은 극단적으로 낡아 보이는 영어로 글을 쓰는 사람"[17]이라고 규정한다. 이 절의 나머지에서, 후자 견해의 잘못을 입증하려고 시도할 것이다. 이와 동시에 레그의 산문이 가질 수밖에 없는 킹 제임스 바이블*적 성격이 그 자체로서는 불편한 것임을 은폐하지 않을 것을 약속한다.[18]

처음 읽었을 때는, 레그의 잘못은 기술적 접근법보다 철학적 가정의 영

* The King James Version. The King James Bible. 흠정欽定 영역 성서. 1611년에 영국 국왕 제임스 1세의 명으로 학자 47명이 영어로 번역한 성경(성서). '흠정'은 황제가 손수 제도나 법률 따위를 제정하던 일이나 그런 제정을 뜻한다.

역에 더 많이 있는 것처럼 보인다. 웨일리는 『맹자The Works of Mencius』에 나오는 레그의 실수들을 조기*(서기 201년 사망)의 문헌학적 용어 해설이 아니라 주희(1130~1200)의 신학적 해석에 의존한 탓으로 돌린다.—똑같이 잘못된 견해가 번역 전체에 대해 주장될지도 모른다. 그러나 만약 결국 제정 후기 중국의 기간 대부분에 정통적이기도 하고 규범적이기도 했던 신유가적 독법이 아니라 한대의 주석적 세계관에 기초한 번역을 원한다면, 그것은 잘못일 뿐이다.

레그는 『시경』을 논할 때 모씨와 주희의 상대적인 학문적 태도를 다음과 같이 설명한다.**

> 모씨가 제공한다고 생각해도 좋은 전통적 시 해석은 간과되어서는 안 된다. 그리고, 역사적 확인에 의해 지지되는 곳에서, 그것은 종종 도움이 된다고 생각될 것이다. 그러나 여전히 우리가 의미를 거두기 위해서 주로 노력해야 하는 곳은 그 시편 자체로부터다. 이는 주희가 계속 진행한 계획이었다. 그리고, 그(주희)가 진정한 비평 능력에서 그의 선배들을 훨씬 능가했기에, 중국은 그 이후로 그에 필적하는 다른 이를 낳지 못했다.[19]

레그는 제국 시대 편집자들이 "고문파古文派에 대한 분명한 의존을 보여주는" 데 당혹했고, 현대 독자 역시 그것에 의아해할 것이라고 상정했다.[20] 두 주석(모씨의 주석과 주희의 주석) 모두 일치할 때, 레그는 합의된 견해에 동의했다. 즉 "지금까지 두 해석학파 모두 이 시에 대해서는 일치했고, 우

* 후한 말의 경학자. 『맹자』를 정리해 『맹자장구孟子章句』를 저술했다.
** 여기서 모씨毛氏는 모형과 모장을 말한다.

리는 오랫동안 그것에 얽매여 있을 필요가 없다."[21] 그러나 레그는 세라팽 쿠브뢰르*보다는 더 자주 주희로부터 이탈했다. 경전들로부터 라틴어와 프랑스어로 옮겨진 쿠브뢰르의 번역은 우아하기도 하고 나무랄 데 없이 정밀하지만, 드미에빌에 따르면 쿠브뢰르는 결코 "여하한 독창적 해석이나 개인적 비평도 시도하지 않았다."[22] 레그의 『시경』 번역에 대한 웡 시우키트와 리 카르수의 평가는 레그가 전적으로 주희에 의존하고 있다는 이 동일한 가정에 기초하는데, 이 가정은 피스터에 의해 여러 지점에서 효과적으로 반박되었다.[23] 레그는 그 자신의 학적 평가를 표현하는 데 결코 주저하지 않았다. 실제로 그는 전통적 해석이 가진 왜곡에 대한 불쾌감을 억눌렀다. 예를 들면, 『시경』 「종사螽斯」**에 대한 전통적 주석들을 요약한 후, 레그는 화가 났다기보다는 역겨워하면서 단언했다. "분명히 이것은 슬픈 작품이다."[24] 『시경』 「권이卷耳」***는 "이보다 더 방종한 해석은 없다. 제정시기 편집자들이 이 견해에 기대야 했다는 것은 놀랍다"라는 독설을 이끌어낸다.[25] 주희조차도 그의 분노를 피해가지 못했다. "정이(1033~1107)가 제공하고 주희와 이후의 모든 작가가 받아들인 이 두 이름, 즉 천天과 상제上帝에 대한 설명은 엉터리다…… 우리는 상제를 가리키는 하나의 이름으로

* 중국에 파견된 프랑스 예수회 신부, 중국학자(1835~1919). 『서경』을 프랑스어와 라틴어로 번역했다.

** 원문은 아래와 같다. "여치의 날갯짓 소리 쓰륵쓰륵 울리는데, 그대의 자손들도 여치처럼 번성하기를. 여치 날갯짓 소리 붕붕 울리는데, 그대의 자손들도 여치처럼 끊임없기를. 여치 날갯짓 소리 직직 울리는데, 그대의 자손들도 여치처럼 많아지기를."(螽斯羽, 詵詵兮. 宜爾子孫, 振振兮. 螽斯羽, 薨薨兮. 宜爾子孫, 繩繩兮. 螽斯羽, 揖揖兮. 宜爾子孫, 蟄蟄兮.) — 김학주 역저, 『새로 옮긴 시경』(명문당, 2012), 100~101쪽.

*** 원문은 아래와 같다. "도꼬마리 뜯고 또 뜯어도 납작바구니에도 차지 못하네. 아아, 내 그리운 님 생각에 바구니도 행길 위에 내던지네.// 높은 산에라도 오르려 하나 내 말 병이 났네. 에라, 금잔에 술이나 따라 기나긴 수심 잊어볼까.// 돌산에라도 오르려 하나 내 말 병이 났네. 에라, 쇠뿔 잔에 술이나 부어 기나긴 시름 잊어볼까?// 돌산에라도 오르려 하나 내말 지쳐 늘어졌고 내 하인 발병 났으니 어떻게 하면 그대 있는 곳 바라볼까나?"(采采卷耳, 不盈頃筐. 嗟我懷人, 寘彼周行. 陟彼崔嵬, 我馬虺隤. 我姑酌彼金罍, 維以不永懷. 陟彼高岡, 我馬玄黃. 我姑酌彼兕觥, 維以不永傷. 陟彼砠矣, 我馬瘏矣. 我僕痡矣, 云何吁矣.) — 김학주 역저, 『새로 옮긴 시경』(명문당, 2012), 96~97쪽.

서의 천이 무엇을 의미하는지에 대해 정이만큼이나 훌륭한 판관들이다."[26] 그리고 우리는 레그가 강력한 이유가 있을 때는 결국 주희를 따랐음을 덧붙여야 한다. 예를 들어 『시경』 「토저兎罝」*에 관해서, 레그는 "주희는 숙숙肅肅을 그물이 설치되는 조심스러운 방식을 기술하는 것으로 만들었다. 모씨는 그것을 덫 놓는 사람의 신중한 태도를 기술하는 것으로 만들었다. 그것들 사이에서 선택하기는 어렵다"[27]고 고백했다. 때때로 레그는 『시경』 「채미采薇」**에서처럼, 자신의 번역에서 두 견해의 조화를 선택했다. 즉 모씨는 이상한 첩어 하나〔규규騤騤〕를 '강強, strong'을 의미하는 것으로 여겼고 주희는 그것을 '불식不息, unresting'으로 옮겼다. 레그는 'eager and strong'을 산출하기 위해 "설명들을 통일했다."[28] 어떤 경우 그는 또 다른 전거를

* 원문은 아래와 같다. "얼기설기 토끼그물 치는 말뚝 박는 소리 쩡쩡 울리네. 늠름한 군인은 나라의 방패일세. 얼기설기 토끼그물이 언덕 위에 쳐져 있네. 늠름한 군인은 임금님의 좋은 신하일세. 얼기설기 토끼그물이 숲속에 쳐져 있네. 늠름한 군인은 임금님의 심복일세."(肅肅兔罝, 椓之丁丁, 赳赳武夫, 公侯于城. 肅肅兔罝, 施于中逵— 赳赳武夫, 公侯好仇. 肅肅兔罝, 施于中林, 赳赳武夫, 公侯腹心.) — 김학주 역저, 『새로 옮긴 시경』(명문당, 2012), 103~104쪽.

** 원문은 다음과 같다. "고사리 캐세, 고사리 캐세, 고사리가 돋아났네. 돌아가세, 돌아가세, 이해도 다 저물어가네. 집도 절도 없는 것은 험윤 오랑캐들 때문일세. 편히 앉아 쉴 틈 없는 것도 험윤 오랑캐들 때문일세.// 고사리 캐세, 고사리 캐세. 고사리가 부드럽네. 돌아가세, 돌아가세, 마음에는 걱정만 느네. 마음의 걱정 타오르듯 굶주리고 목마른 듯하네, 우리 싸움은 평온한 날 없으니 사람을 보내어 문안드릴 수도 없네. // 고사리 캐세, 고사리 캐세, 고사리도 뻣뻣해졌네. 돌아가세, 돌아가세, 이해도 시월이 됐네. 나랏일 끊임없어 편히 앉아 쉴 틈도 없네. 걱정하는 마음 매우 아프니 집 떠나 돌아가지 못하기 때문이네.// 저기 환한 게 무엇일까? 아가위 꽃이라네. 저 큰 수레는 무엇일까? 장수님의 수레라네. 전투용 수레 몰고 가는데 수레 끄는 네 마리 말 크고 튼튼하네. 어찌 편안히 지낼 수 있나? 한 달에 세 번은 싸워 이기고 있다네.// 네 마리 말이 끄는 수레 몰고 가는데 네 마리 말은 튼튼하기도 하네. 장군께서는 위에 타시고 졸개들은 뒤따르고 있네. 수레 끄는 네 마리 말 가지런하고 상아 박은 활고자엔 물개가죽 입혔네. 어찌 매일 경계 않으리? 험윤 오랑캐 침략으로 다급한데.// 옛날 내가 집 떠날 때엔 버드나무 가지 푸르렀는데 지금 와서는 눈만 펄펄 날리고 있네. 가는 길 더디기만 하고 목마른 듯 굶주린 듯 내 마음 서글프지만 아무도 내 슬픔 몰라주네.
(采薇采薇, 薇亦作止. 日歸日歸, 歲亦莫止. 靡室靡家, 玁狁之故. 不遑啓居, 玁狁之故.
采薇采薇, 薇亦柔止. 日歸日歸, 心亦憂止. 憂心烈烈, 載飢載渴. 我戍未定, 靡使歸聘.
采薇采薇, 薇亦剛止. 日歸日歸, 歲亦陽止. 王事靡盬, 不遑啓處. 憂心孔疚, 我行不來.
彼爾維何, 維常之華. 彼路斯何, 君子之車. 戎車旣駕, 四牡業業. 豈敢定居, 一月三捷.
駕彼四牡, 四牡騤騤. 君子所依, 小人所腓. 四牡翼翼, 象弭魚服. 豈不日戒, 玁狁孔棘.
昔我往矣, 楊柳依依. 今我來思, 雨雪霏霏. 行道遲遲, 載渴載飢. 我心傷悲, 莫知我哀.)
— 김학주 역저, 『새로 옮긴 시경』(명문당, 2012), 465~468쪽.

선호해 그 둘 모두를 내던졌다.[29]

레그는 그 둘〔모씨와 주희〕 사이에서 택일해야 할 충분한 근거를 발견했을 때, 대부분 주희 편을 들었다. 일례로, 「주남周南」의 11편 시 중 첫 시〔「관저關雎」〕에서, 주희는 26회 긍정적으로 언급되고 10회 부정적으로 언급되는데, 긍정의 비율이 72퍼센트다. 모씨는 16회 긍정적으로 언급되고 19회 부정적으로 언급되는데, 긍정의 비율이 46퍼센트다. 레그는 주희의 주석을 인용할 때마다, 주희에게 70퍼센트 동의했고 모씨에게 41퍼센트 동의했다. 시들의 전반적 해석에서, 레그는 주희를 언급할 때 75퍼센트 동의했다. 모씨의 이름이 나올 때마다 인용문에서 63퍼센트가 긍정적이었다. 때때로 레그가 두 견해 모두 그럴듯하다고 본 것은 사실이지만, 결국에는 주희가 "훨씬 더 선호되어야 하는" 것으로 승리했다.[30] 그러나 여전히, 언어학적 혹은 문맥적 근거에서 설득되면, 레그는 모씨를 따르는 데 주저하지 않았다.[31] 레그가 다양한 전거의 방대한 인용을 통해 "그의 독자들의 해석적 판단에 제공된 훨씬 더 광범한 참조들, 즉 주희 입장의 단순한 반영보다 훨씬 더 복잡한 것을 제공했다"는 것이 피스터의 전반적 평가다.[32] 그러나 레그는 자신이 네 가지의 다른 번역을 출판했던 『중용』의 텍스트를 주희가 재조직한 문제에서 그 신유학 대가〔주희〕에게 가혹하리만큼 비판적이었다.[33]

레그가 "최신의 중국 학술과 동떨어져 있었고 또 구식의 정통적 해석을 받아들였다"는 도슨의 단언과는 대조적으로, 주석 전통 전부에 대한 그의 통 큰 정독精讀은 중국에 있는 동시대 외국인들이 충분히 인식하고 있었다.[34] 레그의 조력자 왕도(1828~1897)〔중국 청대 학자·평론가·번역가〕는 더욱 잘 인식하고 있었다. 레그는 제1권과 제2권*을 출판한 후, 일찍이 메드허스트를 도왔던 유식한 중국인 학자 왕도의 긴밀한 협력을 얻었다. 왕도는 레그의 동일한 기질에 감탄했다. 폴 코언은 "일반적으로 레그는 정씨 형제(정호와 정이)와 주희의 의견에 반反해 공영달과 정현으로부터 나온 자료에 무게를 두었다. 한학과 송학의 설에 대한 그의 태도는 치우치지 않은 것이었다"[35]라고 이야기 했다. 그리고 레그가 동시대의 학문으로부터 상당히 떨어져 있었다는 첫 번째 비난을 반박하자면, 1892년에 그는 출판된 지 2년도 채 안 된 『황청경해皇清經解』의 내용을 숙지하고 있었다.[36]**

왕도의 역할은 대체로 광범한 주석 자료를 수집하고 조화시키는 것으로 이루어졌다. 코언에 따르면, "왕도는 경전마다 철저한 주석을 구성했고, 비주류 저작에 묻혀 있어 자칫 외국인 학자의 주목을 피해갔을 의견에 특별히 주목했다. 레그는 이 편집물들의 가치를 알아차리고 완전히 인정했다."[37] 왕도는 『중국의 경전』 제3권과 함께 레그에게 합류한 다음, 『시경』 『춘추좌전春秋左傳』 『예기』 『역경』에 대한 주석들의 총 8개 발췌본을 제공했다.[38] 레그는 왕도에게 진 빚을 이렇게 기술한 적이 있다. "나 자신의 [『예기』] 번역본은 이 두 흠정 총서(『황청경해』 정편과 속편)의 연구에, 그리고 특별히 내가 이용하도록 내 중국인 친구이자 전前 조력자인 수재秀才*** 왕도가 만든, 대부분 지난 250년간의 더욱 최근 작가들로부터 모은 광범한 편집물에 기초하고 있다."[39] 그러므로 왕도는 언어적 측면에서 고용인을 쭉 돌봐준 언어 정보 제공자보다는 예비적 목록 작업을 수행한, 지금이라면 연구 조교

* 『중국의 경전』 제1권은 『논어』 『대학』 『중용』의 번역이고, 제2권은 『맹자』의 번역이다.

** 원서는 헬렌 레그의 언급 때문에 오류를 범하고 있다. 헬렌 레그의 책에서는 『황청경해』(정편을 말한다)가 1892년에 나왔다고 되어 있는데, 이는 제임스 레그의 논문에서 1829년이라고 정확히 기록한 것을 잘못 옮겨 적은 것이다. 『황청경해』 정편正編은 1829년에, 속편은 1888~1890년에 출판되었다. 레그가 1895년 *Journal of the Royal Asiatic Society*에 발표한 논문은 「『이소離騷』와 그 저자The Lî Sâo Poem and Its Author」다.

*** 왕도는 고향인 소주에서 부시府試에 합격해 수재 학위를 얻었다.

라 부를 역할을 했다.[40] 레그는 중국 경전 언어의 어휘적 기초의 폭뿐 아니라 그 복잡성도 장악했는데 또한 이를 독립적으로 장악하고 있었다. 당시에는 자일스의 경우처럼 원어민 중국인의 도움에 크게 기대는 것이 더 일반적이었다. 비록 레그 자신이 『예기』의 "복잡하고 곤혹스러운 문단들에 대해 이야기를 나눌 어떤 중국인 수재의 도움도" 받지 못했다는 유감을 표하긴 했지만, 그럼에도 그는 불가피한 실수가 매우 적을 것이라고 믿었다.[41] 레그는 현지의 중국인 원어민들에게 정서적으로 비굴하지도 않았고 언어적으로 의존하지도 않았다. 그러한 지적 자기확신은 고전중국어 전통에 침잠한 채 성인成人으로서 생애 대부분을 보내고 난 뒤 레그가 가진 학문적 권리였다.

문헌학자 레그

레그는 문헌학의 기술적 수준에서 많은 방법론적 미덕을 갖고 있었다. 그중 하나는 레그가 중국 문자의 본성에 대한 계몽된 견해를 갖고 있었다는 것이다. 비록 때로 어려운 단어를 무의미한 소리의 쓰레기통에 되는 대로 내맡겨버린 채 이해 불가능한 조사助辭라고 일축해버리긴 했지만, 그는 자형의 유동성을 이해했고, 또 많은 첩어가 그저 동일한 단어의 이체자일 뿐임을 알아차렸다. 예컨대, 『시경』「종사螽斯」에서 그는 "螽斯羽詵詵兮"라는 구절을 "Ye locusts, winged tribes,/ How harmoniously you collect together!"[42]라고 옮겼다. 詵詵에 대한 레그의 설명은 유익하다. 즉 "본문에 다음과 같은 한자들이 있다. 『설문해자』의 형태로는, 辛과 그 옆의

羽, 先과 그 옆의 馬, 生과 그 옆에 또 하나의 生. 이 모든 것은 그 의미가 동일한 첩어로 되어 있다."[43] 레그가 斯의 기능을 조사로 간주하는 대신 螽이라는 단어의 일부로 간주하는 착오를 저질렀지만,[44] 그렇다고 해서 철자법에 대한 그의 장악력이 동시대인들에 비해 더 앞서 있었다는 사실을 평가절하해서는 안 된다. 게다가, 레그가 이해 불가능한 조사들로서 일축해 버릴 수밖에 없었던 많은 단어는 오늘날에도 여전히 모호한 채로 남아 있다. 일례로, 『시경』「부이芣苢」의 薄言이라는 관용구를 다룰 때, 레그는 "이 용어 둘(薄과 言) 모두는, 「갈담葛覃」에 근거하여, 번역 불가능한 조사라고 인식되어왔다. 여기서처럼 조합되어 발견될 때, 그것들에 대해서는 더 이상 아무 말도 할 수 없다"[45]라고 언급했다. 웨일리의 "Here we go"나 액설 슈에슬러의 "there"* 역시 임시변통적 번역을 제공하긴 하지만 그 단어들의 기능을 전달해주지는 않는다. 때때로 레그는 그저 패배를 인정하고 '어조사'설을 옹호할 수밖에 없다. 한 사례가 『시경』「채번采蘩」이다. 레그는 이전 주석가들의 견해가 지지될 수 없는 이유를 상세히 설명한 후, 자기가 왕도에 동의해야 함을 슬픈 듯이 인정한다. "우리가 생각하는 가장 좋은 안案은 于와 以를 한꺼번에 하나의 번역 불가능한 복합어조사로 간주하는 것이다. 왕도가 그렇게 하듯이 말이다.(于以猶薄言, 皆發聲語助也)[于以는 薄言과 동일한데, 그것들은 모두 어조사다."][46]

'속격屬格 부호'인 어조사 之에 대한 레그의 논술은 시구의 리듬에 대한 민감성을 보여준다. 이는 운율의 불규칙성에 대한 조지 케네디의 유명한 논문에 이르러서야 증명된 것이다.[47] 문제의 시구는 『시경』「도요桃夭」의 '桃

* Axel Schuessler, *A Dictionary of Early Zhou Chinese*(Honolulu: Univ. of Hawaii Press, 1988), p. 41에서 '薄言'을 'THERE'라고 설명한다.

之夭夭, 灼灼其華"*라는 첫 두 구다. 之를 속격 표지로서 보통의 역할로 간주하여, 레그는 첫 구의 다른 번역으로서 "In the young and beautiful time of the peach tree"라고 어색하게 번역했다. 이런 독법에 만족하지 못한 레그는 문맥상 之가 그 보통의 용법에도 불구하고 『시경』에서 광범한 대체 기능을 가졌음에 주목했다. "그러나 여전히, 之는 『시경』 전반에 걸쳐 시구 중간에서 지속적으로 사용되는데, 거기서 우리는 그것을 운각韻脚의 수를 보충하는 조사로 간주할 수 있을 뿐이다. 즉 아마도, 위의 방식으로 이와 같은 시구를 해결할 만한 가치가 없을 것이다." 고맙게도, 시경의 운율에 대한 레그의 민감성이 그의 엄격한 문법 감각을 제압했고, 다음 같은 더 즐거운 시구를 낳았다. "The peach tree is young and elegant;/ Brilliant are its flowers."[48]

레그의 불가피한 한 가지 경험법칙은 통사統辭에 밀착하는 것이었다. 이 원리는, 자일스에 따르면, "중국의 문어에 대한 황금열쇠"였다. 그것은 『중국어 열쇠: 중국어 문법의 기초Clavis Sinica: Elements of Chinese Grammar, 中國言法』의 저자 마슈먼에 의해 처음으로 널리 고지되었다. "중국어 문법 전부는 위치에 달려 있다."[49] 계속해서 자일스는 "한 한자의 의미를 정의를 가지고 샅샅이 다루기란 불가능한데," "각 단어는 (조넨샤인 교수를 인용하자면) '환경에서부터 색을 빌려오는 카멜레온과 같다'"라고 말한다.[50] 레그는 와일리를 처음으로 접견했을 때 이 미덕을 알아차렸다. "그[와일리]의 발음은 정확하지 않았지만, 그는 한자의 의미가 그 조합에서 결정되는 상대적 위치의 원리를 확실히 장악하고 있었다."[51] 레그가 방법론적 도구라고 생각

* "싱싱한 복숭아나무여! 화사한 꽃 피었네." 김학주 역저, 『새로 옮긴 시경』(명문당, 2012), 102쪽.

한 것을, 대영박물관 중국 장서 담당 사서인 로버트 더글러스는 문체상의 결점이라고 간주했다. "그 가치를 완전히 변경하거나 의미를 없애거나 하지 않고서는 어떤 단어도 그 정해진 위치에서 벗어날 수 없다. 그리하여 그 문학은 본성상 다음절多音節 언어의 문학에 속하는 것인 다양성과 우아함의 많은 부분을 잃어버렸다."[52] 레그 역시 다음절 언어에 대해 감을 잡고 있는 것으로 보이는데, 케네디에 따르면 다음절 언어에서 "그는 분석이 지체되더라도 본능적으로 경계警戒 상태를 유지했다."[53]

마지막으로, 애송이 문헌학자 레그는 마침내 비판정본 작업의 중요성을 부분적으로나마 의식하게 되었고, 때로는 자신이 제시한 저본底本을 지지하기 위해 최소한 한 개의 다른 텍스트적 증거에 대한 다양한 독법을 제공하기까지 할 정도였다. 레그의 동기들은 그의 번역에 나타나는 완벽을 향한 태도에 대한 감탄을 은연중에 드러낸다. 심지어 그가 핵심을 그다지 잘 장악하지 못했을 때조차도 말이다. "목하目下 고려본高麗本 재간행본의 각주들에서 (…) 다양한 독법을 모두 제공하느라 고생했다.(300개가 넘는다.) 부분적으로는 호기심으로서 또 나의 텍스트를 완벽하게 하기 위해서, 부분적으로는 여하한 언어로 된 글이든지 간에 그 전사轉寫에서 그런 변형이 어떻게 확실히 발생하는지를 보여주기 위해서다⋯⋯ 전체적으로 그것들이 문서의 의미에 끼치는 영향이 매우 적기는 하지만."[54] 그럼에도 레그가 하나의 훌륭한 기초 텍스트를 제공하는 데에 그렇게 많은 주의를 기울였다는 점은 문헌학 기초에 대한 그의 전반적 장악을 매우 잘 말해준다. 즉 그 텍스트의 옛 판본들에는 수많은 착오가 있어서, "이전에 인쇄된 것들보다 더 정확한 중국어 텍스트를 나의 번역에 동반시키는 것이 바람직하게 보인다."[55] 거부할 수 없는 마지막 인용문 하나가 레그의 문헌학적 심태를 요약해준다.

모든 중국어 텍스트, 특히 불교 텍스트는 외국인 학생들에게는 생소하다. 그들은 그 텍스트들에다가, 유럽에서 가장 유능한 학자 수백 명이 수 세기 동안 라틴 고전과 그리스 고전에 행한 것을 해야 하고, 또 비평가와 주석가 수천 명이 거의 열여덟 세기 동안 우리의 성경에다 행한 것을 해야 한다. 금세기의 번역가들이 그 작업을 시작한 중국문학 분야에는 선행자가 거의 없다. 이것이 몇몇 각주가 상세하고 긴 것에 대한 충분한 변명으로 받아들여지기를 바란다.[56]

결론적으로, 레그의 문헌학적 접근법은 그에게 잘 봉사했을 뿐 아니라 오늘날의 중국 고전문헌학을 계속 뒷받침하는, 동시대인들보다 뛰어난 기술적 진보를 보여주었다. 요약하자면 다음과 같은 것들이다. 1) 중국 문자 체계의 표어문자적logographic 성격에 대한 레그의 파악. 2) 운율에 대한 민감성. 3) 통사 규칙의 확고한 고수. 4) 정확성을 위해 우아함을 삼가는 축자적 번역 스타일. 5) 주석 전통의 장악, 그리고 텍스트 자체에서 나오는 증거에 기초한 곳에서는 최고의 전거를 따르려는 의지. 6) 설령 하나의 단순한 집주판을 만드는 데에 이르게 될지라도, 최고의 텍스트를 이용하는 것에 대한 관심.

분명치 않음보다는 어색함을: 번역 방식

데이비드 니비슨에 따르면, 레그 번역의 한 가지 특수한 힘은 언어적 문제나 텍스트적 문제를 은폐하지 않는 그의 축자적 번역이다. 즉 영역본의 어려운 부분은 단지 원본의 어려운 부분을 반영할 뿐이었다.

> 레그는 많은 독자에게 구식이고 어색하다는 인상을 줄 것이다. 이는 부분적으로는 이 번역이 한 세기도 더 전에 일했던 선교사의 작업이었다는 사실에 기인하는 결과다. 그러나 그것은 번역자가 단언하기 어렵다고 느끼는 텍스트 속의 한 지점을 부드럽게 넘어가지 않으려는 특별한 의식意識 탓이 매우 크다. 따라서 레그의 생경함은 사실은 미덕이며, 또 그의 유일한 미덕도 아니다.[57]

물론 텍스트의 의미와 문체 양자 모두에 대한 성실성은 잠재적 독자들이 그 텍스트에서 무엇을 추출해낼 것인지를 미리 넘겨짚지 말아야 하는 문헌학자의 기본 책무다. 문헌학자의 책무는 문서를 제공하고 또 그 문서가 담고 있는 원原데이터를 제공하는 데 있다. 언어적 성격, 문법적 용법, 문체의 뉘앙스 같은 간과된 자질을 포함해서 말이다. 〔미국의 중국문학·일본문학 번역자, 학자〕 버튼 왓슨(1925~)의 『사기』 번역처럼 별 노력 없이도 부드럽게 읽히는 번역은 그런 숭고한 헌신에는 부응하지 못하며, 그래서 그렇지 않았더라면 그 번역이 봉사했을 것만큼 널리 봉사하지 못한다.[58] 문체상 축자적 어색함은 덜하겠지만, 하나의 분명치 않은 언어 조직물을 제공할 때 그와 같은 독법은 짜증날 정도로 정밀치 못하다.[59] 레그의 축자성은 그 번역가가 의식적으로 선택한 문체이지 취미나 기교의 부족으로 인한 결과가 아니었다. 왜냐하면 레그의 번역은 3~4개의 독립적 판본을 거쳤으며, 그것들 각각을 이후의 심사숙고와 개정을 위해 일정 기간 밀쳐두었기 때문이다.

피스터는 레그의 번역 과정에 대해 다음처럼 평한다.

> 한 텍스트의 첫 완역이 끝나면, 그는 그것을 철해놓은 채 내버려두곤 했다. 그는 몇 년 후 그 중국어 텍스트로 되돌아와서, 이전의 초고를 참고하지 않은 채로 또 다른 독립적 번역을 하곤 했다. 그는 일을 다 완성한 다음에야 그것을 자신의 이전 작업과 비교하고, 무엇이 변했는지, 어떤 방식으로 자신이 성숙했는지를 점검했으며, 고대 문법 혹은 관용구의 일반적 문제들을 다루는 더 나은 방법을 제안하는 더 많은 패턴을 확인했다. 어느 텍스트든, 길이에 따라 다르긴 하지만, 레그는 출판용 수고를 준비하기 전에 3~4개나 되는 독립된 버전을 만들었을 것이다.[60]

니비슨이 레그의 『맹자』 번역본을 "이용 가능한 최고의 출판물 가운데 하나"[61]라고 부르는 것은 언어와 주석 전통에 대한 레그의 장악력과 더불어 이런 엄격한 성실성 때문일 것이다.

레그의 경전 연구에 대한 결론은 자일스 교수에게 맡기도록 하자.

> 레그 박사가 번역하고 주석한 『중국의 경전』을 공부하는 학생들은 그 위대한 에버딘 사람(레그)의 놀라운 근면함과 특별한 정확성에 자주 충격받을 것이 틀림없다. (…) 그의 유교 경전 번역은 많은 나약한 학생으로 하여금 가장

어려운 텍스트를 올바로 이해하도록 도왔다.—그렇지 않았더라면 그 학생들이 도달하지 못했을 지점으로까지. 또 그것은 다른 형제와 나약한 형제들로 하여금 그들의 힘이 미치지 못하는 현실 속에 있는 작품들의 독립적 해석자인 체하는 것도 가능케 했다.[62]

레그의 탁월한 성취들은 그의 동시대인들에게 인정받았고, 그는 1875년 제1회 쥘리앵 상을 받았다.

선교사 번역가에서 전문직 중국학자로

1876년 레그는 옥스퍼드의 코퍼스 크리스티 칼리지Corpus Christi College에 설치된 최초의 중국어 교수직에 임명되었다. 그는 1897년 사망할 때까지 그 자리에 있었다.[63] 이 교수직은 레그가 그 자리에 앉는다는 전제하에 일단의 상인들에 의해서 제공되었다.[64] 비非국교도이자 비잉글랜드인인 레그의 위치가 이따금 동료와의 사교에 어려움이 되긴 했지만, 그는 위대한 동시대 옥스퍼드인인 〔독일 출생의 동양학자〕 막스 뮐러(1823~1900)[65]와 친밀했다. 뮐러가 레그에게 보낸 편지를 길게 발췌해보면 레그가 뮐러와 쥘리앵에게서 받은 깊은 존경이 드러난다. 다음은 레그가 옥스퍼드에 오기 전 해인 1875년 2월 13일 자 편지다.

당신〔레그〕과 알게 되는 것은 저〔뮐러〕에게 가장 큰 기쁨일 것입니다. 저는 오랫동안 당신에게 소개될 기회를, 제가 당신의 어마어마한 『중국의 경전』을 얼마나 감탄하는지 말할 수 있는 기회를 고대해왔습니다.

물론 당신 작업의 건전성에 대해, 저는 견해를 표명할 자격이 없지만 그러나 저의 오랜 친구 스타니슬라스 줄리앵이 가능한 최상의 언사로 당신의 작업에 대해 말하는 것을 들었을 때, 실제로 저는 당신의 작업이 찬사에 그다지 헤프지 않은 사람에게서 그런 찬미를 얻어낼 최상급의 것임이 틀림없음을 알았습니다.

제가 스스로 말할 수 있는 것이라고는 세계의 다른 신성한 글들에 대해 당신의 번역과 같은 그런 번역을 가지고 싶어한다는 것이 전부입니다.[66]

레그는 한 즉석 언급에서 줄리앵이 너무나 과장되게 자신을 칭찬했음을 보여준다. "줄리앵은 나와 가장 많이 서신을 교환한 사람이다. 그가 나에게 보낸 편지들은 칭찬으로 닭살이 돋는다."[67] 사후에 발견된 레그의 논문 중 이 프랑스인 중국학자(줄리앵)에게서 온 편지가 몇 다발 있었는데, 헬렌 레그에 따르면 "모두가 아름답게 쓰였고, 중국어 인용문으로 가득 찼으며 종종 덧붙여 놓은 섬세한 중국어 인쇄물 조각도 있었다."[68] 레그는 뮐러와 줄리앵 외에도 유럽의 중국학자 가운데 슐레겔 및 가벨렌츠와 서신을 교환했다. 마지막 칭찬 한 가지가 뮐러를 경유해 레그에게 더해진다. 1876년 3월 10일 뮐러가 레그에게 보낸 편지를 소개할 때, 뮐러 부인은 레그를 동방성서Sacred Works of the East 프로젝트의 수많은 협력자 중 결코 뮐러를 실망시키지 않은 유일한 학자라고 칭찬한다. 다른 많은 사람은 원고 제출에 때때로 수년을 지체했지만, 레그는 일단 날짜를 약속하면 언제나 기한을 지켰다.[69]

레그는 이후 21년간의 학문에서도 여전히 적극적이었는데, 공적이건 사적이건 서양에서 가장 인상적인 중국학 도서관이었음에 틀림없는 도서관에서 평생에 걸쳐 자신이 수집한 자원들을 이용했다.[70] 옥스퍼드에서 종신교수직으로 있는 동안 그는 『효경孝經』(1979) 『역경』(1882) 『예기』(1885) 『불국기』(1886) 『장자』 『노자』 『태상감응편太上感應篇』(1891) 「이소」(1895)와 같은 매우 중요한 저작들을 번역했다. 그는 1884년 에딘버러대학 300주년 기념식에서 명예 문학 박사 학위를 받았다. 죽을 때 레그는 『장자』에 대해 작업하고 있었다. 뮐러의 동방성서총서 제39권과 제40권으로 포함된, 레그의 도가 경전 번역인 『도가 텍스트들The Texts of Taoism』은 현대의 한 권위자에 따르면 "서양 최초로 도가 사상 전체를 설명한 중요한 것"이 되었다.[71]

윌리엄 에드워드 수딜

윌리엄 에드워드 수딜(1861~1935)은 레그의 옥스퍼드 교수직을 그다음으로 맡은 사람이었다. 그는 1920년 레그의 후임으로 임명되어 1935년까지 봉직한 전직 선교사였다. 수딜이 1920년이 되어서야 선발되었다는 점, 즉 23년간의 공백은 중국어 교수직에 대한 제도적 책임의 결핍을 보여준다. 수딜이 퇴임한 지 3년 후인 1938년에 출중한 중국인 학자인 천인커(1890~1969)가 임명되었으나, 그는 전쟁 때문에 제2차 세계대전이 끝난 뒤인 1946년에야 잉글랜드에 도착했고, 눈병 문제로 책무를 맡지 못했다.[72] 또 다른 전직 선교사 미국인 호머 해슨플러그 더브스(1892~1969)가 1947년 그 자리에 뽑혔다.[73] 선교 사업이 아니라 학계에서 자기 책무를 위해 훈련된 최초의 전문직 중국학자가 옥스퍼드 교수직을 차지한 것은 1961년 데이비드 호크스의 취임 이후였다. 여러 세대 동안 잉글랜드 중국학 서클에 너무나 굳게 자리 잡은, 옥스퍼드에서건 케임브리지에서건 런던에서건 간에 교직이 은퇴한 선교사나 때로는 외교관에 의존하던 선례는, 따라서 더브스로부터 레그를 거쳐 키드에게로 직접 소급된다.

제11장 | 아서 웨일리: 시인으로서 문헌학자

"문헌학자가 시인으로서 혹은 시인이 문헌학자로서 이중의 역할을 할 수 있는 조합은 드물다. 문헌학자는 외국어에서 표현을 발굴하는 데에 관심이 있고, 시인은 그 자신의 언어로 표현을 완벽히 하는 데에 관심이 있다. 이제 성공하는 조합은 이 양자의 조합이다."

—조지 A. 케네디, 『선집』[1]

"순간의 영감으로는 충분치 않다. 만약 뭔가 유용한 것이 생산되려면 오래되고도 사려 깊은 사색으로 보충되어야 한다. 이제 그것은 더 이상 문헌학이 아니며, 더 이상 우리의 기술이 아니다. 이 경우에 우리는 우리의 문헌학 없이는 해낼 수 없지만, 그것으로는 충분치 않다. (…) 비록 그것이 필요하긴 하지만, 학식만으로는 충분치 않다, 그 텍스트를 이해하는 데에도, 그리고 번역 또한 시 쓰기와 비슷한 무엇일 때, 뮤즈의 도움은 매우 확실히 요구된다."

—빌라모비츠묄렌도르프, 「번역이란 무엇인가」[2]

아서 웨일리는 와일리 사망 2년 뒤에 태어났지만, (잉글랜드 런던) 하이게이트 묘지의 안식처 이상의 것을 와일리와 공유하게 되었다. 웨일리는 독학 동양학자 중 가장 성취가 큰 인물이었기 때문이다. 웨일리는 희귀한 문학적 통찰력과 심원한 기술적 박식을 결합했다. 비록 자신의 학식을 제도적으로 이용하는 경향은 있었으나, 결코 교직을 가진 적도 없고 원하지도 않았다. 그러나 그는 당시의 잉글랜드 전문직 중국학자의 호적수 이상의 존재였고,[3] 전문가적 활동에 매우 적극적으로 나섰으며, 학술 회의와 논문 독회에 참여했다. 그리고 레그가 19세기의 가장 위대한 중국어 번역자라는 명성을 누렸다면, 동료이자 동포인 웨일리는 20세기 전반에 비공식적으로 그런 명성을 누렸다.[4]

"그는 여전히 잉글랜드인이다"

아서 웨일리(1889~1966)는 〔잉글랜드 켄트 주〕 턴브리지 웰스에서 아서 슐로스로 태어났다. 부분적으로 독일계 혈통이었으며, 케임브리지 킹스칼리지에서 1907년부터 1910년까지 고전학을 연구했다. 그의 연구는, 케임브리지에서 보여준 전도유망함에도, 시력 문제로 부득이하게 서서히 멈췄다. 1913년, 수출업계에서 일함으로써 부모를 기쁘게 하려는 노력이 무산된 후 그에게는 동양학자이자 시인 로런스 비니언이 담당한 대영박물관의 신설 동양분과 인쇄 및 회화부의 자리가 주어졌다.[5] 웨일리는 중국 관계官界의 유서 깊은 구실, 즉 와병을 핑계로 그 일에서 물러나 1929년 대영박물관을 떠나 저술과 번역에 몰두했다. 그는 전쟁 기간 정보국에서 검열관으로 단기간 있었던 것(1939~1945) 외에는 다시는 전업專業을 갖지 않았다.

웨일리는 결코 아시아를 방문하지도 않았고 현대 표준중국어나 일본어를 배우지도 않았다. 물론, 다른 저명한 학자들도 종종 자국 내에 남아 있는 것을 선호했고, 결코 친히 관찰함으로써 자신들의 역사적 비전을 전복하려 하지 않았다. 옥스퍼드의 유명한 인도학자 막스 뮐러도 이런 사례다.

웨일리와 랠프 랙스트로, 즉 길버트와 설리반의 명랑한 익살극 〈군함 피나포어H.M.S. Pinafore〉*의 선원 영웅 사이의 차이는, 웨일리는, 정서적으로 애착을 갖든 지적으로 충실하든 간에, 다른 민족에 속하려고 시도조차 하지 않고 철두철미하고 확고부동하게 잉글랜드인으로 남아 있었다는 점이다. 웨일리와 뮐러 둘 다 〔잉글랜드 런던 출신의〕 그리스학자 잉그램 바이워터(1840~1914)와 동일한 방어적 자세를 취했다고 생각할 것이다. 바이워터는 "현실이 고대국가에 대한 자신의 상상도想像圖에 끼어들지도 모르기"[6] 때문에 그리스를 회피했다고 한다.

스펜스는 『산속에서 미친 듯 노래하기Madly Singing in the Mountains』**에 대한 매우 통찰력 있는 서평에서 웨일리의 현대 아시아 방문을 막은 이유 몇 가지에 대해 심사숙고한다.[7] 그중 중요한 이유는 웨일리가 잉글랜드식 상위 중산층 교육을 받았다는 것이다.

> 웨일리는 고전학자였다. 그리고 그는 골즈워디 로스 디킨슨***이 여전히 젊은이들의 생각을 사로잡고 있던 때에 킹스칼리지에도 있었다. 사람들이 '블룸즈버리'****라고 알고 있는 것의 핵심인 미학적 인문주의의 미덕들을, E. M. 포스터*****의 수필과 소설 속에 지속적으로 쓰여 있는 미덕들을

* 빅토리아 시대의 오페라 극작가 W. S. 길버트와 작곡가 아서 설리반이 만든 희가극comic opera. 1878년 5월 25일 런던 초연.

** 웨일리가 이반 모리스와 함께 출간한 책(런던, 1970). 부제는 '아서 웨일리의 비평과 선집Appreciation and Anthology of Arthur Waley'이다.

*** 잉글랜드 출신의 정치학자 · 철학자(1862~1932).

**** 블룸즈버리그룹. 소설가 버지니아 울프, 경제학자 존 메이너드 케인스, 소설가 E. M 포스터, 비평가 자일스 리턴 스트레이치 등이 가장 유명한 멤버다. 아서 웨일리도 이 그룹의 일원이었다. 이들은 20세기 전반기에 런던의 블룸즈버리 근처에서 함께 작업하거나 공부했다.

***** 에드워드 모건 포스터(1879~1970). 잉글랜드 출신의 수필가이자 소설가.

가르치면서. 디킨슨은 케임브리지 바로 바깥에 잠복한 세상의 추함과 잔인함과 무감각함에 낙담했다. 어떻게 그런 소름끼치는 환경에서 아테네적 이상이 보존될 수 있을 것인가? 품위, 정절, 열정을 높이 평가한 저 사람들은, "자연으로부터 분리되었지만 인문학에 의해 교화되지는 않은, 가르쳐지긴 했지만 훈련되지는 않은, 동화되기는 하지만 사고할 수는 없는" 새로운 잉글랜드인이 지구를 상속받지 않도록 아테네적 이상의 가치를 분명히 표방해야 한다.[8]

그러므로 웨일리는 조잡한 현실주의와 현대적 삶의 종종 야만적인 현실—현대 아시아에서 고통스러울 정도로 분명하고 또 제1차 세계대전의 제정 독일과 제2차 세계대전의 제3제국(1933~1945년 사이, 나치스 통치하의 독일)이라는 한 쌍의 힘으로 잉글랜드의 존재 자체를 위협하는—을 초월하고자 했다. 또 미적 진리에 대한 자신의 감각과 계몽에 대한 열정을 공유할 수 있다고 생각되는 과거의 사람들과 교제하고자 했다. 따라서 만약 웨일리의 특수한 아시아관이 오로지 여러 언어로 된 광범한 고전 자료들을 영양분으로 취한 예리한 지성의 산물이었다면, 번역될 저자들의 선택은 그 자체가 웨일리의 도덕적 확신과 심적 경향 때문이었다. 자신이 선호하는 것에 대한 선택의 문제로 돌아오면, 독자인 우리는 스펜스의 말로 하자면 비록 항상 현실을 반영하지는 않더라도 우리 자신을 위한 많은 미덕을 담고 있는 "한 가지 삶의 방식에 대한 동양으로부터의 복음" 노릇을 하는 여러 고전 저작을 수용했다. 이제 궁극적으로, 웨일리의 번역들은 "언제나 (그리고 앞으로도 언제나) 참이기 때문에, 덧없지 않은 확실한 가치, 결코 시대착오적이지 않은 진실한 태도가 있다는 신념의 산물이었다.[9]

독학 동양학자

이렇게 아시아를 그 자체로 경험하기를 거부하고, 문헌학을 통해 불러낸 중국과 일본에 대해 자신이 끌어낸 비전을 선호한 데서, 아마도 웨일리는 식민지 텍스트의 해석colonial textualism을 통해 서양적 가치 체계를 부여하려 한 19세기 동양학Orientalism의 지적 제국주의로 되돌아갔다고 말할 수 있을 것이다. 에드워드 사이드라면 그렇게 말했을 것이다. 그러나 물론 웨일리에게 관련된 것은 스스로의 모든 예술적·문학적 장려함을 지닌 과거의 중국이었다. 웨일리의 인식론이 설득력 있었던 것은 그의 산문이 주는 매력뿐 아니라 그가 재구성한 아시아적 미학이 주는 내적 매력 덕분이기도 했다. 영원히 제도권 중국학 바깥에 서 있었던 그는 스스로 터득한 방법론에서 얻은 솜씨가 없었다면 결코 성공하지 못했을 것이다.

웨일리는 동양 분과의 인쇄 및 회화부에 도착하자마자 그의 관리자인 비니언의 명목상의 후견 아래 처음으로 중국어와 일본어 공부를 시작했다. 대영박물관에서 웨일리의 후임자인 배질 그레이에 따르면, "그는 자신이 손댈 수 있는 최고의 문학 텍스트들을 읽음으로써 공부했다. 이것이 그가 1916년 이후로 출판하기 시작한, 그 두 언어(중국어와 일본어)로 된 매우 다양한 저작 번역의 물결을 설명해준다."[10] 이 물결은 결코 멈추지 않았고, 상당수의 다양하고 가치 있는 학적 저작이 그 출판물 흐름에 정기적으로 신선하게 주입되었다. 아이반 모리스의 통계 작업에 따르면, 1964년까지 웨일리의 생산물은 "책 약 40권, 논문 약 80편 이상, 서평 약 100편에 달했고, 그의 책만도 총 9000쪽이 넘었다."[11]

웨일리의 공식적 책무는 대영박물관에 소장된 중국회화 컬렉션을 기술하고 색인(1922년 인쇄)을 편찬하는 일을 포함하고 있었다. 그가 기술한 것들은 결코 출판된 적이 없으나, 그중 일부는 그의 1923년 출판물 『중국회화 연구 입문An Introduction to the Study of Chinese Painting』에서 다시 손질되었다.[12]

웨일리는 처음부터 줄곧 일본문학에 주목하고 있었다. 웨일리의 개인적 연구는 마침내 1923년 이후에는, 그가 대영박물관에서 일본어 목판 서적의 목록에 대해 행한 작업과 병행하게 되었다. 1919년에 『일본시: '우타うた'Japanese Poetry: The 'Uta'』가, 1922*년에 『일본의 노극能劇, The No Plays of Japan』이 나왔다. 1925년 『겐지모노가타리源氏物語, The Tale of Genji』** 첫 권을 출판했고, 제2~6권은 마침내 1933년에 나왔다. 그 사이에 『미쿠라노소시枕草子, The Pillow Book of Sei Shonagon』(1928)***를 생산했다. 이 시기에 편찬되고 있던 마지막 참고 서적은 중요한 『아우렐 스타인경이 둔황에서 복원하여 대영박물관 및 및 델리의 중앙아시아고대박물관의 동양분과 인쇄 및 회화부에 보존된 회화들의 목록A Catalogue of Paintings Recovered from Tun-huang by Sir Aurel Stein, K.C.I.E., Preserved in the Sub-Department of Oriental Prints and Drawings in the British Museum and the Museum of Central Asian Antiquities, Delhi』(런던, 1931)이었다.

웨일리는 일본문학에 관한 관심보다 훨씬 앞서 중국 시에 매혹되었는데, 이는 평생에 걸쳐 지속되었다. 1916년 최초의 중국어 번역물들

* 원서의 "1921년"은 오류다.

** 일본 헤이안 시대 중기인 11세기 초 궁녀 무라사키 시키부가 쓴 장편소설. 천황의 제2황자로 태어나 신하의 신분으로 떨어진 히카루 겐지와 그의 아들 세대까지의 이야기를 그리고 있다. 『겐지 이야기』.

*** 궁정 생활을 묘사한 일본 고대 후기 수필. 11세기 초 세이 쇼나곤의 작품으로 일본 수필문학의 효시라 평가받는다. 미쿠라노소시는 '베갯머리의 서책' 정도의 의미다.

이 나왔다.* 더 널리 알려진 저작들이 곧이어 나왔다. 즉 『중국 시 170수 A Hundred and Seventy Chinese Poems』(1918), 『추가로 번역한 중국 작품들 More Translations from the Chinese』(1919), 『「사원」 및 기타 시들The Temple and Other Poems』(1923)이다.

웨일리는 박물관 퇴임 후에는 번역 출판물들에서 나오는 재정적 지원에 힘입어 연구에 모든 시간을 쏟을 수 있었다. 점차로 중국 사상과 문학의 고전들에 그 시간을 바쳤는데, 모두 학술적 서론과 해석으로 뒷받침되어 있었다. 『길과 그 힘The Way and Its Power』(1934),** 『시경The Book of Songs』(1937), 『논어The Analects of Confucius』(1938), 『구가九歌: 고대 중국 샤머니즘의 연구The Nine Songs: A Study of Shamanism in Ancient China』(1955)*** 등이다. 그는 전통 중국시로 되돌아갔을 때, 주로 이 동일한 학적 노선을 따랐고, 개별 시인들에 대한 단행본 형식을 취했다. 『백거이의 생애와 시대The Life and Times of Po Chü-i』(1949), 『이백의 시와 생애The Poetry and Career of Li Po』(1950), 『원매Yuan Mei』(1956) 등이다.

문헌학자로서 시인

아이반 모리스는 웨일리의 글 전체에 깔려 있는 다섯 가지의 일반적인 성질을 집어낸다. 첫째는 심오한 학문과 믿을 수 없을 만큼 광범한 지식이

* 1916년에 런던의 Lowe Bros.에서 『중국 시Chinese Poems』라는 제목의 16쪽짜리 중국 시선집이 출간되었다.
** 『노자도덕경老子道德經』의 번역과 해설
*** 「구가」는 굴원이 지은 초사의 편명이다.

다. 둘째는 놀랄 만한 언어 솜씨다. 셋째는 영어 산문과 시에 대한 감수성이다. 넷째는 문학에 대한 헌신과 몰두다. 마지막은 집중력이다.[13] 이 개괄에다가 약간의 구체적 성질을 덧붙이려 한다.

가장 중요한 것은, 웨일리의 학문과 광범한 지식의 기초에는 그의 놀랄 만한 언어적 재능이 있었다는 점이다. 웨일리는 남들이 야간학교에서 학점을 따는 것만큼이나 쉽게 언어들을 습득했다. 고전일본어에 관한 그의 유명한 즉석 언급은 다시 언급할 만하다. "고전 언어는 문법이 쉽고 어휘가 제한되어 있어서, 몇 달이면 다 익히기에 충분하다."[14] 그는 그리스어, 라틴어, 산스크리트어, 히브리어, 몽골어, 돌궐어, 아이누어, 이탈리아어, 네덜란드어, 포르투갈어 독해력이 있었다. 또 프랑스어, 독일어, 스페인어를 유창하게 읽고 말했다. 웨일리는 이 지식을 이용해 많은 문서에 천착했고, 특히 인류학적 문헌을 파헤쳤다. 일례로, 그의 『도덕경』 번역은 아프리카의 거북점과 바빌론의 마법적 의식에서부터 알프스 농부들의 미래 예측omen lore과 불교 사상 및 기독교 사상에까지 이르는 적절한 비교들로 충만했다.[15]

웨일리는 언어, 특히 고전중국어를 가지고 무엇을 해야 할지 알고 있었고, 독보적 솜씨로 고전중국어의 복잡한 것들을 다루었다. 두드러진 사례 하나는 『도덕경』의 텍스트적 층層들—때로는 본문에 섞여 들어간 주석을 드러내고(예컨대 제31장), 때로는 확고한 공리公理를 드러낸다(예컨대 제6장, 12장, 24장)—에 대한 그의 논술이다. 웨일리는 동음이의어들의 상호 작용과 의성어의 뉘앙스에 특히 민감했다. 후자에 관해서 그는 이렇게 말한 적이 있다.

중국어에는 의성적擬聲的 방식 혹은 의사擬似의성적 방식으로 이용된 (…) 중복적 표현이 풍부하다. 이 단어들은 소리, 형태, 기타 등등의 뉘앙스뿐 아니라 감정의 그늘도 재현하는데, 물론 그림처럼 번역될 수는 없으며, 개별적으로 취하면 매우 다른 의미를 갖는 음성적 등가물에 의해 종종 표현된다. 그래서 坎이라는 표제자 아래에는 坎坎이라는 표현이 있는데, 이는 坎 하나만 있을 때와는 의미가 매우 다른 것이라고 일반적으로 인정되는 하나의 첩어다.[16]

웨일리의 기술적·문헌학적 솜씨의 중요한 측면 하나는 동일한 단어의 다양한 '이체자'가 허용되는 표어문자 체계의 성질에 대한 그의 전체론적holistic 접근법인데, 이는 오늘날에도 잉글랜드의 중국학자들 사이에서 보편적으로 합의되지 못하는 것이다.[17] 예를 들어, 『맹자』 텍스트에 관해서 웨일리는 征을 爭을 나타내는 것으로 간주하기를 선호했다. 즉, "征이 爭의 음성적 대체물이거나 잘못이라고 생각할 충분한 이유가 있다."[18] 혹은 "關은 彎의 음성적 대체물이다. 이 구절 자체로는 아무런 만족스러운 의미도 얻을 수가 없다. 아마도 무언가가 그 텍스트에서 빠졌을 것이다."[19] 비록 본문에 주를 달라고 즉각적으로 주장하지는 않았지만, 칼그렌이 이러한 해석상의 유동성을 자형에서 지나치게 자유롭게 만드는 짓이고 미리 상정한 해석에 들어맞는 글자들로 맘대로 대체하는 짓이라고 간주한 것은 사실이다.

본연의 문헌학, 곧 어려운 단어와 구절의 해석에 관해서 [웨일리는] 청대 최고 권위자 다수를 부지런히 연구했다. 그러나 이를 읽는 학생은 별다른 도움이 없어 당황하게 되는데, 왜냐하면 웨일리의 책은 아무런 학적 장치가

> 없는 문학서로서 출판되었기 때문이다.(본문 주석을 담고 있는 32쪽짜리 부록은 너무 적은 것을 제공해서 실질적으로 아무런 도움이 되지 않는다.)
> 특히 나(칼그렌)는 전승된 텍스트가 완벽하게 만족스러운 해석을 허락하는 텍스트를 웨일리가 빈번히 변경하는 데에 반대한다. (…) 우리의 원칙은 커다란 경고가 되어야 한다. 즉 변경이 필수적이고 정정이 명백히 그럴듯할 때가 아니면, 전승된 텍스트를 절대로 변경하지 말라.[20]

칼그렌은 항상 선택을 보류한 채 엄청나게 다양한 의견을 감탄할 만한 노력으로써 상기시키는 폭넓은 주석 저작으로 명성이 있다. 그래서 이 태도는 웨일리의 명예를 손상한다기보다는 칼그렌의 창조적 통찰력의 부족을 반영한다. 문체와 언어 감각에 따른 주관적 판단은 여하한 비판정본 작업에서도 언제나 필요하다. 그리고 후자의 성질에서 웨일리는 많은 것을 소유했다.

웨일리는 또 자신의 용어법을 정밀하게 규정하고 선택하는 데에 극히 신중했다. 『길과 그 힘』 서론에서와 같은 긴 여담을 대가로 치르더라도 말이다.

> 내가 논해야 할 단어가 아직 상당수 남아 있다. 독자는 아마도 이 지점에서 내가 이 서론의 본래 목적을 잊었는지, 그리고 문헌학에 기운 경향 때문에 중국 사상을 망각하고 중국어에 관한 논문을 쓰는 것으로 미끌어져 들어간 것은 아닌지 의심하기 시작할 것이다. 단어의 역사를 먼저 연구하는 것 말고는 사상의 역사를 연구하는 다른 길을 모른다고, 또 그러한 연구는 내가 그리스인, 로마인, 이집트인, 히브리인 혹은 다른 여하한 민족을 다루더라도 똑같이 필수적으로 보일 것이라고 말할 수밖에 없다.[21]

이렇게, 자신의 명성을 그저 한 명의 시인-번역가로서 잘못 나타내고서도, 웨일리는 전문직 동료들을 사로잡은 정교하게 논의된 동일한 문헌학적 분석에 종종 뛰어들었다. 그의 유명한 집중력과 각 단어의 의미 해명에 대한 몰두는, 희귀한 사본이나 진귀한 판본을 이용하기 위한 몇몇 대륙 횡단적 소풍에서처럼, 개개의 언어학적 문제를 해결하고자 종종 그를 과도한 길이로 몰고 갔다. 예컨대, 「도가道家 블레이크Blake the Taoist」에서 웨일리는 블레이크*가 어떤 도가 텍스트에 영향을 받았는지 여부를 고려했다. 결국 웨일리는 당시 잉글랜드에서 이용할 수 있었던 유일한 도가 텍스트, 즉 1788년 런던에 처음으로 전해진 『도덕경』 초기 라틴어 번역본의 전달사史를 상세히 논하는 데에 한 페이지 전부를 바쳤다.[22] 웨일리는, 비록 내력을 밝히기 위해 지루한 비판정본 작업에 시간을 기꺼이 쏟고자 하지 않았다 하더라도, 적어도 문제를 의식하고 있었고 또 그러한 연구가 결핍된 곳에 감탄할 만하게 주의하고 있었다.[23]

시의 대중화

웨일리의 작업 전체의 저변에 있는 것은, 중국 시든, 일본 소설이든, 아이누족 서사시든, 혹은 『몽골비사』든 간에 동양문학을 대중화하려는 의도였다. 그는 한 차례 이상 이 의도를 표현했다. 일례로 그는 『원매』 종결부에서 이렇게 단언한다.

* 윌리엄 블레이크. 영국의 시인·화가(1757~1827).

과거에 나의 번역들은 그 불완전성에도, 시를 사랑하는 이들의 경우 상당수에게 중국어는 배울 가치가 있다는 생각을 불어넣으려고 무언가를 했었다. 이 책이 동일한 목적에 봉사할 수 있기를, 특히 모든 좋은 중국 시가 먼 고대에 속한다는 통념을 몰아내는 일에 무언가를 할 수 있기를 바란다.[24]

따라서 웨일리의 대표 저작들은 일반 독자를 지향했다. 웨일리의 비전문적 청중은 그가 학계의 주변부에 존재하는 것을 대체로 정당화해주는 것 같았다. 이는 또 그가 중국학의 기술적 장치 대부분, 즉 광범한 고증과 주석, 생애에 대한 여담, 박식한 문헌학적 유희, 혹은 불가해한 기술적 은어隱語를 회피한 것에 대해서도 설명해준다. 다시 『원매』를 보자. "이 책은 주로 전前 소비에트 시기의 중국에 대해 지식이 없는 일반 독자를 위한 것이다. (…) 그[원매]에 관한 이야기에서 일반적인 인간적 관심사를 가진 모든 것에 집중했다. 또 그의 시 중 부적절할 정도로 많은 양의 설명 없이도 이해할 수 있는 시들을 번역하는 데 집중했다."[25] 웨일리는 중국 시와 일본 시의 대중화 역할을 자임하여 붓다의 삶에 관한 〔영국 시인〕 에드윈 아널드의 서사시 「아시아의 빛The Light of Asia」이 1879년 발표된 이래 영문학의 동양관에 가장 지속적인 영향을 끼쳤다.[26]

연구 자료들의 전거를 보이기 위해 주석을 만들라거나, 설명적 배경을 제공하라거나 혹은 결론의 기초를 설명하라는 압박을 느꼈을 때, 웨일리는 그것들을 『길과 그 힘』과 『이백의 시와 생애』에서처럼 부록에서 처리하기를 좋아했다. 혹은 그의 『시경』 번역본과 『맹자』 번역본에 관한 본문 주석뿐 아니라 『둔황변문: 선집Ballads and Stories from Tun-Huang: An Anthology』*(1960)에 포함된 번역을 설명하려는 의도가 있는 「둔황변문집變文集 찰기Notes on the Tun-Huang Pien-wen chi』[27]에서처럼 그것들을 완전히 따로 출판하기를 선호했다.[28] 웨일리가 학문의 정밀함을 인정하고 싶어했던 것 중 최고의 것은 이용된 참고 자료 목록 혹은 검색용 시 목록이었다. 웨일리는 한번은 이렇게 비비 꼬아 설명했다. "나는 주로 일반 독자를 위해 글을 쓴다. 그러나 전문가들은 때때로 나의 책들을 재창작물로 읽는 것 같다. 그들을 위해 내가 이용한 중국어 텍스트들의 참고 문헌을 제공했는데, 나의 번역 중 몇몇을 점검하고 또 나의 실수들을 내게 말해주리라는 희망에서였다."[29]

웨일리는 이 속성速成 개관이 보여주듯이 인상적일 정도로 다양한 주제에 대해 광범하게 글을 썼는데, 어떤 주제는 상호 연관되었고 어떤 주제는 그렇지 않았다. 그러나 웨일리는 그의 폭넓음에도 불구하고 결코 그의 아마추어 동포들이 전前 세기에 했던 것처럼 그저 손만 대어보지는—한 주제에 관한 무식하더라도 강하게 주장되는 견해를 내밀고는 저널리즘적 형태로 출판한 다음 새로운 타깃으로 옮겨가는 기이한 습관—않았다. 반면에, 원전 자료에 근거하기, 문화적 가치에 대한 느낌, 정확한 취미 감각은 자신이 평가 능력이 있다고 여긴 방면으로 그를 이끌었다. 이제 웨일리의 탐험은 새 방면을 개창하는 것을 도왔거니와 보통은 그 방면의 조사를 굳건한 기반 위에 세우는 것 또한 도왔다.

웨일리의 유익한 자제력과 지적인 온건함은 전인미답의 연구 영역을 마주하여 1923년의 글인『중국 회화 연구 입문』에서 길게 설명된다.

이 책은 초기 중국 회화에 대한 개설서라기보다는 일련의 논문이다. 현재에

* 원서의 "*Stories and Ballads*"는 오류다.

그러한 개설서를 시도하기란 개괄적 작업에 선행하는 상세하고 특별한 연구의 결여로 위험해질 것이다. (…) 필수 자료를 장악하고 있지 않은 역사학자에게 균형과 완전성을 요구하는 것의 위험은 더 모호한 문학의 많은 역사가 잘 예증해준다. 이를테면, 한 작가가 어느 먼 나라의 문학사를 편찬할 임무를 떠맡는다고 하자. 그 자신은 아마도 소설에 관심이 있고, 시에는 단지 그저 그런 관심이 있으며, 철학에는 전혀 관심이 없을 것이다. 그를 안내할 사전事前 연구는 전혀 존재하지 않는다. 그는 소설에 대해서는 분별력 있게, 시에 대해서는 피상적으로, 사상에 대해서는 우스꽝스럽게 쓸 것이다. 이런 위험을 의식하고, 나는 되도록 내가 특별한 지식을 가지고 있는 주제들에 한정했다. 게다가 내 책이 그저 사전이 되지 않도록 가능한 한 적은 예술가들을 언급하려 애썼다.30

웨일리는 특별하게 다루어지는 주제들의 범위를 제한했을 것이지만, 각 주제는 동시대의 역사, 현행의 문화적·문학적 경향, 예술적 성취라는 모든 맥락 내에 충실하고 기교 있게 세워진다. 사실, 때때로 웨일리의 배경 설정은 너무 폭넓어서 그는 그것을 정당화해야 한다는 압박감을 받았다.

이 책(『중국회화 연구 입문』)의 상당히 많은 부분은 중국의 예술 전통, 미학, 취미의 역사가 차지한다. 초기 중국 문명 일반사의 윤곽을 매우 폭넓게 보여주려는 시도도 행해진다. 만약 누가 이 사물들에 대한 지식이 예술 연구에 관계없다고 말한다면, 우리가 아는 인간 존재들의 경우, 예술에 대한 감수성에는 보통 어느 정도의 지적 호기심이 수반된다고 대답한다. (…) 지금 만약, 어떤 시대 혹은 나라의 경우, 이런 질문들이 대답 가능하다면 그것은 대체로 문학 연구, 그리고 주로 시 연구를 통해서일 것이다. 그리하여 이 책을 쓸 때 때때로 중국 시 연구에서 얻은 지식에 도움을 받았다. 게다가, 어떤 문학적 배경을 제공하는 것은 때, 초기부터 중국에 존재한 시와 회화 사이의 밀접한 연관에 의해 정당화된다고 생각한다.[31]

반역자로서 번역자

『시경』 시 번역물 9편이 『중국회화 연구 입문』에 예증으로서 포함되어 있는데, 대부분 매우 긴 원본에서 길게 발췌한 것이다. 하단 왼편 1923년 샘플에서 발췌한 것은 오른편 1937년판과 비교되어, 번역술에 대한 웨일리의 일반적 접근법을 소개할 수 있다.[32]

『시경』「채미采薇」*

We pluck the bracken,
The new bracken,
The bracken springing from the
earth...
"Home, home," we cry,
For the old year's ending...
We have no home, no house,
Because of the Hsienyün...

We plucked the bracken, plucked
the bracken
While the young shoots were
springing up.
Oh, to go back, go back!
The year is ending.
We have no house, no home
Because of Hsien-yün...

* 采薇采薇, 薇亦作止. 日歸日歸, 歲亦莫止.
靡室靡家, 玁狁之故. 不遑啓居, 玁狁之故.
고사리 캐세, 고사리 캐세, 고사리가 돋아났네. 돌아가세, 돌아가세, 이해도 다 저물어가네.
집도 절도 없는 것은 험윤 오랑캐들 때문일세. 편히 앉아 쉴 틈 없는 것도 험윤 오랑캐들 때문일세.— 김학주, 『새로 옮긴 시경』(명문당, 2012), 465~466쪽.

『시경』「종풍終風」*

All day the wind blew wild.
You looked at me and laughed;
But your jest was lewdness and your
laughter, mockery.
Sick was my heart within.

All day the wind blew with a whirl
of dust.
Kindly you seemed to come,
Came not, nor went away.
Long, long I think of you.

The dark wind will not suffer
Clean skies to close the day.
Cloud trails on cloud. Oh, cruel
thoughts!
I lie awake and moan.

The sky is black with clouds;
The far-off thunder rolls;
I have woken and cannot sleep,
for the thought of you
Fills all my heart with woe.

Wild and windy was the day;
You looked at me and laughed,
But the jest was cruel, and the
laughter mocking.
My heart within is sore.

There was a great sandstorm that
day;
Kinldy you made as though to
come,
Yet neither came nor went away.
Long, long my thoughts.

A great wind and darkness;
Day after day it is dark.
I lie awake, cannot sleep,
And gasp with longing.

Dreary, dreary the gloom;
The thunder growls.
I lie awake, cannot sleep.
And am destroyed with longing.

* 終風且暴, 顧我則笑. 謔浪笑敖, 中心是悼.
終風且霾, 惠然肯來. 莫往莫來, 悠悠我思.
終風且曀, 不日有曀. 寤言不寐, 願言則嚏.
曀曀其陰, 虺虺其雷. 寤言不寐, 願言則懷.
바람이 사납게 몰아치듯 하다가도 나만 보면 히죽 웃는 그이. 함부로 농담하고 장난만 치니 내 마음 슬퍼지네.
바람 불며 흙비 날리듯 하는데 다소곳이 찾아오겠는가? 오도 가도 않으니 내 시름 그지없네.
바람 불고 날 음산한데 하루도 갤 날이 없네. 깨면은 다시 잠 안 오고 생각하면 가슴 매네.
어둑어둑 음산한 날씨에 우르릉 천둥 울리네. 깨면은 다시 잠 안 오고 생각하면 마음만 아파지네.—김학주, 『새로 옮긴 시경』(명문당, 2012), 152~153쪽.

『시경』「산유추山有樞」*

There grows an elm-tree on the hill;
And by the mere, an alder-tree-
You have a coat but do not wear it,
You have a gown, but do not trail
    it...
	On the mountain is the thorn-elm;
	On the low ground the white elm-
	    tree.
	You have long robes,
	But do not sweep or trail them...

웨일리는 『시경』「채미」의 첫 번째 번역본에서 명사 'bracken(薇)'의 반복을 유지하는 반면, 두 번째 번역본에서는 동사 'pluck(采)'을 반복하는 쪽을 택하고, 그 명사 제3의 예를 'young shoots'라고 재언급한다. 두 번째 번역본 "Oh, to go back, go back(曰歸曰歸)"은 다시 더 충실하게 원시原詩 속의 동사 반복을 그대로 옮겨온다.

『시경』「종풍」에서, 첫 번째 번역본은 제1구와 제5구에서 단어 終의 표면적 의미를 따른다. 두 번째 번역본에서, 웨일리는 더욱 학자적 방법을 선택한다. 즉 그는 레그에게서 이미 제안된 왕인지의 설명을 채택해, 終을 완료된 행동의 표시로서, 旣의 등가어로 간주한다. 두 번째 번역본에서 'Wild and windy'의 두운頭韻은 원시의 음운자질phonological feature, 운패턴(zhong-feng 終風)을 복제하려 시도한다.** 그러나 첫 번째 번역본이 '종풍'이라는 표현의 반복과 제1장부터 제3장까지에 나오는 그 변형태를 더 잘 반영하다. 전체적으로, 두 번째 번역본이 표현에서 더 경제적이다. 다시,

* 山有樞, 隰有榆, 子有衣裳, 弗曳弗婁.
산에는 스무나무 있고 진펄엔 무릅나무 있네. 그대는 옷을 두고도 몸에 걸치지도 두르지도 않고.―김학주, 『새로 옮긴 시경』(명문당, 2012), 338쪽.

** 'Wild'와 'Windy'에 공통된 'wi-'로써 'zhongfeng'의 '-ong/-eng'을 대체하는 것.

『시경』「산유추」의 두 번째 번역은 더 경제적이며 원시의 통사를 더 잘 반영한다.

웨일리는 성숙해감에 따라, 문체를 가다듬었을뿐더러 자신의 영어 번역본들도 점차로 더 표면적 의미 이상의 차원을 구현했다. 셰이퍼에 따르면, 번역이라는 학적 행위는 언어의 각기 다른 세 측면을 포괄한다.

> 외국어를 가지고 문학적 수완, 지적 풍부함, 작가의 상상적 자원을 빛내려는 목표를 가진 번역은, 번역자의 언어 구조와 양립할 수 있는 한 많이, (가장 먼저) 작가의 어휘에서 의미론적으로 미묘한 것들을, (두 번째로) 작가의 언어 형태론을, (마지막으로) 통사를 고려하여야 한다.[33]

그러므로 성숙한 웨일리는, 우리의 『시경』 시 비교가 보여주듯이, 문체나 취미를 희생하지 않고서도 〔위의〕 세 측면 모두를 종종 반영할 수 있었다.

그러나 두 번역본은 시간의 경과에 따른 문체의 성숙 이상의 것을 나타낸다. 그것들은 웨일리가 번역을 두 근본적 접근법, 즉 자유 번역 대 축자 번역, 재창작적 번역 대 모방적 번역, 혹은 문학적 번역 대 학문적 번역으로 나누었음을 보여준다. 따라서 1937년 『시경』본은 원시의 모든 간결함 및 반복과 아울러, 전체적으로 원시의 시구와 이미지, 문체를 더 밀접히 반영한다. 그러나 웨일리는 "동양문학을 번역할 때는 불가피하게 아주 많은 것이 상실되는 만큼 그에 대한 보상으로 매우 많은 것을 주어야 한다"라고 생각해서,[34] 『시경』이든 『초사』든 민요든 혹은 시든지 간에 가능한 한 독립적이고 예술적인 것으로서 각각을 번역하는 데 집중했다. 또한 웨일리는 자신이 염두에 둔 청중 때문에, 배경을 설명하거나 의미를 상술하는 각주의 이용을 피했다.

모리스는 웨일리가 번역을 통해 독자에게 돌려줄 수 있었던 것은 원본의 예술성에 대한 감각이라고 설명한 적이 있다.

> 그(웨일리)가 이처럼 할 수 있었던 것은 문체에 대한 보기 드문 장악력과 자기 확신 덕분이었다. 그것들 덕분에 그는 중국어 텍스트 혹은 일본어 텍스트를 철저히 이해한 다음, 표면적 의미는 전달할 수 있겠지만 불가피하게 원본의 예술성을 망치게 될 구절 대 구절 혹은 문장 대 문장 번역을 고수하기보다는 융통성 있고 관용적이며 생생한 영어로 완전히 재주조再鑄造할 수 있었다.[35]

웨일리 자신도 몇몇 경우에 자신의 번역이 추구하는 문학적 목표를 표현했는데, 1958년 『산속에서 미친 듯 노래하기』에 전재轉載된 것보다 더 포괄적인 적은 없었다. "만약 누가 문학을 번역하려고 한다면, 그는 문법적 의미뿐 아니라 감정까지도 전달해야 한다."[36] 웨일리는 이렇게 하기 위해서 번역자는 모국어의 모든 것을 장악해야 한다고 주장한다. 현역 시인으로서 웨일리는 자신이 확실히 영어에 대해 그런 유연한 감각을 가졌다고 주장할 수 있었다.

웨일리의 중국 시 번역에서 한 가지 유별난 특징은 웨일리 영어의 아름다움이다. 그의 실천은 영어 강세stress를 중국어 각 음절에 등가적으로 만드는 것이었고, 그 결과 "도약률"이라고 부를 수 있는 것을 가져왔다.[37] 이 운문 형식에 대해서 J. M. 코언은 이렇게 말한다.

> 그에게 그것(도약률)은 무운시blank verse만큼이나 자연스러운 수단이며,

19세기의 암묵적 합의에서 자유롭다는 이점이 있는 것이다. 웨일리 박사의 '도약률'은 신선함이라는 미덕을, 백거이 같은 사려 깊은 작가의 매우 절제되고도 솔직한 감정을 적절히 번역하는 회화체적 평이함이라는 미덕을 갖고 있다.[38]

스타일리스트로서 웨일리가 거의 언제나 비판받지 않지만, 최근의 논쟁들에 웨일리를 끌어들인 것은 그의 번역 전략 선택, 특히 풀어쓰기 혹은 선택적 생략을 통해 방대한 구절을 줄이기로 했다는 점이었다.

현대에 『겐지모노가타리』를 가장 성공적으로 번역한 에드워드 사이덴스티커는 웨일리를 존경했음에도 웨일리의 가장 분명한 잘못들을 다음처럼 요약한다.

> 웨일리의 번역은 매우 자유롭다. 그는 매우 대담하게 잘라내고 삭제한다. 그는 (『겐지모노가타리』의) 제38장 전체를 생략하는데, 자세히 검토해보면 최소한 두 장章의 제목이 드러난다…… 제목들이 나오는 단락들을 그가 생략했기 때문에 그 제목들은 그의 번역본에서는 의미가 없다. 그는 잘라냄으로써 정돈하고 또 그럼으로써 '개선한다'고 주장할 수 있을 것이다. 몇몇 경우에는 그렇게 주장할 수도 있을 것이다. (…) 그러나 전체적으로 그의 삭제들은 자의적일 뿐인 것으로 보인다.
>
> 더 복잡하고, 아마도 더 흥미로운 것은 풀어쓰기의 문제다. 웨일리는 멋들어지게 윤색하는데, 때로는 한 에피소드의 어조를 혹은 한 인물의 심리적 속성을 바꾼다. 아마도 여기서도 그는 때때로 '개선'할 것이지만, 풀어쓰기와 윤색의 과정은 계속되며, 무라사키 시키부(『겐지모노가타리』의 저자)가 줄

곧 패한다고 단언하기는 사실 매우 마뜩찮은 일이다.[39]

사이덴스티커의 번역은 또 그 작품(『겐지모노가타리』) 전체에 걸쳐 나타나는 시를 수백 수 보존하고 있는데, 그중 다수는 웨일리가 삭제했던 것이다.[40] 전반적으로, 웨일리를 선호하는 이들은 그의 "매혹적인 가락" 때문에 그를 좋아한다.[41]

웨일리는 『Monkey』라고 이름 붙인 『서유기西遊記』 번역에서 이와 유사한 접근법을 채택했다.[42] 후스* 박사는 자신의 서문에서 웨일리가 원본 134회 중 30회만을 번역했다고 지적했다. 그러나, 애써 소년 시대로부터 기억해낸 몇몇 생략에도 불구하고, 후스는 웨일리가 잘라낸 것 대부분에 동의했으며, "많은 에피소드를 생략했지만, 온전히 유지되는 것들을 거의 완전히 번역하는"[43] 웨일리의 방법을 지지했다. 물론, 비판적 주목을 끌었던 것은 그 "거의 완전히"와, 『겐지모노가타리』를 생각게 하는 확대 부연이다. 하지만 파운드와 비교할 때, 비교문학자 유진 어우양에 의해 번역가 웨일리는 『시경』 본래의 구조·의미·어조에 더 충실함이 확인된다. 설령 그의 영어가 더 산문적이며 또 영감을 덜 불러일으킨다 하더라도 말이다. "웨일리는 종종 무미건조하기는 해도 좋은 취미를 망치지 않는 일관된 번역을 생산한다. 파운드는 질적으로 들쑥날쑥한 실패한 번역을 생산하는데, 이는 오판으로 인해 실패한 레토릭을 실행한 것에서부터 독자적 생명력을 가진 거창한 재창작물에까지 걸쳐 있다."[44] 물론, 문헌학적 도구를 통해 접근 가능한 저자의 권위보다 독자의 반응이 낳는 감정에 더 관심이 있는 사람이라야 어우

* 중국의 문학자·사상가(1891~1962). 1917년에 문학 혁명을 주도하고 백화문학을 제창하여 중국문학의 현대화에 힘썼다. 또한 『홍루몽』, 『수호전』, 『서유기』 등의 고전 소설을 연구했다.

양의 논문을 여는 질문 '누가 더 훌륭한 번역가인가? 아서 웨일리인가 에즈라 파운드인가?Who is the better translator? Arthur Waley or Ezra Pound?'[45]를 제기하기라도 할 것이다. 전통적 중국학에 따르면, 현상학이 아니라 문헌학이 그 문제를 결정해야 한다. 그러나 누가 더 훌륭한 시인인가라는 질문은 미학美學의 문제다.[46]

웨일리는 개별 시를 번역할 때, 종종 안전한 이미지 표현imagery 혹은 어지럽지 않은 어투를 위해 축자적 의미를 희생하곤 했다. 그런 노력은, 한 장章 전부 혹은 아주 많은 구절을 삭제할 만큼 노골적이지는 않았지만, 저자의 문학적 구성물을 전달하기보다는 독자의 취미 혹은 기대에 부응하기 위해 의도되었다.

요점적인 한 사례는 웨일리 경력 초기의 한 시로서, 1918년에 출판된 그의 『중국 시 170수A Hundred and Seventy Chinese Poems』에 실려 있다. "Song of the Men of Chin-ling(금릉 사람의 노래)"은 제목이 아니라, 웨일리가 "Marching Back into the Capital(수도로 되돌아가는 어가 행렬)"[47]이라는 부제목을 괄호 안에 붙인, 원제목이 「입조곡入朝曲」인 시*에 대한 기술인데, 번역은 그 어떤 거슬리는 신조어나 어색한 표현 없이 부드럽고 유쾌하다.

Chiang-nan is a glorious and beautiful land,
And Chin-ling an exalted and kingly province!
The green canals of the city stretch on and on
And its high towers stretch up and up.

* 중국 남북조시대 남제南齊의 시인 사조(464~499)의 시.

Flying gables lean over the bridle–road:

Drooping willows cover the Royal Aqueduct.

Shrill flutes sing by the coach's awning,

And reiterated drums bang near its painted wheels.

The names of the deserving shall be carved on the Cloud Terrace.

And for those who have done valiantly rich reward awaits.

〔시의 번역과 원문은 아래와 같다. 이하는 옮긴이.〕

江南佳麗地　　강남은 아름다운 땅

金陵帝王州　　금릉은 제왕의 주州

逶迤帶淥水　　구불구불 푸른 물 휘돌아가고

迢遞起朱樓　　높직이 갈마들며 붉은 루樓 서 있구나

飛甍夾馳道　　나는 듯한 용마루는 치도馳道를 끼고

垂楊蔭御溝　　늘어진 버들은 어구御溝를 뒤덮어

凝笳翼高蓋　　새된 피리소리로 고개高蓋를 보내고

疊鼓送華輈　　겹겹 쌓인 북으로 화주華輈를 전송하는구나

獻納雲臺表　　운대표雲臺表를 바치니

功名良可收　　공명功名을 과연 받아들이겠구나

무엇보다도, 웨일리는 몇몇 이미지를 변경한다. 원시에서, 둘째 연은 축자적으로는 "Green waters stretch over undulating distances,/ Vermilion loft–buildings rise up across successive stages"다. 웨일리

에게서 "waters(水)"는 "canals"가 되고, 루 형태의 건물은 그 색깔을 잃은 높은 탑이 된다. 따라서, 인공물의 붉은색과 자연적 수로의 푸른색 사이의 대비는 없다. 다음 연에서, "lean over"는 서까래 같은 손들을 한데 '끼고 있는(夾)', 길을 안고 있는, 길 양쪽 박공들이 갖는 강한 이미지의 약한 번역이다. "Bridle-road"는 'Express Way(馳道)' 즉 황제 폐하와 그의 사절을 위해 마련된 제국의 대로大路를 나타낸다. "Royal Aqueduct"는 원래의 "Royal Ditch(御溝)"를 모양낸 것으로서, 황궁의 외호外濠를 의미한다. 끝에서 둘째 연에서, 동사들은 제국의 대로를 따라가는 황제의 순행巡幸 활동을 정당하게 다루지 않는다. 웨일리의 "sing"은 본래의 'surrounds in protections(翼)'을 번역한 것이고, "bang"은 'escort(送)'의 비효과적인 대체어다.

인유引喩들의 경우, 웨일리는 "Cloud Terrace(雲臺)"가 기록관청이라고 말하지만, 그것이 한대漢代의 궁전에 위치해 있었고 또 기록보다는 한조漢朝의 창건을 도운 유명한 공신 28명의 초상화를 가리킨다는 것을 무시하고 말하지 않는다.

마지막으로, 시의 첫 연은 금릉으로 불린 옛 남경의 장관壯觀에 대한 유명한 전고典故가 되었고, 여러 시대에 걸쳐 시와 사詞 모두에서 거듭 재사용된다. 그러한 환기하는 이미지의 중요성은 언급되어야 한다.(그리고 더 정확하게 보존되어야 한다.) 즉, 웨일리의 "exalted and kingly province"는 원시의 "province of emperors and kings!" 혹은 "imperial and kingly province!"(帝王州)보다 덜 높다.

전체적으로, 우리는 웨일리가 이 시와 그 외 다른 많은 시에서, 이미지, 행동, 혹은 색채를 희생하고서라도 중국어 원본에 상응하는 듣기 좋은 음조의 영어 대응물을 짓는 데에 관심이 더 많았음을 본다. 많은 주석을 사용하지 않는 문체로 글을 쓴 데서, 웨일리가 그의 영어 작시법의 아름다움을 희생하고서라도 원시의 의미와 그 의미를 전달하기 위해, 원시에 이용된 이미지 표현을 보존하는 데에 더 애쓰지 않았다는 이유로 비난받은 것까지는 정당하다. 그러나, 웨일리의 시대와 감수성에 공평하려면, 그런 비난은 단순한 비판으로서보다는 웨일리가 선택한 접근법을 알려주는 역할로서 더 작용해야 한다. 웨일리가 보기에, 시의 전체적 효과는 그 시의 예술성이다. 그런 만큼 그는 영어 형태에서 시의 예술성을 보전하려고 애썼다. 번역가의 선택이 의미적 실체보다는 시적 문체에 더 의존한 곳에서 웨일리는 거의 잘못하지 않았다.

웨일리는 그의 많은 번역에서 문헌학자의 역할과 시인의 역할을 결합했다. 그러나 그의 문헌학적 솜씨는 언제나 더 이상의 문학적 목적에 봉사했다. 웨일리의 시대에 중국문학과 일본문학이 잉글랜드 독자들에게 갖는 이국적 성격 때문에, 그리고 웨일리의 절묘한 영어 장악력 때문에, 그의 번역이 주는 효과는 유달리 유쾌하고 또 신선감을 줄 만큼 해방적이었다. 스펜스의 말로 하자면, "아서 웨일리는 중국문학과 일본문학의 보석들을 선택해 조용히 자기 가슴에 핀으로 꽂았다. 이전에는 아무도 그런 짓을 하지 않았고, 다시 그런 짓을 할 사람도 없을 것이다."[48] 그의 흉내 낼 수 없는 번역인 원매의 답시答詩와 함께 웨일리를 떠나보내도록 하자.

De Senectute*

The first sign of farewell to life

* 시의 제목은 키케로의 저서 제목에서 따온 것으로 「노년에 대하여」라는 뜻이다.

Is the turning inside out of all one's tastes.

The great drinker stops caring for wine,

The traveler wants only to be left where he is.

My life–long passion was my love of company,

And the more my visitors talked, the better I liked them.

But ever since my illness came upon me

At the first word I at once stop up my ears.

And worse still, when my wife or children come

I cannot bring myself even to wave a hand.

I know that this is a very bad sign;

My old body has almost done its task.

But strangely enough I go through my old books

With as great a delight as I did in former days.

And ill though I am still write poems,

Chanting them aloud till the night is far spent.

Shall it be "push the door" or "knock at the door"?

I weigh each word, each line from beginning to end.

I see to it that every phrase is alive;

I do not accept a single dead word.

Perhaps the fact that this habit has not left me

Shows that I still have a little longer to live.[49]

〔시의 번역과 원문은 아래와 같다. 이하는 옮긴이.〕

동포東浦의 방백方伯*이 편지를 보내어 문병問病한 것에 답함

인생이 세상에 이별을 고하려 할 땐, 먼저 평소와 다른 짓에서 시작하지.

술 먹던 이는 술잔을 멈추고, 나다니던 이는 발 들기를 게을리하지.

천성이 손님을 좋아하여, 만나기만 하면 장황하게 이야기했었지.

병을 앓고부터는, 소리만 들리면 귀를 막았지.

심지어 처자식이 와도, 손조차 흔들 수 없었지.

이거 큰일이라, 늙은 몸이 거의 멈추었음을 절로 알았지.

허나 누가 알랴만, 옛 책을 정리하노라면, 기쁜 듯 여전히 낯빛이 즐겁지.

병중病中 시를 짓노라면, 소리 높인 노래가 밤에도 그치지 않지.

자구를 퇴고하노라면, 처음부터 끝까지 곧장이지.

백구百句를 살리려 하고, 일자一字도 죽는 것을 허락하지 않지.

혹여 습관이 남은 것이라면, 남은 생이 아직 좀 있나 보지.

答東浦方伯信來問病

人生將辭世, 先從反常起.

飮者或停杯, 游者嬾擧趾.

我性愛賓客, 見輒談娓娓.

自從一病餘, 聞聲輒掩耳.

甚至妻孥來, 揮手亦不理.

* 복건 포정사布政使 전기(1709~1790).

自知大不祥, 老身太休矣.

誰知理舊書, 欣欣色尚喜.

倘作病中詩, 高歌夜不止.

推敲字句間, 從首直至尾.

要教百句活, 不許一字死.

或者結習存, 餘生尚有幾.

제12장 | 미국의 중국학자들

"우리가 생각하기에, 현지인 권위자들에게 전반적으로 충분한 무게가 주어지지 않았다. 우리는 그들의 정당한 영향력을 허락하겠지만, 반대의 극단을 피하기 위해서도 노력할 것이다. 우리는 서양 국가들의 학문과 여러 제도에 필적할 것을 많이 발견하리라고는 크게 기대하지 않는다. 우리는 천조天朝[중국]의 거의 셀 수 없이 많은 큰 책들tomes에서, 고금의 현인들로 하여금 '『성경』의 연대를 수정하게 하거나 『성경』의 교훈을 증진할' 가치 있고 권위 있는 정보를 발견하리라 기대하지 않는다."

—『중국총보』[1]

"중국어를 정복하는 것은 조약항에서는 (아마도 신의 안내를 받을 선교사들은 제외하고) 거의 불가능하다고 또 여하한 경우에도 대단히 현명치 못하다고 간주되었다. 그것은 [밀른을 인용하자면] '참나무로 된 머리, 황동으로 된 허파, 강철로 된 신경, 쇠로 된 체질, 욥의 인내심, 므두셀라의 수명'을 요한다고 느껴졌다. 내가 아는 한 이는 분명 사실이다. 중국학자들이 비록 언어의 노예가 되지는 않더라도 종從이 되는 것은 의심할 수 없음에도 불구하고, 중국에서건 다른 곳에서건 중국어를 '정복한' 그 누구에 대해서도 들어보지 못했다."

—존 킹 페어뱅크[2]

미국인 개척자들

미국에서는 영국의 경험과 유사하게 상인과 외교관들이 중국에 주재한 후에도, 뒤늦게 도착한 선교사들이 언어 연구를 시작하기까지는 시간의 지체가 있었다. 예컨대, 로런스 G. 톰슨이 언급한 19세기와 20세기 초 가장 두드러진 미국인 중국학자 11명 중 3명을 제외한 모두가 개신교 선교사 출신이다. 예외는 외교관인 록힐과 학자인 라우퍼와 폴 캐러스다.[3]

미국인들이 미국 독립전쟁(1775~1783) 승리 직후 이용하려 한 최초의 외국 시장은 중국 시장이었다. 중국황후The Empress of China호는 1783년 1월 15일 뉴욕을 떠나 1년 후 광주에 닻을 내렸다. 이 합작 사업에 참여한 본래의 상인 중 한 사람인 새뮤얼 쇼가 최초의 주중 미국 영사에 임명되었다.[4] 그는 세 차례 연임 후 1794년 광주에서 죽었다. 중국황후호에 의해 시작된 무역은 그 세기 내내 팽창하여 차, 비단, 향료, 죽기竹器, 모피, 아마亞麻 섬유, 쌀 등의 무역 규모는 점차 커졌다.[5] 그러나 최초의 미국 선교사들이 이 무대에 등장한 것은 1830년이 되어서다.

이때 미국해외선교사협회American Board of Commissioners for Foreign Missions는 광주에 두 선교사 일라이자 콜먼 브리지먼(1801~1861)과 데이비드 아빌(1804~1846)을 파견했다. 하지만 아빌은 개종을 위한 선교사가 아니라 남중국해에서 일하는 미국인 선원들의 목사로 활동했다.[6] 선교사는 1851년까지 88명이 분주히 중국에서 활동했고, 1870년 이후에는 200명이 넘었다. 이들은 모두 개신교 교파들을 대표했는데, 미국 가톨릭교도들—유럽 가톨릭교도들에 대립하는—은 1918년이 되어서야 그 현장[중국]에 도착했기 때문이다.[7] 1930년까지 3000명이 넘는 미국인 선교사들이 있었다. 그 일을 지원하기 위해 연간 300만 달러가 미국에서 중국으로 보내졌다.[8] 미국인 상인과 선교사 모두 일찍 존재했음에도, 미국과 중국 간 외교관계는 제1차 아편전쟁(1840~1842) 후에야 발전했다. 왜냐하면 새뮤얼 쇼 소령*으로부터 시작하는 광주의 미국 영사들은 거주하던 상인 중에서 임명되었고 워싱턴으로부터 아무런 지침도 받지 않았기 때문이다. 선교사들은 곧 통역사로서 또 중개인으로서 중요해졌다. 그중 세 명, 즉 브리지먼, 새뮤얼 웰스 윌리엄스, 중국에서 의료 선교사였다가 후에 판무관이 된 피터 파커(1804~1888)는 1844년 제1차 중미조약** 협상에서 최초의 대對중국 미국 판무관인 케일럽 쿠싱을 보좌했다.[9]

미국 중국학의 발달에 기여한 19세기의 모든 주중 선교사 가운데 개척적 중국학자 브리지먼과 선구적 사전편찬학자 겸 역사학자 윌리엄스 두 사람이 가장 영향이 컸다고 볼 수 있다.[10]

브리지먼은 1830년 2월 광주에 도착하자마자 뉴욕의 토머스 H. 스미스 사社 고용인 윌리엄 C. 헌터로부터,[11] 그리고 "모리슨과 그의 큰 사전의 도움"을 빌려 중국어를 배웠다. 브리지먼은 헌터와 모리슨 두 사람 덕분에 중국어를 체계적으로 배울 기회를 가진 최초의 미국인이 되었다.[12] 그는 잉글랜드 중국학의 창시자 로버트 모리슨의 좋은 친구로, 1832년 영어 정기간행물 『중국총보中國叢報, The Chinese Repository』를 창간하고 1847년까지 편집했다. 『중국총보』는 브리지먼과 아빌의 대양 횡단도 후원했던 미국

* 미국 외교관(1754~1794). 미국 독립전쟁 당시 장군 헨리 녹스의 부관 출신이다.

** 1844년 7월에 청나라와 미국이 마카오 교외의 망하(왕샤)에서 맺은 양국 최초의 통상 조약. 청나라와 영국 간 아편전쟁 이후 체결된 남경조약(1842년 8월. 난징조약)의 후속 조약인 호문조약虎門條約(1843년 10월. 후먼조약) 이후, 청나라가 미국과 맺은 불평등 조약이다.

인 상인 데이비드 워싱턴 신시내터스 올리펀트(1789~1851)에게 인수되었다. 1841년 브리지먼은 백과사전적 저서 『광동 방언으로 된 중국어 독본Chinese Chrestomathy in the Canton Dialect』을 출판했는데, 삼열三列, 즉 영어, 중국어, 로마자화 표기로 되어 있고 각주와 설명이 붙어 있는 방대한(728쪽) 독물讀物로서, 국내 사정, 무역, 인체, 건축, 농업 등의 주제별 장으로 나뉘어 있었다. 그 책은 로마자를 통해 중국어를 가르치는 최초의 텍스트 중 하나였다. 브리지먼은 신설된 왕립아시아학회 화북지회 초대 의장이었다. 『광동 방언으로 된 중국어 독본』뿐 아니라 브리지먼이 『중국총보』에 기고한 많은 글은 그에게 최초의 미국 중국학자 자격을 부여한다.[13] 톰슨은 최초의 중국학 저널 『중국총보』의 가치를 이렇게 평가한다. "이 저작 스무 권은 그 시기 사건들에 관한 여전히 귀중한 물질적 자료일 뿐 아니라 여전히 때때로 유용하게 참고할 수 있는, 중국에 관한 연구의 '보고寶庫'다."[14]

새뮤얼 웰스 윌리엄스(1812~1888)가 『중국총보』 창간 다음 해인 1833년에 그 현장에 도착해 출판사무소 경영을 떠맡았다.[15] 그는 알렉산더 와일리와 마찬가지로 선교 출판을 책임지도록 채용되어 중국으로 간 것이다.[16] 그는 거의 즉시 『중국총보』에 글을 발표하기 시작했고(총계는 약 100개 항목에 달했다), 1848년 편집자로서 브리지먼의 뒤를 이어 1851년까지 봉직했다. 윌리엄스의 가장 영향력 있는 출판물로는 오늘날에도 여전히 흥미로운 정보의 광산인 『중국총론The Middle Kingdom』(1848)과, 1892년 자일스의 『화영자전』이 나오기 전까지는 대신할 것이 없었던, 『중국어 음절사전』(1874)이 있다. 윌리엄스는 1852년 4월 22일 친구인 예일대학 교수 제임스 D. 다나에게 보낸 편지에서 중국어 사전 편찬에 드는 노고에 관해 길게 언급한다.

사전 제작은 사람이 할 만한 매우 흥미진진한 연구 중 하나는 아니며, 또 내가 적절하게 헤아리지 못한, 또 이 언어[중국어]에 대해 현재 우리가 가진 제한된 지식으로는 온전히 헤아릴 수 없는, 엄청나게 많은 수렁이 발밑에 있음을 알고 있네. 현지의 사전들로부터 한자의 의미를 퍼즐 맞추기 하는 것은 광물학에서 표본을 뽑는 것과 다소 비슷하네. 중국인과 우리 사이의 관습, 관념, 지식의 차이 때문에 방대한 수의 한자를 정의하는 데서 생기는 약간의 착오는 중국어 사전 편찬을 지루하고 불만족스럽게 만든다네. 바벨탑에서 잘려나간 이 오래된 언어와 이 언어로 이루어진 거대한 목록을 다루기보다는, 「창세기」가 히브리어에 했듯이 언어 전부를 하나의 작은 범위 안에 접어놓았을 때에 혹은 인도인과 아프리카인에게서처럼 아무런 문헌도 없을 때에, 사전 제작이 더 쉬울 것이라고 때때로 생각한다네.[17]

11년간 작업한 『중국어 음절사전』은 그 사전이 의도한 대상인 재중 선교사 독자들에게 즉각 인기를 얻었고, 모리슨의 때때로 장황한 표제어들에 비해 1만2527자에 대한 간략한 정의로 찬사를 받았다.[18] 70쪽짜리 서론은 표준중국어, 즉 관화, 윌리엄스의 로마자화 체계, 성조, 고대의 발음과 구식 발음, 부수, 방언과 같은 주제를 다룬다.

윌리엄스는 몇몇 중국어 방언뿐 아니라 일본어도 유창했기에 페리의 일본 원정에 통역으로 동행했다. 후에 그는 주중 미국공사관 서기가 되었다. 마침내 미국에 돌아온 윌리엄스는 1876년 예일대학에 신설된 중국어 교수직을 얻었다.[19]

그 세기 내내 여러 미국인 선교사, 외교관, 교육가에 의해 일군의 중국어 입문서와 사전이 뒤따랐다.[20] 모호한 방언에 관한 핸드북과 지침서를 제외하면, 오늘날에도 그 유용성을 유지하는 아마도 유일한 것은 천시 구드리치(1836~1925)의 『포켓 중영사전 겸 북경어 음절표A Pocket Dictionary(Chinese-English) and Pekingese Syllabary』(1891)이며 이 책은 여러 번 재간행되었다.[21] 구드리치는 중국에서 60년을 보냈다. 그는 1865년에 처음 〔중국에〕 도착했고, 신약 일부의 몽골어 번역과 1872년 기독교 찬송가집의 중국어판(헨리 블로짓과 공저) 생산을 포함해 교육과 번역에서 가장 적극적이었다. 그는 컬럼비아대학의 유명한 중국학자이자 오랫동안 교수였던 루서 캐링턴 구드리치의 부친이었다.[22] 그의 『포켓 중영사전 겸 북경어 음절표』의 1만587개 표제어는 웨이드-자일스 로마자화의 알파벳 순서에 따라 배열되어 있다. 이 저작의 주목할 특징은 각 표제자의 부수별 색인이다. 초기 판본들에는 윌리엄스 사전의 상응하는 페이지에 대한 교차 참조가 포함되어 있었다.

이 세기에는 종교, 민족학, 역사, 그리고 물론 사전 편찬과 교육에 대한 중요한 기여가 있었지만, 문헌학에 기여한 학자는 단 한 명뿐이다. 피터 S. 뒤 퐁소(1760~1844)로서, 미국동양학회(1842년 창립)의 초대 회장이었다. 뒤 퐁소는 『중국 문자 체계의 본성과 특질에 대한 논문A Dissertation on the Nature and Character of the Chinese System of Writing』(필라델피아, 1838)에서 한자가 관념이 아니라 단어를 재현한다고 주장했고, 따라서 그는 이데올로기적 사설邪說을 공격한 최초의 인물이었다. 그의 의견은 당시에는 받아들여지지 않았다. 윌리엄스의 반응, 즉 뒤 퐁소의 저작은 "허구에 관한 공들인 논문이다"는 반응이 전형적이었다.[23] 그러나 한자가 "lexigraphs"라는, 더 공식화된 용어법으로는 "logographs"〔표어문자〕라는 뒤 퐁소의 명제는 오늘날 그 분야에서 관철된다.[24]

윌리엄 우드빌 록힐

초기 미국 외교관 가운데 대표적 중국학자이자 실제로 가장 뛰어난 학자는 윌리엄 우드빌 록힐(1854~1914)이다.[25] 록힐은 활동적인 세계시민형 인간이었다. 즉 프랑스에서는 프랑스의 웨스트포인트육군사관학교 격인 생시르군사전문학교에서 교육받았고, 뉴멕시코에서 소 사육장을 시작하기 전에 프랑스 외인부대에서 3년간 복무했다. 1883년 중국에서 외교관 경력을 시작했을 때 그는 이미 티베트어와 산스크리트어를 배웠었고, 티베트 자료에 기초한 『붓다의 생애와 그의 교단 초기 역사The Life of the Buddha and the Early History of His Order』(1884) 등 몇몇 저작을 출판했었다. 1884년 북경 주재 미국영사관 비서가 되었다. 그는 부인의 유산 덕분에 널리 여행할 수 있었다. 1888년에는 티베트로 떠났는데, 여행의 자유를 얻기 위해 사직해야 했다. 록힐의 여행들과 그가 발표한 논문들이 티베트와 몽골의 지리적 지식에 기여한 바는 1893년 런던왕립지리학회의 금메달 수상으로 인정받았다.

록힐이 고된 환경에서 도보로 해낸 아시아 여행은 『라마들의 땅The Land of the Lamas』(1891)과 『1891년과 1892년 몽골과 티베트 여행기Diary of a Journey through Mongolia and Thibet in 1891 and 1892』(1894)라는 두 여행기를 낳았다. 학자로서 록힐의 위상은 캘리포니아대학 동양어 교수로 초빙된 데서 볼 수 있는데, 그는 그 제안을 거절했다. 그는 1893년 미국 국무부에 복귀했고, 국무부 차관보, 그리스 공사, 극동 자문위원 등 다양한 직위에서 복무했다. 록힐은 세기 전환기의 대對중국 개방 정책의 주요 조직자였고, 의화단 사건의 사후 처리를 위한 협상들에서 미국 측 판무관으로 참가했다. 1904년 〔프랭클린 델러노〕 루스벨트 대통령에 의해 중국장관으로 임명되었고, 의화단 사건의 배상금을 미국에서 중국인 학생들을 교육하는 데 쓰도록 도왔다. 이때까지 록힐은 이미 미국의회도서관에 중국 서적 약 6000권을 기증했다. 1909년에 러시아 대사가 되었지만, 1911년 다시 콘스탄티노플에 배정되었다. 최종적으로 1913년에 우드로 윌슨의 새 행정부에 의해 면직되었다. 1914년 사망 때까지 중화민국 초대 대총통 위안스카이의 자문위원으로 일했다.

록힐은 국제 무역과 외교에 대한 관심에서 몇몇 관련 논문과 편집물을 만들었는데, 그가 아테네에서 완성해 오늘날에도 여전히 표준적인 학문판으로 남아 있는, 기욤 드 뤼브룩*에 관한 중요한 연구에서 그 정점에 올랐다.[26] 이후 출판물로는 『15세기부터 1895년까지 중국과 한국의 교류 China's Intercourse with Korea from the XVth Century to 1895』(1905)와 『중국 조정에서의 외교적 접견Diplomatic Audiences at the Court of China』(1905)이 있는데, 둘 다 이전에 정기 간행물에 발표한 것들에 기초하고 있다. 록힐의 걸작은 그가 죽기 3년 전에 프리드리히 히르트와 공저한 『조여괄: 『제번지』라는 제목을 가진 12세기와 13세기 중국과 아랍의 무역에 대한 그의 저작』(1911)이었다.[27] 명백히 그 번역은 히르트의 것이었고, 록힐은 역사적 소개와 방대한 주석을 제공했다. 이 저작은 이후 폴 휘틀리**의 해상 무역 연구에 "굳건한 기반"이 되었다. 휘틀리는 "그들〔히르트와 록힐〕의 지도는 모든 후속 연구자에게 틀을 제공했다. 이 논문의 도판 1은 그들의 학문에 대한

* 1220?~1293?. 프랑스의 프란체스코회 수도사·여행가. 루이 9세의 명을 받아 1253년 기독교 포교를 위해 5000마일의 긴 여행 끝에 1254년 몽골에 도착했다. 1255년 트리폴리에 귀환해, 후에 동양 각지의 지리·풍습·종교·언어 등을 저술한 여행기를 썼다.

** 영국의 지리학자(1921~1999). 특히 동남아시아와 동아시아의 역사지리학에 정통하다.

헌정물이다"라는 말로 끝맺었다.[28]

처음부터 지금까지 영어권 중국학자들의 과정을 줄곧 관통하는 것으로 보이는 맥락은 기술과 자연세계에 대한 관심인데, 알렉산더 와일리와 함께 매우 창의적으로 시작되었다. 예를 들어 와일리의 중국 석면石綿 연구는 그런 종류로는 최초였는데,[29] 허버트 자일스와 라우퍼가 물려받았다. 이 분야에서 와일리를 이은 다음 세대 중국학자 중 가장 성취가 많은 인물은 아마도 1866~1883년 북경 러시아공사관 의사였던 에밀 바실리에비치 브레트슈나이더(1833~1901)일 것이다. 이 박식한 〔발트 독일인〕 내과 의사는 미국인도 잉글랜드인도 아니었지만 주로 영어로 출판했다. 역사지리에 대한 브레트슈나이더의 귀중한 공헌—그중 무게 있는 학술서 셋이 여전히 남아 있다[30]—보다도 더 높이 평가되는 것은 중국 역사식물학의 기초를 놓은 『중국식물학Botanica Sinicum』이다.[31] 제1부는 중국 역사식물학의 개설과 식물학, 약물학, 농업, 역사지리 등에 관한 전통 중국 저작 1143편에 대한 설명이 달린 목록이다. 제2부는 중국 고전에 나오는 식물들을 분석한다. 제3부는 『신농본초경神農本草經』*과 『명의별록名醫別錄』**에 나오는 35개 약초를 논한다. 또 흥미로운 것은 그의 『중국에서 유럽인들에 의한 식물 발견의 역사History of European Botanical Discoveries in China』 전 2권(1898)이다.

* 중국 후한에서 삼국시대 사이에 성립된 본초학 서적. 약물 365종을 약효에 따라 상약, 중약, 하약으로 나누어 각각 기미氣味, 약효, 이명異名 등을 서술했다. 전4권.

** 중국 한나라 말기 경에 만들어진 본초학 서적. 『신농본초경』이 그 기초가 되었다.

베르톨트 라우퍼

영어로 저술하는 또 다른 비원어민 베르톨트 라우퍼(1874~1934)는 니덤이 중국 과학에 몰두하기 오래전에 작업했다. 라우퍼는 본질적으로 와일리와 브레트슈나이더가 기초를 세운 이 전통을 정점에 올렸고, 고고학·기술·인류학·자연과학 영역에서 가장 박식한 중국학자가 되었다.[32]

라우퍼는 1908년 이후 생애 대부분을 〔미국〕 시카고의 필드자연사박물관Field Museum of Natural History에서 일했지만, 완전히 독일인으로, 즉 그루베 아래의 베를린대학에서, 프랑케와 베를린 세미나에서, 콘라디 아래의 라이프치히대학에서 훈련받았다.[33] 라우퍼는 사망했을 때 가장 중요한—헤르베르트 프랑케가 그를 독일인으로 분류해야 할지 미국인으로 분류해야 할지 모르긴 했지만—미국 중국학자로 간주되었는데, 1917년 컬럼비아대학에서 히르트의 퇴임과 부드버그, 케네디, 루서 캐링턴 구드리치 세대의 등장 사이의 긴 공백 동안 명성이 있는 유일한 미국인 전문직 중국학자였다.

라우퍼의 첫 소품집 머리말을 니덤이 쓴 것은 전적으로 타당한 일이다. 그 머리말에서 라우퍼의 학문적 접근법을 구성한 원동력에 대한 평가를 발췌해보자.

> 베르톨트 라우퍼는 민족지학자이자 인류학자로서 전문가였다. 제1차 세계대전 이전에 그는 거의 10년을 '현지에서' 보냈는데, 중국, 티베트, 북태평양 지역 탐험을 네 번 이끌었다. 그의 강점은 민족학의 원리와 방법을 아시아의 역사적 문명에 적용한 데에 있다고들 했다. 따라서 그는 매우 자연스럽게

물질문화, 즉 과학자와 기술자들이 몰두하는 '실물들realia'에, 다시 말해 인문주의적 교육을 받은 사람들은 좀처럼 (…) 하지 않는 것에 관심을 가졌을 것이다. (…) 그때 라우퍼는 민족학자였고, 추측건대 그 자신도 그렇게 생각했을 것이다. 그러나 사실 그는 과학과 기술의 보편사와 전사前史에 매우 큰 관심을 가졌다.[34]

라우퍼는 다양한 언어로 작업했기에—그는 펠리오 이후, 부드버그 이전에 가장 폭넓게 숙달한 중국학자이자[35] 맨헨-헬펜 이전에 그리스어 자료 또한 중국어만큼이나 효율적으로 이용한 최초의 인물[36]이다—, 예술과 고고학,[37] 자연사—특히 식물학과 동물학,[38]—문화,[39] 민족지학과 민족학,[40] 역사와 기술,[41] 문학,[42] 언어학,[43] 목록학[44]에서 많은 두드러진 기여를 했다. 그의 가장 귀중한 저작에는 『한대의 중국 요업Chinese Pottery of the Han Dynasty』(1909), 『옥: 중국 고고학과 종교의 연구Jade: A Study in Chinese Archaeology and Religion』(1912), 『중국의 토우土偶 제1부: 방어용 갑옷의 역사에 대한 서설Chinese Clay-Figures, Part 1: Prolegomena on the History of Defensive Armor』(1914)과 비할 데 없이 훌륭한 『중국과 이란: 고대 이란 문명사에 대한 중국의 기여Sino-Iranica: Chinese Contributions to the History of Civilization in Ancient Iran』(1919)가 포함되어야 한다.[45]

이 저작 대다수는 필드자연사박물관 소장품 목록 작업의 결과로서, 그중 많은 항목은 라우퍼가 현지에서 직접 수집한 것이었다. 일례로, 『한대의 중국 요업』에서 논하는 한대 도기陶器 111점 대부분은 1903년 서안에서 라우퍼가 입수한 것이고, 자신의 개인 소장품들로 보충했다. 그의 옥 연구는 "필드박물관에 소장된 옥들에 관한 필수적 정보를 제공하기 위해"라는 의

도를 노출했지 "중국학에 대한 기여라고 가장하지 않는다."[46] 라우퍼는 광범한 현지 조사와 많은 상세한 보고서로 자신이 상당히 확장한 연구 범위인 금석학과 고고학에서 샤반의 계승자가 되었다.[47]

라우퍼는 고대 중국 연구에서 텍스트 자료와 물질적 소산 사이의 관계에 대해 언급한 적이 있다.

> 만약 중국 고고학이 고전고고학(그리스와 로마에 대한 고고학)과 동일한 방법을 가지고서 중국 텍스트들에 대한 지식에 기반을 두어야 한다는 것이 사실이라면, 오래된 텍스트 해석이 고고학 연구의 사실로부터, 또 그 연구의 살아 있는 대상인 돌, 진흙, 혹은 금속—종이로 전해진 그 어떤 증거보다도 견고하다—으로부터 엄청나게 많은 것을 배울 것임은 분명 사실이다. (…) 내가 비오·레그·쿠브뢰르 같은 권위자들로부터 벗어나더라도, 나를 비판하는 분들은 이 필수적인 일을 더 나은 지식을 향한 나만의 오만함이나 열광이라고 이해하지 마시고, 여기 제공된 새로운 자료를 고찰하다가 얻게 된 착상이라고 이해해주실 것을 당부드린다.[48]

라우퍼는, 그의 많은 저작은 기술적技術的 성격의 것이지만, 고대 중국 문화를 특수한 문명의 물질적 표현으로서, 그리고 최고의 정신적 가치의 구현으로서 이해한다는 더 넓은 인문주의적 목적에 몰두했다. 그는 아시아의 더 폭넓은 맥락 속에 태도, 예술적 모티프, 혹은 공예품을 위치시키는 데에 특히 능숙했다. 이에 해당하는 한 가지 좋은 사례는 『한대 중국의 요업』으로서, 「고대 중국에 끼친 시베리아 예술과 문화의 영향Influence of Siberian Art and Culture on Ancient China」이라는 절을 담고 있다.[49] 이 절은 기마보병진형騎馬步兵陣形, 매사냥, 가구와 같이 외국으로부터 중국으로 수용된 것들을 다룬다. 물론 그러한 태도가 라우퍼의 위업인 『중국과 이란』의 배후에 있는 정신이다.

이 중요한 저작(『중국과 이란』)에서, 라우퍼의 목적은 "페르시아에서 중국으로 이동한Sino-Iranica 물질문화의 모든 대상, 즉 많이 경작되었던 식물, 약물, 광물, 금속, 귀한 돌, 섬유의 역사를, 그리고 중국으로부터 페르시아로 전해진Irano-Sinica 다른 것들의 역사를 추적하는 것"이다.[50] 위에서 니덤이 언급한 인류학·민족학·고고학의 방법론에 관한 라우퍼의 완벽한 장악력 외에, 이 저작에서 채용된 접근법 또 하나는 대단한 솜씨와 판단력을 가지고 응용된 비교언어학의 접근법이다. 라우퍼는 칼그렌이 중국어 역사음운학 연구 결과를 체계화한 뒤 정리해 내놓기 전에 작업하여, 펠리오와 마스페로의 작업에 기초한 그 자신의 재구음을 사용했다.

> 지금까지 이란의 지명과 부족명은 어떤 것은 옳게 어떤 것은 부정확하게 역사적 토대 위에서 확인되어왔다. 그러나 중국어 음사를 정확한 이란어 원형으로 복원하려는 시도는 거의 행해지지 않았다. (…) 내가 생각하기로는, 폴 펠리오와 앙리 마스페로가 매우 성공적으로 시작하고 응용한 방법에 따라서, 먼저 중국어 음사를 가능한 한 정확히 그것의 고음古音 형태로 기록한 다음, 이 안전한 기초로부터 이란적 모델의 재구로 나아가는 것이 우리의 급선무임에 틀림없다. 엄격한 음音 원칙에 따라 중국어 형태를 정확히 복원하는 것이 요점으로서, 되는대로 행해진 정체 추측보다 의미가 훨씬 더 크다.[51]

결론적으로, 라우퍼는 텍스트를 번역하고 그것을 모든 맥락적 후광과 해석적 후광 속에서 제시하는 데 관심을 둔 전통적 중국학자가 아니었다.

그럼에도 라우퍼는 샤반이[52] "문헌학적 박식philological erudition"이라고 부른 것을 가지고서 풍부한 역사적 문헌을 이용했고, 또 물질세계의 자원을 이용해 고대 중국 문화의 셀 수 없이 많은 매력적인 측면을 조명했으며, 때 이르게 죽었을 때에는 그의 이름에 충분히 많은 영예가 축적되어 있었다.

루서 캐링턴 구드리치

천시 구드리치의 아들 루서 캐링턴 구드리치(1894~1986)는 라우퍼로부터 물려받은 학문적 책임의 많은 측면을 이어나갔다.[53] 그는 장기간 컬럼비아대학 중국어 교수였는데, 그의 모교는 명사明史와 청사淸史를 강조했다. 구드리치는 목록학과 전기傳記에 관한 기여로 더 잘 알려져 있긴 하지만,[54] 그의 『중국인 소사A Short History of the Chinese People』(뉴욕, 1943)는 정치사의 좁은 범위 내에서 중국이 과학과 기술에 기여한 바를 논했다. 후스는 그 책을 "이제껏 유럽어로 출판된 것 중 최고의 중국사"라고 불렀다.[55] 토머스 카터의 『인쇄의 발명과 서쪽 전파The Invention of Printing and Its Spread Westward』에 대한 구드리치의 개정판(뉴욕, Ronald Press, 1955)*은 매우 많은 새 자료를 덧붙인 데서 보통은 공동 작업으로 간주된다. 구드리치가 논문 형태로 다룬 많은 과학적 주제 가운데, 식물과 식료품,[56] 기술,[57] 그리고 가장 두드러지게는 인쇄[58]를 들고 싶다.

* 한국어 번역본은 T. F. 카터 원저, L. C. 구드리히 개정, 『인쇄문화사』(강순애·송일기 옮김, 아세아문화사, 1995다)

아서 윌리엄 험멜

선교사 전통에서 길러진 중국학자 최후의 대표자 중 한 사람으로 미국의회도서관의 아서 험멜이 있다.

아서 윌리엄 험멜(1884~1975)은 시카고대학에서 교육받고 1909년에 졸업했다.[59] 1911년에 석사 학위를 받았다. 유서 깊은 미국해외선교사협회의 후원하에 중국 산서성 분양현의 남자 중학교에서 10년간 가르쳤다. 그는 여가 시간을 방대한 고전古錢을 축적하고 또 그것과 똑같이 중요한 고지도 컬렉션을 수집하는 일에 썼는데, 이것들은 후일 미국의회도서관 희귀본 중국 지도의 기초를 형성했다. 그는 중국 문물에 대한 전문 지식 덕에 미국의회도서관에 초빙되었고, 1927년 미국으로 돌아가자마자 아시아 컬렉션 작업을 계속했다. 1928년 새로 설치된 중국문학부에 임명되었고 나중에 동양부장이 되었다가 1954년에 퇴임했다.

험멜은 1931년 라이덴대학에서 박사 학위를 받았는데, 이는 학위 논문 『어느 중국 역사학자의 자서전The Autobiography of a Chinese Historian』뿐 아니라 학문에 대한 그의 두드러진 기여로 인한 것이었다. 험멜은 신진 중국 역사학자 세대 중 주요 관계자들을 알았기 때문에, J. J. L. 듀벤다크는 그에게 구제강의 『고사변古史辨』 제1책 「자서自序」에 관해 작업하도록 격려했다. 그것은 본질적으로, 주석을 단 숙련된 번역을 통해 얻은 것이 아니라 추인된 명예 박사 학위였다.

험멜의 개인적 경험, 편애, 전문 지식에 기초해 미국의회도서관은 지명사전, 총서, 희귀본 영역에 특히 강점이 있는 장서를 구축했다.[60] 실제로, 중국 장서의 기초는 총서였는데, 의회도서관이 획득한 최초의 10권은 1869년 공친왕*에게서 받은 선물로서, 10개 총서로 구성되어 있었다.[61] 5개 분류 체계를 포함하는, 총서의 성격과 이용에 관한 험멜의 특수한 논문 한 편은 여전히 흥미롭다.[62] 유명한 〔중국의〕 목록학자 왕중민이 편집한 희귀 서적 장서에 대한 중요한 안내서는 그 자체가 험멜에 의해 시작되었다.[63] 그러나 험멜이 중국학의 발전에 행한 최대의 기여는 『청대 명인록Eminent Chinese of the Ch'ing Period』 편집이다.

험멜은 이 인명사전 공동 사업을 위해 많은 제도적 지원을 이용해야 했다. 그러나 그는 이미 동아시아 연구의 제도화를 촉진하고자 스스로 많은 일을 했었다. 그는 아시아연구협회Association for Asian Studies(AAS)의 창립 회장이었고(1948~1949), 1940년 미국동양학회 회장으로 봉직했다. 1930년부터 1934년까지 미국학술단체협의회 중국연구발전위원회Committee for the Promotion of Chinese Studies of the American Council of Learned Societies의 의장이었던 험멜은 이 청대 인명사전에 착수하려고 자신의 관직을 이용해 기금을 조성했다. 이는 두 목적에 봉사했을 것이다. 학문적인 것과 교육적인 것인데, 둘 다 마지막 권에 부친 험멜의 「편집자의 말」에서 표현된다.

> 그 작업은 미국의회도서관과 미국학술단체협의회의 협력으로 탄생했다. 록펠러재단은 중국 문화를 공부하는 상급 학생들이 연구와 역사적·문학적 자료 이용에서 더 많은 경험을 획득하는 센터인 미국의회도서관의 제공을 도와주었다. 그들이 그런 자료를 이용해 추출할 수 있었던 가장 귀중한 경험은 청대 인명사전 기고문의 준비일 것이라고 생각되었다. 왜냐하면 유명

* 중국 청나라 황족(1832~1898). 1860년에 베이징조약의 체결 임무를 맡았고, 총리아문을 창설해 열강과의 화친을 꾀했다.

인사, 큰 사건, 부유한 사람들과 거의 무궁무진한 중국문학에 대한 충분한 안내 없이 서양의 우리가 중국인을 적절히 이해하기는 어렵기 때문이다.[64]

〔『청대 명인록』에는〕 학자 약 50명이 쓴 800개가 넘는 전기가 포함되어 있다. 서문을 쓴 후스에 따르면, "그 책은 우리가 발견할 수 있는, 최근 300년간의 중국에 대한 가장 상세하고 가장 훌륭한 역사서다. 책은 그 역사를 만든 남녀 800명의 전기 형식으로 쓰였다. 이 형식은, 어떠하든, 중국의 역사 서술 전통과 일치한다."[65]

호머 해슨플러그 더브스

젖을 떼자마자 중국에서 일하게 된 또 한 명의 미국인 중국학자는 호머 해슨플러그 더브스(1892~1969)다.[66] 더브스는 〔미국〕 일리노이에서 태어났지만 부모가 선교사로 있던 〔중국〕 호남에서 성장했다. 예일대학에서 철학으로 졸업한 후, 1916년에 컬럼비아대학에서 석사를 했고,[67] 또 유니언신학교에서도 석사를 했다. 남경과 호남에서 한동안 선교사 복무를 한 후 학문 생활로 돌아와 시카고대학에서 순자에 관한 논문으로 박사 학위를 받았다(1925). 그 결과물은 더브스의 첫 주요 번역서인 『순자: 고대 유교를 틀 지은 사람Hsüntzu, the Moulder of Ancient Confucianism』 전2권(런던, 1927~1928)이다. 학문적 문제들,[68] 한대사와 역사 서술,[69] 초기 과학,[70] 혹은 종교[71]에 관한 그의 많은 논문 대부분은 철학적 통찰력과 문헌학적 능력의 모범적 결합물이다. 훈련, 특히 그리스 고전과 라틴 고전에 대한 폭넓은 훈련은 더

브스가 아시아적 배경, 즉 중국과 로마의 문화적 접촉 속에서 중국사에 접근하는 데에 잘 봉사했다.[72]

더브스는 미네소타대학(1925~1927)과 마셜칼리지(1927~1934)에서 잠시 철학을 가르친 다음—이 기간에 철학 개론 교과서를 만들었다.[73]—, 미국학술단체협의회로부터 왕조사 중 하나의 번역을 위탁받았다. 더브스는 두 중국인 협력자와 함께 1934년부터 1937년까지 미국의회도서관에서, 이후에는 듀크대학에서 작업했으며, 시간에 맞춰 『전한사前漢史, The History of the Former Han Dynasty』 전3권(볼티모어, Waverly Press, 1938, 1944, 1955)을 만들었고, 『한서』「본기本紀」, 많은 학구적 부록이 달린 「왕망전王莽傳」을 영어로 번역했다. 더브스의 작업은 샤반의 『사기』 번역만큼이나 많은 기교로 주석되었는데 정확한 번역과 철저한 주석의 모델이다. 더브스 주석의 한 가지 주목할 특징은 그가 중국학자들 보통의 범위를 넘어서는 질문에 대답하기 위해 자연세계 분야의 일류 과학자들에게 자문을 구했다는 점이다. 즉 미국국립박물관 생물 담당 수석 큐레이터 레너드 스테즈네거 박사는 싸움하는 개구리들의 문제를 발표했고, 스미소니언협회 신체인류학부 학예사 T. D. 스튜어트 박사는 류씨劉氏 황가皇家의 털투성이 손발바닥의 사례와 드잡이했으며, 산동에 거주하던 조지 D. 와일드 박사는 고니의 다양한 종의 구별을 도와주었다. 더브스는 이와 유사한 텍스트적 문제, 과학적 질문, 역사 서술상의 과장誇張들까지 말할 정도에 이르렀고, 동시에 이 중요한 역사 저작 본기의 읽을 만한 번역도 제공한 데서, (『전한사』) 제2권으로 1947년에 쥘리앵 상을 받았다.

더크 보드는 더브스의 작업을 매우 호의적으로 평했는데, 특히 번역 방식을 언급한다.

번역 자체에서 그것은 정확하고 또 원문에 굉장히 가깝다. 실제로, 영역은 만약 원본으로부터의 더 많은 자유가 허락되었다면 때때로 매끄러움과 편안함을 얻을 수 있었겠지만, 아마도 많은 학자는 이렇게 얻은 정확성이 그러한 축자성을 정당화한다고 느낄 것이다. 때때로, 중국 텍스트의 거의 모든 번역에서처럼 더브스의 몇몇 번역에는 이의가 제기될 수 있겠지만, 이런 것은 많지도 않고 중요하지도 않다.[74]

(『전한사』 제3권에 대한 양롄성의 서평에서 수정과 교정이 제안된 사례는 "겨우 몇 군데"뿐이다.[75]

더브스는 제1권 머리말에서 서설 한 권과 고유명사 풀이 및 색인을 담은 마지막 한 권을 약속했다. 분명히 그런 용어해설 원고 하나가 여러 한대漢代 전문가 사이에서 이리저리 회피되었고, 그 원고는 끝내 그것을 출판할 의지가 있는 편집자를 찾지 못했다. 원고는 지금 옥스퍼드 보들리도서관에 보관되어 있다.[76] 더브스가 약속한 프로젝트 또 하나는 그 자신의 특수한 로마자 표기 형식으로 된 고전사전 만들기였다. 사전은 22개 라틴 자모, 5개 모음 악센트, 30개 한자 부수를 조합하려 했다. 예컨대, 도道는 Ďao로, 제帝는 ĎiÆí로 옮기는 것 등이다.[77] 10년 후, 더브스는 왓슨의 『중국의 위대한 역사가Grand Historian of China』* 서평에서 성조 부호를 빼버리고 숫자 1, 2, 3, 4를 덧붙였다.[78] 더브스는 이 서평에서(218쪽) 자기가 사용한 한자 일람표를 제공했는데, 다음과 같은 진술로 시작한다. "한자 표기를 위한 이 알파벳 스펠링들은, 각 한자의 발음을 나타내는 독특한 스펠링을 가

* 한국어 번역본은 버튼 왓슨, 『위대한 역사가 사마천』(박혜숙 옮김, 한길사, 1995)이다.

진 1만6000개가 넘는 한자 목록에서 가져왔는데, 지금 그것을 출판할 자금을 구하는 중이다." 아쉽게도, 더브스 사전 표제자 카드 파일은 보들리 도서관에서도 여전히 방치되어 있다. 그러나 중국 문자에서 발견되는 것만큼 많은 정보를 로마자화 체계 속에 담으려는 이 똑같은 철자론적 모험 정신은 동료 미국인 중국학자 조지 케네디와 피터 부드버그에 의해서도 나타났음을 우리는 보게 될 것이다.

더브스는 말년인 1947년 옥스퍼드 중국어 교수 자리를 맡았는데, 그 자리는 1935년 수딜이 사망하고 천인커는 눈병으로 공직을 수행할 수 없어서 비어 있었다. 그는 동양연구소Oriental Institute의 도서관뿐 아니라 보들리도서관의 중국 장서 구축도 도왔으며, 도서 목록을 얻기 위해 할로운과 종종 서신을 교환했다.[79]

더브스는 특별히 어둡지는 않았지만 적어도 그의 공적 면모를 웃음거리로 만드는 특이한 성격 일면을 보여주었다. 이는 동양연구소 복도에 오토바이를 세워놓는 것부터 오컬트에 손대는 일까지 여러 면에서 드러나는 광대짓 경향이었다. 후자의 활동에서 그는 옥스퍼드의 더 유명한 동시대인 칙임勅任 그리스어 교수 에릭 R. 도즈의 초대를 받고 동아리에 가입했다.[80] 도즈가 스스로 물리적 연구의 "보편적 물음표" 혹은 "부비트랩이 깔린 샛길"이라고 여러 가지로 불렀던 것에 손댄 일은 유명했고, 옥스퍼드의 더 저명한 그리스어 교수인 길버트 F. 머리도 그것을 공유했다.[81] 그저 더브스 개성의 이런 측면이 더브스 학문의 어떤 기이한 점들, 특히 그의 기발한 로마자화 체계에 대한 설명을 도와줄 수 있기 때문에 소개할 뿐이다. 더브스는 또 숫자에 집착했던 것 같은데, 이는 더브스 이력의 초기와 후기에 모두 드러난다. 즉 석사 학위 논문 마지막 페이지에서 그는 서론과 서지 외에도

5개 장 각각에 포함된 단어의 수를 나열하고(총 2만9360 단어), 그가 세인트 앤스칼리지에 기증한 『한서』에는 권1 상上의 마지막에 연필로 된 불필요한 난외 주석이 있다. "본문 한자 약 35자와 주석 한자 약 1200자."

더브스는 1962~1963년에 하와이대학 동서센터 방문 1년을 제외하면 미국에서 철학만을 가르쳤지만, 그의 많은 출판물로 미국 중국학 발전에 영향을 끼쳤다. 실제로 더브스는 라우퍼를 제외하면 그의 시대에 영어로 출판한 가장 다작의 전문직 중국학자였으며, 잉글랜드 혹은 미국의 중국학자 가운데 가장 뛰어난 철학사가였다.

조지 알렉산더 케네디

조지 알렉산더 케네디(1901~1960)는 더브스, 험멜, 루서 캐링턴 구드리치와 마찬가지로 선교사적 배경에서 성장했다. 그는 〔중국〕 절강에서 선교사 부모에게서 태어났다. 그는 자라면서 오방언吳方言*으로 말했고, 중국어를 자신의 원어native tongue라고 부르기를 좋아했다. 케네디는 1937년 베를린대학에서, 아마도 오토 프랑케에게서 박사 학위를 받은 후 예일대학 중국어 조교수로 임명되었다. 1943년 부교수에, 1954년 정교수에 올랐다. 전쟁 동안에는 1942년부터 1944년까지 예일대학 국방정보학교와 육군특수훈련프로그램의 장長으로 복무했다.

케네디는 여러 면에서 부드버그와 유사하다. 그는, 부드버그의 날카로운

* 중국 양자강 이남의 장쑤성, 푸젠성, 저장성, 상해 등에서 쓰이는 중국어 방언. 오어吳語.

천재성이나 노력의 범위는 결하고 있었지만, 버클리대학 동료의 지적 자질과 관심사를 많이 공유했다.

무엇보다도, 케네디는 그의 서목書目 다수가 지시해주듯 교육에 관심이 있었다.[82] 이와 같은 관심사는 모든 출판물에서 명백히 드러난다. 그의 『중국학 입문: 『사해』가이드』는 이 관심사의 가장 정형적定型的인 명시화다. 책은 중국어 텍스트 문헌학적 작업의 기술과 관행에 관한 핸드북으로서, 『사해』*라는 사전의 실제 활용을 통해 소개된다. 전기 적요집, 지리 사전, 연대기표와 같은, 활동적 중국학자들의 여러 도구가 이 책 속에서 소개되고 예증된다. 전반적으로, 책은 방법론에 관한 입문 과정의 편리한 강의 계획서이며, 방법론적 정확성은 케네디가 도처에서 강화하려고 시도한 주제다.

> 초기 선교사들에게 중국어의 정글이 아무리 신비롭고 불가해하게 보였다 하더라도, 그 덤불은 여러 세대의 헌신적 학자들에 의해 다소 제거되었고, 통로는 여기저기서 열렸다. 그러나 이 길들은 방법 외의 다른 것이 아니며, 번역자에게 가장 잘 봉사하는 것은 문헌학의 방법들이다.[83]

둘째, 케네디는 신조어를 만들어내는 부드버그적 경향은 피했다 하더라도, 부드버그와 마찬가지로 야릇한 말투와 수월한 표현을 갖고 있었다. 그러나 부드버그와는 반대로 자신의 번역에 중국어 학도들이 접근할 수 있게끔 하기를 선호했을 때 케네디의 일차적 충성 대상은 텍스트가 아니라 그의 독자였다.

* 1936년 중국의 수신청·장샹·선이 등이 편찬한 사전. 중화서국中華書局에서 간행했다.

셋째, 케네디는 언어학·문법·어원학에 대한 많은 혁신적 접근법을 제공했다. 그가 중국 문자, 로마자화, 통계적 분석, 한자간화漢字簡化 방안에 보인 관심은 모두 부드버그의 기술적 실험과 동일한 정신을 공유했다. 그러나, 음악에서 은유를 빌려오자면, 이 방향에 대한 케네디의 참견은 주조主調의 영역을 좀처럼 넘어서지 못했다. 비록 때때로 〔오스트리아의 작곡가〕 알반 베르크처럼 들리긴 했지만, 그는 결코 부드버그의 쇤베르크 12음 무조성無調性에는 접근하지 못했다. 케네디는 출판물에서 많이 사용하지는 않았지만 만주어도 알고 있었다.

마지막으로, 전기에 대한 관심이 그들〔부드버그와 케네디〕 모두를 사로잡았다. 대개 자비출판한 총서로 나온, 부드버그의 16국 시대 유명한 흉노족 추장들의 전기에 필적하는 것은『청대 명인록』에 포함된 만주족과 중국인 군주 및 관리들에 관한 케네디의 72개 기고문이다. 케네디는 이 전기 초록들에서 중국어·일본어·독일어로 된 이차 자료는 물론이고 전통 중국 자료에 대한 장악력도 보여준다. 그는 또 만주어로 된 당안檔案도 이용했다.[84] 다시 한 번, 케네디가 부드버그와 마찬가지로 그 자신의 개인적 총서인『문제問題, Wennti』 논문들을 만들었다는 점 역시 주목되어야 한다. 총서는 케네디의 경우 중국학적 주제들에 관한 다른 학자들의 기고문들을 포함하고 있다.

케네디가 출판한 글 대부분은 문법 혹은 언어학의 문제를 다룬다. 풀리블랭크에 따르면, 고전중국어 문법에 대한 케네디의 논문들은 오늘날에도 유효하지만, 케네디가 역사음운학의 문제들에 대해 제안한 해결책들은 칼그렌의 재구 속 난점들을 정확히 지시하면서도 칼그렌을 능가하지는 않는다.[85] 그러나 케네디 자신의 로마자화 체계는 모든 방언 현상을 반영하려

시도하며, 중고중국어 반절反切의 철자들에서 발견되는 차이들까지 집어넣으려 한다.[86]

케네디의 저작 중 몇몇은 다시 읽어볼 가치가 있다. 최초의 중요한 논문은 「『춘추』의 해석Interpretation of the Ch'un-Ch'iu」[87]이다. 케네디는 이 논문에서 도표와 통계를 대량으로 사용하는데, 이는 그의 저작 대부분에서 보이는 특징이다. 『춘추』 속 군주들의 사망을 가리키는 기술적 용어들에 대한 고찰을 기초로, 그는 중국의 전통적 견해들과는 반대로—그의 스승 오토 프랑케의 견해와도 반대로—이 우울한 경전 속의 어휘에서 비의적秘儀的 의미는커녕 아무런 도덕적 교훈도 끌어낼 수 없다고 단언한다. 케네디는 정보들이 정확히 말하자면 (『춘추』의) 저자인 공자의 주유周遊 과정에 대한 사실들의 가능성에 기초해 포함되었음을 증명한다. 「『시경』의 운율적 비규칙성Metrical Irregularity in the Shih Ching」[88]은 이 통계적 기질을 지속하여, 강세와 운율의 견지에서 『시경』 시학에 대해 중요한 결론을 내린다. 즉 한 시행이 일반적인 4언에서 벗어날 때, 그것은 보통 운율적으로 네 박자와 등가였다. 칼그렌이 한두 개의 어휘 항목 혹은 통사적 요소에 대한 통계적 연구에 기초해 대범한 결론을 내고 있던 시대에,[89] 케네디가 이 새 도구를 절제 있게 응용한 것은 훌륭한 본보기다.

아마도 케네디의 가장 중요한 논문은 「조사 焉의 연구A Study of the Particle Yen」일 것이다.[90] 논문은 통계적 도표화에 다시 한 번 크게 의존하면서 케네디 접근법의 또 다른 특징적 자질, 즉 단조롭고 건조한 설명을 보여준다.[91] 케네디는 조사를 발음의 도우미 이상의 것으로 간주했는데, 그는 조사를 단어로 취급했고 조사의 정확한 기능을 적시摘示하기 위해 작업했다. "고전 텍스트와 드잡이할 때, 항상 최초의 임무는 단구斷句하기, 즉 표점標點하기이며, 또 구句의 처음이나 끝에 달릴 수 있는 조사는 표점의 도우미로서 적극적으로 이용된다. 그러나 그 조사들이 그저 그 목적을 위해서만 있다고 단언하는 너무나 쉬운 실수는 항상 경계해야 한다."[92] 케네디는 조사 焉을 음운학적 형태뿐 아니라 문법적 용법을 통해서도 분석하면서, 그것이 전치사와 대명사의 혼합, 즉 於 + 之라고 확정했다.[93] 문헌학적 분석상의 다른 단어와 문제들 역시 이 모범적인 방법론적 연구에서 제창된다.

케네디는 고전중국어 읽기의 열쇠로서 통사를 크게 강조한 또 한 사람의 중국학자였다. 「고전중국어의 품사들Word Classes in Classical Chinese」[94]로 발표된 『맹자』에 대한 미완성 문법서는 고전중국어의 통사적 패턴을 분석하려고 시도했다. 책은 『맹자』에 가장 흔히 나오는 200개 한자에 대해 언어학적 맥락 속의 '상대적 위치'를 구분한다. 즉 "이 문맥은 앞뒤로 휴지부가 올 수 있는, 인용부 안에 넣을 수 있는 단편斷片이므로 모종의 통사적 통일성과 독립성을 가진다. 『맹자』 문법에 관한 연구를 시작하기에 이보다 더 나은 곳은 없다."[95] 풀리블랭크는 "내가 보기에 이 논문은, 그 불완전성과 나로서는 의문을 제기할 몇몇 세부 지점에도 불구하고, 지금까지도 여전히 고전중국어의 문법에 대한 설명을 제공하려고 한 여러 시도 중 최고다."[96] 통사에 관한 두 유명한 '케네디 법칙'은, 비록 줄리앵과 가벨렌츠의 문법서가 이미 언급한 것이긴 하지만, 케네디의 이름과 확고하게 결합되게 되었는데, 「조사 焉의 연구」에 처음 나타났다. 즉 첫째, 보통 타동사이던 것이 목적어를 결하게 되면 수동형이 된다. 둘째, 보통 자동사이던 것이 목적어를 취하면 사역형이 된다.[97] 전반적으로, 케네디는 고전중국어 연구의 전문화에 많은 공헌을 했는데, 그는 고전중국어를 그것이 있었던 그대로, 즉 기술skill로서가 아니라 학문으로서 인정했다.[98]

존 킹 페어뱅크와 지역 연구의 창시

1930년대에 동아시아 연구 기금 투자를 제도화하려던, 하버드-옌칭연구소[99]의 험멜이나 엘리세예프 같은 이들의 노력은 마침내 페어뱅크가 서술한 미국 중국학 발전의 4단계 중 제4단계를 가져왔다.

존 킹 페어뱅크(1907~1991)는 현대 지역 연구 운동의 창시자이자 수호성인이었다. 그는 하버드에서 이 신생 분야의 권위 있는 목소리로서 자료들에 대해 전반적으로 정통했고 또 이를 동시대 중국 정세에 대한 직접적 지식과 결합했다. 페어뱅크가 자신의 중요한 저작들과 그가 언급한 학생들의 이력을 통해, 미국의 역사 연구 방향을 제2차 세계대전 이전의 철 지난 조약항 이야기적 역사 서술이라고 간주한 것으로부터 사회과학적 신역사New History*를 향해 방향을 바꾼 것은 그의 공적이었다. 그는 단호한 반反문헌학적 편견을 가진 역사학자로서 전통적 중국학자들과 대조되는 흥미로운 인물이다.

페어뱅크는 사우스다코타에서 태어나 자랐다. 그는 부분적으로는 자기반성이고 부분적으로는 고백이자 부분적으로는 초연한 르포르타주인 한 자서전에서, 엑서터아카데미〔필립스액서터아카데미〕, 위스콘신, 하버드, 옥스퍼드 대학에서의 연구 과정을, 북경에서의 훈련을, 정부를 위한 전시戰時 작업을, 하버드에서의 이력을 회상한다.[100] 그는 이 삶의 이야기를 가벼운 자기 확신의 어조로 서술하는데, 겸손보다는 위트에 더 빚진 자기변명적 여담이 때때로 끼어든다. 우리는 옥스퍼드의 로즈 장학생Rhodes Scholar**

* 페어뱅크의 대표작 중 하나는 *China: A New History*(1992년 초판)이다. 한국어 번역본은 존 킹 페어뱅크·멀 골드만, 『신중국사』(김형종·신성곤 옮김, 수정증보판, 까치, 2005)이다.

페어뱅크가 근면했던 덕분에 그리고 기존 학술적 프로그램을 회피했던 덕분에, 그가 지역 연구의 시조 페어뱅크로 변하는 것을 본다. “만약 내가 제대로 훈련받았더라면, 나는 내가 중국에 대해 만든 접근법들의 조합을 결코 이루어낼 수 없었을 것이다. 언어 훈련이 나의 모든 시간을 앗아갔을 것이다.[101] 잘 발전된 분야에서의 학위 논문 연구도 그러했을 것이다. 결코 우연한 여행을 통해 직접 ‘지역’을 경험할 시간을 가지지 못했을 것이다. 접근법들을 내가 조합하는 것은 그 누구도 아닌 나 자신의 노선에 전적으로 따랐기 때문이다.”[102]

페어뱅크는 중국과 그 언어에 산탄총식으로 접근했고 또 비록 일반적 용도로 문언문을 습득하는 것은 좋아하지 않았지만, 그럼에도 불구하고 적어도 누군가의 각별한 구역인 중국 ‘지역area’의 원자료에서 기본적 토대를 획득하는 것은 확실히 좋아했다. 그는 대외 정책에 관한 청淸의 문헌, 특히 『주판이무시말籌辦夷務始末』을 선택했다.[103] 그는 이렇게 설명한다.

> 윌리엄 홍* 같은 학자 밑에서도, 심지어는 파리나 라이덴의 주요한 센터들에서조차도 중국 고전 텍스트를 연구할 생각이 없었다. 유럽 중국학은 중국을 연구하는 유럽인 학자가 중국어 참고 서적들의 광대한 심령물리학心靈物理學을 이용해, 완전히 혼자서 중국어 텍스트를 다룰 수 있어야만 한다는 생각을 고집했다. 유럽 중국학은 선교사와 영사들에 의한 중국 연안의 중국학을 헐뜯었다. 선교사와 영사들은 상황이 힘들어졌을 때 문의할 수 있는 충실한 교사를 언제나 막후에 두고 있었다. 내가 그렇게 하고 있다고 보

** 영국의 로즈장학재단에서 주는 로즈장학금을 받아 옥스퍼드대학에서 공부하는 학생.
* 홍예(1893~1980). 하버드에서 고전중국어를 가르쳤다.

였던 것과 마찬가지로.[104]

물론 페어뱅크는 한 사람의 중국 전문가 훨씬 이상의 인물이긴 했지만, 중국인 및 일본인 학자들과 협력했으며, 번역과 주석의 세부 사항을 능숙한 그들에게 맡겼다. 일례로, 『청대 행정: 세 연구Ch'ing Administration: Three Studies』[105]의 공저자인 덩쓰위(1906~1988)는 페어뱅크의 『서방에 대한 중국의 반응: 당안 고찰 1839~1923China's Response to the West: A Documentary Survey 1839~1923』 작성을 도왔다.[106] "핵심 문서 65편은 덩쓰위가 번역 초고 대부분을 작성했고, 내가 편집한 저자들 데이터의 대부분을 수집했으며, 그다음에 내가 그 문서들을 한데 묶는 최종 텍스트를 썼다."[107] 페어뱅크가 편집에서 차지한 정도는 번역의 정확성을 체크하기보다는 영어를 가다듬는 일에 국한된 것으로 보인다.

그러나 페어뱅크는 특정 텍스트를 그 텍스트 자체를 위해서 문헌학적으로 다루는 것이라기보다는 후일의 더 성숙한 해석적 연구를 위해서 배경 연구를 통해 데이터베이스를 발전시키는 데 목적이 있었다.

그러므로 우리의 주된 시도는 이 분야의 여하한 지적 진보에 필수적인 단일주제 연구monographic study를 모의실험하고 돕는 것이다. 여태까지 이용할 수 있었던 근대 중국사의 빈약한 기록에 서양 사회과학자들이 새로운 해석을 적용하는 것으로는 충분치 않을 것이다. 충분한 사실들이 알려져 있지 않다. 우리는 도그마적으로 진리를 선전적宣傳的 '학술'에 의존할 수 없다…… 우리에게 진짜 이야기를 제공하기 위해서. 훈련되고 유능한 아시아인 학자와 서양인 학자가 혼자서 또 협동으로 번역과 연구에 오랜 기간을 바칠 필요가 있으며, 그렇지 않으면 우리는 서양을 향해 개방한 이래 중국에서 실제로 무슨 일이 일어났는지 모를 것이다.[108]

페어뱅크는 번역 작업을 지지하긴 했지만, 청 정부 문서에 대한 자신의 입문서에서 언어라는 유용한 도구를 성가시고 심지어는 미칠 듯한 언어 연구라는 책무와 조심스럽게 분리한다. 즉 그는 "역사학자들에게 문제는 언어에 이용당하는 것이 아니라 언어를 이용하는 것"이라고 경고했다.[109] 언어는 "도구이지 목적이 아니었다."[110] 그의 최우선 목표는 접근할 수 있는 모든 관련 자료에서 발췌한 중국사 사실들을 이용해, 사회과학이 낳은 모형을 가지고 해석틀을 확인하는 일이었다. 그러나 문헌학 방법론과 사회과학 방법론 사이의 원초적 간극은 조작과 절차라는 단순한 기능적 차이 이상의 것이었다. 그 간극은 한 접근법에 비한 다른 접근법의 우월성과 유용성이라는 더 근본적인 문제였다. 기본적으로 페어뱅크는 전통적 중국학이 현대 중국에서 인간적 조건을 이해하고 개선하는 데에 아무 도움도 되지 않는 무한히 많은 전근대 문헌 자료에 통달하려는 개별적인—설사 헛되지는 않더라도 가망 없는—노력이라고 간주했다. 전통적 중국학은 미국 땅에 수입되었을 때조차도 구세계(유럽)의 임무다. '지역 연구-중국Regional Studies-China'은 지역에 관계없이, 보편적 적용 가능성을 지닌 학문적 기법을 이용하는, 미국 주도의 학자 공동체 간 협업이었다. 그렇게 볼 때, 중국학은 경쟁력 있는 방법론이 아니라 그저 골동취미적이고 약화된 방법론을 의미했다. 이는 페어뱅크의 중국학 시기 구분에서 분명히 보인다.[111]

미국 중국학의 시기 구분

중국학은, 페어뱅크의 정의에 따르면, "중국 언어와 문자 체계를 통한 중국 문명의 연구"다. 페어뱅크는 계속해서 말한다. "지식으로 된 건축물을 짓기 위해 사실의 벽돌을 쌓는 것이 미시중국학 전통을 만들었는데, 이는 (텍스트적 사실을 그 사실 자체를 위해 확증하는) 고증학이라는 중국적 전통에 의해 조성된 것이다."[112] 페어뱅크는 전통적 중국학의 문헌학적 기초를 암묵적으로 인정하면서도, 그의 시기 구분은 오히려 사회과학도들의 흥미를 만족시킬 질문들에 중국학 연구를 응용하는 데 초점이 맞추어졌다. 그러므로 중국학은 각 단계에서 더 학문화되고 제도화될수록 더 성숙해졌다.

제1단계는 브리지먼과 윌리엄스 같은 선교사 학자들의 작업을 특징으로 하는 '출중한 아마추어리즘'의 단계였다. 제2단계는 미국 학회들의 창립과 더불어 도입되었는데, 여기에다 우리는 미국 대학들의 중국어 교수직 설치를 덧붙일 수 있다. 즉 1876년 예일대, 1879년 하버드대, 1890년 캘리포니아대, 1901년 컬럼비아대.[113] 20세기의 첫 3분의 1에 해당하는 제3단계에 "역사학과 중국학은 모두 사회과학의 도전을 받았고 또 상대적 감속을 겪었다."[114] 이 정체停滯를 나타내는 것 한 가지는 소수의 활동적 중국학자들인 록힐, 히르트, 라우퍼가 미국의 유일한 동양학 저널인 『미국동양학회지Journal of American Oriental Society』에 쓴 중국학 논문이 드물었다는 점이다. L. C. 구드리치를 인용하자면, "대략 최근 10년까지(1920년대) 북아메리카 대륙에서—미국인으로서 말하기 부끄럽지만—그들의 제품wares 거래가 거의 없었다."[115] 미국 중국학의 이 시기에 그 분야는 추수해야 할 만큼 무르익었지만 일꾼들이 거의 없었다고 구드리치 교수는 말을 잇는다. "솔직히 말하자면—우리는 우리의 연구를 위한 엄청나게 많은 양의 기초 자료, 즉 책, 탁본, 미술품과 고고기물考古器物, 다양한 사회학적 자료를 가지고 있다. 그러나 우리에겐 그것들을 지적으로 이해하도록 훈련된 소수의 사람들조차 없다."[116] 20세기 초까지는 임시변통적이고 산발적이었던 중국어와 일본어의 전문적 훈련에 1925년 미국태평양관계연구소American Institute of Pacific Relations의 설치와 더불어 관심이 집중되었고, 1928년 이후 하버드-옌칭연구소 및 미국학술단체협의회 극동연구촉진위원회Committee on the Promotion of Far Eastern Studies 창립과 더불어서는 더욱 그러했다. 1940년대에 제2차 세계대전을 위해 통역사와 정보분석가를 훈련시키려고 대규모의 어학원 운동이 시작되었다. 이는 페어뱅크의 제4단계이자 최종 단계, 즉 제2차 세계대전 이후의 "자기의식적 성숙과 합병"을 가져왔다.[117]

전쟁의 폐허로부터의 재건을 위해 동시대 아시아의 정치·사회·경제 문제를 다룰 필요성은 인문학을 희생하고 사회과학에 대한 강렬한 학술적 관심을 가져왔으며, 영국에서도 같은 시기에 논쟁이 일어났다.[118] 1842년에 창립된 미국동양학회는 언제나 문헌학에의 정초 및 전근대 문명에 대한 초점을 유지하고 있었다.[119] 따라서 그 학회는 현대 아시아의 상황에 흥미를 가진 신세대 전문직 학자들에게는 만족스럽지 못한 배출구였다. 이제 19세기의 전통적인 중국학적 동양학Sinological Orientalism, 즉 더 집중적이지만 훨씬 좁게 분과학문화한 중국학 대신에, '아시아 연구Asian Studies'가 전후戰後에 모임의 표어가 되었다. 이런 수요를 충족시키기 위해 1948년 창립된 극동협회Far Eastern Association는 1957년에 아시아연구협회로 명칭을 변경했다.[120] 초대 회장은 아서 험멜이었다.[121] 협회가 후원한 저널 『계간 극동Far Eastern Quarterly』(후의 『아시아연구지Journal of Asian Studies』)은 역사, 문화, 지리학, 경제학, 사회학, 행정의 광범한 분야를 강조함으로써 이 새로운 접근법에 봉사했다. 편집주간인 컬럼비아대학 사이러스 H. 피크가 1940년 3월 14일 캘리포니아 사우스패서디나에서 한 논문 투고자에게 보낸 〔논문 게재〕 거절 편지는 이 현대적 배경에의 전념을 강조한다. "우리는 현대 시기의 역사적·경제적·정치적 문제에 강조점을 두기 때문에, 더 문학적인 유형의 논문과 번역 자료는 지지할 수 없다고 생각합니다."[122] 이 새 브랜드의 역사학자가 본 가장 이른 시기는 명대였는데, 단지 청조의 부상과 신유학 성숙에 명대가 행한 토대적 역할 때문이었다.

'지역 연구'로서의 현대 중국에 대한 이 관심은 1959년 당대當代 중국에 대한 합동위원회Joint Committee on Contemporary China의 창립과 함께 제도적 정점에 올랐다. 미국학술단체협의회와 사회연구협의회Social Research Council에 의해 조직된 합동위원회는 포드재단의 재정 지원을 받았다. 한 연구자에 따르면, "합동위원회가 교수진 연구와 대학원생 훈련에 지급한 보조금은 포드재단과 미국 정부의 더 많은 제도적 보조금과 함께, 동시대 중국의 정치·경제·사회에 대한 미국의 연구 제1세대를 자극했다."[123]

지역 연구Area Studies는 페어뱅크식으로는 "Regional Studies"라고 불렸다. "Regional은 하버드식의 것으로서, 특수한 사례에 동반하는 특수한 이름이다…… 두 용어 모두 학제적學際的 연구를 의미하나, 세계의 특정 지역을 연구하는 사회과학의 기술技術에 초점을 맞춘다."[124] 페어뱅크에게 지역 연구의 부상과 사회과학을 역사학에 결합하는 것은 학문의 길에서 선택 가능한 경로라기보다는 궁극적 종착점이다. "사고양식으로서 봤을 때, 역사학, 사회과학, 그리고 중국학을 포함한 지역 연구는 이제 모든 것을 서로 만나고 뒤섞이게 하는 것으로 보인다. 그것들은 더 이상 분리된 지적 수로 속에 있지 않으며, 우리는 다른 물줄기 속으로 들어가지 않고서는 그 어떤 물줄기도 따라갈 수가 없다."[125] 페어뱅크 추종자들이 보기에는, 중국학이 누렸던 소수의 학문적 미덕은 이제 새로운 범분과학문적이고 또 모든 것을 포괄하는 '아시아 연구' 속에 통합되어서, 많은 미국인 학자는 중국에 대한 퇴행적 사유와 철 지난 접근법을 이유로 중국학Sinology이라는 용어를 사양했다. 현대 정치사 분야에 있는 이들까지 그러했다.[126] 그러나 페어뱅크는 기본적으로 지역 연구가 분과학문이 아니라 활동이라고, 석사 프로그램을 통해서가 아니라 박사 학위를 통해서만 접근할 수 있는 활동이라고 인정한다.[127] 역사학 같은 분야와 문헌학 같은 분과학문 사이의 개념적 차이를 명료화하는 데에는 다른 두 하버드인, 즉 이론에서 한 사람과 실천에서 한 사람이 필요했다. 그들은 역사학 및 다른 '사고양식'의 성장이 문헌학적 정초를 즉 문서 자료에 담겨 있는 일차 자료에 접근할 필요를 무시하지 않았음—그것은 학문이 텍스트를 가지고 할 수 있는 것을 확장했을 뿐이다—을 인정했다. 그 이론가는 『하버드아시아연구지Harvard Journal of Asiatic Studies』의 원편집자 중 한 명이자 극동연구협회 제2대 회장 찰스 가드너였다. 실천적 문헌학자는 프랜시스 클리브스였다.

찰스 가드너

찰스 가드너(1900~1966)는 하버드에서 학사 학위와 대학원 학위를 받았다(Ph. D. 1955).[128] 학위 논문 「『청사고』 본기의 한 권A Chapter of the Basic Annals from the Draft Tsing History」은 그의 가장 중요한 저작인 『중국의 전통

적 역사 서술Chinese Traditional Historiography』(매사추세츠 주 케임브리지, 하버드대학교출판부, 1938)에서 최초로 표명된, 역사 서술에 대한 그의 흥미를 이어갔다.[129] 가드너는 1933년 하버드에서 강사로 채용되었고 1937년 부교수가 되었다. 1944~1945년에 컬럼비아와 웰즐리에서 강의했다. 그의 도서목록은 약 10개 항목을 기록하고 있는데, 목록학과 중국학사史에 대한 그의 관심을 증명하는 자비출판서 둘이 포함되어 있다. 즉 『중국학자 목록Bibliographies of Sinologists』(매사추세츠 주 케임브리지, 1958)과 『14명의 미국인 극동 전문가 목록. 약간의 전기적 기술과 함께Bibliographies of Fourteen American Specialists of the Far East with a Few Biographical Notes』(매사추세츠 주 케임브리지, 1960)이다.

가드너는 매우 짧지만 농밀한 그의 가장 유명한 출판물에서, 중국 전통 자료를 가지고 역사 연구를 행하는 기초를 보여준다. 『중국의 전통적 역사 서술』은 기본적으로 역사학자를 위한 속성 문헌학 강좌다. 메리 라이트의 말을 빌리자면, 역사학자 대부분은 문헌작업을 "우리 텍스트들의 인증, 연대 결정 등 지적으로는 단순하지만 기술적으로는 정확한 절차"[130]라고 무시해버리는 것으로 보이기 때문이다. 가드너는 적어도 이 필수적이면서도 따분한 절차들의 중요성을 강조할 필요를 느꼈다. "정확히 말하자면 그것은 중국 자료를 다루려는 모든 역사학자가 필수적으로 갖춰야 할 대강大綱의 일부를 체계적으로 제시하는 것이 목표다." 중국학자들에게 역사 연구원리의 소개는 똑같이 중요하다. "중국학자의 길을 막을 특수한 위험과 어려움에 대해 경고하고, 함정을 피하도록 도와줄 비평의 잣대에 대해 경고해주는 것은 일차적으로 풋내기 중국학자의 앞길을 부드럽게 해주려는 의도가 있다."[131]

제2장 「동기Motivation」에서 이 연구서(『중국의 전통적 역사 서술』)의 중심부가 시작된다. 여기서 가드너는 역사 서술의 기원과 동기를 다룬다. 최초의 역사서들은 종교적 의례와 점술 의례에서 사용하는, 기억을 보조하기 위한 기록으로 간주될 수 있다. 이는 조정의 공문서 기록과 연대기로 성장했다. 그중 유일하게 살아남은 노魯나라의 『춘추』는 이미 그 편찬 방식에서 이후 현대에 이르기까지 중국의 모든 공식적이고 정통적인 역사 저작의 주요 특징을 명시했다. 그 편찬자는 긍정적이든 부정적이든 자신이 지지한 도덕적 규범과 원칙을 증명하는 데에 한몫하는 사실만을 자신의 이야기 속에 포함했기 때문이다. 그러므로 역사에 대한 도덕적 해석과 정치적 정직성을 지지해야 하는 역사학자의 책임은 중국의 정사正史 서술에서 기본적 특징 중 두 가지다.[132]

아마도 『중국의 전통적 역사 서술』의 가장 귀중한 장은 그다음 장으로서, 비판정본 작업에 관한 것이다. 제3장(「비판정본 작업Textual Criticism」)은 텍스트의 변형, 판본의 전승 계보, 저작권 문제, 시대착오, 눈에 잘 안 띄는 삽입문, 목록학, 텍스트 전승—금고문今古文 논쟁을 포함해서—의 문제들에 대한 다양한 접근 방식을 제공한다. 역사비평, 종합, 문체에 관한 짧은 장들이 뒤따른다. 마지막 장은 제목이 '형식적 분류Formal Classification'인데, 역사적 글들의 상이한 범주에 관한 상세한 논의다. 이 장에서도 가드너는 책 전체에서와 마찬가지로 핵심적 중국 용어와 또 그 이용 방식에 대해 설명한다. 이 논고는 어느 용어가 실제로 동의어이고 또 어느 것이 기능적 차이를 반영했는지를 명확히 하기에 충분할 만큼 폭넓다.

가드너는 『중국의 전통적 역사 서술』의 도처에서 추가적 독서에 지침을 제공하기도 하고, 자신의 주장이 의존하는 전거를 보여주는 이차 문헌을 광범하게 언급하기도 한다. 중국 역사 서술에 대한 그의 분석은 대개 전적으로 "콜레주 드 프랑스의 중국학 거인들인 샤반, 펠리오, 마스페로", 좀 덜하게는 칼그렌의 학문적 기여와 방법론적 사례에 기초하고 있다. 실제로, 칼그렌이 중국학 발전에 기여한 바에 경의를 표하긴 하지만, 칼그렌의 체계적 단어 연구, 복잡한 언어학적 문제들을 통계적 확실성으로 환원하려는 시도 때문에, 칼그렌 접근법의 엄격함에 반대해 중국학의 프랑스 학파를 지지하는 뚜렷한 저류底流가 있다. 일례로, 칼그렌은 "역사는 학문적으로 입증하기 쉬운 사실보다 개연성에 훨씬 더 자주 관련된다는 사실을 무시한다."[133] 역사비평의 잣대들이 결코 추상적으로 성문화되거나 논의되지는 않음에도, 탁월한 학자들의 개별 작업에 의해 예증되었다고 가드너는 말을 맺는다.[134]

프랜시스 우드먼 클리브스

프랜시스 우드먼 클리브스(1911~1995)는 1911년 7월 14일 보스턴에서 태어났다.[135] 클리브스는 1933년 다트머스에서 고전으로 졸업한 다음 하버드에서 비교문헌학을 연구했고(1934년 석사), 1362년 중국어-몽골어 비명碑銘에 관한 학위 논문으로 1947년에 극동어 박사 학위를 받았다.[136] 제2차 세계대전 전에는 파리에서 펠리오의 강의를 수강했고(1934~1935) 1937년부터 1941년까지 긴 여행 동안 북경에서 앙투안 모스타르트를 만났다. 클리브스는 전시에 해군 장교로 복무한 후 하버드에서 가르치기 시작했는데, 그때 모스타르트와 공동 작업을 재개했다. 둘은 결국 많은 몽골 문헌

원문의 모사본模寫本 혹은 음사본을 만들었는데, 클리브스가 편집한 몽골 문헌총서Scripta Mongolica Series로 하버드-옌칭연구소가 제작했다. 그중 가장 중요한 것은 『황금사黃金史, Altan Tobči』(1952)와 『몽고원류』(1956), 『수정감水晶鑑, Bolor Erike』(1959)이다. 『몽골문헌 단행본Scripta Mongolica Monograph』의 한 호號는 모스타르트와 함께한 또 하나의 공동 작업인 『일칸 아르군과 올제이투가 1289년과 1305년에 미남왕 필리프에게 쓴 편지들Les Lettres de 1289 et 1305 des ilkhan Arγun et Ölĵeitü à Philippe le Bel』(1962)이다. 그러한 생산물 배후의 동기는 페어뱅크에게서 문헌 적요들을 유발한 것과 동일한 문헌학적 충동이었다. 그것은 몽골문헌총서의 첫 권에 실린 창간사에서 편집자 클리브스에 의해 표현되었다.

> 현재, 몽골 역사 혹은 문학을 공부하는 학생이 기본적 연구에 종사하는 것은 불가능하거나 극히 어려운데, 왜냐하면 인쇄본이건 필사본이건 일차 자료에 실제로 접근할 수 없기 때문이다. 하버드-옌칭연구소가, 인쇄본이건 필사본이건 접근하기 어려운 일련의 중요한 몽골어 텍스트의 재간행본을 발행하려고 계획하는 것은 이런 이유에서다.[137]

클리브스는 『황금사』 텍스트를 재간행하기 위해서 오언 래티모어*가 소유하고 있던 미국 내 유일본을 빌렸다.[138]

클리브스는 희귀하고 접근하기 어려운 몽골 문헌을 계속해서 발행했는데, 이제는 방대한 주석이 달린 충실한 번역이 종종 해당 명문銘文 혹은 문

* 중국과 중앙아시아를 연구한 미국의 학자(1900~1989).

헌의 도판과 함께 제공된다. 클리브스의 접근법은 관심사가 역사적인 것이었든 전기적인 것이었든 혹은 언어학적인 것이었든 간에 결코 변하지 않았다. 즉 그는 보통 최초의 몇 개 각주에서 시원시원한 헌정의 말 혹은 감사의 표현으로 꾸민, 문헌에 대한 긴 서평 다음에, 특정한 단어, 숙어, 혹은 텍스트에서 시작한 다음 그것을 철저히 주석했다.[139] 말 그대로 이런 텍스트 수십 개가 클리브스가 10년 넘게 편집을 맡았던 『하버드아시아연구지』에 나타났다. 클리브스는 종종 다시 모스타르트와 함께 공동 연구를 했지만,[140] 그가 방법론적으로 가장 크게 빚진 사람은 펠리오였음이 가끔 비공식적으로 확인되는 사실이었다. 실제로, 클리브스의 역주식 접근법과 그의 연구 범위, 즉 중국-몽골학Sino-Mongolia은 모두 펠리오의 개인적 관심과 방법론적 선호의 낙인이 지울 수 없게 찍혀 있었다. 각주의 밀도, 목록학적·역사적·전기적 배경의 모든 측면을 설정하기 위해 취해진 조치까지도 그는 펠리오의 선도를 따랐다.

클리브스는 텍스트의 문헌학적 토양을 그렇게 깊이 파는 데 대한 자신의 열정을 설명한 적이 있다. "해당 자료에 상대적으로 접근이 가능한 한도 내에서 펠리오의 제안, 즉 몽골의 중요한 유적으로 존속하는 이 모든 것에 대해 전반적으로 손을 보기를 따르려고 노력했다."[141] 그러나 문헌학적 주석을 향한 이 일편단심은 때로 극단화해, 클리브스는 한 조서詔書 혹은 시 속의 거의 모든 용어를 해명해야 한다는 강박을 느꼈다. 일례로, 클리브스는 「가구사柯九思*의 '궁사宮詞 15수'The 'Fifteen Palace Poems' by K'o Chiu-ssu」에서 당시 이미 흔한 중국학적 표현이었던 'myriad nations(*wan-kuo*, 萬國)'에 전고典故를 제공했다.[142]** 그리고 'nine ushers(*Chiu-pin*, 九賓)'*** 에 대한 그의 2쪽짜리 역사 논술은 그 제목이 그저 장려함에 빗댄 함축으로 사용될 때는 불필요하게 지엽적이다.[143] 반면, 불교의 의례적 순회 관행에 관한 3쪽이나 되는 훨씬 더 긴 각주는 그 시의 배경을 이해하는 데에 필수적이다.[144] 몽골어 텍스트에 관한 클리브스의 용어 해설에서 가져온 사례가 위에 인용된 「힌두 제후를 기념하는 1362년의 중국–몽골 명문 Sino–Mongolian Inscription of 1362 in Memory of Prince Hindu」의 서로 마주보는 지면에서 발견된다. 98쪽 미주 23에서 우리는 몽골어 용어에 대한 잉여의 혹은 적어도 불필요하게 상세한 각주를 발견한다. "*ĵaya γada γsabar* 라는 단어는 *ĵaya γada*–의 –*γsabar*에서는 부동사副動詞, converbum****이고, '예정하다'는 뜻을 가진 동사 *ĵayaγa*–의 –*da*에서는 옛 수동태다." 여기까지는 괜찮다. 그러나 클리브스는 계속해서 모든 몽골학자 배경의 필수품이어야 하는 몽골어 문법의 성가시게 초보적인 구성 요소를 소개한다. "접미사 –*bar*는 도구격이고 –*γsa*는 –*γsan*의 한 변형, 완료된 과거 행동을 나타내는 접미사……." 그다음 미주인 98쪽의 미주 24와 99쪽의 미주 27은 어느 사전에도 나오지 않는, 딱 한 번씩만 나오는 두 단어인 *narbai*, 즉 "모두, 전부"라는 단어와 *ümedü*, 즉 "북쪽"이라는 단어를 훌

* 1290~1343. 중국 원나라 때의 화가·문인.

** 클리브스 논문의 관련 원문은 다음과 같다. I.e., "Numerous Nations." The locus classicus for the words 萬國 is found in the Shu–ching. Cf. James Legge, The Chinese Classics Vol. III.–Part II. p. 526: 萬國咸寧. Legge(3.526) rendered this: "… and the myriad States all enjoyed the repose." 클리브스는 당시까지 'myriad nations'라고 번역되어 오던 '만국萬國'을 'numerous nations'라고 번역했다는 말이다.

*** 클리브스는 「궁사 15수宮詞十五首」의 제1수(萬國貢珍羅玉陛 九賓傳贊卷珠簾 大明前殿筵所秩 勳貴先陳祖訓嚴)에 나오는 '구빈九賓'이라는 단어에 대해 논문의 미주 3에서 두 페이지에 걸쳐 설명한다. 클리브스는 구빈이라는 말이 『사기』「염파인상여열전廉頗藺相如列傳」 및 「자객열전刺客列傳」(형가전荊軻傳), 그리고 『사기』와 『한서』의 「숙손통전叔孫通傳」에도 나온다고 밝히고, 그에 대한 주석가들의 갖가지 설명을 소개한 다음, 결국 구빈은 조정의 연회에 온 아홉 손님 즉, 공公, 후侯, 백伯, 자子, 남男, 고孤, 경卿, 대부大夫, 사士를 말한다고 설명하고 있다. 배제되는 설은 '아홉 의례九儀' '아홉 속국에서 온 손님九服之賓客' '아홉 희생제물九牢' '조정에서 의례를 도와주는 아홉 사람九儐' '문물을 크게 갖추어 놓았음大備文物'이라는 설이다.

**** 한 문장 속에서 그 문장 전체의 진술을 스스로 완결하지 못하고 다른 구절이나 용언에 대해 부사적 역할만 하는 서술어.

륭하게 논한다. 주석에 대한 클리브스의 열정은 교육학의 시각에서 이해할 만하다. 그의 모든 저작은 몽골어 학도와 중-몽 역사학도 모두가 언어학 자습서로서 열렬히 탐독했다. 물론 독자로서는 텍스트적 비밀 혹은 언어학적 비밀 자체를 밝혀내기보다는 장황하거나 불필요한 주석을 무시하는 쪽이 훨씬 더 쉽다. 주석의 정도degree는 번역자에게 맡겨져 있으며, 클리브스가 펠리오와 같은 철저한 주석의 경향에 빠져든 것은 클리브스의 문헌학적 완벽성에 대한 헌신만큼이나 독자에 대한 배려에서 나왔을 가능성이 크다.

클리브스는 신실한 열정과 동정심을 가진 사람, 기독교적 자비와 경건으로 충만한 사람으로서, 종종 옛 선생과 스승, 동료, 심지어는 학생들에게까지(예컨대 조지프 플레처와 존 비숍) 개별 논문을 헌정해 마음을 표현했다. 일례로, 한 1949년의 출판물에 부친 헌사는 이렇다. "우리의 가장 위대한 스승 폴 펠리오를 삼가 추모하며IN PIAM MEMORIAM/PAVLI PELLIOT/MAGISTRI ILLUSTRISSIMI."[145] 모스타르트, 브와디스와프 코트비츠, 메디 바르라미, 보리스 야코블레비치 블라디르미르코프(BORISII IACOBI FILII라고 재치 있게 라틴어화되었다), 윌리스 브렛 도넘에게 바쳐진 라틴어 명문은 훨씬 더 길고 표현력이 있다.[146] 동료들과 연구 주제인 몽골인들을 향한 클리브스의 인류애는 다음의 헌사에서 감동적으로 표현된다. 이는 전 지구적 인문주의 속에 유목 민족을 포함하는 데에 대한 피터 A. 부드버그의 헌신보다 앞선 것이다.

> 내가 너무나 많은 빚을 지고 있고 또 1938년 이래 우정으로 아주 가까워진 성모성심회聖母聖心會 목사 앙투안 모스타르트에게, 나의 큰 존경과 깊은 애

정의 표현으로서, 13세기의 가장 위대한 몽골인 중 한 사람의 전기에 대한 이 번역을 드립니다. 몽골의 오르도스—불멸의 수도사들인 요한네스 데 플라노 카르피니와 기욤 드 뤼브룩이 사귀었고 또 로마교황청과의 관계가 중세사의 큰 장章 중 하나를 이룬 몽골인의 후손들—에 사역하러 간 앙투안 모스타르트는 몽골인들의 친구 중 가장 성실한 사람이며 〔몽골인들의〕 형제 중 가장 가까운 이입니다. "친구는 언제나 사랑하며, 형제는 역경을 위해 태어납니다." 이 소박한 사제보다 더 서양 세계에 몽골인의 문화적 유산의 풍부함을, 그들 삶의 방식의 아름다움을, 그들 역사의 장대함을 드러내어준 사람은 없습니다.[147]

아쉽게도, 클리브스의 고투古套이지만 완벽한 『몽골비사』 번역이 25년간 지체된 뒤 뒤늦게 출간된 것은 아마도 클리브스가 인간적이었기 때문일 것이다.[148] 클리브스가 신사답게도 『몽골비사』의 연대 설정에 관한 윌리엄 훙의 의견에 대한 반박을 꺼린 것이 발행이 지연되는 원인이 되었을 수 있다.[149] 더욱이 클리브스는 자금 마련에 관해 갑작스럽게 페어뱅크와 사이가 틀어지는 일을 직접 겪었다. 클리브스는 로엡고전총서Loeb Classical Library*의 노선을 따라 고전중국어 텍스트들을 위한 원문 대조본 번역 총서를 수립하고 싶어한 반면, 페어뱅크는 같은 기부금을 자신의 역사학 연구 총서를 착수하는 데에 이용하고 싶어했다. 클리브스는 페어뱅크가 성취해낸 데서 장차 하버드에 더욱 환멸을 느꼈고, 또 〔자신이〕 이미 준비했으나 아직 출판하지 않았던 번역 더미를 그냥 내버려두었다. 클리브스는 중국어

* 중요한 그리스 라틴 문헌의 원문-영어 번역 대조본 총서. 1911년 독일 태생의 미국 은행가 제임스 로엡(1867~1933)이 하버드대학에서 시작했다.

에 대한 페어뱅크의 오만한 태도를 인정하지 않았으며, 내가 보기에 페어뱅크도 클리브스 출판물들의 문헌학적 기조든 중세 아시아적 범위든 어느 것도 좋아했을 것 같지 않다. 하버드를 방문한 많은 아시아인 한학가가 페어뱅크보다 클리브스를 즐겨 찾았다는 점도 도움이 되지 않았을 것이다. 클리브스가 많은 언어에 보인 문헌학적 명민함이 페어뱅크의 이론적 시약試藥 투약법보다 그들의 작업에 더 봉사할 수 있었던 것 같다. 이 모든 것이 1985년의 단 한 차례 외에는 1976년 이후 『하버드아시아연구지』에 어떤 기고도 하지 않는다는 클리브스의 결정을 자극했을 것이다.[150] 1970년대의 10년간 『하버드아시아연구지』에 실린 클리브스의 논문은 상대적으로 짧은 소품인 「소년과 그의 코끼리The Boy and His Elephant」와 「마르코 폴로의 중국 출발에 관한 중국어 자료와 그의 페르시아 도착에 관한 페르시아어 자료A Chinese Source Bearing on Marco Polo's Departure from China and a Persian Source on His Arrival in Persia」뿐이었다.[151] 이것들은 1940년대에 논문 4편, 1950년대에 논문 17편, 1960년대에 논문 3편 다음에 나왔다. 실제로, 클리브스가 1992~1993년에 제출한 논문 1편은 바로 그런 이유로 인해 거부되었다. 나중에 그는 『대大아시아』, 『몽골 연구Mongolian Studies』, 『송원 연구지Journal of Sung and Yüan Studies』, 『돌궐 연구지Journal of Turkish Studies』 같은 대안적 출구들로 방향을 틀었다.[152] 많은 미간행 원고가 있는 그의 훌륭한 개인 장서는 지금 하버드가 아니라 뉴햄프셔 주 길퍼드의 한 가톨릭 교회 지하실에 간수되어 있다. 그 장서는, 클리브스의 옛 학생인 루비 램 박사의 말로 하자면, "보물창고 겸 유골함 노릇을 한다."[153]

부드버그는 가드너 및 클리브스와 동시대인으로 알타이학자로서는 클리브스보다 덜 중요했고 중국학자로서는 클리브스보다 더 중요했다. 부드버그와 그의 제자 에드워드 헤츨 셰이퍼는 브리지먼과 윌리엄스가 최초로 개척한 문헌학 측면의 멋진 본보기다. 부드버그는 사전 편찬에서, 셰이퍼는 라우퍼 혹은 구드리치와 함께 문화와 자연학에서. 그들은 함께 버클리 중국학 학파를 출범시켰는데, 그 학파는 문헌학만큼이나 문화와 자연 세계에 기반을 두고, 방대한 주석과 함께하는, 텍스트 자세히 읽기close reading를 그 출발점으로 삼았다. 부드버그와 셰이퍼 두 사람은 별도로 다룰 가치가 있기 때문에 미국 중국학자들에 관한 이 장은 여기서 마무리 지을 것이다.

제13장 | 피터 알렉시스 부드버그 : 문헌학적 인문주의와 전 지구적 중국학[1]

"나는 부드버그가 언제 죽었는지 기억하지 못한다. 2년 전 혹은 3년 전이었다.
천*의 경우도 마찬가지다. 지난해였나 아니면 그 전해였나.
우리가 도착한 직후에, 부드버그는 친절하고도 사려 깊게
저녁에는 친해지기 어렵다고,
여기에는 봄도 여름도, 겨울도 가을도 없기 때문이라고 말했다.
'나는 눈과 자작나무숲을 꿈꾸어왔지요.
시간이 어떻게 지나가는지 변화를 거의 알아차릴 수 없는 곳을요.
아시게 될 테지만, 이곳은 마魔의 산山입니다.'"

—체스와프 미워시, 「마의 산」, 『겨울의 종鐘들』

피터 알렉시스 부드버그(1903~1972)는 출중한 중국학자이자 알타이학자로서, 교육과 학문만큼이나 개인적 특성으로 학생과 동료에게 심대한 영향을 끼쳤다. 그는 펠리오의 언어 능력, 엄격한 방법론적 기준, 강한 기억력, 상상력 넘치는 탁월한 추리력에 필적할 몇 안 되는 학자 중 한 사람이었다.[2]

부드버그는 1903년 4월 8일 극동 러시아의 경제 중심지이자 시베리아

* 버클리의 동료 교수였던 천스샹(1912~1971).

횡단철도의 동편 종착역인 블라디보스토크에서 태어났다. 귀족의 아들로 고전과 유럽어에 대한 훌륭한 교육을 받았다. 상트페테르부르크의 사관학교에 다니다가 제1차 세계대전이 발발하자 안전을 위해 하얼빈으로 보내졌다. 블라디보스토크의 대학에서 공부하던 부드버그는 혁명 기간에 피신을 강요당하기 전에 일본을 두 차례 여행했다. 1920년 샌프란시스코에 정착했을 때 그는 이미 몇몇 알타이 언어를 알고 있었다.

1924년 부드버그는 동양 언어로 학위를 받고 캘리포니아대학을 졸업했다. 같은 기관에서 대학원 공부를 계속했으나 같은 학과에 제한되지는 않았다. 중국학에 대한 부드버그의 '전 지구적' 접근법, 즉 아시아의 나머지 대륙을 배경으로 하는 중국 연구는 그의 대학원 과정 선택에서 일찍 드러났는데, 그의 동아시아 수업과 함께 고급 아랍어 및 (오늘날 아카드어라고 불리는) 아시리아-바빌로니아어가 포함되어 있었기 때문이다.—그는 '오리엔탈Oriental'이라는 명칭이 극동뿐 아니라 근동에도 적용된다고 이해했다. 따라서 1930년 박사 학위를 획득할 때가 되었을 때 그는 '전 지구적 중국학'에 거의 곧장 중요한 기여를 산출할 수 있는 충분한 동양 자료들을 이미 습득하고 있었다.[3]

중국의 대륙적 배경과 유목 민족에 관한 역사 서술

중국과 서북방 이웃 간 관계의 역사는 금세기 전반에 매우 인기 있는 분야였다.[4] 아마도 부드버그는 이 유행하는 학술적 관심사에 이끌렸을 것이다. 중국 국경에서 보낸 어린 시절이 그를 자연스럽게 그쪽으로 몰아갔을 것이기는 하지만 말이다. 부드버그는 하얼빈에서 지방민들로부터 중국어를 배웠지만, 그가 '만주인 공주'의 후손인 퉁구스계 혈통이라는 전설은 그의 외조모가 가우티모로프 공주라는 사실, 즉 "러시아가 정복하기 이전에 시베리아에 있던 몽골 부족 중 하나를 통치했던 제후들"의 후손이라는 사실에서 기원했다.[5] 그런 만큼 부드버그의 알타이 유산은, 만약 그런 무언가가 있다면, 만주 혈통이 아니라 매우 복잡한 몽골 혈통으로 이루어져 있었다.

부드버그는 전 지구적 중국학을 최고의 프랑스 중국학자들인 샤반과 펠리오의 유산이라고 이해하고, 다음처럼 기술했다.

> (버클리의) 동양학과Oriental Department와 관련 학자들은 언제나 중국 민족의 발전은 오직 유라시아 대륙 발전의 한 구성 부분으로서만 올바르게 이해될 수 있다는 원칙에 기초하여 중국 연구에 접근했다. 이 '전 지구적' 접근법은 고대 및 중세의 중국과 초원 이웃들, 그리고 그 이웃을 통한 유라시아의 '극서極西'와 가지는 언어적·역사적·문화적 관계에 보낸 관심에서 특히 나타난다.[6]

그러나 부드버그는 알타이족을 그들이 중국과 상호작용한 대로만 보거나 혹은 중국적 시각의 착시錯視를 통해서만 보는 데에 만족하지 않았다. 즉 그는 알타이족을 알타이족 자체로 보려고 노력했다.

몇 가지 요인이 부드버그의 작업을 개략적 종합보다, 피상적 주석이 달린 무미건조한 번역보다 높은 수준에 올려놓았다. 무엇보다도, 일차 자료에 대한 그의 장악력이 절대적이었다. 관련된 모든 동양 언어에 대한 정통함 외에도, 중국어 자료에 대한 그의 지식은 『사기』「흉노전匈奴傳」이나 『한서』「장건전」과 같은 분명한 텍스트들에 한정되지 않았다. 그는, 역사적 문헌의 단 한 장르만 들자면, 왕조사 내부의 모든 곳에서 비교 데이터를 이끌어냈다. 둘째, 부드버그는 탁월한 문헌학자로서, 동일한 솜씨를 가지고서 음성 재구, 가차자 확인, 어원, 비판정본 작업 및 전승 계보를 다루었다. 〔부드버그에게〕 이 동일한 문헌학적 명민함은 수중의 언어가 중국어든, 몽골어든, 터키어든, 티베트어든 마찬가지였다. 이와 똑같이 중요한 것은 부드버그의—의심의 여지 없이 문화에 대한 직접적 경험으로 단련된—훌륭한 추리력과 판단력이었다. 이로 인해 그는 표면적 증거 혹은 문헌 및 언어 자료와 문화적 맥락 및 역사적 요소에 대한 이차적 고려의 균형을 맞출 수 있었다.

이 관점 배후의 이론은 1951년에 밝혀졌다.

> 펠리오의 길은 본질적으로, 거의 전적으로 민족지적 요소와 언어적 요소에 비추어 중앙아시아 역사의 다면성을 해결하려는 우리 세대 학문적 이념의 반영이다. (…) 중앙아시아 민족 기원 문제에 대한 오래되었으나 또 종종 무시된 하나의 접근법은 18세기 후기 및 19세기 초기 연구자들에게는 일반적인 것이었다. 그중 드 기네와 히야신스 비추린 신부가 두드러지는데, 그들은 초원 연합체의 형성에서 정치경제학을 지배적 요소로 강조하는 경향이 있었고 언어적 부조화에 의해서는 그다지 방해받지 않았다. 그들의 태도는 (…) 인간사회를 형성하는 정치 세력에 대한 아마도 확실한 통찰을 보여주었는데, 그들의 뒤를 이은 사람들의 분석 실패를 본능적으로 미리 감지했음을 보여주었다. 그들의 계승자들은 걸핏하면 고지高地 아시아 역사의 재구성에서 민족적 요소와 인종적 요소를 우선시했던 것이다.[7]

부드버그는 이와 같은 관점으로 인해, 예를 들면 동일한 유목민 연합체 내부에서 어족語族의 혼합을 허용할 수 있었다. 또 그리하여 통치 집단 혹은 또 다른 사회적 실재처럼, 그저 하나의 작은 어족만을 특징지을 수 있었을 한 언어의 흔적의 기초 위에다 전체 민족의 정체성을 부과하지 않을 수 있었다.

다른 종류의 증거를 다룰 때의 이 똑같은 유연성은 부드버그가 중국의 언어 데이터를 처리할 때 명백했다.

> 우리에 의한 중고중국어 단어의 정밀한 재구는, 특히 칼그렌의 체계에서는, 운서韻書의 연구, 즉 음절이 끊어져 있을 때 가지는 음가에 대한 연구에 기초해 있다. 그러나 다음절로 된 이름의 음사에 대한 분석에서, 이 '운서' 재구음은 그 복합어를 이루는 모든 부분에 반드시 타당하지는 않으며 또 강세가 없는 음절의 경우 오해의 소지조차 있을 수 있을 것이다.[8]

다른 예 가운데에서, 부드버그는 몽골어 *činoa*(늑대)의 중국어 음사인 **t'siet–nuo*(叱奴)*를 **t'siet*의 묵음 운미韻尾 –t를 가지고서 제시하거나, 혹은 돌궐어 *altun*(황금)에서처럼 개음介音–l–에 불과한 것을 나타내는 중국어 개음인 **liuk/luk/lâk*(六, 鹿, 洛)(阿六敦 혹은 이와 유사한 다른 어떤 것들에서처럼)을 가지고서 제시했다.[9]

부드버그는 알타이 단어들의 재구음을 다룰 때 동일한 솜씨를 발휘했는데, 그는 그저 능숙하게 사전을 참조한 것만이 아니라 뛰어난 알타이학

* 원서에서 '吐奴'라고 한 것은 오류다.

자였기 때문이다. 실제로, 회고록에서 니콜라스 포페는 부드버그를 뛰어난 알타이학자라고 불렀다. 알타이 연구에 대한 부드버그의 전문 지식은 전국적으로 유명했기에, 부드버그는 동료인 오토 맨헨-헬펜과 함께 1958년 9월 30일에 컬럼비아대학에서 열린 우랄 및 알타이 연구 학술대회에 이 중요하지만 여태껏 무시되어왔던 분야의 확장을 논하도록 초대받았다. 그러나 그 두 사람은 알려지지 않은 이유로 참석하지 않았다.

문헌학적 인문주의

역사학과 역사 서술 분석이 부드버그의 가장 중요한 기여로 보일 것이다. 거기에는 「탁발위拓跋魏의 언어The Language of the T'o-Pa Wei」,[10] 「중국 변경사에 관한 두 찰기Two Notes on the History of the Chinese Frontier」,[11] 「북조사에 대한 방주傍注Marginalia to the Histories of the Northern Dynasties」[12]가 포함된다. 그러나 부드버그는 문학 텍스트, 사전 편찬 텍스트, 역사 텍스트 작업으로 훨씬 더 유명했다. 내가 '텍스트'를 언급하는 것은 당시唐詩를 해석할 때조차도 부드버그의 접근법은 언제나 텍스트의 설명에 즉 사실상 〔부드버그의〕 개인적 신조였던 방법론인 문헌학적 접근법에 기반을 두고 있었기 때문이다.

현재 언어학 전문가와 구별되는 문헌학자는 언어에서 작동하는 전승에 특히 민감하다. 지금 세계의 시민으로서 문헌학자는 혁명적 개혁이 불가피함을 알고 있다. 정신적으로 과거에 살고 있는 사람으로서, 그리고, 이렇게 말할 수 있다면, 과거와 현재를 한데 묶는 연속성과 인접성의 관리인으로서, 문헌학자는 자기가 생각하기에는 여전히 살아 있는 기능을 수행하는 요소와 기록의 생존을 보장하는 데에 최선을 다해야 한다고 생각한다.[13]

아마도 부드버그가 학생들에게 가장 심대한 영향을 끼친 것은 부분적으로는 과거의 위대한 학문적 전통과의 살아 있는 연결 고리이자 실례로서였을 것이다. 그는 오로지 버클리에서만 보낸 교직 기간에 되도록 빨리 중국어 문헌을 가지고 작업할 수 있도록 학생들을 훈련시켰다. 부드버그의 학생들은 초급 고전중국어의 첫 학기 말에 번역뿐 아니라 육십갑자, 한자의 부수와 분류, 반절의 기능, 여기에 더해 상고음과 중고음 음운 체계의 재구 방법까지 시험을 치렀다.[14] 그러나 부드버그는 기본적 연구 기법 외에, 학생들에게 인문주의적 학문의 진정한 정신에서 중요한 것, 특히 최고의 현대 중국학자들의 작업에서 예증된 것들을 주입했다. 즉 부드버그의 강의 계획서에서 샤반·펠리오·라우퍼는 공자와 사마천만큼이나 일찍 소개되었는데, 부드버그는 자신이 그저 고전중국어를 가르치는 것이 아니라 학자들을 훈련시키고 있다고 생각했기 때문이다.[15]

부드버그의 유목 민족에 대한 연구의 인문주의적 접근법은 학생들의 연구에 강력한 영향을 끼쳤다. 말하자면, 부드버그의 천재적 통솔은 유목민족에 관한 중국 역사 서술의 버클리학파를 창시했다. 유목 민족에 관한 많은 중요한 텍스트가 그가 지도한 학위 논문들로 최초로 번역되고 주석된 다음에 출판되었다[16] 그는 또 알타이 언어들을 가르쳤고, 1939~1940년에 「만주어 텍스트 및 몽골어 텍스트 연구 입문」이라는 강의를 시작했다.[17] 아마도 이 강의는 1935년에 그 학과에 결합한 페르디난트 레싱과 함께 언어 연구를 이미 시작한 학생들을 위해 알타이 문헌 선독選讀에 초점을 맞추었을 것이다.[18] 아마도 이 강의의 한 가지 표현이 『Hu T'ien Han Yüeh Fang Chu 6(胡天漢月方諸 6)』(1933년 4월)로 출판된, 만주어본 『손자孫子』의 부분적 음사일 것이다.[19]

나중에 동료가 된 학생인 마이클 C. 로저스는 자신의 『부견* 연보符堅年譜, The Chronicle of Fu Chien』 서문에서, 부드버그 제자들이 부드버그에게 진 지적인 빚에 대해 매우 감동적인 감상을 적었다.

> 그것은 모두 피터 알렉시스 부드버그 교수의 주심主審하에서 완성된 박사학위 논문으로서 시작했다. 부드버그 교수가 이 저작에 대한 그리고 극동 연구에 대한 저자의 접근법 전체에 기여한 바는 너무나 많아서 한두 마디로 기술할 수가 없다. 부드버그 밑에서의 나의 도제 수업은 안심을 위한 치료책 노릇을, 그리고 실제로 내가 중국 텍스트를 다룰 때면 바로 나타나고 또 언제나 겪었던 좌절을 치료할 처방전 노릇을 했다. 그러나 비록 희미하게 남아 있긴 하지만 의미론적 윤곽이나 인유引喩의 패턴 같은 것들에 대한 나의 이해는 그의 지도가 없었으면 그러했을 것보다 비교할 수 없을 정도로 더 예리하다.[20]

부드버그는 동료들에게도 거의 학생들만큼이나 많은 영향을 끼쳤다. 이 영향은 부드버그의 최고급 중국학자로서의 역할에만 한정되지도 않았고, 학과장(1948~1950)으로서의 역할에만 한정된 것도 아니었다. 그는 동양학

* 중국 5호16국 시대 전진前秦의 제3대 왕(재위 357~385).

콜로키움Colloquium Orientologicum 창립자 및 중심인물 중 한 사람이기도 했다. 그 콜로키움은 비슷한 생각을 가진 학자들의 월례 모임이었는데, 에른스트 칸토로비츠, 야코프 말키엘, 맨헨-헬펜, 발터 부르노 헤닝, 린 화이트, 레오나르도 올스키 같은 버클리의 기라성들을 포함하고 있었다.[21] 부드버그는 버클리대학 사회학과 창립자인 프레더릭 J. 테거트와 돈독한 우정을 맺었는데, 테거트의 연구『로마와 중국Rome and China』을 위해 그의 중국 텍스트 연구를 도왔으며, 폴란드 시인 미워시에게 경의를 표했다. 그렇게 하는 것이 유행하기 전에 말이다.

예변법적 문헌학

부드버그의 학적 산출물은 많지 않았다. 부드버그가 죽기 전에 몇몇 수고가 대체로 완성되어 있긴 했지만,[22] 그는 책을 출판하지 않았고 그의 논문 수 역시 특별히 주목할 만하지는 않았다. 그러나 그의 출판물들이 준 충격은 아시아·유럽·미국의 중국학자들 사이에서 감지되었다. 부드버그의 가장 중요한 출판물 중 하나는「상고중국어 진화에 대한 몇 가지 예변법豫辯法*적 언급Some Proleptical Remarks on the Evolution of Archaic Chinese」이다.[23] 이것은 부분적으로는 칼그렌의 풍부한 음운 연구 속에서 발견된 제안들에서 영감을 받았다. 그러나 이는 부드버그가 칼그렌 작업이 다른 학자들에 의해 응용되어 발전하지 않는다는 데에 낙담했고 또 상고중국어의

* 반대론을 예상하면서 반박해두는 것.

성질에 관한 헐리 글레스너 크릴의 퇴행적 이론화에 특히 심기가 불편해졌기 때문이다.[24] 이 논문은 특별히 크릴의 논문 「중국 표의문자의 성질에 관하여On the Nature of Chinese Ideography」[25]를 반박하며 쓰였는데 문헌학적 연구에서 필수적이고 또 분명 자형학과 동등한 도구로서 음운학의 이용을 옹호하고 증진하려는 기민한 시도다. 그것도 부드버그가 제공한 중국 언어와 문자의 작동에 대한 몇몇 뛰어난 통찰을 따라서.[26]

개념을 두고 싸운 적수*: 헐리 글레스너 크릴

이 논쟁에서 부드버그의 표적인 헐리 글레스너 크릴(1905~1994)은 짧은 저널리스트 경력 이후 시카고대학을 졸업했다. 그는 중국 여행과 연구로 최신의 중국 고고학 조사에 접근할 수 있었다. 그의 최초 몇몇 저작은 고고학 발견이 일으키는 흥분의 파도를 탔고, 미국 독자들을 초기 중국의 역사·문화·사상으로 안내했다. 마이클 로이는 학술적 서클 너머로 이끄는 크릴의 작업의 기능에 관해 언급한다.

> 크릴은 중국 문명의 기원과 성장을 보여줄 수 있는 주제에 착수한 것에 더해 귀중한 기여를 하나 더 제공했다. 그는 비전문가의 흥미를 끌고 이제 막 눈을 뜬 학생들의 주목을 끌며 중국 연구가 적극적인 학문적 접근법으로서 충분함을 학계에 보여주는 방식으로 자신의 발견들을 발표했다.[27]

* 원문의 'foil'은 그 단점으로 인해 주인공을 돋보이게 해주는 인물을 가리킨다.

이런 점에서 특히 영향력 있었던 것은 크릴의 『중국의 탄생The Birth of China』과 『공자: 인간과 신화Confucius: The Man and the Myth』[28]*이다. 『중국에서 치국의 기원, 제1권: 서주제국The Origins of Statecraft in China, vol. 1: The Western Chou Empire』은 문헌에 대한 철저한 지식과 청동기 명문들에 나오는 증거들의 장악에 기반을 둔 것으로서, 제도, 지적 토대, 주周 발흥의 역사적 배경에 대한 최초의 성숙한 논술이다.[29] 그러나 크릴은, 널리 이용되는 고전중국어 입문서를 발행하긴 했지만,[30] 문헌학자나 교육자가 아니라 역사학자이자 철학자였기에, 애초부터 강력한 반대 논증에 부딪히고서도 한자의 표의문자적 성격을 옹호할 수밖에 없었다.[31]

부드버그는 표의문자에 대한 크릴의 설說에 반격하기 위해 크릴 주장의 본질을 요약·정리함으로써 「상고중국어 진화에 대한 몇 가지 예변법적 언급」을 시작했고, 이어서 일반 원리들을 전반적으로 비난했다. 부드버그는 이렇게 말한다.

> (크릴의 논문 「중국 표의문자의 성질에 관하여」는) 중국 문자의 특징인 독특한 '표의문자성'을 증명하고 또 고한자古漢字에 대한 '음운학적' 탐구와 맞서 싸우려는, 잘 표현되었으나 매우 헛된 시도였다. 펠리오 교수는 그 논문에 부친 논평에서, 문자를 살아있는 언어로부터 떼어놓는 크릴 박사의 습관을 비난한다. 저자의 불가능한 테제와 별개로, 우리는 중국인들이 자신들의 문자의 발전에서 (…) 인류의 나머지로부터 자신들을 분리하는 어떤 신비하고 비의적인 원리들을 따랐다고 주장하는, 이 논문 전체에 걸쳐 분명히 보이는

* 한국어 번역본은, H. G.크릴, 『공자: 인간과 신화』(이성규 옮김, 지식산업사, 1997)다.

(그리고, 안타깝게도, 이 대륙〔북미대륙〕의 중국학 연구에서 두드러지게 나타나는) 일반적 경향에 개탄해야만 한다.[32]

부드버그는, 상고중국어의 음성과 문자의 진화가 아직 거의 파악되지 않았기 때문에, 먼저 상고중국어의 성격에 관한 몇몇 오류를 바로잡았다. 그런 다음 그는 단어의 외형, 첩어의 형성, 다음多音, 성모와 반절 등을 포함하는 몇몇 음성학적 원리를 제시한다. 마지막으로, 부드버그는 형태론적 문제와 의미론적 문제를 해결하는 데서 이 원리들을 적용한다. 요컨대, 부드버그는 문헌학적 도구로서 음운학의 용도를 설득력 있게 증명했다.

우상 숭배로서 표의문자

부분적으로는 중국 자체의 문화적 우월성을 알게 된 데다가, 상대적으로 접근 불가능한 지리적 위치와 역사적 원격성이 결합해, 실낱같은 지식밖에 없던 서양인들에게 중국은 말 그대로의 유토피아가 되었다. 마르코 폴로와 초기 예수회 선교사들로부터 디드로와 볼테르, 이뿐만 아니라 20세기의 여행가 헤르만 폰 카이절링 남작에 이르기까지, 중국은 안분자족하며 사는 대중으로 가득하고 현명한 관리들이 지키며, 독특한 전통으로 가득 차 있으며, 심오한 신앙과 철학으로 살지고 훌륭한 예술과 문학으로 비옥해진 이상적 문명으로 보였다. 그것은 역사상 비길 데 없는 독특한 문화 현상인 것 같았다. 불행히도 몇몇 현대 중국학자는 다른 문자 체계에 비해 중국 문자 체계에 이와 마찬가지로 독특한 지위를 부여하면서, 중국어를 '표의表意, ideographic'문자, 즉 말소리의 개입 메커니즘 없이 글 쓰는 이의 관념을 자형적으로graphically 재현하는 것이라고 규정하는 쪽을 택했다.[33]

부드버그는 그런 용어법의 채용이 중국 문자의 진화에 대한 오해의 대부분에 책임이 있다고, 또 필요한 주의注意를 글자가 재현하는 **단어**의 연구(음운학)로부터 글자의 물리적 형태의 연구(자형학)로 돌려버렸다고 비난했다. 그래서 그는 한자의 특징을 나타내기 위해 '표어表語, logographic문자'라는 용어를 이용하자고 제안했다.[34] 조지 케네디는, 이 특정한 용어를 사용하지는 않았지만, 표어문자의 성격을 다음처럼 기술한다.

> 모든 학생은 한자가 항상 또 다소 무차별적으로, 다른 동음자同音字에서 "가차假借된다"는 것을 배우게 되며, 만약 이것을 생각하게만 된다면 하나의 자字에 관해 상대적으로 영원한 유일한 것은 그 자가 상징하는 소리라는 결론에 이를 수밖에 없다. 결국, 적절한 정보는, 언어에서 하나의 특수한 소리에 의해 무엇이 의미되는지를 말해준다…… 근본적으로 말해, 어떤 특수한 자가 사용되는지는 중요하지 않다.[35]

형음의形音義와 이분화

부드버그는 "한자의 구조에 관한 '새로운 공략법'에 무대를 마련해주기 위해", 먼저 문자 체계 대부분의 발전을 결정했다고 생각되는 일반 원리들을 정식화하고 또 일단의 기술적 용어들을 도입·정의했다.

1. 이론적으로는 하나의 자字는 하나의 의미소(뜻)와 하나의 음소를 재현한다.

2. 자들은 규약적으로 또 습관적으로 어떤 의미적-음성적 가치와 결합되어야 한다. 그 가치들을 문자 언어로 재현하기 위해서.

3. 자와 의미소 및 음소의 습관적 결합은 장기간 사용을 통해서만 성취될 수 있지만, 일단 성취되면 완고하게 유지된다.

4. 표어문자들은 종종 하나 이상의 소리를 재현하며(다음多音) 그래서 하나 이상의 의미를 재현한다(다의多義). 개별 음소는 하나 이상의 자에 의해 재현될 수 있다(다형多形).[36] 그러한 차이들은 재현할 때 자형상上의 모호성 때문에 생긴다.

5. 표어문자의 혼란스러운 특징—다음, 다의, 다형—은 모호한 자의 소리나 의미를 고정하기 위해 그 자에다 또 다른 형부形符를 추가함으로써 더 성숙한 표현 도구로 더 발달해나가도록 고무한다.

6. 많은 음성한정사phonetic determiner는 의미한정사semantic determiner로도 기능하며, 그 역逆도 마찬가지인데, 이것들은 어원한정사etymonic determiner라고 부를 수 있다.

부드버그는 이러한 원리들을 설정하고 새로운 용어법을 정식화한 다음, 계속해서 그것들을 그 진화 속의 몇몇 오래된 문제에 대한 새로운 연구에서, 특히 한자를 해석하는 데에 이용했다.

상고중국어 연구에서 주요한 장애 하나는 다음多音이 갖는 중요성의 무시 혹은 회피였다. 이 무시 때문에 많은 추가적 독법(즉, 의미들. 왜냐하면 발음과 분리된 그 어떤 자에도 의미는 없기 때문이다)이 의심받지 않게 되었다.* 예를 들어, 『설문해자』에 따르면 명名이라는 자는 口(입) 더하기 夕(저녁, 어두운)으로 구성되었다. 夕에 대한 허신의 풀이[夕者, 冥也]가 뜻한 것이라고는 夕은 冥, 즉 **mieng*으로 읽어야 한다는 것뿐일 때에, 회의자론자들 ideographists**에 의해 "夕은 '어두운'을 의미한다"라고 해석되었다. 이 경우 夕의 다음성을 놓침으로써, 회의자론자들은 다른 동음자—鳴(소리나다)와 命(명령하다)—에 직접 이어졌을 음성적 자취를 포기했고 또 그래서 夕이, 역시 **mieng*으로도 읽힌 口의 음성한정사임을 알아채지 못했다. 물론, 口에 대한 이런 추가적 독법은 추가적 의미를 제공했는데, 그 추가적 의미를 알아차리지 못한다면 그것이 나타나는 모든 맥락을 정확히 이해하지 못할 것이다.*** 그러므로 다음성을 무시하는 것은 하나의 기초적인 문헌학적 도구를 무시하는 것이다.

많은 자의 성부에 대한 무시는 그것들이 '회의자會意字'에 속하게 되는 결과를 가져왔다.**** 그러나 더 자세히 들여다보면 이것들 대부분은 음성복합어로 재분류되어야 된다. 극소수의 진정한 회의자는 단지 게으른 학인들의 유식한 창작물이었거나, 본래의 그림문자 혹은 기호의 자형 변화물이었거나, 아니면 '유기적으로 발달한' 음성복합어를 그릇되게 합리화한 것이었을 뿐이다.

부드버그는 자들이 여러 가지로 발음된다는 것 때문에도 음성한정사로

* 추가적 독법들additional readings은 한 자가 여러 음으로 읽히면서 그에 따라 의미의 수도 늘어난다는 것을 말한다. 발음과 분리된 자에는 의미가 없으므로, 의미가 늘어나려면 발음도 늘어나고, 또 발음이 늘어날수록 의미도 늘어나는 것이다.

** ideograph는 문맥에 따라 '표의문자' 혹은 '회의자'를 나타낸다.

*** 名자에 대해 『설문해자』에서는 "名. 自命也. 从口夕. 夕者, 冥也. 冥不相見, 故以口自名"이라고 했다. 여기서 '冥不相見, 故以口自名(어두워서 서로 보이지 않으므로 입으로 자기 이름을 부른다)'을 고려해보면, 과연 부드버그의 말처럼 '冥'이 **mieng*이라는 발음을 나타내는 것뿐인지는 의심스럽다.

**** 단옥재는 『설문해자주』에서 위의 '名'에 대한 풀이 마지막의 '故以口自名' 뒤에 '故从夕口會意'라고 했다.

쓰이는 자들이 본래 자들의 단순화된 형태로 내적으로 동화되는, 한자의 단계상에서 중요한 발전을 관찰하게 되었다. 이것은 말馬의 머리를 나타내는 초기 그림문자의 그로테스크한 외관을 설명해준다. 말의 부풀어 오른 눈(目 *miok)은 그 자의 발음에 주목케 할 뿐이다. 그것은 더 이상 선명한 말 이미지를 재현하는 것이 아니며, '目'과 동음同音인 음소 *mieg을 나타낸 것이다.

칼그렌과 마스페로가 모두 제기했으나 중국학자들에 의해 오랫동안 무시된 또 다른 음성학적 문제는 상고중국어 속 복성모複聲母의 존재였다. 몇몇 상고 시기 어간을 서로 떼어놓자 그런 어간들에로 소급해갈 수 있는 많은 단어 사이의 어원적 관계가 드러났다. 그리하여 후대에 상이한 자음을 가지게 되는 단어들이 원래는 같은 어원을 가졌음을 볼 수 있었다.

복'성모'에 대한 부드버그 연구의 가장 풍부한 결과는 그가 이분화 과정과 쌍성자雙聲字의 성격을 해명한 것이었다. 그는 이 유형의 첩어들이 본래 하나의 복합음소의 복잡한 구조를 음성적으로 옮겨놓기 위한 철자 수단이었음을 보여주었다(음성적 한정법의 연장). 예를 들어, *gleu(곱사등이) 같은 어두자음군을 가진 한 단어를 번역할 때, 두 개의 글자, 즉 句 *gɣu와 屢 *lɣu가 필요했다. 두 글자의 조합은 하나의 어두자음복합체(즉 句屢)를 가지고서 하나의 단어를 형성한 것일 뿐, 이음절 단어를 나타내는 것으로 간주되어서는 안 된다. 비록 이후에 결과적으로 이음절 단어가 되었다 하더라도 말이다. 이 방법은 중국에 고유한 것이었고, 나중에 반절 체계—일반적으로 생각하듯 불교 선교宣敎의 영향에 의해 발전한 것이 아니다—에서 볼 수 있다.* 부드버그의 첩어 연구는 상고자음성모복합체archaic consonantal Anlaut complex들을 자연스럽게 해명해주었다. 그는 치음/비음

과 양순음/치음이라는 두 쌍을 추가로 가정했다.[37]

부드버그는 확고한 음성적 발판이라는 높은 조망대에서 자원字源들의 지평선 자체를 내려다볼 수 있었고, 또 그래서 텍스트의 지형地形을 대부분의 중국학자들보다 더 잘 해독할 수 있었다. 여기에서 그는 초기 텍스트들에 기록된 단어들과 언어 속에 보존된 초기 중국 사상과 신화에 대한 우리의 이해를 진전시킬 수 있었다. 예컨대, 그는 我 **nga*와 義 **nga* 사이의 어원적 연관을 증명하여 義를 '우리임' '우리 집단에의 결합'이라고, 즉 仁 **nien* 즉 '사람다움' '타인임'이라는 용어가 나타내는 국가 전체의 人 **nien*에 대립되는 직접적 씨족에 대한 충성이라고 정밀하게 규정한다.[38]

그러나 「상고중국어 진화에 대한 몇 가지 예변법적 언급」에서 부드버그가 중국학에 지속적으로 기여한 바는 그가 단어들에 관해 제시한 주옥같은 통찰과 정보, 그리고 그것들을 통해 제시한 초기 중국의 철학과 신화에 대한 주옥같은 통찰과 정보가 아니라, 그가 상고중국어 음운의 재구와 응용에 명료하게 제공하고 또 풍부하게 예증한 원리들이었다. 이들 원리는 중국학을 보편적으로 응용할 수 있는 방법들 위에 세워진 학문의 수준으

* 반절법反切法의 기원은 네 가지 설이 있다. 첫째, 삼국 위나라의 손염에게서 시작되었다는 설로서, 북제 안지추가 『안씨가훈顔氏家訓』「음사音辭」에서 "孫叔然創『爾雅音義』, 是漢末人獨知反語(손염이 『이아음의』를 지었는데, 한 말 사람도 반절을 알고 있었던 것이다)"라고 했고, 송 조언위의 『운록만초雲麓漫鈔』 권40에서는 "孫炎始爲反切語(손염이 처음으로 반절어를 만들었다)"라고 하고 있다. 둘째, 문자를 처음 만들 때 시작되었다는 설로서, 청 유희재의 『설문쌍성說文雙聲』「서序」에서 절음切音이 "起於始制文字者也(처음 문자를 만들 때 시작되었다)"라고 했고, 송의 심괄과 정초, 청의 고염무 등도 절음이 중국에 예부터 이미 있었으며, '이합음二合音'에서 시작되었다고 본다. 셋째, 서역에서 왔다는 설로서, 송의 진진손의 『직재서록해재直齋書錄解題』 권3에서는 "반절법은 서역에서 중국에 들어와 제나라 양나라 시대에 성행했다反切之學, 自西域入於中國, 至齊梁間盛行"라고 했다. 모로하시 데쓰지의 『대한화사전大漢和辭典』에서는 반절법이 손염에게서 시작되었다는 설을 부정하고, 후한後漢 이후 불경 번역 과정에서 점차로 성립되었다고 보고 있다. 넷째, 한대 사람 복건에게서 시작되었다는 설로서, 일본 헤이안 전기의 천태종 승려 안연의 『실담장悉曇藏』에서 무현지의 『운전韻詮』「반음례反音例」를 인용하여 "服虔始反音(복건이 반절을 시작했다)"이라고 했으며, 근대의 장빙린과 우청스 등이 이 설을 주장했다. 『古漢語知識辭典』, 中華書局, 2004, 『漢語大詞典』『大漢和辭典』 참조.

로까지 끌어올리는 것을 도왔다. 고전중국어 연구에 대한 부드버그의 전반적 기여는 케네디로부터 예찬받았는데, 케네디는 이분화 과정에 관해 유보를 표함에도 불구하고—"(이분화) 이론은 내가 덤벼본 이론은 아니지만 지금 막 끌려들어가고 있는 중이다"— "근래에 부드버그에게 크게 주목하지 않고서 중국어를 진지하게 연구하는 체할 수 있는 사람은 없다"라고 인정했다.[39]

광야에서 외치는 외로운 목소리

부드버그가 직업상의 동료 다수로부터 점차 고립된 것은 아마도 그가 가진 천재성이 낳은 불가피한 결과였을 것이다. 214개 부수를 다룰 때처럼[40] 정밀한 번역을 위해 라틴어와 희랍어 어근으로부터 신조어를 만드는 부드버그의 습관 때문에, 그와 같은 고전어 재능도 없고 또 그와 같이 자기 취향대로 영어를 주조해내는 일을 좋아하지도 않는 이들은 그의 작업에 접근하기가 더 어려웠다.[41] 더욱이, 사회학·인류학·비교문학에서 채용한 방법론을 강조하는 경향이 있는 제2차 세계대전 이후의 중국학 연구에, 부드버그의 학문적 브랜드—"문헌학적 인문주의philological humanism"—는 더 이상 인기가 없었다.

부드버그의 저작 대부분을 재출간한 『피터 A. 부드버그 선집Selected Works of Peter A. Boodberg』은 가지각색의 서평을 받았는데, 부분적으로는 그 책이 성급하게 출간되었기 때문이었고, 또한 그 책의 몇몇 결론의 성급한 성격 탓이기도 했다.[42] 그러나 부드버그의 접근하기 어려운 논문 몇 편을 읽을 때, 비록 재능이 모자란 사람들은 따라가기 힘들긴 하지만, 그의 방법론이 타당하다는 점뿐 아니라 그의 특정한 발견 중 다수가 오늘날에도 여전히 유효하다는 점은 명백하다. 일례로, 부드버그는 『노자』의 첫 장을 논할 때 "妙는 眇의 이체에 불과할 개연성이 크다"[43]라고 추측했다. 최근에 발견된 마왕퇴 『노자』 사본*은 부드버그가 제안한 교정을 입증해준다.[44] 스티븐 듀런트는 D. C. 라우의 『논어』 번역에 대한 서평에서, 함축하는 바가 많은 고전 용어 仁의 정확한 번역이 아닌 한 권의 소설에 관해 한 중국인 저자[D. C. 라우]를 축하한다.[45] 20년 전에 부드버그는 그 단어에 대해 동일한 결론에 도달했었다.[46] 마지막으로, 훌세베는 부드버그의 「호족胡族들에 대한 초기 중국의 기록들 속 동일자수同一字數 표현 단위에 대한 찰기Notes on Isocolometry in Early Chinese Accounts of Barbarians」[47]에 주목함으로써 유목민족들에 대한 중국 측 기록의 텍스트적 문제에 대한 자신의 1979년 논의에 정밀한 용어법을 제공할 수 있었을 것이고 또 그것들을 다루기 위한 방법론적 접근법 또한 제공할 수 있었을 것이다.[48]

우리는 이 소수의 사례에서 부드버그의 학문적 생산물들을 되살리는 일의 가치를 알 수 있다. 그러나 더욱 지속적 가치가 있는 것은 부드버그의 연구를 이끈 원리들에 대한 흥미를 되살리는 일일 것이다. "문헌학적 인문주의"는 부드버그의 학문적 목표를 가장 잘 간취하는 용어다. 부드버그는 주제가 무엇이든, 연구 대상으로 삼는 각 단어 이면에 있는 인간의 정신적 흐름 혹은 문화적 흐름을 주의 깊게 강조했다. 그런 만큼 그의 학문은 언제나, 기술적인 언어학적 문제들을 다루는 동안에도, 우리가 고대인들을

* 『노자』 제1장의 "衆妙之門"은 마왕퇴 백서 갑본甲本과 을본乙本에서 모두 '衆眇之門'으로 되어 있다.

사람으로서 이해하도록 촉진했다.[49] 부드버그는 자신이 "어느 문헌학자의 신조A Philologist's Creed"라고 부른 서정적이고 또 거의 종교적인 진술 속에서 자신의 원리들을 정식화한 적이 있는데, 미간고未刊稿에서 발견된다. 그것은 전문全文을 전재할 만한데, 학문의 방법보다는 정신과 의도에 훨씬 더 관심을 가지고 있다.

어느 문헌학자의 신조

젊은이는, 오 젊은이는, 아직 태어나지 않은 천사의 혀를 가지고서 말한다. 나는 지상의 오래된 혀를 가지고 말하련다.
나는 언어를, 즉 수없이 많은 목소리의 합창을, 수만 가지 마음의 산물을, 보편적이고도 포괄적인 기술을, 지나간 세대들의 수많은 지속적 기념비를, 믿는다. 그리고 단어를, 즉 사상의 거푸집이자 진리의 담지자를, 수의에 쌓인 시신의 거대한 호소를, 나의 창조자를, 믿는다. 그리고 시간의 시작부터 암흑과 무덤들의 침묵을 거쳐 모든 이의 가슴속에까지 빛나는 빛을 믿는다. 나는 기억을, 즉 뮤즈들과 희망의 합주단을 믿는다. 그리고 이것을 안다. 즉 옥토에, 풍부한 기억 속에 깊이 떨어진 씨앗은 과실을 백 배로, 또 기억되는 모든 세대에까지 과실을 내어놓을 것임을 안다. 그러나 자기중심적이고 오만방자한 씨 뿌리는 사람이 뿌린 씨앗은 얕은 땅에 떨어져 아침의 태양과 함께 시든다.*
또 이것을 보았다. 즉 인간이 그의 손의 고통으로 놀라운 것들을 내어놓고, 그의 물건들과 그의 많은 발명품이 지상에서 증대되는 것을 보았다. 그리고 보라, 태양 아래에 많은 새로운 것이 있다. 그러나 이 세대는 지나갈 것이고 또 다른 세대가 올 것이며, 어리석음이 영원히 인간들의 마음속에 거주한다. 또 이것이 좋다고 믿는다. 즉 인간의 지혜가 아마도 또한 감당할 수 있을, 옛사람들의 판단을 유념하고, 찾아내고, 정리하는 일이 좋다고 믿는다.

내가 살아 있는 사람들의 목소리에 귀 기울이듯이, 내가 내일의 징조를 읽듯이, 이제 오래된 성서들과 옛사람들의 책을, 그리고 양피지와 두루마리들을, 내가 존중하고 존경하는 나의 조상들의 여러 기록을, 그리고 내가 유념하는 서한書翰들로 말하는 그들의 목소리와 내가 해석하는 그들의 징조를 단단히 붙든다. 나의 세계와 당신의 세계의 경이에 대해, 오 젊은이여, 옛사람들과 대화하며 이야기하고 또 조언을 얻으며, 내 속에 거주하는 그들과 그들 속의 나를 온전히 존재케 하며, 나는 그들의 유골 위에 나의 힘의 힘줄과 나의 행위의 살을 둘 것이며 또 그들의 유골 속에 나의 희망과 당신의 희망의 숨결을 불어넣을 것이다.

또 세 번 비워진 시온(예루살렘)과 신아르의 골짜기의 니므롯의 탑(「창세기」의 바벨탑)을, 고센(이집트에서 야곱의 자손들이 살던 곳)의 슬픔과 영원한 도시(로마)의 자부심을, 그리고 헬라스(그리스)를, 공평한 이들과 현명한 이들을 축복하고 또 영원히 기억한다. 그들의 손, 그들의 마음, 그리고 그들의 심장으로 모든 종류의 작품에 애쓰고 또 그것들을 빚어낸 모든 언어, 모든 부족, 모든 민족을 기억한다. 그리고 힌드로, 시님으로, 그리고 지상의 곡들

* 「마태오복음서」 13장 4~9절 "자, 씨 뿌리는 사람이 씨를 뿌리러 나갔다. 그가 씨를 뿌리는데 어떤 것들은 길에 떨어져, 새들이 와서 먹어버렸다. 어떤 것들은 흙이 많지 않은 돌밭에 떨어졌다. 흙이 깊지 않아서 싹은 곧 돋아났지만, 해가 솟아오르자 타고 말았다. 뿌리가 없어서 말라버린 것이다. 또 어떤 것들은 가시덤불 속에 떨어졌는데, 가시덤불이 자라면서 숨을 막아버렸다. 그러나 어떤 것들은 좋은 땅에 떨어져 열매를 맺었는데, 어떤 것은 예순 배, 어떤 것은 서른 배가 되었다. 귀 있는 사람은 들어라."

과 마곡들*의 땅으로 눈길을 던진다. 황무지, 초원, 들판을 가로질러, 산맥, 강, 바다를 건너, 사람이 살고, 고통 받고, 죽은 곳이면 어디로든 눈길을 던진다. 그 사람의 이야기와 유물들을 기뻐하고, 그것들에 대해 눈물 흘리며, 나는 그 사람의 영광을 찬양하며, 그리고 그 사람의 부끄러움을 함께한다. 오 젊은이여, 오늘 나는, 아직 생기로써 태양을 멈출 수 있는 당신과 함께 살며 또 희망을 가진다. 아, 밤은 왔고, 오늘의 떠들썩한 약동은 내일이면 지난날의 침묵 속으로 고요히 들어갈 것이기 때문이다. 그래서, 인간은 두 얼굴을 가졌기에, 지상의 시간의 진리를 기꺼이 배웠고 또 기꺼이 가르쳤다. 그리고 살아 있는 이들을 더 잘 섬기기 위해 살지만, 그러나 아직 태어나지 않은 과거를 섬기고, 나의 씨앗에까지, 잊힌 기억을 섬기며, 나는 신념, 희망, 자선을 가지고서 살아 있는 시체들을 섬기며, 시간이 더 이상 존재하지 않을 때인, 원대한 계획Great Design의 완성에 대한 겸손한 기대로, 그리고 우리가, 하나가 되어, 우리의 존재와 우리의 목적의 계획을, 우리의 알파와 당신들의 오메가를 지각하고, 태양과 기타 모든 별을 움직이는 사랑의 이해를 포함할 것이다.

중앙아시아에서 경쟁하고 상호작용한 아시아 민족들의 특수한 경우에서, 이와 똑같은 음울한 인문주의가 「고대 아시아의 돌궐인, 아리아인, 중국인Turk, Aryan and Chinese in Ancient Asia」이라는 제목으로 1942년의 버클리 강연에 나타났다. 이는 『피터 A. 선집』에서 부드버그 작품 전체의 주제적 방법론적 서론으로서 첫 항목으로 인쇄되었다.[50] 여기서 감정의 균형과

* 곡과 마곡에 대해서는 정인철, 『한반도, 서양 고지도로 만나다』, 푸른길, 2015, 26~37쪽 참조.

언어학적 엄격함으로 초원 유목민들의 역할, 비단길 주변 오아시스 거주자들의 역할, 정착민인 중국인들의 역사적 역할을 자세히 진술할 때, 부드버그는 완성으로 향해가는 문화적 중개인 역할을 했다. 부드버그는 다음처럼 자신의 접근법을 정의했다. "오늘밤 이 알타이 초원 유목민들의 역사적 역할의 어떤 측면들을 논할 때, 역사학자나 인류학자가 아니라 문헌학자로서 말합니다. 제가 이용하는 세 통칭—아리아인, 돌궐인, 중국인—은 무엇보다도 언어적 차이들을 가리킵니다."[51] 부드버그의 역사 연구와 문화 연구는 시간 경과에 따라 이 민족들 간에 전개되는 상호작용 패턴을 추적했으나, 역사서 같은 옛 자료들의 정밀한 독해뿐 아니라 언어의 창고들에도 기초했다. 이제, 전문화된 정치-경제적 어휘집의 보급은, 탁월한 문헌학자들만 식별할 수 있는 상당수의 아시아 문자 아래에 감추어진, 초원 민족의 이야기를 보기 위한 해석틀을 제공했다. 정주형定住形 아리아인과 중국인 사이에서 벌어진 중앙아시아에서의 사치품 무역을 중재하고 통제하려 애쓴 유목민들의 역사적 역할, 유목민 연합체들의 정치적 형성 및 대大지도자들의 역할, 유목민이 침입한 이유에 대한 부드버그의 결론들은 최근 연구들에 의해 설득력 있는 것으로 확인되었다. 즉 토머스 바필드의 작업에 의해 인류학적으로, 존 스미스와 조지프 플레처에 의해 생태학적으로, 『케임브리지 초기 내륙아시아사Cambridge History of Early Inner Asia』에 의해 역사학적으로.

1972년에 부드버그는 자신이 중국학 연구를 혁신하는 데 실패했다는 점에 좌절한 채 죽었다. 그리고 그는 실제로 실패했는데, 왜냐하면 그의 방법들이 비록 문헌학적 작업에서 근본적 중요성이 있기는 하지만, 대부분의 분과학문에서는 문헌학이 중국학 연구의 기초로 간주된 만큼만 아직 가치 있었기 때문이다. 그러나 문헌학의 명예가 훼손된 정도만큼, 이 명장의 찬란하지만 종종 당혹스러운 작업들 역시 훼손되었다. 부드버그는 인문학을 향한 자신의 깊은 정신적 관심의 영향은 물론이요, 아마도 그 자신의 지적 천재가 그 자신의 성공에서 행한 중요성을 과소평가했을 것이다. 그의 정신적 과정도, 인문학의 저수지도 접근하거나 모방하기가 쉽지 않았다.

부드버그의 가장 뛰어난 세 학생이 이런 문제를 보여준다. 그의 학생 가운데, 출판물의 질과 양이라는 점에서 가장 뛰어난 이들은 아마도 폴 세뤄, 에드워드 셰이퍼, 리처드 매더일 것이다. 앞의 한 사람은 문헌학자이자 언어학자로서 크게 성공했지만, "인문학자humanist"라고 부를 수는 없었다. 한편 뒤의 두 사람은 세뤄의 그것과 똑같은 정확성과 박식으로 된 매우 인문주의적 학술을 다량 생산했다. 이때 세 사람의 타고난 정신의 차이는 방법상의 결함이 아니라, 그들이 생산해낸 학문 유형상의 차이를 설명한다. 셰이퍼와 매더를 고무한 것과 동일한 창조적 정신은 부드버그에게서 훨씬 일찍 작동했다. 그러므로 부드버그는 그의 방법들보다 훨씬 더 이상의 의미를 가진 존재다. 부드버그와 같은 사람을 다시 찾는 것은 거의 기대할 수 없다. 그러나 오늘날 부드버그의 엄격하고, 고되고, 대담하지만 인문주의적인 문헌학의 사례를 기억하는 것은 중요하다.

제14장 | 에드워드 헤츨 셰이퍼: 시의 고고학과 당唐의 세계[1]

"문헌학자가 된다는 것은 언어가 인류의 가장 위대한 성취물임을, 사소한 문학이라 할지라도 문학이 인간 정신의 주된 활동을 구현함을 믿는다는 것을 의미한다. 문헌학자는 사물과 추상과 제도의 이름에, 그리고 문학의 흐름 속에 있는 이 단어들의 삶에, 인간의 합리적·상상적·정서적 삶에서 그 단어들이 갖는 역할에 흥미를 가지고 있다."

—에드워드 셰이퍼

에드워드 헤츨 셰이퍼(1913~1991)는 당시唐詩와 중세 중국의 물질세계에 대한 최고의 대가다. 그는 자연 생태에 대한 전 세계에 걸친 경험을 이용해 인간, 자연, 공간의 세계, 그리고 상상의 세계에 대한 당대唐代의 작품에 나타난 이미지들을 명료하게 밝혔다.

셰이퍼는 1913년 8월 23일 시애틀에서 태어나 UCLA에서 인류학 학부 과정을 공부하고 버클리에서 끝마쳤는데, 거기서 동양 언어에 대한 박사 학위도 취득했다. 그는 하와이대학에서 보조금을 받고 석사 학위 논문을 썼다. 1940년에 하버드에서 시작된 그의 일본어와 아랍어 연구는 제2차 세계대전의 발발로 갑자기 중단되었다. 그는 해군정보국에서 복무하는 동안 계속해서 일본어를 익혔는데, 이는 프랑스어, 독일어, 이탈리아어, 스페인어, 고古영어, 고전 그리스어, 고전 라틴어와 중세 라틴어를, 고대 이집트어,

콥트어, 아랍어, 베트남어 및 기타 서남아시아어에 대한 지식을 포함하게 될 언어들의 마지막 보충물 중 하나일 뿐이었다.

셰이퍼의 졸업 작품은 그의 성숙기 학문의 과정을 지배하게 될 주제와 방법론을 드러냈다. 1940년 하와이대학 석사 논문 「당대 중국의 페르시아 상인들Persian Merchants in China during the T'ang Dynasty」, 1947년 버클리 박사 논문 「남한南漢 마지막 황제 유창의 재위: 『오대사五代史』 텍스트의 비판적 번역. 동시대 중국 문명의 관련 양상들에 대한 특별한 조사와 함께The Reign of Liu Ch'ang, Last Emperor of Southern Han: A Critical Translation of the Text of *Wu Tai Shih*, with Special Inquiries into Relevant Phases of Contemporary Chinese Civilization」는 이미 문헌학에 대한 셰이퍼의 확고한 장악력, 즉 수준 높은 지식과 꿰뚫어보는 통찰력을 가지고 텍스트와 그 해석을 통제하는 것을 명확히 보여준다. 그것들은 셰이퍼의 여생 동안 그의 학적 노력을 특징지어줄 범위—당唐의 이국취미와 외국의 영향—와 방법론—주석과 해설이 달린 정확한 시와 산문의 번역들—을 정립했다.

이러한 저작들은 나중에 걸러져서 출판되었다.[2] 그중 「고대 중국의 의례적 노출Ritual Exposure in Ancient China」에 관한 긴 논문은 어느 한 단어의 언어학적 기원을 동음적 동원사同源詞들 사이에서 정립하기 위해 일련의 단어 가족을 재구하는 방법론적 접근법의 최초 사례 중 하나다.[3] 문헌학자의 도구 상자에 있는 다양한 접근법을 이용하는, 거의 모든 출판물에서 그것들의 적절한 응용을 논하는, 그리고 수정주의적 혹은 이단적 경향에 대해 경고하는 이 관심은[4] 셰이퍼가 문헌학의 복음을 성숙시키고 선포하기 위해 취한 배려를 예증한다.[5]

어느 문헌학자의 신념

셰이퍼는 부드버그로부터 중국학의 복잡한 사정을 교육받고 언어적 기교를 통해 당대唐代 중국의 중세 세계 감각과 상징 작용을 실현할 때, 텍스트와 텍스트의 기원에 대한 펠리오의 엄격한 컨트롤, 마스페로의 통찰력 넘치는 주석, 그라네에 의한 고대의 많은 것의 창의적 재창조, 라우퍼에 의한 물질세계의 과학적 인식, 여기에 더해 웨일리의 완벽한 영어 장악이 특징짓는 그 자신의 특유한 문헌학을 발달시켰다. 셰이퍼는 그 자신의 학문적 역할을 다음과 같이 규정한 바 있다.

> 물질 문화에 관련된 중세 중국문학에 특수한 흥미를 가진 문헌학자로서, 나의 기준은 (예를 들어) 알-비루니*와 아그리콜라**, 심지어는 초서***를 공부하는 학도들에 의해 정립된다. 건방진 '역사학자'나 주제넘은 '언어학자'라는 호칭보다는 성공적이지 못한 문헌학자로 판단되는 것이 더 좋다. 이제껏 그 둘 다였다.[6]

이 자기 규정은 '중국학자sinologist'라는 용어의 분명치 않은 이용 때문에 그 분야에서 점점 더 명백해지던 문제들에 의해 일어났다. 셰이퍼가 이 글을 썼을 때에는, 공격자 자신이 설교한 특수한 분과학문을 [다른 사람들이] 실천하지 않는다는 이유로, 양측 모두가 자신들을 충실한 중국학자라 부

* 아라비아의 학자(973~1048). 천문, 수학, 역사를 비롯해 광범위한 학문을 연구했다.
** 게오르기우스 아그리콜라. 독일의 광물학자·야금학자(1494~1555).
*** 제프리 초서. 영국의 시인(1340?~1400). 『캔터베리 이야기』의 저자다.

르는 동안에조차도 다른 중국학자들에게 이단이라는 딱지를 붙인 학자들이 저널의 지면에서 공격을 주고받았다. 매우 부주의한 방법론이 중국학이라는 신성한 이름을 환기함으로써 그 자체로 용서받았다. 마치 그 용어가, '자비'라는 말처럼, 수많은 방법론적 죄를 덮어주기라도 한다는 듯이 말이다. 셰이퍼의 목적은, 중국어를 배움으로써 그 분야에서 세례를 받은 후에 그 개종자는 반드시 자신의 특수한 분과학문—그것의 개별적 교의에 상관없이—의 율법에 계속 충실해야 함을 동료들에게 상기시키는 것이었다. 셰이퍼가 보기에는 개신교 사회과학자, 가톨릭 역사학자, 더 엄격한 교단의 금욕주의적 문헌학자, 불가지론적 인류학자, 혹은 심지어 무신론적 언어학자는, 판매자로서든 구매자로서든 간에, 모두 마찬가지로 중국학 사원에서의 경배에 각자가 독특하게 기여하고 있었다. 그러나 그는 거듭난 문학 이론가들(문학비평가들과는 대조되는)은 묵과할 수 없었는데, 그들의 뿌리 얕은 믿음을 덧없는 컬트들의 구루guru들을 향한 그저 한때의 매혹으로 간주했다. 여하튼 셰이퍼의 공개서한(바로 앞의 인용문)은 누군가를 문헌학에 대한 그의 개인적 믿음에로 개종시키려는 의도가 있는 것은 아니었다. 그는 비록 그것이 다른 신조들에 의해 무시된 모퉁이의 머릿돌*이라고 믿긴 했지만 말이다. 그것의 목적은 차라리 모든 신조를 회개시키고 분과학문의 질서를 세우는 데 있었다. "자신의 작업에 하나 혹은 그 이상의 동양 언어를 이용하는 학자는 예술사가, 비판정본 작업가, 문학비평가, 과학사가 혹은 그 외의 무엇이다. 달리 말하면, 그의 작업은 다른 '아시아 학자들 Asian Scholars'의 작업과의 비교가 아니라, 동일한 분과학문 내의 다른 학자

* "집 짓는 이들이 내버린 돌 그 돌이 모퉁이의 머릿돌이 되었네." 「시편」 118장 20절.

들의 작업과 비교해 판단되어야만 하다. 그것이 무엇을 의미할 수 있든 간에 말이다."[7] 물론, 셰이퍼는 부주의하거나 결함 있는 접근법 혹은 촌티 나고 속물적 태도에 대해서는 말할 것도 없고, 건조하고 상상력 없는 글에 대한 분개를 표현할 때 과도하게 신랄했을지도 모른다.[8] 그러나 원칙에 따라 셰이퍼는 그 적용에서 엄격한, 그리고 그 근본적 믿음들을 평화롭게 실행할 문헌학의 권리를 허락하는 여하한 분과학문에도 명예로운 공존을 허락했다. 셰이퍼는 동아시아 담당 부편집자로 있던 두 기간(1955~1958, 1964~1967) 사이인 1958년부터 1963년까지 『미국동양학회지』의 주편집자 자격으로, 또 1975년부터 1976년까지 그 학회의 회장으로서, 중국에 대한 모든 학문적 접근법에 가장 엄격한 문헌학적 정초를 역설하고 또 실제로 구현하는 데서 확고하고도 공정한 힘을 발휘했다.[9]

셰이퍼가 현대 문학 이론가들에게 목청 높여 반감을 드러내긴 했지만, 그는 불가피하게 자신의 특수한 개념적 정초에 감염되어 있었다. 즉 러시아 형식주의의 기미를 띤 채 교육을 목적으로 하여 연마되고 이용된, 영미 신비평의 개념적 정초에 감염되어 있었다. 「당시 번역론, 제2부: 시Notes on Translating T'ang Poetry, Part Two: Poetry」에서 시를 구성하는 것에 관한 셰이퍼의 형식적 정의의 서론인 다음의 긴 단락은 그의 개인적인 이론적 지주支柱를 드러내주는 작업 지침이다.[10]

> 시는 단어들로 이루어진 독자적인unique 것이다. 우리는 시를 문학 이론의 덧없는 신들—전기구조주의자들, 구조주의자들, 후기구조주의자들—〔노스럽〕 프라이, 〔마르틴〕 하이데거, 〔자크〕 데리다, 〔해럴드〕 블룸, 〔프랭크〕 커모드, 〔머레이〕 크리거, 그리고 나머지 모두—이 그들의 현재의 믿음 깊은 복

사服事*와 함께 시와 저자, 시와 독자, 시와 역사, 시와 신화, 시와 다른 시들 등 사이의 형이상학적(즉 알 수 없는) 혹은 심리학적 관계를 논쟁하도록 내버려둘 것이다. 여기서 우리는 시 자체를 발견한다는 일차적이지만 종종 무시되는 임무에 스스로 만족할 것이다. 우리는 또한 한 시의 연聯 사이의 공간이 가질 수 있는 의미와 같은 것에 복잡하게 사로잡히는 일을 피할 것이다.

"시는 단어들로 이루어진 독자적인 것이다"라는 서두의 문구는 셰이퍼를 단호하게 형식주의자와 신비평가의 진영에 위치시킨다. 즉 "최고의 시의 향수와 이해는 단어에 대한 민감성과 안목을 요구하며, 그 단어의 의미를 취할 때에는 정밀성·상상력·능란함을 요구한다."[11] 두 학파(형식주의, 신비평) 모두 시를 언어의 최고의 표명(이 장 맨 앞의 제사가 그 증명이다)으로 간주했다. 언어 예술인 시는 그 독특한 성격을 구조화하고 표현하는 내적이고 기계적인 문학적 도구들을 통해 가장 잘 분석되고 감상되었다. 정치학, 이데올로기, 경제학, 신화, 역사, 전기 등과 같은 문학 외적 체계는 궁극적으로, 시의 감상은 고사하고 시의 분석에도 부적절하다.[12] 셰이퍼가 자주 인용하고 좋아하는 나보코프**의 한 구절—"단어, 표현, 이미지가 문학의 진정한 기능이다. 관념이 **아니다**"[13]—은 모든 텍스트 외적 문학 접근법—정신분석비평('시와 저자')이든 현상학('시와 독자')이든, 마르크스주의비평('시와 역사')이든, 신화비평('시와 신화')이든, 정전비평과 비교문학('시와 다른 시')이든 또 무엇이든 간에—에 대한 고려를 쉽사리(그리고 아마도 잘난 체하며)

* 가톨릭에서 성사聖事를 집전하는 사제의 시종.
** 블라디미르 나보코프. 미국으로 망명한 러시아의 작가(1899~1977). 『롤리타』로 유명하다.

배제했다. 그러나 발란찬드라 라잔*을 부연하자면, 리처즈**나 야콥슨*** 같은 텍스트 기반적 문학 이론들은, 박식하고 우아하게 표현된 '창작 과정의 주석들'을 짓는 데에 기뻐한 셰이퍼와 같은 구舊학파의 문헌학자에게는 자연스럽게 전도傳導될 것이다.[14]**** 리처즈가 설교한 '실제비평'은 해석상 모든 종류의 오류를 회피하는 데에 이론적 정당화뿐 아니라 교실에서 가르칠 수 있는 접근법도 제공했다. 리처즈의 『실제비평Practical Criticism』(셰이퍼의 당시唐詩 수업에서 읽도록 요구되었다)에서 적시한 저 오류들에다가, 셰이퍼는 그 자신이 생각한 흔한 중국학적 오류들을 덧붙였다. "무시간성의 오류, 젠체하는 오류 혹은 제국주의적 오류, 생기 없음의 오류 혹은 태만의 오류, 동의어의 오류, 딜레탕티슴의 오류 혹은 삼류 시인의 오류."[15]

셰이퍼의 실제비평이 의존한, 텍스트 자세히 읽기는 그 자체가 문헌학의 기술技術에 의존하고 있었는데, 시에 대한 셰이퍼의 서론에 있는 다음과 같은 문단에서 소개된다.

> 일차적으로는, 고전을 다루는 중국학자들은 자신들이 아취 있는 영어로 글을 쓸 수 있다고, 심지어는 좋은 시를 쓸 수 있다고 (어떤 이들은 실제로 그렇게 믿듯이) 믿도록 독자들을 설득하느라 애쓰는 연예인이 아니다. 고전문헌학자들은 철학자나 이론가도 아니다. 그들은 시 자체THE POEM ITSELF[16]를 해명하는 데에 큰 책임이 있는 학자들이다. 시의 신비와 복잡성은 고대 언어, 고전 언어, 혹은 '죽은' 언어—현재 사용되는 어떠한 언어도 실제로 이

* 1920~2009. 인도의 외교관이자 시학자.
** 아이버 암스트롱 리처즈(1893~1979). 영국의 문학평론가이자 수사학자.
*** 로만 오시포비치 야콥슨(1896~1982). 러시아 출신의 언어학자이자 문학 이론가.
**** *The Johns Hopkins Guide to Literary Criticism*에서 T. S. Eliot 항목을 발란찬드라 라잔이 집필했다.

언어에 비길 수 없다—로 쓰여 있다는 사실에 의해 고양된다. 번역하기는 흉하게 만들기deform다. 즉 학문적 번역은 설명 혹은 주석의 한 양식으로서만 정당화될 수 있다. 학적 번역은 다른 양식과 동반하여, 독자들을 저 오래된 언어공예품의 형태와 색채를 이해하는 데에로 가능한 한 가까이 데려가야 한다.[17]

이 '다른 양식들', 즉 어원, 금석학, 고문서 판독, 비판정본 작업, 역사음운학, 문법, 설명 등등의 모든 기술적 솜씨는 집단적으로 문헌학이라는 분과학문을 구성한다. 그리고 자세히 읽기를 가능케 하는 것은 문헌학, 즉 신비평가들이 기꺼워하는 작업이다.[18] 리처즈는 "모든 훌륭한 시는 자세히 읽기를 요청한다. 자세히 읽기는 독자들의 분별력이 탐지해내는 지점으로까지 그 시의 축자적 의미에 대한 주목을 고무한다. 거기에서는 사실에 대한 충실이나 허구 사이에서의 엄격한 일관성보다는 자유가 그 목적에 더 잘 봉사한다"라고 단언한다.[19] 리처즈가 축자적 수준 이상으로 해석의 텍스트 외적 틀을 허락하는 것은 처음의 '자세히 읽기'를 수행함에 문헌학의 근본적 중요성을 강조하는 것일 뿐이다.

휴 로이드존스는 그 자신의 분야에서 셰이퍼에게 비길 수 있는 박식과 영향력을 가진 현대의 문헌학자인데, 이 자주 오해되는 분과학문(문헌학)의 정수를 훌륭하게 뽑아낸다.

대부분의 잉글랜드인에게 '문헌학'은 '비교문헌학'을 의미하게 되었으며, '비교문헌학'은 '비교언어학'을 의미한다. 그러나 용어를 정확하게 사용한다면, 언어학linguistics은 문헌학의 한 부분일 뿐이다. 문헌학이라는 단어는 그리스도보다 3세기 이전에 벌써 알렉산드리아에서 쓰였으며, 문학에 대한, 사상에 대한, 단어로 표현된 모든 것에 대한 사랑을 적절하게 표현하는 단어다…… 잉글랜드에 있는 우리가 이 귀중한 용어의 정확한 사용을 멈춘 것은 통탄할 만하다.[20]

고전학의 샤반인 울리히 폰 빌라모비츠묄렌도르프는 문헌학 책무의 범위와 "시인의 노래를, 철학자의 사상을 (…) 사원의 신성함과 신자 및 비신자의 감정을, 시장과 항구의 분잡한 삶을, 육지와 바다의 물리적 외관外觀을, 일하는 인간과 노는 인간을 재창조하는" 문헌학의 독특한 힘을 강조했다.[21] 제자 에두아르트 프랑켈에 따르면, 빌라모비츠묄렌도르프는 분과학문들을 구획하지 않았기에 이렇게 할 수 있었다. "그에게는 비판정본 작업의 격실隔室, 역사적 문법의 격실, 운율의 격실, 종교사의 격실, 고대법의 격실 같은 것은 없었다. 연구 기법 중 어떤 하나의 하위 부분도 나머지 하위 부분을 이기는 것이 허락되지 않았다. 즉 그것들은 오직 하나의 목적, 곧 수중에 있는 텍스트의 적절한 해석에 도움이 되어야 했고 또 협동해야 했다."[22] 셰이퍼는 이 주제 모두를 중국에서 또 더 넓은 아시아 세계에서, 그리고 사실상 이 연구 분과학문 대부분에서 생의 어느 순간에 세련되게 취급하고 권위 있게 다루었다.

시의 고고학

캘리포니아대학이 발행한 일련의 뛰어난 책은 셰이퍼의 남달리 풍부하고 다양한 저작의 핵심이다.[23] 이 저작들은 학문적 글쓰기의 새로운 장르를 창조했는데, 문학 작품에 대한 광범한 현지 조사와 시적 공예품의 유적 발굴을 통해 중세 중국세계를 재구성하는 셰이퍼의 초인적이고도 흉내 낼 수 없는 능력 때문에 "시의 고고학poetic archaeology"이라 정의하는 게 아마도 가장 나을 것이다. 나중에 그는 도교에 매혹되어 연구 범위를 넓혔는데, 「관휴*의 낙원시들에 나타난 광물 이미지Mineral Imagery in the Paradise Poems of Kuan-hsuhsiu」[24]에서의 불교시적 비전 분석에서 1963년에 예시되었다. 『보허步虛, Pacing the Void』와 더불어 정점에 달했고 쇠하지는 않았던, 당대唐代의 도교에 대한 이 후기의 몰입은 셰이퍼의 기본적인 문헌학적 접근법을 변경시키지도 않았고, 그의 산문의 대담함과 그것을 주입한 위트를 제한하지도 않았으며, 그의 모든 결론을 지탱해준 통찰력 있는 박식을 제한하지도 않았다.

이 우아하지만 박식한 책 중 하나에 나오는 다음의 인용문은 가벼운 어조, 꼬인 유머, 억제된 두운, 폭넓은 어휘 선택, 빈틈없이 정확한 번역을 가진 것으로서, 셰이퍼 학문의 가장 훌륭한 점들을 모두 요약해 보여준다.

> 당대에, 확장되고 있던 남부 변경 너머에서는 여성 우위라는 야만성이 북방 귀족들의 남성적 감수성을 상하게 하고 또 그들로 하여금 그것의 폐지에 안달하도록 했음이 틀림없다. 7세기 초에 참파인들은 왕녀王女가 다스리고 있었다. 이국의 이 극악함을 알고서 그 세기의 나중에, 무후武后(측천무후)에게 복속된 장안과 낙양 늙은 수비병의 부끄러움이 증대되었는가? 그러나 9세

* 당말오대唐末五代 때의 승려(832~912). 시를 잘 지었다.

기 중반에 '여만국女蠻國'에서 온 조공 사절 이야기가 사실이라면, 매력(여인들의 매력)이 부적절(여인에 의한 통치)을 거의 보상해주었을지도 모른다. "그들은 급경사의 쪽머리를 하고 금빛 모자를 쓰고 있었다. 구슬장식 목걸이가 그들의 몸을 덮고 있었다. 그래서 그들은 '보살만菩薩蠻Bodhisatva Man'[여기서 만Man은 종족명이다]이라고 불렸다. 그래서 그 시기의 여성 합창단원과 연주자들은 '보살만곡菩薩蠻曲'을 만들어냈다. 신사문인紳士文人들도 때때로 이 곡조를 선전했다."25

이 단락에서 예증된, 셰이퍼가 경력의 중반에 보여준 박식과 언어적 기교의 결합은 아마도 걸출하게 연구되고 쓰인 「오균의 보허사Wu Yün's 'Cantos on Pacing the Void'」에서 그 정점에 달했을 것이다.26 이 논문에 첨부된 도교의 기술적 용어 '색인finding list'은 텍스트 주석의 테크닉을 셰이퍼가 완벽히 장악했음을 보여준다. 셰이퍼가 오균*의 사詞를 해석하는 용어 해설로서 지은 의擬영웅시격의 시는 영어의 어법, 문체, 어조에 대한 철저한 구사 능력을, 그리고 셰이퍼가 영문학—실제로는 세계문학—의 이미지를 사실상 그의 모든 학문적 의사소통에서 주석의 도구로 손쉽게 이용했음을 나타낸다.

한 가지 공통된 이용 방식은 종종 원어가 아닌 우아하고 적절한 제사題詞를 이용하는 것이었다. 셰이퍼의 『보허』 서문은 중국인들의 이미지를 강조하기 위해 비중국인 시인들을 인용하는 일의 중요성에 관한 분명한 진술을 담고 있다.

* 당나라 때의 도사道士.

독자는 이 지면들 도처에—제사에만이 아니라—흩뿌려져 있는, 유럽문학에서 인용된 꼬리표 및 단편들과 마주칠 것이다. 독자가 이것들을 그저 경솔한 박식 혹은 박약한 위트의 전시로 간주하지 말고 받아들이기를 바란다. protopsyche와 Triaster 같은, bright foils, partial reflections 같은 생소한 단어를 받아들이기를 바란다. 중세 중국 이미지의 독특한 성질(이것의 특수한 향기를 스페인어, 혹은 그리스어, 혹은 고영어의 어떤 작가가 우연히 매우 멋지게 낚아챘을 수 있다)을—이렇게 말해도 좋다면, 기묘함을—악센트에 의해서든 대조에 의해서든 보여주려 하는 놀라운 유비類比를 받아들이기를 희망하는 것과 마찬가지로.[27]

언어적인 것에서 물질적인 것으로 방향을 돌려보면, 셰이퍼의 저작들은 중국사가에게 아주 귀중한데, 새, 짐승, 광물, 색채 용어, 기타 기술적 어휘에 대한 기본적 확인을 제공해주기 때문만은 아니다.[28] 그는 역사적 사건들이 발생한 완전하고 풍부한 물리적 환경을 재창조했다. 즉 광동의 지형은 도교적 천국으로 충실하게 그려지고,[29] 목욕 습관의 발전은 차용어의 전달만큼이나 철저하게 추적되었으며,[30] 무역의 특성은 엘리트의 장난감만큼이나 정밀하게 기술되었다.[31] 중세 중국 물질세계의 세부 사항에 대한 이런 집중은 그것이 역사 연구에 갖는 중요성에도 불구하고 문학적 목적에로 기울었다. 즉 중국문학도들은 "각 작가의 특수한 세계에—즉 그의 특정한, 현실의, 지역 세계의 풍부한 모든 세부 사항에—친숙해지려고 애써야 한다. 이 지식을 일단 성취하게 되면, 학도들은 작가의 잘 선택된 이미지들 속에 표현되고 다시 창조, 점성술, 주권, 의무, 마술, 음식, 용기 등에 대한 그 작가 자신의 특별한 관점을 반영해주는, 그들이 다루는 작가들이 그 세계에 대해 가진 비전을 해석할 수 있을 것이다."[32] 아시아사 학도들도 중국의 관습과 의식주를 그 수입 경로와 이유를 추적하기 위해 아시아 문화의 더 넓은 맥락 속에 두는 데에 대한 셰이퍼의 관심에서 혜택을 입었다. 이런 이유로, 셰이퍼는 테거트에게서 물려받은 아시아사에 대한 지리학적 접근법의 유산을 반영할 뿐 아니라 고전중국어 프로그램에 있는 그의 학생들이 내륙아시아, 일본과 한국, 남아시아와 서아시아, 티베트의 역사를 박사학위 필기시험 프로그램에 포함시킬 것을 주장했다. 물론 셰이퍼는 특수한 민족, 장소, 혹은 사물을 역사적 맥락 속에서 다루는 데에 스스로 열심이었고, 역사 문헌과 인류학 문헌을 철저히 활용했다. "거인들의 어깨 위에서 있다standing on the shoulders of giants"*는 말은 셰이퍼가 박식한 선행자와 동시대인들에게 진 빚을 요약하기 위해 겸손하게 사용한 인용구다.

셰이퍼의 교육 경력 전체는, 부드버그와 마찬가지로, 버클리가 중심이었다. 그는 1947년 갓 박사 학위를 취득한 때부터 1953년 종신 재직권을 얻기까지, 1958년 정교수직부터 1984년 퇴임까지, 중국학의 버클리학파와 결합된 학문 교수敎授 전통의 독자성을 유지하고 또 실제로 증대시켰다. 셰이퍼는 그의 저명한 선행자 중 누구보다도 더 오래 아가시좌 동양어문학 교수직(1969년부터 퇴임까지)에 있었다. 만년에도 셰이퍼의 창작의 흐름은 너무나 끈덕져서 출판 과정의 느린 속도에 구애되지 않았다. 셰이퍼는, 앞선 부드버그와 마찬가지로, 「셰이퍼 중국학 논문집Schafer Sinological Papers」이라고 이름 붙인, 자비로 출판한 일련의 내부 회람용 문건을 생산했는데, 열 명의 친구와 옛 학생들로 이루어진 운 좋은 측근들에게만 배포되었다.

* 원래 아이작 뉴턴이 한 말이다.

도합 38개 제목이 매겨진 이 논문들은 1984년 1월 25일부터 1984년 8월 4일까지 불규칙적으로 발표되었다.[33]

셰이퍼가 만든 고전중국어 프로그램은 그 자체가 포르케부터 부드버그에 이르는 버클리의 탁월한 학자들이 발전시킨 커리큘럼의 귀중한 가치에 대한 고려를 표명한 것이었다. 아쉽게도 셰이퍼의 프로그램은 그와 더불어 말 그대로 죽어버렸다. 셰이퍼의 퇴임 후에 그의 천재적 통솔의 지도라는 보상 없이 그 프로그램이 요구하는 것들의 어려움을 기꺼이 무릅쓰고자 하는 학생이 너무나 적었기 때문이다. 그 프로그램의 사실상의 사망은 셰이퍼가 죽기 겨우 한 달 전 동양 언어 교수진의 투표로 공식화되었다.

최종적으로 분석해보면, 셰이퍼는 독특하고 박식한 시 주석을 생산하는 실천적 문헌학자로서 가장 잘 알려졌다. 학자의 박식과 스타일리스트의 취미 간 결합은 문학에 관한 셰이퍼의 글들을 웨일리 이래로 가장 모방하기 힘든 것으로 만들었다. 셰이퍼는, 부분적으로는 학문적이고 부분적으로는 시적인 이 작업으로, 당대唐代 문학의 노련한 대가였다.

부록 B: 셰이퍼 중국학 논문집

(1984년 1월 29일부터 1989년 8월 4일까지)

1. 「찌르레기와 휘파람새The Oriole and the Bush Warbler」
2. 「당대唐代 기녀妓女에 관한 찰기 1. 유형학Notes on Tang Geisha. 1. Typology」
3. 「키위Kiwi Fruit」
4. 「당대 기녀에 관한 찰기 2. 당대 관기官妓의 가면Notes on Tang Geisha. 2. The Masks of T'ang Courtesans」
5. 「우주적 은유: 공간의 시Cosmic Metaphors: The Poetry of Space」
6. 「당대 기녀에 관한 찰기 3. 당대의 양주Notes on Tang Geisha. 3. Yang-chou in T'ang Times」
7. 「당대 기녀에 관한 찰기 4. 유람선Notes on Tang Geisha. 4. Pleasure Boats」
8. 「도치법의 재난The Anastrophe Catastrophe」
9. 「중국 색채어의 밝기와 무지개빛Brightness and Iridescence in the Chinese Color Words」
10. 「섬유 모양으로 된 별들The Fibrous Stars」
11. 「다른 도화원桃花源The Other Peach Flower Font」
12. 「왕현하王懸河 「삼동주낭三洞珠囊」 목차Table of Contents to Wang Hsüan-ho, *San tung chu nang*」
13. 「매슈 사전 종합보충에 대한 부록 1Annex to 'Combined Supplements to Mathews' part I"
14. 「매슈 사전 종합보충에 대한 부록 2Annex to 'Combined Supplements to Mathews' part II」
15. 「조당曹唐과 열대Ts'ao T'ang and the Tropics」
16. 「매슈 사전 종합보충에 대한 부록 3Annex to 'Combined Supplements to Mathews' part III」
17. 「벽새황후碧璽皇后와 자금성紫禁城The Tourmaline Queen and the Forbidden City」
18. 「매슈 사전 종합보충에 대한 부록 4Annex to 'Combined Supplements to Mathews' part IV」
19. 「눈에 관한 초당 궁정시An Early Tang 'Court Poem' on Snow」
20. 「매슈 사전 종합보충에 대한 부록 5Annex to 'Combined Supplements to Mathews' part V」
21. 「여덟 개의 위협The Eight Daunters」
22. 「매슈 사전 종합보충에 대한 부록 6Annex to 'Combined Supplements to Mathews' part VI」
23. 「달무리The Moon's Doubled Wheel」
24. 「매슈 사전 종합보충에 대한 부록 7Annex to 'Combined Supplements to Mathews' part VII」
25. 「곰팡이 살구Mildewed Apricots」
26. 「매슈 사전 종합보충에 대한 부록 8Annex to 'Combined Supplements to Mathews' part VIII」
27. 「당대의 노군老君에 대한 찰기Notes on Lord Lao in T'ang Times」
28. 「다시 달무리지다The Moon Doubles its Wheel Once More」
29. 「당시번역론 제1부Notes on Translating T'ang Poetry. Part One」
30. 「다정한 목단Passionate Peonies」
31. 「당시번역론 제2부: 시편들Notes on Translating T'ang Poetry. Part Two: Poems」
32. 「두 세계 사이: 조당의 동천시洞天詩The World Between: Ts'ao T'ang Grotto Poems」

33. 「당시번역론 제3부: 이태동사異態動詞Notes in Translating T'ang Poetry: Part 3: Deponents」
34. 「나방과 촛불The Moth and the Candle」
35. 「상어인간 상상A Vision of Shark People」
36. 「월계月桂Moon Cinnamons」
37. 「중국 까마귀A Chinese Chough」
38. 「당나라의 물푸레나무The Tang Osmanthus」

후기: 중국학에서의 전통과 진리

"전통은 죽은 이들의 살아 있는 믿음이고, 전통주의는 살아 있는 이들의 죽은 믿음이다…… 전통에 그런 악명을 부여하는 것은 전통주의다."

—자로슬라브 펠리컨[1]

"문헌학은 (…) 모든 미신의 두 대적大敵 중 하나다."

—니체[2]

원조 중국학자인 예수회 선교사 번역자, 편찬자, 편집자. 19세기 해외 영사 중국학자, 상인 중국학자, 선교사 중국학자. 그리고 그 시기 중반부터 마지막 수십 년까지 최초의 프랑스 국내 중국학자들. 이들 모두가 현대 중국학의 기초를 형성했다. 이는 그들이 연구 의제뿐 아니라, 아무리 대충대충이고 또 혼란스럽다 하더라도 하나의 방법론적 견해를—둘 다 현지인 중국인 학자와 주석가들로부터 취했다—20세기 초에 남겨주었기 때문이다. 샤반은 이 전통을 이어받아 그 작업 방법론들을 체계화해, 문헌학의 새로운 전통을 다음 세대에게 보급했다. 이와 같은 문헌학적 접근법과 학술 프로그램은 제2차 세계대전으로 이 신흥 분과학문들이 절박한 질문들에 급히 답하라는 요구를 받을 때까지, 대부분의 서클에서는 의문의 여지없는 지배력을 가지고 있었다. 그러므로 오늘날 중국학은 단순한 문헌학보다 더 많은 분과학문을 포괄한다. 그러나 예나 지금이나 중국학적 기획의 목적은, 고대의 문헌적 증거에서 뽑아내든 아니면 새로운 학문적 패러다임들로부터 개념화되든지 간에, 중국에 관한 진리의 탐구다.

중국학의 성장 과정 전체에 걸친 문헌학적 접근법의 근본적 테크닉의 발전을 추적할 때, 발전 과정 각 단계의 선별된 핵심적 학자, 그리고 방법론의 모범이 되는 텍스트 연구에 초점을 맞추었다. 내가 '최상위 중국학자 10명'을 개인적으로 선택한 것이 아니다. 그중 대부분은 그렇게 간주되어야 하긴 하지만. 칼라일*의 '위대한 인간(위인)great man'식으로 보았을 때 한 명의 '위대한 중국학자great sinologist'라는 것은, 한 저작을 틀 짓는 지적인 힘 혹은 그것을 제공하는 문학적 가치에 대한 객관적 평가에 의해 조건지어지는 것만큼이나, 한 중국학자가 중국 문명에 관해 말해야 했던 것에 대한 독자의 반응에 의해서 조건지어지는 하나의 추상이다. 내가 다룬 중국학자들은 문헌학적 전통의 중요한 일부를 이룬 인물들이며, 그 전통 속에서의 최고의 테크니션들이다. 이는 다른 중국학자들이 중요한 기여를 하지 않았음을 의미하지도 않고, 텍스트 수준에서 또는 그 너머에서 작동하는 다른 방법론 가운데 문헌학적 접근법이 최고의 것임을 의미하지도 않는다.

그러나 텍스트에 대한 이 박실樸實한 정초—어떤 이들은 문헌적 접근법documentary approach이라고 부르는 것—때문에, 질문 하나가 즉각 제기된다. 사회과학의 더 이론적인 고려들을 습관적으로 무시하는 문헌학자들은 협소한 견해를 타고났거나, 아니면 국부적 접근법을 가지고 있는 것인가? 어떤 측면에서는, 특히 언어 재구나 텍스트의 주석 모음이라는 세목들에 점령되어 있을 때는 그렇게 보인다. 그러나 문헌학적 접근법은 저작들 전체

* 토머스 칼라일. 영국의 사상가·역사학자(1795~1881). 물질주의와 공리주의에 반대해 인간 정신을 중시하는 이상주의를 제창했다.

가 번역되고, 주석되고, 문학적 분석literary analysis에 종속되는 정도만큼, 다른 여하한 학술적 분야, 즉 역사학이라는 분과학문에서만큼이나 광범위하다. 모든 접근법과 분야는 어떤 측면에서 다른 것과의 비교를 겪는다. 예컨대, 사회학자들이 택하는 어떤 대중적인 테크닉과 대조적으로, 역사학자들은 구체적인 세부 사항을 위해 일반적 패턴을 희생한다고 간주되는데,[3] 이는 『시학』 제9장에서 아리스토텔레스가 처음 시작한 비난이다.[4]* 그리고 랑케의 새로운 역사학이 일반적이고 이차적인 연대기들로부터 공식적이고 일차적인 문서들 자체로 방향을 튼 정도만큼 19세기의 새로운 역사학자는 여하한 전통적 문헌학자만큼이나 텍스트에 매달렸다.

피터 버크는 새로운 역사학의 문헌학적 기초를 다음과 같이 요약한다. "랑케와 결합된 역사학의 혁명은 무엇보다도 자료와 방법에서의 혁명이었다. 즉 이전에 역사서나 연대기를 이용하던 것에서 전환해, 정부의 공식 기록을 이용한 것이다. 역사학자들은 규칙적으로 문서고에서 일하기 시작했고 또 이 문서들의 신뢰성을 평가하기 위해, 점차 성숙한 일단의 테크닉을 정교화했다.[5] 이제, 적어도 한 수준에서는, 텍스트적 증거를 다루는 특수한 방법이 역사학자와 문헌학자를 통일하며, 그들 모두를 견해의 협소함이나 접근법의 국부주의parochialism에 맞서 보호한다.[6]

내가 이 책에서 시도한 시기 구분은, 국가별 학파에 따라 거칠게 제시되기는 했지만, 문헌학이라는 분과학문과 결합된 특정한 연구 기술의 발명·채택·성숙에 대체로 기초했다. 이 시기 구분은 테크닉 발전의 긴 과정에서 각 단계로 나뉜다.

* "따라서 시는 역사보다 더 철학적이고 중요하다. 시는 보편적인 것을 말하는 경향이 더 강하고, 역사는 개별적인 것을 말하기 때문이다." 아리스토텔레스, 『시학』(천병희 옮김, 문예출판사, 2011), 62~63쪽.

첫 번째는 예수회 선교사들이었다. 중국에 거주했던 이들은 구어와 아울러 주석·해석학·응용윤리철학으로 이루어진 본토의 학적 전통에 대한 접근 능력이 점차로 향상됨에 따라, 최초로 중국의 전통적 문헌 전통을 이용하려고 시도했다. 그들의 문헌학적 솜씨는 고전중국어 텍스트들을 번역하고 또 그들 자신의 학문적 저술과 선교용 소책자를 짓기 위해 초기의 미숙한 테크닉을 순진하고 산발적으로 활용한 것이라 볼 수 있다. 그들은 원조 중국학자들proto-sinologists이라 지칭하는 게 적절할 것이다.

그다음엔 프랑스의 국내 중국학자들, 즉 문헌학적 총명으로 무장했으나 문화 혹은 살아 있는 언어와의 직접적 경험은 없는 독학한 프랑스 국내 거주 학자들이 나타났다. 그럼에도 이들은 텍스트를 읽을 때 그 텍스트에 접근하기 위해서뿐 아니라, 더 중요하게는, 텍스트 전통 내부에서 그 텍스트가 갖는 가치와 위치를 비판적으로 평가하기 위해, 또 독립적 해석의 위험을 무릅쓰기 위해 고안된 일단의 수준 높은 기술적 접근법을 발전시킨 최초의 인물들이었다. 고전학과 비교문헌학에서 가져온 테크닉, 더 적게는 중국의 주석 전통에서 가져온 테크닉이 그들의 중국학 작업을 도왔으나, 결국 유럽 도서관들의 한정된 자원으로 인해 한계가 있었다. 당시의 지적·방법론적 배경 때문에, 지라르도와 피스터는 그들을 중국학적 동양학자Sinological Orientalists라고 부른다. 이들의 수장은 쥘리앵이었는데, 그는 결코 중국에 가지 않았을 뿐 아니라 그의 연구의 '엄격한 텍스트성'에서 원어민 정보 제공자를 결코 이용하지 않았다고 자랑했다. 중국학의 국가별 학파 중 마지막으로 남은 미국 중국학자들이 이 국내 거주를 포기하고 중국으로 간 것, 그리고 중국에 있는 동료들과 대규모로 공동 연구를 진행한 것은 제2차 세계대전 이후 지역 연구의 발달에 이르러서였다.[7]

영국과 미국의 영사, 선교사, 상인 대표들은 다음 단계에서 전면에 나왔는데, 이 단계에서는 중국 체류 경험이 있는 지역 전문가와 도서관에 머물며 연구하던 국내 중국학자들이 통합되었다. 이때 고고학, 금석학, 민족학, 인류학, 민속학이라는 태동기의 분과학문들에서 최초의 초보적 현지 조사 조치들이 취해졌다. 레그는 중국에 거주하던 많은 파트타임 중국학자의 등대였고, 쥘리앵이 죽자 중국학 조사祖師로서 의발衣鉢을 물려받았다. 레그가 1876년 옥스퍼드 최초의 중국어 교수직을 차지해 영미 중국학이 프랑스 학파보다 우위에 섰음이 확인되었다. 프랑스 학파는 생드니의 이력과 함께 단기간이었지만 급격한 최저의 상태를 경험했다. 그때 레그의 옥스퍼드 이력은 초기 통합*기의 시작이었다.

샤반은 원조 중국학자, 국내 중국학자, 국외의 파트타임 연구자라는 서로 다른 가닥들을 조화시켜 최초의 현대적 중국학 학파들을 창립했다. 그는 예수회 선교사들에게서는 현지 전통에 대한 깊은 존중을 가져왔다. 프랑스의 학자들은 그에게 엄격한 문헌학적 마음가짐과 방법론, 프랑스 도서관학의 유서 깊은 전통을 남겨주었다. 영사—선교사—상인 중국학자들에게서는 직접적 현지체험과 현대중국어에 대한 전문 지식의 중요성을 물려받았다. 샤반이 결국 체현한 학문 브랜드는 중국학적 동양학의 지적 장애물과 그 종교적 헤르메스주의, 문화적 평행대조광, 식민적 혹은 선교사적 가부장주의의 협소한 마음가짐들을 뛰어넘게 했다. 따라서 현대 중국학과 그 다多학문적 접근법의 광범한 관심사는 샤반의 직접적 유산이며, 또 그가 서로 다른 오래된 경향들을 조화시키고 새로운 방법을 개척한 데에

* 위에서 말한 "중국 체류 경험이 있는 지역 전문가와 도서관에 머물며 연구하던 국내 중국학자들의 통합."

서 기인하는 것임이 분명하다.

샤반 이후, 내가 이 책에서 택한 시기 구분은 이 새로운 기술 중 몇 가지의 발전을 추적하려 시도할 때 국가적 계보나 언어적 계보로 (예를 들면 영어로 혹은 독일어로 말하고 출판하는 중국학자들) 분해된다. 아마도, 적어도 역사학자와 기타 사회과학자의 목표와 견해—언제나 방법들은 아니라고 하더라도—를 문헌학자의 그것과 구별하기 위해, 이와 다른 시기 구분 도식을 도입할 수 있을 것이다. 만약 도입할 수 있다면, 그 도식은 학문적 작업과 그것의 지적 의도에 대한 이해에—그 작업을 수행하기 위해 이용되는 기술의 진보에 대한 이해가 아니라—기초하고 있어야 한다. 바로 그러한 도식을 역사학자 아서 라이트가 제안했다.

하나의 전통으로서 중국학

라이트는, 지난 몇 세기 동안 중국에 대한 지적 개입의 여러 단계에서 중국학자들이 가졌던 이념들을 훌륭하게 요약하면서, 지속적으로 문헌학자들에게 도전하는, 험악하지만 기꺼이 받아들여지는 수많은 개념상의 도전을 거론한다. 중국의 경우에 적용한 지적 패러다임을 빌리자면, 예수회 선교사들은 일관된 "담론: 학문적 명료화와 공유된 의미 체계"[8]를 형성한 자기의식적 문인 사대부들이 수천 년에 걸쳐 해석하고 제시한 중국과 조우했다. 이 담론은 "사상 혹은 '에피스테메episteme'의 체계의 '고고학'"이다.[9] 현대 사회학자들은 담론을 차라리 '사고양식mode of thought', '믿음 체계belief system', 혹은 '인지적 지도cognitive map'라고 말한다. 이 모두는 망탈리테mentalité*를 특화하는 뒤르켐식 접근법에로 소급해갈 수 있는데, 버크에 따르면 망탈리테는 한 특수한 문화 속의 집단적 태도, 암묵적 가정, 상식, 믿음 체계의 총합이다.[10]

라이트는 그러한 담론 혹은 망탈리테(그는 '전통tradition'이라고 부른다)를 학문적 가치의 전통을 영속화하고 또 자신들의 특권적 지위를 유지한, 제 잇속만 차리는 문인 사대부들의 자기 이미지라고 규정한다. 라이트는 이렇게 말한다.

> 유럽인들이 이 먼 문화적 실재에 대한 이해를 향해 고된 행진을 시작했을 때, 그들은 주제의 선택과 방법 및 해석에서 중국 학문의 전통에 의해 인도되었다. 결국, 저 중국인 학자들보다도 더 많은 권위를 가지고 말할 수 있었던 사람들은 (…) 그리하여 유럽인들은, 그들의 초기 연구에서, 어떤 의미에서는 그들이 연구한 전통의 포로, 그리고 그 전통을 영속화한 사람들이 수천 년에 걸쳐 발전시켜온 중국 문명의 자기 이미지에 사로잡힌 포로였다.[11]

이런 의미에서 볼 때, 중국학적 동양학은 사이드가 동양학 일반의 심태에 대해 설정하는, 텍스트 연구를 통한 식민주의textual colonialism 시도의 일부로서 중국학의 자가발전적 스테레오타입들로부터 만들어진 것이 아니라, 중국인들의 동양세계로부터 순진하게도 전적으로 채용되었다. 그러나, 유럽인들은 이 폐쇄적 문인 사대부 공동체 바깥에 서 있었기 때문에, 그 담론에 약정 토론자로서 참가하지는 않았다. 그럼에도 그들은, 안토니오 그

* 이 책에서 mentality는 이제까지 심태心態라고 옮겼지만, 맥락에 따라 몇몇 군데에서는 '망탈리테'라고 옮겼다.

람시가 '문화적 헤게모니'라고 규정한 견지에서 볼 때, 그 담론에서 영향을 받았다.[12] 이 헤게모니가 중국 이해의 수단뿐 아니라 그 이해를 글로써 전달하는 양식도 선택함에 따라, 좀처럼 감지되지 않지만 그 속에 스며들어 있던 영향력을 행사했다. 그러므로 라이트는 서양의 중국학이든 중국의 중국학이든 혹은 일본의 중국학이든 간에 중국학의 진보를 이 고착된 헤게모니적 전통에 대한 의존 혹은 그 해방에 기초해 판단한다. 서양에 관련된 한, 최초에는 "초기 예수회 선교사들과 계몽주의의 유산"인 낭만주의적 중국애호Romantic Sinophilia의 단계가 있었다. 그다음에 동양적인 것, 즉 예술적인 보물이나 마치 호박 속의 장수말벌과 같이, 역사적 진보의 능력—혹은 필요—을 넘어서는 불변의 정적靜的인 사회 속에 박혀 있는 철학적 진리에 대한 범유럽적 몰두의 일부인 중국학적 동양학의 단계가 왔다.[13]

낭만적 중국애호가와 중국학적 동양학자들이 채용한 방법론이 그 전통의 중국인 관리자들의 공동체가 주창한 것과 똑같은 접근법, 즉 역주식 접근법이었음은 놀랍지 않다. "주석적 양식, 중국 전통 학문의 추종은 1890년대까지 유럽 중국학을 계속 규정했다"라고 라이트는 요약한다.[14] '동양학의 몽마夢魔'가 구마술驅魔術에 의해 쫓겨나고 중국학이 그 전통의 질식할 듯한 손아귀에서 자유로워진 것은 고고학과 역사학에서 샤반, 사회학에서 그라네, 역사 서술에서 프랑케의 이력이 있고 난 후다.[15]

라이트는 샤반이 헤르메스적으로 봉인된* 전통의 '블록block'을 넘어 개별 시기와 저자들에 집중함으로써 "과거를 다룰 때 하나의 새로운 비판적 방법을 향하는 길을 이끌었다"라고 평가한다. 계속해서 라이트는 그라네

* 연금술사들이 증류를 위해 유리관을 밀폐한 데에서 유래하는데, 헤르메스 트리스메기스토스가 연금술사들에게 영감을 준 인물이기에 이렇게 표현된다.

가 "표면상 문화에 대한 문인 사대부적 관점을 반영한 고전 텍스트들을 꼼꼼히 읽고서 그 텍스트들 이면의 사회적 현실을 읽어냈다"라고 말한다. 그리고 마지막으로, 프랑케는 문인 사대부 전통이 아니라 유럽의 역사 서술에서 자기의 방법을 가져온 최초의 역사학자였다. 보너스로, 라이트는 마스페로를 추가한다. 마스페로는 샤반의 방법을 발전시켜 그 전통의 정통적 경계 바깥의 분야들에서 작업했고, 이뿐 아니라 도교라는 '반대' 학파도 연구했다.[16]

그러나 라이트는 문헌학적 작업 경험에도 불구하고—혹은 아마도 외면적으로는 역사학자이고 내면적으로는 문헌학자라는 것 사이의 깊은 심리적 갈등 때문에—[17] 샤반, 마스페로, 그라네의 사실상 모든 작업의 문헌적 기초를 무시한다. 훨씬 더 위압적인 것은 선구적 역사학자인 샤반의 역주식 접근법에 대한 라이트의 도전이다. 물론, 라이트는 자료들을 가지고 우리가 할 수 있는 것을 강조하고 있었다. 공정성의 이름으로, 문헌학자들에게는 주석 전통과 그것의 과도한 주석이 허락하는 것을 넘어, 텍스트를 가지고 무엇을 해야 하는지 결정할 때 동일한 자유가 허용될 수 있다. 절차상으로는, 시에 관한 문예학자의 주석과 페어뱅크의 청대 당안 번역에 관한 '비판적 주석', 혹은 노예제에 관한 한대의 역사적 자료든 아니면 중국공산당 문헌이든 자기의 번역을 '예증하고 설명하려는' 윌버의 노력 사이에 어떤 차이가 있는지 거의 발견할 수 없다.[18] 그리고 결국, 중국에서 '신사학新史學'의 출범은 구제강과 그의 의고파疑古派가 유서 깊은 비판정본 작업을 적용함으로써였다. 이는 푸쓰녠과 역사언어연구소의 동료들에 의해 경감되고 억제되었다.[19] 그리고 1980년대와 1990년대에 거의 매년 보고되고 있는 백서, 죽간, 청동기에 적힌, 오랫동안 숨겨져 있던 텍스트들의 새로운 발견과 함께 하는 고문서 판독 분야의 급성장과 더불어, 그러한 문헌적 자료들의 문헌학적 취급법은 그것들을 역사적 자료로 이용하는 데에 필수적인 예비 지식이다.[20]

라이트 자신은, 구제강의 신사학가들이 행한 역사적 작업조차도 기본적으로 문헌학적이었다고 인정한다.

> 역사 분야에서 구제강은 이 시기 중국 연구의 방향 전환을 예시한다. 그의 비판적 정신과 중국의 과거past 연구에서 새로운 방법들의 이용은 제국 중국의 문화가 의존했던 신화들로부터의 해방, 그리고 낡은 질서가 특별히 허락했던 질문법들로부터의 해방을 반영한다. 유교 경전은 새롭게 검토되었고 또 각 텍스트는 지혜의 창고로서가 아니라 역사를 가진, 다소간의 진위 문제와 신뢰 문제를 가진, 그것의 시기와 저자 문제에 대한 분석 가능한 관계를 가진 문서로서 탐구되었다.[21]

라이트가 문헌학자들의 역주식 접근법에 반감을 가지면서도 한편으로 그 접근법을 역사학자들의 손에 쥐어주는 것 사이의 아이러니한 모순은 그 자신의 용어법을 사용함으로써 해소할 수 있을 것이다. 즉 구제강의 '비판적 정신'이 라이트가 텍스트에 접근하는 방법을 결정한다. 즉 구제강의 비판정본 작업의 방법론은 텍스트를 우상偶像이 아니라 자료로, 감상해야 할 문학 작품이 아니라 면밀히 살펴야 할 문헌으로 보는 새로운 패러다임 내부에 두는 비판적 정신에 의해 인도된다. 달리 말하면, 라이트는 이 책 후기의 두 번째 제사에서 니체가 추천한 문헌학을 미신—다시 말해 고정된 세계관—의 적수로서 이용한다. 현대 프랑스의 '동양학'에서, 문헌학과 역사학이라는 두 분과학문은 토대가 되는 분과학문으로서 동등한 가치를 가지고 있는데, 왜냐하면 아시아 문명들은 '문자 문명'이기 때문이다.[22]

지적 세계에서, 고전들을 역사적 의미로 환원하는 일, 즉 고전에 대한 문헌학적 섬김에서 역사적 해석으로의 전환은 고통스러운 전향이었는데, 개념을 재편성하거나 평정심을 가진다고 해서 언제나 극복할 수 있는 것은 아니었다. 예를 들어, 레벤슨에 따르면 장빙린(1868~1936)은 "경전들이 역사적 자료에 대한 지속적인 안내 역할로부터 물러났다고, 경전들이 더 이상 영원히 인간을 지배한다고 간주될 수 없고 대신 그 경전들에 오직 역사 속의 시간만을 허락한 사람들의 정밀 조사에 복종해야 한다는 것을 쓰라린 심정으로 시인했다."[23] 이렇게 경전들을 진리의 보고라고 보던 데에서 물러난 것, 그 경전들은 활용 가능한 세속적 문헌이라고 잇따라 반격한 것이 현대 지성사의 한 주요한 전환점이었다. 존 B. 헨더슨이 리쾨르로부터 가져온 재인용구로 다음처럼 요약한 대로다.

> 해석의 초점이 경전들로부터 경전들의 시대로, "인류의 걸작들로부터 그 걸작들을 받쳐주는 역사적 상호 연관으로" 이동한 것은 인문학의 역사에서 가장 중대한 것 중 하나였다. 그러한 이행은 청대 학술에서뿐 아니라 18세기와 19세기 유럽의 역사 연구에서도 발생했다…… 청대 모든 학자가 역사주의적 비전에 매혹되어 있지는 않았다."[24]

후기의 첫 제사*에서 펠리컨은 전통을 복원하기 위해서가 아니라 재발

* "전통은 죽은 이들의 살아 있는 믿음이고, 전통주의는 살아 있는 이들의 죽은 믿음이다…… 전통에 그런 악명을 주는 것은 전통주의다."

견하기 위해서 역사를 이용하자고 제안할 때 한 자료의 숭배와 이용 사이에서 똑같은 구별을 행한다. "자신들이 무비판적으로 승인해온 전통에 대한 재발견과 비판적 연구로 인해 그 전통을 부인하게 된 사람들이 특히 19세기 이후로 많았다…… 재발견은 종종 부인을 가져올 수 있다."[25] 최술(1740~1816)에 의한 그러한 재발견이 도덕적 가치의 보고로서의 과거에 대한 총체적 부인을 가져오지는 않았지만, 분명 구제강에게는 총체적 부인을 가져왔을 것이다.[26]

문헌학자들은 과거와 그 과거의 전통을 초월하고 또 문화적 패러다임이 아니라 비판적 패러다임을 가지고 작업함으로써 과거와 그 과거의 전통에 의한 통제로부터 자신들을 확실히 해방할 수 있다. 그러나 이 해방은, 그 책무의 목적이, 비판적 방법들을 가지고 자료의 진리를 재발견하는 것이어야만, 그리고 중국애호적 동일시의 오도된 정신을 가지고 그 자료로부터 그 전통의 문화적 출처를 복원하는 것이 아닐 경우에만 이루어질 수 있다.

중국학에서의 진리

펠리오와 그의 동창들 및 동료들의 세대, 특히 듀벤다크나 알렉세예프 같은 국가별 학파의 창립자들은, 진리의 최종 결정자로서 텍스트에 충실할 것을 강조했다. 이는 말할 필요도 없이 위험한 기획일 수 있다. 왜냐하면 어떤 텍스트는 역사에도 불충실하고 문헌학적 꾐과 구워삶기도 통하지 않는, 기껏해야 변덕스러운 애인일 뿐이기 때문이다. 그럼에도 그것은 그 시대의 공리公理였고 또 오늘날 문헌학자들에게 최고의 보편적 규칙의 하나이기도 하다. 예를 들어, "알렉세예프는 제자들에게 높은 수준의 정확성을, 무엇보다도 텍스트에 대한 정밀한 주의를 요구했는데, 그는 이것이 주된 학문적 증명 방법이라고 믿었다. 말하자면, 알렉세예프는 모든 종류의 사변思辨에 반대되는 것으로서 객관적 데이터의 우월성을 강조했다."[27] 이 견해에 따르면, 텍스트는 "진리에 대한 최고의 판단 기준이다."[28]

텍스트의 신성성에 대한 이런 존숭, 그리고 거의 무릎 꿇은 채 그 텍스트에 접근하라는 요구는 19세기 후기 프랑스 역사학자들의 낡은 실증주의적 역사 서술의 성격을 띤다. 왜냐하면 그들에게 모든 진리는 텍스트 내부에 안전하게—너무 자주 모호하게이기는 했지만—머물고 있었기 때문이다. 지적 자극, 인간의 인도引導, 사회 진보를 위해 그러한 진리들을 자유롭게 하는 일은 실험실의 화학자만큼이나 정연하고 공들인 엄격한 문헌학적 조작을 요구했을 뿐이다. '문헌의 실증주의'를 설교한 〔프랑스 역사학자〕 뉘마-드니 드 퓌스텔 쿨랑주(1830~1889)가 그 증거다. 에른스트 브라이자흐에 따르면, 『구프랑스 정치제도사Histoire des institutions politiques de l'ancienne France』(전 6권, 파리, 1891)에서 쿨랑주는 "문헌 속에 있지 않은 것은 존재하지 않는다고 주장했다." 우리는 오직 "각 세대가 스스로에 관해 남겨놓은 글과 문헌에 대한 끈기 있는 연구"를 통해서만 자신을 "현재의 선입견에서 충분히" 떼어놓을 수 있고 또 "전前 시대 사람들의 삶을 다소 정확하게 상상할 수 있도록 모든 종류의 편애나 편견에서 충분히 벗어날 수 있다."[29] 펠리오는 이 전통의 가장 대표적인 인물이다.

반면에 마스페로는, 재능 있는 문헌학자이긴 했으나, 텍스트에 대한 실증주의적 몰두를 넘어서서 고대 중국의 정치사, 사회사, 경제사, 종교사, 도교 의식과 신앙 등등에 관한 많은 종합적 서술과 분석을 수행했다. 그 서술과 분석은 엄격하고 광범한 텍스트 읽기에 기초하고 있으면서도, 결국에는 텍스트 바깥에 서서 이용 가능한 데이터를 조화시키고 조정해 종합적 요약과 잠정적 결론을 도출했다. 비록 마스페로는, 그라네처럼 초창기 사회학의 모델을 지나치게 많이 채용하지는 않았지만, 현대적 관점에서 각 시기를 해석하기 위해서는 역사주의의 망설임에 속박되지 않았다.

문헌학적 접근법에서 떨어져 있는 현대 사회과학은 텍스트 속에서가 아니라 이해理解의 모형模型 속에서 진리를 구한다. 모형은 또 중국적 전통 없이 객관적으로 구성되고 응용될 수 있다는 이점이 있다. 이는, 바스티드브뤼기에르가 우리에게 상기시켜주듯이, 초기 중국학자들이 중국 언어와 문자에 흔히 부여한 것과 마찬가지로 중국사에 독특성을 부여한 초기 역사학자들이 가졌던 문제점을 방지한다.[30] 그러한 객관적 모형은 다른 문화 및 민족과의 비교연구에 즉각 쓸모가 있다. 그것은 또한 주석 전통이 고무한 자기만족적인 중국 중심적 관점을 뛰어넘도록 확실히 도와준다.

샤반에 의한 중국학 전통의 정점 덕분에, 펠리오에 의한 문헌학적 테크닉의 완성 덕분에, 역사학자 마스페로의 과도기적 모습 덕분에, 사회학자 그라네가 개념적 모형을 이용하기 시작한 데에서 갖는 중요성 덕분에, 우리는 역설적 결론에 이른다. 즉 현대 중국학의 기초는 샤반과 그의 세 제자(펠리오, 마스페로, 그라네)에게 확실하고도 명예롭게 의거하고 있긴 하지만, 그럼에도 이 세 사람은 그 전통의 분지分支를 표시하며, 한 지류의 인기 쇠퇴와 또 다른 지류의 발흥을 표시한다. 역사학의 프랑케, 비판정본 작업의 할로운, 경전 번역의 레그, 언어학의 칼그렌, 문학의 웨일리와 셰이퍼, 자연세계의 라우퍼, 아시아 어원학의 부드버그는 모두 제2차 세계대전 후 결정적으로 쇠퇴해가고 있었고, 또 설사 소멸하지는 않았다더라도 다른 분과학문들의 성장에 의해 점점 더 주변화된 한 전통의 각기 다른 접근법들을 대변했다.

그럼에도, 급증하는 고고학적 증거의 시대에, 학제적 접근법에 대한 수요는 오늘날 더욱더 중요하다.[31] 이 증거의 일부가 문헌 발굴물로 이루어져 있기에, 이 새로운 텍스트들만 문헌학적 정밀 조사를 요구하는 것이 아니라 텍스트 전통 전체가 새로 발견된 문헌과 고고학적 발견물에 비추어 정밀하게 조사되어야 한다. 특히 역사음운학과 비판정본 작업, 문학비평과 비교문학에서 새로운 접근법의 발전과 같은 분야가 점차 성숙해감에 따라 더욱 그렇다. "역사학자들은, 만약 그들이 제대로 배운 적이 있기라도 하다면, 우리가 그들의 노력 속에서 진보라고 부를 만한 것은 단지 새로운 자료들을 발견함으로써가 아니라 적어도 그 정도만큼은 기존에도 이용할 수 있던 자료를 **새롭게 읽음**으로써 가능하다는 단순한 진리를 잊어버린 것 같다"라고 H. 스튜어트 휴스는 말한다.[32] 우리는 진리로 가는 유일한 길로서 오직 이성—철학, 수학, 물리학 모형으로 교묘하게 변장한—에 대한 맹목적인 데카르트적 믿음에로 되돌아가기를 바라지도 않는다. 데이비드 해킷 피셔가 경고하듯이, '방법론의 신화'는 언제나 존재하며,[33] 그것이 매력적인 만큼이나 사람을 현혹시킨다.

때때로 그 모형들은 반드시 증거가 지지해주지 않을 때에도 증거로부터 영감을 받아 자신의 생명을 영위한다. 즉, '믿음의 도약'을 바깥으로 확대하는 것은 비판정본 작업가에게만큼이나 역사학자에게도 위험하다. 예를 들어, 시어도어 하메로는 그 기획 전체를 예술사가의 작업에 견준다.

그래서 사회과학적 역사학자들은 흩어진 한줌의 조각으로부터 로마의 모자이크를 결합시키려고 애쓰는 고대 미술 큐레이터와 같다. 그 결과는 그럴듯할지도 모른다. 그러나 그것은 결코 하나의 상상적 재구성물 이상은 아니다. 채용된 방법론은 자주 독창적이고도 설득력 있는 결론을 가져온다. 그 결론은 유효하다고까지 증명될 수도 있다. 그러나 우리는 그것이 주관적 지각知覺이 아닌 객관적 현실을 나타낸다고 확신할 수 있는가?[34]

그러한 시나리오에서 수단은 목적이 된다. 문헌학자의 경우, 방법론은 물리적 텍스트라는 목적으로 가는 수단이다. 내게는 역사학 및 기타 사회과학은 잠정적 목적(이것 자체가 종종 수단의 투영에 불과한 것이다)을 구성하는 방법론적 수단으로 보인다. 그것들은 독립적 실재가 아니며, 그저 추상들을 재구성한 것들일뿐으로서, 파악하기 어렵고 늘 변한다. (물론, 나는 누군가가 참으로 한 텍스트를 '읽을' 수 있고 또 저자의 의도에 접근할 수 있는가라는 존재론적 질문에는 답하지 않을 것인데, 이 질문은 문헌학자의 관점에서 볼 때는 부적절한 것이다.) 다른 한편으로, 사이드는 "인간과의 직접적 만남에서 오는 혼란보다 한 텍스트의 도식적 권위를 선호하는 것은 흔한 인간적 결점인 것 같다"라고 지적한다.[35] 그래서 설사 하나의 특정한 텍스트가 혹은 일군의 문헌이 하나의 공통된 논점과 정보원情報源이라는 이점이 있다 하더라도, 문자 자료의 안전성과 고독을 향해 도망가려는 욕망과는 맞서 싸워야 한다. 그것들이 제공하는 안식처가 아무리 안전하고 또 겉보기에 안정되어 보인다 하더라도 말이다.

오늘날, 최소한의 학문적 성실성을 가진 중국학자들을 평가하는 시금석은 지속적인 진리 추구다. 이 경우 진리는 엄격하고 또 충실하게 응용된 방법 혹은 멋진 통찰의 순간에 파악된 계시에 의해 도달되는 어떤 '객관적 실제實際'가 아니다. 즉 진리는 정직한 방식으로 사용되는 방법 자체다. 이런 진리의 정의는 피터 노빅이 힘껏 제안하고 또 보여주듯이, 객관성이라는 이상과 타고난 성향이라는 현실 사이의 피할 수 없는 간극에 의해 생겨나게 된다.[36] 이와 관련해서, 리쾨르는 역사학자들—혹은 그 점에 대해서는 다른 어떤 학자라도—은 추상적이고, 무한하고, 궁극적인 진리를 껴안으려는 헛된 시도에 말려들지 않는다고 주장한다. 그 대신, 그들은 구체적이고, 한정적이고, 단명한 대답을 움켜쥐려 시도한다. 그러므로 리쾨르에게 진리는 '역사학 종사자로서 나의 책무의' 윤리적 '완수'에 존재한다.[37] 이매뉴얼 월러스틴은 진리에 관한 논의를 객관성에 관한 정의에로 되가져감으로써 그 문제들을 명확히 한다.

> 학자의 역할은, 자신이 관여하는 것들의 틀 내에서, 자신이 연구하는 현상들의 목하目下의 현실을 명료하게 알아내어, 결국 개별적으로 응용할 수 있는 일반 원리들을 이런 연구에서 이끌어내는 것이다. 사회가 변하기 때문에 '진리'는 변한다. 그 어떤 때에도, 계속 이어져오는 것은 없다. 모든 것은, 심지어 지나간 것조차도, 당대적當代的이다. 그리고 현재에 우리 모두는 돌이킬 수 없을 만큼 우리의 배경, 우리의 훈련, 우리의 개성과 사회적 역할, 그리고 우리가 그 속에서 작동하는 구조화된 압력의 산물이다.

"객관성"은 "이 틀 내에서의 정직성이다"라고 월러스틴은 단언한다.[38] 그러므로 문헌학자들에게 진리란 문헌학적 접근법에서의 최고의 테크닉과 방법들의 잘 통제된 객관적 적용이다.

따라서 이 책에서 다룬 중국학자들은 전형적인 실제 문헌학자들에게 필요한 절차적 노동의 사례를 많이 제공한다. 이것이 비록 독립적으로 활동하며 아무런 학파도 창립하지 않았지만 라우퍼 같은 기술적으로 탁월한 중국학자를 포함시키는 것이 중요한 이유다. 비록 내가 중국학의 이론사 혹은 지성사를 시도하기는커녕, 중국학 제도들의 발전에 대한 개관을 무시했고 또 중국학 학파 혹은 제자의 계보를 아주 분명히 기록하지는 않았지만, 적어도 각 접근법의 함정과 성공은 소개되었다.

내가 중국학자들을 조직적으로 다루기 위해 택한 모형은 계보학적 모형이다. 제임스 클리퍼드의 말을 부연하자면, 이 계보학적 접근법은 나에게 지성사를 피하고 대신 19세기와 20세기 초에 그 고전적 형태를 완성한 문헌학적 중국학의 '구조와 방법론'을 회고적이고도 연속적으로 기술할 수 있도록 해준다.[39] 만약 누군가가 가까이 들여다본다면, 적어도 내가 가장 주목한 그 중국학자들을 들여다본다면, 이 전기적 틀은 무의식적이지만 불가피하게 개별 인물의 '위인전'이 된다. 불가피한 중국적 경향을 가진 세속화된 삼위일체, 즉 영국 선교사-영사 중국학자 삼인방인 모리슨, 레그, 자일스. 국내 중국학의 트로이카인 푸르몽, 아벨 레뮈자, 쥘리앵. 탁월한 문헌학자 트리오인 샤반, 펠리오, 마스페로. 독일 중국학자 삼인조인 할로우, 프랑케, 국외 추방자 라우퍼. 영미의 인문주의자인 웨일리, 부드버그, 셰이퍼의 트리플 플레이와 함께. 그리고 샤반부터 셰이퍼까지 이 현대 중국학 계보 9명에게는 아마도, 스펜서*의 천사의 종種을 가지고서 따로 따로 영예를 바쳐야 할 것이다. 세 위계 중의 세 등급, 즉 '세 겹의 삼중'으로서 말이다.

위대한 모범적 인물들의 통시적 연속체로서의 중국학은 이음매 없고 공

* 허버트 스펜서(1820~1903). 영국의 생물학자, 철학자, 사회학자.

시적共時的인 '헤게모니' 혹은 '학적 담론'보다 더 접근하고 분석하기에 쉬울 것이며, 아마도 때로는 더 모방하기 쉬울 것이다. 그렇지만 다양한 수준의 실행자들이 그 분야 전반에 걸쳐서 탁월한 성과를 얻기 위해 헌신함으로써 전통을 계속 유지하게 해주는 것은 제도화일 것이다. 장기적인 신뢰성을 보장할 방법에서나 또 외부와의 대화를 유지할 만큼 읽을 만하고 정보가 많은 결과물에서나 말이다. 그러나, 그 분야에서 그러한 영웅적 인물이 정기적으로 출현하지 않는다면, 투자금, 자원의 할당, 후원을 둘러싸고 커져가는 경쟁에 직면한 중국학의 연구 도서관에서 아무리 작은 것이라 할지라도 문헌학이 자리를 요구하기는 점점 더 어려워질 것이다. 빌트 이데마가 다음처럼 한탄하는, 현대 네덜란드 학파가 맞닥뜨린 어려움이 그런 어려움의 한 사례다.

> 네덜란드 중국학은 항상 자신의 세심한 문헌학적 기초 작업을 자랑해왔다. 중국 문화 연구에 불가결한 이 접근법은, 계속 증대되는 전문화에 수반하여 전공의 심화가 계속해서 더 많이 요구된다는 것을 고려할 때, 그리고 학부 교육과 대학원 공부의 기간을 엄격히 제한하는 정부의 방침을 고려할 때, 살아남기 어려움을 발견한다.[40]

그런 압력에 직면하여, 향수鄕愁에 찬 보수주의, 구식 접근법, 전통주의의 강압으로 명성이 자자한 중국학 같은 분야는, 일반적으로는 인문주의적 시도들*과의 관계를 증명함으로써 또 특수하게는 중국 연구에 가지는

* 대학 내 학제에서 볼 때 원래 인문학이 아닌 학문들을 인문학과 결합시키거나, 인문학적인 접근을 취하려는 시도를 말한다.

중요성을 지속적으로 증명함으로써만 구조조정에 저항하고 또 대학사회 내에서의 그 불안정한 발판을 유지할 수 있다. “과거가 더 이상 현재에 무관할 때, 과거에의 몰두는 골동취미antiquarianism가 된다”라고 도미니크 라카프라는 경고한다.[41] 우리는 ‘골동취미’라는 비난이 금세기와 지난 세기들의 문헌학적 중국학자들을 겨냥해 만들어진 다른 전형화된 모욕적 언사에 더해지도록 내버려두어서는 안 된다. 이는 우리가 문헌학자의 기술적인 도구 상자를 경쟁력 있게 다루고 또 명료하게 표현함으로써 중국의 문학적 유산을 재검토하고, 분석하고, 또 우리의 동료들에게 제시하는 데에 적극적으로 나설 때, 이 책에서 다룬 권위자들이 개척하고 발전시킨 저 전통에 충실함으로써만 가능하다. 그러나, 그들이 제공하는 영감이 중요한 만큼, 우리도 그들의 저작을 읽고 그들의 방법론을 숙고할 때 제단에 향을 올리며 경의를 표한다. 그 영감은 기술을 더 성숙시키는 데에, 더 넓은 맥락을 찾는 데에, 우리 자신이 적절히 노력하는 데에 영향을 미친다. 아무도 과거로부터 그 이상의 것을 바랄 수는 없다.

주

서문과 감사의 말

1) Herbert Franke, *Sinologie*(Bern: A. Francke, 1953); Donald Leslie and Jeremy Davidson, *Author Catalogues of Western Sinologists*(Canberra: Dept. of Far Eastern History, Australian National University, 1966); José Frèches, *La Sinologie*(Paris: Presses Universitaires de France, 1975); 陶振譽, 『世界各國漢學研究論文集』(臺北: 國防研究院, 1962); 石田幹之助, 『歐米に於ける支那研究』(東京: 創元社, 1942); John Edwin Sandys, *A History of Classical Scholarship*, 3 vols.(1903~1908; rpt. Boston, 1958).

2) Rudolph Pfeiffer, *History of Classical Scholarship: From the Beginnings to the End of the Hellenistic Age*, 2 vols.(Oxford: Oxford University Press, 1968~1976).

3) Frederick W. Mote, "The Case for the Integrity of Sinology", *JAS*. 23(August 1964), p. 531.

4) Wolfgang Franke, trans. R. A. Wilson, *China and the West*(Oxford: Basil Blackwell, 1967), p. 145.

5) 초기의 한 예는 John Chalmers, "Is Sinology a Science?" *China Review* Vol. 2. No. 3(1873), pp. 169~173이다. 현대의 두 예는 Michael Gasster, "Hellmut Wilhelm, Sinologue", *Newsletter for Modern Chinese History* 8(1989), pp. 27~51과 Donald Holzman and Denis Twitchett, "The Life and Work of Robert des Rotours, *T'ang Studies* 13(1995), pp. 13~31이다.

6) George A. Kennedy, *An Introduction to Sinology: Being a Guide to the Tz'u Hai*(*Ci Hai*)(1953 : rpt. New Haven: Far Eastern Publications, 1981); Kiang Kang-Hu,, *Chinese Civilization: An Introduction to Sinology*(Shanghai: Chun Hwa Book Co., 1935).

7) Ulrich von Wilamowitz-Möllendorff, trans. Alan Harris, edited with an introduction and notes by Hugh Lloyd-Jones, *History of Classical Scholarship*(Baltimore: Johns Hopkins University Press, 1982).

8) Werner Jaeger, "Classical Philology at the University of Berlin, 1870 to 1945", in *Five Essays*, trans. Adele M. Fiske, R. S. C. J.(Montreal: Mario Casalini, 1966), pp. 45~74; Guillaume Budé, *De Philologia*(Paris, 1532).

9) Anthony Grafton, *Joseph Scaliger: A Study in the History of Classical Scholarship*, Vol. 1: *Textual Criticism and Exegesis*(Oxford: Oxford University Press, 1983); C. O. Brink, *English Classical Scholarship: Historical Reflections on Bentley, Porson and Housman*(Cambridge: James Clarke and Co., 1986).

10) Andrew Walls, "The Nineteenth-Century Missionary as Scholar", in Nils E. Blcok-Hoell(ed.), *Misjonskall og forskerglede*(Oslo: Universitetsforlaget, 1975), pp. 209~221.

11) 독일 중국학에 대한 이 책의 논술 개요는 David B. Honey(韓大偉), "Cultural Missionaries of China to the West: An Overview of German Sinology, in Ricardo K. S. Mak and Danny S. L. Paau(eds.), *Sino-German Relations Since 1800: Multidisciplinary Explorations*(Frankfurt am Main: Peter Lang, 2000), pp. 149~165로 나타났다.

12) "Communications to the Editors", *JAOS* 78(1958), p. 119; *JAS* 17(1958), p. 509.
13) 자유7과는 문법·수사학·논리(논리학)라는 최초의 3학, 즉 *trivium*으로 묶였고, 두 번째는 산술·기하학·천문학·음악의 4중주, 즉 4과*quadrivum*로 묶였다. Charles Homer Haskins, *The Rise of Universities*(New York: Henry Holt and company, 1923; rpt. Ithaca: Cornell University Press, 1965), pp. 27~29를 보라.
14) Martianus Capella의 풍자 *De Nuptiis philologiae et Mercurii* 즉 『문헌학과 머큐리의 결혼』(5세기)을 보라. 문헌학의 역사적 발전에 대해서는 Karl D. Uitti, "Philology", in Michael Groden and Martin Kreiswirth(ed.), *The Johns Hopkins Guide to Literary Theory and Criticism*(Baltimore: Johns Hopkins University Press, 1994), pp. 567~574.
15) Karl D. Uitti, 위의 글, p. 570; 문헌학, 특히 비판정본 작업의 접근법에 대한 상세한 옹호는 Giambatista Vico, trans. Elio Gianturco, *On the Study Methods of Our Times*(Ithaca: Cornell University Press, 1990), p. 76을 보라.
16) Brian McGregor에 의해 "On the Method of Study, in *Collected Works of Erasmus: Literary and Educational Writings*, Vol. 23~24(Toronto: University of Toronto Press, 1978), 24: pp. 661~691로 번역되었다.
17) 경학과 관련하여 전통 중국 고전문헌학에 대한 포괄적 소개는 錢基博, 「小學記」, 『經學通志: 經學叢書初編』(臺北: 學海出版社, 1985), pp. 215~252를 보라.
18) Hugh Lloyd-Jones, review of Rudolph Pfeiffer, *History of Classical Scholarship*, Vol. 2, in *Times Literary Supplements*, 20 August 1976; rpt, in Hugh Lloyd-Jones, *Classical Survivals: The Classics in the Modern World*(London: Duckworth, 1982), p. 19.
19) 이 네 명의 20세기 서양 중국학자만이 周法高, 『漢學論集』(香港: 各大書局, 1964), pp. 149~162에 첨부된 전기에 실릴 만했다.

제1부 서장

제1장 학자-선교사

1) Christoph Harbsmeier, "John Webb and the Early History of the Study of the Classical Chinese Language in the West", in Ming Wilson & John Cayley(eds.), *Europe Studies China: Papers from an International Conference on the History of European Sinology*(London: Han-Shan Tang Books, 1995), p. 332에서 인용.
2) Knud Lundbæk, *T. S. Bayer(1694~1738): Pioneer Sinologist*(London: Curzon Press, 1986), p. 39.
3) 서양과 아시아의 만남을 위해 항상 맨 처음에 주목해야 할 것은 여전히 Donald F. Lach가 쓴 여러 권으로 된 방대한 연구인 *Asia in the Making of Europe*, 2 vols.(5 books, Chicago: University of Chicago Press, 1965~1970)와 Lach and Edwin J. Van Kley, Vol. 3(4 books, Chicago: University of Chicago Press, 1993)이다. Raymond Dawson, *The Chinese Chameleon: An Analysis of European Conceptions of Chinese Civilization*(London: Oxford University Press, 1967)은 현대에 이르기까지 유럽의 중국 인상印象을 소개한다. 간략한 역사적 개관은 W. E. Soothill, *China and the West: A Sketch of their Intercourse*(London: Oxford University Press, 1925); Arnold H. Rowbiotham, "A Brief Account of the Early Development of Sinology", *The Chinese Social and Political Science Review* 7(1923), pp. 113~138; Robert H. Gassman, "Sinologie,

Chinakunde, Chinawissenschaft: Eine Standortbestimmung", *Asiatische Studien* 39(1985), pp. 147~168; David E. Mungello, *The Great Encounter of China and the West, 1500~1800*(New York: Rowman and Littlefield Publishers, 1999)이다. 18세기 잉글랜드의 특수한 사례는 Fan Tsen-chung, *Dr. Johnson and Chinese Culture*(London: The China Society, 1945)에서 다룬다. 마르코 폴로와 이븐바투타는 선교사들의 기술들과 마찬가지로 너무나 잘 알려져 있어서 언급할 필요가 없다. 초기의 중국 여행자들과 그들이 남긴 보고서들, 중국의 예수회 선교사들의 기술에 대한 빽빽하고 세부적이지만 재빠른 개관은 사실상 당시까지 중국학의 역사였던 바이어의 『중국박물관Museum Sinicum』에서 발견된다. 가장 맞춤한 내용은 Knud Lundbæk, *T. S. Bayer*, pp. 39~97에 번역되고 주가 달렸다. 더 이상의 것은 Donald W. Treadgold, *The West in Russia and China: Religious and Secular Thought in Modern Times*, Vol. 2 *China 1582~1949*(Cambridge: Cambridge University Press, 1973), pp. 1~34를 보라. 동일한 근거의 많은 부분이 Paul Demiéville, "Aperçu historique des études sinologiques en France", rpt. 그의 *Choix d'études sinologicques(1921~1970)*(Leiden: E. J. Brill, 1973), pp. 443~487에서 다루어진다.

4) Donald F. Lach and Edwin J. van Kley, *Asia in the Making of Europe*, Vol. III, Book 3, p. 557. 록이 마르코 폴로와 그의 『동방견문록Il milione』은 크게 다루면서도 이븐바투타는 언급조차 하지 않는 것은 기이하다.

5) 록의 거작보다 훨씬 더 좁게 조명된 스페인과 포르투갈의 역할에 대한 소개는 G. R. Crone, *The Discovery of the East*(New York: St. Martin's Press, 1972)이다. 그러나 더 요약적인 것은 Micahel Cooper, "The Portuguese in the Far East: Missionaries and Traders", *Arts of Asia* 7(1977), pp. 25~33이다.

6) C. R. Boxer, *João de Barros: Portuguese Humanist and Historian of Asia*(New Dehli: Concept Publishing Company, 1981); Donald F. Lach, *Asia in the Making of Europe*, Vol. 1, Book. 1, p. 190.

7) J. J. L.(Jan Julius Lodewijk) Duyvendak, *Holland's Contribution to Chinese Studies*(London: The China Society, 1950), pp. 4~5; Donald F. Lach, *Asia in the Making of Europe*, Vol. 1 Book 1, p. 201.

8) 영역본은 1588년에 출판되었다. 이 책의 외형에 대한 기술, 내용 및 출처, 추가적인 전기적 정보는 John Lust, *Western Books on China Published up to 1850 in the Library of the School of Oriental and African Studies, University of London*(London: Bamboo Publishing Ltd, 1987), p. 7에 있다. 추가적인 것은 Donald F. Lach, *Asia in the Making of Europe*, Vol. 1, Book 1, p. 184; Book 2, p. 562를 보라.

9) 두 보고 모두 C. R. Boxer(ed)., *South China in the Sixteenth Century*(London: Hakluyt Society, 1953)에서 영어로 재간행되었다. 평가들은 Donald F. Lach, *Asia in the Making of Europe*, Vol. 1, Book 2, pp. 536, 749~750을 보라.

10) Anthony Grafton, *Joseph Scaliger: A Study in the History of Classical Scholarship*, II: *Historical Chronology*(Oxford: Clarendon Press, 1993), p. 406에서 재인용.

11) J. J. L. Duyvendak, "Early Chinese Studies in Holland", *TP* 32(1936), p. 294.

12) Nicolas Trigault, S. J.(1577~1628)가 편집한 본래의 이탈리아어판에서 번역되었다. 영역본은 trans. Louis J. Gallagher, S. J., *China in the Sixteenth Century: The Journals of Matteo Ricci, 1583~1610*(New York, 1953). 이 저작과 리치 및 트리고 각각의 기여에 대한 논의는 David E. Mungello, *Curious Land: Jesuit Accomodation and the Origins of Sinology*(Wiesbaden: Franz steiner, 1985), pp. 46~49를 보라.

13) Giuliano Bertuccioli, "Sinology in Italy 1600~1950", in *Europe Studies China*, p. 69.

14) 그의 저작은 Giuliano Bertuccioli, "Sinology in Italy 1600~1950", pp. 68~69에서 간략히 요약된다. 더 이상의 것은 Giorgio Melis, "Ferdinand Verbiest and Martino Martini", in John W. Witek S. J.(ed.), *Ferdinand Verbiest, S. J.(1623~1688): Jesuit Missionary, Scientist, Engineer and Diplomat*(Nettetal: Steyler Verlag, 1994), pp. 471~484를 보라.

15) 상기한 역사적 개요는 C. R. Boxer(ed.), *South China in the Sixteenth Century*, introduction; C. R. Boxer, "Some Aspects of Western Historical Writing on the Far East, 1500~1800", in Edwin G. Pulleyblank and W. G. Beasley(eds.), *Historians of China and Japan*(London: Oxford University Press, 1961), pp. 306~321와 José Frèches, *La Sinologie*(Paris: Presses Universitaires de France, 1975), pp. 9~16에 기초했다.

16) 더 이상의 기록은 Timothy H. Barrett, *Singular Listlessness: A Short History of Chinese Books and British Scholars*(London: Wellsweep, 1989), pp. 26~29을 보라.

17) Piet van der Loon, "The Manila Incunabula and Early Hokkien Studies", Part 1, *AM* n.s. 12(1966), pp. 1~45.

18) Piet van der Loon, "The Manila Incunabula and Early Hokkien Studies", p. 30.

19) 이 초기 필사본 어휘집, 문법서, 사전 들에 대해서는 Piet van der Loon, "The Manila Incunabula and Early Hokkien Studies", Part II, *AM* n.s.(1968), pp. 95~186를 보라.

20) P. José María Gonzáles, O. P., *Misiones Dominicanos en China(1700~1750)*, 2 vols.(Madrid: Consejo Superior de investigaciones cientificos, Instituto Santo Toribio de Mogrovejo, 1952).

21) 아래의 요약은 David E. Mungello, *Curious Land*; Giuliano Bertuccioli, "Sinology in Italy 1600~1950"에 빚지고 있다. 군중으로부터 고립된 대표적 인물들에 대한 몇몇 안내는 Edward H. Schafer, "Rudiments of a Syllabus on Sinological History", unpublished manuscript, Berkeley, n.d.에서 가져왔다. 셰이퍼의 관점은 캘리포니아 버클리대학 도서관에 있는 희귀본을 개인적으로 정독함으로써 형성되었고, 앙리 코르디에의 평가들에 의해 보충되었다.

22) Piet van der Loon, "The Manila Incunabula and Early Hokkien Studies", Part II, p. 102.

23) Bolesław Szczésniak, "The Beginnings of Chinese Lexicography in Europe with Particular Reference to the Work of Michael Boym(1612~1659)", *JAOS* 67(1947), pp. 160~165. * 최근에 출판되었다. John W. Witek, SJ(ed.), *Dicionário Português-Chinês*(attributed in this edition to) Michele Ruggiero and Matteo Ricci, S. Local, Biblioteca Nacional de Lisboa, IPOR, Ricci Institute, University of San Francisco, 2001.

24) Bolesław Szczésniak, "The Beginnings of Chinese Lexicography in Europe", and "The First Chinese Dictionary Published in Europe", in Denis Sinor(ed.), *American Oriental Society Middle West Branch Semi-Centennial Volume*(Bloomington: Indiana University Press, 1969), pp. 217~227. 더 이상의 것은 Paul Pelliot, "Michael Boym", *TP* 31(1935), pp. 95~151을 보라. 이 사전들의 저자 문제가 Walter Simon, "The Attribution to Michael Boym of Two Early Achievements of Western Sinology", *AM* n.s. 7(1959), pp. 165~169에서 논의된다.

25) Bolesław Szczésniak, "The First Chinese Dictionary Published in Europe", p. 217.

26) Giuliano Bertuccioli, "Sinology in Italy 1600~1950", pp. 69~70.

27) 후에 축약된 번역본이 나타났다. *The Morals of Confucius, A Chinese Philosopher*(London: Printed for Randal Taylor, 1691).

28) 셰이퍼는 이 중국어 문법서가 실제로 거의 모든 주요 언어에 관한 문법서가 완성된 한참 뒤에 생산되었음을 우리에게 상기시킴으로써, 이 성취를 전반적인 유럽 학문의 맥락 속에 집어넣는다. 스페인어

(1492), 아랍어(1505), 영어(1586), 히브리어, 아람어, 이탈리아어, 프랑스어, 많은 남아메리카 인디언 제어(16세기), 일본어(1604), 타갈로그어, 말레이어, 터키어, 일로카노Ilocano어, 페르시아어, 베트남어(17세기). Edward H. Schafer, *What and How is Sinology?*. Inaugural Lecture for the Department of Oriental Languages and Literatures, University of Colorado, Boulder, 14 October 1982(University of Colorado Boulder, 1982), p. 5를 보라.

29) Christoph Harbsmeier, "John Webb and the Early History of the Study of the Classical Chinese Lanuage in the West", p. 329.

30) 최근의 학술대회 논문집인 John W. Witek, S. J.(ed.), *Ferdinand Verbiest, S. J.*(Nettetal: Steyler Verlag, 1994)를 보라. 그의 *Astronomia Europaea*는 최근 Noel Golvers에 의해 *The "Astronomia Europaea" of Ferdinand Verbiest, S. J.(Dillingen, 1687): Text, Translation, Notes and Commentaries*(Nettetal: Steyler Verlag, 1993)로 번역되었다.

31) Giuliano Bertuccioli, "Sinology in Italy 1600~1950", p. 76, n.13은 네 예수회 선교사 편집자인 인트로체타, 쿠플레, 크리스티안 볼프강 헤르드트리히, 프란치스코 루즈몽을 열거한다. David E. Mungello, *Curious Land*는 50쪽 이상을 이 저작에 바친다(pp. 247~299). 쿠플레에 대해서는 Jerome Heyndrickx, C. I. C. M.(ed.), *Philippe Couplet, S. J.(1623~1693): The Man Who Brought China to Europe*(Nettetal: Steyler Verlag, 1990)을 보라.

32) 전거 대부분은, 기독교 사상을 통해서든 서양 과학을 통해서든 중국 지성에 최소한은 영향을 미친다는 견지에서, 세 예수회 선교사, 즉 이탈리아의 마테오 리치, 독일의 요한 아담 샬 폰 벨(1592~1666), 벨기에의 페르디난트 페르비스트를 그중 최고*primi inter pares*로서 별도로 다룬다. John W. Witek S. J.(ed.), *Ferdinand Verbiest, S. J.(1623~1688)*, p. 17, 184, 329를 보라. 베이징에 있는 그들의 무덤은 정부의 비용으로 1978년에 수리되었다.

33) 크리스토퍼 클라비우스의 경우는 Donald F. Lach, *Asia in the Making of Europe*, Vol. 2, Book 3, p. 413, 480을 보라.

34) John D. Young, *East-West Synthesis: Matteo Ricci and Confucianism*(Hong Kong: Centre of Asian Studies, University of Hong Kong, 1980), p. 14.

35) 예수회 선교사들이 불교 승려의 가사袈裟를 포기하고 예수회 학자의 옷을 입은 것은 1588년 마테오 리치가 선교회의 상관으로서 루지에리 신부를 대신한 다음이다. Lionel M. Jensen, "The Invention of 'Confucius' and His Chinese Other, 'Kong Fuzi'", *Positions* 1(Fall 1993), p. 426.

36) Howard L. Goodman and Anthony Grafton, "Ricci, the Chinese, and the Toolkits of Textualists", *AM* 3rd ser. 3(1990), p. 102.

37) David E. Mungello, *Curious Land*, p. 48에서 재인용.

38) 마테오 리치의 적응책과 그의 과학적 박식함에 대해서는 John D. Young, *East-West Synthesis*; Henri Bernhard, trans. Edward Chalmers Werner, S. J., *Matteo Ricci's Scientific Contribution to China*(Westport, Conn.: Hyperion Press, 1973); David E. Mungello, *Curious Land*, pp. 44~73; Jonathan D. Spence, *The Memory Palace of Matteo Ricci*(New York: Viking, 1984)을 보라.

39) Willard Peterson, "Learning from Heaven: The Introduction of Christianity and Other Western Ideas into Late Ming China", in Denis Twitchett and Frederick W. Mote(eds.), *The Cambridge History of China*, Vol. 8: *The Ming Dynasty, 1368~1644*, Part 2(Cambridge: Cambridge University Press, 1998), pp. 789~839.

40) Ibid, p. 792.

41) 이른바 전례논쟁에 관한 이 적응책의 효과, 특히 기독교적 메시지에 대한 유교적 적응의 효과는 Erik Zürcher, "Jesuit Accommodation and the Chinese Cultural Imperatives", in David E.

Mungello(ed.), *The Chinese Rites Controversy: Its and Meaning*(Nettetal: Steyler Verlag, 1994), pp. 31~64를 보라.

42) Jonathan Spence, *The Memory Palace of Matteo Ricci*, p. 154.

43) 예를 들어, Ting Tchao-ts'ing, *Les Descriptions de la Chine par les Français, 1650~1750*(Paris: Librairie Orientaliste Paul Geuthner, 1928)을 보라. 이 보고서들이 프랑스인들의 문학적 의식에 미친 영향은 Pierre Martino, *L'Orient dans la littérature française aux XIIIe et au XVIIIe siècles*(Paris: Hachette, 1906)을 보라.

44) Raymond Schwab, *La Renaissance Orientale*(Paris: Éditions Payot, 1950). 영어판은 trans. Gene Patterson-Black and Victor Reinking, *The Oriental Renaissance: Europe's Rediscovery of India and the East, 1680~1880*(New York: Columbia University Press, 1984).

45) Herbert Franke, "In Search of China: Some General Remarks on the History of European Sinology", in Ming Wilson and John Cayley(eds.), *Europe Studies China: Papers from an International Conference on the History of European Sinology*(London: Han-Shan Tang Books, 1995), p. 12.

46) 최근 Alain Peyraube, "Orientalisme et Linguistique", in *Livre blanc de l'orientalisme française*(Paris: Société Asiatique, 1993), pp. 101~103에서 되풀이되었듯이. 유럽적 르네상스의 경우는 Craig R. Thompson(ed.), *Collected Works of Erasmus*, Vol. 23(Toronto: University of Toronto Press, 1978), pp. xxi. "'1518년에 에라스뮈스는 (…) 학예와 문학의 재생, 즉 르네상스는 (…) 약 80년 전부터' 시작되었다고 말하며, 그것이 다양한 학예들로 확대되기는 했지만 그 기초는 문헌학적인 것, 즉 라틴어 소리의 복원이었다"와 비교하라.

47) Raymond Schwab, *The Oriental Renaissance*, p. 15에 인용된 대로.

48) Dorothy Matilda Figueira, *Translating the Orient*(New York: State University of New York Press, 1991), p. 1.

49) 보편 언어에 대한 이 매혹은 David E. Mungello, *Curious Land*, pp. 174~207을 보라.

50) J. J. L. Duyvendak, *Holland's Contribution to Chinese Studies*, p. 13.

51) 그중에서도 특히 Joseph de Guignes, *Mémoire dans lequel on prouve, que les Chinois sont une colonie Égyptienne*(Paris, 1759)와 Terrien de Lacouperie, *The Western Origin of the Early Chinese Civilisation from 2300 BC to 200 AD*(London: Asher &Co., 1894).

52) 독일 중국학의 저명한 창립자로서 뮐러는 제6장에서 다룬다.

53) 『대학』에 나오는 한 구절에 대해서는 David E. Mungello, *Curious Land*, p. 258을 보라.

54) David E. Mungello, *Curious Land*, p. 331을 보라.

55) 예수회 선교사와 세속적 중국학자들의 역사적 기초와 지적 편견이라는 복잡한 문제 전부가 Paul A. Rule, *K'ung-tzu or Confucius?: The Jesuit Interpretations of Confucianism*(Sydney: Allen and Unwin, 1986), pp. 183~198에서 그 맥락이 다루어지고 있다. 전례논쟁에 대해서는, David E. Mungello(ed.), *The Chinese Rites Controversy: Its History and Meaning*을 보라.

56) Kenneth S. Latourette, *A History of Christian Missions in China*(New York: Macmillan, 1929), p. 167. 중국의 예수회 선교사들에 대해서는 먼저 Arnold H. Rowbotham, *Missionary and Mandarin: The Jesuits at the Court of China*(Berkeley: University of California Press, 1942); George Dunne, *Generation of Giants: The Story of the Jesuits in China in the Last Decades of the Ming Dynasty*(South Bend: Notre Dame University Press, 1962); Charles Ronan and Bonnie Oh(eds.), *East Meets West: The Jesuits in China, 1582~1773*(Chicago: Loyola University Press, 1988)을 참고하라.

57) David E. Mungello, *Curious Land*, pp. 329~331에서 상술된다.

58) 고빌의 생애에 대해서는 Jean-Pierre Abel Rémusat, *Nouveaux mélanges asiatiques*, 2 vols.(Paris: Schubart et Heideloff, 1829), 2: pp. 277~290을 보라.

59) C. R. Boxer, "Some Aspects of Western Historical Writing on the Far East, 1500~1800", p. 314.

60) Ibid., p. 315.

61) Hugh Honour, *Chinoiserie: The Vision of Cathay*(London: John Murray, 1961)는 매우 읽을 만한데, 쿠빌라이 칸의 이미지에서 중국식 정원의 유행에까지, 도자기 생산물에 대한 몰두에서 차 마시기의 제도화에 이르기까지 모든 것을 다루고 있다.

62) 예를 들어, Jean-François Gerbillon(1654~1707), *Observations historiques sur la Grande Tartarie*. 고빌이 중국 군주를 위하여 러시아와의 국경 분쟁에서 중재를 도운 데서 그의 친만주적 경향은 이해할 만하다.

63) 세속적인 기사에 대해서는, Isabelle and Jean-Louis Vissière, *Lettres édifiantes et curieuses de Chine par des missionnaires jésuites 1702~1776*(Paris: Garnier-Flammarion, 1979)를 보라. 이 책은 *Lettres édifiantes et curieuses, écrites des missions étrangèrs, par quelques Missionnaires de la Compagnie de Jésus*, 34 vols.(Paris, 1703~1776)에서 가져온 대량의 발췌에 기초하고 있다.

64) 예수회 학문의 성격과 신뢰성에 대해 먼젤로보다 덜 무거운 입문서는 Paul A. Rule, "Jesuit Sources", in Donald Leslie et al.(ed.), *Essays on the Sources For Chinese History*(Columbia: University of South California Press, 1973), pp. 176~187 및 Erik Zürcher, "From 'Jesuit Studies' to 'Western Learning'", in *Europe Studies China*, pp. 264~279를 참고하라. 간략한 참고문헌 목록이 달린 역사적 배경은 José Frèches, *La Sinologie*(Paris: Presses Universitaires de France, 1975), pp. 16~24에서 제공된다. 아시아적 시각들은 石田幹之助.『欧米に於ける支那研究』(東京: 創元社, 1942), pp. 5~29와 方豪,『方豪六十自定稿』(臺北: 學生書局, 1969)가 제공한다.

65) Joseph de Moyriac de Mailla, *Histoire générale de la Chine ou annales de cet empire*, 13 vols.(Paris: Pierres, 1777~1783)은 대체로 주희의『통감강목通鑑綱目』의 원전 번역물들에 기초하고 있었다. 마리안 바스티드브뤼기에르는 드 마이야의 저작을, 예수회 선교사들의 교화적이고 호기심을 돋우는 편지들과 함께, "예수회 선교사들이 자신들의 신뢰성뿐 아니라 중국의 이미지도 구해내려 한 마지막 주요 시도"라고 간주한다. 그녀의 "Some Themes of 19th and Early 20th Century European Historiography on China", in *Europe Studies China*, p. 229를 보라.

66) Erik Zürcher, "From 'Jesuit Studies' to 'Western Learning'", p. 268의 관점에 따라.

67) *Letters édifiantes et curieuses* 34권 중 18권(제9~26권)의 편집자인 장바티스트 뒤 알드(1674~1743)는 *Description géographique, historique, chronologique, politique, et physique de l'Empire de la Chine et de la Tartarie chinoise*, 4 vols.(Paris: Le Mercier, 1735)를 지었다. 이 책은 대체로 Martino Martini, *Sinicae historiae decas prima*(Munich: Lucas Straub, 1658); Louis Le Comte, *Nouveaux mémoires sur l'etat présent de la Chine*(Paris: Anisson, 1696); 뒤 알드가 북경에서 보낸 예수회 보고서들에서 유래한다. C. R. Boxer, "Some Aspects of Western Historical Writing on the Far East, 1500~1800"의 평가들과 David E. Mungello, *Curious Land*, p. 125의 평가들을 보라.

68) Conor Reilly, *Athanasius Kircher S. J.: Master of a Hundred Arts, 1602~1680*(Rome: Edizioni del Mondo, 1974); Jocelyn Godwin, *Athanasius Kircher: A Renaissance Man and the Quest for Lost Knowledge*(London: Thames & Hudson,, 1979)를 보라.

69) Donald F. Lach, *Asia in the Making of Europe*, Vol. 3; Book 1, pp. 485~486.

70) David E. Mungello, *Curious Land*, pp. 134~173은 키르허의 헤르메스주의를 깊이 다룬다. 조아심 부베(1656~1730)의 색은주의索隱主義, Figurism 속의 동일한 경향에 관해서는 pp. 307~311과 Claudia von Collani, *P. Joachim Bouvet S. J. Sein Leben und sein Werk*(Nettetal: Steyler Verlag, 1985)를 참조하라.

71) Knud Lundbæk, *Joseph de Prémare(1666~1736), S. J.: Chinese Philology and Figurism*(Aarhus: Aarhus University Press, 1991), pp. 134~135를 보라.

72) Donald F. Lach, *Asia in the Making of Europe*, Vol. 3, Book 3, pp. 1717~1718.

73) David E. Mungello, *Curious Land*, p. 135.

제2장 유식한 문외한과 제1세대 전문학자

1) Jean-Pierre Abel-Rémusat, *Nouveaux mélanges asiatiques*, 2 vols.(Paris: Schubart et Heideloff, 1829), 2: pp. 2~3.

2) Henri Maspero, "La Sinologie", *Société Asiatique, Le Livre de Centenaire, 1822~1922*(Paris, 1922), p. 261.

3) 18세기 프랑스 중국학에 관한 코르디에의 5개의 목록학적 연구 혹은 전기적 연구가 그의 "Les Études chinoises sous la révolution et l'empire", *TP* 19(1920): pp. 59~103에 기록되어 있다. 19세기의 발전에 관한 연구 6개도 실려 있다. *Deux siècles de sinologie française*(Peking: Centre franco-chinois d'études sinologiques, 1943)은 그 부제인 *Exposition des principaux ouvrages d'autuers française publiés au xviiie et au xixe siècle et rassemblés a Pékin*에서 말하는 대로, 예수회 선교사든 아니든 18세기와 19세기의 프랑스 중국학자들에 의한 선구적인 저작들의 전시목록이다. 이는 전시되었던 책들의 목록학적 기술들과 함께 간략한 전기적 언급들도 포함하고 있다. José Frèches, *La Sinologie*(Paris: Presses Universitaires de France, 1975), pp. 24~33은 1650년부터 1800년까지 유럽의 비전문적 학자들에 의한 중국학의 발전을 다룬다.

4) 후앙은 Jean-Pierre Abel Rémusat, "Sur les Chinois qui sont venus en France, Nouveaux", *Nouveaux mélanges asiatiques* 1: pp. 258~265에서 소개된 것들 사이에 포함되어 있다. 파리에서 후앙의 개인적 생애에 대해서는 조너선 D. 스펜스가 문서고 자료로부터 새롭게 조명했다. "The Paris Years of Arcadio Huang", in *China Roundabout: Essays in History and Culture*(New York: W.W.Norton, 1992), pp. 11~24.

5) *Linguae Sinarum mandarinicae hieroglyphicae grammatica duplex, Latinè, cum characteribus Sinensium. Item sinicorum regiae bibliothecae liborum catalogus, denuò, cum notitiis amplioribus et charactere Sinico editus*(Paris, 1737).

6) 푸르몽이 프랑스 중국학에 끼친 영향과 그의 학문, 특히 그의 문법서들과 그가 주창한 "포르 르아얄 Port Royal" 교육학적 접근법에 관해서는, Cécile Leung, "Etienne Fourmont(1683~1745): The Birth of Sinology in the Context of the Institutions of Learning in Eighteenth-Century France", *Sino-Western Cultural Relations Journal* 17(1995): pp. 38~56을 보라. 나의 동료 게일 킹 박사는 친절하게도 내게 이 논문을 소개하고 사본을 하나 제공해주었다.

7) Henri Cordier, "Les Études chinoise sous la révolution et l'empire", p. 60.

8) Jean-Pierre Abel Rémusat, *Nouveaux Mélanges Asiatiques*, 2: pp. 291~304.

9) Henri Maspero, "La Sinologie", pp. 261~262.

10) "Dissertations sur les Annales Chinoises." 1734년 5월 18일 금석학·순문학학회Académie des

Inscriptions et Belles-Lettres에 제출된 논문.

11) 그의 첫 문법서의 첫 부제副題인 *Meditationes sinicae, in quibus I considerature linguae philosophicae atque universalis natura qualis esse, aut debeat, aut possit; II lingua Sinarum mandarinica*…(Paris, 1737)가 명시하듯이.

12) Cécile Leung, "Etienne Fourmont(1683~1745): The Birth of Sinology in the Context of the Institutions of Learning in Eighteenth-Century France", *Sino-Western Cultural Relations Journal* 17(1995), p. 56.

13) Knud Lundbæk, *T. S. Bayer; Dr. Franz Babinger, Gottlieb Siegfired Bayer(1694~1738), ein Beitrag zur Geschichte der morgenländischen Studien im 18. Jahrhundert*(Leipzig: Harrassowitz, 1916).

14) 현대 러시아 중국학 학파의 창시자라고 보편적으로 간주되는 알렉세예프는 1902년 상트페테르부르크대학을 졸업했다. 그는 잉글랜드, 프랑스, 독일에서 중국학 연구를 계속했다. 파리에 있는 동안 그의 동창 중에는 마스페로, 그라네, 펠리오가 있었다. 그는 여생에서 펠리오를 자신의 가장 친한 친구라고 생각했다. 그는 유럽에서 돌아오자마자 상트페테르부르크대학에서 '조교수'에 해당하는 자리에 임명되었고, 과학아카데미의 아시아박물관에 있는 중국 서적 및 사본의 큐레이터도 겸했다. 알렉세예프는 많은 중국문학서를 번역했고, 중국 미학, 문학비평, 사전편찬학, 목록학, 중국학의 역사를 연구했다. 유고遺稿 5권이 출판되었으며, 같은 양이 수고로 남아 있다. 그의 생애와 저작들에 대해서는, Hartmut Walravens, "V. M. Alekseev-Leben und Werk: Eine Bibliographie", *OE* 21(1974): pp. 67~95; L. N. Men'shikov, "Academician Vasilii Mikhailovich Alekseev(1881~1951) and his School of Russian Sinology", in *Europe Studies China*, pp. 136~148; L. Z. Ejdlin, trans. Francis Woodman Cleaves, "The Academician V. M. Alekseev as a Historian of Chinese Literature", *HJAS 10*(1947): pp. 48~59; José Frèches, *La Sinologie*, pp. 82~83을 보라. 러시아 중국학의 역사와 발전에 대해서는 Vladislav F. Sorokin, "Two and a Half Centuries of Russian Sinology", in *Europe Studies China*, pp. 111~128; Nikolai Speshnev, "Teaching and Research on Chinese Language at St Petersburg University in the 19th and 20th Centuries", in *Europe Studies China*, pp. 129~135; Wilhelm Barthold, *La Découverte de l'Asie: Histoire de 'Orientalisme en Europe et en Russie*(Paris, 1947); C. Kiriloff, "Russian Sources", in *Essays on the Sources for Chinese History*, pp. 188~202; Tung-Li Yuan, *Russian Works on China, 1918~1960*(New Haven: Far Eastern Publication, 1961); E. Stuart Kirby, *Russian Studies of China: Progress and Problems of Soviet Sinology*(New Jersey: Rowman and Littlefield, 1976); B. G. Gafurov and Y. V. Gankovsky(eds.), *Fifty Years of Soviet Oriental Studies: Brief Reviews(1917~1962)*(Moscow: Nauka, 1967)를 보라. 최초의 중국어 연구의 선교사적 배경은 Eric Widmer, *The Russian Ecclesiastical Mission in Peking during the 18th Century*(Cambridge, Mass.: Harvard University Press, 1976)에서 설정된다.

15) Knud Lundbæk, *T. S. Bayer*, 1.

16) Ibid., pp. 39~140에서 깊이 분석된다.

17) *Mémoire dans lequel on preuve, que les Chinois sont une colonie Egyptienne.* 그 개요는 Edward H. Schafer, *What and How is Sinology?*, p. 6에서 제시된다.

18) Henri Cordier, "Les Études chinoises sous la révolution et l'empire", *TP* 19(1920), p. 64. 중국 역사, 문자, 천문학, 역법, 종교에 관한 드 기네의 미간행 수고 8편, 거기다 『춘추』의 부분적 번역이 코르디에에 의해 p. 86에 나열되어 있다.

19) Chrétien-Louis-Joseph de Guignes, *Voyages à Peking, Manille et l'Ile de France faits* *dans l'intervalle des années 1784 à 1801*, 3 vols.(Paris, 1808).

20) 더 완전한 제목은 *Dictionnaire chinois-française et latin, publié d'après l'ordre de Sa Majesté l'Empereur et Rois Napoleon le Grand; par M. de Guignes, résident de France à la Chine...*이다. 그것은 Henri Cordier, "Les Études chinoises sous la révolution et l'empire", pp. 93~98과 Knud Lundbæk, "The Establishment of European Sinology 1801~1815", in ed. Søren Clausen, et al. *Cultural Encounters: China, Japan, and the West. Essays Commemorating 25 Years of East Asian Studies at the University of Aarhus*(Aarhus: Aarhus University Press, 1995), pp. 17~18, 34~35에서 높게 평가되었다.

21) 예수회 선교사인 조제프 앙리 마리 드 프레마르(1666~1736)의 이 저작은 크리스토프 합스마이어가 보기에는 18세기의 가장 중요한 중국어 문법서였다. 그것은 기술적인 이유 때문에 파리에서 인쇄되지 못한 채로 있다가, 1831년 마카오에서 비로소 출간되었다. 그럼에도 불구하고, 필사본 형태로도 그것은 레뮈자의 문법서에 많은 영향을 끼쳤다. "그 시대에, 그것은 그에 앞서 나온 것들보다 대단히 우월한, 그리고 레뮈자의 문법서를 포함해 더 유명한 저작들보다 훨씬 더 우월하다고 확실히 주장할 수 있는 정말 놀라운 학문적 성취다"라고 합스마이어는 단언한다. Christoph Harbsmeier, "John Webb and the Early History of the Study of the Classical Chinese Language in the West", in *Europe Studies China*, p. 330. 프레마르에 대해서는, Knud Lundbæk, *Joseph Prémare*를 보라. *Notitia linguae sinicae*(1728)에 대한 긴 분석은 pp. 64~103에서 발견된다.

22) Henri Maspero, "La Sinologie", p. 262.

23) Knud Lundbæk, "The Establisbment of European Sinology", pp. 41~43에서 요약된다.

24) *Mines de l'Orient* 3(1813): pp. 279~288. 프랑스어로 "Sur la nature monosyllabique attribuée communément à la langue chinoise", *Mélanges asiatiques*, 2 vols.(Paris: Schubart et Heideloff, 1829), 2: pp. 47~61로 재출간되었다.

25) 산스크리트어 교수직이 동시에 제공되었다.

26) Herbert Franke, "In Search of China: Some General Remarks on the History of European Sinology.", in Ming Wilson and John Cayley(eds.), *Europe Studies China: Papers from an International Conference on the History of European Sinology*(London: Han-Shan Tang Books, 1995), p. 13.

27) Knud Lundbæk, "The Establisbment of European Sinology", p. 15. 파리에서 중국어 교수직의 역사는 아벨 레뮈자에 의한 부여와 최초의 점유부터 쥘리앵, 에르베 드 생드니와 샤반에 이르기까지는, 샤반의 후계자인 앙리 마스페로에 의해 "La Chaire de Langues et Littératures chinoises et tartaresmandchoues", in *Le Collège de France, Livre jubilaire composé à l'occasion de son quatrième centenaire*(Paris, 1932), pp. 355~366에서 다루어진다.

28) Edward H. Schafer, *What and How is Sinology?*, p. 7. 신설된 아시아학회Société Asiatique에 생기를 불어넣은 지적 흥분에 대한 무척 재미있는 이야기는 Raymond Schwab, trans. Gene Patterson-Black and Victor Reinking, *The Oriental Renaissance: Europe's Rediscovery of India and the East, 1680~1880*(New York: Columbia University Press, 1984), pp. 80~84이다.

29) 그가 프레마르의 문법서에 진 빚은 Knud Lundbæk, *Joseph Prémare*, pp. 176~182에서 분석된다.

30) Henri Maspero, "La Chaire de Langues et Littératures chinoises et tartaresmandchoues", pp. 357~358.

31) Henri Maspero, "La Sinologie", p. 262.

32) Ibid., p. 263.

33) Paul Demiéville, "Aperçu historique des études sinologiques en France", p. 154, 458의 "그의 성격은 집착적으로 화를 잘 내며, 까다로운 만큼이나 고약하다. 그는 책무를 독차지하고 모든 경쟁자를 떼어놓았다." 그리고 줄리앙이 발간한 몇몇 무례한 팜플렛, 동료 중국학자에 대한 거의 인신공격에 가까운 것에 대해 말하면서, 드미에빌은 이렇게 단언한다. "이 우스꽝스러운 직함은 프랑스 중국학의 품행이 전례문제와 17세기 프레레와 푸르몽 사이의 맹렬한 논쟁 이래로 완화되지 않았음을 보여준다"를 참조하라.

34) Raymond Schwab, *The Oriental Renaissance*, p. 335.

35) Jean-Pierre Abel-Rémusat, *Nouveaux mélanges asiatiques*, 2 vols.(Paris: Schubart et Heideloff, 1829), 2: pp. 298~310.

36) Ibid., 2: p. 302.

37) Henri Maspero, "La Sinologie", p. 267.

38) 장피에르 기욤 포티에(1801~1873)는 시인으로 시작해 동양을 대중화한 사람으로 마감했는데, 중간에 인도학자로서의 이력도 가졌다. 쥘리앵과 포티에 사이의 오랜 충돌은, 그것을 논쟁이라고 규정함으로써 고상하게 보이는 짓은 거의 하지 않은 채, Henri Cordier, *Bibliotheca sinica: Dictionnaire bibliographie des ouvrages relatifs à l'empire chinois*, 5 vols.(rpt. 臺北: 成文書局, 1966), 3: pp. 1731~1734에 기록되어 있다.

39) 쥘리앵은 마슈먼의 『중국어 열쇠』에 나온, 통사統辭에 대한 모호한 언급을 읽고서 처음으로 충격을 받았는데, 마슈먼 자신이 한 일은 프란시스코 바로가 『관화문법』(p. 19)에서 미리 보여주었으나, 이 원리를 명료화하고 예증하는 데는 쥘리앵의 작업이 이용되었다.

40) Henri Maspero, "La Sinologie", p. 264.

41) 이 필연성은 David Hawkes, "Classical, Modern, and Humane", in *Classical, Modern and Humane: Essays in Chinese Literature*(Hong Kong: Chinese University Press, 1989), pp. 3~23에서 되풀이되고 예증되었다.

42) Henri Maspero, "La Sinologie", p. 267. Edwin G. Pulleyblank, "European Studies on Chinese Phonology: The First Phase", in *Europe Studies China*, p. 340.

43) *Histoire fabrication de la porcelaine chinoise*(1856). 이 책은 원전인 『경덕진도록景德鎭圖錄』의 번역이다.

44) 라우퍼는 비오의 이 번역을 "엄청나고 또 명민한 박학의 기념비이며 또 모든 주석이 완벽하게 번역된, 지금껏 외국어로 번역된 중국문학 작품 중 유일한 작품으로 남아 있다"라고 규정했다. Berthold Laufer, *Jade: A Study in Chinese Archeaology and Religion*(1912; rpt. New York: Kraus, 1967), p. 15. 비오는 또 『죽서기년竹書紀年』(1841)을 번역했고, 중국 천문학에 대한 몇몇 목록을 편찬했다. *Catalogue des étoiles filantes*(1841)와 *Comètes observées en Chine*(1846).

45) 이 교수직의 역사는 Paul Demiéville, *Choix d'études sinologiques(1921~1970)*, pp. 152~161에서 추적된다.

46) Edward H. Schafer, *What and How is Sinology?*, p. 8.

47) Paul Demiéville, "Aperçu historique des études sinologiques en France", p. 459.

48) Henri Maspero, "La Sinologie", p. 269.

49) Piet van der Loon, "The Manila Incunabula and Early Hokkien Studies", p. 97.

50) Norman J. Girardot, *The Victorian Translation of China: James Legge's Oriental Pilgrimage*(Berkeley and London: University of California Press, in print)와 Lauren Pfister, *In Pursuit of the Whole Duty of Man: James Legge and the Sino-Scottish Encounter in 19th Century China*, 미발간 수고. 다음의 논의는 지라르도와 피스터가 제기한 이론적 문제들과 그들의 거

대한 목록들의 풍부함에 의해 엄청나게 강화되었다. * 두 저서 모두 이미 출간되었다.

51) Arnaldo Momigliano, "The Fault of the Greeks", in *Essays in Ancient and Modern Historiography*(Middeltown, Conn.: Wesleyan University Press, 1982), pp. 9~23을 보라.

52) Raymond Schwab, *The Oriental Renaissance*.

53) Maurice Oldender, "Europe, or How to Escape Babel", *History and Theory* 33(1994): pp. 5~25는 주의注意의 이동을 가져온, 이 두 번역과 언어학 발전 간의 상호작용을 다룬다. 더 많은 것은 Maurice Olender, *The Languages of Paradise: Race, Religion, and Philology in the Nineteenth Century*(Cambridge, Mass.: Harvard university Press, 1992)를 보라.

54) Edward W. Said, *Orientalism*(New York: Vintage, 1979).

55) 동양학의 철학적·정치적 토대에 대해서는 *History and Theory* 19(1980), pp. 204~223에 실린, Edward Said, *Orientalism*에 대한 제임스 클리퍼드의 서평을 보라. pp. 209~210은 사이드가 정의를 내릴 때 겪는 어려움들에 유용하다.

56) *JAS* 39(1980): pp. 481~517에 실린, Edward Said, *Orientalism*에 대한 서평 심포지엄에 있는 Robert Kapp, Michael Dalby, David Kopf, Richard H. Minear의 논문들을 보라.

57) Arthur Wright, "The Study of Chinese Civilization", *Journal of the History of Ideas* 21(1960), pp. 233~255는 중국적 전통 바깥에서 공정하고 객관적으로 하는 대신 중국적 전통 내부에서 일하는 중국학자들의 문제들을 다룬다. 라이트가 제기한 문제들에 대한 나의 반응은 이 책의 결론을 내리는 후기를 위해 유보된다.

58) Joseph Edkins의 '중국–바빌로니아' 비교의 더 많은 예로는 "Early Connections of Babylonian with China", *China Review* 16(1887~1888): p. 371; "The Foreign Origin of Taoism", *China Review* 19(1891): pp. 397~399; *Ancient Symbolism*(London, 1889), "Primeaval Revelation, *China Review* 21(1891): pp. 22~23; *The Early Spread of Religious Ideas*(London, 1893)이 포함된다. 이 예 대부분은 지라르도의 수고 *The Victorian Translation of China*에서 발췌되었다.

59) *China Review* 17(1986), pp. 306~309.

60) E. C. Bridgman, "Inaugural Address", *Journal of the Shanghai Literary and Scientific Society* 1(1858), p. 2.

61) 요堯의 홍수에 대해서는 Robert Morrison, *A Dictionary of the Chinese Language in Three Parts*(Macao: East India Company's Press, 1815~1823), pp. xii–xvi를 보라. 또 레그가 에드킨스의 억측들을 처음 수용한 것에 대해서는 James Legge, *The Religions of China*(London: Hodder and Stoughton, 1880), p. 221을 보라. 레그는 에드킨스의 억측들을 아미오 신부와 몬투치, 그리고 레뮈자에게까지 역추적한다. 레그가 이 견해를 포기한 것은 줄리앵이 『도덕경』 번역본을 간행한 다음이었다.

62) Maurice Freedman, "Sinology and the Social Sciences", *Ethnos* 40(1975): pp. 198~199.

63) 그레고리 굴딘이 볼 때, 사회학은 20세기 초까지 그 무대에 등장하지 않았다. Gregory Guldin, *The Saga of Anthropology in China: From Malinowski to Moscow to Mao*(Armonk, N. Y.: M. E. Sharpe, 1994), pp. 23~49을 보라.

64) 그의 사회학적 경향의 두 대표적 저작은 *Les fêtes annullement célébrées à Emoui*(1886)와 *The Religious System of China*(1892~1910)이다.

1) 19세기 예수회 학문은 두 인물이 전형적이다. 첫째는 세라핀 쿠브뢰브(1835~1919)로서 *Dictionnaire classique de la langue chinoise*(1890)와 경전 번역 즉 *Cheu king*(1896), *Chou king*(1897), *Les Quatres Livres*(1910), *Mémoires sur les bienséances et les cérémonies*(1913), *Tc'ouen Ts'iou et Tso Tchouan*(1914)으로 유명하다. 그는 쥘리앵 상을 네 차례 받았다. 둘째는 레옹 비거(1856~1933)로서 종교 자료와 역사 자료를 많이 번역했는데, 그중에는 주로 『통감강목』에서 뽑아낸 *Texts historiques*(1903~1905)와 *Bouddhisme chinois*(1910~1913)이 있다. 이 시기의 덜 중요한 인물 중 한 사람은 안젤로 조톨리(1826~1902)다. 그의 *Cursus Litteraturae Sinicae*, 5 vols.(Shanghai, 1878~1882)는 서양어로 번역된 최대의 중국 고전 선집이다. 유럽과 중국에서의 19세기 서양 중국학 일반에 대해서는 José Frèches, *La Sinologie*, pp. 34~61을 보라. 예수회 선교사들을 포함하여 특히 프랑스 학파에 바쳐진 것은 *Deux siècles de sinologie française*이다.

2) 앙리 마스페로의 견해를 참조하라. "19세기까지의 프랑스 중국학은 두 학자, 즉 쥘리앵과 샤반이라는 이름에 의해 지배되었다. (…) 프랑스 학문이 중국학 영역에서 누린 명실상부한 탁월함은 그들에게 빚진 것이다.", Henri Maspero, "La Sinologie", p. 283. Jacques Gernet, "Henri Maspero and Paul Demiéville: Two Great Masters of French Sinology", in *Europe Studies China*, p. 45에서도 같은 의견이 나타난다.

3) 그의 생애와 작업에 대해서는 Paul Pelliot, "Henri Cordier(1849~1925)", *TP* 24(1926): pp. 1~15; L. Aurousseau, "Henri Cordier", *BEFEO* 25(1925): pp. 279~286; W. Perceval Yetts, *BSOAS* 3(1925): pp. 854~855; Zoe Zwecker, "Henri Cordier and the Meeting of East and West", in ed. Cyriac K. Pullapilly and Edwin J. Van Kley, *Asia and the West: Encounters and Exchanges from the Age of Exploration*(Notre Dame: Cross Cultural Publications, 1986), pp. 309~329를 보라. 코르디에 자신은 그의 개인적 목록인 *Bibliographie des oeuvres de Henri Cordier*(Paris, 1924)를 출판했다.

4) Zoe Zwecker, "Henri Cordier and the Meeting of East and West", p. 309.

5) *Bibliotheca Sinica: Dictionnaire bibliographique des ouvrages relatifs à l'empire chinois*, 5 vols.(rpt. 臺北: 成文書局, 1966).

6) Henri Cordier, "The Life and Labors of Alexander Wylie", in Alexander Wylie, *Chinese Researches*(1897; rpt .臺北: 成文書局, 1966), pp. 7~18, 특히 pp. 7~8과 *Bibliotheca Sinica*, 1: pp. xiii-xiv을 보라.

7) 지칠 줄 모르는 코르디에에 의한 이런 투의 다른 글들에는 Alain-René Lesage, Deaumarchais, Gaston Maspero, and Stendhal의 저작들에 관한 목록이 포함된다.

8) 그의 목록학 연구에 대한 분석은 Zoe Zwecker, "Henri Cordier and the Meeting of East and West", pp. 314~316을 보라.

9) Ibid., pp. 316~322.

10) Henry Yule, *The Book of Ser Marco Polo*, 2 vols. third edition(London, 1903). 코르디에는 또 Henry Yule, *Cathay and the Way Thither*, 4 vols.(London, 1913~1916)도 개정했다. * 후자에서 첫 권의 한국어 번역본은 헨리 율, 앙리 꼬르디에, 『중국으로 가는 길』(정수일 옮김, 사계절, 2002)이다.

11) Henri Maspero, "La Sinologie", p. 272.

12) 샤반에 관한 전기적 정보는 Henri Cordier, *TP* 18(1917): pp. 114~147과 *Journal Asiatique*, 11th ser. 40.2(March-April 1918): pp. 197~248; Louis de la Vallée Poussin, *BSOAS* 1(1918): pp. 147~

151; Paul Pelliot, *Bulletin Arch. Musée Guimet* 1(1921): pp. 11~15; Berthold Laufer, *JAOAS* 21(1922): pp. 202~205에 발표된 부고들을 보라. 샤반과 그의 가장 유명한 저작 몇몇에 관한 하나의 중국적 시각은 李璜, 『法國漢學論集』(九龍: 珠海書院, 1975), pp. 19~45이다.

13) *Les Mémoires historiques de Se-ma Ts'ien*, 5 vols.(Paris: E. Leroux, 1895~1905; Vol. 6(Paris: Adrien Maisonneuve, 1969).

14) *JAOS* 21(1922): p. 203.

15) Henri Maspero, "La Sinologie", p. 273.

16) 예를 들어, "Pei Yuan Lou: Récit d'un voyage dans le nord", *TP* 5(1904): pp. 163~193.

17) 샤반은 아직 북경에 있는 동안 130권 전체의 번역을 끝냈음이 분명하다. William H. Nienhauser(ed.), *The Grand Scribe's Records*, Vol. 1: *The Basic Annals of Pre-Han China*(Bloomington: Indiana University Press, 1994), p. xv, n. 64; xix, n. 77. William H. Nienhauser, "A Note on Édouard Chavannes' Unpublished Translations of the Shih-chi(史記)", Madison, Wisconsin, 1997(미간행 수고)는 아직도 기메박물관에 보존되어 있으며 완성도에 편차가 있는 제23~30권과 제40~130권의 현존하는 미간행 번역들을 분석한다.

18) Berthold Laufer, *Chinese Pottery of the Han Dynasty*(1909; 2nd ed. Rutland, VT: Charles E. Tuttle, 1962), p. 214.

19) *The Grand Scribe's Records*, 1: p. xv.

20) *Voyages des pèlerins bouddhistes: Les Religieux éminents qui allèrent chercher la loi dans les pays d'occident, mémoire composé à l'époque de la grande dynastie T'ang par I-tsing, traduit en française*(Paris: Ernest Leroux, 1894). (『대당서역구법고승전』을 말한다.) 샤반의 동료인 인도학자 실뱅 레비(1863~1935)는 산스크리트어 자료로부터는 거의 알려지지 않았던 인도에 관한 역사적 지식에 기여한 저 중국어 텍스트를 번역하도록 샤반을 몰아갔다. 이것은 불교 일반과 특수하게는 여행기들에 대한 샤반의 초기 관심을 설명하도록 도와준다. 레비는 18세기 히브리어 주석가들이 성경 연구에 한 것을 불교학에다 했다. 왜냐하면 그는 결정판들을 맞추어봄으로써 텍스트들을 확립하려는 시도에서, 산스크리트어본이든, 중국어본이든, 팔리어본이든, 혹은 티베트어본이든, 불교 경전의 모든 이본異本을 찾아나섰기 때문이다. 마스페로는 이 접근법을 하나의 새로운 방법론으로 간주한다. "La Sinologie", p. 278. 이 위대한 인도학자의 생애와 저작에 대해서는, Louis Renou in *Mémorial Sylvain Lévi*(Paris: P. Hartman, 1937), pp. xll~li를 보라. 간략한 학술적 평가는 J. W. de Jong, *A Brief History of Buddhist Studies in Europe and America*(New Delhi: Bharat-Bharati, 1976), pp. 40~43이다.

21) *BEFEO* 3(1903): pp. 379~441.

22) Ibid., p. 379.

23) W. J. F. Jenner, *Memories of Lo-yang*(Oxford: Oxford University Press, 1981).

24) *Documents sur les Tou-kiu(Turks) occidentaux*(St. Petersburg, 1903).

25) 다른 많은 종교 연구 가운데서도, "Le Nestorianisme et l'inscription de Kara-balgassoun", *JA* 9th ser.(Jan.-Feb. 1897): pp. 43~85; *Cinq cents contes et apologues extraits du Tripitaka chinois et traduits en français*, 3 vols.(Paris: Ernest Leroux, 1910~1911), "Une version chinois de conte bouddhique de Kalyanamkara et Papamkara", *TP*(1914): pp. 460~500, 그리고 아래 제4장에서 다루는, 마니교에 관한 펠리오와의 공동 작업을 보라.

26) "Les Pays d'occident d'après le Wei Lio", *TP* 6(1905): pp. 519~571; "Les Pays d'occident d'après le Heou Han Chou." *TP* 7(1907): pp. 149~234.

27) "Trois généraux chinois de la dynastie des Han Orientaux", *TP* 7(1906): pp. 210~269,

"Seng-Houei +280 p.C", *TP* 10(1909): pp. 199~212.

28) 그의 서평 중 다수가 Henri Cordier, *TP* 18(1917): pp. 134~143에 열거되어 있다. 현대 중국 정치에 관한 논평들은 pp. 131~147 곳곳을 보라.

29) La Vallée Poussin, *BSOS* 1(1918): p. 150에 따라. 그의 가장 중요한 금석학 연구, 고고학 연구, 미술 연구 중에는 *La Sculpture sur pierre en Chine au temps des deux dynasties Han*(Paris: Ernest Leroux, 1893); *Mission Archéologique dans la Chine Septentrionale tome I. Premier partie: La Sculpture à l'époque des Han; Deuxieme partie: La Scuplture bouddhique*(Paris Ernest Leroux, 1913~1915); *Ars asiatica: Études et documents publiés de Victor Goloubew, I: La Peinture chinoise au Musée Cernuschi Avril-Juin 1912, II: Six monuments de la sculpture chinoise*(Bruselles and Paris: G. van Oest, 1914)가 있다.

30) Berthold Laufer, *JAOS* 22(1922): p. 203.

31) Desiderius Erasmus, "De ratione studii", p. 674.

32) Narka Nelson, "The Value of Epigraphic Evidence in the Interpretation of Latin Historical Literature", *The Classical Journal* 37(1942): p. 282.

33) Ibid., p. 290.

34) 고전 금석학에 대한 문헌은 물론 방대하다. 그러나 몇몇 제목만 나열하더라도 최소한 이용 가능한 자료의 유형을 어렴풋이 알려줄 것이다. 그리스 금석문에 대해서는 A. G. Woodhead, *The Study of Greek Inscriptions*(Cambridge, 1959)와 W. Larfeld, *Grieschische Epigraphik*(3rd ed. Munich, 1914)를 보라. 라틴 금석문에 대해서는 J. E. Sandys, *Latin Epigraphy: An Introduction to the Study of Latin Inscriptions*, 2nd ed., ed. S. G. Campell(Cambridge, 1927)와 A. E. Gordon, *Illustrated Introduction to Latin Epigraphy*(Berkeley and Los Angeles: University of California Press, 1983)을 보라. Ernst Julius Walter Simon Hornblower and Antony Spawforth(ed., 3rd ed.,), *The Oxford Classical Dictionary*(Oxford: Oxford university Press, 1996), pp. 539~546의 각 항목을 보라.

35) Edward L. Shaughnessy, *Sources of Western Zhou History: Inscribed Bronze Vessels*(Berkeley and Los Angeles: University of California Press, 1991), pp. 8~9. 중국 금석학 일반에 대해서는 Dieter Kuhn, *Annotated Bibliography to the Shike shiliao xinbian*石刻史料新編[*New Edition of Historical Materials Carved on Stone*](Heidelberg: Edition Forum, 1991)을 보라.

36) 이 저작에 대해서는, Etienne Balazs and Yves Hervouet(ed.), *A Sung Bibliography*(*Bibliographie des Sung*)(Hong Kong: Chinese University Press, 1978), p. 199에 치쿠사 마사아키가 쓴 항목을 보라.

37) 倪思(1147~1220), 『班馬異同』(『四庫全書珍本』本) 「提要」, 1b-2a에 포함되어 있다..

38) *A Sung Bibliography*, pp. 201~202에 가쓰무라 데쓰야가 쓴 항목.

39) Benjamin A. Elman, *From Philosophy to Philology: Intellectual and Social Aspects of Change in Late Imperial China*(Cambridge, Mass.: Council on East Asian Studies, Harvard University, 1990), p. 190에서 재인용.

40) Ibid., p. 191.

41) Ibid., pp. 190~191.

42) William H. Nienhauser, Jr., "Travels with Édouard-V. M. Alekseev's Account of the Chavannes Mission of 1907 as a Biographical Source", *Asian Culture* 22(Winter 1994): pp. 81~95.

43) Édouard Chavannes, *Dix inscriptions chinoises de l'Asie Centrale d'après les estampages de M. Ch.- E. Bonin*(Paris, 1902), pp. 17~24, no. 1에 포함되어 있다.

44) 한 예로서, 사후死後에 발표된 "Le Jet des dragons", *Mémoires concernant l'Asie Orientale*

3(1919): pp. 53~220은 유럽 중국학자에 의한 도가 경전의 직접 번역으로는 최초의 것이다. 이 저작은 돌이나 쇠로 된 부적—기도문을 전달하는 임무를 맡은 용들로 장식되어 있다—에 새겨진 기도문들을 크고 작은 동굴에 박아 넣는 의식에 대한 수많은 명문銘文이나 문학적 설명을 번역하고 해설할 때 경전 전체를 풍부히 이용한다. Henri Maspero, trans. Frank A. Kierman, Jr., *Taoism and Chinese Religion*(Amherst: University of Massachusetts Press, 1981), p. xii에 있는 Timothy H. Barrett의 소개와 Kristofer Schipper, "The History of Taoist Studies in the West", in *Europe Studies China*, pp. 476~477를 보라.

45) *Les Documents chinois découverts par Aurel Stein dans les sables du Turkestan oriental, publiés et annotated*(Oxford: Oxford University Press, 1913).

46) 예를 들어, "Le Royaume de Wu et de Yue 吳越", *TP* 17(1916): pp. 129~264를 보라. 이 중세 왕국들에 대한 그의 연구와 관련된 저작들에 관한 광범한 서목으로 된 각주는 pp. 133~142를 보라.

47) 예를 들어, Rolf A. Stein, "Jardins en miniature d'Extrême-Orient", *BEFEO* 42(1942): pp. 1~104; trans. Phyllis Brooks, *The World in Miniature: Container Gardens and Dwellings in Far Eastern Religious Thought*(Stanford: Stanford University Press, 1990), pp. 1~119 속의 영역, Michel Soymié, "Le Lo-feou chan: étude de géographie religieuse", *BEFEO* 48(1954): pp. 1~139.

48) "L'habitate, le mond et le corps humain en extrême-orient et en haute Asie", *JA* 245(1957): pp. 37~74와 *The World in Miniature: Container Gardens and Dwellings in Far Eastern Religious Thought*, pp. 121~174 속의 영역.

49) *TP* 18(1917): p. 131.

제4장 폴 펠리오: '영혼의 마르코 폴로'

1) Dominick Lacapra, *Emile Durkheim: Sociologist and Philosopher*(Ithaca: Cornell University Press, 1972), p. 1에서 재인용.

2) Joseph R. Levenson, "The Humanistic Disciplines: Will Sinology Do?", *JAS* 23(1964): p. 507.

3) Herbert Franke, *Sinology*, p. 21: "폴 펠리오는 (…) 중국학에 관한 놀라운 해박함과 함께 말년에는 아시아 문헌학의 거의 모든 분야에 능통했다." 참조.

4) 그의 생애와 저작에 대해서는 Paul Demiéville, "La Carrière scientific de Paul Pelliot, son oeuvre relative à l'Extrême-Orient", in *Paul Pelliot*(Paris: Société Asiatique, 1946); pp. 29~54; J. J. L. Duyvendak, *TP* 38(1947): pp. 1~15; Robert des Rotours, *Mélanges chinois et bouddhiques* 8(1946~1947): pp. 227~234; Serge Elisséeff, "Paul Pelliot 1878~1945", *Archives of the Chinese Art Society of America* 1(1945~1946): pp. 11~13; 李璜, 『法國漢學論集』, pp. 47~72을 보라.

5) 그 포위의 목격자인 라이어널 자일스(1878~1934), 즉 허버트 앨런 자일스의 아들은 펠리오에 관해 다음과 같이 일기에 기록했다. "펠리오라는 한 프랑스인이 공사관 거리에 쳐진 중국인의 바리케이드에 올라가 군인들과 차를 마셨다. 중국인들은 그에게 바리케이드 위로 올라와 자신들의 마馬 대령을 만나보라고 청했다. 그는 그렇게 했다. (…) 거기서 그는 푸른 단추를 단 몇몇 장교와 대화를 나누었는데, 그들은 그에게 음식을 주고서는, 우리의 방어와 비축 식량의 양을 '유도신문' 하려고 했다. 그는 멋지게 둘러댄 것 같고, 우리가 아주 잘 지낸다고 믿게 했다." Lionel Giles, ed. L. R. Marchant, *The Siege of the Peking Legations: A Diary*(Nedlands, Australia: University of Western Australia Press, 1970), p. 157.

6) 원서보다 더 유익하고 중요한 서평의 사례는 "Michael Boym", *TP* 31(1934): pp. 95~15을 보라. 원작을 보충하는 대표적인 서평에는 "A propos du 'Chinese Biographical Dictionary' de M. H.

Giles", *AM* 4(1927): pp. 377~389와 "Notes sur le 'Turkestan' de M. W. Barthold", *TP* 27(1930): pp. 12~56이 있다.

7) *JA* 206(1925): pp. 193~263 "A propos Des Comans", *JA* ser. 11, 15(1920): pp. 125~185는 이 경향의 또 다른 사례다.

8) "Mémoires sur les coutumes du Cambodge, par Tcheou Ta-kouan", *BEFEO* 2(1902): pp. 123~177. 사후에 출판된 개정판은 *Mémoires sur les coutumes du Cambodge de Tcheou Ta-kouan*(Paris: Libraire d'Amérique et d'Orient, 1951).

9) *BEFEO* 2.4(1902): pp. 315~340. 중국 목록학에 관한 그의 많은 기여에서 다음의 것들도 언급되어야만 한다. "Les documents chinois trouvés par la mission Kozlov à Khara-Khoto", *JA* ser. 11, 3(1914): pp. 503~518; "Trois manuscrits de l'époque des T'ang récemment publiés au Japan", *TP* 13(1912): pp. 482~507; "Manuscrits chinois au Japan", *TP* 23(1924): pp. 15~30; "Les publications du Tōyō Bunko", *TP* 26(1928~1929): pp. 357~566; "Notes sur quelques livres ou documents conservés en Espange", *TP* 26(1928~1929): pp. 43~50; "Sur quelques manuscrits sinologiques conservés en Russie", *TP* 29(1932): pp. 104~109; 그리고 1922년에 편집된 미발표의 귀중한 수고인 "Inventaire sommaire des manuscrits et imprimés chinois de la Bibliothèques Vaticane." 오늘날도 여전히 불가결한 두 연구는 "Quelques remarques sur le Chouo Fou", *TP* 23(1924): pp. 163~220과 "L'édition coillective des oeuvres de Wang Kouo-wei", *TP* 26(1929): pp. 113~182이다. ed. Robert des Rotours, with additional notes and appendix by Paul Demiéville *Les Débuts de l'imprimérie en Chine*(Paris, 1953)는 그가 카터의 저작의 주요한 결락缺落이라고 생각했던 것에 자극받아 쓴, 초기 고판본과 인쇄의 발전에 관한 서로 다른 찰기의 모음이다.

10) 여서창과 『고일총서』에 대해서는 Arthur W. Hummel(ed.), *Eminent Chinese of the Ch'ing Period(1644~1912)*, 2 vols.(Washington: University States Government Printing Office, 1943), 1: pp. 483~484를 보라. 양수경과 『고일총서』에 대한 더 통찰력 있는 분석은 Wendy Larson, "Yang Shou-ching: His Life and Work", *Phi Theta Papers* 14(1977): pp. 60~69를 보라.

11) 비판정본 작업이라는 분과학문은 구스타프 할로운의 이력과 관련해서 제8장에서 길게 논한다.

12) *BEFEO* 4(1904): pp. 131~413. 펠리오는 그의 생애 내내, 독창적 기고문으로든 긴 서평으로든, 자주 역사적 여행기라는 주제로 되돌아왔고, 마르코 폴로에 관한 거작으로 정점에 올랐다. 전자로는 "Note sur les anciens itinéraires chinois dans l'orient romain", *JA* ser. 11, 17(1921): pp. 139~145; *TP* 30(1932): pp. 237~452; *TP* 31(1935): pp. 274~314; *TP* 32(1936): pp. 210~222에 실린 정화의 여행에 관한 일련의 연구를 보라. 후자로는, Gabriel Ferrand, *Voyage du marchand arabe Sulaymân en Inde et en Chine* 서평, *TP* 21(1922): pp. 399~413; Arthur Waley, *The Travels of an Alchemist* 서평, *TP* 28(1931): pp. 413~428; Hirth and Rockhill, *Chau Ju-kua: His Work on the Chinese and Arab Trade in the Twelfth and Thirteenth Centuries* 서평, *TP* 13(1912): pp. 446~481을 보라.

13) *TP* 38(1947): p. 6.

14) "L'origine du nom de 'China'", *TP* 13(1912): pp. 727~742에서, 1912년에 펠리오는 China라는 이름으로 되돌아갔고, 라우퍼의 견해에 반대하여, 진秦, Ch'in이라는 국명에서 예전에 자신이 유도해낸 것을 지지했다.

15) 역사언어학 분과학문은 제5장에서 길게 다룬다.

16) 일반 독자가 펠리오의 둔황에서의 현실 도피를 알기에는 Peter Hopkirk, *Foreign Devils on the Silk Road*(London: John Murray, 1982), pp. 177~189가 가장 훌륭한데, 다른 탐험가들을 배경으로 하고 있다. 둔황 연구 발전에서 펠리오의 중요성에 관해서는 Jean-Pierre Drège, "Tun-huang Studies in Europe", in *Europe Studies China*, pp. 513~532를 참조하라.

17) 부분적으로 "Une bibliothèque Médiévale retrouvée au Kan-su", *BEFEO* 8(1908): pp. 501~529로 발표되었다. 이와 유사한 역작은 그가 "Le Chou king en charactères et le *Chang chou che wen*", *Mémoires concernant l'asie Orientale* 2(Paris, 1916): pp. 123~177을 썼을 때 만들어졌는데, 그는 그것을 샤반이 보내준 단 몇 권의 책의 도움을 받아 학문적으로 비교적 고립된 상태에서 썼다.

18) 펠리오 학문의 중앙아시아 측면과 알타이 측면에 대해서는 다음을 참조. J. Deny, "Paul Pelliot et les études altaiques", in *Paul Pelliot*, pp. 54~68과 L. Hambis, "Paul Pelliot et le études mongoles", in *Paul Pelliot*, pp. 69~77.

19) 吉川幸次郎, 『東洋學の創始者たち』(東京: 講談社, 1976), pp. 40~41; p. 253. 이 참고 서적은 티머시 윅스테드 교수가 친절하게 제공해주었다.

20) 많은 것 중에서도 "Autour dune traduction sanscrite du Tao Tö King", *TP* 13(1912): pp. 351~430; "Quelques transcriptions chinois de noms tibétains", *TP* 16(1915): pp. 1~26; "Les Mots mongols dans le Korye Sa, *JA* 217(1930): pp. 253~266; "Sur 1a légende d'U uz-khan en écriture Ouigoure du *Nuzhatu-'l-kulub*", *BSOS* 6(1930): pp. 555~580; "A propos de 'tokharien,'" *TP* 32(1936): pp. 259~284를 보라.

21) J. J. L. Duyvendak, *TP* 38(1947): p. 11에서의 규정.

22) Part One; *JA* ser. 10, 18(1911): pp. 499~617과 Part Two; ser 11, 1(1913): pp. 99~199, 261~394.

23) "Une bibliotheque médiévale au Kan-su", p. 518.

24) 지금은 Pelliot 3884로 목록화되어 있는 이 단편의 학적 취급의 역사, 그것이 마니교 자료에서 가지는 위치에 대해서는 Gunner B. Mikkelsen, "Skilfully(sic) Planting the Trees of Light: The Chinese Manichaica, Their Central Asian Counterparts, and Some Observations on the Translation of Manichaeism into Chinese", in Søren Clausen, et al. eds., *Cultural Encounters: China, Japan, and the West*(Aarhus, Denmark: Aarhus University Press, 1995), pp. 83~108을 보라.

25) *JAOS* 22(1922): p. 204.

26) *TP* 38(1947): pp. 81~292.

27) *Histoire secrète des Mongols: Restitution du texte mongol et traduction française des chapitres I-VI*(Paris, 1949). 그것은 완결되지 않았기 때문에(수고는 사후에 발간되었다), 니콜라스 포페는 그것을 에리히 헤니슈의 음사와 번역보다 "살짝 못한" 것으로 등급 매겼다. Nicholas Poppe, *Introduction to Altaic Linguistics*(Wiesbaden: Otto Harrassowitz, 1965), p. 90을 보라.

28) *Notes sur l'histoire de la Horde d'Or*(Paris, 1950).

29) 다음의 진술을 참조하라. "아마도 그의 마음은 종합적이기보다는 분석적이고, 창의적이기보다는 비판적이었을 것이며, 그가 어느 때 늘어놓을 수 있었던 여하한 주어진 주제에 관한 수많은 사실은 결코 더 영구적인 형식으로 종합되지 못했다." *TP* 38(1947), p. 13.

30) 예를 들어, "Neuf notes sur des questions d'Asie Centrale", *TP* 26(1929): pp. 201~265가 보여준다.

31) 이것의 유명한 사례는 그의 *Notes sur l'histoire de la Horde d'Or*이다. 이 저작에 대해서, 사이노어는 "이것은 반드시 항상 곁에 두어야 할 책인데, 왜냐하면 이 책은 드물게 혹은 잘못 다루어진 주제들에 관한 정밀한 데이터를 담고 있을 뿐 아니라 연구를 위한 새로운 길을 제시하기도 하기 때문이다" Denis Sinor, *Introduction à l'étude de l'Eurasie Centrale*(Wiesbaden: Otto Harrassowitz, 1963), p. 312.

32) Rudolph Pfeiffer, *History of Classical Scholarship*, 2: p. 54.

33) Ibid., 1: p. 4. 이 자기의식적 용어 해설의 관행은 초기 중국문학에서도 볼 수 있는데, 예를 들면, 「이소」라는 제목의 의미에 대해 사마천의 간략한 자체적 용어 해설을 포함하고 있는 『사기』 권84, 혹은 텍스트가 스스로를 담론 형식으로 설명하고 있는 『노자』 제13장이다.

34) Rudolph Pfeiffer, *History of Classical Scholarship*, 1: p. 16.

35) Luciano Canfora, trans. Martin Ryle, *The Vanished Library: A Wonder of the Ancient World*(Berkeley and Los Angeles: University of California Press, 1989), p. 37.

36) Ibid., p. 49.

37) 주석 전통과 그것의 기술적 장치에 대해서는 L. D. Reynolds and N. G. Wilson, *Scribes and Scholars: A Guide to the Transmission of Greek and Latin Literature*, 3rd edition(Oxford: Clarendon Press, 1991), pp. 9~16를 보라.

38) 이 신속한 개략은 Anthony Grafton, *Joseph Scaliger*, 1: pp. 14~90에 기초하고 있다.

39) John B. Henderson, *Scripture, Canon and Commentary: A Comparison of Confucian and Western Exegesis*(Princeton: University Press, 1991), p. 67.

40) Ann-ping Chin and Mansfield Freeman, *Tai Chen on Mencius*(New Haven: Yale University Press, 1990), p. 65.

41) 특히 『郘亭知見傳本書目』(上海, 1918), 2.1a; 『增訂四庫簡明目錄標注』(上海, 1979), p. 56을 보라.

42) John B. Henderson, *Scripture, Canon and Commentary*, p. 75.

43) Paul Demiéville, "La Carrière scientific de Paul Pelliot, son oeuvre relative à l'Extrême-Orient", in *Paul Pelliot*, pp. 29~30.

44) 이 기억과 그 기억이 리처드 포슨에게 유발한 정서적 지적 고난에 대해서는 *English Classical Scholarship*, pp. 108~109를 보라.

45) Ibid., pp. 131~132.

46) *BEFEO* 3(1903): pp. 248~303.

47) "Deux itineraires", p. 363.

48) "Orientalists in France During the War"는 1945년 1월 25일 미국중국미술학회Chinese Art Society of America의 모임에서 행한 연설로서, *Archives of the Chinese Art Society of America* 1(1945~1948): pp. 14~25의 p. 24에서 인용했다. David B. Honey, "The Sinologist and Chinese Sources on Asia", *Phi Theta Papers* 17(1987): pp. 21~27은 역주식 접근법의 중요성과 한계 모두를 중국학 연구의 목적이라는 일반적 맥락 내부에 위치시키려고 시도한다.

49) Paul Pelliot, *Notes on Marco Polo*, 3 vols.(Paris: Imprimerie nationale, 1959~1973).

50) Hans Bielenstein, "Chinese Historiography in Europe", in *Europe Studies China*, p. 240.

51) Herbert Franke, "In Search of China: Some General Remarks on the History of European Sinology", in Ming Wilson and John Cayley(eds.), *Europe Studies China: Papers from an International Conference on the History of European Sinology*(London: Han-Shan Tang Books, 1995), p. 18. 더 이상의 것은 Herbert Franke, "Sinologie im 19. Jahrhundert", in ed. Otto Landstatter Otto and Sepp Linhart, *August Pfizmaier(1808~1887) und seine Bedeutung für die Ostasienwissenschaften*(Vienna, 1990), p. 40.

52) Hans Bielenstein, "Chinese Historiography in Europe", p. 241. 버턴 왓슨은 논문 Burton Waston, "Chinese History", in ed. Chan Sin-wai and David E. Pollard, *An Encyclopedia of Translation: Chinese-English, English-Chinese*(Hong Kong: Chinese university of Hong Kong Press, 1995), p. 349에서 같은 제안을 한다.

53) Herbert Franke, "In Search of China", p. 19.

54) 그의 옛 학생이었던 제임스 웨어가 펠리오의 죽음에 임해 감정에 북받쳐 잘 표현했다. "힘이 되고 의지처가 되는 진정한 대들보가 된다는 것은 문헌학적 연구 분야에서는 좀처럼 없는, 한 사람의 기회이자 특권이었다. 폴 펠리오는 그런 사람이었다." *HJAS* 9(1946): p. 187.

55) 브릴의 한자 모형母型(납을 부어 활자의 자면字面이 나타나도록 하기 위하여 글자를 새긴 판)은 라이덴대학 일본어 교수 요한 요제프 호프만(1805~1878)이 그리고 조각했다. J. J. L. Duyvendak, *Holland's Contribution to Chinese Studies*, p. 22를 보라.

56) 슐레겔에 관한 평가는 J. J. L. Duyvendak, *Holland's Contribution to Chinese Studies*, pp. 22~23; Wilt L. Idema, "Dutch Sinology: Past, Present, and Future", in *Europe Studies China*, pp. 89~91; Henri Cordier, "Nécrologie: Le Dr. Gustave Schlegel", *TP* 4(1903): pp. 407~415를 보라.

57) J. J. L. Duyvendak, *Holland's Contribution to Chinese Studies*, p. 22.

58) *TP* 18(1917): p. 125.

59) Paul Demiéville, "J. J. L. Duyvendak(1889~1954)", *TP* 43(1955): pp. 1~22, 22~33은 완전한 전기를 담고 있다. Piet van der Loon, "In Memoriam J. J. L. Duyvendak 1889~1954", *AM* n.s. 5(1955): pp. 1~4. 그리고 Wilt L. Idema, "Dutch Sinology: Past, Present, and Future", pp. 92~95. Harriet T. Zurndorfer, "Sociology, Social Science, and Sinology in the Netherlands Before World War II: With Special Reference to the Work of Frederik van Heek", *Revue européenne des sciences sociales* 27(1989): pp. 19~32는 "A Brief History of Chinese Studies in the Netherlands"(pp. 27~31)이라는 제목의 흥미로운 소절小節을 담고 있다. 그것은 듀벤다크의 이력과 함께 정점에 달하며 어떻게 네덜란드 중국학이 "문헌학화되었는지"에 관한 개관을 제공한다.

60) Piet van der Loon, "In Memoriam J. J. L. Duyvendak", p. 4.

61) 예를 들어, 표의문자에 관한 크릴의 글인데, 제13장에서 다룬다.

62) 폰 차흐의 방식과 방법을 논한 짧은 논문에서, 펠리오는 "에르빈 폰 차흐 씨는 그 자신의 서툰 짓으로 인해 학자들에게 평판이 나쁘다. 에르빈 폰 차흐 씨는 야비한 성격으로 인해 사람들에게 신망이 없다. 『통보』에 더 이상 에르빈 폰 차흐 씨의 질문을 허용하지 않겠다."(*TP* 26(1928~1929): p. 378)라고 진술한다. 이것은 강하지만 필요한 움직임이었다. 『대아시아』의 편집자 중 한 사람인 에리히 헤니슈 자신은 "그의[폰 차흐의] 비평의 자주 무절제한 형식"이 『대아시아』의 발전을 방해한 결과를 회고적으로 비난했다. *Oriens Esxtremus* 12(1965): p. 9.

63) 1983년 3월 12일의 사신私信.

64) Serge Elisséeff, *Archives of the Chinese Art Society of America*, 1(1945~1946): p. 13.

65) 전통적 중국향을 향한 비판에는 전통적 중국학이 가지는, 전근대 중국에 대한 배타적 주목, 문학과 인문학에의 집중, 그리고 특히 "분과학문이 아니라 지식의 축적을" 위한 문헌학적 접근법이 포함된다. Jerome Ch'en, *China and the West: Society and Culture 1815~1937*(London: Hutchinson, 1979), p. 121. Arthur Wright, "The Study of Chinese Civilization", *Journal of the History of Ideas* 21(1960): pp. 233~255는 전통적 중국학에 반反하는 가장 명료하고 이론적으로 정초된 사례를 제공한다. 그의 견해는 이 책의 결론을 내리는 후기에서 다루어질 것이다.

66) Arthur Wright, in Etienne Balazs, trans. H. M. Wright, ed. Arthur F. Wright, *Chinese Civilization and Bureaucracy*(New Haven: Yale University Press, 1964), p. xiii. '현대적 중국연구'의 대담한 발전과 대조시키는, 중국학에 대한 스키너 자신의 캐리커처는 다른 일반적 혹평들을 포함한다. G. William Skinner, "What the Study of China Can Do for Social Science", *JAS* 23(1964): p. 517를 보라. 존 킹 페어뱅크는 그중 가장 요점적이다. "중국학은 그 자체로서 다소 아름답지만, 다른 어떤 것과의 관계에서는 다소 형편없다." Paul M. Evans, *John Fairbank and the American Understanding* *of Modern China*(New York: Basil Blackwell, 1988), p. 38.

67) 그리고 문헌학자들은 그들 직업상의 질투를 가지고 있다. 쥘리앵과 포티에 사이의 경쟁이 그 증거다. 이 전형적으로 까탈스러운 중국학자들을 향한 동시대의 익살은 이렇다. "이 박식한 적대자들은 두 중요한 발견을 가지고 학식을 풍부히 했다. 즉, 저명한 중국학자인 쥘리앵은 포티에가 중국어를 모른다는 것을 발견했고, 대大인도학자인 포티에는 쥘리앵이 산스크리트어를 모른다는 것을 발견했다." Raymond Schwab, *The Oriental Renaissance*, p. 326.

68) 당시의 문헌학 교수 니체가 지적했듯이, 그러한 잘못들은 독일 역사주의의 자연스러운 결과였다. 니체의 비판은 젊은 빌라모비츠묄렌도르프에 의해 훌륭하게 논박되었다. 빌라모비츠묄렌도르프는 문헌학자 니체가 철학에 모든 시간을 쏟아부어야 한다고 제안했다. Hugh Lloyd-Jones, *Blood for the Ghosts: Classical Influences in the Nineteenth and Twentieth Centuries*(Baltimore: Johns Hopkins university Press, 1982), pp. 172~178의 논의를 보라. 독일과 영국 모두에서 고전 문헌학의 최악의 양상들에 대한, 요점적이지만 내 생각에는 지나치게 신랄한 비판은 Gilbert Highet, *The Classical Tradition: Greek and Roman Influences on Western Literature*(1949; rpt. Oxford: Oxford University Press, 1985), pp. 498~500를 참조하라.

69) Edward W. Said, *Orientalism*(New York: Vintage Books, 1979)에서 공격받듯이.

70) 중국 연구의 여하한 접근법에서도 문헌학이 가지는 기초적 역할에 관하여 더 많은 것은 셰이퍼에 관한 아래의 논의와 후서後敍를 보라.

71) 1987년 2월 28일 자 사신. 반反문헌학적 견해는 "Symposium on Chinese Studies and the Disciplines", *JAS* 23(1964)에 실린 다양한 기고문을 보라. Denis Twitchett, "A Lone Cheer for Sinology", *JAS* 24(1964): pp. 109~112는 중국연구의 여하한 접근법에 대해서도 문헌학 훈련이 가지는 중요성을 균형감 있게 배치한다.

72) 그의 *Prolegomena to History*(Berkeley: University of California Press, 1916), pp. 14~15와 *Rome and China: A Study of Correlations in Historical Events*(Berkeley: University of California Press, 1939), p. vi를 보라.

73) 프랑스 역사학자들에 대해서는, Peter Burke, ed., trans. K. Folca, *A New Kind of History: From the Writings of Febvre*(London: Kegan Paul, 1973); Marc Bloch, trans. Peter Putnam, *The Historian's Craft*(New York: Vintage Books, 1953); Peter Burke, *The French Historical Revolution: The Annales School 1929~1989*(Cambridge: Cambridge University Press, 1990); Traian Strianovich, *French Historical Method: "Annales" Paradigm*(Ithaca: Cornell University Press, 1976)를 보라. 현대 역사 서술적 질문의 문제 해결적 지향과 이 지향이 낳은 접근법에 대해서는, William Todd, *History as Applied Science: A Philosophical Study*(Detroit: Wayne State University Press, 1972): Theodore K. Robb and Robert I. Rotberg(eds.), *The New History: Studies in Interdisciplinary History*(Princeton: Princeton University Press, 1982)를 참조하라.

74) 세르주 엘리세예프는 자신이 쓴 부고에서 "펠리오의 흥미는 중국적 주제들에 관한 일반적 서적의 출판보다는 특수한 문제들에 대한 철저한 탐색을 향했다"라고 요약했다. 그의 "Paul Pelliot 1878~1945", p. 13을 보라.

75) "Central Eurasia", in ed. Denis Sinor, *Orientalism and History*(1954; rpt. Bloomington: Indiana University Press, 1970), p. 118. 제2차 세계대전의 발발로 갑자기 중단된, 젊은 시절 펠리오와의 사귐에 대한 사이노어의 회고가 "Remembering Paul Pelliot, 1878~1945", *JAOS* 119(1999): pp. 467~472에서 제공된다.

1) 이 학적 분야 중 다수에 대한 마스페로의 기여는 그의 탄생 100주년을 맞아 금석학·순문학학회, 콜레주 드 프랑스, 아시아학회, 프랑스극동학원이 파리에서 공동으로 주최한 학술회의에서 개관되고, *Hommage à Henri Maspero 1883~1945*(Paris: Fondation Singer-Polignac, 1983)에 인쇄되었다. 마스페로의 생애에 대한 더 많은 것은 Jacques Gernet, "La vie et l'oeuvre", in *Hommage à Henri Maspero*, pp. 15~24; Robert des Rotours, "Henri Maspero(15 décembre 1883~17 mars 1945)", *Mélanges chinois et bouddhiques* 8(1946~1947): pp. 235~240; Paul Demiéville, "Nécrologie: Henri Maspero(1883~1945)", *JA* 234(1943~1945, 1947): pp. 245~280(완전한 전기가 수록되었다); 李璜, 『法國漢學論集』, 73~93쪽; Jacques Gernet, "Henri Maspero and Paul Demiéville: Two Great Masters of French Sinology", in *Europe Studies China*, pp. 45~47을 보라.
2) 이 기구와 잡지의 초기 역사는 "L'École française d'Extrême-Orient depuis son origine jusque' en 1920", *BEFEO* 21(1921)을 보라.
3) Casimir Schnyder, *Eduard Huber, ein schweizerischer Sprachengelehrter, Sinolog und Indochinaforscher*(Zurich: Art. Institut Orell Füssli, 1920).
4) "Rapport sommaire sur une mission archéologique au Tchö-kiang", *BEFEO* 14(1914): pp. 1~75, 도판 35장 포함. 이 논문에서 이용된 방법론에의 헌사는, Madeleine David, "Note d'archéologie a la mémoire d'Henri Maspero", in *Hommage à Henri Maspero*, pp. 31~35를 보라.
5) 이 분야에서 그의 학문은 Pierre-Bernard Lafont, "Henri Maspero et les études indochinoises", in *Hommage à Henri Maspero*, pp. 25~30을 보라.
6) *BEFEO* 11(1911): pp. 153~169과 12(1912): pp. 1~127.
7) 그가 1920년부터 1944년까지 콜레주 드 프랑스, 루브르학교, 중국고등연구원 등에서 행한 강의들은 Paul Demiéville, "Necrologie: Henri Maspero", pp. 275~279에 열거되어 있다.
8) (Paris: P.U.F., 1927); Paul Demiéville에 의해 1955년에 만들어진 개정판에 기초한 영역본으로서 마스페로의 난외 주석을 포함한 것은 trans. Frank A. Kierman, Jr., *China in Antiquity*(Amherst: University of Massachusetts Press, 1978)이다.
9) Jeffrey K. Riegel, *JAS* 39(1980): pp. 789~792.
10) Denis Twitchett, in *China in Antiquity*, pp. xxv.
11) Denis Twitchett, "Introduction", *China in Antiquity*, pp. ix~xxx는 고대 중국 연구에 대한 마스페로의 기여를 당시 그 분야와 그것의 현재의 진보라는 맥락 속에 둔다. 마스페로의 목록은 pp. 498~511에서 제공된다.
12) 예를 들어, Marcel Granet의 *La Civilisation chinois: La Vie publique et la vie privèe*(Paris: La Renaissance du Livre, 1929; rpt. 1994), 영어판은 Kathleen E. Inners and Michael R. Brailsford(ed.), *Chinese Civilization: A Political, Social, and Religious History of Ancient China*(London: Kegan Paul, 1930)는 다루는 범위의 3분의 2를 고대 중국 사회에 바치고 3분의 1만을 역사에 바쳤다. 그라네의 생애와 저작에 대해서는 Maurice Freedman, "Marcel Granet, 1884~1940, Sociologist", in Granet, trans. Maurice Freedman, *The Religion of the Chinese People*(New York: Harper and Row, 1975), pp. 1~29의 소개 논문, p. 7, n. 14의 인용 자료, pp. 178~181의 완전한 전기를 보라. Rémi Mathieu가 Marcel Granet, *La Civilisation chinoise*(1929; Paris: Albin Michel, 1994), pp. 522~571에 쓴 서문은 그라네가 학문에 기여한 바를 평가하고 또 보충적 서목書目 각주를 제공하여 *La Civilisation chinoise*를 개정한다. Rolf A. Stein, "In Memory of Marcel Granet, 1884~1940", in *The World in Miniature*, pp. 1~3; 李璜, 『法國漢學論集』, pp. 94~100; Yves Goudineau의 석사

논문 "Introduction à la sociologie de Marcel Granet," Université de Paris X, 1982.

13) 레미 마티외는 그라네의 역사학 훈련이 그의 학적 접근법을 형성하는 데 도움을 주었음을 강조하고 싶을 것이다. 그라네는 그 접근법을 역사학자, 사회학자, 중국학자의 삼중 조합으로 규정한다. Rémi Mathieu, "Postface", *La Civilisation chinoise*, p. 525를 보라.

14) *Fêtes et chansons anciennes de la Chine*(Paris: Leroux, 1919). 영역본은 E. D. Edwards, *Festivals and Songs of Ancient China*(London: Routledge, 1932).

15) *TP* 13(1912): pp. 516~558. 그의 마지막 저작은 *Catégories matrimoniales et relations de proximité dans la Chine ancienne*(Paris: Alcan, 1939)이다.

16) *Chinese Civilization*, p. 7.

17) Rolf A. Stein, *The World in Miniature*, p. 2.

18) Bernhard Karlgren, *Glosses on the Book of Odes*(Stockholm: Museum of Far Eastern Antiquities, 1964), p. 75. Rémi Mathieu, "Postface", p. 532 이하는 그라네의 저작에서 추상적 이론과 텍스트적 자료 사이의 긴장을 중점적으로 다룬다.

19) Dominick LaCapra, *Emile Durkheim: Sociologist and Philosopher*(Ithaca: Cornell University Press, 1972), p. 246. 뒤르켐의 저작인『종교 생활의 원초적 형태Les Formes élémentaires de la vie religieuse』(1912)와 종교사회학에 관한 그의 철학에 대해서는 Dominick LaCapra, pp. 245~291을 보라; Ian Hamnett, "Durkheim and the Study of Religion", in Steve Fenton et al., *Durkheim and Modern Sociology*(Cambridge: Cambridge University Press, 1984), pp. 202~218은 신속한 입문에 유용하다. 심층적 논술은 W. S. F. Pickering, *Durkheim's Sociology of Religion*(London and Boston: Routledge and Kegan Paul, 1984)를 참조하라. 뒤르켐의 사상과 용어법—그리고 그 자신의 몇 가지 관심사—을 그라네가 채용한 것에 대해서는 W. S. F. Pickering의 저작을 통해 간략하게 다루어진다.

20) *The Religion of the Chinese People*, p. 34.

21) *Fêtes et chansons anciennes*, p. 18.

22) *BEFEO* 19(1919): pp. 65~75.

23) 그라네가 현대의 민족지학적 현지 조사의 이용을 주저한 것에 대해서는 Maurice Freedman, "Marcel Granet, Sociologist", pp. 24~27을 보라.

24) Marcel Granet, *Danses et légends de la Chine ancienne*, 2 vols.(Paris: Alcan, 1926), reprinted by the Presses Universitaires de France in 1994.

25) 예를 들어, Stein and Rémieu. 후자는, "『중국사유La Pensée chinioise』와 더불어, 『중국 문명*La Civilisation chinoise*』은 의심의 여지 없이 20세기의 가장 유명한 프랑스 중국학 저작이다"라고 주장한다. Rémi Mathieu, "Postface", *La Civilisation chinoise*, p. 522.

26) 위에 언급한 대로 Maurice Freedman tran., *La Religion des chinois*(Paris: Gauthier-Villars, 1922); *La Civilisation chinoise*; *La Pensée chinoise*(Paris: La Renaissance du Livre, 1934).

27) 이 연구들의 예에는 *La polygynie sororale et le sororat dans la Chine féodale: Étude sur les formes anciennes de la polygamie chinois*(Paris: Leroux, 1920), "Le Dépôt de l'enfant sur le sol: Rites anciens et ordalies mythiques", *Revue Archéologique* 14(1922): pp. 305~361; *Catégories matrimoniales*가 포함된다.

28) Rolf A. Stein, *The World in Miniature*, p. 3.

29) Maurice Freedman, "Marcel Granet", *Sociologist*, p. 24.

30) Ibid., p. 29.

31) Maurice Freedman, "Marcel Granet, Sociologist", p. 3. 그의 주요 논문의 재간행본 제목 즉 *Études sociologiques sur la Chine*(Paris: Presses universitaires de France, 1953) 역시 시사적이다.

32) Georges-Marie Schmutz, *La Sociologie de la Chine: Matériaux pour une historie 1748~1989*(Bern: Peter Lang, 1993), pp. 8~9.

33) Paul Demiéville, "Aperçu historique des études sinologiques en France", p. 106.

34) Henri Maspero, "La Sinologie", p. 279.

35) Max Kaltenmark, "Henri Maspero et les études tasoistes, in Hommage à Henri Maspero", pp. 45~48; Kristofer Schipper, "The History of Taosit Studies in the West", in *Europe Studies China*, pp. 479~481; Timothy H. Barrett, "Introduction" to *Maspero, Taoism and Chinese Religion*, pp. vii~xxiii.

36) *BEFEO* 10(1910): pp. 95~130.

37) 마스페로는 각주에서 간략히 다루기만 했던 몇몇 아이디어를 *BEFEO*의 같은 호에 나온 짧은 논문 "Communautés et moines bouddhistes chinois aux Ⅱe et Ⅲe siècles", pp. 222~232에서 발전시켰다. pp. 629~636에 나오는, Otto Franke, *Zur Frage der Einführung des Buddhismus in China*에 대한 서평도 재미있다. 불교 연구에서 마스페로가 행한 기여한 바에 대한 평가는 Paul Magnin, "L'Apport de Maspero à l'histoire du Bouddhisme chinois", in *Hommage à Henri Maspero*, pp. 49~53을 보라.

38) *JA* ser. 11, 204(1924): pp. 1~100.

39) "Die Rekonstruktion der chinesischen Urgeschichte durch die Chinesen", *Japanisch-Deutsche Zeitschrift für Wissenschaft und Technik* 3(Berlin, 1925): pp. 243~270.

40) Jean Seznec, *The Survival of the Pagan Gods*(Princeton: Princeton University Press, 1953), p. 12의 결론을 참조하라. "유헤메로스적 테제는 전통적 신화가 교육받은 이들—이들은 신화를 글자 그대로 믿을 수는 없었지만, 그럼에도 불구하고 호메로스 자신이 보증자 노릇을 했던 오래된 이야기들을 무조건적인 거짓말 덩어리라고 거부하는 데에는 주저했다—의 마음속에 언제나 불러일으켰던 불안감을 한동안 정지시켰다."

41) "Légendes mythologiques dans le Chou king", p. 81.

42) 칼그렌은 이 원리를 자신의 "On the Authenticity and Nature of the Tso Chuan", *Göteborgs Högskolas Årsskrift*, 32.3(1926): p. 17에서 간단하게 보여주었는데, 하나의 중대한 주장이 『한서』 한 문단의 정확한 읽기에만 근거하고 있다. 그 문단은 모호한 글자, 대체 가능한 독법, 혹은 가필이 전혀 없었다. 필요했던 것이라고는 그 텍스트에 구두점을 찍고 문법적으로 읽는 것이 전부였다. 그는 했고, 오토 프랑케는 하지 않았다.

43) Rudolph Pfeiffer, *The History of Classical Scholarship*, 2: pp. 88~89.

44) Maurice Olender, *The Languages of Paradise*, p. 24.

45) Ibid., pp. 22~23.

46) Ibid., pp. 28~36. 언어학이 시작하는 광범한 지적 맥락은 Raymond Schwab, *The Oriental Renaissance*, 168~189에서 제공된다.

47) Maurice Olender, "Europe, or How to Escape Babel", *History and Theory* 33(1994): pp. 5~25.

48) Ibid., pp. 6~11.

49) 『說文解字』(臺北: 漢京文化, 1983), 序.

50) Ishizuka Harumichi, "The Origins of the *Ssu-sheng* Marks", *Acta Asiatica: Bulletin of the Institute of Eastern Culture* 65(1993): pp. 30~50; p. 43.

51) Ibid.

52) 陳雄根標點, 劉殿爵敎授審閱, 新式標點『廣雅疏證』(第一册)(香港: 中文大學出版社), 4쪽. 그런 음성

학적 주의가 음운학 연구에서 이용되어야 하는 것에 대한 현대적 예증은 N. G. D. Malmqvist, *Han Phonology and Textual Criticism*(Canberra, 1963)이다.

53) 그의 생애와 저작에 대해서는, Søren Egerod, "Bernhard Karlgren", *Annual Newsletter of the Scandinavian Institute of Asian Studies* 13(1979): pp. 3~24; Eisle Glahn, "A List of Works by Bernhard Karlgren", *BMFEA* 28(1956); Göran Malmqvist, "On the History of Swedish Sinology", in *Europe Studies China*, pp. 167~174를 보라.

54) Edwin G. Pulleyblank, *Middle Chinese: A Study in Historical Phonology*(Vancouver: University of British Columbia Press, 1984), p. 1.

55) Edwin G. Pulleyblank, "European Studies on Chinese Phonology: The First Phase", in *Europe Studies China*, p. 339.

56) Benjamin Elman, "From Value to Fact: The Emergence of Phonology as a Precise Discipline in Late Imperial China", *JAOS* 102(1982): pp. 493~500; William H. Baxter, *A Handbook of Old Chinese Phonology*(Berlin: Mouton de Gruyter, 1992), pp. 139~174.

57) 이 선행자들은 칼그렌에 의해서 *Études sur la Phonologie chinoise*(Leiden, 1915~1926), pp. 5~9에서 논해진다. 다음의 논의는 칼그렌의 이 저작과 풀리블랭크의 "European Studies on Chinese Phonology: The First Phase", pp. 340~346에 기초하고 있다. 풀리블랭크는 감탄스러울 정도로 상세하다.

58) 글로체스터셔에서 태어난 조지프 에드킨스는 57년간 중국에 살면서 런던선교회를 위해 일한 복음 전도사였다. 선교사로서 은퇴한 후에는 생애의 마지막 25년을 북경의 해관海關에서 일했다. 저술가로서 언제나 적극적이었던 그는 *A Grammar of the Chinese Colloquial Language Dialect*(Shanghai: London Mission Press, 1857); *A Grammar of the Shanghai Dialect*(Shanghai: London Mission Press, 1868?); *Chinese Buddhism: A Volume of Sketches, Hitorical, Descriptive, Critical*(London, Kegan Paul, n.d.(1880년경 출판)를 만든 것으로 가장 유명하다. 부분적인 목록이 Alexander Wylie, *Memorials of Protestant Missionaries to the Chinese*(1867; rpt. 臺北: 成文書局, 1967), pp. 187~191에서 제공된다. 간략한 전기는 Donald M. Lewis(ed.), *The Blackwell Dictionary of Evangelical Biography 1730~1860*, 2 vols.(Oxford: Blackwell, 1995), 1: p. 343에 포함되어 있다. 새뮤얼 웰스 윌리엄스는 제12장에서 논한다.

59) *China's Place in Philology: An Attempt to show that the Languages of Europe and Asia Have a Common Origin*(1871; rpt. 臺北: 成文書局, 1971). 유럽의 비교 문헌학에서 중국에 관련된 작업('아카드어'와 산스크리트어는 안에 들었고, 히브리어는 밖에 있다)의 간략한 요약 정리는 Joseph Edkins, "Present Aspects of Chinese Philology", *China Review* 3(1874): pp. 125~127에서 제공된다.

60) Franz Kühnert, "Zur Kenntniss der altern Lautwerthe des Chinesischen", *Sitzungsberichte der Kaiserl. Akademie der Wissenschaften in Wien, phil.-hist. Klasse* 122(1890).

61) *TP* 8(1897): pp. 361~367, 457~486와 9(1898): pp. 28~57; n.s. 3(1902): pp. 106~108.

62) Bernhard Karlgren, "The Reconstruction of Ancient Chinese", *TP* 21(1922): p. 1을 보라.

63) 마스페로가 *BEFEO* 16(1916): pp. 61~73에서 서평을 쓴다.

64) *BMFEA* 26(1954)는 pp. 211~367. 새로운 접근법들이 제시된 이 방법론에 관한 훌륭한 개관은 Paul L-M. Serruys, *The Chinese Dialects of Han Time According to the Fang Yen*(Berkeley: University of California, 1959), "Part One: The Problem of Reconstrcution", pp. 3~70이다.

65) *BEFEO* 20(1920): pp. 1~124는 1921년에 금석학·순문학학회로부터 상을 받았다. 언어학적 노선을 따르는 이후의 저작에는 "Préfixes et dérivation en chinois archaïque", *MSLP* 23(1930): pp. 313~327과 "La Langue chinoise", *Conférences de l'Institut de Linguistique de l'Université de* *paris, année 1933*(Paris, 1934): pp. 33~70가 포함된다.

66) *TP* 21(1922): pp. 1~42.

67) "The Reconstruction of Ancient Chinese", p. 38. *Philology and Ancient China*(Oslo, 1926), p. 78에서 칼그렌은 마스페로를 훨씬 더 높게 친다. 풀리블랭크는 비록 칼그렌이 그들의 논쟁에서 명확한 승자로 떠오르긴 했지만, 지나치게 격렬히 마스페로의 제안 중 몇몇을 거부했다고 덧붙인다. 그러나 마스페로의 제안들은 언어학자들에 의해서 최근에 부활되었고 쓸모가 있다. Edwin G. Pulleyblank, "European Studies on Chinese Phonology: The First Phase", p. 347을 보라. 풀리블랭크 연구서의 나머지 부분은 칼그렌의 체계에 대한 재평가와, 좀 더 적은 분량으로, 그 분야의 현대적 견해에 미친 마스페로의 기여들을 상세히 다룬다. 쇠렌 에게로드, '칼그렌'은 칼그렌과 마스페로 사이의 수십 년간에 걸친 다양한 논쟁을 다루는데, 역사음운학 분야에 국한되지는 않는다.

68) 음운학적 자질들은, 예를 들어, Yuen Ren Chao, "Distinctions Within Ancient Chinese", *HJAS* 5(1940~1941): pp. 203~233; Lo Ch'ang-p'ei, "Evidence for Amending B. Karlgren's Ancient Chinese j- to ɣj-", *HJAS* 14(1951): pp. 285~290. 철자론에 대해서는 Peter A. Boodberg, "Ancient and Archaic Chinese in the Grammatonomic Perspective", in ed. Søren Egerod and Else Glahn, *Studia Serica Bernhard Karlgren Dedicata*(Copenhagen: Ejnar Munksgaard, 1959), pp. 212~222를 보라. 칼그렌의 틀을 수정하거나 변경하는 다른 출판물들은 Søren Egerod, "Bernhard Karlgren", pp. 14~17에서 추천되면서 열거된다.

69) *Middle Chinese: A Study in Historical Phonology*. 풀리블랭크는 칼그렌이 『절운/광운『切韻』/『廣韻』』의 언어와 송대 운도韻圖의 언어를 구별하지 않았기 — 풀리블랭크는 송대 운도의 언어는 그 언어의 더 후기 단계라고 생각했다 — 때문에 칼그렌의 체계는 치명적 결함이 있다고 간주했다. 칼그렌의 중고음中古音 재구에 반하는 상세한 비판은 William Hubbard Baxter, *A Handbook of Old Chinese Phonology*, pp. 27~30에서, 가장 최근에는 Edwin G. Pulleyblank, "European Studies on Chinese Phonology: The First Phase"에서도 검토된다.

70) 정기호定期號 부록으로 간행된, Ernst Julius Walter Simon, "Zur Rekonstruktion der altchinesischen Endkonsonanten", *Mitteilungen des Instituts für Orientforschung* 30(1927)과 31(1928). 명백히 마스페로는 1920년경에 그 자신의 상고중국어 재구음을 고안했으나, 출판하기에는 충분한 방증이 결핍되었다고 느꼈다. 그러나 이 작업의 한 결과가 1930년의 논문 "Préfixation et dérivation en chinoise archaïque"이었다.

71) 추상적 음운 체계를 재구하는 '신新칼그렌' 혹은 '칼그렌/풀리블랭크' 모델에서 벗어나 다양한 역사 단계의 살아 있는 언어로의 최근의 이동에 대해서는 Jerry Norman and W. South Coblin, "A New Approach to Chinese Historical Linguistics", *JAOA* 115(1995): pp. 576~584를 보라.

72) Peter A. Boodberg, "Ancient and Archaic Chinese in the Grammatonomic Perspective", p. 213.

73) "A Note on Ode 220", in ed. Li Tien-yi, *Studia Serica Bernhard Karlgren Dedicata*(Copenhagen, 1959), pp. 190~198; rpt. in *Selected Works of George A. Kennedy*(New Haven: Far Eastern Publications, 1964), pp. 463~476; 463에서 인용.

74) *Analytic Dictionary of Chinese and Sino-Japanese*(1940; rpt. New York: Dover Publications, 1974). p. 1.

75) *Deutsche Literaturzeitung 1924*, cols. 1905~1910에 있는 Ernst Julius Walter Simon의 서평을 보라.

76) *Grammatica Serica*(1940; rpt. 臺北: 成文書局, 1966), p. 11.

77) *BMFEA* 29(1957).

78) 에게로드는 칼그렌의 금문金文 작업을 그의 제2전공으로 독립시킨다. 이 분야 및 다른 분야에 대한 그의 가장 중요한 기여는 SørenEgerod, "Bernhard Karlgren"에서 소개하고 평가한다.
79) "On the Authenticity and Nature of the Tso Chuan", Göteborgs Högskolas Årsskrift 32(1926)와 "The Authenticity of Ancient Chinese Texts", *BMFEA* 1(1929). 물론, 칼그렌은 그의 분포 분석의 기초를 초기 저작들의 표준적 텍스트들에 두었다. Sin Chow-yiu(單周堯) 박사는 새로 발견된 사본들이 증명하듯이 한漢 이전의 고전들은 칼그렌이 이용한 표준판들과는 다른 자형으로 쓰였다는 사실에 주목했다. 이것은 칼그렌의 결론들을 위한 데이터베이스를 총체적으로 변경시킨다(*Journal of Oriental Studies* 29[1991]: pp. 207~236). 그럼에도 불구하고, 비록 이제는 새로운 데이터베이스가 분석될 필요가 있긴 하지만, 칼그렌의 혁신적 방법론은 견고했다.
80) "Legends and Cults in Ancient China", *BMFEA* 18(1946); "Some Sacrifices in Chou China", *BMFEA* 40(1968).
81) "Loan Characters in Pre-Han Texts", I-IV, *BMFEA* 35(1963), 36(1964); 37(1965), 38(1966).
82) *BMFEA* 35(1963): p. 7.
83) 중국학 연구에서 역사음운학의 일반적 이용은 Bernhard Karlgren, *Philology and Ancient China*에서 소개된다. 더 기술적인 성격의 것으로는, Paul Serruys, "Philologie et linguistique dans les études sinologiques", *MS* 8(1943): pp. 167~219가 있다. 세뤼의 목적은 1) 역사음운학을 포함하여, 역사언어학의 현 단계를 기술하고, 2) 이 학파의 한계를 폭로하고, 3) 새로운 언어학적 방법론(언어지리학)을 제안하고, 4) 이 방법론을 증명하는 것이었다. Jerry Norman, *Chinese*, pp. 23~57은 역사음운학의 발달을 추적한다. Edwin G. Pulleyblank, "How Do We Reconstruct Old Chinese?", *JAOS* 112(1992): pp. 365~382는 최신 이론을 요약하고 새로운 안내를 제공한다. 역시 Edwin G. Pulleyblank, "Qieyun and Yunjing: The Essential Foundation for Chinese Historical Linguistics", *JAOS* 118(1998): pp. 200~216을 보라.
84) Mélanges posthumes, vol. 3(Paris, 1950), pp. 53~62. Paul Pelliot, "Le Chou King en characteres anciens et le Chang Chou Che Wen." p. 134의 한 문단에서는 동일한 방법론적 예를 제공한다. Charles S. Gardner, *Chinese Traditional Historiography*(1938; rpt. Cambridge, Mass.: Harvard University Press, 1970), p. 25는 마스페로의 작업을 통해 다행히 예증된, 중국 비판정본 작업에서의 시대착오와 가필의 문제를 논한다.
85) Jeffrey K. Riegel, *JAS* 39(1980): p. 791을 보라.
86) Stephen Durrant, *The Cloudy Mirror: Tension and Conflict in the Writings of Sima Qian*(Albany: State University of New York Press, 1995), p. 187, n. 25.
87) Jeffrey K. Riegel, op cit.
88) *BEFEO* 14(1914): pp. 1~36.
89) 마스페로의 백화문 작업을 이해한 최초의 학자 중 한 사람은 제임스 크럼프였다. 그는 중세 백화를 위한 5개 자료, 즉 둔황 문헌, 불교 어록, 초기의 삽화본 평화平話 텍스트, 오대五代의 평화 텍스트, 원대의 희곡을 열거한다. James Crump, "On Chinese Medieval Vernacular", *Wennti* 5(1953): pp. 65~74를 보라. 백화문vernacular language과 속문화俗文化, vernacular culture의 중요성은 Glen Dudbridge, *China's vernacular Cultures: An Inaugural Lecture Delivered Before the University of Oxford on 1 June 1995*(Oxford: Clarendon Press, 1996)에서 능숙하게 간단히 표현된다.
90) Peter A. Boodberg, "On Colloquialisms in Tu Fu's Poetry", in compiled by Alvin P. Cohen, *Selected Works of Peter A. Boodberg*(Berkeley: University of California Press, 1979), pp. 194~195.
91) Paul Demiéville, "Compléments à la bibliographie des œuvres d'Henri Maspero," *Hommage à Henro Maspero*, p. 69는 이 사후 출판물 대부분을 기록하고 있다.

92) Narka Nelson, *The Classical Journal* 37(1942): p. 281.
93) Henri Maspero et Eienne Balazs, ed. Paul Demiéville, *Histoire et institutions de la Chine antique des origines au XIe siècle après J.-C*(Paris: Presses Universitaires de France, 1967), p. vi.
94) 물론, 그라네가 원시 중국과 고대 중국의 사회학이 아니라 역사에 초점을 맞추었을 때, 그는 마스페로보다 훨씬 설득력이 적었지만 그것은 별개의 문제다.

제3부 독일 중국학: 고전문헌학에서 국가사서술로

제6장 창립자들: 고대학과 인문교육

1) Johann Wolfgang von Goethe, *Faust: Der Tragödie erster und zweiter Teil*(Berlin: Verlag Neues Leben, 1966), p. 27.
2) *History of Classical Scholarship*, 2: p. 171.
3) 고대에 에라토스테네스는 자신을 문헌학자philologos라고 부른 최초의 인물이다. 그는 실제로 그 명칭을 만들어냈는데, "지식의 다양한 가지 혹은 더 나아가 로고스logos 전체에 익숙한 사람들"을 가리켰다. Rudolph Pfeiffer, *History of Classical Scholarship*, 2: p. 101를 보라. 1: pp. 156~159는 '문헌학자'가, 인정하기가 괴로우나, 플라톤에게는 "광범하고 다소 모호하거나 아이러니한 의미에서, 담화, 논쟁, 변증술을 좋아하는 사람"을 의미했던 그 용어의 최초 용도를 논한다. 물론, 플라톤은 결코 시인詩人을 이해하는 법을 배우지 않았다.
4) Henri Cordier, "Un Orientaliste allemand: Jules Klaproth", *Comptes rendus de l'Académie des Inscriptions et Belles-Lettres*(1917), pp. 297~308; Samuel Couling, *The Encyclopedia Sinica*(Shanghai: Kelly and Walsh, 1917), pp. 275~276. 독일 중국학의 최초 시도에 대해서는 Otto Franke, "Die sinologischen Studien in Deutschland", *Ostasiatische Neubildungen*(Hamburg, 1911): pp. 357~377; Herbert Franke, *Sinology at German Universities*(Wiesbaden: Franz Steiner Verlag, 1968), pp. 4~9; Rainer Scwartz, "Heinrich Heines 'chinesische Prinzessin' und seine beiden 'chinesischen Gelehrten' sowie deren Bedeutung für die Anfäng der deutschen Sinologie", *Nachrichten der Gesellschaft für Natur-und Völkerkunde ostasiens/Hamburg* 144(1988): pp. 71~94, 가장 최근에는 Helmut Martin and Christiane Hammer(eds.), *Chinawissenschaften: Deutschsprachige Entwicklungen-Geschichte, Personen, Perspektiven*(Hamburg: Institut für Asienkunde, 1998)를 보라.
5) David E. Mungello, *Leibniz and Confucianism: The Search for Accord*, p. 6. 그들의 서신 교환에 대해서는, Donald F. Lach, "The Chinese Studies of Andreas Müller", *JAOS* 60(1940): pp. 564~575에 있는 번역을 보라. "Discourse on the Natural Theology of the Chinese"를 포함, 중국에 관한 라이프니츠의 다양한 저작에 관해서는 Julia Ching and Willard G. Oxtoby, *Moral Enlightenment: Leibniz and Wolff on China*(Sankt Augustin: Institut Monumenta Serica, 1992), pp. 63~141을 참조하라.
6) David E. Mungello, *Curious Land: Jesuit Accommodation and the Origins of Sinology*, pp. 209~236. 그의 중국어 능력에 대해서는 Eva S. Kraft, "Frühe chinesische Studien in Berlin", *Medizinhistorisches Journal* 11(1976): pp. 92~129; Donald F. Lach, "The Chinese Studies of Andreas Müller"를 보라. 둘 다 먼젤로에 의해 이용되었다. 합스마이어라면 중국어에 대한 후대의 한 "열쇠", 즉 Christoph Harbsmeier, *Elements of Chinese Grammar: Clavis Sinica*(1814)라는 제

목이 붙은, J. Marshman의 "잘 조직되고 사려 깊은 탐구"를 강조할 것이다. Christoph Harbsmeier, "John Webb and the Early History of the Study of the Classical Chinese Language in the West", in *Europe Studies China*, p. 331을 보라.

7) Julius von Klaproth, ed. Hartmut Walravens, *Katalog der chinesischen und mandjurischen Bücher: der Bibliothek der Akademie der Wissenschaften in St. Petersburg*(Berlin: C. Bell Verlag, 1988).

8) Raymond Schwab, *The Oriental Renaissance*, p. 84.

9) Piet van der Loon, *AM* 2nd ser., 13(1968): p. 107. 특정한 텍스트의 사례, 즉『해편海篇』이라고 하는, 인트로체타 신부 등이 중국어로 지은 200년 된 저작은 David E. Mungello, *Curious Land*, pp. 217~218에서 언급된다.

10) 베를린의 중국어 교수직들의 설치와 발전은 Jean-Pierre Abel Rémusat, *Nouveaux mélanges Asiatiques*, 2 vols.(Paris: Schubart et Heideloff, 1829), 2: pp. 352~371와 Martin Gimm, "Zu Klaproths erstem Katalog chinesische Bücher, Weimar 1804", in ed. Helwig Schmidt-Glintzer, *Das andere China: Festschrift für Wolfgang Bauer zum 65. Geburtstag*(Wiesbaden: Harrassowitz, 1995), pp. 560~599에서 살피고 있다. 또한 *Catalogue des livres imprimés, des manuscript et des ouvrages chinois, tartares, japonais, etc., composant la bibliothèque de feu M. Klaproth*(Paris, 1839)를 보라. "Quellenfinder", 즉 "원천 자료 수집가"라는 용어는 게오르크 폰 데어 가벨렌츠가 클라프로트에게 적용했다. Martin Gimm, "Zu Klaproths erstem Katalog chinesischer Bücher", p. 561을 보라.

11) 바젤선교회의 독일 태생 선교사 에른스트 요한 아이텔(1838~1908)이 홍콩에서 다년간 복무하고 불교와 광동어에 관한 몇몇 중요한 저작을 출판한 것은 사실이다. 그러나 그는 곧 고국에서의 독일의 이해보다 홍콩에서의 영국의 이해와 더 많이 결부되기 시작했다. 그는 1865년 바젤선교회와 단절하고 런던선교회에 대한 충성으로 돌아섰으며, 홍콩에서 잉글랜드인 교사와 결혼했고, 다른 어떤 지위보다도 대리 장학사로서 자발적 자격으로 홍콩 정부에서 복무했다. 그는 1880년에 귀화하여 영국 시민이 되었다. 그의 주요 출판물은 모두 영어로 되어 있는데, 주요한 것으로는 *Handbook for the Student of Chinese Buddhism*(1870; 2nd ed., revised and enlarged, Tokyo: Sanshuha, 1904); *Fengshui: The Science of Sacred Landscape in Old China*(London: Trübner and Co., 1873); *A Chinese-English Dictionary in the Cantonese Dialect, Revised and Enlarged by Immanuel Gottlieb Genahr*(Hong Kong: Kelly and Walsh, 1910)이 있다. 선교사의 일, 중국학, 홍콩에서의 공직 복무에 대한 아이텔의 많은 기여에 관한 예리한 연구는 Wong Man-kong, "Christian Missions, Chinese Culture, and Colonial Administration: A Study of the Activities of James Legge and Ernest John Eitel in Nineteenth Century Hong Kong", Ph. D. diss., Chinese University of Hong Kong, 1996, pp. 199~212; 217~228을 보라.

12) 귀츨라프에 대해서는, J. G. Lutz, "Karl F. A. Gützlaff: Missionary Entrepeneur", in ed. Suzanne W. B. Barnett and J. K. Fairbank, *Christianity in China*(Cambridge, Mass.: Harvard University Press, 1985), pp. 61~88; J. G. Lutz in ed. Donald M. Lewis, *The Blackwell Dictionary of Evangelical Biography, 1730~1860*, 2 vols.(Oxford: Blackwell Publishers, 1995), 1: pp. 495~496; Herman Schlyter, *Karl Gützlaff als Missionar in China*(Lund: Gleerup, 1946); *Der China Missionar Karl Gützlaff und seine Heimatbasis*(Sweden: WK Gleerup, 1976)를 보라. 몇몇 의심스러운 구분도 포함해서, 귀츨라프의 개인적 자질에 관해 더 많은 것은 Arthur Waley, "Gützlaff and his Traitors: Mamo", in *The Opium War Through Chinese Eyes*(1958; rpt. Stanford: Stanford University Press, 1968), pp. 222~244에서 원전들로부터 이야기하고 있다.

13) *TP* 9 부록 46. Herbert Franke, *Sinology at German Universities*, pp. 9~10에 따르면, 쇼트의 엄격히 중국학적인 출판물 중에 가장 주목할 것은 *Entwurf einer Beschreibung der chinesischen Literatur*(1854); *Chinesische Sprachlehre*(1857), *Das Reich Karachitai oder Si-Lao*(1849)이다.

14) Gustav Schlegel, "Hans Georg Conon von der Gabelentz", *TP* 5(1894): pp. 75~78.

15) Christoph Harbsmeier, "John Webb and the Early History of the Study of the Classical Chinese Language in the West", in *Europe Studies China*, p. 333.

16) *Chinesische Grammatik: Mit Ausschluss des niederen Stiles und der heutigen Umgangssprache*(rpt. Halle: Max Niemeyer Verlag, 1960). 서론은 1953년이다. 1956년에 Eduard Erkes의 보론인 *Chinesische Grammatik: Nachtrag zur Chinesischen von G. v. d. Gabelentz*(Berlin: VEB Deutcher Verlag der Wissenschaften, 1956)가 나왔는데, 콘라디, 그루베, 칼그렌, 지몬, 웅거, 폰 차흐, 에르케스 자신의 작업에 의존했다.

17) "Beiträge zur chinesischen Grammatik: Die Sprache des Chuang-tsï," *Abhand. d. Phil.-Hist. Cl. D. Königl. Sächsischen Ges. d. Wissen*··· Bd. 10(1888): pp. 579~638.

18) *Die Sprachwissenschaft, ihre Aufgaben, Methoden und bisherigen Ergebnisse*(Leipzig: Weigel, 1891).

19) "Beitrag zur Geschichte der Chinsesischen Grammmatiken und zur Lehre von der grammatischen Behandlung der chinesischen Sprache", *ZDMG* 32: pp. 601~664.

20) 아렌트는 현대중국어를 철저히 장악하고 있었고, 코르디에에 따르면 "주목할 만한" 방식으로 *Handbuch der Nordchinesischen Umgangssprache, mit Einschluss der Angangsgründe des Neuchinesischen Officiellen un Briefstils*(Berlin, 1891)를 지었다.

21) Édouard Chavannes, "Le Professor Wilhelm Grube", *TP* 9(1908): pp. 593~594; Nicholas Poppe, *Introduction to Altaic Linguistics*(Wiesbaden: Otto Harrassowitz, 1965), p. 96.

22) 그는 그것이 "최근 몇 년간 출간된 것 중 가장 뛰어난 작품"이었다고 말했다. *TP* 124(1903): p. 327.

23) "On the Authenticity and Nature of the Tso Chuan", p. 33.

24) *TP* 12(1911): pp. 747~748.

25) Nicholas Poppe, *Introduction to Altaic Linguistics*, p. 96.

26) Fritz Jäger, "The Present State of Sinological Studies in Germany", *Research and Progress* 3(1937): p. 96.

27) Friedrich Hirth, "Biographisches nach eigenen Aufzeichnungen", *AM* 1(1922): pp. ix~xxxxvii; Eduard Erkes, "Friedrich Hirth", *Artibus Asiae* 2(1927): pp. 218~221; Bruno Schindler and F. Hommel, "List of Books and Papers of Friedrich Hirth", *AM* 1(1922): pp. xxxxix-lvii; Henri Cordier, "Les Études chinoises(1895~1898)", *TP* 9 부록(1908): pp. 98~101.

28) 역사언어학에 대한 불완전한 파악에 기초한 몇몇 매우 의심스러운 정체 규정에도 불구하고, 이는 매우 귀중한 연구였다. 후자의 한 사례는 Paul Wheatley, "Geographical Notes on Some Commodities Involved on Sung Maritime Trade", *Journal of the Malayan Branch of the Royal Asiatic Society* 32(1959): p, 13을 보라.

29) 오토 프랑케는 자존심 강한 중국학자들은 중국 연구를 그 전 대륙적 맥락 속에 두는, 테거트의 이른바 지리학적 접근법의 자격을 얻기 위해서 그 최소 조건으로서 산스크리트어, 티베트어, 몽골어, 만주어를 연구하여야 한다고 주장했다. 히르트와 프랑케 등의 사이에서 벌어진 논쟁에 대해서는 *TP* 6(1895): pp. 364~368; *TP* 7(1896): pp. 241~250, 397~407을 보라.

30) 1897년 졸업장의 원본은 현재 헤르베르트 프랑케의 소유인데, 그는 그것을 에리히 헤니슈로부터 얻었다. 그 졸업장에는 "Academia Litterarum et Scientiarum Reiga Boica Te Fridericum Hirth

Propter egregia de litteris et historia Sinesium illustrandis merita socium extraordinarium in concessu die XIV. mensis Iulii habito cooptavit"라는 우아한 명문銘文이 아름답게 인쇄되어 있다.

31) Eduard Erkes, *Artibus Asiae* 2(1927): p. 220.

32) Henri Cordier, *TP* 6(1905): p. 646.

33) 그의 생애에 대해서는, Wilt L. Idema, "Dutch Sinology: Past, Present and Future, in *Europe Studies China*, pp. 91~92와 J. J. L. Duyvendak, *Holland's Contribution to Chinese Studies*, p. 24를 보라.

34) Paul Pelliot, *TP* 24(1928~1929): p. 130.

35) Piet van der Loon, *AM* n.s. 5(1955): p. 1.

36) 이 무시의 결과 중 한 사례에 대해서는 Bernhard Karlgren, *TP* 21(1922): pp. 41~42을 보라.

37) *OE* 12(1965): p. 7.

38) Kristofer Schipper, "The History of Taosit Studies in Europe", in *Europe Studies China*, p. 472.

39) Oscar Benl, et al., "Erich Haenisch in memoriam", *OE* 15(1968): pp. 121~122; Herbert Franke, "Erich Haenisch zum 80. Geburtstag," in *Studia Sino-Altaica: Festschrift für Erich Haenisch zum 80. Geburtstag*(Wiesbaden, 1961), pp. 1~3.

40) Herbert Franke, "In Search of China", in Ming Wilson and John Cayley(eds.), *Europe Studies China: Papers from an International Conference on the History of European Sinology*(London: Han-Shan Tang Books, 1995), p. 19.

41) Wolfgang Franke, *Im Banne Chinas: Autobiographie eines Sinologen 1912~1950*(Dortmund: Projekt Verlag, 1995), 39. 프랑케는 나치로 하여금 그들 자신의 목적에 헤니슈의 학문을 이용하도록 허락한 것은 바로 이 태도, 즉 현실에 대한 면학가勉學家적 회피였다는 민감한 소견을 덧붙인다.

42) Nicholas Poppe, *Introduction to Altaic Linguistics*, p. 89.

43) 헤니슈 판과 펠리오 판을 비교하는 클리브스의 진술들은 전자의 제2판에 대한 광범한 서평 곳곳에서 보인다. 클리브스는 헤니슈가 1948년까지 『몽골비사』에 해온 모든 학적 작업의 완전한 목록을 포함하는 것으로 서평을 시작한다.

44) Nicholas Poppe, *Mongolia Society Bulletin* 5(1966), p. 7.

45) Paul Pelliot, "Auguste Conrady", *TP* 24(1928~1929): pp. 130~132.

46) Paul Pelliot, *TP* 22(1923): p. 359를 보라.

47) *TP* 24(1928~1929): p. 130.

48) Bruno Schindler, "Der wissenschaftliche Nachlass August Conradys", *AM* 3(1926): pp. 104~115.

49) Kate Finsterbusch, "In Memoriam Eduard Erkes 23. Juli 1891~2 April 1958", *Artibus Asiae* 21.2(1958): pp. 167~170; J. Schubert, ed. *Eduard Erkes In Memoriam 1891~1958*(Leipzig, 1962)는 사실 그의 기억에 바쳐진 기념 논문집이다. 그러나 적어도 그의 1면당 2단으로 된 5쪽짜리 개인적 목록이 부록으로서 포함된다.

50) Eduard Erkes, "Alfred Forke", *AM* 9(1946): pp. 148~149; Erich Haenisch, "Alfred Forke", *ZDMG* 99(1945~1949): pp. 4~6; Fritz Jäger and Erwin Rousselle, "Herrn Professor Dr. Jur. et Phil. h.c. Alfred Forke zu seinem 70. Geburtstag gewidmet", *Sinica* 12(1937): pp. 1~14.

51) *AM* 12(1966): p. 120

52) Wolfgang Franke, "Fritz Jäger in memoriam", *OE* 4(1957): pp. 1~4.

53) *Ostasiatische Zeitschrift*, p. 9.
54) Salome Wilhelm, *Richard Wilhelm, der geistige Mittler zwischen China und Europa*(Düsseldorf, 1956); W. F. Otto, "Richard Wilhelm: Ein Bild seiner personalischkeit", *Sinica* 5(1930): pp. 49~57; Wilhelm Schüler, "Richard Wilhelms wissenschaftliche Arbeit", *Sinica* 5(1930): pp. 57~71; anonymous, "Umschau: Übersicht über die Schriften Richard Wilhelms", *Sinica* 5(1930): pp. 100~111.
55) Frederick W. Mote, *MS* 29(1970~1971): p. iii.

제7장 원로 중국학자: 오토 프랑케

1) Andre Lefevere, trans., *Translating Literature: The German Tradition from Luther to Rosenzweig*(Amsterdam: Van Gorcum, 1977), p. 103.
2) Otto Franke, *Erinnerungen aus zwei Welten: Randglossen zur eigenen Lebensgeschichte*(Berlin: Walter de Gruyter, 1954); Wolfgang Franke, "Otto Franke und sein Sinologisches Werk", *Sinologica* 1(1948): pp. 352~354; Firtz Jäger, "Otto Franke(1863~1946)", *ZDMG* 100(1950): pp. 19~36; Bruno Schindler, "Otto Franke," *AM* 9(1933): pp. 1~20(프리츠 예거가 쓴, 1933년까지의 부분적 목록을 담고 있다); Beatus Theunissen, O. F. M., "Otto Franke In Memoriam", *MS* 12(1947): pp. 277~281. 오토 프랑케의 아들인 중국학자 볼프강 프랑케의 자서전은 아버지에 대한 간략한 언급을 담고 있다. *Im Banne Chinas: Autobiographie eines Sinologen 1912~1950*을 보라.
3) Otto Franke, *Erinnerungen aus zwei Welten*, p. 30.
4) Bernhard Karlgren, "On the Authenticity and Nature of Tso Chuan", pp. 7~18.
5) Otto Franke, *Erinnerungen aus zwei Welten*, p. 131. "Die sinologischen Studien in Deutschland", *Ostasiatische Neubildungen*(Hamburg, 1911), p. 363에서 프랑케는 더 나아가, 몇몇 중국학 서클을 괴롭혔다고 느낀 "시대에 뒤처지고 불관용적인 문헌학"에 분개하여 그의 역사학자적 질서감각을 폭발시킴으로써 그의 지적인 기호를 드러내 보인다.
6) George C. Iggers, *The German Conception of History: The National Tradition of Historical Thought from Herder to the Present*(Middletown, Conn.: Wesleyan University Press, 1983), p. 15.
7) O. Berkelbach Van der Sprenkel, "Franke's Geschichte des chinesischen Reiches", *BSOAS* 18(1956): pp. 312~321; 321에서 인용.
8) Marianne Bastid-Bruguière, "Some Themes of 19th and 20th Century European Historiography on China", in *Europe Studies China*, p. 235.
9) Hans Bielenstein, "Chinese Historiography in Europe", in *Europe Studies China*, 242.
10) *Orientalistische Literaturzeitung* 1942, no. 5/6, column 261. 프랑케는 *ZDMG*(1942): pp. 495~506에서 마스페로의 비판에 반응했다.
11) Maenchen-Helfen, "History in Linguistics", *JAOS* 68(1948): p. 123.
12) *The China Review* 20(1892~1893): pp. 310~327.
13) "China and comparative Philology", p. 323.
14) 동시대 중국 정치에 관한 그의 많은 논문은 명예롭게 언급될 가치가 있다. 그것들은 L. L. Arrousseau, *BEFEO* 11(1911): pp. 436~439에서 호의적인 서평으로 다루어진다.
15) 이와 비근한 비극적 사례는 유명한 저자이자 극작가 겸 시인 슈테판 츠바이크로서, 그는 리하르트

슈트라우스의 후기 성악 작품들의 합작자였다. 츠바이크는 1935년에 독일을 떠나긴 했으나, 추방된 상태에서의 글쓰기와 전쟁의 흉악함이라는 이중의 정서적 습격을 견딜 수 없었다. 그는 1942년 브라질에서 자살했다. 영원히 잃어버린 독일에 대한 그의 기억인 *The World of Yesterday*(New York, 1943)는 프랑케의 두 세계zwei Welten의 최소한 더 행복한 계기들을 상기시킨다.

16) *Erinnerungen aus zwei Welten*에 대한 페르디난트 레싱의 서평, *FEQ* 14(1955): p. 577.

제8장 국외 추방자들

1) 이 장 일부의 초고는 "The Foundation of Modern German Sinology", *Phi Theta Papers* 16(1984): pp. 82~101에 나왔다.

2) Peter Gay, *Weimar Culture: The Outsider as Insider*(New York: Harper and Row, 1968), p. xiii.

3) Sam H. Shirakawa, *The Devil's Music Master: The Controversial Life and Career of Wilhelm Furtwängler*(Oxford: Oxford University Press, 1992), p. 163에서 재인용.

4) *Classical Survivals: The Classics in the Modern World*(London: Duckworth, 1982), p. 17.

5) 독일 중국학자들과 아시아 미술사가들의 이 헤지라와 그것이 현대 전 지구적 중국학에 미친 충격은 Martin Kern, "The Emigration of German Sinologist 1933~1945: Notes on the History and Historiography of Chinese Studies", *JAOS* 118(1998): pp. 507~529를 보라.

6) Herbert Franke, *Sinologie an deutschen Universitäten*(Wiesbaden: Franz Steiner Verlag, 1968), p. 32. 이 일단의 신진 독일 중국학자들은, 그들의 고향에 남아 있던 많은 이도 포함하여, Wolfgang Franke, "The Younger Generation of German Sinologists", *MS* 5(1940): pp. 437~446에서 소개된다.

7) J. C. Jacmann and C. M. Borden(eds.), *The Muses Flee Hitler: Cultural Transfer and Adaptation 1930~1945*(Washington, D.C., 1983)을 보라.

8) Alfred Hoffman, "Dr. Erwin Ritter von Zach(1872~1942) in memoriam: Verzeichnis seiner Veröffentlichungen", *OE* 10(1963): pp. 1~60.

9) 그의 많은 단어 연구가 그 증거다. *Lexicographische Beiträge*, 4 vols.(Peking, 1902~1906); *Zum Ausbau der gabelentzschen Grammatik*(Peking: Deutschland-Institut, 1944).

10) *Tu Fu's Gedichte*, 2 vols.(Cambridge, Mass.: Harvard University Press, 1952); James R. Hightower(ed.), *Han Yü poetisch Werke*(Cambridge, Mass.: Harvard University Press, 1952).

11) Ed. Ilse Martin Fang(ed.), *Die Chinesische Anthologie: Übersetzung aus dem Wen Hsüan*, 2 vols.(Cambridge, Mass.: Harvard University Press, 1958).

12) *BSOAS* 22(1959): pp. 383~384에 있는, 번역가로서의 그의 장점에 대한 웨일리의 평가와 비교하라.

13) David R. Knechtges, *Wen xuan, or Selections of Refined Literature*, Vol. 1(Princeton: Princeton University Press, 1982), pp. 66~68.

14) Richard Walker, "August Pfizmaier's Translations from the Chinese", *JAOS* 69(1949): pp. 215~223; Otto Ladstatter and Sepp Linhart(eds.), *August Pfizmaier(1808~1887) und seine Bedeutung für die Ostasienwissenschaften*(Vienna: Austrian Academy of Sciences, 1990)를 보라.

15) *TP* 3(1892): p. 561. *TP* 6(1895): p. iii를 참조하라.

16) 그의 생애와 저작은 Richard Rudolph, "Ferdinand Diederich Lessing, 26 February 1882~31 December 1961", *AA* 25(1962): 194~197; Hartmut Walravens, "Ergänzung zum

Schriftenverzeichnis von Prof. Ferdinand Lessing", *OE* 22(1975): pp. 49~58; Walravens, "Ferdinand Lessing(1882~1961)–Vom Museum für Völkerkunde zu Sven Hedin aus den Reiseberichten und dem Briefwechsel", *Jahrbuch Prussischder Kulturbesitz* 1992: pp. 175~198. 월러븐스 박사는 친절하게도 내게 레싱에 관한 자신의 저작들의 사본을 제공해주었다.

17) *Lehrgang der nordchinesischen Umgangssprache*(Tsingtao: Deutsch–Chinesische Druckerei und Verlagsanstalt, 1912).

18) 그의 생애와 저작에 대해서는 C. R. 보든의 감상 C. R. Bawden, "Ernst Julius Walter Simon", *Proceedings of the British Academy* 67(1981): pp. 459~477; B. Schindler, "List of Publications by Professor Simon", *AM* 10(1963): pp. 1~8; L. G. Wickham Legg(ed.), *The Dictionary of National Biography, 1931~1940*(1949; rev ed. Oxford: Oxford University Press, 1975), pp. 338~339을 보라.

19) "Bih 比 = Wei 爲?", *BSOAS* 12(1947~1948): pp. 789~802; "Der Erl Jiann 得而見 and Der Jiann 得見 in Lunyeu 論語 VII, 25", *AM*(1951): pp. 46~67; "Functions and Meanings of Erl 而, 1: Erl in Conditional Sentences", *AM* 2(1951): pp. 179~202; "Functions and Meanings of Erl 而, Part IV", *AM* 4(1954): pp. 20~35가 대표적이다.

20) Denis Twitchett, *Land Tenure and the Social Order in T'ang and Sung China*(London: Oxford University Press, 1962), p. 13.

21) Henri Maspero, *Journal Asiatique* 13th ser. 1(1933~1942): p. 74.

22) Ibid., p. 79.

23) 그중에서도 *Manchu Books in London: A Union Catalogue*(London: British Museum Publications, 1977, Howard G. H. Nelson과 공저)와 *Tibetische–Chinesische Wortgleichungen: Ein Versuch*(1929), Abt. 1(Berlin and Leipzig, 1930), 총 72쪽을 보라.

24) C. R. Bawden, "Ernst Julius Walter Simon", p. 471.

25) 간략한 전기, 비판적 평가, 목록은 Herbert Franke, "Gustav Haloun(1898~1951) In Memoriam", *ZDMG* 102(1952): pp. 1~9를 보라. 또한 E. B. Ceadel, "Published Works of the Late Professor Gustav Haloun(12 Jan. 1898~24 Dec. 1951)", *AM*, n.s. 11.1(1952): pp. 107~108을 보라.

26) 이번에는 폰 데어 가벨렌츠의 문법서 한 권에 있는, 할로운의 난외주欄外注 가치의 또 다른 사례에 관해서는 Edwin G. Pulleyblank, *Studia Serica Bernhard Karlgren Dedicata*, p. 184, n. 1를 보라.

27) 다음 절은 부분적으로 David B. Honey, "Philology, Filiation, and Bibliography in the Textual Criticism of the Huainanzi(review article)", *Early China* 19(1994): pp. 161~192에 기초하고 있다.

28) Luciano Canfora, *The Vanished Library: A Wonder of the Ancient World*, pp. 45~50은 한대의 고문가古文家와 금문가今文家 사이의 논쟁 혹은 후대의 한학과 송학 사이의 방법론적 경쟁과 어떤 면들에서 매우 유사하게 보이는, 비판정본 작업과 알레고리적 해석의 중심들 사이 라이벌 관계에 관한, 비록 단속적斷續的이긴 하지만 학문적 논의를 대중적 형태로 제공한다. 알렉산드리아에서 텍스트적 학문의 발흥과 발전은 Rudolph Pfeiffer, *History of Classical Scholarship*, Vol. I, Pat Two, "The Hellenistic Age"에서 깊이 다룬다.

29) N. G. Wilson, *Scholars of Byzantium*(Baltimore: Johns Hopkins University Press, 1983), p. 68.

30) 비판정본 작업가로서 페트라르카의 작업에 대해서는 Rudolph Pfeiffer, *History of Classical Scholarship*, 2: pp. 3~16을 참조하라.

31) Anthony Grafton, *Joseph Scaliger, Vol. 1: Textual Criticism and Exegesis*, pp. 9~44; Rudolph Pfeiffer, *History of Classical Scholarship*, 2: pp. 35~41; 42~46에서 발라와 폴리치아노

에 관한 개별적 논술을 보라.

32) E. J. Kennedy, *The Classical Text: Aspects of Editing in the Age of the Printed Book*(Berkeley and Los Angeles: University of California Press, 1974), p. 43.

33) C. O. Brink, *English Classical Scholarship*, pp. 21~83.

34) Wilamowitz-Moellendorff, *History of Classical Scholarship*, p. 131. 이 저작은 고전세계의 자료들을 향한 중세의 비판정본 작업 생산자들과 생산물들의 탐구에 집중되어 있다. 라흐만의 과학적 기여들은 Harald Weigel, *Carl Lachmann und die Entstehung der wissenschaftlichen Edition*(Freiburg: Verlag Rombach, 1989)에서 가장 철저히 다루어진다. 그 방법의 발전에서 독창적이었던 한 비판정본 작업가에 관한 최고의 연구는 요셉 스칼리제르에 관한 그래프턴의 저작을 보라.

35) Charles S. Gardner, *Chinese Traditional Historiography*, p. 18. 이 탁월한 연구서의 제3장은 전적으로 비판정본 작업에 바쳐진다.

36) 이 분과학문에 대한 최근의 개설은 蔣伯潛, 『校讎目錄學纂要』(1946; rpt. 臺北: 正中書局, 1957)와 戴南海, 『校勘學概論』(西安: 陝西人民出版社, 1986)을 보라.

37) 두 유씨劉氏의 목록학적 활동 및 교수校讎 활동에 대해서는 William H. Nienhauser, Jr, et al.(ed.), *The Indiana Companion to Traditional Chinese Literature*(Bloomington: Indiana University Press, 1986), pp. 583~586에 Jeffrey K. Riegel과 Timoteus Pokora가 쓴 항목들, Piet van der Loon, "On the Transmission of the Kuan-Tzu", *TP* 41(1952): pp. 358~366; 錢穆, 「劉向劉歆父子年譜」, 『古史辨』(rpt. 上海: 上海古籍出版社, 1982), 5: pp. 101~248을 보라. 이 마지막 저작은 『兩漢經學今古文平議』(臺北: 三民書局, 1971)에 다시 실렸다.

38) Ming-Sun Poon, "The Printer's Colophon in Sung China, 960~1279, *Library Quarterly* 43(1973): pp. 39~52를 보라.

39) Jeffrey K. Riegel, "Some Notes on the Ch'ing Reconstruction of Lost Pre-Han Philosophical Works", *Selected Papers in Asian Studies* 1(Albuquerique, 1976), p. 180, n. 1에서 왕응린은 이후 청대의 비판정본 작업가들을 위한 길을 깔아준 선구자라고 믿어진다. 왕응린과 관련 연구의 목록 소개는 *The Indiana Companion to Traditional Chinese Literature*, pp. 882~884에 C. 브래드퍼드 랭글리가 쓴 항목을 보라. 더 나아가 왕응린의 주요 저작인 『옥해玉海』와 『곤학기문困學紀聞』 출판의 복잡한 역사에 대해서는 K. T. Wu, "Chinese Printing Under Four Alien Dynasties", *HJAS* 13(1950): pp. 470~471을 보라.

40) 고증학考證學의 발흥은 Benjamin A. Elman, *From Philosophy to Philology: Intellectual and Social Aspects of Change in Late Imperial China*(Cambridge, Mass.: Council on East Asian Studies, Harvard Univ., 1984), pp. 37~85를 보라. 텍스트 재구와 교수에 대해서는 pp. 68~70을 보라.

41) 철학 텍스트의 재구에 관한 이 학자들과 그 동료들의 작업에 대해서는 Jeffrey K. Riegel, "Some Notes on the Ching Reconstruction of Lost Pre-Han Philosophical Works"; Arthur W. Hummel(ed.), *Eminent Chinese of the Ch'ing Period(1644~1912)*, 2 vols.(Washington: United States Government Printing Office, 1943), 1: pp. 557~558; 2: pp. 910~912를 보라.

42) 이런 종류의 텍스트 다루기의 탁월한 한 사례는 Hu Shih, "A Note on Ch'üan Tsu-Wang, Chao I-Ch'ing and Tai Chen: A Study of Independent Convergence in Research as Illustrated in Their Works on the Shui-Ching Chu", in *Eminent Chinese of the Ch'ing Period*, 2: pp. 970~982에서 제공된다. 역사적 문헌에 대한 비판정본 작업의 역사와 방법론은 Charles S. Gardner, "Textual Criticism", in *Chinese Traditional Historiography*, pp. 18~63과 張舜徽, 『中國古代史籍校讀法』(1962; rpt.上海: 上海古籍出版社, 1980)에서 다루어진다.

43) 현대 중국 비판정본 작업가들 사이에서 이 저본底本의 이용에 관해서는 「校勘底本雜談」, 『古籍整

理硏究通訊』 10(1994), pp. 18~20을 참조하라.

44) William Hung이 이끌고 감독한 총서에 대해서는, Susan Chan Egan, *A Latter-day Confucian: Reminiscences of William Hung(1893~1980)*(Cambridge, Mass.,: Council on East Asian Studies, Harvard University, 1987), pp. 140~145를 보라.

45) Denis Twitchett, "A Lone Cheer for Sinology", p. 110.

46) Paul Thompson, *The Shen Tzu Fragments*(Oxford: 1979), p. xviii. 서양 중국학자들에 의한 비판정본 작업은 Charles S. Gardner, "Textual Criticism, in *Chinese Traditional Historiography*, pp. 18~68; Thompson, *The Shen Tzu Fragments*, William G. Boltz, "Textual criticism and the Ma Wang tui Lao tzu(review article)", *HJAS* 44(1984): pp. 185~224; William G. Boltz, "Textual Criticism Mroe Sinico", *Early China* 20(1995): pp. 393~405; Harold Roth, *The Textual History of the "Huai-nan Tzu"*(Ann Arbor: Association fot Asian Studies, 1992)를 보라.

47) Denis Twitchett, *Land Tenure and the Social Order in T'ang and Sung China*, p. 12; Herbert Franke, *Sinology at German Universities*, p. 18, "구스타프 할로운의 초기 유가 판본들에서 처음으로 문헌학적 비판정본 작업과 편집의 방법들이 서양 학자에 의해 옛 중국 텍스트에 적용되었다고, 비판정본 작업의 엄청난 정확성을 증명한다고 말할 수 있을 것이다"를 참조하라.

48) "Fragmente des Fu-Tsï und des Ts'in-tsï", *AM* 8(1932): pp. 437~518; "Das Ti-Tsï-Tşï: Frühkonfucianische Fragmente II", *AM* 9(1933): pp. 467~502; "Einige Berichtigungen und Nachträge zum Ti-Tsï-Tşï und zum Fu-Tsï", *AM* 10(1935): pp. 247~250; "Legalist Fragments, Part I: Kuan-tsi 55 and Related Texts", *AM* n.s. 2(1951): pp. 85~120.

49) 나 자신의 작업은 한대의 기사들이 경우 『사기』에 비해 『한서』가 가진, 텍스트상의 전반적 우월성을 지지했다. "Ssu-ma Ch'ien's Hsiung-nu logos: A Textcritical Study", *Chinese Literature: Essays, Articles, Reviews* 21(1999): pp. 67~97 참조.

50) Arthur Waley, *The Book of Songs*(193; rpt. New York: Grove Press, 1960), prefaces. 할로운과 다른 학자들의 공동 연구에 대해서는 Herbert Franke, "Gustav Haloun", p. 7를 참조하라.

51) *Seit wann kannten die Chinesen die Tocharer oder Indogermanen überhaupt*(Leipzig, 1926). Herbert Franke, *Sinology at German Universities*, p. 23은 이 저작을 "읽기는 어렵지만 인내심 있는 독자에게는 셀 수 없이 많은 아이디어와 힌트로서 보답하는, 지리에 관한 고대 중국의 관념의 "적요집"이라고 성격 짓는다. 물론, 이 저작에는 많은 비판정본 작업적 작업도 있다.

52) "Beiträge zur Siedlungsgeschichte chinesischer Clans, I: Der Clan Feng", *AM*(1923): pp. 165~181; "Contributions to the History of Clan Settlements in Ancient China, I", *AM* 1(1924): 76~101; pp. 587~623.

53) "The Compendium of the Doctrines and Styles of the Teaching of Mani, the Buddha of Light", *AM* n.s. 3(1952): pp. 184~221(with W. B. Henning).

54) "The Liang-Chou Rebellion, 184~221. A.D.", *AM* n.s. 1(1950): pp. 119~132.

55) *JAOS* 95(1975): p. 522.

56) *Japanisch-deutsche Zeitschrift für Wissenschaft und Technik* 3(Berlin, 1925): pp. 243~270. *JA* 11th ser.(1927): pp. 142~144에 실린 앙리 마스페로의 서평 참조.

57) Timothy H. Barrett, *Singular Listlessness*에 대한 Denis Twitchett's review of Barrett, *Singular Listlessness*, in *Journal of the Royal Asiatic Society* series 3, 5.2(1995): p. 247. 미국의 지역 연구의 분과학문이고 제도적 노선을 더 많이 따르는, 영국 중국학의 제2차 세계대전 이후 학파의 발전은 Michael McWilliam, "Knowledge and Power: Reflections on National Interest and the Study of Asia", *Asian Affairs* 26(1995): pp. 33~46을 보라.

58) C. R. Bawden, "Ernst Julius Walter Simon", p. 475.

제4부 영어권 중국학자들: 중국연안의 중국학에서 중국 연구로

제9장 영국 삼인방: 모리슨, 와일리, 자일스

1) Homer Hasenpflug Dubs, *China, The Land of Humanistic Scholarship: An Inaugural Lecture Delivered before the University of Oxford on 23 February 1948*(Oxford: Clarendon Press, 1949), p. 23.
2) 중국에서 영국과 미국 간 선교 노력의 진행에 대한 간편한 입문서는 *Comparative Chronology of Protestantism in Asia, 1792~1945*(Tokyo: Institute of Asian Cultural Studies, International Christian University, 1984)이다.
3) 서양에서 잉글랜드인들과 미국인들이 육성한 중국학 연구의 19세기 발전에 대해서는 Kenneth S. Latourette, *A History of Christian Missions in China*(New York: Macmillan, 1929); Jerome Chen, *China and the West: Society and Culture 1815~1937*(London: Hutchinson, 1979)를 보라.
4) James Bromley Eames, *The English in China*(London: Curzon Press, 1909), p. 82.
5) Ibid., pp. 12~13. 동인도회사의 역사적 배경은 pp. 1~44; Chang I-tung, "The Earliest Contacts Between China and England", *Chinese Studies in History and Philosophy* 1(1968): pp. 53~78을 보라.
6) Sir Richard Carnac Temple(ed.), *The Travels of Peter Mundy in Europe and Asia, 1608~1667*(London: 1919)를 보라.
7) James Bromley Eames, *The English in China*, pp. 23~40. 영국과 중국의 초기 무역에 관한 풍부한 기록이 Hosea B. Morse, *The Chronicles of the East India Company Trading to China, 1635~1834*, 5 vols.(London: Oxford University Press, 1924~1929)에 포함되어 있다. 또한 Michael Greenberg, *British Trade and the Opening of China, 1800~1842*(Cambridge: Cambridge University Press, 1951); William Conrad Costin, *Great Britain and China, 1833~1860*(London: Oxford University Press, 1937)을 보라.
8) James Bromley Eames, *The English in China*, p. 11; Timothy H. Barrett, *Singular Listlessness*, pp. 30~32.
9) James Bromley Eames, *The English in China*, p. 82. 초기의 또 다른 번역 매체는 말레이어였다. Timothy H. Barrett, *Singular Listlessness*, p. 33을 참조하라.
10) 이 조약에서 예수회의 중재에 대해서는, Joseph Sebes, S. J., *The Jesuits and the Sino-Russian Treaty of Nerchinsk(1689): The Diary of Thomas Pereira, S. J.*(Rome: Insitutum Historicum S. I., 1961)에 직접적으로 제시되어 있는 속 이야기를 보라.
11) Timothy H. Barrett, *Singular Listlessness*, p. 14. 다음을 참조하라. David Hawkes, *Classical, Modern and Humane*, p. 3: "확실히, 세계 거주민의 거의 4분의 1이 사용하는 언어(중국어)가 세계의 위대한 대학 중 하나(옥스퍼드대학)에서 단지 스무 명 남짓한 사람만이 배워야 한다는 점은 이상하게 보일 것이다. 그러나 그것이 사실이다…… 중국어는 이 대학 학부생 1퍼센트의 5분의 1만의 배운다."
12) 존 웨브(1611~1672)는 마르티노 마르티니와 니콜라 트리고 같은 유럽 대륙의 권위자들에 기반을 두어 *An Historical Essay Endeavoring a Probability That the Language of the Empire of China is the Primitive Language*(London, 1669)를 지었다. Christoph Harbsmeier, "John Webb and the

Early History of the Study of the Classical Chinese Language in the West", in *Europe Studies China*, pp. 297~338을 보라.

13) 로버트 모리슨의 생애에 대한 자료는 매우 많다. 그중에서도 E. Armstrong Morrison, *Memoirs of the Life and Labours of Robert Morrison*(London, 1839); Marshall Broomhall, *Robert Morrison: A Master Builder*(New York: Dolan and Co., 1924); Floyd L. Carr, *Robert Morrison, Protestant Missionary*(New York: Baptist Board of Education, 1925); Lindsay Ride, *Robert Morrison: The Scholar and the Man*(Hong Kong: Hong Kong University Press, 1957); Physis Matthewman, *Robert Morrison*(Grand Rapids: Zondervan House Publishers, 1958)을 보라. 모리슨의 성취에 대한 매우 축약된 개설서는 Kenneth S. Latourette, *A History of Christian Missions in China*, pp. 210~215이다. Donald W. Treadgold, *The West in Russia and China: Religious and Secular Thought in Modern Times*, Vol. 2 *China, 1582~1949*(Cambridge: Cambridge University Press, 1973), pp. 38~41은 민족으로서의 중국인에 대한 모리슨의 반감을 은폐하지 않고서도 그의 제도적 업적과 번역 업적을 정당히 평가한다. 가장 최근의 논술로는 Murray A. Rubinstein, *The Origins of the Anglo-American Missionary Enterprise in China, 1807~1840*(Lanham, Maryland: The Scarecrow Press, 1996), Part One; Donald M. Lewis(ed.)), *The Blackwell Dictionary of Evangelical Biography, 1730~1860*, 2: pp. 795~796이 있다. 홍콩침례대학 바턴 스타 박사와 스테파니 충 박사는 로버트 모리슨의 논문들을 편집하는 중이다.

14) 런던선교회에 대해서는 Murray A. Rubinstein, *The Origins of the Anglo-American Missionary Enterprise in China, 1807~1840*를 보라.

15) Timothy H. Barrett, *Singular Listlessness*, p. 63. 잉글랜드 중국학 아버지의 또 다른 후보는 조지 스톤튼 경으로서, Denis Twitchett, *Land Tenure and the Social Order in T'ang and Sung China*, p. 4에서는 앞에 두어진다. 비교 논술은 J. L. Canmer-Bying, "The First English Sinologists: Sir George Staunton and the Reverend Robert Morrison", in *Symposium on Historical Archaeology and Linguistic Studies on Southern China, South-East Asia and The Hong Kong Region*(Hong Kong: Hong Kong University Press, 1967), pp. 247~260을 보라.

16) Wong Man Kong, *James Legge: A Pioneer at Crossroads of East and West*, pp. 8~9.

17) *Ordination of The Rev. William Milne, As a Missionary to China, on Thursday, July 16th, 1812. At the Rev. Mr. Griffin's, Portsea*(London, 1812), p. 16.

18) William Milne, *A Retrospect of the First Ten Years of the Protestant Mission to China … Accompanied with Miscellaneous Remarks on the Literature, History, and Mythology of China*(Malacca: Anglo-Chinese Mission Press, 1820), p. 50.

19) Ibid., pp. 105~107은 모리슨의 학습법을 상세히 다루는데, 그 학습법을 밀른은 민첩하게 받아들였다.

20) 조슈아 마슈먼(1768~1837)은 벵골에서 처음 중국어를 배운 침례교 선교사였다. 마슈먼은 자신의 중국어 선생인 마카오 출신의 요안네스 라사르와 함께 1822년 〔인도 서西벵골주 동부〕 세람포레〔세람푸르〕에서 최초의 온전한 중국어역 성경을 발행했다. 마슈먼과 라사르에 대해서는 Timothy H, Barrett, *Singular Listlessness*, pp. 61~62를 보라. 마슈먼의 생애는 Alexander Wylie, *Memorials of Protestant Missionaries to the Chinese*(Shanghai: The Presbyterian Press, 1867), pp. 1~3에서 묘사된다.

21) "The Bible in China: The History of the *Union Version* or the Culmination of Protestant Missionary Bible Translation in Chinese"(Ph. D. diss., University of Hamburg, 1996), pp. 9~10. 학위 논문의 한 부를 제공해준 제체 박사에게 감사의 뜻을 표한다.

22) William Milne, *A Retrospect of the First Ten Years of the Protestant Mission to China*, p. 56.
23) 더 많은 배경에 대해서는, I-Jin Loh, "Chinese Translations of the Bible", in ed. Chan Sin-wai and David E. Pollard, *An Encyclopedia of Translation: Chinese-English, English-Chinese*(Hong Kong: Chinese University Press, 1995), pp. 54~69; Marshall Broomhall, *The Bible in China*(San Francisco: Chinese Materials Center, Inc., 1977); Jost Oliver Zetzsche, "The Bible in China", pp. 11~27을 보라.
24) Daniel H. Bays, "Christian Tracts: The Two Friends", in ed. Suzanne W. Barnett and John King Fairbank, *Christianity in China: Early Protestant Missionary Writings*(Cambridge: Cambridge University Press, 1985), pp. 19~34.
25) 밀른의 생애와 이력에 대해서는 Robert Morrison, *Memoirs of the Rev. William Milne, D. D.: Late Missionary to China and Principal of the Anglo-Chinese College, Compiled from Documents Written by the Deceased; to Which are Added Occasional Remarks by Robert Morrison, D. D.*(Malacaa: Msiion Press, 1824); Alexander Wylie, *Memorials of Protestant Missionaries to the Chinese*, pp. 12~25; The Blackwell Dictionary of Evangelical *Biography*, 2: pp. 774~775를 보라.
26) Lindsay Ride, *Robert Morrison*, p. 21.
27) 후에 *A Grammar of the Chinese Language*(Serampore: Mission Press, 1815)로 출판되었다.
28) *Dialogues and Detached Sentences in the Chinese Language; with Free and Verbal Translation in English; Collected from Various Sources. Designed as an Initiatory Work for the Use of Students of Chinese*(Macao: East India Company's Press, 1816).
29) *Vocabulary of the Canton Dialect*(Macao: East India Company's Press, 1828).
30) *Land Tenure and Social Order in T'ang and Sung China*, 3. 우진룽은 중대한 발음 문제에서 이 사전의 심각한 결함 한 가지를 언급한다. 즉, 이 사전은 유성폐쇄음과 무성폐쇄음을 구별하지 못한다는 것이다. Wu Jingrong, "Chinese-English Dictionaries", in *An Encyclopaedia of Translation*, p. 519를 보라.
31) *Inaugural Lecture on the Constituting of a Chinese Chair in the University of Oxford. Delivered in the Sheldonian Theatre*, October 27, 1876(Oxford: James Parker and Co., 1876), p. 4.
32) Lindsay Ride, *Robert Morrison*의 15쪽과 16쪽 사이에 삽입된 광고와 모리슨 사전 x쪽의 서문에서 발췌했다.
33) "Preface", p. ix.
34) 2nd ed.(Hong Kong, Shanghai, and London, 1886).
35) 생애에 대해 간략히 언급한, 모리슨과 그의 아내 메리의 묘지명이 버나드 멜러가 축약하고 편집한 Lindsay and May Ride, *An East India Company Cemetery: Protestant Burials in Macao*(Hong Kong: Hong Kong University Press, 1996), pp. 229~235에 다시 나온다.
36) Brian Harrison, *Waiting for China: The Anglo-Chinese College at Malacca, 1818~1843, And Early Nineteenth-Century Missions*(Hong Kong: Hong Kong University Press, 1979).
37) 그의 설교와 강연에서 방대하게 예증되는 바와 같다. Robert Morrison, *A Parting Memorial; Consisting of Miscellaneous Discourses, Written and Preached in China; at Singapore; on Board Ship at Sea; in the Indian Ocean; at the Cape of Good Hope; and in England. With Remarks on Mission, etc. etc*(발행지 및 발행 시기 불명).
38) 와일리에 대한 주요 전기적 자료는 Alexander Wylie, *Chinese Researches*와 J. Edkins, "The Value of Mr. Wylie's Chinese Researches"(세 쪽); James Thomas, "Biographical Sketch of

Alexander Wylie"(여섯 쪽); Henri Cordier, "The Life and Labours of Alexander Wylie"(열두 쪽) 등이다.

39) Henri Cordier, "Life and Labours", p. 9.

40) Joseph Needham and Wang Ling, *Science and Civilisation in China*, Vol. 3: *Mathematics and the Science of the Heavens and the Earth*(Cambridge: Cambridge University Press, 1959), p. 2. 다음을 참조하라. Wang Ping, "Alexander Wylie's Influence on Chinese Mathematics", in *International Association of Historians of Asia, Second Biennial Conference Proceedings*(Taipei: Taiwan Provincial Museum, 1962), pp. 777~786.

41) Henri Cordier, "Life and Labours of Alexander Wylie", p. 12에서 재인용.

42) Ibid.

43) Jean-Pierre Abel-Rémusat, *Nouveaux mélanges asiatiques*, 2 vols.(Paris: Schubart et Heideloff, 1829), 2: pp. 373~426은 유럽의 더 이전의 중국학 목록들에 대한 개관과 함께 왕립도서관에 소장된 중국 책들에 대한 개관을 서두로 삼고 있다.

44) Alexander Wylie, *Notes on Chinese Literature: With Introductory Remarks on the Progressive Advancement of the Art and A List of Translations from the Chinese Into Various European Languages*(Shanghai, 1867; rpt. New York: Paragon Books, 1964).

45) 헬렌 레그에 따르면, 옥스퍼드에 제임스 레그가 있었다는 사실이 와일리로 하여금 대영박물관보다는 거기에 그의 책을 팔려고 진열하도록 이끌었다. Helen Edith Legge, *James Legge*(London, 1905), pp. 64~65를 보라.

46) David Helliwell, *A Catalogue of the Old Chinese Books in the Bodleian Library*, Vol. II: *Alexander Wylie's Books*(Oxford: The Bodleian Library, 1985), p. xiii.

47) Howard S. Levy가 1964년 재판본에 부친 소개에서 행한 평가를 보라.

48) Alexander Wylie, *Notes on Chinese Literature*, p. vi.

49) Henri Cordier, *Bibliotheca Sinica*, 1: pp. xiii-xiv.

50) Henri Cordier, "Life and Labours", p. 7. 코르디에의 *Catalogue of the Library of the North China Branch of the Royal Asiatic Society*(Shanghai, 1872)에 따르면, 화북지회도서관에 있던 서양어로 된 718권은 중국어 제목으로 된 1023권과 마찬가지로 와일리의 것이었다.

51) Ibid, p. 15.

52) Ralph R. Covell, in *The Blackwell Dictionary of Evangelical Biography, 1730~1860*, 2: pp. 1220~1221.

53) 예를 들면, Joseph Edkins, *Chinese Buddhism*(London, n.d.). 이 책은 매우 후한 감사의 말을 포함하고 있다.

54) Herbert Allen Giles, *A Glossary of Reference on Subjects Connected With the Far East*, 2nd ed.(Hong Kong: Lane, Crawford and Co., 1886), p. 222.

55) 자일스에 관한 짧은 전기와 목록은 *Who Was Who*, Vol. 3 *1929~1940*, 2nd ed.(London: A. and C. Block, 1967), pp. 512~513; 石田幹之助, 『歐米に於ける支那研究』(東京: 創元社, 1942), pp. 396~406; A. C. Moule, *Journal of the Royal Asiatic Society 66*(1935), pp. 134~136의 부고 기사; John Ferguson, *Journal of the North China Branch of the Royal Asiatic Society*를 보라. 더 이상의 것은 Charles Aylmer(ed.), "The Memoirs of H. A. Giles", *East Asian History* 13/14(1997): pp. 1~90을 보라.

56) 토머스 웨이드 경(1818~1895)은 케임브리지 트리니티칼리지로부터 입학 허가를 받았다. 그러나 그의 아버지는 아들이 학업에 부적합하다고 느끼고서 그를 한 군사위원회에 데려갔다. 웨이드는 육군 중

위로 남중국에서 복무하는 동안 언어와 사랑에 빠졌다. 그는 1843년에는 홍콩 수비대의 광동어 통역관으로, 1846년에는 홍콩대법원의 광동어 통역관으로 일했다. 그는 1857년과 1859년 모두 엘긴 경의 사절단에 참가했다. 웨이드의 영사관 근무 경력은 그의 말라리아 발병과 함께 또 연구에 몰두하고 선교사와 통역가들을 위한 언어 교재 발간을 위해 가능한 한 빨리 은퇴하려는 시도의 좌절과 더불어 종지부를 찍었다. 그는 결코 이 야망을 실현하지 못했음에도, 새로운 학생 번역가들을 위해 중국어 교육을 개정했고, 그것을 상대적으로 효과적인 교육 프로그램으로 처음 만들었다. 다양한 직책 중에서도 그는 1856년에 중국어 비서로 일했고 또 64세 나이에 중국장관(1871~1882)으로 은퇴했다. P. D. 코츠에 따르면, 그는 1888년에 케임브리지대학의 새로운 교수직에 취임했을 때는 이미 "정신적으로 쇠진해 있었다." 즉, "학문을 위한 여가는 결국 너무나 늦게 찾아왔고, 그는 더 이상 아무것도 출판하지 못했으며 제자도 없었다." P. D. Coates, *The China Consuls: British Consular Officers, 1843~1943*(Hong Kong: Oxford University Press, 1988), p. 85. 웨이드의 생애에 대해서는 Sydney Lee(ed.), *The Dictionary of National Biography*(London: Smith, Elder and Co., 1899), 58: p. 420; J. C. Cooley, *T. F. Wade in China: Pioneer in Global Diplomacy 1842~1882*(Leiden, 1981)를 보라.

57) 조지 스톤튼 경(1781~1859)은 능숙하게 중국어를 구사한 최초의 잉글랜드 외교관이었다. 그러나 그는 매카트니 경의 비서였던 아버지를 따라 매카트니의 축하 사절에 동행했을 때 겨우 일곱 살이었다. 당시 어린 조지는 파견단에서 중국어를 아는 유일한 멤버였다. 그는 청나라 법전의 번역[청의 법전인 『대청율례大清律例』를 *Ta Tsing Leu Lee*로 번역했다]으로 유명하지만(London, 1810) 외교가 아니라 동인도회사에서 인정받았다. 그의 생애에 대해서는, Denis Twitchett, *Land Tenure and the Social Order in T'ang and Sung China*, pp. 4~6을 보라.

58) 전직 해군 군목이자 잉글랜드에서 불교 연구의 선구자인 새뮤얼 빌 목사(1825~1889)는 현장의 *Buddhist Records of the Western World*, 2 vols.(London, 1884)라는 여행기를 번역했고 또 그의 영웅인 현장의 전기인 *Life of Hsüan-tsang*(London, 1911)를 산출했다. 그는 1877년부터 1889년까지 런던대학 중국어 교수직을 맡았다.

59) 천진의 전직 영사관원이었던 로버트 케너웨이 더글러스(1838~1913)는 1865년에 대영박물관 도서관에 왔으며, 1905년 퇴임할 때까지 킹스칼리지의 중국어 교수직을 맡았다. 더글러스는 *The Languages and Literature of China: Two Lectures*(London, Trübner and Co., 1875), pp. 7~8에서 그 시대 잉글랜드에서 중국학의 경제적 동력을 언급했다. "그리고 대영박물관의 버치 박사, 그리고 중국 불교에 관한 몇 권의 책 번역자인 빌 씨를 최고로 하는 두세 학자를 제외하면, 우리에게 중국어 연구는 직무의 성격상 그 언어와 드잡이를 강요당하는 이들에 전적으로 한정되어왔다."

60) Denis Twitchett, *Land Tenure and the Social Order in T'ang and Sung China*, pp. 10~11; 모울의 학적 사명은 영국의 아마추어 중국학자를 폐기하는 것이었다.—"내가 그중 마지막이 되기를!" A. C. Moule, "British Sinology", *The Asiatic Review* 44(1948): p. 89를 보라. 오토 프랑케는 "아마추어 중국학"의 "딜레탕티슴"에 대해 훨씬 덜 친절한 경향이었다. Otto Franke, "Die sinologischen Studien in Deutschland," *Ostasiatische Neubildungen*(Hamburg, 1911), pp. 357~367을 참조하라.

61) 그 장서에 대해서는 Herbert A. Giles, *A Catalogue of the Wade Collection of Chinese and Manchu Books in the Library of the University of Cambridge*(Cambridge, 1898); *Supplementary Catalogue of the Wade Collection of Chinese and Manchu Books*(Cambridge, 1915)을 보라. 역사적 배경에 대해서는 Charles Aylmer, "Sir Thomas Wade and the Centenary of Chinese Studies at Cambridge(1888~1988)", 『漢學研究』 7(1989): pp. 405~420; Timothy H. Barrett, *Singular Listlessness*, pp. 77~79를 보라.

62) 대영박물관에서의 라이오넬 자일스의 작업은 다년간의 노고 끝에 *Catalogue of Tun-huang Manuscripts in the British Museum*(London: British Museum, 1957)를 결과로 낳았다. J. L.

Cranmer-Bying, "Lionel Giles(1875~1958)", *Journal of Oriental Studies* 4(1957~1958): pp. 249~252를 보라.

63) P. D. Coates, *The China Consuls*, p. 206.

64) Lancelot Giles, ed. L. R. Marchant, *The Siege of the Peking Legations: A Diary*(Nedlands, Australia: University of Western Australian Press, 1970), pp. xxix~xxv.

65) Lancelot Giles, ed. L. R. Marchant, *The Siege of The Peking Legations*, p. xix에 있는 로버트 스콧 경의 머리말에서.

66) 데니스 트위체트에 따르면, 자일스가 제대로 일할 수 있는 것보다 더 오래 그 자리를 계속해서 유지했다는 사실 때문에 케임브리지대학은 정년을 도입했다. 1997년 4월 2일 잉글랜드 케임브리지에서의 사적인 대화.

67) 그는 선교사인 모울 집안의 일원이었다. 그의 아버지 조지는 1880년부터 1908년까지 중부 중국의 주교였다. 형인 헨리 모울 역시 중국 선교사였으며, 1920년에 250권을 케임브리지대학에 기증했다. 아서 크리스토퍼 모울은 주목할 *Christians in China*(rpt. 臺北: 成文書局, 1972)를, 그리고 *Journal of the Royal Asiatic Society* 지면에 중요치 않은 수도사들에 대한 몇 편의 논문을 발표했다. W. 퍼시벌 예츠가 선진先秦 군주들의 연대기를 덧붙인 Moule, *The Rulers of China, 221 B.C.-A.D. 1949*(London: Routledge and K. Paul, 1957)은 여전히 참고하기에 편리하다. 두 저작은 마르코 폴로와 관련된다. 즉, 명목상 펠리오와의 공저지만 전적으로 모울의 노작인 *The Travel of Marco Polo*의 영역(rpt, New York: AMS Press, 1976)과 *Quinsay: with other Notes on Marco Polo*(Cambridge: Cambridge University Press, 1957). 그는 케임브리지의 중국어 교수로 종신직에 있는 동안 트리니티칼리지의 펠로였다.

68) Lancelot Giles, ed. L. R. Marchant, *The Siege of The Peking Legations*, p. xx에 있는 로버트 스콧 경의 머리말.

69) "The Memoirs of H. A. Giles", p. 39.

70) Herbert Allen Giles, *Adversaria Sinica*(Shanghai: Kelly and Walsh, 1914).

71) Ibid., p. 163.

72) Ibid., p. 18. 그의 중국-그리스 비교연구의 또 다른 예는 강의 #4 "China and Ancient Greece, in *China and the Chinese: Lecture(1902) on the Dean Lung Foundation in Columbia University*([New York: Columbia University Press, 1902]), pp. 109~140이다. 우연히도 이 강의들은 1902년에 컬럼비아대학에서 연례年例의 딘렁 강의를 발족시켰다.

73) Ibid., p. 213.

74) Arthur Waley, *The Analects of Confucius*(New York: Vintage Books, 1938), p. 190.

75) Herbert Allen Giles, *Adversaria Sinica*, p. 304.

76) 그러므로 다음 지면들에서의 시도는 (…) 교육수준이 높은 현지인 학자의 도움을 얻을 수 있는—나는 얻을 수 없지만—중국 거주 학인들의 손에서 개선될 수 있을 것이다. Ivan Morris(ed.), *Madly Singing in the Mountains: An Appreciation and Anthology of Arthur Waley*(New York: Walker, 1970), pp. 300~301, n. 1에서 재인용.

77) "The Memoirs of H. A. Giles", p. 40.

78) Ibid.,, p. 14. 사역구문使役構文에 대한 그의 무지에 대해서는 pp. 24, 29를 보라.

79) "The Memoirs of H. A. Giles", p. 40

80) *Madly singing in the Mountains*, p. 137. 특정 사례에 집중된 웨일리의 자일스 비평의 예는 그의 "Notes on the 'Lute-Girl's Song'", in *Madly Singing in the Mountains*, pp. 297~302를 보라. 웨일리의 염려를 데이비드 호크스가 확장한 것은 David Hawkes, "Chinese Poetry and the English Reader", in ed. Raymond Dawson, *The Legacy of China*(Oxford: Oxford University Press, 1961), pp. 98~101을 보라.

81) 제10장에서의 논의를 보라.

82) Zhaoming Qian, *Orientalism and Modernism: The Legacy of China in Pound and Williams*(Durham: Duke University Press, 1995)를 보라.

83) 로런스 로버트 비니언은 랭커스터에서 태어났다. 그는 1893년 대영박물관의 인쇄서적부에 합류하기 전에 옥스퍼드 트리니티칼리지에서 고전을 공부하고 시를 지었다. 2년 후 그는 인쇄 및 회화부로 옮겼고, 1909년에 부관리인이 되었다. 그는 자신이 맡은 전시에서 미술의 시각적 제시를 시의 청각적 효과와 결합하기를 좋아했다. 1913년이 되자 동양 인쇄 및 회화부의 하위 부서가 만들어져 그의 관리하에 두어졌다. 그의 출판물(예를 들면 *Painting in the Far East*, 1908)과 강의(예를 들면, 1933~1934년 하버드 강의 시리즈인 "The Spirit of Man in Asian Art")는 중국, 일본, 페르시아, 인도를 포함하는 동양 미술 감상의 확산에 그 어느 동시대인보다 더 많은 것을 했다. 나중에 아서 웨일리에게 미친 영향은, 웨일리 자신의 시 창작물들을 위해 (비니언 자신의 운문을 통해) 제라드 맨리 홉킨스의 시에서 빌려온 화법의 자연스러운 강세強勢-악센트의 창의적 이용뿐 아니라, 동양 시와 미술에 대한 웨일리의 직업적·개인적 관심 모두를 포함한다. 그의 생애에 대해서는 John Hatcher, ed. L. G. Wickham Legge and E. T. William, *Laurence Binyon: Poet, Scholar of East and West*(Oxford: Clarendon Press, 1996)과 *Dictionary of National Biography, 1941~1950*(Oxford: Oxford University Press, 1959), pp. 79~81을 보라.

84) 페놀로사에 대해서는 Lawrence W. Chisolm, *Fenollosa, The Far East and American Culture*(New Haven: Yale University Press, 1963)을 보라.

85) Zhaoming Qian, *Orientalism and Modernism*, p. 1.

86) *A History of Chinese Literature*(New York: D. Appleton, 1901).

87) Herbert Allen Giles, *Chinese Poetry in English Verse*(발행처 및 발행일자 불명)에 1898년 10월 케임브리지에서 쓴 「서시preface」.

88) Ibid., #1.

89) Ezra Pound, *The Confucian Odes: The Classic Anthology Defined By Confucius*(1954; rpt. New York: New Directions, 1959), pp. 27~38.

90) James Legge, *Chinee Classics*, 4: pp. 125~126.

91) *The Earliest English Poems*, 3rd. ed.(Middlesex: Penguin Books, 1991), p. xxiii.

92) Kenneth Hurlstone Jackson, *A Celtic Miscellany*(Middlesex: Penguin Books, 1971), pp. 15~16.

93) Zhaoming Qian, *Orientalism and Modernism*, p. 75.

94) Hugh Kenner, *The Pound Era*(The Berkeley and Los Angeles: University of California Press, 1974), p. 195, 209.

95) Arthur Waley, *The Book of Songs*(1937; rpt. New York: Grove Press, 1960), p. 35.

96) Paul Kroll, "On 'Far Roaming'", *JAOS* 116(1996): p. 656.

97) (London: Trübner and Co., 1876).

98) Ernest John Eitel, "The She-King", *The China Review* 1(1872): p. 5.

99) Pfsiter, "James Legge's Metrical Book of Poetry", *BSOAS* 60(1997): pp. 64~85, 69~70에서 인용.

100) Susan Bassnett-McGuire, *Translation Studies*(New York: Routledge, 1991)와 Peter Newmark, *Approacehs to Translation*(New York Pergamon Press, 1988).

101) 예를 들어, Wai-lim Yip(葉維廉), "파운드는 중국어에 대한 무지 때문에, 또 페놀로사 텍스트의 많은 부분 때문에 뚜렷한 한계가 있긴 했지만, 그가 자신감, 시의 구성에 대한 직관적 파악, 혹은 엘리엇의 용어를 빌리자면, '창조적인 눈'을 가지고 있었음은 이제 매우 분명해 보인다." Wai-lim Yip, *Ezra*

Pound's Cathay(Princeton: Princeton University Press, 1969), p. 92.

102) "Notes on the 'Lute-Girl's Song", in *Madly Singing in the Mountains*, pp. 297~302.

103) Henri Maspero, *BEFEO* 10(1910): pp. 593~600.

104) A. C. Moule, "British Sinology", p. 189. 광범위하지만 일반화된 읽기에 기반을 두어 형성된 의견과 특화된 연구 사이의 차이를 보려면 Herbert Allen Giles, *A History of Chinese Literature*를 Grube, *Geschichte der chinesischen Literatur*라는 1902년의 독일판 대항물과 비교해보기만 하면 된다.

105) David Pollard, "H. A. Giles and His Translations", p. 494.

106) "The Memoirs of H. A. Giles", p. 19.

107) Ibid, pp. 38~39.

108) 에드워드 하퍼 파커(1849~1926)의 방언학 작업과 자일스와의 전투적 관계에 대해서는 근간 예정인 David Prager Branner, "Notes on the Beginnings of Systematic Dialect Description and Comparison in Chinese"; "The Linguistic Ideas of Edward Harper Parker", *JAOS* 119(1999): pp. 12~34를 보라.

109) 예를 들어 Berthold Laufer, *Chinese-Clay-Figures*, Part 1: *Prolegomena on the History of Defensive Armor*(1914; rpt. New York: Krause, 1967), pp. 75~80에 나와 있는, 무소rhinoceros에 대한 라우퍼의 긴 논의와 자일스의 잘못된 결론들을 보라.

110) Berthold Laufer, *Jade: A Study in Chinese Archaeology and Religion*(1912; rpt. New York: Kraus, 1967), p. ii.

111) Paul Pelliot, "A Propos du 'Chinese Biographical Dictionary' de M. H. Giles", *AM* 4(1927): pp. 377~389. 그의 두 비판은 생애에 관한 정보가 명기되지 않은 자료들로부터 이차적으로 편집되는 일이 잦았다는 것과, 때때로 날짜와 사실이 틀렸다는 것이었다. 그래도 여전히, 그는 폰 차흐의 근거 없는 공격으로부터 자일스를 옹호하는 데에 서평의 일부를 썼다. 폰 차흐의 비판적 서평은 *Asia Major*의 전권前卷에 나왔었다("Einige Verbesserungen zu Giles' Chinese Biographical Dictionary", 3[1926]: pp. 545~568). 교정과 보충 정보를 제공한 것 외에, 펠리오는 또 장래의 개정판을 위한 모델 표제어 노릇을 하리라고 희망한 것들을 제공했다.

112) 石田幹之助, 『歐米における支那研究』, 401쪽은 그의 작업을 절묘하고 우아하다고, 잉글랜드 학문의 정수라고 칭한다.

113) Herbert Franke, *Sinologie*, p. 22.

114) "The Memoirs of H. A. Giles", pp. 85~86.

제10장 제임스 레그: 꿈꾼 사람

1) James Legge, *Inaugural Lecture*, p. 27.

2) 린지 라이드에 의한 전기적 스케치는 James Legge, *The Chinese Classics*, 5 vols.(1861~93; rpt. Hong Kong University Press, 1970), 1: pp. 1~25에서 발견된다. 또한 헬렌 에디스 레그가 칭송하는 글인 *James Legge*와 G. Schlegel, "Necrology: James Legge", *TP* 9(1898): pp. 59~63을 보라. Wong Man-kong, *James Legge: A Pioneer at Crossroads of East and West*(Hong Kong: Hong Kong Educational Pub. Co., 1996)은 더 학술적이다. 중국 문명에 관한 레그의 종교적 관점, 특히 그의 선교 사명에 비추어본 것은 Raymond Dawson, *The Chinese Chameleon: An Analysis of European Conceptions of Chinese Civilization*(London: Oxford University Press, 1967), pp.

138~141을 참조하라. 짧은 감상들은 Timothy H. Barrett, *Singular Listlessness*, pp. 75~76; David Hawkes, *Classical, Modern and Humane*, pp. 4~6; Donald W. Treadgold, *The West in Russia and China: Religious and Secular Thought in Modern Times*, Vol. 2: China 1582~1949, pp. 41~45에 포함되어 있다. Lau Tze-yui, "James Legge(1815~1897) and Chinese Culture: A Missiological Study in Scholarship, Translation, and Evangelization." Ph.D. diss., University of Edinburgh, 1994는 아직 보지 못했다.
지라르도와 피스터는 선교사 번역가로부터 옥스퍼드 중국학자이자 비교종교학 학도에 이르기까지 레그의 생애, 노고, 변신에 대한 방대한 저작들을 각기 완성했다. 지라르도 작품의 제목은 *The Victorian Translation of China: James Legge's Oriental Pilgrimage*이다. 책은 레그를, 공자와 그의 사명에 대한 자기개념의 후세 대응물로서, 또 외국 텍스트들의 번역을 통한 문화변용뿐 아니라 그런 문화변용을 통한 심리적·지적 변신의 과정의 전형으로 묘사한다. 피스터의 수고는 *In Pursuit of the Whole Duty of Man: James Legge and the Sino-Scottish Encounter in 19th Century China*이며, 홍콩에서의 레그의 생애와 노고에 집중한다. 이미 발간된 예비적 고찰은 "The Fruit and Failures of Kames Legge's Life for China", *Ching Feng* 31(1988): pp. 246~271; "Some New Dimensions in the Study of the Works of James Legge(1815~1987): Part I", *Sino-Western Cultural Relations Journal* 12(1990): pp. 29~50; "Part Two", *Sino-Western Cultural Relations Journal* 13(1991): pp. 33~48; "Clues to the Life and Academic Achievements of One of the Most Famous Nineteenth Century European Sinologist-James Legge(A.D.1815~1897)", *Journal of the Hong Kong Branch of the Royal Asiatic Society* 30(1990): pp. 180~218; "James Legge", in *Encyclopedia of Translation*, pp. 401~422가 있다. (* 지라르도와 피스터의 책은 이미 출간되었다.) Norman J. Girardot, *Victorian Translation of China: James Legge's Oriental Pilgrimage*, Berkeley: University of California Press, 2002; Lauren Pfister, *Striving for the Whole Duty of Man*, Frankfurt am Main; New York: Peter Lang, 2004.

3) 1860년과 1900년 사이에, 의학에서든, 선교의 노력에서든, 영사관 관료로서든 애버딘대학 졸업생 40명이 중국에서 일했다. John D. Hargreaves, *Academic and Empire: Some Overseas Connections of Aberdeen University 1860~1970*(Aberdeen: Aberdeen University Press, 1994), p. 74.

4) 1860년대 컬리앵과 레그 사이의 명백히 '방대한 서신 교환' 가운데, 오직 네 통의 편지만이 보들리도서관에 보존되어 있다. Lauren Pfister, "Some New Dimensions", Part Two, p. 41을 보라.

5) James Legge, *Chinese Classics*, 1: p. vii. 새뮤얼 키드 목사(1797~1843)는 영화서원의 선교사였으나, 여러 해 복무 후에 1832년 병으로 인해 잉글랜드로 돌아갔다. 1837년 그는 잉글랜드 최초의 중국어 교수가 되었고, 런던대학에서 가르쳤다. 그는 *China, or Illustrations of the Symbols, Philosophy, Antiquity, Customs, Superstitions, Law, Government, Education, and Literature of Chinese*(London: Taylor and Walton, 1841)을 썼다. 아쉽게도, 그의 교수직은 5년간만 제공되었고—조지 스톤튼 경의 부조를 통해—갱신되지 않았다. 그러자 스톤튼은 라이벌인 킹스칼리지에서 중국어 교수직에 대한 지원을 찾아나섰다. 그리하여 은퇴한 통역사인 J. 피어론이 킹스칼리지 최초의 중국어 교수가 된 것은 1845년이었다. 그는 1851년 그 자리가 없어질 때까지 계속 있었다. 1852년 제임스 서머스 목사가 다시 설치된 교수직을 떠맡았다. 그러나 그의 학생들은 광동 방언과 상해 방언만을 아는 교수 한 사람에 의한 훈련은 북경에 도착하자마자 자신들을 가망 없도록 난처하게 만들 것임을 알아차렸다. "결국 런던에서 영사 업무 요원과 대외 업무 요원의 초기 훈련은 신속히 폐지되었다"라고 트위체트는 설명한다. Denis Twitchett, *Land Tenure and the Social Order in T'ang and Sung China*, p. 7. 런던에서의 키드와 중국어에 관해서는 Denis Twitchett, pp. 2~7와 Timothy H. Barrett, *Singular Listlessness*, pp. 71~72를 보라.

6) Wong Man-kong, *James Legge*, p. 15.
7) James Legge, *Chinese Classics*, 1: p. vii.
8) Ibid., p. 10.
9) 이것은 포클로에서 있었던 레그의 거의 순교에 가까운 일에서 가장 설득력 있게 보이는데, 그 사건은 레그를 홍콩의 선교사 사회에서 민중적 영웅으로 만든 사건이었다. Lauren Pfister, "From the Golden Light Within: Reconsideration of James Legge's Account of Ch'ëa Kam-Wong, The Chinese Protestant 'Proto-Martyr'"을 보라. 이는 James Legge: The Heritage of China and the West, An International Conference, Aberdeen, Scotland, April 8~12, 1997에 제출된 논문이다.
10) 그는 "한 중국인 마을에서 한 번 이상 돌을 맞았다"는 말로 "Reminiscences of Professor James Legge", dated 1858, Bodleian Library, MSS Eng. Misc., C. 812, 1이라는 22쪽짜리 수고는 시작된다.
11) 이런 공감적 이해의 결여를 보여주는 한 가지 두드러진 사례가 로버트 모리슨의 초기 저작에 나온다. Robert Morrison, *A View of China for Philological Purposes*, pp. 124~125에는 다음과 같은 유감스러운 구절이 나타난다. "중국인들은 허울은 좋지만, 신실치 못하고, 시기심 많고, 질투하며, 매우 신뢰가 없다…… 중국인들은 일반적으로 이기적이며, 냉혈한이며, 비인간적이다."
12) 1822년부터 1828년까지 말라카의 영화서원에서 전속되어 그곳에서 시간제 중국어 교수였던 데이비드 콜리(1828년경)는 일찍이 사서四書, 즉 *The Chinese Classical Works Commonly Called the Four Books*(Malacca, 1828)를 번역했다. Timothy H. Barrett, Singular Listlessness, p. 65에 따르면, 그의 번역은 랠프 월도 에머슨과 헨리 데이비드 소로에게 영향을 미쳤다. Lauren Pfister, "Serving or Suffocating the Sage? Reviewing the Efforts of Three Nineteenth Century Translators of the Four Books, With Special Emphasis on James Legge(A.D. 1815~1987)", *The Hong Kong Linguist* 7(Spring and Summer 1990): pp. 25~56의 매력적인 평가를 보라. C. Y. Hsü, "James Legge and the Chinese Classics", *Asian Culture Quarterly*(Asian-Pacific Culture Quarterly) 23(Spring 1995): pp. 43~58은 피상적이고 성급하고 부정적인 개관이다.
13) 레그는 『논어』『맹자』『시경』의 번역본을 세 번 출판했고, 『중용』의 번역본을 네 번 출판했으며, 『상서』의 번역본을 두 번 출판했고, 나머지 경전들은 한 번씩 출판했다. Lauren Pfister, "Some New Perspectives on James Legge's Multiform English Translations fo the Chinese classics and Sacred Books of China", 홍콩대학 중문과 70주년을 기념하여 홍콩침례교대학에서 행한 1997년 12월 10일의 강의를 보라. 레그의 중국 경전 번역들의 지속적 가치는 피스터·류자허·사오둥팡의 최근의 미발표 평론들에 의해 재확인되는데, 레그의 성취를 현대의 중국학적 경전 연구의 성취라는 맥락 속에 위치시키려고 한다. 그들이 제공하는 비평장치는 특히 유용하다.
14) Herbert Franke, "Sinologie im 19. Jahrhundert", in *August Pfizmaier*(1808~1887) *und seine Bedeutung für die Ostasienwissenschaften*, p. 40.
15) Helen Legge, *James Legge*, p. 42.
16) Herbert Allen Giles, *Adversaria Sinica*, p. 346.
17) Raymond Dawson, *The Chinese Chameleon*, 6. Lindsay Ride, "Bibliographical Note", pp. 20~22는 레그의 동료들과 에드킨스, 슐레겔, 코르디에를 포함하는 더 젊은 세대의 중국학자들이 레그를 학문적으로 평가하는 인용문을 포함하고 있다. Eugene Eoyang, *The Transparent Eye: Reflections on Translation, Chinese Literature, and Comparative Poetics*(Honolulu: University of Hawaii Press, 1993), pp. 170~177에서 레그의 『논어』 번역에 대해 더 예리하고 이론적인 비판을 제공한다. 레그가 결코 그의 시대의 세계관 혹은 선교사적 마음가짐을 넘어서지 않았음은 실제로 어우양에 의한 비판이 아니다. 어우양은 그 대신에 번역가들의 '기대지평'을 예증하려고 시도한다.
18) 지라르도는 방대한 수고인 *The Victorian Translations of China*의 여러 곳에서, 레그의 예스러운

문체를 그의 동시대인들이 눈치 챘다고 지적한다. 명백히 그것은 의식적인 문체 선택이었지 레그 시대의 산물이 아니었다. 한 가지 사례가 에른스트 요한 아이텔인데, 그는 "이전의 출판물들에서 레그 박사를 번역가로 규정했었던, 또 그가 매우 감탄할 만큼 충분히 열심이지는 않은 예스러운 아취의 시적 발산을 다루는 이곳에서 더 강하게 나타나는, 거의 산문적인 무거움과 예스러운 아취에까지 이르는 어떤 엄격한 장중함에 대해 우리가 눈감을 수는 없다"라고 언급한다. Ernest John Eitel, "The She-King", p. 5.

19) James Legge, *The Chinese Classics*, 4: p. 5.

20) Ibid.

21) Ibid., 4: p. 10.

22) Paul Demiéville, "Aperçu historique des études sinologiques en France", p. 465.

23) Wong and Li, "Three English Translations of the Shijing", *Renditions* 25(Spring 1986): pp. 113~139. Lauren Pfister, "James Legge", pp. 408~412는 웡과 리의 견해에 대한 전반적인 반박이다. Lauren Pfister의 "Some New Dimensions", pp. 38~40의 제2부는 친주희적 해석이기도 하고 반주희적 해석이기도 하다는 이유로 레그의 『논어』 번역들에 대한 특정한 문서 조사에 기초해 레그의 주희로부터의 독립성을 재평가한다.

24) James Legge, *The Chinese Classics* 4: p. 12.

25) Ibid., 4: 9.

26) 『詩經』「正月」; Ibid., 4: p. 316.

27) Ibid., 4: p. 13.

28) Ibid., 4: p. 260; 『詩經』「揚之水」; 4: p. 178.

29) 『詩經』「汝墳」과 「思齊」에서처럼; ibid., 4: pp. 6~17; p. 447.

30) Ibid., 4: 250, 『詩經』「常棣」에 있는 레그의 주석을 보라.

31) 예를 들어, 『詩經』「小宛」. "주희는 여기서 鳩가 班鳩, 즉 pigeon이라고 말한다. 그러나 「맹(氓)」에서 똑같은 것(鳩)를 dove로 만드는 모씨의 견해가 더 선호할 만하다. 모씨는 翰을 高라고 정의한 데에서도 더 정확하다." ibid., 4: pp. 333~334.

32) Lauren Pfister, "Some New Perspectives on James Legge's Multiform English Translations of the Chinese Classics and Sacred Books of China", p. 9.

33) Ibid., 5, n. 14.

34) 아이텔은 다음처럼 말한다. "만약 우리가 그가 날마다 참조했던 원어 저작들의 긴 목록—말난 김에 얘기하자면 상당한 규모의 서재를 형성한다—을 살펴본다면, 우리는 시경에 관한 그 어떤 중요한 저작도 그 두 권 전체에 걸쳐 항상 인용되지 않는 것은 거의 없음을 발견하게 된다." Ernest John Eitel, "The She-King", p. 4가 그 증거다.

35) Paul A. Cohen, *Between Tradition and Modernity: Wang T'ao and Reform in Late Ch'ing China*(Cambridige, Mass.: Harvard University Press, 1974), p. 59.

36) 레그는 1895년 *Journal of the Royal Asiatic Society*에 발표한 논문에서 이것을 확언한다. 출판상의 시간 지체, 중국에서 책을 운송해오는 데 걸렸을 시간을 감안한다면, 먼저 접근하고 다음에 흡수하는 데에 대략 2년이라는 기간은 매우 사리에 맞다. 이 점에 대해 더 많은 것을 보려면, Helen Legge, *James Legge*, pp. 30~31을 보라.

37) Ibid., 60.

38) Robert S. Britton, in *Eminent Chinese of the Ch'ing Period*, 2: p. 837.

39) *Li Chi Book of Rites*, 1: p. lxxxii.

40) Lee Chi-fang(李齊芳), "Wang T'ao's Contribution to James Legge's Translation of the Chinese Classics", *Tamkang Review* 17/1(1986): pp. 47~67; Wong Man-kong, *James Legge*, pp. 114~126; 林國輝·黃文江, 「王韜研究述評」, 『香港中國近代史學會會刊』(1993년 6월): pp. 67~85; 『歷史與文化』1(1998. 1.): pp. 45~58; 59~67; 69~76에서 李齊芳, 蘇精, 黃文江의 왕타오의 학술, 세례, 레그에게 보낸 편지에 관한 논문을 보라. Lee Chi-fang(李齊芳), "Wang Tao(1828~1897): His Life, Thought, and Literary Achievement", Ph.D. diss., University of Wisconsin, 1973이 가장 완벽하다.

41) *Li Chi Book of Rites*, 1: p. lxxxiii-lxxxiv.

42) James Legge, *The Chinese Classics*, 4: p. 11.

43) 이 특수한 사례는, 레그의 용어 설명을 참조하지 않더라도, Axel Schuessler, *A Dictionary of Early Zhou Chinese*(Honolulu: University of Hawaii Press, 1987), p. 534a에 의해 확인되었다.

44) 레그에 반反하는 언어학적·문맥적 증거에 대해서는, Bernhard Karlgren, *Glosses on the Book of Odes*(rpt. Stockholm: Museum of Far Eastern Antiquities, 1964), p. 91을 보라.

45) *The Chinese Classics*, 4: p. 15.

46) Ibid., 4: p. 22.

47) George A. Kennedy, "Metrical Irregularity in the Shih Ching", *HJAS* 60(1939): pp. 284~296.

48) *The Chinese Classics*, 4: p. 12.

49) Herebrt Allen Giles, *A Chinese-English Dictionary*, 1: p. xiv.

50) Ibid., 1: p. viii. 에드워드 아돌프 조넨샤인(1851~1929)은 옥스퍼드에서 훈련받은 고전학자였다. 버밍엄대학의 그리스어와 라틴어 교수로서, 대중적인 병렬 문법parallel grammar 총서를 편집했다. 그는 동일한 계획하에, 동일한 용어법을 가지고서 모든 인구어印歐語(인도에서 유럽에 걸친 지역에서 쓰이는 언어)를 다룸으로써, 교수법을 개혁했다.

51) Henri Cordier, "The Life and Labours of Alexander Wylie", p. 9.

52) Robert Douglas, *The Language and Literature of China*, p. 61.

53) George A. Kennedy, ed. Li Tien-yi, *Selected Works of George A. Kennedy*(New Haven: Far Eastern Publications, 1964), p. 55.

54) James Legge, *A Record of Buddhistic Kingdoms*, p. 4.

55) *The Nestorian Monument*, pp. iii-iv.

56) James Legge, *A Record of Buddhist Kingdoms*, p. xiii.

57) David S. Nivison, ed. Bryan W. Van Nordern, "On Translating Mencius", in *The Ways of Confucianism: Investigations in Chinese Philosophy*(Chicago: Open Court, 1996), pp. 175~201; p. 177에서 인용. 구스타프 슐레겔 역시 결코 언어적 난점들을 그냥 넘어가지 않는, 텍스트에 대한 레그의 성실성을 주목한다. "Necrology: James Legge", p. 63.

58) 루서 캐링턴 구드리치는 *JAOS* 82(1962): 190~202에 실린 서평에서 (다른 몇몇 중요한 문제 중에서도) 바로 이런 이유로 왓슨을 비난하고, 왓슨의 답변에 대한 재답변에서 다시 한 번 비난한다. *JAOS* 83(1963): p. 115를 보라.

59) 왓슨은 회고에서 이것을 깨달았다. "Some Remarks on Early Chinese Historical Works, in ed. George Kao, *The Translation of Things Past*(Hong Kong: Chinese University, 1982), p. 36에 실린 그의 언급을 보라.

60) Lauren Pfister, "James Legge", p. 403.

61) David S. Nivison, "On Translating Mencius", p. 200.

62) Herbert Allen Giles, *Adversaria Sinica*, p. 117.

63) 동료 스코틀랜드인이며 위대한 사전 편찬자이자 옥스퍼드영어사전의 창설 편집자인 제임스 머리는 울버코트 공동묘지에서 그의 친구 제임스 레그 곁에 묻히기를 택했다. 머리의 무덤은 레그의 무덤 발치

에 있다.
64) 이 교수직의 설치에 대해서는, Wong Man-kong, *James Legge*, pp. 80~89의 상세한 논술을 보라.
65) Norman J. Girardot, *The Victorian Translation of China*에서 지라르도에 의해 매우 길게 다루어진다. 또한 Lauren Pfister, "Some New Dimensions", Part Two, pp. 36~38.
66) Max Müller, ed. His Wife, *The Life and Letters of the Right Honorable Friedrich Max Müller*, 2 vols.(London: Longmans, Green, and Co., 1902), 1: p. 483
67) Helen Legge, *James Legge*, p. 45.
68) Ibid.
69) Max Müller, *The Life and Letters*, 2: p. 12
70) Lauren Pfister, "Some New Dimensions", Part Two, pp. 33~35.
71) Kristofer Schipper, "The History of Taoist Studies in the West", in *Europe Studies China*, p. 471.
72) 천인커에 대해서는 Howard L. Boorman and Richard C. Howard(eds.), *Biographical Dictionary of Republican China*, 5 vols.(New York: Columbia University Press, 1967), 1: pp. 259~261을 보라.
73) 더브스는 제12장 「미국의 중국학자들」에서 다루어진다.

제11장 아서 웨일리: 시인으로서 문헌학자

1) Li Tien-yi(ed.), "Fenollosa, Pound and the Chinese Character", rpt. in *Selected Works of George A. Kennedy*(New Haven: Far Eastern Publications, 1964), p. 460.
2) Andre Lefevere(trans.), *Translating Literature*, p. 103.
3) 휴 로이드존스의 감상이 서양 고전학자들에 대해서와 똑같이 웨일리에게도 잘 적용된다. "가장 박식한 사람들이 모두 대학에서 가르치지는 않는다. 내가 아는 가장 박식한 사람 몇몇은 도서관 혹은 박물관, 혹은 출판사에서 일했다." Hugh Lloyd Jones, *Greek in a Cold Climate*(Savage, Maryland: Barnes and Noble, 1991), p. 70.
4) 그의 생애와 저작에 대해서는, David Hawkes, "Obituary of Arthur Waley", *AM* 12(1966): pp. 143~147; Wong Siu Kit and Chan Man Sing, "Arthur Waley", in *An Encyclopaedia of Translation*, pp. 423~428; Ivan Morris(ed.), *Madly Singing in the Mountains: An Appreciation and Anthology of Arthur Waley*; F. A. Johns, *A Bibliograph of Arthur Waley*(New Brunswick, 1968)을 보라. 만남과 헤어짐을 반복하다 나중에 한 달간 부인이 되었던 사람이 쓴 회고록이 있다. Alison Waley, *A Half of Two Lives: A Personal Memoir*(London: George Weidenfeld and Nicolson, 1982). 이 책은 웨일리의 학적 생애에 대해서는 거의 조명하지 않으며, 아마도 너무 까칠한 눈으로 웨일리의 몇몇 특수한 개인적 성격을 강조하고 있다.
5) 대영박물관에서의 웨일리의 이력에 대해서는 Basil Grey, "Arthur Waley at the British Museum", in *Madly Singing in the Mountains*, pp. 37~44를 보라. 비니언은 제9장에서 간략히 다루었었다.
6) Hugh Lloyd-Jones, *Blood for the Ghosts*, p. 163.
7) Jonathan D. Spence, *Chinese Roundabout: Essays in History and Culture*(New York: W. W. Norton, 1993), pp. 329~336에 재수록.
8) Jonathan D. Spence, *Chinese Roundabout*, p. 330.

9) Ibid., p. 336.
10) Basil Grey, "Arthur Waley at the British Museum", p. 39.
11) Ivan Morris, "The Genius of Arthur Waley", in *Madly Singing in the Mountains*, p. 76.
12) (London: Ernest Benn, 1923). 262쪽이고, 49개 도판이 있다.
13) Ivan Morris, "The Genius of Arthur Waley", pp. 69~77.
14) Arthur David Waley, *Japanese Poetry: The 'Uta'*(1919; rpt. Honolulu: University of Hawaii Press, 1976), p. 12.
15) 비교인류학자 웨일리는 『역경』에 관한 논문인 "The Book of Changes", *BMFEA* 5(1933): pp. 121~142에서 아마도 가장 잘 볼 수 있을 것이다.
16) Arthur David Waley, "The Book of Changes", pp. 139~140.
17) 예를 들어, 니덤과 그의 박식한 동료들의 동아리는 *Science and Civilisation*의 여러 권에 걸쳐서 "표의문자ideograph"로서 중국 문자에 대한 언급을 강조한다.
18) "Notes on Mencius", in Leggge, *The Chinese Classics*, 2: p. viii, #126.
19) Ibid., #427.
20) Bernhard Karlgren, *Glosses on th Book of Odes*, p. 76. 동일한 감상이 Wong Siu-kit and Li Kar-shu, "Three English Translations of the Shijing", pp. 116~117에서 표현된다.
21) Arthur David Waley, *The Way and Its Power*(New York: Grove Press, 1958), pp. 29~30.
22) Arthur David Waley, "Blake the Taoist", in *The Secret History of the Mongols and Other Pieces*(London: George Allen and Unwin, 1963), pp. 169~175.
23) 예를 들어, "Some References to Iranian Temples in the Tun-huang Region", *Bulletin of the Institute of History and Philology* 28(1956): pp. 123~128을 보라.
24) Arthur David Waley, *Yuan Mei: Eighteenth Century Chinese Poet*(1956; rpt. Stanford: Stanford University Press, 1970), p. 204.
25) Arthur David Waley, *Yuan Mei*, preface.
26) Philip C. Almond, *The British Discovery of Buddhism*(Cambridge: Cambridge University Press, 1988), p. 1.
27) *Studia Serica Bernhard Karlgren Dedicata*, pp. 172~177.
28) Arthur David Waley, *The Book of Songs: Translated from the Chinese. Supplement Containing Textual Notes*(London: George Allen and Unwin, 1937); "Notes on Mencius", *AM* n.s. 1(1949): pp. 99~108; rpt. in Legge, *The Chinese Classics*, 2: pp. vii~xiv.
29) Arthur David Waley, *The Opium War Through Chinese Eyes*(1958; rpt. Stanford: Stanford University Press, 1968), p. 5.
30) Arthur David Waley, *An Introduction to the Study of Chinese Painting*, p. 3.
31) Ibid., pp. 3~4.
32) Ibid., pp. 13~16; 아래의 인용 시들은 *The Book of Songs*(1937; rpt. New York: Grove Press, 1960)에 나온다.
33) Edward H. Schafer, "Preliminary Remarks on the Structure and Imagery of the 'Classical Chinese' Language of the Medieval Period", *TP* 50(1963): p. 263.
34) Ivan Morris, "The Genius of Arthur Waley", p. 71.
35) Ibid., p. 71.
36) Ibid., p. 152.
37) Ibid., p. 158.

38) Ibid., p. 33.

39) Edward Seidensticker, *Murasaki Shikibu: The Tale of Genji*(New York: Alfred A. Knopf, 1983), p. xiv. 이 저작, 그리고 아래에서 인용되는 에드워드 카멘스의 저작은 친절하게도 나의 동료인 스콧 밀러 교수가 내게 알려주고 제공해주었다.

40) 이와 유사한 경향이 *The Travels of an Alchemist*(London, 1931)의 웨일리 버전에서도 발견되는데, 거기서, 고전중국어로 된 시 중 일부가, 전부는 아니지만, 제거된다. 웨일리의 『시경』 번역본조차도 15편의 시를 생략하는데, 부분적으로는 독자에게서 원시들의 이른바 '진부함'을 덜어주기 위해서이고, 또 부분적으로는 텍스트적 문제 때문이다.(*The Book of Songs*, 초판 서문을 보라.)

41) 웨일리 대對 사이덴스티커 이상의 것은, Edward Kamens(ed.), *Approaches to Teaching Murasaki Shikibu's "The Tale of Genji"*(New York: Modern Language Association of America, 1993), pp. 6~11을 보라.

42) Arthur David Waley, *Monkey: Folk Novel of China by Wu Cheng-en*(1943; rpt. New York: Grove Press, 1958).

43) Ibid., p. 4.

44) Eugene Chen Eoyang, *The Transparent Eye: Reflections on Translation, Chinese Literature, and Comparative Poetics*(Honolulu: University of Hawaii Press, 1993), p. 208. 웨일리-파운드 비교 전체, 그리고 '어중간한contingent' 번역(전문가가 아니라 출발언어source language(원서에는 'target language(도착언어)'로 되어 있는데, 착오인 듯하다.)에 대해 약간의 지식을 가진 독자들을 위한)과 '대체(surrogate)' 번역(출발언어를 모르는 독자들을 위한)에 대한 어우양의 정의는 pp. 183~209를 보라.

45) 공정한 독자라면 누구나 처음부터 웨일리가 불공평하게 수적으로 열세임을 쉽사리 인정할 것이다. 왜냐하면 파운드는 번역본을 만들 때 집단적 작업이 그의 곁에 있었음을 인정했기 때문이다. "대부분 이백의 중국어로부터, 고故 어니스트 페놀로사의 메모에서, 그리고 모리 교수와 아리가 교수의 해설에서 나온, 에즈라 파운드의 번역본인 Cathay"; Wai-lim Yip, *Ezra Pound's Cathay*, p. 3.

46) Ibid., p. 190. 저자의 의도에 관한 전통적인 중국적 견해와 그에 대립되는 현대적 비평에 대한 최근의 소개는 Zhang Longxi, *The Tao and the Logos: Literary Hermeneutics, East and West*(Durham: Duke University Press, 1992), pp. 133~187이다.

47) Arthur Waley, *A Hundred and Seventy Chinese Poems*(古今詩賦), New York: Alfred A. Knopf, 1918, p. 128.

48) Jonathan D. Spence, *Chinese Roundabout*, p. 329.

49) *Madly Singing in the Mountains*, pp. 220~221.

제12장 미국의 중국학자들

1) "Introduction", *The Chinese Repository* 1.1(May 1832): p. 3.

2) John King Fairbank, *Ch'ing Documents: An Introductory Syllabus*, 2 vols.(1952; 3rd. ed. Cambridge, Mass.: East Asian Research Center, 1965), 1: p. vii.

3) Laurence G. Thompson, "American Sinology, 1830~1920: A Bibliographical Survey", *Tsing-Hua Journal of Chinese Studies*, 2(1961): pp. 244~290. 명단은 275쪽에 있다. 초기 접촉에 관해서는 Kenneth Scott Latourette, *The History of Early Relations between the United States and China, 1784~1844*(New Haven: Yale University Press, 1917); Earl Swisher, *China's Management of the American Barbarians: A Study of Sino-American Relations, 1841~*

1861, with Documents(New Haven: Far Eastern Publications, 1951); Tyler Dennett, *Americans in East Asia: A Critical Survey of the Policy of the United States with Reference to John King Fairbank, The United States and China*, 4th ed.(Cambridge, Mass. Harvard University Press, 1979, 「더 읽을거리」와 함께 주제별로 엮었다)는 중미 관계의 전 과정을 역사적 연속체 내부에 둔다. 최근의 재검토는 Ta Jen Liu, *U.S.-China Relations, 1784~1992*(Lanham, Maryland: University Press of America, 1992)이다.

4) 중국황후호의 임무와 쇼의 외교적 이력에 대해서는 Josiah Quincy, *Major Samuel Shaw: The First American Consul at Canton*(Boston: Crosby and Nichols, 1947)을 보라.

5) Ernest R. May and John K. Fairbank, *America's China Trade in Historical Perspective: The Chinese and American Performance*(Cambridge, Mass.: Harvard University Press, 1986) 및 인용된 자료를 참고하라.

6) Kenneth S. Latourette, *A History of Christian Missions in China*, p 217. 아빌의 회고록은 G. R. Williamson, *Memoir of the Rev. David Abeel, D. D., Late Missionary to China*(New York, 1848)로 편집되었다. 아빌은 일찍이 그 자신의 중국 체험 이야기인 *Journal of a Residence in China and the Neighboring Countries with a Preliminary Essay on the Commencement and Progress of Missions in the World*(New York, 1834)를 출판했다.

7) 이 통계는 Hu Shu Chao, *The Development of the Chinese Collection in the Library of Congress*(Boulder: Westview Press, 1970), pp. 16~17의 훌륭한 조사에서 나온 것이다. 이런 선교사의 존재에 대해서는 Kenneth S. Latourette, *A History of Christian Missions in China*; Paul A. Cohen, *China and Christianity: The Missionary Movement and the Growth of Chinese Antiforeignism, 1860~1870*(Cambridge, Mass.: Harvard University Press, 1963); Paul A. Varg, *Missionaries, Chinese and Diplomats: The American Protestant Missionary in China, 1890~1952*(Princeton: Princeton University Press, 1952); John K. Fairbank(ed.), *The Missionary Enterprise in China and America*(Cambridge, Mass.: Harvard University Press, 1974); Suzanne W. Barnett and John K. Fairbank(eds.), *Christianity in China: Early Protestant Missionary Writings*(Cambridge, Mass.: Harvard University Press, 1985)를 보라. 선교사-교육자의 특별한 사례는 Alice H. Gregg, *China and Educational Autonomy: The Changing Role of the Protestant Educational Missionary in China, 1807~1937*(Syracuse: Syracuse University Press, 1946)와 Jessie Gregory Lutz, *China and the Christian College, 1850~1950*(Ithaca: College University Press, 1971)에서 소개된다.

8) Liu Kwang-ching, *Americans and Chinese: A Historical Essay and a Bibliography*(Cambridge, Mass.: Harvard University Press, 1963), p. 14.

9) Tyler Dennett, *American Policy in China, 1840~1870*(Washington, D.C.: The Endowment, 1921)은 미국의 중국정책의 공식적 시작을 다룬다. John King Fairbank, *China Perceived: Images and Policies in Chinese-American Relations*(New York: Vintage Books, 1976), pp. 85~101은 1898년까지 미국 초기 대 중국정책의 분석이다.

10) 이들 및 다른 초기 선교사들은 Arthur W. Hummel, "Some American Pioneers in Chinese Studies", *Notes on Far Eastern Studies in America* 9(1941): pp. 1~6에서 소개된다.

11) 헌터는 말라카의 영화서원을 다닌 다음 열세 살 때인 1825년에 광주에 도착했다. 그의 책 중 두 권은 역사적으로 또 문화적으로 흥미로운데, *The 'Fan Kwae' at Canton Before Treaty Days, 1825~1844*(1882)와 *Bits of Old China*(1885)이다. Sung She, "Sinological Study in the Untied States", *Chinese Culture* 8(1967): pp. 133~170을 참고하라.

12) Arthur W. Hummel, "Some American Pioneers in Chinese Studies", 3; Hu Shu Chao, *The Development of the Chinese Collection in the Library of Congress*, p. 31.

13) Sung, "Sinological Studies in the Untied States", p. 134와 Laurence G. Thompson, "American Sinology, 1830~1920", pp. 245~257. 또한 Eliza J. Gillet Bridgman(ed.), *The Life and Labors of Elijah Coleman Bridgman*(New York, 1864); Elly Mei-ngor Cheung, "'Bona Fide Auxiliaries': The Literary and Educational Enterprises of Elijah Coleman Bridgeman in the Canton Mission(1830~1854)", M. Phil. thesis, Hong Kong Baptist University, 1998. 브리지먼은 프레마르 문법서의 혼란스러운 영역본을 만든 또 다른 미국인 선교사인 J. G. B 브리지먼과 혼동되어서는 안 된다. Christopher Harbsmeier, "John Webb and the Early History of the Study of the Classical Chinese Language in the West", in *Europe Studies China*, p. 338, n. 42를 보라.

14) Laurence G. Thompson, "American Sinology, 1830~1920", p. 246.

15) 그의 생애에 대해서는, Frederick W. Williams, *The Life and Letters of Samuel Wells Williams, L. L. D., Missionary, Diplomat, Sinologue*(New York: G. P. Putnam's Sons, 1889)를 보라.

16) 그는 아버지인 윌리엄 윌리엄스에 의해 지명되었다. Frederick W. Williams, *The Life and Letters of Samuel Wells Williams*, p. 39를 보라.

17) Frederick W. Williams, *The Life and Letters of Samuel Wells Williams*, pp. 179~180.

18) Frederick W. Williams, *The Life and Letters of Samuel Wells Williams*에 포함된 서평선書評選을 보라.

19) 그의 아들인 프레더릭 W. 윌리엄스(1857~1928)는 예일대학에서 아버지의 행적을 따랐다. 비록 학적 기여에서는 뒤처지긴 했지만, 프레데릭 W. 윌리엄스의 가장 주목할 저작들에는 *A Sketch of the Relations between the United States and China*(1910)와 *Anson Burlingame and the First Chinese Mission to Foreign Powers*(1912)가 포함된다.

20) 톰슨에 의해 연대기 순서대로 언급된다.

21) 상해, 1918; 북경, 1941; 컬럼비아대학, 1943을 포함. 더 최근에는 홍콩대학출판부에서 1964년에 이후의 몇몇 재발간물과 함께 발행되었다.

22) 천시 구드리치의 간략한 전기적 스케치가 1965년 발행된 *Pocket Dictionary*의 홍콩대학판 서문에 나온다.

23) *The Chinese Repository XVIII*(1849): p. 408; Laurence G. Thompson, "American Sinology", p. 247에서 재인용.

24) 제13장 표어문자 관련 논의를 보라.

25) Paul A. Varg, *Open Door Diplomat: the Life of W. W. Rockhill*(Urbana: University of Illinois Press, 1952). 록힐 저작들의 전 목록이 pp. 133~136의 목록 자체에서 발견된다.

26) *The Journey of William of Rubruck to the Eastern Parts of the World, 1253~1255, as Narrated by Himself, with Two Accounts of the Earlier Journey of John of Pian de Carpine*(London, 1900).

27) (Rpt. New York: Paragon, 1966); Paul Pelliot, *TP* 13(1912): pp. 446~481에서 길게 서평으로 다루어진다.

28) Paul Wheatley, "Geographical Notes on Some Commodities involved in Sung Maritime Trade", *Journal of the Malayan Branch, Royal Asiatic Society* 32(1959): p. 10.

29) Alexander Wylie, *Chinese Researches*, "Part III", pp. 141~154.

30) *Notes on Chinese Medieval Travelers to the West*(1875); *Notices of the Medieval Geography and History of Central and Western Asia*(1876); *Chinese Intercourse with the Countries of*

Central and Western Asia during the Fifteenth Century(1877).

31) Emile Bretschneider, "Botanicon Sinicum: Notes on Chinese Botany from Native and Western Sources", *Journal of the North-China Branch of the Royal Asiatic Society*, n.s. 16(1881): pp. 18~230; 25(1890~1891): pp. 1~468(rpt. Nendeln, Liechtenstein: Kraus, 1967); "Botanicon Sinicum, Part III: Botanical Investigations into the Materia Medica of the Ancient Chinese"(Shanghai, 1895).

32) 그의 생애와 저작에 대해서는 H. G. Creel, *MS* 1(1935): pp. 487~96; Walter E. Clark, et al., "Berthold Laufer, 1874~1934", *JAOS* 54(1934): pp. 349~362; Arthur Hummel, "Berthold Laufer, 1847~1943", *American Anthropologists* n.s.(2nd) 38(1936): pp. 101~111; Hartmut Walraven(ed.), *Kleinere Schriften von Berthold Laufer, Teil 1: Publikationen aus der Zeit von 1894 bis 1910*, 2 vols.(Wiesbaden: Steiner, 1976), 1: pp. xxii-xxiv에 실린 약 31명의 생애에 대한 언급, 감상 그리고 부고訃告 목록을 보라.

33) 독일에서 라우퍼의 초기 훈련은 Otto Frnake, *Erinnerungen aus zwei Welten*, pp. 148~149에서 간략히 살피고 있다.

34) "Foreword", *Kleinere Schriften*, pp. vii-viii.

35) 셈계 언어, 그리스어, 라틴어, 터키어, 페르시아어, 산스크리트어, 팔리어, 말레이어, 일본어, 만주어, 몽골어, 드라비다어, 티베트어를 포함한다.

36) 라우퍼의 *The Diamond: A Study in Chinese and Hellenistic Folk-Lore*가 증거다.

37) 예를 들어, Berthold Laufer, *Chinese Grave-Sculptures of the Han Period*(London: E. L. Morice, 1911); "Confucius and His Portraits", *Open Court* 26(1912): pp. 147~168; 202~218; "Chinese Sarcophagi", *OL* 1(1912): pp. 318~314.

38) Berthold Laufer, *Notes on Turquoise in the East*(Chicago, 1913); "Arabic and Chinese Trade in Walrus and Narwhal Ivory", *TP* 14(1913): pp. 315~365; "Rye in the Far East and the Asiatic Origin of Our Word Series 'Rye'", *TP* 31(1935): pp. 237~273를 포함한다.

39) Berthold Laufer, "The Bird-Chariot in China and Europe", *BOAS* Anniversary Volume(1906): pp. 410~424에서처럼.

40) Berthold Laufer, "Preliminary Notes on Explorations Among the Amoor Tribe", *American Anthropologists* n.s. 2(1900): pp. 297~338이 그 증거다.

41) 즉 Berthold Laufer, "The Relations of the Chinese to the Philippine Islands", *Kleinere Schriften*, 2: pp. 248~284; *The Prehistory of Aviation*(Chicago, 1928); *Paper and Printing in Ancient China*(Chicago, 1931).

42) Berthold Laufer, *Milaraspa: Tibetische Texte in Auswahl übertragen*(Darmstadt, 1922).

43) Berthold Laufer, "Loan Words in Tibetan", *TP* 17(1916): pp. 403~552; "The Si-Hia Language: A Study in Indo-Chinese Philology", *TP* 17(1916): pp. 1~126; *The Language of the Yüe-chi or Indo-Scythians*(Chicago, 1917)과 같은 것들.

44) 예를 들어, Berthold Laufer, "Skizze der Mongolischen Literatur", *Kleinere Schriften*, 2: pp. 1120~1216; "Skizze Der Manjurischen Literatur", *Kleinere Schriften*, 2: pp. 1295~1347; 혹은 *Descriptive Account of the Collection of Chinese, Tibetan, Mongol and Japanese Books in the Newberry Library*(Chicago, 1913).

45) 위에서 언급한 유작遺作 각각에는 약 150개 항목의 목록이 포함되어 있다. 약 490개 제목으로 된 완전한 목록은, 여러 재인쇄본을 포함하여, *Kleinere Schriften*, 1: pp. xxix~lxxx에 포함되어 있다.

46) *Jade*, p. i.

47) 금석학 분야에서 라우퍼의 기여에 대해서는, Hartmut Walravens, "Berthold Laufer and His Rubbings Collection", *JAOS* 100(1980): pp. 519~522를 참고하라.
48) *Jade*, pp. 15~16.
49) Berthold Laufer, *Chinese Pottery in Han Dynasty*(1909; 2nd ed. Rutland and Tokyo: Charles E. Tuttle, 1962), pp. 212~236.
50) Berthold Laufer, *Sino-Iranica: Chinese Contributions to the History of Civilization in Ancient Iran, with Special Reference to the History of Cultivated Plants and Products*(1919; rpt. New York: Kraus Reprint Corporation, 1967), p. 188.
51) Ibid., pp. 186~187.
52) *TP* 14(1913): p. 486.
53) 목록이 붙은 간략한 전기는, Thomas, D. Goodrich, "Luther Carrington Goodrich(1894~1986): A Bibliography", *JAOS* 113(1993): pp. 585~592를 보라.
54) Luther Carrington Goodrich, *The Literary Inquisition of Ch'ien-lung*(Baltimore, 1935; 2nd ed. 부록 및 정오표 포함, New York: Paragon, 1966); *Dictionary of Ming Biography*, 2 vols., ed. with Chao-ying Fang(New York: Columbia university Press, 1976). 뒤의 저작은 1976년 쥘리앵 상을 받았다.
55) Thomas D. Goodrich, "Luther Carrington Goodrich", p. 585에 인용되듯이.
56) Luther Carrington Goodrich, "Early Notices of the Peanut in China", *MS* 2(1936~1937): pp. 405~409; "Early Prohibitions of Tobacco in China and Manchuria", *JAOS* 58(1938): pp. 648~657; "Cotton in China", *ISIS* 34(1943): pp. 408~410.
57) Luther Carrington Goodrich, "The Revolving Bookcase in China", *HJAS* 7(1942): pp. 130~161; "Suspension Bridges in China: A Preliminary Inquiry", *Sino-Indian Studies* 5(1956): pp. 53~61; "The Early Development of Firearms in China"(with Feng Chia-sheng), *ISIS* 36(1945~1946): pp. 114~123.
58) Luther Carrington Goodrich, "The Origin of Printing in China", *JAOS* 82(1962): pp. 556~557; "The Development of Printing in China and Its Effects on the Renaissance under the Sung Dynasty", *Journal of the Hong Kong Branch of the Royal Society* 3(1963): pp. 36~43; "Movable Type Printing: Two Notes", *JAOS* 94(1974): pp. 476~477.
59) Edwin G. Beal and Janet F. Beal, "Arthur W. Hummel 1884~1975", *JAS* 35(1976): pp. 265~276(도서 총목 포함); Hu Shu Chao, *The Development of the Chinese Collection of the Library of Congress*, pp. 134~139를 보라.
60) Hu Shu Chao, p. 137.
61) Ibid., pp. 43~46. 하버드-옌칭도서관의 장서에 기반을 둔 설립은 Serge Elliséeff, "The Chinese-Japanese Library of the Harvard-Yenching Institute", *Harvard Library Bulletin*(1956): pp. 73~76을 보라.
62) Arthur W. Hummel, "Ts'ung Shu", *JAOS* 51(1931): pp. 40~46.
63) Edwin G. Beal, Jr., "Preface", in Wang Chung-min, comp., ed. T. L. Yuan, *A Descriptive Catalogue of Rare Chinese Books in the Library of Congress*, 2 vols(Washington, D.C.: Library of Congress, 1957).
64) Arthur W. Hummel, "Editor's Note", *Eminent Chinese of the Ch'ing Period*, 2 vols. (Washington: U.S. Government Printing Office, 1943), p. viii.
65) Hu Shih, "Preface", *Eminent Chinese of the Ch'ing Period*, 1: p. v.

66) Luther Carrington Goodrich, "Homer Dubs(1892~1969)", *JAS* 29(1970): pp. 889~891와 complete bibliography를 보라.
67) 그의 석사 학위 논문은 "Mechanism Versus Vitalism"이다.
68) 특히 주목할 것은 Homer Hasenpflug Dubs, "The Political Career of Confucius", *JAOS* 66(1946): pp. 273~282; "Did Confucius Study the 'Book of Changes'?" *TP* 25(1928): 82~90다.
69) 예를 들면, Homer Hasenpflug Dubs, "Wang Mang and His Economic Reforms", *TP* 35(1940): pp. 219~265; "The Reliability of Chinese Histories, *FEQ* 6(1946): pp. 23~43.
70) 즉 Homer Hasenpflug Dubs, "Solar Eclipse During the Former Han Period", *Osiris* 5(1938): pp. 499~532; "The Beginnings of Alchemy, *Osiris* 38(1948): pp. 62~86.
71) 즉 Homer Hasenpflug Dubs, "An Ancient Chinese Mystery Cult", *Harvard Theological Review* 35(1942): pp. 221~240; "The Archaic Royal Jou Religion, *TP* 46(1958): pp. 217~259.
72) 특히 그의 짧은 연구서인 Homer Hasenpflug Dubs, *A Roman City in Ancient China*(London, 1957)와 더 이전의 "A Military Contact Between Chinese and Romans in 36 B.C.", *TP* 36(1942): pp. 64~80. 그는 이뿐 아니라 고전학 저널들에도 발표했다. 즉 "An Ancient Military Contact Between Romans and Chinese", *American Journal of Philology* 42(1941): pp. 322~330; "A Roman Influence on Chinese Painting", *Classical Philology* 38(1943): pp. 13~19.
73) Homer Hasenpflug Dubs, *Rational Induction: An Analysis of The Method of Science and Philosophy*(Chicago: University of Chicago Press, 1930).
74) Derk Bodde, *American Historical Review* 44(1939): pp. 641~642.
75) Yang, *HJAS* 19(1956): pp. 435~442를 보라.
76) 1997년 4월 21일 잉글랜드 옥스퍼드대학 중국연구소의 사서司書인 앤서니 D. 하이더의 개인적 전신傳言.
77) Homer Hasenpflug Dubs, "A Practical Alphabetic Script for Chinese", *FEQ* 10(1951): p. 284에서 그는 웨이드-자일스 로마자 표기의 "가드너-더브스Gardner-Dubs" 단순화를 소개한다.
78) *JAS* 20(1961): pp. 213~218.
79) 예를 들어, 대규모 장서 구입에 도움을 청하는, 할로운에게 보낸 1949년 5월 2일 자 편지를 보라. 1950년에 더브스는 하버드-옌칭연구소가 『사부비요四部備要』 한 질과 『사부총간四部叢刊』 한 질을 취득하는 것을 도왔다. "Dubs Papers on Foundation of Oriental Institute Library", *Institute of Chinese Studies*, Oxford에 정리되어 있는 편지들을 보라.
80) J. B. Rhine(예지력에 관한 책의 저자)이 H. H. Dubs에게 보내는 날짜 없는 편지. Bodleian Library, MS. English, miscellaneous, d. 706.
81) Eric R. Dodds, *Missing Person: An Autobiography*(Oxford: Clarendon Press, 1977), pp. 97~111, p. 194.
82) Li Tien-yi(ed.), *Selected Works of George A. Kennedy*(New York: Far Eastern Publications, 1964), pp. 513~525에 있는 완전한 목록을 보라.
83) George A. Kennedy, William Charles, *An Album of Chinese Bamboos*에 대한 서평, rpt. in *Selected Works*, p. 488.
84) *Eminent Chinese of the Ch'ing Period*, 1: p. 599에 실린, 누르하치의 『실록實錄』 만주어본의 텍스트 전통에 관한 그의 논의가 그 예증이다.
85) Edwin G. Pulleyblank, Li, *Selected Works of George A. Kennedy*에 대한 서평, *AM* n.s. 12(1986): pp. 127~139.
86) Hugh Stimson, "About the Transcription System", in George A. Kennedy, *An Introduction*

to Sinology, pp. ix~x.

87) George A. Kennedy, *JAOS* 62(1942): pp. 40~48; rpt. in *Selected Works*, pp. 79~103. 1935년 『역사어언연구소집간歷史語言研究所集刊』에 처음으로 등장했고, 1936년 『민족民族』에 중국어로 발표되었다.

88) George A. Kennedy, *HJAS* 60(1939): pp. 284~296; rpt. in *Selected Works*, pp. 10~26.

89) Bernhard Karlgren, "On the Authenticity and Nature of Tso Chuan" 혹은 "The Authenticity of Ancient Chinese Texts"에서처럼.

90) George A. Kennedy, *JAOS* 60(19410): pp. 1~22, 193~207.

91) 이 케네디 스타일은 아마도 George A. Kennedy, "The Monosyllabic Myth", in *JAOS* 71(1951): pp. 161~166, rpt. *Selected Works*, pp. 104~118와 "The Butterfly Case(Part One)", *Wennti* 8(March 1955), rpt. in *Selected Works*, pp. 274~322에서 정점에 달했을 것이다.

92) George A. Kennedy, "A Study of the Particle *Yen*", *Selected Works*, p. 30.

93) 복합적 단어들을 다루는 또 다른 저작은 George A. Kennedy, "Negatives in Classical Chinese", *Wennti Papers* 1(1954); rpt. *Selected Works*, pp. 119~134.

94) George A. Kennedy, *Wennti* 9(April 1956); rpt. in *Selected Works*, pp. 323~433.

95) *Selected Works*, p. 330.

96) Edwin G. Pulleyblank, Kennedy의 *Selected Works*에 대한 서평, p. 129.

97) *Selected Works*, pp. 34~35.

98) George A. Kennedy, "Foreword", *An Introduction to Sinology*, pp. vii~viii를 보라.

99) 매사추세츠에서 1928년에 창립된 하버드-옌칭연구소는 찰스 M. 홀의 재산과 하버드대학에서 받은 기금을 관리해 중국에서 고등교육을 강화하고 극동에 관한 교육과 연구를 위한 센터를 하버드에 세운다는 일차적 목적을 갖고 있었다. 하버드-옌칭연구소 창립에 관한 이야기는 Dwight Edwards, *Yenching University*(New York: United Board for Christian Higher Education in Asia, 1959), pp. 173~177, 274~278; Philip West, *Yenching University and Sino-Western Relations*(Cambridge, Mass.: Harvard University Press, 1976), pp. 187~194; Egan, *A Latterday Confucian: Reminiscences of William Hung(1893~1980)*, pp. 111~118에서 자세히 이야기된다.

100) John King Fairbank, *Chinabound: A Fifty-Year Memoir*(New York: Harper Colophon Books, 1982). Paul M. Evans, *John Fairbank and the American Understanding of Modern China*에서 에번스는 페어뱅크의 생애와 성취를 국가이익, 냉전, 국제적 학문의 성장이라는 복수적 맥락 속에 둔다. 또한 Paul A. Cohen and Merle Goldman, compilers, *Fairbank Remembered*(Cambridge, Mass.: John K. Fairbank Center for East Asian Research, 1992)를 보라.

101) 페어뱅크가 중화인민공화국을 지지한 것만큼이나 중화민국의 지지에 철저했던, 페어뱅크와는 정치적으로 정반대 인물인 역사학자 C. 마틴 윌버는 동일한 감성을 표현한다. "내가 언어 연구에 보낸 세월은 더 광범한 교육을 받는 데에 훨씬 더 잘 쓰일 수 있었을 것이다." C. Martin Wilbur, ed. Anita M. O'brien, *China in My Life: A Historian's Own History*(Armonk, New York: M.E. Sharpe, 1996), p. 307. 페어뱅크와 윌버가 공유한 이런 태도는 중국어로 된 일차적 연구를 이끌기에는 전도력傳導力이 없었고, 1980년대까지 현대중국 분야에서 일한 미국인 역사학자 중 말하기에서든 다양한 장르의 읽기에서든 간에 중국어를 "확실히 장악한" 이는 거의 없었다는 레이먼드 마이어스와 토머스 메츠거의 슬픈 평가를 가져왔다. 다행히도, 그들의 평가는 더는 유효하지 않다. 그들의 "Sinological Shadows: The State of Modern China Studies in the U.S.", *Australian Journal of Chinese Affairs*(1980), 4: pp. 1~34를 보라.

102) John King Fairbank, *Chinabound*, p. 94.

103) 페어뱅크의 학문적 접근법인 "documentary history(당안사檔案史)"에 관해서는 Paul M. Evans, *John Fairbank and the American Understanding of Modern China*, pp. 49~71을 보라.
104) Ibid., p. 98.
105) *Ch'ing Administration: Three Studies*(Cambridge, Mass.: Harvard University Press, 1960).
106) Ssu-yu Têng & John King Fairbank, *China's Response to the West: A Documentary Survey 1839~1923*(Cambridge, Mass.: Harvard University Press, 1954). 이와 유사한 편집물은 Conrad Brandt & Benjamin I. Schwartz & John King Fairbank, *A Documentary History of Chinese Communism*(Cambridge, Mass.: Harvard University Press, 1952)이다.
107) John King Fairbank, *Chinabound*, p. 329.
108) Ssu-yu Têng & John King Fairbank, *China's Response to the West*, pp. 5~6.
109) John King Fairbank, *Ch'ing Documents: An Introductory Syllabus*, 1: p. vii. 이와 유사한 강의 계획서는 문어文語의 향수享受를 그처럼 비난하지 않는다. Philip A. Kuhn and John K. Fairbank, compilers, *Introduction to Ch'ing Documents, Part One, Reading Documents: The Rebellion of Chung Jen-Chieh*, 2 vols.(Cambridge, Mass.: John King Fairbank Center for East Asian Research, 1986)을 보라.
110) 이 인용문과 언어 학습에 대한 페어뱅크 태도의 지적 맥락에 대해서는, Paul M. Evans, *John Fairbank and the American Understanding of Modern China*, pp. 38~39를 보라.
111) John King Fairbank, *China Perceived*, pp. 211~215. 또 다른 시기 구분 도식에 대해서는 John Lam, "The Early History of Chinese Studies in America", *Hong Kong Library Association Journal* 2(1971): pp. 16~23을 보라.
112) John King Fairbank, *China Perceived*, p. 211.
113) Hu Shu Chao, *The Development of the Chinese Collection of the Library of Congress*, pp. 35~40에서 조사되었다.
114) John King Fairbank, *China Perceived*, p. 213. 정체와 그 정체의 많은 원인으로 이루어진 이 시기 전체는 Meribeth E. Cameron, "Far Eastern Studies in the United States", *FEQ* 7(1948): pp. 115~135의 전반부에서 논평된다.
115) Luther Carrington Goodrich, "Chinese Studies in the United States", *Chinese Social and Political Science Review* 15(1931): p. 67.
116) Ibid., p. 76.
117) 페어뱅크의 최종 단계 성장에 대해서는 Meribeth E. Cameron, "Far Eastern Studies in the United States"을 보라. 이 목적론적 관점에서 본 중국학의 발전은 Richard C. Howard, "The Development of American China Studies: A Chronological Outline", *International Association of Orientalist Libraries, Bulletin* 32~33(1988): pp. 38~49에서 추적된다.
118) 이 논쟁과, 소아즈(SOAS, School of Oriental and African Studies(런던대학교 소속의 아시아·중동·아프리카 지역학을 전문으로 하는 단과대학))가 문헌학을 떠나 미국의 '지역 연구'의 등가물에 새롭게 나선 것에 대해서는 Michael McWilliam, "Knowledge and Power: Reflections on National Interest and th Study of Asia", *Asian Affairs* 26(1995): pp. 33~46을 보라.
119) Nathaniel Schmidt, "Early Oriental Studies in Europe and the Work of the American Oriental Society, 1842~1922." *JAOS* 43(1923): pp. 1~10; Elizabeth Strout(ed.), *Catalogue of the library of the American Oriental Society*.(New Haven: Yale University Library, 1930)를 보라.
120) Charles O. Hucker, *The Association for Asian Studies: An Interpretive History*(Ann Arbor: AAS, 1973), pp. 9~19. Gafurov and Gankovsky(eds.), *Fifty Years of Soviet Oriental Studies*, p.

6에 따르면, 소련 중국학에서는 이보다 더 빠른 분기가 구舊학파인 레닌그라드 중국학자들과 혁명에 초점을 맞추는 모스크바 역사학자 사이에서 1920년대에 발생했다.

121) Ibid., "Appendix Three"는 1970년까지의 모든 회장을 나열한다.

122) 브리검영대학의 해럴드 B. 리 도서관Harold B. Lee Library에 있는 *FEQ*의 제5권 표지 안쪽에 부착된 편지.

123) Harry Harding, ed. David Shambaugh, "The Evolution of American Scholarship in Contemporary China", in *American Studies of Contemporary China*(Washington, D.C.: Woodrow Wilson Center Press, 1993), p. 14. 광범한 역사적·제도적 소개는 John M. H. Lindbeck, *Understanding China: An Assessment of American Scholarly Resources*(New York: Praeger Publishers, 1971)를 보라.

124) John King Fairbank, *Chinabound*, p. 324. 벤저민 슈워츠는 지역 연구를 일종의 아카데믹한 분과학문이라고 비판적으로 평가하는데, 한편으로는 지역 연구가 동양학Orientalism의 직계 후손이라는 비난, 또 한편으로 지역 연구는 이매뉴얼 월러스틴의 더 적절한 "전 지구적 모델들"과 "세계 체제들"에 비추어볼 때 너무 제한적이라는 비난에 맞서 그것을 옹호한다. Benjamin Schwartz, "Area Studies as a Critical Discipline", in *China and Other Matters*(Cambridge, Mass.: Harvard University Press, 1996), pp. 98~113.

125) Ibid., 사회과학 이론을 중국 자료에 기초한 역사적 문제에 적용할 때의 난점은 Paul A. Cohen, *Discovering History in China: American Historical Writing on the Recent Chinese Past*(New York: Columbia University Press, 1984), p. 184에서 건드린다.

126) 일례로, 1950년대와 1960년대 당시에는, 조지프 레벤슨의 브랜드인 역사 서술historiography은 전통적인 "조약항treaty port" 역사학자들에게는 낯설고 급진적인 것이라고 생각되었다. 그러나 이제 레벤슨의 노후한 역사 서술은 "낡은 서양 중국학 전통"으로 성격 규정 된다. Maurice Meisner & Rhoads Murphy(eds.), *The Mozartian Historian: Essays on The Works of Joseph R. Levenson*(Berkeley and Los Angeles: University of California Press, 1976), p. 14. 또 다른 사례로, 코언은 레벤슨의 시각을 "미국 중국학의 편협성을 넘어서려는 시도", 즉 역사 서술이라고 부른다. Paul A. Cohen, *Discovering History in China*, p. 62. 역사 일반의 각축하는 브랜드들 속의 강조점과 긴장은 Gertrude Himmelfarb, *The New History and the Old: Critical Essays and Reappraisals*(Cambridge, Mass.: Harvard University Press, 1987)에서 통찰력 있고도 재미있게 소개된다.

127) John King Fairbank, *Chinabound*, p. 325.

128) "Charles Sidney Gardner, January 1, 1900 – November 30, 1966", *HJAS* 27(1967): pp. 329~330, with biography.

129) 1961년의 제2쇄는 pp. 107~110에 양롄성 교수에 의한 추기追記와 정정訂正을 담고 있다.

130) Mary C. Wright, "Chinese History and the Historical Vocation", *JAS* 24(1964): p. 515.

131) Charles S. Gardner, *Chinese Traditional Historiography*, p. ix.

132) 역사적 사례에서 가져온 윤리적 행동과 실천적 행동의 모델을 수립하고 가르치기 위하여 고안된 접근법인 모범적 역사 서술에 대해서는, Michael C. Rogers, *The Chronicle of Fu Chien: A Case of Exemplar History*(Berkeley: University of California Press, 1968)을 보라.

133) Charles S. Gardner, *Chinese Traditional Historiography*, p. 22, n. 10. 그다음 각주 11번과 12번, pp. 18~19에 나오는 논의를 참조하라.

134) Ibid., pp. 18~19.

135) 클리브스의 생애에 대해서는 Elizabeth Endicott-West, "Obituary: Francis Woodman Cleaves(1911~1995)", *Journal of Sung-Yuan Studies* 27(1997)라는 쪽수가 없는 부고와 John

R. Krueger, "In Memoriam Francis Woodman Cleaves(July 13th[sic]) 1911~1995(Dec. 31st)", *Permanent International Altaisti Conference(P.I.A.C) Newsletter* 25(May 1997): pp. 2~3을 보라. 브리검영대학에서 나의 예전 동료였던 데이비드 C. 라이트 박사는 친절하게도 그가 가진 클리브의 *HJAS* 출판물 전부를 내게 맡겨주었고, 엔디콧-웨스트의 부고를 제공해주었는데, 그것들 모두가 이 평가 작업을 용이하게 해주었다.

136) 후에 Francis Woodman Cleaves, "The Sino-Mongolian Inscription of 1362 in Memory of Prince Hindu", *HJAS* 12(1949): pp. 1~133으로 발표되었다.

137) *Altan Tobči*, p. v. 동일한 가엾은 감성과 숭고한 희망이 밀라라스파의 전기인 *Mila-yin namtar*의 판본 서문에서 제임스 보손에 의해 표현된다(타이베이, 1967, p. 23). * 밀라라스파(또는 밀라레파, 1052년경~1235년경)는 티베트 불교의 성인이다.

138) *Altan Tobči*, p. vi.

139) 이 포맷과 접근법은 클리브스가 최초로 발표한 논문인 "Kuei-Keui or Nao-Nao?" *HJAS* 10(1947): pp. 1~12(도판이 3개 달려 있다)에서 가장 쉽게 확인된다.

140) Frnacis Woodman Cleaves, "Trois documents mongols des archives secrètes Vaticanes", *HJAS* 15(1952): pp. 419~506(도판 8개 포함).

141) "The Sino-Mongolian Inscription of 1346", *HJAS* 15(1952): p. 2.

142) *HJAS* 20(1957): pp. 391~479; 425, n. 1에서 가져온 예다.

143) Ibid., pp. 425~426, n. 3.

144) Ibid., pp. 453~455, n. 124.

145) *HJAS* 12(1949): pp. 1~133.

146) *HJAS* 13(1950): p. 1, #15(1952): 1, #16(1953): 1, #17(1954): 1, #18(1955): 1, #46(1986): p. 184.

147) *HJAS* 19(1956): p. 185. 엘리세예프에게 바치는 똑같이 길고 열렬한 헌사가 20(1957): p. 391에서 발견된다.

148) 그 제목은 두운頭韻을 맞추는 킹 제임스 바이블식 번역 산문만큼이나 아취가 있다. The Secret History of the Mongols/ For the First Time/ Done into English out of the Original Tongue/ and/ Provided with an Exegetical Commentary, Vol. I(Translation)(Cambridge, Mass.: Harvard University Press, 1982). 제목면 안쪽에는 "이 저작은 1956년에 완성되었고 1957년에 조판組版되었다. 개인적 이유로 인해 방치되었다가 이제야 발행된다"는 설명적 언급이 붙어 있다. 계속되는 소개와 확장된 주석을 가진, 약속된 제2권은 나오지 않았다. Walther Heissig, *HJAS* 44(1984): pp. 587~590의 서평을 보라.

149) John R. Krueger, "In Memoriam Francis Woodman Cleaves", p. 3.

150) "The Eighteenth Chapter of an Early Mongolian Version of the Hsiao Ching", *HJAS* 45(1985): pp. 225~254.

151) 35(1975): pp. 14~59와 36(1976): pp. 181~203.

152) 그의 마지막 저작 중에는 "The Memorial For Presenting the *Yüanshih*", *Asia Major* 3rd ser. 1(1988): pp. 59~69; "The Fifth Chapter of an Early Mongolian Verse of the Hsiao-ching", *Mongolian Studies* 16(1993): pp. 19~40; "The Sixth Chapter of an Early Mongolian Verse of the Hsiao-ching", *Mongolian Studies* 17(1994): pp. 1~20가 있다.

153) 1997년 5월 28일의 사신私信. David C. Wright, "The Papers of Professor Francis Woodman Cleaves(1922~1995)", *Journal of Sung-Yuan Studies* 28(1998): pp. 284~291는 이 도서관에 관한 보고서다.

1) 이 장 일부의 초고는 "Philologist as *Philobarbaros*: The Altaic Studies of Peter A. Boodberg", in ed. M.-D. Even, et al., *L'Eurasie centrale et ces contacts avec le monde ocidental*(Paris: Centre d'études mongoles, 1997), pp. 59~70으로 나타났다.

2) 부드버그의 생애와 이력에 대한 주 자료는 Edward H. Schafer, "Peter A. Boodberg, 1903~1972", *JAOS* 94(1974); Alvin P. Cohen, "Biography of Peter Alexis Boodberg", *JAOS* 94.1(1974): pp. 8~13이다. 둘 모두 Compiled by Alvin P. Cohen, *Selected Works of Peter A. Boodberg*(Berkeley and Los Angeles: University of California Press, 1979), pp. ix~xix, 496~501에 재수록되었다. 생애에 대한 간략한 논평이 *University of California: Asiatic and Slavic Studies on the Berkeley Campus, 1896~1947*(Berkeley: University of California Press, 1947), p. 10에 담겨 있다. 그가 동양언어학과에 미친 영향에 대한 약간의 분석은 Doris Chun, "The Agassiz Professorship and the Development of Chinese Studies at the University of California, Berkeley, 1872~1985", Ed.D. diss., University of San Francisco, 1986에서 진행된다.

3) 윌리엄 포퍼 교수와 헨리 프레더릭 루츠 교수는 모두 그의 최종 심사를 맡은 심사위원이었고, 그의 셈계 언어 부전공을 담당했다.

4) David B. Honey, "The Sinological and Chinese Sources on Asia", *Phi Theta Papers* 17(1987): pp. 21~27.

5) 부드버그의 누이 발렌티나 버넌 부인이 셰이퍼에게 1972년 12월 30일에 보낸 편지. 필자 소장.

6) Peter A. Boodberg, *Selected Works*, p. xiii에서 셰이퍼가 인용한, 동양언어학과의 진보에 대한 보고서. S. H. Leger 박사의 질문서에 대한 부드버그의 두서없는 반응을 참조하라.

> 지난 15년간 본과에서는 중국 연구를 그 활동의 핵심으로 유지하면서도 중국을 그 고유한 대륙적 배경 속에서 다룰 필요성을 강조했다. 통속적 인식과는 반대로 중국은 결코 고립되어 존재한 것이 아니라 원근의 이웃들과 계속 확대되는 역사적·문화적 콘텍스트 속에서 존재했다. 이 과는 중국문화권 내부 혹은 바로 인접한 관련 언어에 대해 충분히 가르치는 것이 과의 이름에 걸맞다고 느낀다.

그 다양한 언어에는 일본어, 몽골어, 만주어, 티베트어, 한국어, 샴어(태국어), 말레이어, 돌궐어, 자바어, 산스크리트어, 안남어(베트남어)가 포함되었다. 필자가 가진 1940년대 후기의 8쪽짜리 타자본 제2쪽.

7) Peter Alexis Boodberg, "Three Notes on the T'u-chüeh Turks", in *University of California Publications in Semitic Philology*, Vol. 9(Berkeley, 1951): pp. 1~11; rpt. in *Selected Works*, pp. 350~360.

8) Peter Alexis Boodberg, "Three Notes on the T'u-chüeh Turks", p. 2.

9) *Selected Works*, pp. 259~260을 보라.

10) *HJAS* 1(1936): pp. 167~185.

11) Ibid., pp. 283~307.

12) *HJAS* 3(1938): pp. 223~253; 4(1939): pp. 230~283. 이것들은 모두 *Selected Works*, pp. 221~349에 인쇄되었다.

13) Peter Alexis Boodberg, *UCI: An Interim System of Transcription For Chinese*(Berkeley: University of California, 1947), Introduction. 그 자매편이 즉각 뒤따라 나왔다. *UCJ: An Orthographic System of Notation and Transcription For Sino-Japanese*(Berkeley: University of California, 1947).

14) Peter Alexis Boodberg, "Ancient and Archaic Chinese in the Grammatonomic Perspective", in *Studia Serica Bernhard Karlgren Dedicata*, p. 212: "약 20년간 캘리포니아대학(버클리)에서 우리의 야망은 우리의 기초 고전중국어 과정을 가장 굳건한 문헌학적 토대 위에 세우는 것이었다. 그것은 그 과정을 칼그렌 교수의 획기적인 연구들의 화강암 위에 닻 내리게 함으로써 가능해지고, 또 학생이 최초로 보는 중국 문자Seric gramma에 눈을 두기도 전에 그 원리들을 파악하게 해줄 *Grammata Serica*에 대한 효과적인 소개 정식定式을 고안함으로써 가능해진다"를 참조하라.

15) 부드버그가 가르친 또 하나의 학부 과정은 이 숭고한 목표를 염두에 두고 있다. 즉, Oriental Language 188[수업(강의)의 학정번호]은 "Philological Method: Languages and Literature of East Asia"라는 제목이 붙었다. *Asiatic and Slavic Studies on the Berkeley Campus 1897~1947*, p. 30.

16) 부드버그의 학생들에 의한 유목 민족 연구 및 관련 연구 출판물에는 다음이 포함된다. Thomas D. Carrol, S .J., *Account of the Tu-yu-hun in the History of the Chin Dynasty*(Berkeley, 1953); Gerhard Schreiber, "The History of the Former Yen Dynasty, Part I", *MS* 14(1949): pp. 374~480; "Part II", *MS* 15(1956): pp. 1~141; Richard B. Mather, *The Biography of Lü Kuang*(Berkeley, 1959); Roy Andrew Miller, *Accounts of Western Nations in the History of the Northern Chou Dynasty*(Berkeley, 1959); William G. Boltz, "A Biographical Note on T'an Shih-huai", *Phi Theta Papers* 10(1967): pp. 44~46; Michael C. Rogers, *The Chronicles of Fu Chien: A Case of Exmplar History*; Albert E. Dien, "Elite Lineages and the T'o-Pa Accommodation: A Study of the Edict of 495", *JESHO* 19(1976): pp. 61~88; Chauncey S. Goodrich, "Riding Astride and the Saddle in Ancient China", *HJAS* 44(1984): pp. 279~306; Albert Dien, "The Stirrup and Its Effect on Chinese Military History", *Ars Orientalis* 16(1986): pp. 33~56. 셰이퍼의 광범한 작업은, 대초원지대와 열대를 모두 포함하여, 그에 상응하는 부드버그의 관심들로부터 부분적으로 영향을 받았다. 혹은 적어도 강하게 고취되었다.

17) Edward H. Schafer, in Peter A. Boodberg, *Selected Works*, p. xiii.

18) "Oriental Languages and Literature"라는 제목이 붙은, 부드버그가 1965년 7월 15일에 그 과의 역사에 대해 지은 글의 타자본typescript 제2쪽. 필자 소장.

19) 버클리의 동아시아도서관에 보존된 이본異本은 난외 주석이 있는데, 윌리엄 G. 볼츠의 의견으로는 아마도 앨버트 디언이 추가했을 것이다.

20) Michael C. Rogers, *The Chronicle of Fu Chien*, p. xi.

21) 결국에는 출판될 것임을 암시한, 그 모임들에서 발표된 전형적인 발표문들의 제목에는 Ernst Kantorowicz, "Synthronus, Throne Sharing with the Deity"; Maenchen-Haelfen, "Hercules and the Swan Maiden in China"; Leonardo Olschki, "Guillaume Boucher: A Parisian Artist at the Court of the Khans in Mongolia"; Walter Bruno Henning, "The First Indo-Europeans in History"; Yakov Malkiel, "The Origin of the Word Marrano"가 포함된다. 부드버그의 발표문은 "Chronology of the Danube Bulgars" 와 "In Search of Analogues"였는데, 후자는 1971년 2월 24일 제236차 모임에서 발표된 기념 강연이었다.

22) 셰이퍼는 1963년까지 부드버그가 『노자』 연구서뿐 아니라 수정만 남은 공자 전기의 수고를 완성했다고 전한다(*Selected Works*, p. xvi). 그리고 총 4쪽인 목차와 *Studies in Chinese Lexicology*라고 제목 붙은 2권본 기획서의 첫 두 장에서 가져온 텍스트의 수고들은 여전히 보존되어 있다고 코언이 기록하고 있다(*Selected Works*, p. 500). 우리는 코언을 좀 더 인용해도 되겠다. "피터 알렉시스 부드버그는 문헌학과 중국변경사中國邊境史에 대한 그의 관심과 관련된 책과 논문들의 다른 몇몇 수고를 없애버린 것 같다." *Selected Works*, p. 500.

23) *HJAS* 2(1937): pp. 329~372; rpt. in *Selected Works*, pp. 363~406.

24) 부드버그와 크릴 간에 저널들에서 벌어진 논쟁은 John DeFrancis, *The Chinese Language: Fact and Fantasy*(Honolulu: University of Hawaii Press, 1984), pp. 85~87에서 이론적 맥락 속에 두어진다.

25) *TP*(1936): pp. 85~161. 부드버그는 크릴의 답변에 "'Ideography' or 'Iconolatry'", *TP* 35(1940): pp. 266~288라는 제목의 재답변으로 응수했다. 부드버그는 보통은 전투적이지도 않고 남과 싸움을 일으키지 않았지만, *FEQ* 12(1953): pp. 419~422와 13(1954): pp. 334~337에 인쇄된, Feng Yu-lan(馮友蘭), *A History of Chinese Philosophy* 전2권의 더크 보드 번역본에 대한 그의 서평은 보드가 부드버그의 비판이 일으킨 번역 관련 철학적 문제들에 반응해야만 하겠다고 느꼈을 때 또 다른 논쟁을 유발했다. 보드의 응답은 "On Translating Chinese Philosophical Terms", *FEQ* 14(1955): pp. 231~244, rpt. in ed. Charels Le Blanc and Dorothy Borei, *Essays on Chinese Civilization*(Princeton: Princeton University Press, 1981), pp. 395~408이었다. 아마도 보드는 평담한 어조였으나 똑같이 비판적이었던, 그의 책 중 하나에 부드버그가 행했던 이전의 서평에 여전히 언짢았을 것이다. "Tolstoy and China-A Critical Analysis", *PEW* 1.3(1951): pp. 64~76, rpt. in *Selected Works*, pp. 481~493을 보라.

26) 음운 연구는 아마도 중국 문헌학에서 자형 연구보다 훨씬 더 중요할 것이다. 윌리엄 볼츠에 따르면, "개별 중국어 단어의 어원은 하나의 단어 가족 내부에서 그것이 가지는 고유한 위치에 의해서 가장 잘 (그리고 아마도 전적으로) 결정된다. William G. Boltz, "Studies in Old Chinese Word Families." Ph.D. diss., University of California at Berkeley, 1974, p. 30. 그러나 보통 볼츠는 단어의 어원을 결정할 때 음운학적 접근법과 금석학적 접근법을 모두 결합시킨다. 예를 들어, 그의 "Word and Word History in the Analects: The Exegesis of Lun Yü IX.I", *TP* 69(1983): pp. 261~271을 보라.

27) Michael Loewe, in *A Service of Herrlee G. Creel, 1905~1994*(Chicago: Division of the Humanism and Department of East Asian Languages and Civilizations, University of Chicago, 1994), p. 15. 그 서비스의 다른 참가자들에는 동료인 쇼너시, 앤서니 위(중국명 위궈판), 춘-쉰 첸(중국명 첸춘쉰), 예전 학생 시드니 로슨 동료 역사학자 데이비드 N. 키틀리가 포함된다. 이 짧지만 정보가 풍부한 팸플릿은 쇼너시 교수의 호의로 제공되었다. 1977년까지의 크릴의 저작들의 완전한 목록은 David T. Roy and Tsuin-hsuin Tsien(eds.), *Ancient China: Studies in Early Civilization*(Hong Kong: Chinese University Press, 1978), pp. 343~346에 포함되어 있다.

28) *The Birth of China*(1937; rpt. New York: F. Unger, 1954); *Confucius: The Man and the Myth*(1949; rpt. Norwalk, Conn.: Easton Press, 1994).

29) (Chicago: University of Chicago Press, 1970). 크릴의 논문 중 다수가 같은 해에 *What is Taoism? and Other Studies in Chinese Cultural History*(Chicago: University of Chicago Press, 1970)라는 논문집에 재인쇄되었다.

30) *Literary Chinese By The Inductive Method*, 3 vols.(Chicago: University of Chicago Press, 1938~1952). *JAOS* 73(1953): pp. 27~30에 실린 조지 A. 케네디의 서평을 보라.

31) 초기 중국 고문자학에 대한 서양의 연구 발전에서 크릴—부드버그가 아니라—의 위치는 Noel Barnard, "The Nature of the Ch'in 'Reform of the Script' as Reflected in Archaeological Documnets Excavated Under Conditions of Control, in *Ancient China: Studies in Early Civilizations*, pp. 183~184를 보라. .

32) "Some Proleptical Remarks", rpt. in *Selected Works*, pp. 364~365, n. 2. George A. Kennedy, *Selected Works of George A. Kennedy*, pp. 489~493은 다음의 세 교과서를 서평으로 다룬다. Creel, *Literary Chinese by the Inductive Method*, Vol. 3; John DeFrancis and Elizabeth Hen Young, *Talks on Chinese History*; John K. Fairbank, *Ch'ing Documents, An Introductory Syllabus*. 이 서평 과정에서, 케네디는 한자들이 재현하는 단어가 아니라 한자 자체에 마찬가지로

배타적으로 초점을 맞춘다는 이유로 크릴을 비난한다. 논쟁 전부는 Paul Serruys, "Philologie et linguistique dans les études sinologiques"에서 다시 한 번 부드버그의 입장을 편들어 언어학적 시각 속에 두어진다.

33) 초기에는 '표의문자 신화'의 신봉자였다가 개종한 John DeFrancis는 *The Chinese Language: Fact and Fantasy*, pp. 133~148의 같은 이름의 장章에서 그것을 깊이 있게 다룬다.

34) 자오위안런은 이와 유사한 한 용어의 사용이 일찍이 제안되었다는 데에 주의를 환기하면서 이 새 용어를 승인하고 지지했다. 그의 "A Note on and Early Logographic Theory of Chinese Writing", *HJAS* 5(1940): p. 189를 보라. 다른 승인들이 뒤따랐다. 그중에서도, Paul Serruys, "Philologie et linguistique dans le études sinologiques", p. 175; Herbert Franke, *Sinoloige*, p. 59. 가장 최근의 논술은 이제 William G. Boltz, *The Origin and Early Development of the Chinese Writing System*(New Haven: American Oriental Society, 1994)를 보라.

35) George A. Kennedy, Kennedy, *Selected Works*, p. 490.

36) 다형polygraphy, 다의polysemy, 그리고 신어新語인 다성polyptoton의 원리들은 David B. Honey, "The Word Behind the Graph: Three Notes on the Logographic Nature of Classical Chinese", *Journal of the Chinese Language Teachers Association* 24(October 1989): pp. 15~26에서 교실에서의 사용을 위해 전개되고 예증된다.

37) 부드버그의 학생인 윌리엄 G. 볼츠는 자신의 예전 음성학 연작을 중심으로 박사 학위 논문을 작성했다. '구루'라는 특수한 사례는 이분화에 대한 그의 최근 논술에서 예증으로서 제시된다. William G. Boltz, *The Origin and Early Development of the Chinee Writing System*, pp. 171~172를 보라.

38) 부드버그는 그의 논문 Peter A. Boodberg, "The Semasiology of Some Primary Confucian Concepts", *PEW* 2.4(1953): pp. 317~332, rpt. in *Selected Works*, pp. 26~40에서 다른 핵심적 철학 용어들을 똑같이 철저하게 다룬다.

39) George A. Kennedy, *Selected Works*, p. 492.

40) 그가 자비출판한 "Cedules From an Berkeley Workshop in Asiatic Philology", nos. 41~51(Berkeley, 1955)를 보라.

41) 예를 들어, 왕유의 「녹채鹿柴, Deer Park Hermitage」에 대한 부드버그의 번역은 엘리엇 와인버거로부터 다음과 같이 퇴짜를 맞았다. "내게는 이것이 LSD(마약의 일종)에 취한 제라드 맨리 홉킨스(영국의 시인. 1844~1889)처럼 들린다." Eliot Weinberger and Octavio Paz, *Nineteen Ways of Looking at Wang Wei*(Mt. Kisco, New York: Moyer Bell, 1987), p. 51.

42) Paul W. Kroll, *CLEAR* 4(1981): pp. 271~273; Albert E. Dien, *JAOS* 102.2(1982): pp. 422~423, Sarah Allan, *BSOAS* 45.2(1982): pp. 390~392는 매우 우호적이다. Edwin G. Pulleyblank, *Pacific Affairs* 52.3(Fall, 1979): pp. 513~514는 미온적이다. Roy Andrew Miler, *Early China* 5(1979~1980): pp. 57~58은 극단적으로 부정적이다.

43) "Philological Notes on Chapter One of the *Lao Tzu*", *HJAS* 20(1957): pp. 598~618, rpt. in *Selected Works*, pp. 460~480; p. 473에서 인용.

44) Paul W. Kroll, *CLEAR* 4(1981): p. 272는 부드버그의 도가道家 해석 중 하나를 실증하는 현대 학문의 또 다른 사례다.

45) Stephen W. Durrant, "On Translating Lun Yü", *CLEAR* 3(1981): pp. 109~119.

46) "The Semasiology of Some Primary Confucian Concepts", rpt. in *Selected Works*, pp. 36~37.

47) *Oriens* 10(1957): pp. 119~127, rpt. in *Selected Works*, pp. 451~459.

48) A. F. P. Hulsewé, *China in Central Asia: The Early Stage, 125 B.C.–A.D. 23*(Leiden, 1979),

p. 18. 이전의 논문 "The Problem of the Authenticity of *Shi-chi* ch. 123, The Memoir on Ta-yüan", *TP* 61(1975): pp. 83~147에서 홀세베는 적어도 부드버그의 작품의 존재는 인정했지만, 그것으로부터 득을 보지는 않았다.

49) 그의 "An Early Mongolian Toponym", *HJAS* 19(1956): pp. 407~408, rpt. in *Selected Works*, pp. 361~362는 이것의 빛나는 한 사례다.

50) 72쪽짜리 자필 수고본으로부터 *Selected Works*, pp. 1~21에 인쇄되었다. 수고는 지금 필자가 소장하고 있다.

51) Peter A. Boodberg, *Selected Works*, p. 3.

제14장 에드워드 헤츨 셰이퍼: 시의 고고학과 당唐의 세계

1) 이 장은 David B. Honey, "Edward Hetzel Schafer(1913~1991)", *Journal of Asian History*, 25(1991): pp. 181~193에 대체로 기초하고 있다.

2) "Iranian Merchants in T'ang Dynasty Tales", *Semitic and Oriental Studies*, University of California Publications in Semitic Philology 11(1951): pp. 403~422는 석사 논문과 박사 논문에 모두 나오는 장章들을 조합한다. "Ritual Exposure in Ancient China", *HJAS* 14(1951): pp. 130~184는 박사논문 제4장에 기초하고 있다. 다른 파생물들에는 "The History of the Empire of Southern Han according to Chapter 65 of the Wu-tai-shih of Ou-yang Hsiu", in *Silver Jubilee Volume of the Zinbun-Kagaku-Kenkyusyo*(Kyoto, 1954), pp. 339~369; "War Elephants in Ancient and Medieval China", *Oriens* 10(1957): pp. 289~291이 포함된다.

3) 중국학자 가운데 이 방법의 이용을 최초로 시도한 것은 Peter A. Boodberg의 1937년 "Proleptical Remarks on the Evolution of Archaic Chinese"(*Selected Works*, pp. 398~402를 보라)와 R. A. Stein, "Jardins en miniature d'Extrême-Orient," *BEFEO* 42(1942): p. 54였다. 불행히도, 셰이퍼의 직전제자直傳弟子들 주로 스티븐 보켄캄프와 도널드 하퍼, 셰이퍼의 총명한 제자인 크롤, 부드버그의 제자 볼츠만이 셰이퍼의 방법론을 따라서 이 언어학적 접근법을 지속적으로 이용해 흥미로운 결과들을 낳았다.

4) 예를 들어, "Non-translation and Functional Translation-Two Sinological Maladies", *FEQ* 13(1954): pp. 251~260. 이 서평은 중국풍Chinoiserie, 만다린화mandarinization—고전중국어를 현대 표준중국어나 일본식 한자어라는 베일을 통해서 보기, 저자의 생애와 심리학에 의존하기 등등—같은 유해한 가정과 연구들에 반反한 경고용으로 셰이퍼의 손에 주어진 주요한 무기였다.

5) 셰이퍼 교수의 방법론적 금언, 동식물과 광물·직물 등 특화된 중국 용어의 취급, 관직명 및 기타 기술 용어에 제안된 표준화에의 편리한 접근은 David B. Honey and Stephen R. Bokenkamp, "An Annotated Bibliography of the Works of Edward H. Schafer", *Phi Theta Papers* 16(1984): pp. 8~30에서 제공된다. 크롤은 셰이퍼에게 바쳐진 *JAOS*의 한 호號(106.1[1986])의 서론에서 중국학에 미친 셰이퍼의 충격과 지속적인 영향, 그리고 그의 저작들의 빛나는 구성을 효과적으로 요약하고 있다. pp. 241~245에 첨부된 목록은 1985년까지의 항목들을 포함하며, 1984년에 *Phi Theta Papers*에 발표된 주석 목록에서 빠졌던, 추가 항목을 제공한다. 크롤 교수와 필리스 브룩스 셰이퍼가 쓴 셰이퍼의 부고가 *JAOS* 111.3(1991): pp. 441~443과 *T'ang Studies* 8~9(1990~1991): pp. 3~8에 수록되어 있는데, 후자는 1991년까지의 완전한 목록을 포함한다(pp. 9~22). 또한 Stephen R. Bokenkamp, "In Memoriam: Edward H. Schafer(1913~1991)", *Taoist Resources*, pp. 97~99를 보라. 셰이퍼와 그의 도가 연구에 대한 더 직접적인 묘사는 Phyllis Brooks Schafer, "Discovering a Religion", *Taoist Resources* 4.2(1993): pp. 1~8이다.

6) "Communication to the Editors", *JAOS* 78(1958): p. 120; *JAS* 17(1958): p. 509.

7) "Asian Studies", *American Council of Learned Societies Newsletter* 13(January, 1962): p. 20.

8) 예를 들어, *Perspectives on the T'ang*에 모여 있는, 셰이퍼가 반反문헌학, 반인문주의 파벌이라고 본 것에 대한 엄격한 서평인데, *JAOS* 95(1975): pp. 466~467에 나온다.

9) 그의 특수한 문헌학 분과학문에 대한 셰이퍼의 견해와 그것이 중국학 다른 분과학문들의 기초로서 가지는 위치는 *What and How is Sinology?* Inaugural Lecture for the Department of Oriental languages and Literatures, University of Colorado(Boulder, 1982), rpt. in *T'ang Studies* 8~9(1990~1991): pp. 23~44에서 소개된다.

10) *Schafer Sinological Papers* 31(Berkeley, Sept.21, 1985): p. 1.

11) I. A. Richards, *Practical Criticism: A Study of Literary Judgment*(New York: Harcourt Brace Jovanovich, 1929), p. 191.

12) 이 이론들에 대한 간편한 소개는 Leroy F. Seale, "New Criticism", Heather Murray, "Practical Criticism"; Karen A. McCauley, "Russian Formailism", in ed. Michael Groden and Martin Kereiswirth, *The Johns Hopkins Guide to Literary Theory and Criticism*(Baltimore: Johns Hopkins University Press, 1994), pp. 528~534, 589~592, 634~638을 보라.

13) "Notes on Translating T'ang Poetry, Part Three: Deponents", *Schafer Sinological Papers*, 33(Berkeley, Nov. 6, 1985): p. 5에서 재인용.

14) *The Johns Hopkins Guide to Literary Theory and Criticism*의 "T. S. Eliot" 항목, p. 222.

15) "Notes on Translating T'ang Poetry, Part Two: Poetry", pp. 12~15. 해석상의 오류에 관한 셰이퍼의 견해는 또한 윌리엄. K. 윔서트의 저작으로부터도 영향을 받았다. William K. Wimsatt, *The Verbal Icon: Studies in the Meaning of Poetry*(Lexington: University of Kentucky Press, 1954), pp. 3~65를 보라.

16) 셰이퍼가 언급하듯이, Stanley Burnshaw(ed.), *The Poem Itself*(Fayetteville: University of Arkansas Press, 1995)를 가리키면서.

17) "Notes on Translating T'ang Poetry, Part Two: Poetry", p. 1.

18) 여하한 종류의 비판정본 작업에서도 예비적 가르침이 되는 문헌학적 작업에 대해서는, Wilfred L. Guerin, et al., *A Handbook of Critical Approaches to Literature*(Oxford: Oxford University Press, 1992), pp. 18~21, 소제목 "Textual Scholarship: A Prerequisite to Criticism"을 보라.

19) I. A. Richards, *Practical Criticism*, p. 195.

20) Wilamowitz-Moellendorff, *History of Classical Scholarship*에 있는 휴 로이드존스의 서론, p. vii.

21) Ibid.

22) Eduard Frankel(ed.), *Aeschylus: Agamemnon*(Oxford: Clarendon, 1950), pp. 60~61.

23) *Tu Wan's Stone Catalogue of Cloudy Forest: A Commentary and Synopsis*(1961), *The Golden Peaches of Samarkand: A Study of T'ang Exotics*(1963), *The Vermilion Bird: T'ang Images of the South*(1967), *Shore of Pearls: Hainan Island in Early Times*(1970), *The Divine Woman: Dragon Ladies and Rain Maidens in T'ang Literature*(1973), *Pacing the Void: T'ang Approaches to the Stars*(1977), *Mirages on the Sea of Time: The Taoist Poetry of Ts'ao T'ang*(1985).

24) *AM* 10(1963): pp. 73~102.

25) Edward H. Schafer, *The Vermilion Bird*, pp. 80~81.

26) *HJAS* 41(1981): pp. 377~415.

27) Edward H. Schafer, *Pacing the Void*, p. 7.
28) 다음의 논문들은 그저 샘플 추출에 불과하다. "The Camel in China down to the Mongol Dynasties", *Sinologica* 2(1950), pp. 165~194, 263~290; "Notes on Mica in Medieval China", *TP* 43(1954): pp. 265~286; "Rosewood, Dragon's Blood, and Lac", *JAOS* 77(1957): pp. 129~136; "Parrots in Medieval China", *Studia Serica Bernhard Karlgren Dedicata*(Copenhagen, 1959), pp. 271~281; "The Transacendent Vitamin: Efflorescence of Lang-kan", *Chinese Science* 3(1978): pp. 27~38.
29) "A Fourteenth Century Gazetteer of Canton", in *Oriente Poliano*(Rome, 1957), pp. 67~93.
30) "The Development of Bathing Customs in Ancient and Medieval China and the History of the Floriate Clear Palace", *JAOS* 76(1956): pp. 57~82.
31) "Local Tirbute Products of the T'ang Dynasty", *Journal of Oriental Studies* 4(1957~1958): pp. 213~248(with B. Wallacker).
32) "Notes on Translating T'ang Poetry, Part Two: Poetry", pp. 12~13.
33) 제목들의 총목은 이 장의 「부록」을 보라.

후기: 중국학에서 전통과 진리

1) Jaroslav Pelikan, *The Vindication of Tradition*(New Haven: Yale University Press, 1984).
2) John B. Henderson, *Scripture, Canon and Commentary*, p. 211에서 재인용. 우연히도, 또 다른 적수는 의학이다.
3) Peter Burke, *History and Social Theory*(Ithaca: Cornell University Press, 1992), p. 3.
4) 역사학의 종합화 경향 대對 시의 보편적 관심사 사이의 논쟁의 맥락은 M. I. Finley, *The Use and Abuse of History*(1971; rpt. New York: Penguin Books, 1987), pp. 11~12를 보라.
5) Peter Burke, *History and Social Theory*, p. 6.
6) 헤이든 화이트와 도미니크 라카프라에 따르면, 제시의 방식까지도 문학에서 빌려와야 한다. 역사적 서사에 "플롯을 부여하는" 로망스, 비극, 희극, 풍자의 독특하게 문학적 요소에 대해서는, Hayden White, *Metahistory: The Historical Imagination in Nineteenth-Century Europe*(Baltimore: Johns Hopkins University Press, 1973)을 보라. 역사학자들이 수사학에 진 빚에 대해서는 Dominick LaCapra, "Rhetoric and History", in *History and Criticism*(Ithaca: Cornell University Press, 1985), pp. 15~44; Peter Gay, *Style in History*(New York: W. W. Norton, 1988)를 보라.
7) 두웨이밍은 『세계문학世界漢學』 1(1998): p. 9에 발표된 한 인터뷰에서 이 점을 지적했지만, 그것을 미국 중국학자들에게 한정하지는 않았다. 그는 이 섬나라적 태도가 "유명한 서양 중국학자들" 일반의 특징이라고 주장했다. 샤반과 그의 제자들, 그루베·헤니슈·콘라디와 같은 독일인들의 현지 체험은 이 평가를 반박한다. 물론 이는 옛 선교사들 혹은 영사에서 변신한 중국학자들에게는 어쨌든 적용되지 않을 것이다.
8) Benjamin Elman, *From Philosophy to Philology: Intellectual and Social Aspects of Change in Late Imperial China*(Cambridge, Mass.: Council on East Asian Studies, Harvard University, 1984), p. xx.
9) Peter Burke, *History and Social Theory*, p. 92와 대조하라.
10) Ibid., pp. 91~92.
11) Arthur Wright, "The Study of Chinese Civilization", *Journal of the History of Ideas* 21(1960):

p. 233. 동일한 점이 Norman J. Girardot, *The Victorian Translation of China*의 서문 p. 2에서 강조된다.

12) Peter Burke, *History and Social Theory*, p. 86.

13) Arthur Wright, "The Study of Chinese Civilization", pp. 240~242.

14) Ibid., p. 243.

15) "지知의 제국주의"의 기색이 있는 듯이 보인, 중국에 대한 서양 학문의 한 측면은 중국적인 것들을 유럽적 기준과 비교·대조하려는 노력이었다. 이는 프란시스코 바로부터 가벨렌츠에 이르는 초기 문법서에서 가장 쉽게 보이는데, 거기에서 그 언어는 중국어 자체 내에서 고유하게 작동하는 법칙에 대한 연구로부터가 아니라 라틴어로부터 채용된 엄격하고 잘 들어맞지 않는 수단에 의해 분석되었다. 이 점에 대해서는 Wolfgang Franke, trans. R. A. Wilson, *China and the West*(Oxford: Basil Blackwell, 1967), p. 146을 보라.

16) Ibid., pp. 246~247. 만약 가장 초기 중국학자들의 방법론이 유교 경전 주석가들로부터 채용된 것이라면, 그런 방법론의 중점, 즉 종교적인 것과 초월적인 것에 대비되는 정통적인 것과 합리적인 것 역시 그만큼 열렬히 채용되었다. 불교 같은 비유교非儒教 전통을 공부하는 학생들은 이 처음의 학적 편견을 이유로 마테오 리치를 비난한다. 베르나르 포르는 "특히, 불교와 중국 종교에 대한 그(리치)의 편견은 지속적 결과를 낳았다. 그는 중국의 지적 삶과 종교적 삶의 전 영역을 배제함으로써 중국학의 분야를 제한했다. 그러므로 우리는 어느 정도로 '모든 서양 중국학자가 자기 속에 있는 자기의 조상들을 인정해야 하는지' 의아해할 만하다"(폴 드미에빌을 인용)라고 진술한다. Bernard Faure, *Chan Insights and Oversights: An Epistemological Critique of the Chan Tradition*(Princeton: Princeton University Press, 1993), pp. 19~20. 이 전통적 편견에 비추어볼 때, 불교에 관한 마스페로의 선구적 연구 역시 학문에서 유교 사상의 독점을 깨는 것을 도왔다는 칭찬을 받을 자격이 있다. 서양 중국학의 이 내재하는 편견에 대해 더 많은 것은 Norman J. Girardot, "Chinese Religion and Western Scholarship", in ed. James D. Whitehead, Yu-ming Shaw, and Norman J. Girardot, *China and Western Christianity: Historical and Future Encounters*(Notre Dame: University of Notre Dame Press, 1979), pp. 83~111을 보라.

17) Robert M. Somers(ed.), *Studies in Chinese Buddhism*(New Haven: Yale University Press, 1990)에 실린, 그가 멋지게 주석한 불전佛典 번역들이 그 증거다. 5개 장 중 3개 장이 불교 전기 자료에 관한 문헌학적 연구다.

18) C. Martin Wilbur, *Slavery in China During the Former Han Dynasty 206 B.C.-A.D. 25*(1943; rpt. New York: Krause Reprint Co., 1968); (Julie Lien-ying How와 공저), *Documents on Communism, Nationalism, and Soviet Advisors in China 1918~1927: Papers Seized in the 1927 Peking Raid*(New York: Columbia University Press, 1956). 이는 *Missionaries of Revolution: Soviet Advisors and Nationalist China 1920~1927*(Cambridge, Mass.: Harvard University Press, 1989)로 엄청나게 확대되었다.

19) Laurence A. Schneider, *Ku Chieh-kang and China's New History: Nationalism and the Quest for Alternate Traditions*(Berkeley and Los Angeles: University of California Press, 1971)은 역사 서술에서 일어난 이 혁명을 분석한다. 푸쓰녠과 문헌학 및 역사학의 공동 연구에 대해서는, Wang Fan-sheng, *Fu Ssu-nien: An Intellectual Biography*, Ph. D. diss., Princeton University, 1993, 제2장을 보라.

20) 쇼너시는 Edward Shaughnessy(ed.), *New Sources of Early Chinese History: An Introduction to the Reading of Inscriptions and Manuscripts*(Berkeley: Society for the Study of Early China and The Institute of East Asian Studies, University of California, 1997), pp. 1~14에 있는 서론에서 이 자료

들을 이용하는 데서 역사학과 문헌학의 통합을 강조한다.

21) Arthur Wright, "The Study of Chinese Civilization", p. 251. 신사학가新史學家들이 시작한 고전 연구에서의 패러다임 이동에 대해서는 John B. Henderson, *Scripture, Canon and Commentary*, pp. 200~223을 보라.

22) "Ce sont la philologie et l'histoire qui constituent la base obligatoire du champ scientifique, puisque les civilisations de l'Asie sont par excellence celles de l'ecrite", *Livre de l'orientalisme française*(Paris: Societe Asiatique, 1992), p. 15.

23) Joseph Levenson, *Confucian China and Its Modern Fate*, 1: p. 93. 장빙린에 대해서는 Shimada Kenji, trans. Joshua Fogel, *Pioneer of the Chinese Revolution: Zhang Binglin and Confucianism*(Stanford: Stanford University Press, 1990)을 보라.

24) John B. Henderson, *Scripture, Canon and Commentary*, pp. 214~215; 다음과 참조하라. Joseph Levenson, *Confucian China and Its Modern Fate*, 1: pp. 79~94 참조; Laurence A. Schneider, *Ku Chieh-kang and China's New History*, pp. 188~217.

25) Jaroslav Pelikan, *The Vindication of Tradition*, pp. 23~24.

26) Joshua Fogel, "On the 'Rediscovery' of the Chinese Past: Ts'ui Shu and Related Cases", in ed. Joshua A. Fogel and William T. Rowe, *Perspectives on a Changing China: Essays in Honor of Professor C. Martin Wilbur on the Occasion of His Retirement*(Boulder: Westview Press, 1979), pp. 219~235.

27) N. L. Men'shikov, "Academician Vasilii Mikhailovich Alekseev(1881~1951) and His School of Russian Sinology", in *Europe Studies China*, p. 138.

28) Ibid., p. 136.

29) Ernst Breisach, *Historiography: Ancient, Medieval, and Modern*(Chicago: University of Chicago Press, 1983), p. 276.

30) Marianne Bastid-Bruguière, "Some Themes of 19th and 20th Century European Historiography on China", in *Europe Studies China*, p. 231.

31) 이 근본적 필요는 Michael Loewe, "The History of Early Imperial China: The Western Contribution", in *Europe Studies China*, p. 247에서 강조된다.

32) Dominick LaCapra, *History and Criticism*, p. 20에서 재인용.

33) David Hackett Fischer, *Historians' Fallacies: Toward a Logic of Historical Thought*(New York: Harper Torchbooks, 1970), pp. xx-xxi.

34) Theodore Hamerow, R*eflections on History and Historians*(Madison: University of Wisconsin Press, 1987), p. 187. 그의 논문 "The New History and The Old"(pp. 162~204) 전체는 새롭게 이용할 수 있게 된 모형들을 맞아 신중을 기하고 조심스럽게 응용하기 위해서 Gerturde Himmelfarb, *The New History and the Old: Critical Essays and Reappraisals*(Cambridge, Mass.: Harvard University Press, 1987)과 결합해 읽어야 한다. 새롭게 이용할 수 있게 된 모형을 맞아 유익하게 주의注意하고 그 모형들을 신중하게 응용하기 위해서.

35) Edward Said, *Orientalism*에 대해 제임스 클리퍼드가 *History and Theory* 19(1980)에 쓴 서평, p. 212에서 인용.

36) Peter Novick, *That Noble Dream: The "Objective Question" and the American Historical Profession*(Cambridge: Cambridge University Press, 1988).

37) Paul Ricoeur, tr. Charles A. Kelbley, *History and Truth*(Evanston: Northwestern University Press, 1965), p. 8.

38) Immanuel Wallerstein, *The Modern World System*, Vol. 1: *Capitalist Agriculture and the Origins of the European World-Economy in the Sixteenth Century*(New York: Academic Press, 1974), p. 9.
39) Edward Said, *Orientalism*에 대한 클리퍼드가 *History and Theory* 19(1980)에 쓴 서평, p. 207.
40) Wilt L. Idema, "Dutch Sinology: Past, Present and Europe", in *Europe Studies China*, p. 107.
41) Dominick LaCapra, *History and Criticism*, p. 30.

참고문헌

이 참고문헌은 중국학의 역사와 그 배경, 제도 혹은 도서관 장서, 학문에 대한 현대의 연구에 국한된다. 중국학자들에 의한 개별적 저작과 관련 문헌 자료는 여기 포함시키기에는 너무 많다. 그것들은 개별 인용문 아래에서 발견될 것이다.

周法高.『漢學論集』. 香港: 各大書局, 1964.

李璜,『法國漢學論集』. 九龍: 珠海書院出版委員會, 1975.

陶振譽,『世界各國漢學研究論文集』. 臺北: 國防研究院, 1962.

石田幹之助,『歐米における支那研究』. 東京: 創元社, 1942.

Almond, Philip C. *The British Discovery of Buddhism*. Cambridge: Cambridge University Press, 1988.

Barnett, Suzanne W. and John K. Fairbank, eds. *Christianity in China: Early Protestant Missionary Writings*. Cambridge, Mass.: Harvard University Press, 1985.

Barrett, Timothy H.. *Singular Listlessness: A Short History of Chinese Books and British Scholars*. London: Wellsweep, 1989.

Barthold, Wilhelm. *La Découverte de l'Asie: Histoire de l'orientalisme en Europe et en Russie*. French translation by Basile Nikitine. Paris: Bovin, 1947.

Bastid-Bruguière, Marianne. "Some Themes of 19th and 20th Century European Historiography on China." In *Europe Studies China: Papers from an International Conference on the History of European Sinology*, pp. 228~239. London: Han-shan Tang Books, 1995.

Bertuccioli, Giuliano. "Sinology in Italy 1600~1950." In *Europe Studies China*, pp. 67~78.

Boxer, C.R., ed. *South China in the Sixteenth Century*. London: Hakluyt Society, 1953.

__________. "Some Aspects of Western Historical Writing on the Far East, 1500~1800." In *Historians of China and Japan*, edited by Edwin G. Pulleyblank and W. G. Beasley, pp. 306~321. London: Oxford University Press, 1961.

Breisach, Ernst. *Historiography: Ancient, Medieval, and Modern*. Chicago: University of Chicago Press, 1983.

Burke, Peter. *The French Historical Revolution: The Annales School 1929~1989*. Cambridge: Cambridge University Press, 1990.

__________. *History and Social Theory*. Ithaca: Cornell University Press, 1992.

Cameron, Meribeth E. "Far Eastern Studies in the United States." *FEQ* 7(1948): pp. 115~135.

Centre franco-chinois d'études sinologiques. *Deux siècles de sinologie française*. Peking, 1943.

Chalmers, John. "Is Sinology a Science?" *China Review* 2(1873): pp. 169~173.

Chang, I-tung. "The Earliest Contacts Between China and England." *Chinese Studies in*

History and Philosophy 1(1968): pp. 53~78.
Ch'en, Jerome. *China and the West: Society and Culture 1815~1937.* London: Hutchinson, 1979.
Cohen, Paul A. *China and Christianity: The Missionary Movement and the Growth of Chinese Antiforeignism, 1860~1870.* Cambridge, Mass.: Harvard University Press, 1963.
_______________. *Discovering History in China: American Historical Writing on the Recent Chinese Past.* New York: Columbia University Press, 1984.
Cooper, Michael. "The Portuguese in the Far East: Missionaries and Traders." *Arts of Asia* 7(1977): pp. 25~33.
Cordier, Henri. "Les Études Chinoises sous la révolution et l'empire." *TP* 19(1920): pp. 59~103.
Crone, G. R. *The Discovery of the East.* New York: St. Martin's Press, 1972.
Dawson, Raymond. *The Chinese Chameleon: An Analysis of European Conceptions of Chinese Civilization.* London: Oxford University Press, 1967.
de Jong, J. W. *A Brief History of Buddhist Studies in Europe and America.* New Delhi: Bharat-Bharati, 1976.
Demiéville, Paul. "Aperçu historique des études sinologiques en France." In *Choix d'études sinologiques(1921~1970)*, pp. 443~487. Leiden: E. J. Brill, 1973.
Drège, Jean-Pierre. "Tun-huang Studies in Europe." In *Europe Studies China*, pp. 513~532.
Dubs, Homer H. *China, The Land of Humanistic Scholarship: An Inaugural Lecture Delivered before the University of Oxford on 23 February 1948.* Oxford: Clarendon Press, 1949.
Dunne, George. *Generation of Giants: The Story of the Jesuits in China in the Last Decades of the Ming Dynasty.* South Bend: Notre Dame University Press, 1962.
Duyvendak, J. J. L.(Jan Julius Lodewijk) "Early Chinese Studies in Holland." *TP* 32(1936): pp. 293~344.
____________________. *Holland's Contribution to Chinese Studies.* London: The China Society, 1950.
Eames, James Bromely. *The English in China.* London: Curzon Press, 1909.
Edwards, Dwight. *Yenching University.* New York: United Board for Christian Higher Education in Asia, 1959.
Elliséeff, Serge. "The Chinese-Japanese Library of the Harvard-Yenching Institute." *Harvard Library Bulletin*(1956): pp. 73~93.
Elman, Benjamin. "From Value to Fact: The Emergence of Phonology as a Precise Discipline in Late Imperial China." *JAOS* 102(1982): pp. 493~500.
_________________. *From Philosophy to Philology: Intellectual and Social Aspects of Change in Late Imperial China.* Cambridge, Mass.: Council for East Asian Studies, Harvard University, 1984.
Eoyang, Eugene Chen. *The Transparent Eye: Reflections on Translation, Chinese Literature, and Comparative Poetics.* Honolulu: University of Hawaii Press, 1993.
Fan, Tsen-chung. *Dr. Johnson and Chinese Culture.* London: The China Society, 1945.
Franke, Herbert. *Sinologie.* Bern: A. Francke, 1953.
________________. *Sinologie an Deutschen Universitäten.* Wiesbaden: Franz Steiner Verlag,

1968.

______________. *Sinology at German Universities*. Wiesbaden: Franz Steiner Verlag, 1968.

______________. "Sinologie im 19. Jahrhundert." In *Ausgust Pfizmaier(1808~1887) und seine Bedeutung für die Ostasienwissenschaften*, ed. Otto Ladstatter and Sepp Linhart, pp. 23~40. Vienna, 1990.

______________. "In Search of China: Some General Remarks on the History of European Sinology.", in Ming Wilson and John Cayley(eds.), *Europe Studies China: Papers from an International Conference on the History of European Sinology*(London: Han-Shan Tang Books, 1995), pp. 11~25.

Franke, Otto. "Die Sinologischen Studien in Deutschland." *Ostasiatische Neubildungen*(Hamburg, 1911): pp. 357~377.

Franke, Wolfgang. "The Younger Generation of German Sinologists." *MS* 5(1940): 437~446.

______________. *China and the West*, trans. R. A. Wilson. Oxford: Basil Blackwell, 1967.

Frèches, José. *La Sinologie*. Paris: Presses Universitaires de France, 1975.

Gafurov, B. G. and Y. V. Gankovsky, eds. *Fifty Years of Soviet Oriental Studies: Brief Reviews(1917~1962)*. Moscow: Nauka, 1967.

Gardner, Charles S. *Chinese Traditional Historiography*. 1938; rpt. Cambridge, Mass.: Harvard University Press, 1970.

Henderson, John B. *Scripture, Canon and Commentary: A Comparison of Confucian and Western Exegesis*. Princeton: Princeton University Press, 1991.

Honour, Hugh. *Chinoiserie: The Vision of Cathay*. London: John Murray, 1961.

Hopkirk, Peter. *Foreign Devils on the Silk Road*. London: John Murray, 1982.

Howard, Richard C. "The Development of American China Studies: A Chronological Outline." *International Association of Orientalist Libraries, Bulletin* 32~33(1988): pp. 38~49.

Hu, Shu Chao. *The Development of the Chinese Collection in the Library of Congress*. Boulder: Westview Press, 1970.

Hucker, Charles O. *The Association for Asian Studies: An Interpretive History*. Ann Arbor: AAS, 1973.

Hummel, Arthur W. "Some American Pioneers in Chinese Studies." *Notes on Far Eastern Studies in America* 9(1941): pp. 1~6.

______________, ed. *Eminent Chinese of the Chi'ng Period(1644~1912)*, 2 vols. Washington: United States Government Printing Office, 1943.

Idema, Wilt L. "Dutch Sinology: Past, Present, and Future." In *Europe Studies China*, pp. 88~110.

Iggers, George C. *The German Conception of History: The National Tradition of Historical Thought from Herder to the Present*. Middletown, Conn.: Wesleyan University Press, 1983.

Kennedy, George A. *An Introduction to Sinology: Being a Guide to the Tz'u Hai(Ci Hai)*. 1953; rpt, New Haven: Far Eastern Publications, 1981.

Kiang, Kang-Hu. *Chinese Civilization: An Introduction to Sinology*. Shanghai: Chun Hwa Book Co., 1935.

Kirby, E. Stuart. *Russian Studies of China: Progress and Problems of Soviet Sinology*. New Jersey: Rowman and Littlefield, 1976.

Kiriloff, C. "Russian Sources." In *Essays on the Sources for Chinese History.* ed. Donald Leslie, Donald D., Colin Mackerras, and Wang Gungwu, pp. 188~202. Columbia, S.C.: University of South Carolina Press, 1973.

Lam, John. "The Early History of Chinese Studies in America." *Hong Kong Library Association Journal* 2(1971): pp. 16~23.

Latourette, Kenneth S. *The History of Early Relations between the United States and China, 1784~1844.* New Haven: Yale University Press, 1917.

______________. *A History of Christian Missions in China.* New York: Macmillan, 1929.

Levenson, Joseph R. "The Humanistic Disciplines: Will Sinology Do?" *JAS* 23(1964): pp. 507~512.

Lindbeck, John M. H. *Understanding China: An Assessment of American Scholarly Resources.* New York: Praeger, 1971.

Liu, Kwang-ching, *Americans and Chinese: A Historical Essay and a Bibliography.* Cambridge, Mass.: Harvard University Press, 1963.

Loewe, Michael. "The History of Early Imperial China: The Western Contribution." In *Europe Studies China*, pp. 245~263.

Lundbæk, Knud. "The Establishment of European Sinology, 1801~1815." In *Cultural Encounters: China, Japan, and the West. Essays Commemorating 25 Years of East Asian Studies at the University of Aarhus.* ed. Søren Clausen, Roy Starrs, and Anne Wedell-Wedellsborg, pp. 15~54. Aarhus: Aarhus University Press, 1995.

Lutz, Jessie Gregory. *China and the Christian College, 1850~1950.* Ithaca: Cornell University Press, 1971.

Malmqvist, Göran. "On the History of Swedish Sinology." In *Europe Studies China*, pp. 161~174.

Martino, Pierre. *L'Orient dans la littérature française aux XIIIe et au XVIIIe siècles.* Paris: Hachette, 1906.

Maspero, Henri. "La Sinologie." In *Société Asiatique, Le Livre de Centenaire, 1822~1922*, pp. 261~283.

______________. "La Chaire de Langues et Littératures chinoises et tartaresmandchoues." In *Le Collège de France, Livre jubilaire composé à l'occasion de son quatrième centenaire*, pp. 355~366. Paris, 1932.

May, Ernest R. and John K. Fairbank. *America's China Trade in Historical Perspective: The Chinese and American Performance.* Cambridge, Mass.: Harvard University Press, 1986.

Mote, Frederick W. "The Case for the Integrity of Sinology." *JAS* 23(1964): pp. 531~534.

Moule, A. C. "British Sinology." *The Asiatic Review* 44(1948): pp. 187~192.

Mungello, David E. *Curious Land: Jesuit Accommodation and the Origins of Sinology.* Wiesbaden: Franz Steiner, 1985.

______________. ed. *The Chinese Rites Controversy: Its History and Meaning.* Nettetal: Steyler Verlag, 1994.

______________. *The Great Encounter of China and the West, 1500~1800.* New York: Rowman and Littlefield Publishers, 1999.

Nienhauser, William H., Jr., et al. eds. *The Indiana Companion to Traditional Chinese Literature*. Bloomington: The Indiana University Press, 1986.
Novick, Peter. *That Noble Dream: The "Objectivity Question" and the American Historical Profession*. Cambridge: Cambridge University Press, 1988.
Pulleyblank, Edwin G. "How Do We Reconstruct Old Chinese?" *JAOS* 112(1992): pp. 365~382.
Ronan, Charles and Bonnie Oh, eds., *East Meets West: The Jesuits in China, 1582~1773*. Chicago: Loyola University Press, 1988.
Rowbotham, Arnold H., "A Brief Account of the Early Development of Sinology." *The Chinese Social and Political Science Review* 7(1923): pp. 113~138.
__________. *Missionary and Mandarin: The Jesuits at the Court of China*. Berkeley: University Press, 1942.
__________. *K'ung-tzu or Confucius: The Jesuit Interpretations of Confucianism*. Sydney: Allen and Unwin, 1986.
Schafer, Edward H. *What and How is Sinology?* Inaugural Lecture for the Department of Oriental Languages and Literatures, University of Colorado, Boulder, 4 October, 1982. University of Colorado, 1982.
__________. "Rudiments of a Syllabus on Sinological History." Berkeley, n.d. Photocopy.
Schipper, Kristofer. "The History of Taoist Studies in the West." In *Europe Studies China*, pp. 467~491.
Schwab, Raymond. *La Renaissance orientale*. Paris: ditions Payot, 1950. tr. Gene Patterson-Black and Victor Reinking, under the title *The Oriental Renaissance: Europe's Discovery of India and the East, 1680~1880*(New York: Columbia University Press, 1984).
She, Sung. "Sinological Study in the United States." *Chinese Culture* 8(1967): pp. 133~170.
Serruys, Paul L-M. "Philologie et Linguistique dans les études sinologiques." *MS* 8(1943): pp. 167~219.
Shambaugh, David, ed. *American Studies of Contemporary China*. Armonk, N.Y.: Woodrow Wilson Center Press, 1993.
Simmonds, Stuart and Simon Digby, eds., *The Royal Asiatic Society: Its History and Treasures*. Leiden: E. J. Brill, 1979.
Skinner, G. William. "What the Study of China Can Do for Social Science." *JAS* 23(1964): pp. 517~522.
Sorokin, Vladislav F. "Two and a Half Centuries of Russian Sinology." In *Europe Studies China*, pp. 111~128.
Speshnev, Nikolai. "Teaching and Research on Chinese Language at St Petersburg University in the 19th and 20th Centuries." In *Europe Studies China*, pp. 129~135.
Soothill, W. E. *China and the West: A Sketch of Their Intercourse*. London: Oxford University Press, 1925.
Strout, Elizabeth, ed. *Catalogue of the library of the American Oriental Society*. New Haven: Yale University Library, 1930.
Strianovich, Traian. *French Historical Method: "Annales" Paradigm*. Ithaca: Cornell University Press, 1976.

Swisher, Earl. *China's Management of the American Barbarians: A Study of Sino–American Relations, 1841~1861, with Documents.* New Haven: Far Eastern Publications, 1951.

______________. "Symposium on Chinese Studies and the Disciplines." *JAS* 23(1964): pp. 505~538; 24(1964): pp. 109~114.

Ting Tchao–ts'ing. *Les Descriptions de la Chine par les Français, 1650~1750.* Paris: Librairie Orientaliste Paul Geuthner, 1928.

Thompson, Laurence G. "American Sinology, 1830~1920: A Bibliographical Survey." *Tsing–Hua Journal of Chinese Studies.* New Series 2(1961): pp. 244~290.

Treadgold, Donald W. *The West in Russia and China: Religious and Secular Thought in Modern Times,* Vol. 2: *China 1592~1949.* Cambridge: Cambridge University Press, 1973.

Twitchett, Denis. *Land Tenure and the Social Order in T'ang and Sung China.* Londo: Oxford University Press, 1962.

______________. "A Lone Cheer for Sinology." *JAS* 24(1964): pp. 109~112.

______________. *Printing and Publishing in Medieval China.* London: Wynken De Worde Society, 1983.

Varg, Paul. *Missionaries, Chinese and Diplomats: The American Protestant Missionary in China, 1890~1952.* Princeton: Princeton University Press, 1952.

Vissière, Isabelle and Jean–Louis Vissière. *Lettres édifiantes et curieuses de Chine par des missionnaires jésuites 1702~1776.* Paris: Garnier–Flammarion, 1979.

West, Philip. *Yenching University and Sino–Western Relations.* Cambridge, Mass.: Harvard University Press, 1976.

Widmer, Eric. *The Russian Ecclesiastical Mission in Peking during the 18th century.* Cambridge, Mass.: Harvard University Press, 1976.

Wright, Arthur. "The Study of Chinese Civilization." *Journal of the History of Ideas* 21(1960): pp. 233~255.

Yuan, Tung–li. *Russian Works on China, 1918~1960.* New Haven: Far Eastern Publications, 1961.

Zhang, Longxi. *The Tao and the Logos: Literary Hermeneutics, East and West.* Durham, N.C.: Duke University Press, 1992.

Zürcher, E. "From 'Jesuit Studies' to 'Western Learning.'" In *Europe Studies China,* pp. 264~279.

Zurndorfer, Harriet T. *China Bibliography: A Research Guide to Reference Works about China Past and Present.* Leiden: E. J. Brill, 1995.

옮긴이의 말

미국 브리검영 대학 데이비드 브라이언 허니 교수가 쓴 이 책은 서양 중국학의 역사를 개별 학자들의 전기 형식으로 소개하고 있다. 예수회 선교사들의 활동에서 시작해 1980년대까지 활동한 미국 중국학자들에게까지 이어지는 이 작업은 한국의 중국학 연구자들에게는 그다지 익숙하지 않은 인물들과 그 업적을 소개한다는 점에 우선 의의가 있다. 서양 중국학의 역사는 예수회를 기점으로 한다면 400여 년, 아벨레뮈자에 의한 아카데미즘으로서의 중국학을 기점으로 한다면 200여 년의 역사가 되지만, 그동안 우리 학계에는 그 역사와 성과가 소개될 기회가 별로 없었다. 마스페로, 그라네, 포르케 등 몇몇 저작이 번역되어 있는 정도다.

당연한 일이지만, 중국 연구는 중국인 학자들이 중국어로 내놓는 작업들을 주 대상으로 이루어지기 때문에 서양인에 의해, 서양에서, 서양어로 이루어진 작업에까지 국내 연구자의 시선이 미치기는 어려웠던 것이다. 그러나 21세기 전환기 이후 이른바 '국제한학國際漢學'이라는 이름으로 이루어지고 있는 국제적인 중국 연구의 경향은 더 이상 국내 학자들이 외면할 수 없는 부분이라고 생각된다. 이 국제한학은 Sinology(영어), sinologie(프랑스어)라고 불리는 전통적인 유럽식 중국학을 그 바탕으로 하고 있다. 이 책은 유럽 전통의 중국학을 그 방법적 측면인 문헌학을 줄기로 삼아 소개하고 있다. 이 문헌학적 중국학은 제2차 세계대전 이후 미국 중심의 중국 연구에서 대세를 이루고 있는 사회과학적 중국 연구와는 확연히 다르다. 그래서 이 책은 한편으로는 예수회 이후 서양 중국학의 역사를 프랑스, 독일, 영국, 미국의 대표적인 학자들의 작업을 통해 소개하면서, 또 한편으로는 그 방법론 혹은 접근법이라고 할 문헌학에 대해 끊임없이 주의를 환기한다. 독자들은 마테오 리치, 폴 펠리오, 제임스 레그처럼 유명한 인물들의 업적과 의의뿐만 아니라 네덜란드, 독일, 오스트리아 출신의 낯선 학자들 그리고 저자가 특별히 선택한 조지 알렉산더 케네디, 피터 알렉시스 부드버그 같은 미국 학자들과도 마주하게 된다. 페어뱅크보다 부드버그가 더 큰 비중으로 다루어지는 경우는 아마도 다른 책에서는 찾아보기 힘들 것이다. 이는 저자가 문헌학이라는 접근법을 중심으로 주인공들을 선택하여 배치했기 때문이다.

문제는 여기서 말하는 문헌학이 어떤 학문인지 명확히 하기가 어렵다는 데 있다. 기본적으로 '텍스트에 관련된 연구'를 가리키기는 하지만, 문헌학은 그 발전 과정에서 너무나 많은 함의를 품게 되어 간단명료하게 정의하기가 어렵다. 오늘날 한국어, 중국어, 일본어에서 문헌학이라는 말은 우선 서지학이나 목록학의 동의어라는 인상을 주기 쉽다. 이는 Philologie라는 독일어가 일본에서 분켄가쿠文獻學라는 번역어를 얻은 데에 기인한다.

1870년에 니시 아마네西周에 의해 영어의 Philology가 어원학語原學(비교언어학이라는 의미로 Etymology를 뜻하는 語源學이 아니다)이라는 말로 한 차례 번역되었다가 다시 1895년에 영문학자이자 시인이자 평론가인 우에다 빈上田敏에 의해 독일어 Philologie가 분켄가쿠, 즉 문헌학이라고 번역되었다. 그 후 이 말은 일본에서는 하가 야이치芳賀矢一 등에 의해 일본의 국어 국문학을 정립하는 데에 이용되고, 중국에서는 량치차오梁啓超가 청대淸代 학술사를 정리하는 데에 이용된다. 여기서 물어야 할 것은 '문헌'(분켄, 원셴)이라는 어휘가 무엇을 가리키는가 하는 것이다. '문헌'이 텍스트나 문서document를 가리키는 것이라는 점에서 우에다 빈이 문헌학이라는 역어를 채택한 것인지, 아니면 원대元代 마단림馬端臨의 『문헌통고文獻通考』나 조선 왕조의 『(증보增補)문헌비고文獻備考』에서처럼 경전적·역사적 전거(文)와 그에 대한 후대인들의 해석(獻), 곧 제도사를 중심으로 한 종합적 지식이라는 점에서 그렇게 한 것인지가 여전히 불분명하다. 그래서 '문헌학'은 Philologie 혹은 Philology의 번역어로서 온전한 권위와 안정성을 확보하지 못했고, 1928년 푸쓰녠傅斯年이 중앙연구원 역사언어연구소를 설립하고 그 영문명을 Institute of History and Philology라고 할 때 Philology의 중국어 표현이 語言('언어'의 중국식 표현)이 되거나, 일본에서 와쓰지 데쓰로和辻哲郎가 빌라모비츠묄렌도르프와 길버트 머리의 작업을 요약하여 『호메로스 비판ホメーロス批判』(1946년 첫 출간. 집필은 1920년대)을 펴낼 때에 Philologie의 번역어로 文學(분가쿠)이 선택되는 일이 발생할 수 있었던 것이다. 이런 혼란에 지친 탓인지, 최근에는 일본 학자 다케무라 에이지竹村英二처럼 아예 '필로로기フィロロギー'라는 독일어 음역을 사용하거나, 타이완 학자 장구밍張谷銘처럼 'Philology'라는 영어를 그대로 사용하는 모습도 볼 수 있다. 그러

나 이런 혼란의 근본 원인은 번역 과정에 있는 것이 아니고, 이미 19세기와 20세기에 그 단어가 서양에서 거친 의미 변화 속에 있는 것이다. 영어권에서는 Philology가 언어학 혹은 비교언어학이라는 의미로 주로 사용되다가 20세기 초에 Linguistics가 언어학을 의미하게 되었다. 독일에서는 프리드리히 아우구스트 볼프와 그 제자 아우구스트 뵈크를 거치고 빌라모비츠 묄렌도르프 등에 이르러 절정에 이른 문헌학이 본질적으로 고대 세계에 대한 역사적인 지식으로서, 종합적이고 체계적인 학문으로 발전하고, 또 각 민족nation의 문화/문명을 밝히는 학문으로까지 발전해갔다. 서양 중국학이 곧 문헌학이라는 것은 이런 독일 문헌학의 성격과 관련되어 있다. "민족의 언어 및 문학을 연구하여 그 문명의 성질을 밝히는 학술"(『다이칸와지텐大漢和辭典』), "문헌의 원전 비판·해석·성립사·출전 연구를 행하는 학문. 또 그것에 기초하여 민족과 시대의 문화를 연구하는 학문. 언어학이라는 의미로도 이용했다"(『고지엔廣辭苑』)와 같은 정의는 바로 이런 독일 문헌학에서 유래하는 것이다. 이렇게 규정된 문헌학이 중국 '국학國學=National Learning'의, 그리고 그것을 외부에서 부르는 호칭일 수 있는 '한학漢學=Sinology'의 방법론 혹은 접근법이 된다.*

이상과 같은 사정을 알고 나면, 이 책에서 소개하는 인물들의 작업이 조금씩 이해된다. 중국의 언어, 특히 고전어를 정확히 이해하고, 또 그것을 바탕으로 주로 고전어로 기록된 문헌을 정확히 독해함으로써 중국이라

* 문헌학의 개념과 범위, 중국학과의 관계에 대해 더 자세한 것은 다음의 자료들을 참고할 수 있다. 中島文雄, 『英語學とは何か』, 東京: 講談社, 1993(1932); 張谷銘, 「Philology與史語所: 陳寅恪, 傅斯年與中國的東方學」, 『中央研究院歷史語言研究所集刊』 第八十七分 第二分, 民國 15年 6月, pp.375~460; 竹村英二, 『江戸後期儒者のフィロロギ: 原典批判の諸相と國際比較』, 京都: 思文閣出版, 2016; 拙稿, 「國學과 漢學의 접점으로서의 文獻學: 하가 야이치芳賀矢一와 량치차오梁啓超를 중심으로」, 『중국현대문학』 67, 2016, pp.239~262

는 민족의 문화/문명을 이해하려는 자세가 이 책의 모든 주인공의 공통점이다. 그래서 여기에는 어니스트 페놀로사 같은 딜레탕트가 끼어들 자리가 없다. 한자와 중국어, 중국 시에 대해 풍부한 상상력을 발휘하는 것은 문인의 자유이지만, 문헌학자로서의 중국학자에게는 어울리지 않는 일이다. 그런 상상력의 발휘는 문화적 정체성을 발견하여 유지하려는 사람들에게 매력적이다. 페놀로사의 「시의 매체로서의 한자The Chinese Written Character as a Medium for Poetry」는 단행본으로 발행되기도 전에, 젊은 역사학도이자 철학도인 장인린張蔭麟에 의해 중국어로 번역되어 문화보수주의자들의 잡지 『학형學衡』(제56기, 1926)에 소개되었다. 그 글의 결함을 몰랐을 리 없는 장인린 같은 학자가 그런 작업을 한 것은 학문적 엄격성의 준수보다 중국의 문화적 정체성 유지가 그에게 더 중요한 과제였기 때문이다. 지난 세기 말부터는 페놀로사라는 이름 외에 데리다나 하이데거 같은 이름들—이 책 제14장에서 에드워드 셰이퍼의 눈에는 '덧없는 컬트의 구루'이자 '거듭난 문학이론가'인 이들—이 더해졌다. 이들 역시 문헌학자로서의 중국학자의 주목을 끌기는 어렵다.

이 책이 이렇게 명확한 입장에서 서술되다보니 때로는 독자들을 오도할지 모른다는 우려도 없지 않다. 예를 들어, 제13장에서 시카고대학의 중국사 연구자 헐리 글레스너 크릴은 한자의 성질과 관련한 부드버그와의 논쟁에서 부정적인 인물로 그려진다. 그러나 크릴의 『공자: 인간과 신화』를 읽어본 사람이라면, 설사 그의 관점에 동의하지 않더라도, 학자로서의 그의 성실성과 중국에 대해 공정한 입장을 유지하려는 그의 자세에 공감하지 않기는 어려울 것이다. 다른 인물들에 대한 평가에 있어서도 반드시 저자의 입장에 동의할 필요는 없다는 것이 역자의 생각이다.

이 책의 번역과 관련하여 감사를 표해야 할 분이 많다. 박사과정 종합시험도 통과하지 못한 사람이 본격적으로 작업을 시작할 계기가 된 것은 연세대학교 번역문학연구소의 번역 지원 사업이었다. 당시 소장을 맡고 계셨던 영문과 윤민우 선생님과 중문과 학과장 하경심 선생님이 이 책을 지원 대상으로 선정해주셨다. 계약서에 명시된 출간 일자를 언급하는 것이 민망할 정도로 많은 시간이 흘렀지만 결국 완성된 번역서를 제출할 수 있게 되었기에 두 분의 호의에 조금은 보답할 수 있을 듯하다. 버거운 과제를 혼자 붙든 채로 마무리도 짓지 못하면서 시간만 보내고 있을 때, 중국학 연구의 장場인 근사재近思齋를 통해서 서양 고전문헌학 연구자 안재원 선생님을 만났다. 중국문학 전공자인 역자가 넘기 힘든 장벽인 서양 문헌학 관련 내용은 안 선생님의 도움 없이는 도저히 해결할 수 없는 부분이 많았다. 1년이 넘는 기간 거의 매주 함께 번역원고를 읽으면서, 역자 혼자서는 어찌할 수 없었던 난제들을 해결해주셨을 뿐 아니라, 그 후로도 지속적으로 번역 작업과 연구에 도움을 주셨다. 선생님의 도움이 없었다면 이 번역서의 출간은 불가능했으리라고 말해도 과언이 아니다. 면전에서는 받지 않으실 테니, 지면으로라도 큰절을 올려야 마땅하다. 낯선 분야인 서양 중국학 혹은 국제한학國際漢學과 관련된 책의 번역 작업에 염정삼 선생님과 공상철 선생님이 보여주신 관심과 격려도 역자에게 큰 위로가 되었다. 원고가 출판사에 넘어간 후, 편집자인 좌세훈 선생님이 보여준 정성에도 사의를 표하고 싶다. 선생님의 역할은 흔히 생각하는 편집자의 역할을 넘어선 것이었다. 번역원고에 대한 그 꼼꼼한 지적이 없었다면, 많은 부분에서 원저자와 역자 두 사람의 실수가 걸러지지 못했을 것이다. 심혜영 선생님을 비롯해 근대 서양의 중국 인식에 대한 연구를 함께 하는 분들이 이 역서의 출간을 기다리면서 보내준 성원은 역자가 연구자로서의 정체성을 유지할 수 있는 힘이었다. 엄청난 인내력으로 원고의 완성을 기다려준 글항아리, 그리고 출판사와의 인연을 만들어준 이유진 선생님도 역자의 절을 받으시기 바란다. 함께 해야 할 많은 시간을 혼자만 즐거운 작업에 써버리는 역자를 항상 이해하고 아껴주는 가족들에게도 지면으로나마 감사의 말을 전한다.

2018년 6월

최정섭

찾아보기

위대한 중국학자

초판 인쇄	2018년 7월 5일
초판 발행	2018년 7월 16일
지은이	데이비드 B. 허니
옮긴이	최정섭 안재원
펴낸이	강성민
편집장	이은혜
편집	좌세훈 박은아 곽우정 김지수 이은경 강민형
편집보조	김민아
마케팅	정민호 이숙재 정현민 김도윤 안남영
홍보	김희숙 김상만 이천희
펴낸곳	(주)글항아리 | 출판등록 2009년 1월 19일 제406-2009-000002호
주소	10881 경기도 파주시 회동길 210
전자우편	bookpot@hanmail.net
전화번호	031-955-8891(마케팅) 031-955-1903(편집부)
팩스	031-955-2557
ISBN	978-89-6735-527-2 93990

글항아리는 (주)문학동네의 계열사입니다.

이 도서의 국립중앙도서관 출판시도서목록(CIP)은 서지정보유통지원시스템 홈페이지 (http://seoji.nl.go.kr)와 국가자료공동목록시스템(http://www.nl.go.kr/kolisnet)에서 이용하실 수 있습니다. (CIP제어번호 : CIP2018019057)